中卫市
沙坡头区志

中卫市沙坡头区人民政府办公室　编

黄河出版传媒集团
阳光出版社

图书在版编目（CIP）数据

中卫市沙坡头区志 / 中卫市沙坡头区人民政府办公室编 . —— 银川：阳光出版社，2022.12
ISBN 978-7-5525-6633-8

Ⅰ.①中… Ⅱ.①中… Ⅲ.①沙坡头区－地方志
Ⅳ.① K294.34

中国版本图书馆 CIP 数据核字（2022）第 258119 号

中卫市沙坡头区志　　中卫市沙坡头区人民政府办公室　编

责任编辑　丁丽萍　李媛媛
封面设计　勉思维
责任印制　岳建宁

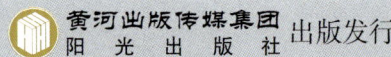 出版发行

出　版　人	薛文斌
地　　　址	宁夏银川市北京东路 139 号出版大厦（750001）
网　　　址	http://www.ygchbs.com
网 上 书 店	http://shop129132959.taobao.com
电 子 信 箱	yangguangchubanshe@163.com
邮 购 电 话	0951-5047283
经　　　销	全国新华书店
印 刷 装 订	宁夏银报智能印刷科技有限公司
印刷委托书号	（宁）0025153
地图审图号	宁 S（2021）第 011 号　宁 S（2022）第 001 号

开　本	880 mm×1230 mm　1/16
印　张	43.75
字　数	800 千字
版　次	2022 年 12 月第 1 版
印　次	2023 年 1 月第 1 次印刷
书　号	ISBN 978-7-5525-6633-8
定　价	460.00 元

版权所有　翻印必究

沙坡头区地方志编纂委员会

主　　任　丁志军

副 主 任　马立明　龚　涛　徐郑应　张海涛　周晓梅　高怀雷　王文忠

委　　员　吴全旺　房英俊　刘　辉　吴佳伟　孙守宏　王建军　万自强
　　　　　刘彦录　刘文祥　万　静　罗华盛　张睿华　王　欢　马小辉
　　　　　段永军　张守戈　宋　扬　马海轮　白　龙　赵爱东　房国元
　　　　　周重南　张红涛　赵　峰　阿　莲　黄宗玺　李卫民　杨海东
　　　　　秦　玲　何佳风　白海宝　张永生　卢　珊　王　硕　赵浩海
　　　　　代福俊　马　丽　马晓莉　梁舜杰　徐宏亮　徐　超　孙金鑫
　　　　　王　健　张志斌　段立武　王怀勇　杜新宏　严学武

《中卫市沙坡头区志》编纂人员

主　　编　马立明

副 主 编　吴佳伟　拓万爵

总　　纂　王晓华　郭勤华　张玉梅

编　　审　冯玉森　范学灵　马建兴　刘　钧　李福祥　王　文

参编人员　资料提供人员名单

中卫市地图

（内部用图）

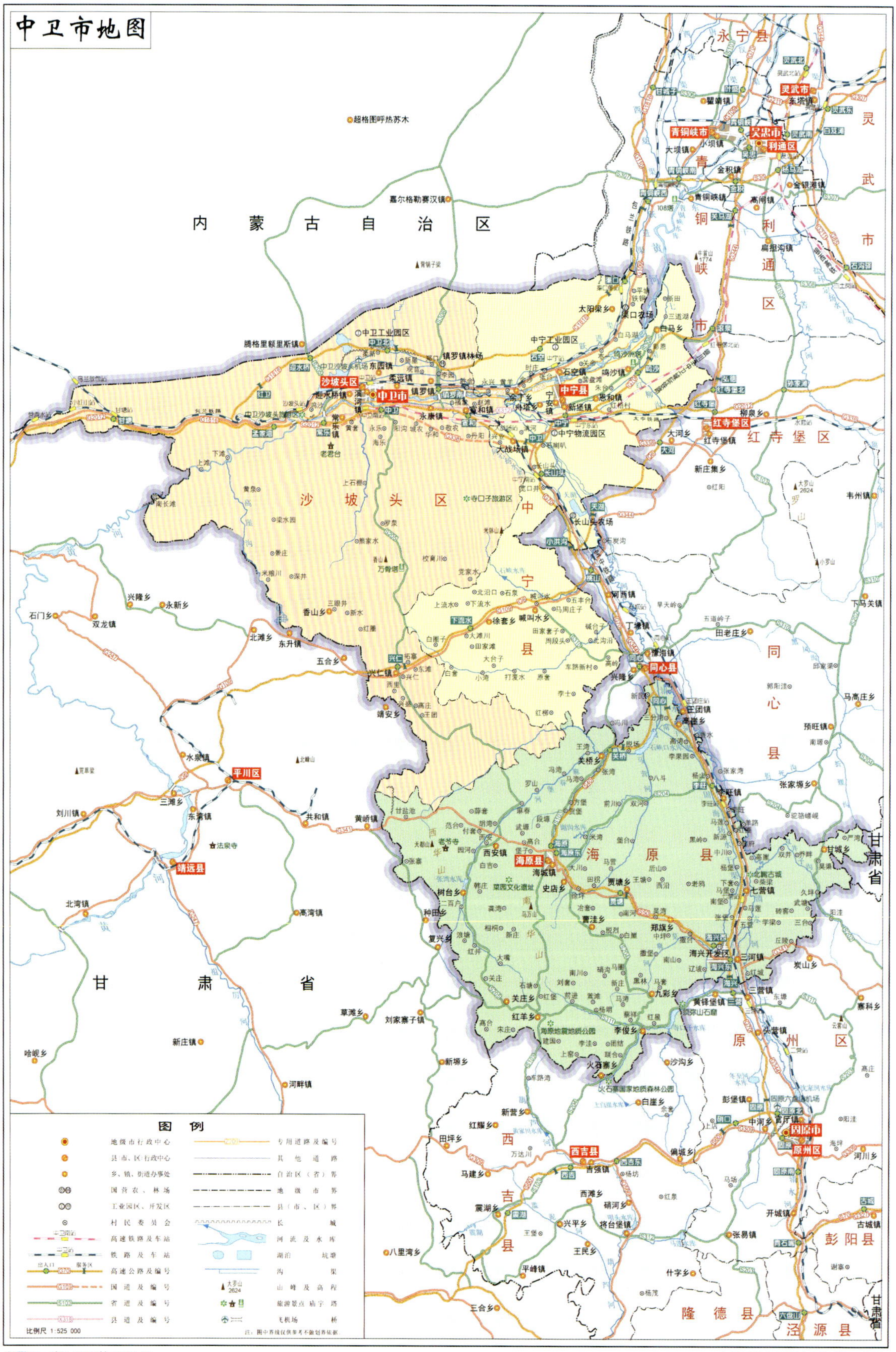

审图号：宁S 2022第(001)号

宁夏回族自治区自然资源厅 编制

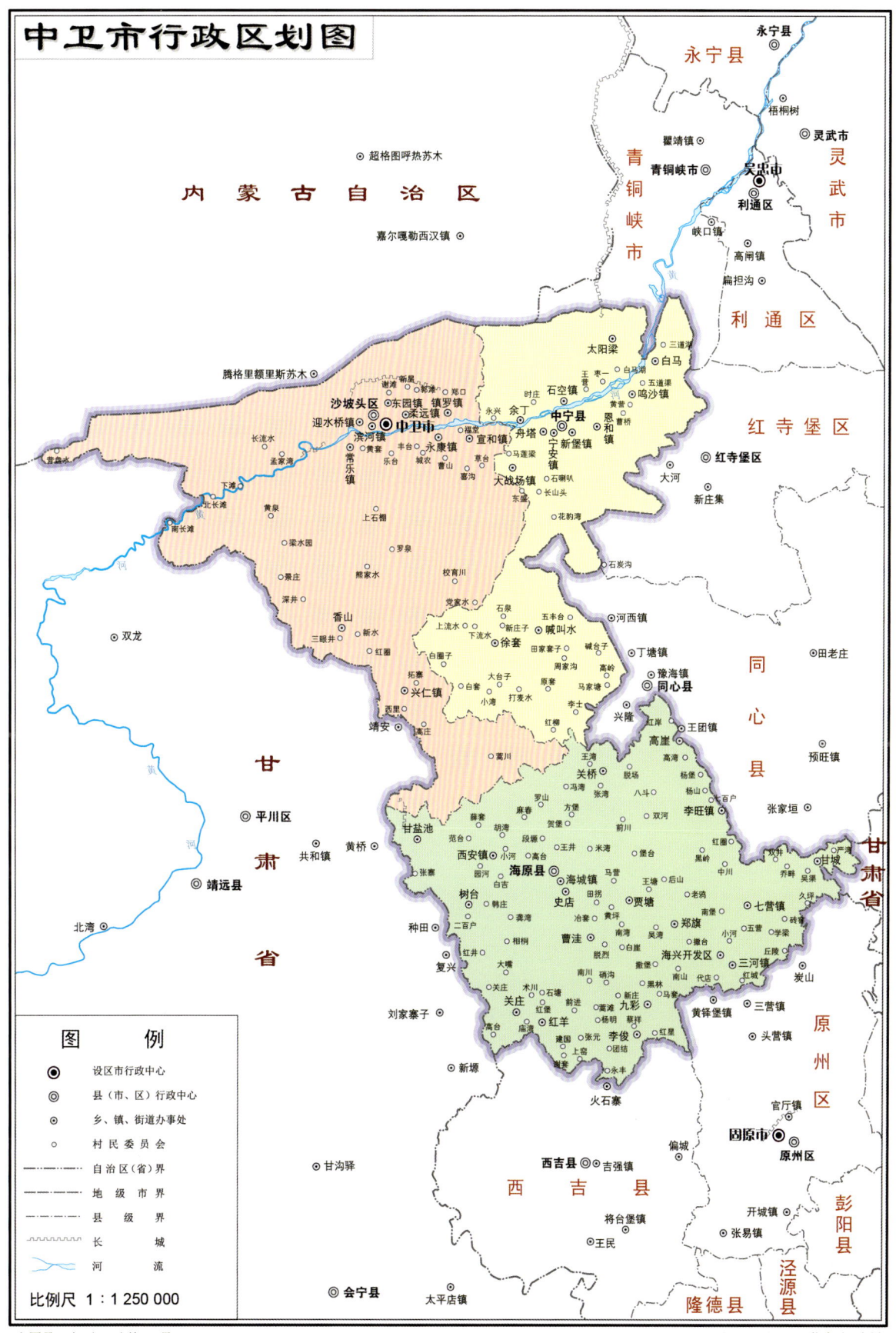

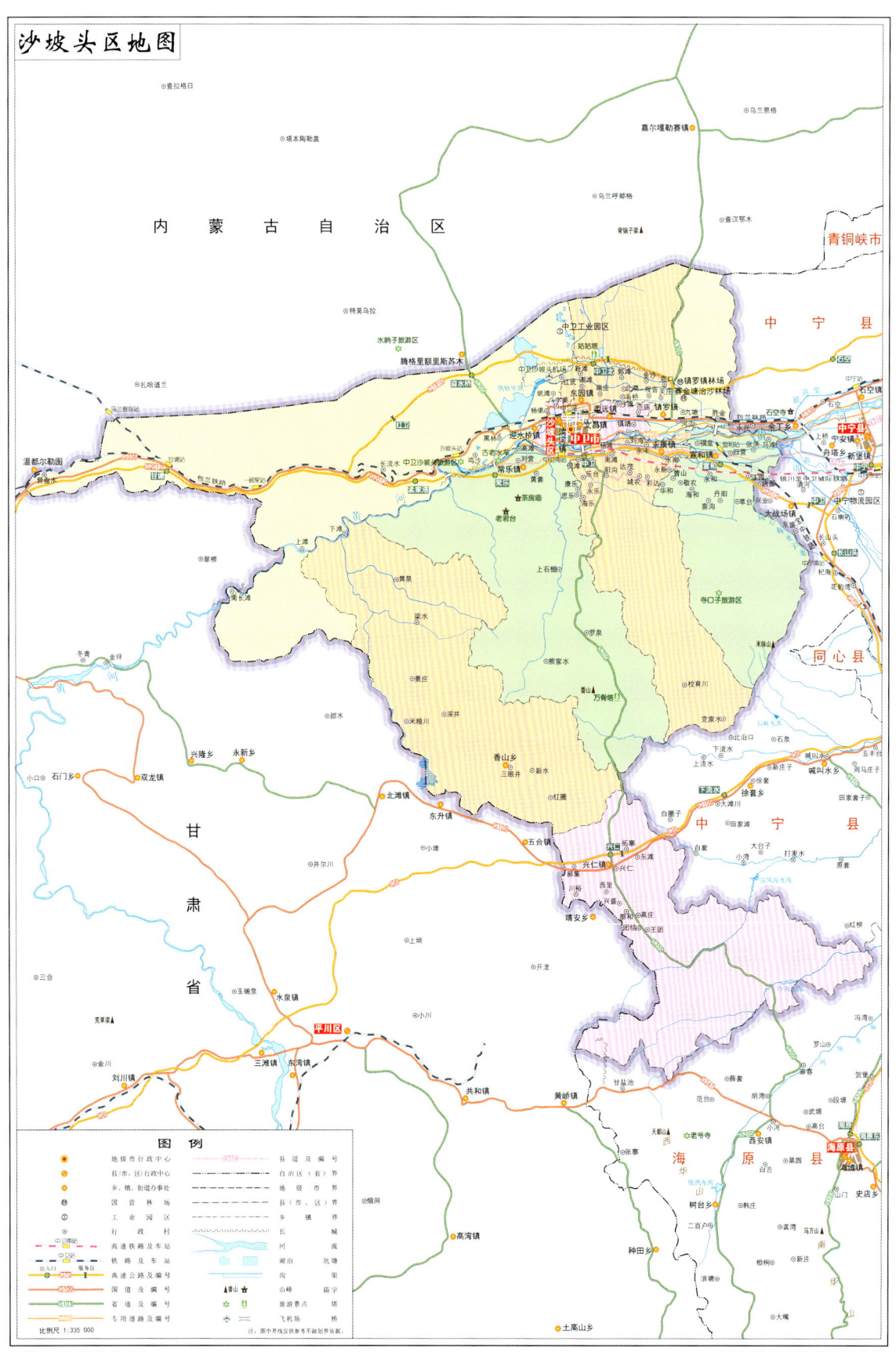

2016年5月，中卫市委书记、市人大常委会主任张柱调研凯歌村服务型党组织建设情况

2016年8月，全市经济观摩，中卫市委书记、市人大常委会主任张柱一行观摩镇罗镇永久性蔬菜基地、乌玛枸杞、凯歌村服务型党组织建设及沈桥美丽村庄工作

2016年5月16日，区党工委书记王学军（左四）调研永康镇永新村美丽村庄建设

2018年，区人大常委会主任焦清春主持镇罗镇重点建设项目"五定"责任分工会议

2018年，区政协主席刘希宁（右一）到定点帮扶村宣和镇汪园村调研硒砂瓜种植情况

2018年3月8日，区委副书记、区长郭爱迪（右三）调研第九排水沟治理情况

2018年9月26日,区委书记童刚调研沙坡头区全民健身中心项目建设

2019年,区人大常委会主任郭吉武、副主任田仲锋调研脱贫攻坚产业发展及"两不愁三保障"落实情况

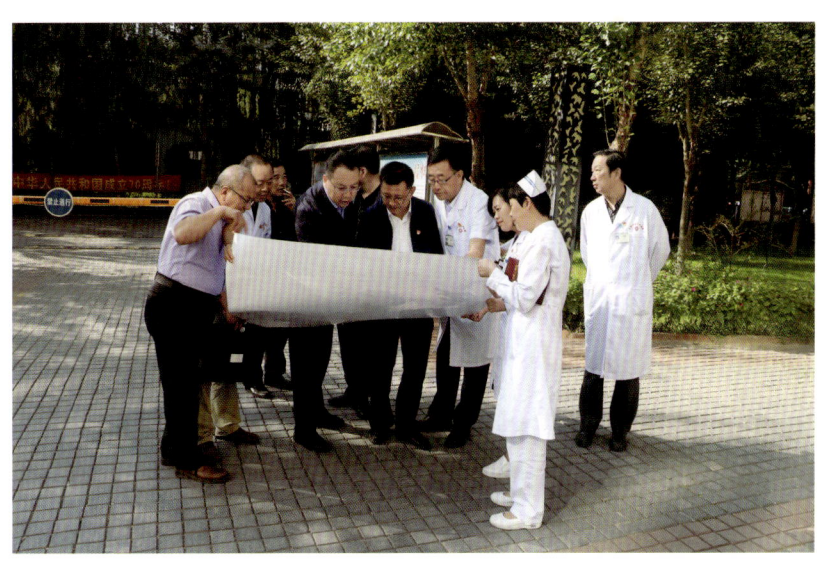

2019年9月27日,区委书记童刚实地调研医院就医环境

2019年9月30日,沙坡头区四套班子在中宁烈士陵园参加烈士纪念日公祭活动

2019年10月2日,区委书记童刚到退役军人马永庆家中慰问

2019年7月23日,区委书记童刚、区委副书记、区长郭爱迪参加产业发展和重点工作现场观摩交流会

2019年7月25日,区委副书记、区长郭爱迪调研河滩村文明实践站

重要会议

2016年7月13日至15日，中卫市沙坡头区第一届人民代表大会第一次会议在红宝宾馆召开

2016年12月7日至9日，中卫市沙坡头区第一届人民代表大会第二次会议在红宝宾馆召开

2016年7月12日至14日，沙坡头区政协一届一次会议在红宝宾馆召开

2017年6月3日，中卫市沙坡头区第一届人民代表大会第三次会议在红宝宾馆召开

2017年6月3日，新当选的中卫市沙坡头区人大常委会副主任、副区长在红宝宾馆进行宪法宣誓

2017年，沙坡头区学习贯彻自治区第十二次党代会精神专题宣讲报告会

2018年3月22日，召开沙坡头区脱贫攻坚工作领导小组2018年第一次会议

2018年1月4日至6日,沙坡头区政协一届三次会议在红宝宾馆召开

2017年10月18日,沙坡头区集中收看中国共产党第十九次全国代表大会开幕式直播

2017年11月10日,区委书记王学军宣讲党的十九大精神

2019年1月20日至22日,沙坡头区政协一届四次会议在红宝宾馆召开

宜居美城沙坡头

槐花香飘南大街

盛世中卫展新颜

城市风景

光伏园

胜金关长城烽火台

晚霞照河川

黄河边安静村落——北长滩

黄河拐过北长滩

秋日里的渡口

"麦草方格"治沙

静谧村庄——鸣沙村

文化旅游

沙漠里的归宿——黄河宿集

网红打卡地66号公路

市区喧闹中的一处——高庙保安寺

紫色薰衣草圣地——金沙岛

依山傍水一田园——南长滩

塞上奇峡

寺口云汉天渡索桥

中卫寺口丹霞风光

文化旅游

划 筏

黄河大峡谷漂流

羊皮筏子

归 途

沙坡头全景

黄河飞索

沙坡头——白马拉缰

沙漠越野

爆炒羊羔肉　　蒿子长面　　卤豆腐

面包羊羔肉　　莫氏清炖土鸡　　中卫锅盔

芋头黏饭　　枣糕油饼子　　中卫烩小吃

糖醋黄河鲤鱼　　中卫拉拉粉

中卫市（沙坡头区）首届休闲农业与乡村旅游文化节

首届宁夏苹果大赛暨沙坡头苹果节

中卫市首届苹果采摘节暨2017年秋季苹果推介会

特色产业

希 望

凯歌村永久性设施蔬菜基地

苹果展品

供港蔬菜基地

乌玛枸杞深加工车间

海弘生物环保猪场生猪育肥项目

硒砂瓜种植基地

沙坡头南北干渠节水改造工程

照壁山水库

金鑫园2.2万立方米蓄水池

秋冬季农田水利建设重点片区

柔远镇莫楼湖——第四排水沟湿地系统

南山台扬水工程

2017年1月19日,沙坡头区扶贫办联合扶贫龙头企业开展"送温暖 迎新春"活动,为特困建档立卡贫困群众送上春节慰问

2017年10月17日,在沙坡头区镇罗镇观音学校举办"全国第四个扶贫日暨爱心书包捐赠仪式",沙坡头区"十三五"易地扶贫搬迁移民家庭学生和当地贫困家庭学生359人领取了新书包。自治区扶贫基金会副秘书长夏铁耕出席

2015年12月4日,沙坡头区检察院开展法制宣传活动

2017年1月29日,春节社火展演

2017年5月26日,首届"魅力沙坡头区"秦腔大赛

2017年7月21日,常乐镇"民族团结一家亲 同心共筑中国梦"专场演出

2017年8月24日，沙坡头区农村精神文明建设暨移风易俗工作互学互促推进会

2017年，国防教育进学校

2017年12月，气象科普进广场

2018年5月16日，举办沙坡头区红白理事会骨干培训班

2018年6月15日，我们的节日——端午节

2018年9月11日，沙坡头区"十三五"易地扶贫搬迁安置现场

2018年9月11日,沙坡头区"十三五"易地扶贫搬迁海原县移民群众喜迁新居

2018年12月4日,沙坡头区举办宪法知识决赛

2018年12月20日,沙坡头区举办了机关干部包保帮扶建档立卡贫困户工作培训会

民俗文化

2019年,沙坡头区五四表彰大会

2019年,青年歌手大赛决赛

书法现场

2019年9月19日，沙坡头区扫黑除恶专项斗争"以案说法基层行"宣讲会在镇罗镇开展，区人民法院、检察院、民社局、司法局业务骨干和律师主讲

2019年10月15日，2019年中卫市文化科技卫生"三下乡"集中示范活动

2019年，元宵节舞龙舞狮

2019年，刘文香律师进校园举办法治讲座

2019年，"扶贫日"在常乐镇思乐村开展"脱贫献爱心"活动

宣和镇中心卫生院

2019年7月23日，滨河司法所开展法制宣传

2019年9月，举办中卫市沙坡头区2019年中国农民丰收节

2019年11月19日，红太阳广场开展禁毒知识宣传

2019年11月26日，结合"千名干部下基层，为民服务解难题"活动，中卫市民政局副局长林致华、永康镇副镇长罗永乐到永康镇困难群众家中了解社会救助政策落实情况

2017年10月17日,沙坡头区"同沐法治阳光·共创和谐社会"法治文艺巡演到迎水桥镇演出

2019年9月11日,光明社区"月圆中秋 情系老兵"中秋节联欢会

2019年,长安社区开展"文明祭祀绿色清明"活动

2019年,长安社区举办"弘扬敬老文化 传承中华美德"活动

2019年10月9日，光明社区国庆节、重阳节"双节"汇演暨趣味运动会

2018年5月，羚羊村首届农民趣味运动会

贫困群众为区扶贫办赠送锦旗

2019年9月13日，欢送新兵

2016年,镇罗镇干部参加红歌大家唱,庆祝中国共产党建党95周年"万人红歌演唱"比赛

镇罗镇广场文化活动

篮球运动会

祝贺中华人民共和国成立70周年——大合唱

中卫高铁南站剪影

2008年12月26日,宁夏中卫香山机场通航庆典仪式在香山机场进行

2017年,举行中卫至兰州高速铁路(宁夏段)建设开工大会

华御公司动力厂纯水车间装置

宁钢公司轧钢厂

宁夏中卫大河机床有限责任公司

宁夏瑞泰科技股份有限公司

新华实业集团炉体全貌

宁夏中关村科技产业园中卫云中心

西部云基地鸟瞰图

云创360数据中心

银阳新能源有限公司光伏电站组件

香山机场航站楼

2019年，中卫市第一小学智慧课堂

中卫市第二小学2020年秋季一年级新生入学礼

2019年11月，中卫市第二小学代表宁夏参加全国青少年电子信息智能创新大赛，多名同学获奖

中卫市第二小学机器人社团活动

2001年9月,智慧课堂研讨活动在中卫市第七小学召开,马丽燕老师给各校校长进行课堂展示

2019年,中卫市第四小学开展传承红色基因活动

2019年6月,中卫市第七小学合唱队参加自治区合唱比赛,荣获全区二等奖

2017年至今,中卫市第七小学实施创新素养教育,培养孩子创新能力及动手能力,图为一年级学生作品

2014年5月24日,著名医生走进社区开展义诊宣传活动

2014年11月,永康镇中心卫生院组织医务人员、党员干部进村庄、进养老院,开展送医、送药、送健康活动

2016年6月30日,沙坡头区人民医院党总支组织开展"党在我心中"主题演讲比赛

宁夏"百名专家基层服务（中卫行）"活动在常乐镇卫生院开展

2004年5月30日，迎水桥铁路医院移交仪式

2008年7月20日，中卫市二医院召开机关效能和行业作风建设大会

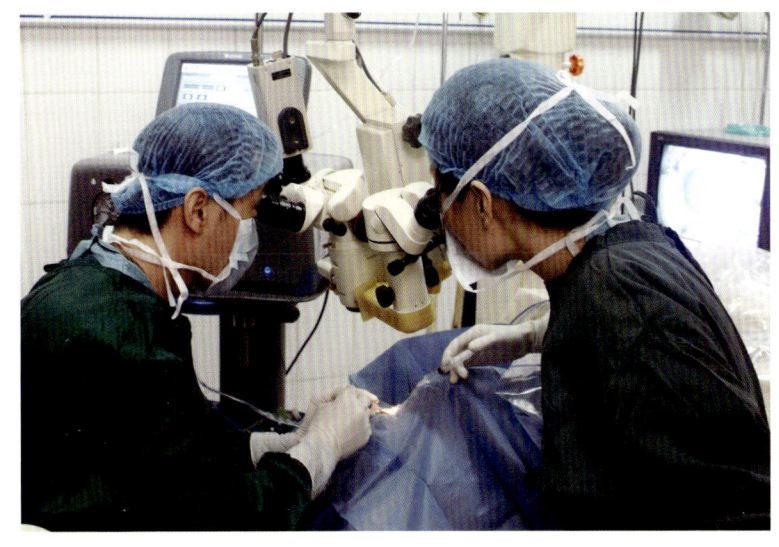
2010年11月11日，眼科专家为患者实施白内障手术

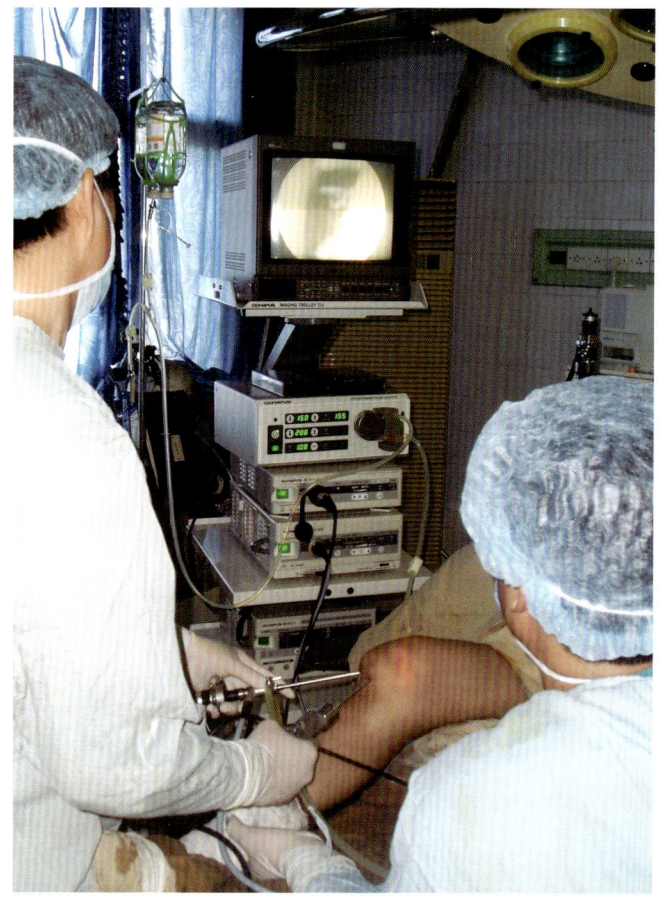

2013年7月14日,沙坡头区人民医院骨科运用膝关节镜技术为患者实施手术

2016年9月28日,沙坡头区人民医院组织部分党员医务人员深入社区开展义诊宣传活动

2017年6月13日,沙坡头区人民医院党总支组织开展"两学一做"专题党课

2020年8月17日,沙坡头区人民医院牵头组织开展医疗健康总院技能大赛

2017年，沙坡头区纪念建军90周年暨2017年国防教育专题报告

2017年8月22日，举行沙坡头区2017年农村财会人员财政支农政策培训班开班仪式

2017年8月27日，沙坡头区召开清廉示范点观摩评促会

2017年，召开沙坡头区重点项目集中开工暨项目建设年启动仪式

2017年，沙坡头区集中观看自治区第十二次党代会开幕式

沙坡头区庆祝中华人民共和国成立70周年升旗仪式

序

　　沙坡头区隶属宁夏回族自治区中卫市，位于宁夏中西部，东邻中宁县，南与同心县、海原县及甘肃省靖远县交会，西接甘肃省景泰县，北邻内蒙古自治区阿拉善左旗，地处宁、甘、内蒙古三省交界，曾是古"丝绸之路"的重要驿站，也是祖国西北重要的生态屏障，被誉为"塞上江南""鱼米之乡"。沙坡头区长流水、一碗泉旧石器晚期文化遗址的发现，证明早在石器时代人类就在这块土地上生息繁衍。早在秦代，沙坡头区就已纳入中原王朝的管辖，此后历代王朝都在此进行有效的行政管理。沙坡头区的前身为中卫县，2004年，中卫撤县设市，沙坡头区正式成立，承袭原中卫县的行政区划。2016年8月，中卫市沙坡头区正式挂牌，标志着该区以市辖区行政建制模式独立运行。

　　沙坡头区名称来源于自然风光与治沙成果融为一体的沙坡头。1984年，宁夏回族自治区人民政府批准成立了自治区级沙坡头自然保护区。1985年始置环境监测站，确定了沙坡头自然保护区范围界线。1988年，中卫固沙林场、中国科学院兰州沙漠研究所获联合国"全球环境先进单位"称号。1994年，经国务院批准，沙坡头自然保护区升格为国家级自然保护区，中卫固沙林场获"联合国全球五百佳环境奖"。沙坡头已经成为宁夏旅游观光的"名片"。

　　2004年沙坡头区成立后，以经济建设为中心，加快转变发展方式，提升的可持续发展能力，全力改善民生，促进社会建设快速跃升，冲刺决胜建成小康社会，沙坡头区的综合实力有了显著的提升。沙坡头区委、区政府努力实施"创新驱动、产业带动、富民共享、生态优先"四大战略，突出科学发展主题，统筹城乡发展，统筹经济社会发展，统筹人与自然和谐发展，为早日建成开放富裕和谐美丽的沙坡头区而努力奋斗。

　　沙坡头区修志历史悠久，早在清代乾隆、道光年间，就曾两次纂修《中卫县志》。改革开放以后，社会主义新方志的编纂方兴未艾，20世纪90年代中期，新修《中卫县志》出版发行，荣获中国地方志优秀成果一等奖，为宁夏地方志事业增添了新的光彩。2004

年沙坡头区成立,至今已有十余年,为了真实记录沙坡头区十余年来取得的光辉业绩和奋斗足迹,编纂一部《中卫市沙坡头区志》迫在眉睫。2015年,国务院颁布了《地方志编纂规划纲要》,明确要求各地要全面完成修志工作。鉴于此,沙坡头区委、区政府启动了《中卫市沙坡头区志》的编纂工作,历经数年的辛勤编纂,沙坡头区成立后的首部志书正式问世。区志真实记载了自沙坡头区成立至2019年十余年的历史,以大量的资料,记述了沙坡头区人民奋发拼搏,勇于开拓,敢于担当的光辉奋斗历程。

地方志是经世致用的辅世之作,也是惠及子孙的传世之典,《中卫市沙坡头区志》在编纂过程中得到了沙坡头区委、区政府的高度重视和亲切关怀,得到了沙坡头区社会各界的关心和厚爱,在《中卫市沙坡头区志》付梓之际,谨向为《中卫市沙坡头区志》付出艰辛劳动的全体同仁致以真挚的谢意和崇高的敬礼!

2022年9月

凡 例

一、《中卫市沙坡头区志》（以下简称"本志"）以马列主义、毛泽东思想、邓小平理论、三个代表重要思想、科学发展观、习近平新时代中国特色社会主义思想为指导，运用辩证唯物主义和历史唯物主义的观点，本着尊重历史、实事求是和秉笔直书的原则，全面记述现行沙坡头区行政区域范围内自然和社会、历史和现状。力求突出时代特点、地方特点，做到思想性、科学性、资料性相统一。

二、本志以述、记、志、传、图、表、录7种体例进行综合记述，以志为主。

三、本志上限为2004年沙坡头区成立，个别历史事件追溯至事物发端，下限尽量断于2019年12月31日，志书实行章节体，按事物属性分章进行横排竖写，并尽量遵循"以事系人"和"横不缺项、纵不断线"的编修方法。全志章下列节、目、子目三个层次。

四、为统一志书编纂格式，章下写一段无题序，节、目下不再出现无题序。

五、全志遵循"生不立传"的修志传统原则，对于在世人物，除以事系人入志外，同时对有重大贡献获县（区）级以上表彰的先进个人（包括先进集体），或规定一定职务、职称的在世人物作简介或编列名录表。

六、本志历史纪年，先秦至清代纪年用汉字书写并括注公元纪年；中华民国时期，先写民国年号并括注公元纪年；中华人民共和国时期，以公元纪年。数字和标点符号的使用，均按1996年6月1日起实施的《中华人民共和国国家标准出版物上数字用法的规定》执行。志中字体除必要时使用繁体字，其他一律使用1956年国务院公布的《汉字简化方案》中的简化字。

七、本志文体采用规范的汉语现代语体文书面语。文字力求朴实、简练、流畅，使用标点符号准确。全志各种数据均以宁夏回族自治区、中卫市、沙坡头区统计部门的法定统计数字为准，以各有关部门的史料数字为辅。数字书写，遵照国家《关于出版物上数字用法的规定》对于小数点方面的数字，采用四舍五入法，一般精确到保留两位。

八、本志记述中凡"新中国成立前""新中国成立后"表示的时态，以 1949 年 10 月 1 日中华人民共和国成立为界。大事记采用编年体与记事本末体相结合，月份不详者附于年末，日期不详者附于月末，用"是年""是月"表示。是年、是月、同时数事者，用△符号表示。

九、本志中的行政区划、机构、人员职务名称，均采用当时当地名称。凡古代地名，括注今地名。

十、本志所用计量单位，以不同历史时期国家法定使用的计量单位名称为准。

十一、本志资料大部分摘自沙坡头区档案馆所藏档案、文件及沙坡头区各机关团体、事业单位所提供的相关资料等，一般不再注明出处。

目 录

概　述 …………………………………… 1

大事记 …………………………………… 7

第一章　自然环境

第一节　地　质 …………………………… 38

第二节　地形地貌 ………………………… 45

第三节　土　壤 …………………………… 48

第四节　气　候 …………………………… 49

第五节　物　候 …………………………… 53

第六节　水　文 …………………………… 55

第七节　自然灾害 ………………………… 57

第八节　自然资源 ………………………… 62

第二章　行政建置

第一节　建　置 …………………………… 68

第二节　乡　镇 …………………………… 70

第三节　社区居民委员会 ………………… 90

第三章　环境保护

第一节　环境质量 ………………………… 113

第二节　污染防治 ………………………… 122

第三节　环境管理 ………………………… 127

第四节　生态治理 ………………………… 135

第四章　社　会

第一节　人　口 …………………………… 143

第二节　民族宗教 ………………………… 152

第三节　社会风俗 ………………………… 155

第四节　人民生活 ………………………… 167

第五章　农业与农村经济

第一节　农业农村经济体制 ……………… 170

第二节　扶贫开发 ………………………… 172

第三节　农业农村经济发展 ……………… 187

·1·

第四节　种植业 …………… 189
第五节　林　业 …………… 194
第六节　草畜业 …………… 198
第七节　渔　业 …………… 200
第八节　农业农村管理 …………… 201

第六章　水　利

第一节　机构管理 …………… 202
第二节　渠道管护 …………… 205
第三节　水利工程 …………… 207
第四节　水土保持 …………… 208
第五节　防汛抗旱 …………… 209

第七章　工　业

第一节　工业体制 …………… 216
第二节　工业门类 …………… 217
第三节　安全管理 …………… 218
第四节　工业发展 …………… 219
第五节　节能降耗 …………… 222
第六节　工业园区 …………… 224

第八章　商业贸易

第一节　商业管理 …………… 229
第二节　经营体制 …………… 230
第三节　商业成分 …………… 231
第四节　市　场 …………… 235
第五节　商品储运 …………… 238
第六节　电子商务 …………… 238
第七节　招商引资 …………… 239
第八节　粮食流通 …………… 240
第九节　物　流 …………… 241

第九章　交通运输与信息产业

第一节　机构管理 …………… 243
第二节　航　空 …………… 250
第三节　铁　路 …………… 251
第四节　公　路 …………… 256
第五节　水　路 …………… 264
第六节　信息产业 …………… 266

第十章　城乡建设

第一节　机构体制 …………… 273
第二节　城市设施 …………… 274
第三节　公共基础设施建设 …………… 283
第四节　乡镇建设 …………… 290

第十一章　旅游业

第一节　旅游资源 …………… 294
第二节　旅游管理 …………… 306

第十二章　财税金融

第一节　财　政 …………… 312
第二节　重点财政项目支出 …………… 315
第三节　财政预决算 …………… 318
第四节　国有资产管理 …………… 322
第五节　财政收入与支出 …………… 324
第六节　税收管理 …………… 325
第七节　税费收入情况 …………… 332
第八节　税费征收管理 …………… 333
第九节　金　融 …………… 337
第十节　金融重点业务 …………… 342

第十三章　综合经济管理

第一节　国民经济计划 …………… 353
第二节　物价与居民消费 …………… 361
第三节　统计工作 …………… 363
第四节　土地管理 …………… 365
第五节　安全生产管理 …………… 371
第六节　审计管理 …………… 376

第十四章　中共沙坡头区组织

第一节　沙坡头区委员会 …………… 379
第二节　重要会议 …………… 386
第三节　纪律检查 …………… 389
第四节　政法工作 …………… 398
第五节　组织建设 …………… 403
第六节　宣传工作 …………… 409
第七节　统战工作 …………… 419
第八节　政治巡察 …………… 421
第九节　政策研究 …………… 422

第十五章　党派群团

第一节　民主党派 …………… 425
第二节　工　会 …………… 426
第三节　共青团 …………… 432
第四节　妇女团体 …………… 437

第十六章　人民代表大会

第一节　人民代表大会常务委员会 …………… 444
第二节　重要会议 …………… 446
第三节　常委会工作 …………… 459

第十七章 人民政府

第一节 历史沿革 …………… 468
第二节 政府机构 …………… 471
第三节 重要会议 …………… 477

第十八章 人民政协

第一节 机 构 …………… 480
第二节 重要会议 …………… 481
第三节 履行职能 …………… 482
第四节 主要活动 …………… 489

第十九章 军 事

第一节 军事设施 …………… 495
第二节 武装组织 …………… 498
第三节 重大战事 …………… 502
第四节 民 兵 …………… 504
第五节 拥军优抚 …………… 508

第二十章 法 治

第一节 公 安 …………… 512
第二节 检 察 …………… 521
第三节 审 判 …………… 529
第四节 司法行政 …………… 534
第五节 信 访 …………… 540

第二十一章 民政与社会保障

第一节 机 构 …………… 542
第二节 社会救济 …………… 543
第三节 社区建设 …………… 546
第四节 社会事务管理 …………… 547
第五节 社保费发放 …………… 552
第六节 社会保障 …………… 555

第二十二章 编制 人事 劳动

第一节 编 制 …………… 557
第二节 人 事 …………… 561
第三节 劳 动 …………… 567

第二十三章 教 育

第一节 机构设置 …………… 570
第二节 基础教育 …………… 571
第三节 职业教育 …………… 573
第四节 中高等教育 …………… 573
第五节 其他教育 …………… 574
第六节 教师队伍 …………… 575

第七节　体制改革 …………… 576
第八节　教育投入 …………… 580

第二十四章　科学技术

第一节　机构管理 …………… 583
第二节　民营科技企业 ………… 585
第三节　科技队伍 …………… 587
第四节　科技成果 …………… 589

第二十五章　文化　体育

第一节　管理机构 …………… 590
第二节　管　理 ……………… 594
第三节　文学艺术 …………… 596
第四节　群众文化 …………… 598
第五节　非遗保护 …………… 602

第六节　体　育 ……………… 604

第二十六章　医疗卫生

第一节　机构管理 …………… 609
第二节　医疗技术 …………… 617
第三节　卫生预防 …………… 619
第四节　卫生保健 …………… 622
第五节　卫生宣传 …………… 626

第二十七章　人　物

第一节　人物传 ……………… 629
第二节　人物简介 …………… 635
第三节　先进集体和先进个人 ……… 666

附　录 ………………………… 670

概　述

沙坡头区位于宁夏回族自治区中西部，是宁夏最年轻的市辖区，也是中卫市的政治、经济、文化中心。早在石器时代，沙坡头区境内就有人类在这里繁衍生息。明永乐元年（1403年）宁夏右护卫改置为宁夏中卫。清雍正二年（1724年）设中卫县，属宁夏府。1954年并入甘肃省银川专区。1958年宁夏回族自治区成立后，先后划归银南地区、地级吴忠市管辖。2004年撤县设市后，原中卫县辖区由中卫市直管。2012年5月组建沙坡头区党工委、管委会，为市委、市政府派出机构，主要承担原中卫县辖区农业农村经济发展和社会管理职能。2016年8月19日，沙坡头区"四套班子"正式挂牌成立，以市辖区独立运转。

沙坡头区地形由西向东、由南向北倾斜。境内海拔高度在1100~2955米之间。地貌类型有沙漠、黄河冲积平原、台地、山地和盆地五个较大的地貌单元。境内有黄河及其支流长流水、清水河三条主要河流。沙坡头区深居内陆，远离海洋，靠近沙漠，属半干旱气候，具有典型的大陆性季风气候和沙漠气候的特点。春暖迟、秋凉早、夏热短、冬寒长，风大沙多，干旱少雨。沙坡头区土地肥沃，物产丰饶，是西北地区重要的商品粮、水产品和设施蔬菜生产基地。沙坡头区探明资源储量的矿种主要有煤、铁、铜、金、电石灰岩、石膏、陶瓷黏土、水泥配料用黏土、砖瓦黏土、建筑石料、建筑用砂等。品位高，易开发，是宁夏矿产资源最丰富的地区之一。

沙坡头区地处我国陆地几何中心，是连接西北与华北的第三大铁路交通枢纽，是连接欧亚大通道"东进西出"的桥头堡，也是古丝绸之路和"一带一路"重要的节点城市。包兰、宝中、太中银、干武铁路在此交汇，"中欧""中亚"国际货运班列定期运行，银川至中卫高铁开通运营，全面融入全国高铁网。京藏、福银、定武、乌玛等5条高速公路和109、338国道等4条干线公路穿境而过。沙坡头机场开通至北京、上海、西安等航线。中国物流中卫综合物流园、中卫迎水桥铁路口岸和镇罗公铁物流园区等重点工程加快建设，交通物流方便快捷，是"全国十大最具投资潜力城市"，美国亚马逊、奇虎360、港中旅等世界知名企业相继落户沙坡头区。

沙坡头区以"宜居、休闲、生态美"作为城市建设最高定位，把"城市让生活更美好"作为城市发展最高目标，坚持"以绿为美、以水为源、以净为荣、以适为宜、以人为本"的发展理念，依沙傍水规划建设城市，精心精细管理城市，着力改善城市生态、提升城市环境，打造城市品牌，"以克论净"的城市深度保洁管理机制享誉全国。生态优美，环境宜人，休憩游园、生态带、健康绿道构建起覆盖全域的生态体系，建成区绿地率和绿化覆盖率分别达35.6%和39.7%；水域面积达220公顷，占建成区面积20%。先后荣获"迪拜国际改善居住环境最佳范例奖""厕所革命优秀城市""全国十佳生态文明建设示范城市""国家园林城市""中国特色魅力城市100强"等殊荣。

一

沙坡头区设立后，国民经济快速发展，综合经济实力显著增强。沙坡头区认真贯彻落实新发展理念，着力打好"三大攻坚战"，大力实施创新驱动、脱贫富民、生态立区"三大战略"，经济社会事业步入了全面协调高质量发展快车道。2019年，沙坡头区实现生产总值190.1亿元，同比增长5.8%。其中，第一产业增加值25.96亿元，同比增长3.6%；第二产业增加值78.53亿元，同比增长5.8%；第三产业增加值85.63亿元，同比增长6.7%。经济结构不断优化调整。三次产业结构从1958年的69.5∶9.1∶21.3调整为1978年的47.4∶28.5∶24.1，2019年调整到13.7∶41.3∶45.0，产业结构调整经历了由"一三二"到"一二三"再到"三二一"的转变升级。第一产业比重逐年下降，二三产业比重逐年上升，国民经济增长由传统农业带动转为由二三产业协同带动，第二三产业成为经济发展的主要动力，产业结构实现了向较高层次的跨越。人均GDP大幅提高。沙坡头区成立后，人均GDP一路高歌猛进，2005年突破万元大关，2010年一举跃上2万元台阶，2012年实现3万元的喜人成绩，2017年人均GDP成功迈入4万元行列。2019年，按常住人口计算，人均GDP达到45982元，比上年增长5.3%。城乡居民收入不断增加，人民生活水平不断提高。城镇居民人均可支配收入由1980年的289元增加到2019年的31028元。农民人均纯收入由2004年3187元增加到2013年7757元，十年来农民收入增长了2.4倍。农村居民人均可支配收入由2014年的8972元增加到2019年的13210元。1980年，城镇居民人均消费支出272元，农村人均消费支出143元；2019年，城镇常住居民人均消费性支出21141.1元，农村常住居民人均消费性支出12802.8元，分别比1980年增长77.7倍、89.5倍。

二

农业提质增效显著，特色优势产业发展壮大。沙坡头区把"三农"作为落实科学发展观、扎实推进社会主义新农村建设的首要任务，立足区位优势，大力调整优化农业产业结构，培育发展特色优势产业，基本形成了环香山地区硒砂瓜产业带、引黄灌区设施蔬菜产业带、扬黄灌区经果林产业带、南北部养殖产业带和沿黄高效节水农业示范区的"四带一区"农业特色产业发展格局，在发挥优势上做文章，在壮大特色上下功夫，着力调结构、提品质、增效益，农村经济结构不断优化，农村综合改革不断深化，农村经济较快增长，综合实力显著增强，城乡人民生活明显改善，农村面貌发生了历史性变化。粮食产业提质增效。沙坡头区积极创建了一批绿色增产模式攻关示范区，推进新技术新品种试验示范区，科学划定粮食生产功能区，努力推进粮食生产。2019年，沙坡头区粮食种植面积25.94万亩，全年粮食总产量15.39万吨。随着畜牧业发展、种植效益机械化、科学化种植水平提高等因素影响，三大粮食作物种植结构发生改变，面积呈"两降一增"趋势：2019年，小麦播种面积1.49万亩，产量0.44万吨；水稻播种面积5.10万亩，产量3.13万吨；玉米播种面积大幅增加，达到18.30万亩，产量11.71万吨。三大粮食作物单产均呈增长态势。小麦、水稻、玉米单产分别为1958年的1.8倍、3.3倍、10倍。特色产业规模扩大，蔬菜产业稳步发展。通过农业龙头企业带动，大力发展蔬菜产业。建设永久性蔬菜生产基地、设施蔬菜绿色高产量高效核心示范区。同时，供港蔬菜又成为沙坡头区新兴的蔬菜产业，主要分布在镇罗镇、东园镇，种植品种有菜心、芥蓝、上海青、江门白菜等。供港蔬菜为典型的现代化农业，从播种灌溉到加工运输均实现机械化流程化操作，实现了土地的高效利用，使农民获得了更高的收益。硒砂瓜产业拓展提升。沙坡头区成立后，沙坡头区瓜类产业发展飞速，尤其是香山硒砂瓜成为中卫乃至宁夏的亮丽品牌，已进入全国公共品牌驰名商标行列。2007年，香山硒砂瓜荣获中国地理标志保护农产品，2008年获得有机产品认证，2010年"香山硒砂瓜"获中国驰名商标，产品远销北京、山东、上海、广州、深圳、成都、重庆等全国33个大中城市，并进入外蒙古等市场，已经成为宁夏中部干旱带农民创收的一个亮点。沙坡头区在香山、兴仁等地建成硒砂瓜品质品牌保护区30万亩，富硒示范区3万亩，实行绿色标准化生产，通过推广应用基施有机肥、催芽点种等新技术，确保硒砂瓜品质优良。林果产业实现扩规增效。以基地和示范园建设为抓手，开展经济林新品种、新技术推广、示范、应用，力促沙坡头区特色经济林产业提质增效。养殖业逐步壮大。沙坡头区形成了蛋鸡、生猪、奶牛、草畜四大产业带，形成山区生态建设、种草养畜基地和以引黄灌区、扬黄灌区、库灌区为主农作物秸秆养畜区。鸡产业以沙坡头区宣和、永康两镇为核心，辐射带动镇罗、柔远、东园、迎水等镇，让中卫成为"西部养鸡第一市"。生猪产业以镇罗、宣和、东园、迎水桥、兴仁等镇养殖基地为主。奶牛产业以沙坡头区东园、宣和、永康、镇罗等镇养殖基地为主；肉牛肉羊产业以环香山地区为主。宣和牌禽蛋在2000年荣获宁夏和全国名牌农产品，主要销往兰州、西宁、乌鲁木齐、格尔木、银川、重庆等30多个大中城市。2019年末，沙坡头区猪、牛、羊、家禽存栏分别为13.1万头、6.7万头、23.5万只和287.2万只。奶牛产业发展迅速，奶牛存栏4.1万头，养殖规模是2004年的10倍。肉类总产量2.4万吨，其中猪肉产量1.2万吨，牛肉产量0.5万吨，羊肉产量0.3万吨，禽肉产量0.4万吨，禽蛋产量3.7万吨，牛奶产量17.5万吨。

三

工业经济不断壮大，工业基础逐步夯实，工业总量突飞猛进。在中卫工业园区的核心引领下，沙坡头区镇罗金鑫园、宣和冶金园、常乐陶瓷园、宁夏红科技园基础设施不断完善，逐步构建起"一区四园"的招商引资孵化基地，随着云计算现代物流、移动互联网等新兴产业相继落户，沙坡头区逐步完善的工业体系已成为新兴产业发展的主阵地、经济转型升级的主战场。2019年沙坡头区全部工业增加值60.65亿元，占地区生产总值比重31.9%，比上年增长5.0%。重点支柱产业稳定持续发展。新中国成立后，沙坡头区充分利用自然资源优势，逐步建立了以电力热力生产、黑色和有色金属冶炼压延、化工、造纸业、电气机械器材制造等为主的工业体系，成为支撑经济持续健康发展的重要支柱。2019年末，规模以上工业增加值同比增长5.3%。在规模以上工业中，分轻重工业看，重工业增加值增长5.7%，占规上工业增加值比重90.8%；轻工业增加值增长7.6%，占规上工业增加值比重9.2%。分经济类型看，国有控股企业增加值增长18.7%，股份制企业增长4.8%，外商及港澳参商投资企业增长10.9%，私营企业增长5.3%。分门类看，制造业增加值占规模以上工业增加值的比重为63.2%，电力、热力、燃气及水的生产和供应业增加值占36.8%。分行业看，电力、热力生产和供应业占规模以上工业增加值的比重为

33.6%，黑色金属冶炼和压延加工业占比29.8%，化学原料和化学制品制造业占比10.0%，非金属矿物制品业占比4.3%。产品种类增多，产品产量快速增长。2019年末，沙坡头区生产饲料添加剂6.1万吨，钢材160.7万吨，铁合金81.4万吨，商品混凝土53.1万立方米，碳化钙（电石）12.9万吨，铸铁件0.8万吨。自2004年起，一批新能源产品应运而生，2019年末，单晶硅产量达5334.8吨，比上年增长29.4%。2019年末，沙坡头区85家规模以上工业企业实现利润14.99亿元，比上年增长61.6%。规模以上工业企业营业收入利润率为6.56%，规模以上工业产品产销率为98.2%，企业资产负债率63.8%。

四

投资规模日益扩大，投资主体多元化。自治区成立之初，沙坡头区是以第一产业为主的农业县区，各项投资建设缓慢发展，1958年，沙坡头区全社会固定资产投资422万元，1958—1978年的20年间，全社会固定资产投资有升有降波动起伏。改革开放后，投资建设快速增长，全面发展。党的十一届三中全会拨乱反正，党和国家的工作重点转移到经济建设上来，对个体私营经济的政策逐步放开，固定资产投资由过去单一的政府投资转变为国有、集体、个人及其他各类经济成分共同参与的全方位经济建设新格局。2019年末，沙坡头区全年固定资产投资（不含农户）比上年增长1.8%。

五

社会事业蓬勃发展，人民共享发展福祉。自治区成立以后，特别是改革开放以来，在经济持续稳定发展的同时，沙坡头区教育、文化卫生等各项社会事业也取得了长足的发展和进步。教育事业蓬勃发展。经过60余年的发展，尤其是党的十一届三中全会以来，沙坡头区教育事业取得了辉煌成就。2019年末，沙坡头区各级各类学校127所，教职工5079人，普通中学在校学生数24157人，小学在校学生数27555人。其中，普通高中2所，普通初中22所，中等职业学校1所，普通小学45所，特殊学校1所。幼儿园56所，在园幼儿13752人。卫生事业健康发展。1960年，沙坡头区仅有卫生机构26个，医疗床位154张，卫生技术人员283人。2019年末，沙坡头区拥有卫生机构（含村卫生室）226个，其中医院12个，社区卫生服务中心（站）11个，乡镇卫生院9个，村卫生室140个，诊所、卫生室、医务室47个，妇幼保健院、疾病预防控制中心、采供血机构和卫生监督所各1个。卫生机构实有床位数2471张，其中医院床位数2274张，每千人口医院床位数 5.49 张。卫生机构人员数（含村卫生室）3527 人，其中执业（助理）医师 972 人，乡村医生 207 人，注册护士 1313 人，每千人口执业（助理）医师 2.35 人，每千人口注册护士 3.17 人。文体广播电视事业欣欣向荣。自治区成立前，沙坡头区的文化事业几是空白，经过 60 余年的发展，人们的精神文化生活得到极大改善。2019 年末，沙坡头区拥有专业艺术表演团体 2 个，业余文艺团体 56 个，文化馆 1 个，公共图书馆 1 个，博物馆 4 个，文物管理所 1 个。已建成大型公共文化服务场所 7 个，村级文化室 165 个，社区文化室 22 个，农家书屋 165 个。全年放映数字电影 3891 场。沙坡头区电视综合覆盖率 100%，广播综合覆盖率 100%，其中，农村电视综合覆盖率 100%，农村广播综合覆盖率 100%。社会保障体系日臻完善。截至 2019 年 12 月，沙坡头区参加基本养老保险人数 11.73 万人，其中，参保职工 7.83 万人。参加城乡居民养老保险人数 11.33 万人。参加基本医疗保险参保人数 38.38 万人。沙坡头区共有 0.49 万人享受城市最低生活保障，1.29 万人享受农村最低生活保障。国家抚恤、补助退役军人和其他优抚对象 1493 人。沙坡头区拥有养老机构 16 个，其中农村敬老院 6 个、社会福利院 1 个、民办养老机构 5 个，共有床位 2183 张，入住老人 385 人。儿童福利院 1 个，共用床位数 50 张，入住儿童 31 人。沙坡头区 4896 人享受城市低保，发放保障金 0.27 亿元；12887 人享受农村低保，发放保障金 0.42 亿元。宜居城市建设逐步建成。2019 年末，沙坡头区有公园 19 个，公园面积 591.26 公顷，公园绿地面积 391.70 公顷、人均公园绿地面积 26.52 平方米。沙坡头区建成区面积 30.46 平方千米，建成区绿化覆盖率 42.47%，建成区绿地率 38.26%。

大事记

2004 年

2月10日　根据《国务院关于同意宁夏回族自治区设立中卫市等有关行政区划调整的批复》，自治区人民政府决定：撤销中卫县，设立地级中卫市。市人民政府驻原中卫县滨河西路。中卫市辖从吴忠市划入的中宁县、从固原市划入的海原县和原中卫县。此决定经自治区九届人大第八次会议通过。

3月5日　位于城区鼓楼南街使用了19年的中卫市场关闭，香山西路临时交易市场正式启用。

3月26日　黄河沙坡头水利枢纽工程首台机组发电成功。

4月2日　滨河大道延伸工程正式开工建设。该工程全长10千米，路基宽11米，按二级公路标准设计，总投资6000多万元，路基铺筑土方量约50万立方米。

4月15日　以"观赏百年梨花，探访河湾人家，参观古老水车，漂流黑山峡谷"为主题的沙坡头黄河梨花节活动在迎水桥至南长滩54千米的黄河岸边举办。

7月18日　为期一周的2004中国宁夏（沙坡头）大漠·黄河国际旅游节在沙坡头旅游区开幕。美国、日本、南非、乌克兰等国外宾及各界群众4万多人参加开幕式。

7月30日　中卫市宣和镇羚羊村麦海斌被自治区人民政府追认为革命烈士。

8月17日　美利纸业林纸一体化工程经国家批准正式实施。

10月28日　中卫市第二批定点医疗保险机构正式公布，市第二人民医院为二级医疗机构，镇罗中心卫生院、宣和中心卫生院、康复医院、大河医院分别为一级医疗机构，参加医疗保险的人员可在以上定点医疗机构就医。

11月2日　中卫市城区秋季农田水利建设全面完工，共清淤各级沟道、渠道14749条，长6284千米，整修各级道路1293千米，完成土方212万立方米。

11月13日　中卫市城区第六届村委会换届投票选举工作全面展开，100多个行政村的群众投票选举当家人。

12月17日　中卫市城区集中供热项目东区供热站安装工程正式通过市级验收。

2005年

3月2日　继2004年对种粮农民实行直接补贴政策后，2005年对从事粮食生产种植的农民实行补贴的政策，中卫城区每亩10元。

4月29日　国家开发银行正式批准为宁夏美利纸业提供31.5亿元的项目贷款支持。

5月14日　全国人大常委会副委员长盛华仁带领全国人大常委会委员、全国人大环资委主任毛如柏等一行到沙坡头区就《中华人民共和国水污染防治法》贯彻实施情况等工作进行视察。

6月7日　全国人大常委会考察组一行对中卫市治沙工作、包兰铁路治沙防护林体系建设情况深入调研。全国人大常委会副委员长、中国科学院院长路甬祥称赞沙坡头沙漠试验研究站建设者：你们所创造的一切，已经载入了中国科学发展史册、中国沙漠治理史册。

6月8日　2005年"旧城改造示范推广项目"——滨河城市花园动工剪彩。该项目总投资7800万元，建成后总占地面积34000平方米，总建筑面积60000平方米。

8月1日　中卫市城区59名农民首获50万元农机购置补贴，带动城区农民投入农业机械资金265.8万元，新增大中型农用动力机械44台，联合收割机8台。

9月28日　《中卫市城区下岗失业人员小额担保贷款实施办法》正式印发执行。

10月19日　自治区人口与计划生育信息化管理现场会在中卫市城区滨河镇召开，来自全区各市、县及城区10个镇（乡）的计划生育统计人员共70多人参加。

10月25日　宁夏沙坡头水利风景区等53个景区被水利部批准为第五批"国家水利风景区"。

11月5日　中卫市人民政府公布第一批市级文物保护单位，沙坡头区的香岩寺塔林遗址、长流水细石器文化遗址、孟家湾细石器文化遗址、四眼井西夏遗址、沙塘石器时代遗址等11处文物列入其中。

是月　中卫市沙坡头旅游支线机场被列入全国民用航空运输机场"十二五"建设规划项目。

2006年

1月20日　中卫市召开城区农村工作会议，学习《中共中央、国务院关于推进社会主义新农村建设的若干意见》《宁夏回族自治区党委、人民政府关于推进社会主义新农村建设做好2006年农业和农村工作的意见》，传达市委、市政府下发的《关于组织干部进村入户宣传中央（2006）1号文件和自治区农村工作会议精神的通知》精神。共抽调313名干部组成工作组，奔赴各镇（乡）开展宣传工作。

2月24日　国家中长期铁路网规划重要干线，连接国内华北、西北的快速便捷通道，线路总长944千米的太中银铁路正式开工建设。

4月8日　由中国《环球邮报》联合内地31个省区市的31家都市类报纸共同主办，历时100天评选的"中国最值得外国人去的50个地方"活动在北京人民大会堂揭晓，包括沙坡头在内的中国50处风景与人文名胜之地被评为最值得外国人来华的去处。

4月16日　"保护母亲河行动——中日青年中卫市生态绿化示范林"工程在宣和镇启动。这是在宁夏实施的第三个保护母亲河工程。项目由日本"绿色之桥"推进中心投资援建，计划植树造林300公顷。

4月30日　宁夏美利纸业集团公司2640车间抄纸一号机生产乙班获"全国五一劳动奖状"。

5月　宁夏中宁至营盘水高速公路黄河特大桥全面开工建设。中营高速公路黄河特大桥位于中卫市城区常乐镇小湾村西侧，向西穿越腾格里沙漠与孟家湾段路线相接，是青岛至银川联络线定边至武威公路跨越黄河的一座特大桥梁。该桥全长1341.5米，设计车速每小时100千米，桥面宽26米，为双向四车道，概算投资1.48亿元。

6月30日　农业部新闻办公室发布消息，国家禽流感参考实验室在中卫市宣和镇送检病料中分离到H5N1禽流感病毒。中卫市按照《高致病性禽流感疫情处置技术规范》要求，采取一系列防控措施，防止疫情扩散蔓延。

7月13日　中卫市"户户通电"工程主阵地迎水桥镇北长滩村实现通电。新建10kV

线路32.8千米，新建低压线路3.6千米，立杆575基，结束了78户农民长期无电的历史。

7月28日 由自治区农业产业化协调领导小组主办，自治区农牧厅和中卫市人民政府承办的首届宁夏·中卫香山硒砂瓜节在香山乡红圈村举行。

8月7—9日 法国"丝绸之路"长跑团的120多名队员分别在中卫市区、沙坡头旅游区和水哨子旅游区3个赛段举行长跑活动。此间，活动组织者将中卫市确定为长跑团的永久性赛段。

8月25—27日 "体彩杯"全区第三届大漠体育运动会在中卫市沙坡头旅游区举行，数百名运动员和近万名观众参加。

9月6日 全国人大常委会副委员长兼秘书长盛华仁到中卫市调研大柳树水利枢纽工程，并实地考察环香山地区抗旱补灌引水工程及硒砂瓜产业发展情况。

10月1日 新区行政生态公园开工建设。行政生态公园由府前广场和府后广场组成，占地面积450亩。其中，府前广场规划以集会为主，兼具休闲、健身、娱乐等功能；府后广场采用江南园林手法进行规划建设。

10月12—13日 科技部在北京召开由国家发改委等17个部委（局）组成的国家可持续发展实验区新区评会，中卫市城区获全票通过，被列入国家可持续发展实验区行列。

10月14日 国家重点干线上海至武威公路的重要组成路段——宁夏中（宁）营（盘水）高速公路中宁至中卫段正式通车。该路段全长38.4千米，双向四车道，全封闭全立交，设计行车速度100千米/小时。

10月17日 中国民用航空局、中国民航工程咨询公司、中国民航机场建设集团等部门有关专家组成的专家组初步确定沙坡头支线机场的建设场址，为城区迎水桥镇姚滩村古长城以南、二干渠以北原中卫县林场荒地的长城场址。

10月20日 总投资4860万元、设计为双向六车道的城区东西环城路跨包兰铁路立交桥工程开工建设。

11月8日 中卫沙坡头机场奠基仪式在位于美利造纸工业园区内的机场场址举行。机场定性为旅游支线机场，机场飞行区等级本期确定为4C，预计投资3.3亿元，年起降客机5100多架次，年吞吐旅客22万人次。

△ 国家发改委批复孟家湾至营盘水高速公路项目建议书。项目起自孟家湾，接已通车试运行的中宁至孟家湾高速公路，经红卫、甘塘，止于营盘水（宁甘界），接甘肃省拟建的营盘水（甘宁界）至武威公路，全长约60千米。全线采用高速公路标准建设，项目

估算总投资约 14.2 亿元。

2007 年

1月26日　宣和镇"宣和牌"鸡蛋被全国名牌农产品推进委员会评为"全国名牌农产品",这是宁夏第一个获此殊荣的农产品品牌。

△　中卫市科源农贸公司高新科技示范园区暨大学生科技特派员创业基地在城区迎水桥镇杨渠村正式落成。这是中卫市建成的第一家大学生科技特派员创业基地。

4月11日　中共中央总书记、国家主席、中央军委主席胡锦涛,到中卫市位于腾格里沙漠边缘中冶美利纸业集团有限公司造林基地,实地察看治沙固沙情况。

5月8日　国家旅游局发布公告,沙坡头景区被全国旅游景区质量等级评定委员会正式批准为国家5A级旅游景区。

5月15日　以全国政协副主席张思卿为团长的全国政协常委视察团抵达中卫市,视察硒砂瓜产业和黄河大柳树水利枢纽工程。

6月14日　城区"西风口"地区被列入日元贷款生态环境综合治理项目,贷款投资5014万元。经过5年的项目实施全面竣工,该项目共完成开发、改造、治理面积9.3万亩。其中营造防风固沙林6万亩,种植苗木1800株;人工种草3万亩,种植草子42128公斤;建设种苗圃基地0.16万亩;开挖砌护渠道54条73.3千米,配套各类水利建筑物工程298座,新修生产道路6条17.1千米。

8月17日　市政府第八十四次常务会议研究决定,城区行政机关、事业单位住房公积金缴存比例从9月1日起由8%统一提高到国家规定最高标准12%,未达到这一比例的其他缴存单位可比照执行。

9月8—10日　将体育与旅游完美结合的2007年"体彩杯"全国大漠健身运动会暨大漠黄河旅游节在沙坡头大漠体育公园举行。

9月11日　黄河沙坡头水利枢纽工程通过了水利部组织的竣工验收,宁夏沙坡头水利枢纽有限责任公司举行隆重的庆典仪式。至此,宁夏卫宁灌区2000多年无坝引水的历史宣告结束。

9月12日　宁夏广播电视网络公司中卫分公司在滨河城市花园举行挂牌暨有线电视

数字化整体平移工程启动仪式。有线电视数字化整体平移工程完工后，城区1万多户有线电视用户可享受到60多套高质量的数字视频节目和全方位的信息服务。

9月23日　城区迎水桥镇码头村发生一起自用船翻沉造成事故6人死亡。

11月22日　中卫市城区首次被财政部列入全国产粮大县。

2008年

1月28日　中冶美利纸业集团年产30万吨涂布白卡纸项目试车成功，正式投入生产。

3月15日　城区农村卫生适宜技术应用示范研究项目启动仪式举行。宁夏农村卫生适宜技术应用示范研究项目针对全区农村居民的常见病、多发病，以及育龄群众的计划生育、生殖健康方面的问题，推广20项安全、有效、经济、适用的医药卫生、中医药及计划生育技术。该项目在中卫市城区共推广实施17项，其中卫生项目10项，中医项目7项。

3月31日　由共青团中央、全国青联主管，日本国际友好文化中心、日本绿色之桥推进中心援建的"保护母亲河行动——中日青年中卫市生态绿化示范林"三期工程启动仪式在城区宣和镇敬农村黑梁沙漠区举行。

4月8日　宁夏胜金水泥有限公司新建日产2500吨干法水泥熟料项目开工奠基仪式在宣和高载能工业园区举行。

4月9日　中共中央政治局常委、中央书记处书记、国家副主席习近平在中卫城区文昌镇黄湾村考察工作。

4月23日　中卫市最大的经济适用住房项目——黄河花园在新区奠基。黄河花园是中卫市人民政府、中卫市楚雄房地产有限公司共同投资建设的大规模居住区。项目规划占地总面积691亩，建筑总面积65万平方米，用于安置建设香山湖等地拆迁户以及一些住房困难户。

4月25日　由市应理城乡市政产业（集团）公司承建的中卫市美利工业区供水管网工程通水仪式在美利工业区举行。美利工业区供水管网工程属美利工业区基础建设工程，概算总投资2500万元。至此，共建设供水管网35千米、照壁山湖供水泵站一座。

6月10日　市委、市政府决定今后凡全市各机关单位公文文头纸、文稿纸、便笺、信函、印章，各机关单位、镇（乡）、学校、医院、企业牌匾和地名、建筑物名称等，涉及中卫城区的一律规范为沙坡头区。

6月29日 奥运火炬在宁夏第一站——中卫开始传递。奥运火炬中卫站的传递活动共有205名火炬手、54名护跑手，传递路线总长3.3千米。平均每名火炬手传递约18米，全程传递运行路线总长17.96千米（跑步传递3.66千米，公路转场14.3千米）。

7月15日 宁夏回族自治区成立50周年大庆重点项目——沙坡头黄河特大桥主桥胜利合龙。

7月22日 总投资3.5亿元的自治区50大庆献礼工程——中卫香山机场可行性研究报告获国家发改委批复，国家民航及国家发改委将分别补助1.4亿元和8620万元建设资金。

7月29日 第三届宁夏（中卫）香山硒砂瓜节在沙坡头区兴仁镇万亩硒砂瓜种植基地举行。

8月22日 中孟（中宁至孟家湾）高速公路全线建成通车仪式在中卫沙坡头黄河桥举行。

9月4日 由全国人大常委会副委员长、民建中央主席陈昌智，全国人大常委会原副委员长兼秘书长盛华仁等组成的视察团，就中卫旱作节水农业发展及黄河大柳树水利枢纽工程前期工作进展情况等进行视察。

9月9日 由全国人大常委会副委员长、民革中央主席周铁农和全国人大农业与农村委员会副主任委员李乾元等人组成的视察团，就沙坡头治沙工作进行视察。

9月25日 中共中央政治局委员、国务院副总理、中央代表团副团长回良玉率中央代表团二分团到沙坡头区看望、慰问广大干部群众。

10月10日 沙坡头区新型农村合作医疗工作会议召开。至此，沙坡头区新型农村合作医疗参合人数累计达62.36万人次，累计为2.92万名参合农民群众报销住院费用2162.38万元，2008年人均报销额超过1000元。2009年筹资标准为100元，其中中央财政每人每年补助40元，自治区与市财政每年补助40元，农民缴费以家庭为单位，每人每年20元。

10月12日 中国旅行社协会第三届会员代表团实地考察高庙保安寺和沙坡头旅游景区。

11月3日 中卫市天然气城市气化工程正式通气，这标志着沙坡头区市民将开始使用清洁能源天然气。

12月26日　宁夏中卫香山机场通航庆典仪式在香山机场进行。

2009 年

1月8日　沙坡头区农村养老补贴发放仪式在市区红太阳广场举行。从2009年1月开始，农村男性年满60周岁、女性年满55周岁的未享受城镇职工养老保险待遇的农村居民均可享受每人每月20元的农村养老补贴。至此，沙坡头区农村老人受益人数已达30097人。

1月12日　沙坡头区农民健康体检启动仪式在柔远卫生院举行。是日起，沙坡头区将用11个月时间，对年龄在45岁以上的农民进行心电图、B超、血糖、肝功、血压共5项健康体检，有7.13万农民直接受益。

4月11日　沙坡头梨花旅游节在沙坡头区香山乡南长滩村举办。

4月28日　中卫腾格里湿地公园项目一期工程竣工庆典仪式隆重举行。

4月29日　沙坡头区2009年黄河古镇建设动员会召开。由此，沙坡头区启动实施"黄河古镇"新村建设战略。

6月12日　十届全国人大常委会副委员长兼秘书长盛华仁，视察中卫市沙漠农业科技示范园建设、腾格里湿地公园项目一期工程、中卫香山机场、宁夏夏华肉食品有限公司和中宁县红梧土地开发项目。

6月18日　沙坡头区年龄在80岁以上的低收入老年人按月领取基本生活津贴。具体标准为：年龄在80~89周岁的城市低收入老年人，每人每月领取170元；年龄在80~89周岁的农村老年人，每人每月领取65元；年龄在90~99周岁的城市低收入老年人，每人每月领取220元；年龄在90~99周岁的农村老年人，每人每月领取85元；年龄在100周岁以上的老年人（不分城乡户籍），每人每月领取300元。

8月19日　全国人大常委会副委员长司马义·铁力瓦尔地就大柳树水利枢纽工程项目、中冶美利纸业林纸一体化环保工程项目、沙坡头自然保护区治沙工作等进行视察。

9月3日　中共中央政治局常委、全国政协主席贾庆林深入中冶美利纸业公司详细了解企业生产经营和发展情况。

9月22日　沙坡头旅游景区沙漠博物馆开馆；沙漠酒店、观海楼、动感地带项目区落成；大漠景区客服中心竣工暨沙坡头旅游景区开发建设25周年庆典活动在沙坡头旅游景区举行。

2010年

2月25日　自治区宣传中央一号文件督察组，就沙坡头区宣传贯彻中央一号文件精神以及春耕、备耕工作进行督促检查。

3月11日　中卫市以香山湖、应理湖、黄河湿地湖为内容的黄河湿地开发保护项目被住房和城乡建设部评为"中国人居环境范例奖"，这是继中卫市2009年获得"中国特色魅力城市100强"之后的又一殊荣。

5月14日　沙坡头区永大线节水农业示范项目供水主体工程经过20多天的试运行，正式投入使用。工程实施后，为4万亩枣瓜间作滴灌和2万亩硒砂瓜补灌提供可靠的水源，可使沙坡头区宣和、永康共23个村2.7万人受益。

5月26日　沙坡头区农机免费管理启动仪式在东园镇举行，这标志着市政府2010年10件民生实事之一的农机"五免、四优、一扶持"民生计划正式启动。

6月21日　宁夏金阳新能源有限公司太阳能并网发电暨中卫银阳新能源有限公司单晶硅太阳能产业项目开工奠基仪式，在沙坡头区迎闫公路西侧的腾格里沙漠举行。

是月　沙坡头区镇罗镇瑞农蔬菜种植基地被评为"全国科普惠农兴村先进单位"，受到中国科协和财政部的联合表彰，并分别给予20万元的经费资助。

7月6—7日　2010年首届中国宁夏国际自驾车旅游节"沙坡头"杯国际汽车沙漠拉力赛在沙坡头旅游景区和通湖草原旅游区开展以"通湖草原沙漠露营、草原宿营篝火晚会、'沙坡头'杯首届中国宁夏国际汽车沙漠拉力赛"为主的大型赛事活动。

7月9日　沙坡头景区被环保部和科技部命名为"国家环保科普基地"。

7月18日　沙坡头区城乡环境综合整治"三大工程"（农房改造、村庄环境整治和基础设施建设）现场观摩评促会举行。

7月20日　全国政协副主席李兆焯考察沙坡头旅游景区治沙工作。

8月4日　中国科学院研究员、院士孙鸿烈、刘昌明、陆大道、滕吉文、王浩等率中国科学院院士专家考察组一行，到沙坡头区就黄河黑山峡河段大柳树水利枢纽工程坝址和中卫市枣瓜间作节水补灌试验示范项目进行考察。

8月10日　中国·宁夏（中卫）硒砂瓜暨大漠文化旅游节在腾格里湿地公园金沙岛休闲度假区隆重开幕。

8月20—21日　全国政协副主席陈宗兴带领考察团，到中卫市考察节水农业、硒砂瓜产业、旅游产业及防沙治沙工作。

9月5日　十届全国人大常委会副委员长兼秘书长盛华仁到永大线高效节水农业示范项目区、中卫市沙漠现代农业科技示范园、中宁工业园新材料循环经济示范区等地考察工作。

9月11日　中共中央政治局常委、全国人大常委会委员长吴邦国就中卫市沿黄城市带规划方案和建设进展情况、中卫市沙坡头区柔远镇镇靖村设施农业基地等建设情况进行调研。

10月　中国商标网公布的工商行政管理总局商标局认定的驰名商标中，"香山硒砂及图"名列其中。这标志着香山硒砂瓜被认定为全国驰名商标。

11月6日　在首届中国国际文化旅游节上，电视剧《风雨沙坡头》摘得中国文化旅游发展贡献奖"影响中国旅游的一部电视剧"金奖。

11月22日　中营高速公路孟家湾至营盘水段（简称孟营高速公路）举行通车庆典仪式，标志着孟营高速公路正式通车试运行。

11月24日　全国人大常委会副委员长、全国妇联主席陈至立在沙坡头区考察工作。

是月　沙坡头区新农保基础养老金发放仪式在柔远镇举行。自10月份开始，凡年满或者超过60周岁、未享受城镇职工基本养老保险待遇的村民，不用缴纳养老保险费，就可以每月领取55元的基础养老金。至此，沙坡头区年龄在60周岁及以上可直接领取基础养老金的人数达2.7万人左右。

2011年

2月15日　中卫市首届元宵花灯暨美食节在香山公园举行，共展出花灯1674盏，设置灯谜1000个。

是月 宁夏沙坡头新型建材有限公司高档吸声矿棉板生产项目建成投产。项目总投资2630万元，年可生产中高档吸声矿棉板600万平方米、配套年产矿渣棉4万吨，年消耗高炉矿渣2.4万吨，年销售收入可达5400万元，可实现利税1158万元。

3月28日 四川航空公司使用空客320执行北京至中卫、西安、成都航班首航飞行，中卫至成都正式通航。至此，中卫实现与北京、西安、成都天天通航。

是月 中卫市沙坡头大道景观水系建设项目获得2010年"中国人居环境范例奖"。至此，中卫市在两年时间内摘得3项国际国内人居环境大奖，其中"迪拜国际改善居住环境最佳范例奖"1项、"中国人居环境范例奖"2项。"中国人居环境范例奖"是我国人居环境建设领域的最高奖项。中卫市黄河湿地资源开发保护项目是中卫市2009年获得的第一个"中国人居环境范例奖"，以水域面积2200亩的黄河湿地公园、1000亩的香山湖、500亩的应理湖为主要内容。该项目后来被住房和城乡建设部推荐参评"迪拜国际改善居住环境最佳范例奖"，成为西北第1个、西部第2个、全国第12个"迪拜奖"获得者。

4月12日 由宁夏国电阿特斯新能源开发有限公司负责实施的国电中卫马场湖10兆瓦光伏电站并网投产仪式举行。该项目建成后，年发电量可达1500万度，年节约标煤5134吨，减少二氧化碳排放1.5万吨，减少二氧化硫排放450吨。

4月14日 欧盟部分成员国政府官员考察团一行，对中卫市永大线高效节水农业示范项目、市沙漠设施农业科技示范区和沙坡头治沙成果进行实地考察。

5月27日 中卫市腾格里沙漠湿地被全区水利风景区建设与管理领导小组评为自治区级水利风景区。

6月11日 2011第三届中国长城拉力"沙坡头"杯沙漠车手精英挑战赛在沙坡头旅游景区举行。

6月12日 中共中央政治局常委李长春在沙坡头区调研。在沙漠生态设施农业示范区和沙坡头自然保护区，李长春勉励要因地制宜，大力发展沙地农业，开辟群众致富和保护生态的新路。

7月1日 胜金村党支部荣获"全国先进基层党组织"荣誉称号。

7月7日 全国政协原副主席、中国人口福利基金会会长王忠禹一行对拟建的黄河大柳树水利枢纽工程坝址进行考察。

7月11日 沙坡头国家级自然保护区"国家环保科普基地"揭牌仪式在中卫市金沙岛举行。

9月6日　十届全国人大常委会副委员长兼秘书长盛华仁、全国人大民族委员会主任委员马启智等一行，先后到永大线高效节水农业示范区、中卫市沙漠农业科技示范园区等地，视察高效节水农业。

11月28日　中卫香山机场资产和运营管理移交协议签字仪式在银川河东机场举行。

2012年

1月3日　宣和镇在福堂、福兴、羚羊、东月、何营5个村共发放直播卫星户户通设备2970余套，已安装2970多户。

2月23日　沙坡头区校车运营启动仪式在中卫六中、中卫八小校门口举行。中卫市投资1533万余元购置的40辆符合安全标准的校车在启动仪式上集中亮相。

4月12日　中卫市沙坡头区交警四大队副大队长周永新在与持刀歹徒搏斗中光荣牺牲，年仅33岁。9月26日周永新被宁夏回族自治区政府批准为革命烈士，11月29日被公安部授予"二级英模"称号。

是月　沙坡头区获首批全国平安渔业示范区。经农业部、国家安全生产监管总局联合考评，评审委员会审议，并经公示，全国共有45个县（市、区）荣获2010—2011年度"全国平安渔业示范县（市、区）"称号。沙坡头区成为自治区唯一获此殊荣的县（市、区）。

5月10日　中卫市委召开沙坡头区党工委、管委会组建工作动员会。以此为标志，沙坡头区党工委和管委会正式组建。根据《关于沙坡头区党工委、管委会机构设置和人员编制有关事项的通知》精神，沙坡头区设立中共沙坡头区工作委员会和沙坡头区管理委员会，为市委、市政府正处级派出机构，党工委和管委会实行一个机构、两块牌子的管理体制。在机构设置上，沙坡头区党工委、管委会综合设置纪律检查工作委员会、办公室、党群工作部、社会管理工作部、农村工作部、经济发展局、财政局、民政和社会保障局、文体卫生和计划生育局、城乡建设和环境保护局等11个正科级机构，共核定行政编制110名、后勤服务事业编制15名。

5月27日　沙坡头区召开民风建设现场观摩推进会。党工委领导、12个乡镇及各部门负责人现场观摩了灌区9个乡镇18个民风建设示范村（社区）的工作进展情况，并召开座谈会，对各乡镇及民风建设示范村进行点评，对民风建设五大工程提出要求。

6月5日 自治区民政厅下发《关于对沙坡头区调整部分社区规模的答复》，同意调整沙坡头区部分社区规模，将滨河镇、文昌镇已有的14个社区整合为9个。

6月28日 沙坡头区在全体党员干部中开展"保持党的纯洁性 发扬优良作风"主题教育活动。

7月19日 沙坡头区举办科级干部贯彻学习自治区第十一次党代会精神培训班，培训科级干部119名。

7月24日 沙坡头区党工委组织召开乡镇人大、政府换届选举动员大会，对乡镇人大、政府换届选举工做动员部署。

7月30日 沙坡头区召开防汛工作会议，安排部署防汛工作，成立黄河防汛督察组。

7月31日 采取"公推直选"方式完成城市社区第八届党组织换届选举工作，12个社区选举产生党组织成员45名，其中：党支部书记12名，委员33名。

8月3日 沙坡头区开展进一步深化"遵纪守法 遵规守则"学查改活动。集中力量解决勤政服务、公正执法、尊重规则、诚实守信等方面存在的突出问题。

8月13日 黄河流量达到3150立方米/秒，沙坡头区管委会加大人力、物力、财力投入，对辖区沿河险段进行抢险加固，并联合相关部门将宣和镇福堂村一心滩23户127名群众撤离到安全区域，未造成人员伤亡。

8月16日 沙坡头区"廉政文化建设月"活动正式启动。

9月7日 中卫市第二期农村妇女创业小额担保贷款项目启动仪式在沙坡头区东园镇政府召开。会议通报全市第一批农村妇女创业小额担保贷款项目执行情况，安排第二批农村妇女创业小额担保贷款项目和科技特派员帮扶农村妇女创业工作，科技特派员与农村妇女创业小额贷款项目户现场签订帮扶协议。

10月29日 沙坡头区12个乡镇人大、政府换届选举工作圆满完成，选举产生乡镇人大主席12名、乡镇长12名、乡镇政府班子副职44名，选举出席中卫市第三届人民代表大会代表99名。

11月10日 自治区民族团结创建领导小组授予沙坡头区宣和镇"自治区民族团结进步创建活动模范乡镇"、滨河镇东方红社区"自治区民族团结进步创建活动模范社区"、宣和镇东台中学"自治区民族团结进步创建活动模范学校"荣誉称号。

11月19—27日 举办"喜迎十八大·颂歌献给党"文艺演出活动。在红太阳广场举行的首场演出,拉开了沙坡头区宣传十八大精神百场文艺演出活动的序幕。

12月3—7日　对沙坡头区12个乡镇及30余家规模以下重点企业开展安全生产大检查活动。

12月19日　住房和城乡建设部、文化部、财政部公布第一批中国传统村落名录,首批646个传统村落名录中,中卫市沙坡头区香山乡南长滩村、迎水桥镇北长滩村跻身其中。

12月20日　沙坡头区社会组织培育基地在滨河镇中山社区举行揭牌仪式,标志着沙坡头区社会组织工作逐步走上了规范化运行道路。

2013年

1月25日　沙坡头区"希望工程圆梦行动·电力爱心助学金"资助计划生育户大学生座谈会召开。

2月1日　沙坡头区计划生育工作会议召开。会议回顾总结2012年计划生育工作,安排部署2013年计划生育工作,表彰奖励2012年度先进集体、先进工作者和优秀独生子女家庭,与各乡镇、有关部门签订2013年度计划生育目标管理责任书和"五定"工作目标责任书。

2月4日　为加强对沙坡头区安全生产工作的领导,促进沙坡头区经济社会持续健康发展,保持沙坡头区安全生产形势稳定,沙坡头区党工委决定成立沙坡头区安全生产委员会。安委会下设办公室,办公室设在安全生产监督管理局。

2月5日　历时3个月的沙坡头区冬季计划生育清理整治工作结束,共清理清查计划生育各类重点户5598户,政策外生育户259户,落实各项补救措施248例,结扎139例,上环811例,办理独生子女家庭户192户,孕前优生健康检查478对,征收社会抚养费88.54万元,三项制度录入835户,证件录入2608户。

2月24日　沙坡头区9个乡镇举行元宵节社火巡游展演比赛,全市数万名群众观看演出。

3月5日　创办《中卫日报·沙坡头区周刊》,每周二发行一期,首期头条消息为《沙坡头区强力推进重点工作》。

3月7日　选派沙坡头区总工会、沙坡头区妇联、文昌镇三支代表队参加由市委宣传部、市总工会、市妇联联合举办的"美丽三月天　靓丽妇女节"中卫市第三届妇女健身大赛，沙坡头区总工会代表队、沙坡头区妇联代表队荣获二等奖。

3月19日　沙坡头区共申报审批少数民族发展资金项目7个，涉及资金235万元。永康镇、宣和镇、常乐镇等少数民族群众相对集中村寨的道路硬化、文化广场等项目开始建设。

3月22—26日　沙坡头区组织实施党员远程教育终端站点学用情况"百村调查"工作，对辖区内168个远程教育站点设备设施、学用情况、组织保障、活动开展等方面进行全面普查，解决工作中存在的突出问题。

4月2日　印发《沙坡头区村级班子及干部绩效考核实施细则（试行）》，考核结果与村干部工资报酬挂钩，村干部工资总额为沙坡头区上年度农民人均纯收入的2—3倍。

4月12日　沙坡头区和市防汛办共同组织山洪灾害防御应急演练。

4月16日　新建《民族宗教矛盾纠纷排查调处制度》，建立沙坡头区、乡镇、村（社区）三级民族宗教领域矛盾纠纷调处网络。

4月23日　沙坡头区总工会第一次代表大会召开。选举产生沙坡头区总工会第一届委员会、常务委员会、主席、副主席。沙坡头区第一届委员会委员19名，常务委员会委员7名。选举产生沙坡头区总工会第一届经费审查委员会委员5名，女职工委员会委员5名。

5月10日　沙坡头区组织开展流动人口动态监测，其中文昌镇、滨河镇、宣和镇被抽中作为本次国家流动人口动态监测样本点。

5月12日　沙坡头区妇联在中山、东方红、蔡桥路3个试点社区开展庆祝母亲节暨"康乃馨"行动关爱活动。

5月21日　沙坡头区残疾人联合会第一次代表大会召开。

6月4日　自治区非公有制经济组织党工委授予中共滨河镇华润景观集团中卫党总支"双强六好"党组织称号。

6月25日　沙坡头区全面开展由城乡建设和环境保护局组织实施的主干道路大整治大绿化工程。

7月1日　沙坡头区调整城乡低保标准，城市低保月人均补差提高30元，农村低保月人均补差提高15元。

7月23日　全区农村水利现场会议在沙坡头区召开，重点观摩沙坡头区抗旱服务体系建设、镇罗镇水利基层服务体系建设、高效节水农业灌溉项目、农村饮水安全工程管理、2011—2012年农业水价改革示范项目、世行贷款节水灌溉二期项目工程建设情况。

8月13日　沙坡头区"公益慈善进社区——关爱老人"活动正式启动。

8月16日　沙坡头区"进城务工人员运动会"在常乐工业园区举办，共有10支代表队300余人参加。

8月20日　举办沙坡头区生态移民村"两委"班子成员培训班，培训移民村"两委"班子成员38名。

9月4日　民族团结进步创建活动正式启动，成立沙坡头区民族团结创建领导小组。

9月13—14日　沙坡头区组织开展年度民风建设现场观摩会，采取听、看、评的方式，对新建的9个具有代表性的民风建设示范点进行观摩评促。

9月26日　中卫市贫困"两癌"妇女公益慈善救助资金发放仪式（沙坡头区）召开，为96名"两癌"妇女发放救助金48万元。

10月8—21日　组织民兵应急维稳分队及抗洪救援分队进行实战化训练演练。

10月20日　中卫市沙坡头区管委会下发《关于成立宣和镇羚和村的批复》，吊庄移民村管理纳入正轨。

11月2日　沙坡头区"少生快富"整村推进工作全面完成，共落实"少生快富"项目户145户，完成少生快富目标家庭超85%。

11月4—5日　"中卫美丽乡村"考核验收组对沙坡头区申报"中卫美丽乡村"的行政村进行考核验收。

11月18日　沙坡头区举办基层党组织负责人培训班，培训沙坡头区部门、乡镇科级干部和各村书记（主任）、居委会党支部书记（主任）385名。

12月5日　自治区农田水利基本建设指挥部组织验收沙坡头区农田水利基本建设工作，沙坡头区荣获自治区农田水利基本建设"黄河杯"竞赛二等奖。

12月18日　中央护路办检查组一行对沙坡头区2013年铁路护路亮点工作进行检查指导。

12月31日　沙坡头区154个村党组织换届选举工作完成。选举产生党组织成员632名，平均年龄48.2岁，实现"一肩挑"行政村133个，占86.36%。

2014 年

1月13日　沙坡头区2013年度效能目标管理考核总结表彰大会暨沙坡头区2014年计划生育工作会议召开。会议总结沙坡头区2013年度工作，安排部署2014年工作，表彰2013年度先进集体和先进个人。

1月16日　沙坡头区安全生产及宗教场所安全会议召开。宗教活动场所安全隐患大排查活动正式启动，成立沙坡头区宗教活动场所安全隐患大排查活动领导小组，对辖区175处宗教场所进行排查，共排查出隐患991条。

2月8日　沙坡头区开展党政领导干部在企业兼（任）职清查整治活动，共涉及沙坡头区10个部门和12个乡镇科级及以上领导干部181人。

2月16日　沙坡头区宣和镇、镇罗镇、兴仁镇3镇被住房和城乡建设部、发展改革委、财政部、国土资源部、农业部、民政部、科技部7部委联合评选为小城镇建设重点镇。

2月20日　历时3个月的沙坡头区冬季计划生育清理整治工作结束，共清理清查计划生育各类重点户4051户，政策外生育户338户。

2月25日　沙坡头区党的群众路线教育实践活动动员会召开。

3月2日　沙坡头区党群工作部组织12个乡镇、10个部门开通网络政务微博平台，并于4月1日全部开通并上线中卫政务发布厅。

4月2日　迎水桥镇夹道村、文昌镇东关村、滨河镇南关村、滨河镇中山社区通过自治区党委组织部对沙坡头区服务型党组织项目建设的验收工作。

4月20日　沙坡头区兴仁镇、蒿川乡合署办公，重新核定各乡镇领导职务职数。

5月6日　印发《沙坡头区党政"一把手"五个不直接分管制度实施办法》，规定"一把手"不直接分管干部人事、财务、公共资源交易、行政审批、工程项目。

5月9日　沙坡头区举办2014年度流动人口动态监测培训班，对文昌镇、宣和镇计生中心主任、流动人口专干及国家卫生计生委抽取的沙坡头区的8个样本点16名调查员进行培训，标志着沙坡头区2014年度流动人口动态监测工作全面启动。

5月21日　印发《沙坡头区落实中共中央〈建立健全惩治和预防腐败体系2013—

2017年工作规划）实施方案》，确定党委担负党风廉政建设主体责任，纪委担负党风廉政建设的监督责任。

5月23日　沙坡头区团委举办"青春梦·中卫梦·中国梦"演讲比赛，共有来自行政、企事业单位的16名选手参加比赛。

5月28日　沙坡头区"单独两孩"政策全面启动实施。

6月25日　沙坡头区党工委、管委会领导班子党的群众路线教育实践活动专题民主生活会召开。

7月8日　沙坡头区党工委对镇罗镇党委等17个先进基层党组织、马丽等15名优秀共产党员、汪文奎等4名优秀党务工作者进行表彰。

7月9日　沙坡头区开始实施《宁夏回族自治区最低生活保障经办人员和村（居）民委员会成员近亲属享受最低生活保障备案管理办法》，有效杜绝"人情保""关系保"等。

7月18日　沙坡头区在镇罗镇举行贵州籍农民工徐传红见义勇为模范先进事迹表彰大会。中卫市政府奖励徐传红家人66.03万元，追认徐传红为见义勇为模范。

7月25日　沙坡头区"转作风、抓发展，大干150天"动员大会召开。

8月12日　市文明委召开第二次全体会议，对2013年度市级文明村进行现场表彰，沙坡头区共有9个村受到表彰，创建成效位居两县一区第一位。

8月14—15日　沙坡头区征兵体检工作全面展开，体检工作坚持全封闭一站式体检。

8月15—16日　沙坡头区香山乡、兴仁镇遭受冰雹灾害，香山部分地区暴发山洪，导致4人遇难，硒砂瓜受灾。

8月29日　沙坡头区举办社区戒毒（康复）工作培训班，各乡镇分管禁毒工作领导、禁毒专干参加培训。

9月2—3日　沙坡头区重点亮点工作现场交流会召开。通过对各乡镇观摩点进行现场观摩，全面掌握沙坡头区2014年重点工作任务完成情况，深入了解各乡镇在推动经济社会又好又快发展等方面的新举措、新进展和新成效。

9月10日　全区林业特色优势产业发展现场观摩会在永大线宝塔石化枣树提升改造基地召开，自治区林业厅、林业优势特色产业指导小组、林业优势特色产业专家指导组首席专家、林业厅厅属单位、市县及新闻媒体代表100余人参加观摩。

9月23日　沙坡头区开展科级领导干部配偶子女经商办企业问题专项清理活动，对135名领导干部配偶、子女经商办企业进行专项清理。

10月14日　沙坡头区农田水利基本建设观摩会召开。

10月17日　沙坡头区党的群众路线教育实践活动总结大会召开，自治区第五督导组和市委第一督导组领导到会指导。

10月29日　沙坡头区制定《沙坡头区不合格党员组织处置暂行办法》，为严格党员队伍管理，疏通党员队伍"出口"提供制度保障。

11月13日　印发《关于加强基层服务型党组织建设的实施方案》，确定自治区、中卫市、沙坡头区三级服务型党组织试点单位15个。

11月25日　沙坡头区开展软弱涣散党组织专项整顿评估验收工作，经验收确定，共计整顿软弱涣散党组织41个，整顿转化率100%。

12月2日　沙坡头区在乡镇、村、社区、企业共建立党代表工作室159个，进驻党代表1122名，建立志愿者队伍17支。

12月3—4日　住房和城乡建设部检查验收沙坡头区农村危房改造工作完成情况，通过对镇罗镇凯歌村、兴仁镇高庄村20户危改农户的实地调查，对沙坡头区危房改造政策落实、工程质量等进行综合考核。

12月4—14日　沙坡头区组织开展贯彻落实党的十八届四中全会暨自治区党委十一届四次全会精神宣讲活动。

12月12日　沙坡头区举办"百位共产党人百篇小传"朗诵活动，来自各乡镇、各部门选送的19支节目参加朗诵展演比赛，财政局、香山乡代表队分别获得一、二等奖并代表沙坡头区参加全市朗诵展演大赛。

2015年

1月8日　沙坡头区滨河镇，柔远镇雍湖村、刘台村被评为自治区级生态乡镇和生态村。

1月13日　沙坡头区举行苹果、红枣优质高效栽培技术培训班，重点围绕苹果幼龄早果早丰栽培技术、苹果病虫害防治技术、红枣优质丰产技术、红枣品种改良等特色林果栽培管理技术进行培训指导。

2月14日　沙坡头区全面启动小微工业企业环境和安全隐患大排查工作。

3月5日　中卫市举行2015年春节大型社火表演，沙坡头区9个乡镇近100支表演队伍参加。

3月10日　沙坡头区召开组织纪检暨"守纪律　讲规矩"主题教育活动动员会。

3月11日　沙坡头区防治重大动物疫病指挥部办公室召开会议，全面部署2015年春季动物防疫工作。

3月27日　第四届宁夏公民道德论坛在中卫举行。论坛期间，与会代表分别到沙坡头区滨河镇中山社区、迎水桥镇夹道村等地，观摩学习中卫市学雷锋活动及公民道德建设成功经验。

4月1日　沙坡头区农村饮水安全工程全面开工建设。

4月10日　沙坡头水利枢纽南北干渠及灌区节水改造工程（中卫片区）2015年第一批工程全面开工建设。

5月5日　世界银行检查与评估团一行深入沙坡头区迎水桥镇，就宁夏黄河东岸防沙治沙项目建设情况进行考察。

5月11—15日　沙坡头区120余名群众接受市妇联、市职业技术学校联合举办的家政服务培训。

5月12日　沙坡头区召开2015年平安建设工作推进会。

5月26日　沙坡头区启动第九届社区"两委"换届选举工作。

是月　沙坡头区文昌镇孙玉英家庭被评为全国"最美家庭"。

6月2日　沙坡头区农村环境综合整治领导小组及其成员单位对沙坡头区11个乡镇22个农村环境卫生整治点进行集中观摩评促。

6月2—3日　"中华环保世纪行——宁夏中卫行动"集中检查活动在沙坡头区开展。

6月3日　沙坡头区召开"三严三实"专题教育暨"二次创业"大讨论活动启动会。

6月4日　沙坡头区成立安全生产事故灾难应急救援指挥部。

6月25日　中卫市应理城乡市政产业（集团）有限公司、中卫市恒辰机械有限公司和银川夯实工程咨询有限公司联合开展捐资助学活动，共为镇罗镇沈桥小学捐款18万元。

6月26日　沙坡头区召开2015年防汛抗旱工作会议。

7月3—4日　沙坡头区召开2015年产业发展和重点工作暨"二次创业"大讨论现场交流会。

7月5日　应中华全国新闻工作者协会邀请，阿尔及利亚新闻代表团一行11人到中卫市考察采访。代表团先后到沙坡头自然保护区、中国科学院沙坡头沙漠研究站、沙坡头区柔远镇冯庄现代农业示范园实地考察采访。

7月10日　沙坡头区完成蒙宁线边界联检工作。

7月17日　2015第十四届"青海农信杯"环青海湖国际公路自行车赛宁夏中卫赛段比赛在沙坡头旅游景区开赛，来自世界五大洲22支代表队的选手展开激烈角逐。

7月31日　2015第六届中国宁夏沙坡头大漠黄河国际旅游节万人腾格里湖湿地徒步行活动在腾格里沙漠湿地公园举行。

8月17日　沙坡头区组织对2013—2015年度主干道路大整治大绿化工作进行考核验收。

8月18日　沙坡头区农牧科技局组织召开2015年度山洪灾害防治项目调查评价工作启动会。

9月6日　宁夏2015年度寻找"最美家庭"活动结果揭晓，沙坡头区滨河镇魏啸吟家庭、东园镇韩武珍家庭被评为"最美家庭"。

9月21日　中卫市首家预防农村职务犯罪工作站在沙坡头区文昌镇五里村正式挂牌成立。

10月9日　沙坡头区召开"从严从实抓落实大干实干100天"动员大会，全面落实"三严三实"要求，转作风、稳增长、抓改革、促发展、惠民生，确保全面完成沙坡头区2015年各项目标任务。

11月5日　在农业部公布的2015年国家第三批农产品地理标志登记保护产品信息中，中卫"南长滩大枣"和"南长滩软梨"被列入国家农产品地理标志登记保护中。这是继"中宁枸杞""香山硒砂瓜"之后，中卫特色农产品再次获得"国家地理标志保护"殊荣。

11月23日　中卫市召开沙坡头区被征地农民参加养老保险工作动员会。本次被征地农民参保范围是2012年以来经依法批准，由市政府实施统一征地，具有沙坡头区常住户籍，被征地时享有第二轮农村集体土地承包权，被征地后完全失地人均耕地不足0.5亩，且没有参加企业职工基本养老保险的16周岁以上在册人口（不含在校学生）。

12月7日　中国科学院公布2015年新增选的61名院士名单，北京大学物理学院教授俞大鹏当选中国科学院院士。俞大鹏祖籍宁夏中卫市沙坡头区镇罗镇镇北村，是首位当选中科院院士的宁夏籍学者。

12月25日　沙坡头区科级干培训班在市委党校开班，各部门、各乡镇共计170余名科级干部参加培训。

2016 年

1月1日　全面两孩政策在沙坡头区启动实施。

2月2日　沙坡头区"迎新春"全面健身季拉开序幕。

2月19日　沙坡头区召开党风廉政建设工作会议，传达学习习近平总书记在十八届中纪委六次全会上的重要讲话和自治区纪委十一届七次全体会议、市纪委三届六次全体会议精神，安排部署党风廉政建设和反腐败工作。

△　沙坡头区召开脱贫攻坚誓师大会，认真贯彻落实中央和区、市脱贫攻坚工作部署，安排部署沙坡头区脱贫攻坚工作。

3月26日　中卫市禁毒办联合市爱心志愿者协会，在香山公园西门举行以"珍爱生命　拒绝毒品"为主题的"健康骑行　远离毒品"公益骑行徒步宣传活动，200余名骑行、徒步爱好者参加活动。

3月29日　沙坡头区召开2016年农村环境卫生综合整治现场会。

是月　沙坡头区召开农村土地承包经营权确权登记颁证工作推进会，对2016年农村土地承包经营权确权登记、颁证等工作进行详细安排部署。

4月19日　沙坡头区硒砂瓜农机农艺融合示范园区建设机械化种植现场观摩会在香山乡红圈村召开。

4月27日　沙坡头区召开第二次全国地名普查工作动员会暨培训班，安排部署第二次全国地名普查工作。

5月12日　沙坡头区地震应急示范演练在滨河镇南关新村小区举行。

5月13日　首届"万步有约"职业人群健走激励大奖赛沙坡头区赛区竞赛正式启动。

5月17日　自治区卫星数字农家书屋整改现场会在沙坡头区滨河镇官桥村召开。

5月19日　沙坡头区滨河镇南关村举行股份经济合作社揭牌仪式。

5月29日　中国国民党革命委员会沙坡头区第一次代表大会在中卫宾馆召开，会议听取和审议民革沙坡头区第一次代表大会筹备工作报告，选举产生民革沙坡头区第一届委员会委员。

是月　政协中卫市沙坡头区委员会筹备领导小组会同区委组织部、统战部按照程序确定政协中卫市沙坡头区第一届委员会，设置界别23个，拟提名推荐政协委员125名。

6月7日　中卫市改革和加强综合治理"大调解"工作现场会在沙坡头区柔远镇召开。

6月10—12日　为期3天的中国共产党沙坡头区第一次代表大会召开。大会审议通过沙坡头区党工委、纪工委工作报告。党费收缴使用管理情况报告和"十三五"规划建议，选举产生中共沙坡头区第一届委员会和中共沙坡头区纪律检查委员会。

6月18日　沙坡头区区、乡镇两级人大代表选举产生。沙坡头区共选举产生乡镇人大代表701名，选举产生沙坡头区人大代表199名。

6月19日　民进沙坡头区第一次代表大会闭幕，选举产生民进沙坡头区第一届委员会委员。

6月24日　沙坡头区委举办"党在我心中"庆祝建党95周年暨红军长征胜利80周年演讲比赛。

6月27日　沙坡头区召开2016年信访维稳暨平安建设工作会议。会议通报沙坡头区2015年及2016年上半年信访维稳和平安建设工作，安排部署下半年信访维稳和平安建设工作。

是月　政协中卫市沙坡头区委员会筹备领导小组会同区委组织部、统战部经酝酿、甄选、考察，报沙坡头区委审定，确定政协委员115名，其中：中共党员46名，非中共党员69名，妇女委员29名，少数民族委员10名。

7月4日　沙坡头区产业扶贫贷款集中发放仪式在兴仁镇团结村举行。

7月5日　经沙坡头区委请示，中共中卫市委同意沙坡头区一届人大常委会设主任1名，副主任4名。主任候选人为焦清春，副主任候选人为田仲锋（回族）、彭浩平、张永花（女）、刘德祥。沙坡头区一届人大常委会主任候选人、副主任候选人按照有关法律规定，提交沙坡头区第一届人民代表大会第一次会议选举，选举结果报市委。

7月12—14日　中国人民政治协商会议中卫市沙坡头区第一届委员会第一次全体会议召开。

7月13—15日　中卫市沙坡头区第一届人民代表大会第一次会议召开。

7月15日　新当选的沙坡头区人大常委会主任、副主任、委员，沙坡头区区长、副区长，沙坡头区人民法院院长进行宪法宣誓。

7月22—23日　"百名闽商宁夏行"考察团到沙坡头区乌玛农林科技有限公司枸杞基地等考察。

7月29日　沙坡头区"四套班子"、人武部及各乡镇党委书记、武装部长125人开展了八一军事日活动。

8月3日　沙坡头区举行山洪灾害防御应急演练。

8月5日　沙坡头区召开第一届人民代表大会常务委员会第一次会议。

8月19日　沙坡头区挂牌成立仪式在沙坡头区政府广场举行。

8月25日　沙坡头区召开产业发展和重点工作现场观摩评促会。

8月31日—9月1日　区人大常委会组成视察组，深入兴仁镇、香山乡、宣和镇、永康镇、迎水桥镇、东园镇、柔远镇、镇罗镇，采取实地查看、听取汇报、座谈评议等方式，对沙坡头区2016年农业特色产业项目建设及运行情况进行视察。

9月28日　沙坡头区"脱贫攻坚、同步小康"文艺巡演在市区文化广场启动。

9月29日　沙坡头区召开第一届人民代表大会常务委员会第二次会议。

10月8日　沙坡头区召开2016年水稻机械化穴直播技术推广暨深松整地现场会，自治区农牧厅和农机推广站的相关负责人及专家参加现场会。

10月13日　沙坡头区人大常委会组成检查组，深入区人民法院及宣和法庭、柔远法庭，对沙坡头区人民法院民商事审判工作进行了检查。同日，对沙坡头区人民检察院司法规范化建设工作进展情况进行了检查。

11月4日　沙坡头区召开建档立卡动态调整信息采集录入工作培训会。

2017年

1月6日　沙坡头区委中心组2017年第一次集中学习（扩大）会议召开。会议传达学习中卫市第四届人民代表大会第一次会议精神、政协中卫市四届一次会议精神和自治区党委书记关于《国务院扶贫开发成效试考核结果和2016年脱贫攻坚督查情况的通知》有关批示精神等。

1月16日　市委宣传部和沙坡头区委宣传部以及市直、区直20多个部门在常乐镇联合举办2017年文化科技卫生"三下乡"活动启动仪式。

1月17日　自治区召开深化重点水利改革暨水利工作会议，沙坡头区荣获2016年度全区农田水利基本建设"黄河杯"竞赛特等奖。

1月20日　沙坡头区召开学习贯彻党的十八届六中全会和市第四次党代会精神宣讲会，中卫市副市长、沙坡头区委书记王学军讲专题党课。

1月23日　召开沙坡头区宗教人士学习贯彻自治区宗教工作会议精神专题培训会，各乡镇分管领导、宗教干事及宗教场所教职人员共120余人参加学习。

1月24日　沙坡头区邀请各界人士举行迎新春团拜会，共贺佳节。四套班子领导，各乡镇、各部门负责同志，各民主党派、人民团体、离退休老干部代表、劳动模范、道德模范等参加团拜会。

1月25日　区民社局组织沙坡头区11个乡镇完成村"两委"换届选举。

2月3日　沙坡头区召开2016年总结表彰暨政府2017年第一次全体会议，就全年工作进行具体安排部署。

2月22日　区一届人大常委会第四次会议决定任命的1名副区长、3名人大常委会委室副主任在区政府五楼会议室进行任职宪法宣誓。"法检两院"新任命人员分别在本单位集中宣誓，常委会派专人监誓。

2月22日　召开沙坡头区—景泰县交流座谈会，就甘塘新井岘至景泰县翠柳村、沙坡头区南长滩村农村公路建设事宜进行了协商。

3月1日　召开沙坡头区第二次民族宗教工作联席会议，就即将举行传统庙会的维稳工作进行了安排部署。

3月2日　区政协召开政协委员基层联系点工作动员大会，安排部署2017年政协委员基层联系点工作，区政协党组书记、主席刘希宁出席会议并讲话。

3月3日　沙坡头区举行重点项目集中开工暨项目建设年启动仪式。沙坡头区四套班子领导，各乡镇、各部门主要负责同志，干部职工代表，相关企业负责人共计500余人参加了仪式。

△　沙坡头区召开政法综治信访维稳暨"七五"普法工作启动会议，全面总结2016年沙坡头区政法综治信访维稳暨"六五"普法工作，安排部署2017年政法综治信访维稳暨"七五"普法工作。

3月17日　沙坡头区举行"新任村干部及村民代表履职培训班"。此次培训班由中卫市检察院、沙坡头区纪委、社会保障局联合举办，共安排授课11场次，遍及沙坡头区11个乡镇，累计培训人数1700余人次。

4月4日　第十一届梨花节在南北长滩举行。

4月14日　沙坡头区委召开第九次集中学习（扩大）会议。中国信息通信研究院产业与规划研究所副所长徐志发作《加快云计算产业发展　建设一体化国家大数据中心》专题辅导报告。

4月23日　举办沙坡头区首届乡村读书节。

4月26日　沙坡头区纪委开展以"学党纪党规　做廉洁党员"为主题的集中宣传教育活动。

4月27日　区人民检察院依法就未成年犯罪嫌疑人王某某等4人涉嫌抢劫罪附条件不起诉，举办首例涉罪未成年人附条件不起诉不公开听证会。

4月28日　沙坡头区组织召开全区推进"两学一做"学习教育常态化制度化工作电视电话会议和全区组织系统深化"两学一做"学习教育，开展"四严四做"主题实践活动视频会议。

5月11日　自治区走转改"深化走转改·见证新发展"观摩采访团来到永康镇永丰村采访移风易俗推进情况。

5月12日　沙坡头区举行全民地震应急疏散演练。

5月20日　沙坡头区第六排水沟治理工程开工建设。

5月22日　举办2017年美丽沙坡头区消夏文化节"欢乐沙坡头区"群众文艺汇演。

5月23日　沙坡头区宣和抗旱应急水源工程全面开工建设。

5月26日　举办首届"魅力沙坡头"秦腔专场。

6月2日　沙坡头区召开推进"两学一做"学习教育常态化制度化工作会议，传达自治区、中卫市关于推进"两学一做"学习教育常态化制度化工作电视电话会议精神，安排部署沙坡头区推进"两学一做"学习教育常态化制度化工作。

6月3日　沙坡头区召开沙坡头区第一届人民代表大会第三次会议。韩进军当选为沙坡头区人大常委会副主任，穆怀中、高秀英、胡文礼、孙家骥当选为沙坡头区副区长。沙坡头区四套班子在家领导、沙坡头区人大代表共计177人参加会议。

6月12日　沙坡头区召开全区领导干部大会。会议传达学习自治区第十二次党代会精神、自治区党委十二届一次全体会议精神和自治区纪委十二届一次全体会议精神。区委、人大、政府、政协全体领导，区人民法院院长、区人民检察院检察长，各乡镇党委书记、镇长、副书记、纪委书记，区直各部门（单位）、群团工作委员会主要领导及班子成员共计130余人参加。

6月14日 沙坡头区人民政府与京蓝生态科技有限公司、北京奥特美克科技股份有限工作及宁夏水电勘测设计研究院有限公司共同签署《关于合作推进沙坡头区高效节水灌溉及现代化灌区建设框架协议》。

7月19日 沙坡头区推进简政放权放管结合转变政府职能工作领导小组成立。

7月21日 "醉美硒砂瓜 休闲中卫行"中卫市（沙坡头区）首届休闲农业与乡村旅游文化节开幕。

7月24—26日 第八届丝绸之路大漠黄河国际旅游节在中卫市各大景区盛大启幕。

7月29日 第十六届环青海湖国际公路自行车赛在沙坡头区举行。

8月3日 柔远镇农业服务中心摘得第二批全国五星乡镇农技推广机构桂冠。

8月25日 沙坡头区"希望工程·圆梦行动"助学金发放仪式在区政府举行。捐款企业代表、各乡镇分管领导、受资助学生和家长代表共计130余人参会。

9月5日 沙坡头区"十三五"易地扶贫搬迁项目正式完成，建成东园镇金沙村、林场两个安置区，安置338户1432人。

9月15日 沙坡头区召开2017年农田水利基本建设暨农村环境综合整治动员会，标志着2017年秋季农田水利基本建设大会战全面启动。

9月23日 2017"亚洲旅游小姐"亚洲魅力时尚盛典在金沙岛旅游景区举行。

9月28日 自治区大漠健身运动会在沙坡头区举行。

10月12日 由中卫市人民政府主办，沙坡头区人民政府、中卫市林业生态建设局、中卫市农牧局承办以及中卫市苹果产业协会协办的2017年第一届中卫南山台子富硒苹果采摘（选优）节在中卫市沙坡头果业实验基地隆重举行。

10月13日 山西省、黑龙江省部分全国人大代表和最高人民检察院领导在自治区检察院领导、中卫市检察院领导的陪同下到沙坡头区人民检察院视察指导未成年人检察工作。

10月18日 沙坡头区与宁夏水投集团举行水务一体化合作签约仪式暨宁夏水投中卫水务有限公司揭牌仪式。

11月7日 区政协举办学习贯彻十九大精神培训班，全体政协委员参加培训。

11月21—29日 区人武部组织民兵应急分队152人，借住迎水炮兵旅营区组织9天封闭式集中训练，传达学习十九大精神，组织警棍盾牌术、轻武器实弹射击、教学法等军事训练，完成宁夏军区军事斗争准备检验评估，取得449.7分（总分500分），获自治区第一名。

11月24日　中卫市沙坡头区工商业联合会（民间商会）第一届会员大会召开。大会成功选举产生沙坡头区工商业联合会第一届领导班子。

12月12日　沙坡头区深化国家监察体制改革试点工作动员部署会议召开，传达学习自治区、市深化国家监察体制改革试点工作动员部署会议精神，并对《沙坡头区深化国家监察体制改革试点工作实施方案》的起草情况进行说明。

12月20日　召开改革试点工作小组会议，研究《沙坡头区纪委监委机关主要职责内设机构和人员编制方案》。

2018 年

1月1日　即日起，沙坡头区城市低保标准由每人每月440元提高到560元，农村低保标准由每人每年3150元提高到3800元。

1月8日　中卫市沙坡头区监察委员会正式挂牌成立。

1月23日　沙坡头区召开2018年春运工作会议。

1月24日　沙坡头区召开自然保护区环保工作推进会，安排部署沙坡头区国家级自然保护区环保整改工作。

2月8日　沙坡头区召开新设机构成立授印及领导干部大会。

2月26日　沙坡头区召开政府全体会议暨廉政工作会议，总结区政府2017年工作，安排部署区政府2018年工作及党风廉政建设工作。

△　沙坡头区召开2017年度总结表彰暨2018年工作动员大会，总结沙坡头区2017年度工作，安排部署了2018年工作，表彰了2017年先进集体及先进个人。

3月7日　沙坡头区召开2018年农村暨脱贫攻坚工作会议，会议总结2017年农村和脱贫攻坚工作，表彰脱贫攻坚工作先进集体和先进个人，安排部署2018年农村和脱贫攻坚工作。

4月12日　香港金马凯旋集团董事、文旅投资发展集团总裁黄建桥考察沙坡头古镇等项目。

6月28日　宁夏中卫富硒农产品推介发布暨硒产业发展研讨会召开，来自区内外嘉宾及客商代表共 220 余人参加了推介会。

7月13日　沙坡头区组织硒砂瓜绿色种植模式现场观摩会。

7月16日　沙坡头区在广州市白云区江南果蔬批发市场举行硒砂瓜推介会，邀请多家媒体进行广泛宣传。

8月17日　沙坡头区在红太阳广场组织开展媒体问政活动。

8月28日　沙坡头区召开2018年秋防工作会议，会议部署秋冬季动物防疫工作。

8月29日　沙坡头区召开脱贫攻坚领导小组第三次会议，会议传达学习自治区深度贫困地区脱贫攻坚推进会精神，听取沙坡头区2018年建档立卡信息集中核查及整改情况汇报，审议《中央第八巡视组反馈脱贫攻坚突出问题整改落实工作方案》。

9月3日　国务院大督查第三十督察组到沙坡头区督查。

9月10日　农业农村部协调青岛华丹、美尔雅期货、宁夏顺宝现代农业、宁夏恒泰元种禽有限公司到沙坡头区调研特色经果林和畜禽业发展情况。

9月11日　沙坡头区召开第四次全国经济普查工作会议，会议部署沙坡头区第四次全国经济普查工作。

9月13日　沙坡头区召开2018年秋冬季农田水利基本建设暨农村环境卫生综合治理动员会，部署秋冬季农田水利基本建设和农村环境卫生治理工作。

9月23日　沙坡头区举办了第一个"中国农民丰收节"及舞龙表演、农产品展销、趣味运动会等系列活动，沙坡头区相关领导致辞并为沙坡头区"十佳农业能手"授牌。

10月17日　沙坡头区召开决战100天项目集中开工仪式。

12月26日　中卫市沙坡头区康养特色小镇项目入库"千企千镇工程"启动暨签约仪式举行，沙坡头区政府与宁夏汇强发展集团有限公司签署了框架协议。商务部原副部长、全国政协经济委员会原副主任张志刚等特邀嘉宾到会指导。

2019 年

1月16日　国家金融扶贫评估组到香山乡米粮川村、兴仁镇泰和村检查评估金融扶贫工作。

2月14日　沙坡头区在常乐镇海乐村、东园镇金沙村、宣和镇兴海村三个移民村组织开展贫困劳动力职业技能培训。

3月8日　沙坡头区召开政府第三次全体（扩大）会议暨廉政工作会议，安排部署区政府2019年工作及党风廉政建设工作。

3月18日　在锦江集团中卫市绿能新能源有限公司生活垃圾焚烧发电项目现场（宣和镇电石化工循环产业园南侧）举行沙坡头区2019年重大项目集中开工仪式。

3月29日　召开2019年沙坡头区安全生产委员会第二次全体（扩大）会议暨消防工作会议。会议传达学习了习近平总书记、李克强总理和自治区、市领导关于江苏盐城天嘉宜化工有限公司"3·21"特别重大爆炸事故重要指示批示等精神；通报了2018年度及2019年第一季度安全生产和消防工作情况，安排部署了2019年及近期安全生产和消防重点工作。

4月9日　沙坡头区组织开展2019年义务植树活动。

4月10日　中卫市第十三届黄河梨花节暨民宿创新大会开幕。

4月21日　文昌镇代表沙坡头区各乡镇迎接了国务院安委办督导调研安全生产、消防安全工作。

6月19日　在普添科（中卫）有机肥有限责任公司年产15万吨生物有机肥项目现场召开沙坡头区2019年二季度重大项目集中开工现场推进会。

6月21日　沙坡头区政府召开社会救助审批权限下放乡镇人民政府工作启动会。

6月28日　沙坡头区一个生猪屠宰场发现一头已屠宰生猪脏器有异常病变，经自治区动物疫病预防控制中心确诊，为非洲猪瘟病毒核酸阳性。据追溯，检测阳性生猪来源于沙坡头区东园镇一个养殖户。疫情发生后，农业农村部中国动物卫生与流行病学中心及自治区农业农村厅专家立即赶赴沙坡头区指导处置非洲猪瘟疫情。自治区、市领导就疫情处置作了批示，市、区及时召开防疫指挥部会议进行研究部署，立即启动应急响应机制，采取了封锁、扑杀、无害化处理、消毒等处置措施。

7月3日　中央扫黑除恶第20督导组韩勇一行督导文昌镇、滨河镇扫黑除恶专项斗争工作。

7月23—25日　沙坡头区产业发展和重点工作现场观摩交流会议召开，观摩沙坡头区上半年产业发展状况和重点、亮点工作及重大项目推进情况，总结上半年经济工作，安排部署下半年经济工作。

9月19日　在大地（宁夏）数字科技有限责任公司数字农业产业园项目现场召开，沙坡头区2019年三季度重大项目集中开工现场推进会。

10月30日　沙坡头区委召开"不忘初心、牢记使命"主题教育领导小组第三次会议。

11月5日　沙坡头区首家精神障碍康复社区——康乐家园，在中山社区挂牌成立。

△　举办沙坡头区政府党组"不忘初心、牢记使命"主题教育专题党课活动，召开"不忘初心、牢记使命"主题教育调研成果交流会。

11月7日　在常乐镇召开沙坡头区农村生活垃圾分类治理现场会，区委、区政府分管领导及区美丽乡村建设工作领导小组成员单位、各乡镇负责人、有关村党支部书记参加会议。

12月19日　沙坡头区召开苹果产业座谈会。

第一章 自然环境

沙坡头区因地理位置和区域气候等因素构成其独特的自然环境。在地质历史发展中，因各种地质时期沉积与剥蚀，形成河西构造、卫宁区域东西向构造及陇西旋钮构造的复合体系，地质灾害与人类活动相始终。山脉、河流、峡谷构成人类赖以生存的物质基础。

沙坡头区太阳辐射量大，日照时间长，降水量南多北少，呈递减状态。区域内常年干旱少雨，蒸发量大于降水量，全年受西北季风影响较大，无霜期较长，气候干燥，地表流经水量贫乏。黄河流经南北，河床积水较多。在自然环境中各个环境要素相互影响和相互制约，生态系统保护较好，水生动植物丰富。随着生产力的发展和科学技术的进步，人类的不断开发利用，沙坡头区生态环境和范围不断扩大并逐步改善。

丰富多样的自然环境加之沙坡头区是黄河第一入川口，地处宁夏、内蒙古、甘肃三省（区）的交接点，历史上是欧亚大通道、古丝绸之路的必经之地，人文与自然相互交融。沙坡头旅游区是国家首批5A级旅游景区，国家级沙漠生态自然保护区。

第一节 地 质

一、区域地层概况

沙坡头区南北山体由多层沉积岩排列而成，裸露地质多由地质时代的海洋或湖泊底部各种碎屑和碳酸盐物质堆积而成，主要有寒武系、奥陶系、泥盆系、石炭系、二叠系、新近系、第四系等。

综合地层分区划属祁连—北秦岭地层分区，出露的地层自老而新为奥陶系、泥盆系、石炭系、二叠系、三叠系、新近系及第四系。其中奥陶系、泥盆系、石炭系、二叠系和三叠系主要分布于中部山区及北部低山丘陵区，第四系分布广泛，主要分布于北部沙地、南部黄土地区、中部平原区、香山东西两麓的洪积倾斜平原区及山区沟谷中。兹将各时代地层特征简述如下。

奥陶系。主要分布于香山北麓马营、崾岘子沟以南及天井山、米钵山等地。下—中统未命名，中—上统称为香山群。后者自下而上划分为徐家圈组、狼嘴子组和磨盘井组三个组级岩石地层单位，未见底，各组之间均呈整合接触。下—中奥陶统。未命名，出露于白墩子地区，岩性为浅灰绿、紫灰色变质长石石英砂岩夹灰绿色粉砂质板岩、泥质板岩及黑色硅质岩、硅质灰岩、白云岩，未见底，前黑山组不整合覆于其上，厚度>843.8米。

泥盆系。仅发育上统沙流水组，主要分布于甘塘南山等地，北部尖山子也有出露。与下伏香山群及上覆前黑山组均呈不整合接触。其岩性为灰紫、紫红色粉砂岩、砂岩、含砾砂岩、砾岩，偶夹灰岩透镜体，厚55~265米。

石炭系。发育良好，层位齐全。自下而上分为前黑山组、臭牛沟组、土坡组和太原组四个岩石地层单位。前黑山组或不整合于香山群之上，或不整合于沙流水组之上，与上覆臭牛沟组呈整合接触，为一套滨海—泻湖—浅海相的陆源碎屑岩、碳酸盐岩及膏岩沉积。臭牛沟组，与下伏前黑山组呈整合接触，与上覆土坡组呈平行不整合接触。厚度50.49~230.7米。下部为碎屑岩，由砾岩、砂岩、粉砂岩、页岩组成；上部主要为碳酸盐岩。横向岩性、岩相及厚度变化较大。土坡组，与下伏臭牛沟组呈平行不整合接触，与上覆太原组为整合接触。为海陆交互相沉积，可分为上、下两部分。上部，岩性主要为页岩夹砂岩及薄煤层，含泥灰岩透镜体及菱铁质结核，厚15~260米。下部，岩性为页岩夹粉砂岩、石英细砂岩、泥灰岩薄层，含少量菱铁质结核及灰岩透镜体，厚68~81米。太原组，与下伏土坡组呈整合接触，大黄沟组平行不整合覆于其上。为测区主要含煤地层，岩性主要为页岩、砂岩、灰岩，局部夹石英细砾岩，厚141~465米。

二叠系。集中分布于营盘水、前黑山等地。自下而上划分为大黄沟组和红泉组两个岩石地层单位，二者合称窑沟群。大黄沟组，与下伏太原组呈平行不整合接触，与上覆红泉组为整合接触。岩性为灰绿色含砾砂岩、长石砂岩、粉砂岩、泥岩，夹暗紫色、灰白色石英砂岩、粉砂岩、砾岩，厚132~149米。红泉组，与下伏大黄沟组和上覆五佛寺组均呈整合接触。岩性以暗紫色长石石英砂岩、石英砂岩、粉砂岩为主，夹灰绿色泥岩、灰白色砂岩、砂砾岩、砾岩，厚46~113米。

三叠系。广泛分布在中部。自下而上划分为下—中三叠统五佛寺组和上三叠统南营儿组，二者之间呈整合接触。五佛寺组，中上部为灰白色厚层含砾中粗粒长石石英砂岩夹紫红色砂岩、暗灰绿色含磁铁矿细粒长石石英砂岩薄层或透镜体，发育砂球构造；下部为灰—灰绿色中厚层长石石英砂岩、石英长石砂岩夹暗紫色细砂岩、粉砂岩及钙质结核；底部为杂色砾岩、砂砾岩夹砂岩，厚963米。南营儿组，与下伏五佛寺组为整合接触，中新统红柳沟组不整合覆于其上。厚547米，可分为上、下两部分。上部，岩性为灰绿色砂岩、粉砂岩、页岩夹钙质砂岩、含磁铁矿细粒长石石英砂岩透镜体及炭质泥岩，底部为砂砾岩。下部，为灰白、淡红色中粗粒砂岩夹灰绿、紫红色砂岩、粉砂岩、炭质泥岩、钙质泥岩及硅质岩透镜体，底部见含砾砂岩、砾岩。

新近系。主要出露于测区中部小红山—红山北麓一带级寺口子等地。仅发育新近纪中新世地层红柳沟组，不整合覆于三叠纪或更老地层之上，岩性为橘黄—砖红色含砾砂岩、砂岩夹黏土岩，厚>763.2米。

第四系。广泛分布于北部及南部地区，按成因类型及层位相对新老关系划分为下更新统洪积层、中更新统冲洪积层、上更新统冲洪积层及风积层和全新统冲积层、冲洪积层、湖沼沉积、化学沉积及风积层等8个成因类型。下更新统冲积层，出露零星，不整合覆于红柳沟组或更老地层之上，岩性为褐红、紫红色厚层钙质砾岩，厚2~200米不等，属洪积相堆积。中更新统冲洪积层，出露零星，为红褐色、灰绿色砂砾石层，偶夹淡红色砂、亚砂土透镜体，厚约10米，属冲积、洪积相堆积。上更新统冲洪积层，广泛分布于洪积倾斜平原及山区沟谷中，主要为黄褐色含砾亚砂土、砂、砂砾层，厚5~20米，属冲洪积产物。上更新统马兰黄土，在兴仁和蒿川一带的黄土丘陵区上部和河谷平原的三级阶地上部，广泛出露第四系上更新统马兰组黄土，黄土层具大孔隙，柱状节理发育，具湿陷性，易崩塌，丘陵区黄土厚5~150米，沟谷内厚10~50米。全新统冲积层、冲洪积层主要分布于现代河床阶地及河漫滩，由疏松状砂、砂砾、砾石组成，一般厚2~3米。全新统湖沼沉积、化学沉积，主要由黑色含盐硝砂质黏土、淤泥、卤水等组成，局部形成化学沉积芒硝、盐，厚度大于5米，属现代湖沼相沉积。全新统风积层在研究区北部以风积沙地连片分部，呈北西—南东向分布，属腾格里沙漠一部分。主要由新月形沙丘组成，局部堆积成沙山。

二、区域构造

（一）褶断构造

沙坡头区地处昆仑秦岭地槽褶皱区走廊过渡带的东端，是一个多构造体系复合地区，地质构造比较复杂，主要有受北北西、北西南东向构造的控制。控制断裂与褶皱有烟筒山—固原断裂、香山—同心断裂、南西华山断裂带等。

河西系香山褶断，由一系列相互平等、走向330°的褶皱、冲断裂及斜冲断裂构成。褶皱带有崾岘子沟、碾盘水—党家水向斜，上石棚—罗泉湾背斜和简尖山伺转向斜带等。其中最大者为碾盘水—党家水和上石相—罗泉清两条。主要发育在中寒武统与上古生界中，两翼常发育有与褶皱轴平行展布冲断裂或斜冲断裂。冲断裂有小洞山—黑龙井斜冲、罗泉薄—红泉冲断、崾岘子斜冲、王家沟—下长流水冲断、上校尉川—党家水冲断、石冲断和磨盘山斜冲断等7条。小洞山—黑龙井斜冲断带在香山北坡长约50千米，倾斜南西，与崾岘子斜冲断带间有一东西宽约3千米破碎带，使小洞山东晚石炭世含煤层受到破坏。王家沟—下长流水冲断带在崾岘子沟以南，长约30千米，呈舒缓波状展布倾向南西，沿断裂地层挤压破碎剧烈，宽达数十米，东侧与碾盘水—党家水向斜断裂斜交，破坏了向斜西翼，斜切了简尖山倒转向斜和上校尉川断裂。北端与崾岘子向斜平行。

陇西旋卷系，主要由中卫—固原新生代坳陷带和黑山—香山隆起折褶带构成。中卫固原坳陷带北段（中卫—同心），走向北西，南段（同心—固原），走向北北西，总体为一向北东凸出的弧形断陷盆地。全长260多千米，一般宽约5千米，主要为新生代沉积、基底为古生界。此系坳陷带以清水河大断裂为主，沿清水河东岸延伸，总体走向335°，长百余千米。长山头南西盘香山群仰冲到新生界之上，断裂带附近岩层理，柔波较发育，岩石较破碎，在山前形成笔直的断层陡崖。断裂南西盘有一北北西之长山头向斜构造与北面斜交，组成一"人"字形构造，清水河与黄河入口处形成倒钩状水系，展布严格受该断层控制。向北西穿过黄河，与卫宁北山西端的卫宁区东西向构造复合。

黑山—香山隆起断褶带，自甘塘附近向南东至固原黑城一带，境内总长200余千米，宽18~35千米，主要有一系列走向北西西、北西及部分北北西的褶皱、冲断裂组成。分布在香山、天景山一带有6条：即小井子冲断裂、黑井龙—大涝坝—冯家淌断裂、米钵山东—天景山南龙冲断裂、米钵山南麓冲断裂、下河沿—红谷梁—石峡口断裂和头道收—深井冲断裂。多属倾向南西之逆冲听裂，规模较大。发育在天景子山南部的南—北向、北东方向的张性及扭性断裂均属北西向主干断裂的配套成分。下河沿—石峡口断裂带，在山前呈微向北东突出弧形展布，断续长125千米。断面倾向南西，由两条以上自南向北、由西向东逆冲断裂构成，局部宽达百米。断裂西、南侧为高山或丘陵台地，北、东侧为山前冲积或平原。头道—深井断裂，展布在香山西南山前，断续长50余千米，倾向北东，断面近于直立，垂直断距较大。其北东盘为中武统变质砂岩，南西盘为上古生界。

卫宁区域东西构造带，分布在卫宁北山和香山地区，往西延入内蒙古通湖山、黑山之后潜入腾格里沙漠之下，与陇西系呈截接、斜接及重接复合。由一系列走向东—西、彼此平行展布的线形褶皱与断裂组成。除上古生界外，被卷入的地层尚有部分下古生界和新生界，在中卫—中宁地段可能存在一条与黄河平行、规模较大的断裂控制着这段河的流。此带由北向南分为大战场—古城子复背斜、卫宁北山复向斜和香山复背斜3个次一级构造带。

大战场—古城子带，由中寒武统和下奥陶统组成，隐状背斜近轴部有加里东期斜长花岗岩侵入，岩体呈东西向分布。附近脉岩多受北西和北东两组扭裂面控制，上覆上侏罗统地层，反映出早在侏罗纪前已经历过南北向挤压应力作用。东西冲断裂一般与褶皱伴随而生，其规模与断距都不大，但断裂附近岩层挤压破碎，牵引褶皱发育。

卫宁北山复向斜带，为东西向构造带中发育最典型、突出地段。主要分布在卫宁北山，向西穿越腾格里沙漠直达通湖山、黑山等地。往东被贺兰褶带截切，东西长约50千米，南北宽约28千米，以晚古生代地层为主体。发育有一系列走向东—西，呈舒缓波状褶皱和冲断群。自北而南分单梁山—苊苊沟复背斜、麦垛山—格子山复向斜、照整山—狼城子冲断裂等。单梁山—苊苊沟复背斜带展布在二人山至骆驼山一带，为向东倾状的复式背斜，西段微向南弯曲，东段分叉，长约45千米，中间被贺兰褶带的涩井沟及陇西系带岔梁子斜冲断截切为西、中、东三段。西段为二人山至单聚山，轴向北西西转北东东，轴部为上泥盆统，两翼为下中石炭统地层；中段（骆驼山以南）轴向为北东东，渐变为东—西向，轴部为下石炎统，两为中石炎统地层，北翼有一向南倾、断距不大的狼墩子山断裂与其平行；东段（苊苊沟）、轴向东—西、向东倾状，轴部为中寒武统，两翼为上泥盆统地层。褶皱轴向东分叉，麦垛山—格子山复向斜带，石墩水以西起，经麦垛山至格子山一带，长约40千米，由中石炭统和上泥盆统组成，被涩井、岔梁子冲为三段，西段涩井沟至新井，轴向东—西，中段麦垛山至天似山东，西部轴向东西，东部受陇西系复合改造，轴向由东—西转向南东110度方向，南缓北陡。同时，发育有次一级线状小褶曲，构成微向东北凸出弧形褶皱来，南翼有平台湖冲断裂涩井沟等断距，规模较大。整个西段延入阿拉善左旗。

香山复背斜带，自西向东有小红山向斜、长流水背斜及香山重背斜等。复背斜带上断裂构造发育，规模较大，一般长20千米以上。集中分布在香山北侧古生代地层中，部分切割了中生代或新生代地层。断裂由于受陇西系的复合作用，西端走向往往偏北，断面以南倾者居多，倾角50°~70°。断裂由北向南有小洞山冲断裂、窑沟冲断裂、祁家山冲断裂、窑沟顶冲断裂、站马营冲断裂、黄草沟—百花滩—密、窑洞水冲断裂、罗家老圈—赵麻井中断裂等。其中，小洞山断裂东至碱沟一带，长约25千米，走向280度，断面倾向南，局部直立。中部被一组河西系断裂截切。窑沟冲断裂在小洞山断裂南200~600米处，两者平行展布。断面倾向南，垂直断距近千米。由于复背斜带北侧由南向北仰冲，叠瓦式构造发育，岩层强烈褶皱，局部发生倒转现象。

烟洞山—固原断裂。该断裂从原州区北部经过，在境内又称边岭子沟断层，发育于莫其子背斜的西南翼，走向与背斜轴一致，倾向南西，地表倾角85°，向深部有变缓的趋势，上盘为始新统寺口子组褐红色砾岩、砂岩，下盘为中石炭系羊虎沟群灰色砂岩及页岩。断层破碎带宽10米左右，其中充填断层角砾，偶见与断层面平行的砂岩透镜体，断层三角面清晰，断续出露20千米左右。断层所通过处见有岩层陡立带。

香山—同心断裂。形成于加里东运动期，西起中卫市营盘水，东至同心县，是一条重要构造带，其下切深度约20千米，属于基底断裂。整体呈向北东方向凸出的弧形，弧顶位于天景山北麓一带。该断裂西段从平塘至西梁头，走向近东西。中段从西梁头至双井子，走向北西西；北侧为中卫第四系盆地，两盘拔高相差1100米左右。东段从双井子至同心西，断裂走向由北西向逐渐转为北北西甚至近南北向。

接触带特征。断面以南西倾为主，倾角60°~80°，人工地震反映于深部倾角变缓（30°~60°），断距＞3千米，多表现为逆冲性质，于第四纪时，断裂多表现为走滑性质。

中卫市沙坡头区是一个多构造体系复合地区，地质构造比较复杂，主要有卫宁北山东西向构造带、北西向构造带、北北西向构造带等。东西向构造带分布于中卫市沙坡头区北部（卫宁北山），为走向近东西向的一组挤压面。东西向褶皱主要由晚古生代地层组成。其褶皱形态呈较紧闭的线状复式褶皱，两翼产状陡峻，地层倾角30°以上，部分可达60°~70°。北西向构造带在中卫市沙坡头区境内表现最明显的是北西、北西西向的坳陷和隆起褶带。自西而东有香山隆起褶带、中卫—陈麻子井新生代沉降带。一是香山隆起褶带。该隆起褶皱带位于中卫市沙坡头区西南部，呈北西、北西西向展布并向北东方向突出的弧形构造。褶带由寒武系、奥陶系组成，北部边缘尚见晚古生代地层，外侧是新生代地层。褶带北缘发育一组与其平行的向北逆冲断裂，逆冲断裂不仅切割了古生代界，还延伸到新生界中。香山隆起带地形切割剧烈，比其北部新生界分布区的地形高出500~700

米，显示了新构造运动的强烈影响。二是中卫—陈麻子井新生代沉积带位于香山隆起带的东北侧，是一个北西向展布的北西宽，东南窄的中生代以后发展起来的坳陷盆地。盆地内除第四系薄层堆积外，主要是属冲洪积相、山麓相的中新世红色碎屑岩建造。南庄—永康—宣和以南呈台地形态，自西而东由高达百余米的陡坎逐渐降低变缓。三是北北西向构造带，这一构造见于香山北麓。主要是沿320°~340°方向展布的一组斜冲断层和褶皱。

（二）矿产地质

在晚泥盆世和石发纪时，卫宁北山一带为一东西向沉积坳陷区。该区内香山北麓等地晚泥盆世沉积了铜砂岩。在甘塘、小红山等地早石炭世形成含盐建造的大型石膏矿床中、晚石炭世发育了含煤建造，单梁山—破沟山一线以北中石炭统地层含多层无烟煤，煤层厚3~5米，香山北麓的上河沿至小洞山一带，上石炭统地层中含烟煤层总厚达20米。

在中生代侏罗纪末期，发生了强烈的燕山造山运动，在这种构造的断裂、接压、扭转运动过程中，形成的卫宁区域东西向构造带中，多处含有中低温热液型菱铁矿脉、含铜石英脉、重晶石脉及金的矿化现象。照壁山、新照壁山中—低温热液菱铁矿脉都沿下石炭统与中石炭统之间的仰冲断裂带填充，矿体受其次一级构造控制，金矿化也往往不均匀地富集于走向近东西的仰冲断裂带内。二人山、金场子等矿化带便在其带中，带内尚有银、铜、黄铁矿和天青石等矿化现象。在二人山、单梁山下石炭统内还含长岩矿脉带，宽1~3米，长度约1千米。

在陇西构造与卫宁东西向构造复合带中，形成兴仁—海原新生代坳陷盆地，控制着中新统膏盐建造的沉积与分布。此带盆地中，石峡口已见大型石膏矿床，中卫—固原新生坳陷带也与兴仁盆地有相同的沉积环境，具有寻找第三系石膏矿床的地质远景。

三、新构造运动与地震

沙坡头区和中国南北地震带北段及西北地震区的东部联结部位相邻近。陇西系余丁—烟洞山和黑山—香山两个仍然活动褶断带边缘结合部，是历史上与现今地震发生的应力集中带。

余丁—烟洞山—窑山隆起褶皱带，是西系最外面的一个旋回隆起褶断带。共南西缘北北西向的清水河断裂控制了其河走向及卫宁北山西麓边界。褶断带的北东侧为金沙—马固井—窑山断裂，形成与东邻鸣沙—新集庄新生代沉降带分界线。在隆起褶断两侧曾经发生过5次5级以上地震，这些地震的震中多处于陇西系与贺兰系或陇西系与卫宁区域东西向构造带复合的位置上。此地震带在县境东北界及邻近地带，故多受地震灾害影响。

黑山—香山隆起断褶带，由于香山急剧隆起上升，使中卫—固原新生代断陷盆地下降。宣和以东黄河两岸第四系发育着多级冲积阶地，在洪积与冲积平原接壤处形成高15~20米的笔直陡坎，为谷下切200~300米，随坎下有上升泉水涌出，为第四系断裂引起，南山台子—窟窿山有还一组第四纪断裂带。在这两条断裂带的北部及东部边缘配西系与卫宁东西向构造带复合部位上也是地震易发区，在其东北侧曾发生5级以上地震3次。

新构造运动。中卫市沙坡头区位于卫宁盆地，系复合型断陷盆地，展布于陇西系干塘—同心旋回褶皱构造带，其北西部位于卫宁区域东西向构造带呈斜接或反接，历史与现今地震在该构造体系展布范围内分布较多，且破坏性大。晚近时期以来活动形迹明显，以强烈的继承性活动为其特点。自1495年有地震记载以来，该构造带所控制的地区发生过5次较大的强烈地震，震中多沿黄河一线分布，呈近东西向，弱震活动频繁，反映该构造带仍处于比较强烈的活动过程中。

地震。中卫市沙坡头区是一个地震较多且强度较大的地区。自1970年有仪器记录以来，记录到的米L≥1.0级的小震18次，其中米L3.0—3.9级2次，米L2.0—2.9级6次，米L1.0—1.9级10次。根据中国地震烈度区划图和《中国地震动参数区划图》（GB18306-2015），中卫市沙坡头区所在区域北部和中部地震动峰值加速度为0.20g，属于抗震设防烈度Ⅷ度区，南部蒿川一带地震动峰值加速度为0.30g，属于抗震设防烈度Ⅷ度区。

第二节　地形地貌

沙坡头区地形受构造作用影响，地势起伏较大，呈现中间高，向四周辐射降低的裙状地形。中部地区以香山为主，最高点位于香山中北部，海拔2400米。向北逐渐向低山丘陵过渡，向南向黄土丘陵过渡，在山地与平原之间、山地与盆地之间形成洪积倾斜平原，地形趋于平坦，由于黄河东西向的穿切作用，在中北部形成东西向展布的黄河冲积平原和阶地。

沙坡头区南、西、北三面环山，黄河由西而东穿过，地势南北两侧低、中间高，海拔高程1200~2400米。地貌可分为中山、低山丘陵、沙地、平原、黄土丘陵和峡谷等，其中平原又可分为洪积倾斜平原和冲积平原两个亚类，各地貌单元的地形地貌特征分述如下：

表1.1　中卫市沙坡头区各地貌单元特征

地貌类型	面积（平方千米）	百分比（%）	地貌类型	面积（平方千米）	百分比（%）
中　山	2713.86	51.13	冲积平原	510.26	9.61
低山丘陵	329.98	6.22	洪积倾斜平原	469.7	8.85
沙　地	747.97	14.09	黄土丘陵	535.89	10.10

一、中山地貌

中山地貌即香山山区。主要由寒武系、奥陶系长石石英砂岩夹板岩、灰岩及砾状灰岩等组成，顶部覆盖零星黄土，海拔高程1200~2400米。相对高差870米。其山脊多为鱼脊状，呈北西向或北西西向分布，与岩层走向一致。沟谷发育，多为"V"形谷，切割强烈，深度大于100米，山坡坡度>30°。

二、低山丘陵

低山丘陵分布于单梁山、面子山地区（卫宁北山）。主要由长石石英砂岩与页岩互层夹煤层、炭质页岩等组成，近代形成的风积沙在小部分区域覆盖，海拔高程在1300~1500米。相对高差在50~200米。该区大部分为近东西向分布的梁脊坳谷地形、山脊、沟谷近平行分布，风化差异显著，多由石英砂岩——抗风化能力较强，以单斜的形式覆盖在梁顶上，构成窄而直的尖棱状山脊。沟谷发育，多为宽浅的"U"形或者为箱形近衰退期沟谷，一些较大的沟谷切深30~80米，一般深度小于60米，自山区向黄河河谷展布。

三、风积沙漠

风积沙漠主要分布在西北部丘陵、台阶地上，是腾格里沙漠东南缘风沙由西北南延堆积而成，总面积1068.13平方千米，占沙坡头区总面积的18.48%。以微貌特征可分为沙山和沙漠两大类。在中山和低山丘陵地貌单元有零星分布，系西北季风搬运的粉细砂堆积而成。由于零星分布的风积沙丘对地质环境影响不大，故不单独分区，仅将西部腾格里沙漠边缘（迎水桥以西以北）和镇罗堡以北的平原后缘地段划分为风积沙地。风积沙地一般北高南低，海拔高程1250~1485米。地貌形态呈新月形沙丘、新月形沙丘链和草丛沙丘、沙地等。

四、平　原

平原有洪积倾斜平原和冲积平原两种类型。洪积倾斜平原位于沙坡头区东部和西南部，分布于腰岘子沟以东，南至香山脚下，北以南山台子大陡坎为界的大部分区域内。洪积倾斜平原区北边界—南山台子，以20~100米高的陡坎与黄河冲积平原相交。洪积倾斜平原区地表微有起伏，冲沟发育，一般深10~40米，前缘切割较剧烈，深度可达100米，冲沟底宽10~150米，多呈箱形。冲积平原指卫宁平原。主要分布在黄河左岸迎水桥以东地带，东西长约48k米，南北宽4~14千米。入口窄，以下渐宽，至出口处又缩为7千米。总地势西高东低、南陡北缓，平坦开阔，纵坡降一般小于1‰，横坡降在0.3‰左右。海拔高程一般在800~1230米。

五、黄土丘陵

黄土丘陵位于沙坡头区的南部，分布于兴仁、蒿川一带。黄土丘陵区地形切割强烈，地形支离破碎，其基底多为古近系—新近系泥质岩类。丘陵间沟（河）谷发育。海拔高程1720~2050米。

六、峡　谷

沙坡头区南北山有切割剧烈的南北、北南向汇入黄河的较大沟谷58条，其中南岸山台地中有43条，北山阶地上有15条，均为季节径流干沟。汇水面积达4921.49平方千米，年均汇流量0.38亿立方米。其中以黑山峡最为典型。黑山峡，黄河自西南甘肃省靖远县观音崖入宁夏沙坡头区，整个峡谷长52.3千米，峡谷河面宽120~230米，水速3~5米/秒，最大水域面积66.3平方千米，出峡谷水势落差85米左右。

第三节 土　壤

沙坡头区土壤类型多样。土壤类型大致为灌淤熟化土、灰钙土、风沙土、浅色草甸土、粗骨土、盐土、砾石土、新积土8种类型。

灌淤熟化土。长期灌淤耕作施肥等农作条件下形成，主要分布在沙坡头区境内黄河两岸平原灌区，表层厚度一般为70~80厘米，平均为77.6厘米。质地均匀，保水保肥，有机质及速效养分含量高，是主要农作物高产土壤。

灰钙土。主要分布在香山、西山和南台山。表层颜色较深。60~70厘米以下为石灰质淀积层。土层深厚，有机质缺乏，肥力低下，绝大部分为天然草场。面积367.64万亩，占沙坡头区土壤总面积的52.69%。

风沙土。主要分布在区境西北部沙漠地带，南山台有部分分布。多为流动沙丘，夹有小面积固定和半固定沙丘。有机质含量少，肥力低下，漏水漏肥。沙土层厚度1~30米，植被稀疏，受风力搬运流动。面积134.22万亩，占沙坡头区土壤总面积的19.22%。

浅色草甸土。主要分布在北干渠两侧，黄河两岸边缘和田和湖泊。土层较薄，地下水位高，盐碱化较轻，改良后可改造为灌淤土。面积8.1万亩，占沙坡头区灌区总面积的14.5%，占沙坡头区土壤总面积的1.16%。

粗骨土。主要分布在香山、西山和北部山区。表层多由粗细不等的沙粒和岩石风化碎块构成。有机质含量低，多为天然草场。面积142.76万亩，占沙坡头区土壤总面积的20.46%。

盐土。主要分布在北干渠和三眼井、景庄两乡南部碱壕及营盘水一带。土壤含盐量较高，表层有蜂窝状盐结皮，土质松散，多长盐生植物。面积2.99万亩，占沙坡头区土壤总面积的0.43%。

砾石土。主要分布在黄河两岸河滩及南部山区山洪沟一带。以河水和洪水夹带砾石为主，夹砂粒较多，植被稀疏，难以利用。面积4.85万亩，占沙坡头区土壤总面积的0.7%。

新积土。主要分布在北干渠两侧和常乐等沿河乡村河滩淤积地带。由风积洪积而成，土质多为轻沙壤，有机质含量较多，可改良为耕地。面积3.39万亩，占沙坡头区土壤总面积的0.49%。

第四节 气候

一、气候特征

沙坡头区全年大部分时间受西风环流的支配，北方大陆气团控制的时间很长，同时远离海洋，表现为典型的大陆性气候。在中国气候区划中，属于中温带干旱区。全年气候变化受季风环流影响，冷暖干湿四季分明。冬季天气干冷少雪，夏季雨热同季，春季升温迅速而气候多变，秋季降温快多连阴雨。基本气候特点是：干旱少雨、风大沙多、日照充足、蒸发强烈，气温年、日较差大，无霜期短而多变，大风、冰雹、沙尘、霜冻等灾害性天气比较频繁，局地暴雨、雷电等强对流也时有出现。

二、四季气候

沙坡头区四季划分指标的习惯分法：以3—5月为春季，6—8月为夏季，9—11月为秋季，12日—次年2月为冬季。气候学分季标准：候平均气温<10℃为冬季，>22℃为夏季，10℃~22℃为春秋季。沙坡头区春季开始于4月上旬，长度一般为58~61天。夏季开始于6月上旬，长度一般为57~71天。秋季开始于8月中旬，长度一般为65~76天。冬季开始于10月中旬，长度一般为171~174天。

表1.2　1991—2014年沙坡头区气温参数表

气象要素	单位	数值
平均气温	℃	9.45
极端最高气温	℃	38.5
极端最低气温	℃	−29.2
平均风速	M/s	3.6
年平均无霜期	d	167
最大冻土深度	cm	61
最小冻土深度	cm	44

沙坡头区年平均最高、最低气温都随着年代变化而升高，特别是年最低气温的年代际变化最明显。20世纪60—80年代平均最高最低气温的变化不明显，20世纪90年代开

始出现明显的年代际增温趋势，2009—2018年平均最高最低气温较20世纪60年代增高0.9℃和2.2℃，年际间波动变化呈平稳上升趋势。

表1.3 沙坡头区年平均气温年代际变化　　　　　　　　　　　（单位：0.1℃）

气温变化、年代	20世纪60年代	20世纪70年代	20世纪80年代	20世纪90年代	21世纪前10年	20世纪10年代
年平均气温	7.7	7.7	7.9	8.5	9.0	9.4
年平均最高气温	15.5	15.2	15.3	16.1	16.4	16.4
年平均最低气温	1.9	2.3	2.3	3.1	3.8	4.1

三、降　水

沙坡头区降水量的多少主要取决于冬夏季风来去迟早及强弱的变化，同时还受地形、地势与降水天气系统的影响。因此，在时间上有明显的季节性和年际间的不稳定性，在空间分布上存在不均匀性。

（一）年降水量的时空分布

沙坡头区年降水量地理分布呈南多北少，数值相差较大，其中灌区年平均降水量184.3毫米，最少年降水量为56.8毫米，兴仁年平均降水量248.0毫米，是全区年降水量最多的地区。

表1.4 沙坡头区降水量特征值统计　　　　　　　　　　　　　（单位：毫米）

站　名	多年平均值	最大值	出现年份	最小值	出现年份
沙坡头区城区	187.1	308.2	1978	56.8	2005
兴　仁	248.0	417.4	1964	116.0	1982

（二）降水量的年变化

沙坡头区年降水量呈单峰型变化，即一年中有一个最大值和一个最小值，最大值出现在8月，最小值出现在12月。

（三）降水量的四季变化

沙坡头区地处季风区边缘，受季风影响明显，降水的季节变化特征是冬干春旱、降水集中、分布不均。春季降水量占全年降水量的16.2%，春季少雨是沙坡头区气候的一个基本特征。夏季降水量占全年降水量的55.8%，是一年中降水次数最多、降水量最大的季节，局部地区的洪涝灾害等也主要出现在这个季节。秋季降水量多于春季，各地秋季降水量约占全年降水量的 26.7%，近些年降水量也是减少趋势。冬季是一年中降水量最少的季节，降水量不超过全年降水量的 2%。

（四）四季降水量的年际变化

沙坡头区四季降水量的年际变化各有不同，降水量变化率分别为 -0.29 毫米 /10a、-0.90 毫米 /10a、-0.54 毫米 /10a、0.27 毫米 /10a，其中冬季降水有弱增加趋势，其他三季均为减少。春季降水量减少幅度较小，夏、秋季降水量呈现大幅减少。

（五）降水量的年际变化

沙坡头区年平均降水量总体呈减少趋势，减少速率 3.7 毫米，与宁夏引黄灌区弱的增加趋势相反。其中，1959—1985 年为降水多时段，1986 年开始降水量明显减少，1986—2018 年为降水偏少时段，但也呈现多中有少，少中有多的年份波动变化。沙坡头区年平均降水呈现干湿阶段交替变化。

20 世纪 60—70 年代，沙坡头区降水量总体偏多，但个别年份降水量相对较少，20 世纪 80 年代和 21 世纪前 10 年，降水量总体偏少，其中 20 世纪 80 年代为降水量为最少的 10 年，处于干旱期，但 1983 年和 1985 年又是多降水之年。20 世纪 90 年代，降水量逐渐增多，并由负距平转为正距平。21 世纪前 10 年，降水量又偏少。自 2010 年开始，降水量又开始逐渐增多。从年代际降水量的变化来说，大体呈现"减少—减少—增加—减少—增加"的特点，即"W"型波动的趋势。

假设年降水量大于平均年降水量为丰水年，小于平均年降水量为枯水年。建立年降水量分布距平图可以看出，1959—2018 年，丰水年为 27 年，占 47.4%，枯水年为 30 年，占 52.6%，近 60 年枯水年多于丰水年。

根据中卫市气象局资料，1991—2014 年沙坡头区降水量总体较少，多年平均降水量 183.02 米。年最大降雨量 283.4 毫米，出现在 2003 年，年最小降雨量 12.6 毫米，出现在 2004 年，降雨量年际变化大。沙坡头区月最大降雨量 116.8 毫米，降水主要集中在 6—9 月份，占全年降水量的 70% 以上，最小降雨量出现在 12 月至次年 2 月，（沙坡头区历年月平均降雨量见图 2-3-3）；日最大降雨量 68.13 毫米，多以暴雨的形式出现，具有历时短、强度大且集中的特点。

表1.5 1991—2014年沙坡头区月均降雨量、蒸发量统计表

项目、月份	1	2	3	4	5	6	7	8	9	10	11	12
月均温度（℃）	−7.37	−2.13	4.60	12.15	17.32	21.42	23.09	21.36	16.26	9.62	2.04	−4.01
月均降水量（mm）	2.07	9.85	3.19	8.46	17.06	24.34	48.43	37.03	28.38	32.40	2.29	9.45
月均蒸发量（mm）	38.20	69.29	190.9	295.31	220.3	208.9	202.93	176.1	127.3	294.57	79.5	41.69

沙坡头区年最大蒸发量2075.8毫米，出现在1997年；年最小蒸发量139.64毫米，出现在2004年。降雨量年际变化大，但不及降雨变化明显。沙坡头区月最大蒸发量210.30毫米，出现在5月，月最小蒸发量38.09毫米，出现在1月；蒸发量主要集中在4—8月份，占全年蒸发量的62%。

四、风、霜

（一）风

沙坡头区各气象站观测年平均风速在2.4~3.2米/秒，地理分布是北部小，南部大。风速的季节变化一般是春季最大，冬夏季次之，秋季最小。年平均风速的变化是4月最大，9和10月最小。

沙坡头区年最大风速（10分钟平均最大风速）往往是由强寒潮天气、冷锋过境或雷暴前的阵风造成的；而从出现时间来看，最大风速均出现在4—5月份。

大风通常是指瞬时风速≥17米/秒。沙坡头区大风天气频繁，多出现在春季。受地形和山体影响，灌区和山区主导风向不一致。沙坡头区出现东风（E）频率最高，为15%，次多风向西风（W）、西西北风（WNW）和东东南风（ESE），频率分别是11%、11%、10%；兴仁最多风向是南东南（SSE），频率为15%，次多风向是东风（E）、西西北（WNW）和南风（S），频率为10%、10%和9%。

因处于季风地区的边缘，沙坡头区风向有较明显的季节性变化，冬半年以偏北风和偏西风为主，夏半年以偏东风为主。

（二）霜

霜是限制本地热量资源利用的主要因素之一，霜冻一般分为两类，以温度为标准，即：最低气温≤0℃为重霜冻，≤3℃为轻霜冻。作物要不要防霜冻，由作物发育期能忍耐何种低温决定，同一作物不同品种，发育期它的抗寒性也是不同的。因此，了解作物的抗寒性是很有意义的，一般认为，春小麦苗期耐寒性强，可忍受零下7℃到零下8℃的

低温。而胡麻、瓜类、豆类、马铃薯幼苗期耐寒性就弱，气温在2℃就会产生冻害，果树开花期-3℃左右、结实期0℃以下就要受害。霜冻情况分终日、初初日及无霜期，和保证率≥70%以上的各级终日、初初日及无霜期。

表1.6 沙坡头区初终霜冻日期和无霜期天数

名 称	项 目	≤3℃			≤0℃		
		终霜冻	初霜冻	无霜期（天数）	终霜冻	初霜冻	无霜期（天数）
灌 区	平均（月/日）	5/5	10/1	148	4/22	10/5	169
	最早（月/日）	4/13（2012）	9/3（1972）	110（1972）	3/13（2002）	9/15（1966）	120（1971）
	最晚（月/日）	6/3（1959）	10/22（2006）	185（2006）	5/28（1971）	10/25（1959）	293（1959）
兴仁镇	平均（月/日）	5/23	9/24	123	4/14	10/6	174
	最早（月/日）	5/3（2009）	8/30（1962）	91（1974）	2/11（1999）	9/13（1959）	111（1963）
	最晚（月/日）	6/17（1969）	10/14（2013）	156（2013）	6/8（1963）	10/26（1994）	237（2013）

第五节 物 候

新技术给传统物候观测带来活力，出现了采用自动拍照和数据网络传输的新观测技术。此外，一些自动物候观测网络也在迅速出现，将物候观测究与有关自动气象记录仪的观测数据结合起来进行研究，也将补充传统物候学研究中气象台站数据精度低、距离远等问题。

表1.7 沙坡头区三大作物物候期

发育期		小 麦	玉 米	水 稻
播 种		2.28	4.5	4.11
出 苗		3.27	4.25	5.12
三叶期	始 期	4.5	4.29	5.25
	普遍期	4.8	5.1	5.28
七叶期	始 期		5.19	
	普遍期		5.21	

续 表

发育期		小 麦	玉 米	水 稻
移 栽				
返 青				
分 蘖	始 期	4.11		6.13
	普遍期	4.14		6.17
拔 节	始 期	5.5	6.17	7.13
	普遍期	5.8	6.19	7.17
孕 穗	始 期	5.17		7.23
	普遍期	5.20		7.25
抽穗（雄）	始 期	5.24	7.9	8.1
	普遍期	5.27	7.11	8.4
	末 期			8.6
开 花	始 期	5.29	7.10	
	普遍期	6.3	7.13	
吐 丝	始 期		7.10	
	普遍期		7.13	
乳 熟		6.21	8.15	8.24
成 熟		7.8	9.11	9.25

表1.8 沙坡头区沙坡头区草本植物物候期

植物中名	萌芽期	展叶期		开花期			果实或种子成熟期		果实脱落或种子散落期	黄枯期		
		始期	盛期	始期	盛期	末期	始期	全熟期		始期	普遍期	末期
马兰	3.7	3.21	3.29	4.27	5.1	5.12	8.1	8.20	8.23	10.15	11.1	11.13
车前	3.26	4.3	4.13	6.15	6.24	6.30	7.13	8.9	8.20	10.24	10.29	11.6
苦苣菜	3.31	4.4	4.11	6.14	6.20	6.26	7.6	7.13	7.15	10.25	10.30	11.1
芦苇	4.6	4.18	5.4	8.5	8.12	8.18	9.12	9.20	10.15	10.18	10.27	11.7

表1.9　沙坡头区沙坡头区木本植物物候期

植物中名	芽膨大期	芽开放期	展叶始期	展叶盛期	花蕾或花序出现期	开花始期	开花盛期	开花末期	果实或种子成熟期	果实或种子脱落始期	果实或种子脱落末期	叶变色始变	叶变色全变	落叶始期	落叶末期
小叶杨		4.2	4.8	4.11		4.1	4.5	4.8	5.9			10.1	10.15	10.16	10.24
桑		4.23	4.26	4.29		5.1	5.5	5.8	6.9			10.17	10.22	10.24	11.4
榆	3.3	3.16	4.15	4.29	3.16	3.23	3.25	3.28	4.26	5.9	5.14	10.28	11.12	11.1	11.15
桃	3.28	4.1	4.15	4.3	4.5	4.1	4.14	4.22	8.25			10.16	10.30	10.23	11.11
杏	3.23	3.28	4.24	4.30	3.31	4.1	4.5	4.11	6.19			10.15	11.6	10.23	11.13
苹果	3.31	4.3	4.10	4.18	4.17	4.20	4.25	5.3	8.28		10.20	11.2	10.25	11.15	
枣	4.25	5.4	5.5	5.10	5.17	6.4	6.13	7.20	9.7			10.10	10.17	10.13	10.27

表1.10　沙坡头区动物物候期

动物名称	始见	终见	始鸣	终鸣
大雁	3.16	10.18		
大杜鹃			4.15	9.9
家燕	4.16	9.12		
楼燕	4.15	8.26		
蟾蜍	4.1	10.19		
青蛙			4.20	9.29

第六节　水　文

沙坡头区属黄河流域。黄河自甘肃省靖远县观音崖入沙坡头区，穿黑山峡，至胜金关出，区内径流约114千米。峡谷地段水面宽150~250米，平原段水面宽250~1000米之间，枯水期水面宽221~980米，水面自然坡降1/1300左右，流速分别为：洪水期2.2~4米/秒，常水期1.7~3米/秒，枯水期0.77~2.0米/秒，平均水深：枯水期1.6~3.7米，常水期1.7~5.2米，洪水期1.8~8.7米。

一、地表水

（一）地表径流

沙坡头区地表水除黄河过境水外，还有大气降水径流、泉水湖泊。

降水径流。气候干旱，地表径流水贫乏，地表汇入水沟谷均为季节性径流干沟。平均径流深7.7毫米，年每平方千米产水0.77立方米，是全国单位面积平均产水量的1/36，是全宁夏年均量的2/3弱，为黄河径流区域产水量1/2弱，且多为暴雨引发的山洪径流水，难以利用。

（二）泉水湖泊

沙坡头区黄河冲积平原区河床古道积水形成众多湖泊，由于南部山区泉水、涧流干涸，西北部盆地、湖泊、沼泽被流沙覆没和贯穿湖水汇流的北沙沟干涸等原因，平原区洼地、积水湖泊面积逐渐减少。现残存较大的湖泊有高墩湖、马场湖、龙宫湖、小湖、九塘湖和郑口子湖等。

二、地下水

沙坡头区地下水丰富，按照含水层性质划分有孔隙水和裂隙水，按照埋藏条件有包气带水、潜水和承压水。

表1.11 沙坡头区地下水类型分布情况

埋藏条件含水层性质	孔隙水	裂隙水
包气带水	土壤水，不透水透镜体上的上层滞水，主要分布在北部沙漠区	基岩风化壳中水，主要分布在香山、西山土石山区
潜水	冲积洪积层水，主要分布在引黄灌区及山区小盆地和山前区	基岩上部裂隙中水，主要分布在香山、西山土石山区
承压水	第四系纪沉积岩构成的自流山前平原区，分布在引黄灌区、龙宫湖	断层破碎带深部的局部承压水，主要分布在香山、西山土石山区

三、水　质

黄河水是沙坡头区生产生活的主要水资源。矿化度为0.3~0.76克/升，pH值7.5~8.4，硬度10.1~21.3德度，属重碳酸盐钙钠型水。由于受工业污水排放量的影响，有害物质增多。含沙量汛期大，枯水期短，平均为4.7~6.21千克/立方米。

地下水水质受区域地质构造、岩性、地貌等因素影响，水质类型的变化突出反映钠离子在各类水体所占的主导地位。硫酸根离子影响着各个不同区域水体中的化学特征，其含量与矿化度成正比例关系，在山区高矿化度水中含量达大。重碳酸根离子在各水体中的含量变化与矿化度成反比例关系。引黄灌区平原低矿化水占主导地位。

引黄灌区浅、中、深层孔隙类潜水、承压水层的水体多属重碳酸、氯化物、硫酸钠、镁钙化学类型水，一般矿化度为0.3~1.0克/升，硬度为10.1~21德度，水质良好，为生产生活用水。不均匀分布在西北部沙漠边缘的气包带水为弱矿化度、微碱性水。属重碳酸盐、氯化钠、钙镁型水，硬度5~15德度。分布在香山、西山、北山的基岩裂隙水，属氯化物、硫酸钠、镁型水，总硬度为15~25德度。山间盆地孔隙水，即任寨—尹东、新井滩、峡口、营盘水等地带的地下水，属氯化钠、硫酸钠、镁型水，硬度15~20德度。

第七节 自然灾害

一、地质灾害

沙坡头区是一个多构造体系复合地区，褶皱、断裂发育，地质构造复杂。地貌受香山隆起带的影响，大部以中山地貌为主，南、北麓向低山丘陵过渡，并形成兴仁盆地。该区中北部黄河穿过，形成了河岸两侧的河岸地貌和冲积平原，具有特殊自然地理和复杂的地质环境背景。沙坡头区地质灾害最主要的为泥石流、崩塌、不稳定斜坡3种，总体在香山山区及人类工程活动较强烈的区域发育。总体上具有数量多、分布集中、突发性明显、规模差异大等特征。

野外实地调查发现沙坡头区111处灾害点及隐患点，发现的地质灾害有5类，分别是泥石流、崩塌、不稳定斜坡、滑坡、地面塌陷，其中，泥石流79处，崩塌16处，不稳定斜坡13处，滑坡点2处，地面塌陷1处，分别占地质灾害隐患点总数的70.91%、14.55%、11.82%、1.82%、0.91%，其中泥石流是主要地质灾害类型。

沙坡头区泥石流地质灾害分布范围最广，影响最大，主要集中发育于香山山麓及黄河两岸地带的具有一定规模的沟谷及其支沟，是基岩山区一种特定的外动力形成的地质现象，在暴雨条件下产生的挟带石块、泥沙等固体颗粒的非一般洪流。泥石流从流域特征上常顺着山坡、沟谷、河谷发育，可明显划分出泥石流的形成区、流通区、堆积区。从物质组成方面考虑，其类型可分为水石流和泥石流、泥流。

泥石流、泥流多形成在香山山麓风化强烈的地区，如泥岩、页岩分布及大量松散残坡积层分布的地区，由多种不同粒级的颗粒混合而成，砾石一般在50%~60%，粉砂和黏土一般占20%，颗粒级配良好。

水石流大部分在由坚硬块石组成的山地，如硬砂岩、石灰岩、板岩分布区发育。由于风化剥蚀和坡面块体运动以及流水作用等，坚硬的块石会不断在沟谷内富集。其物质组成极不均匀，粒径大的卵砾石及石块常占总质量在85%到90%之间，相对于黏土及粉砂含量较少，仅占10%~15%，多充填于块石之间，在其运移情况中，主要为粗大颗粒物质。泥流发育在黄土地区，黄土结构松散、具大孔隙、垂直节理发育、易于发生崩塌和具有较强的湿陷性。强降雨天气地表水在黄土地区的沟谷中汇集，一方面携带沟底松散土体运动，另一方面冲刷沟岸黄土加大水土流失和沟岸崩塌，其堆积物以粗大的碎屑物质为主。

崩塌也是区内发育较多的地质灾害。从区域上看，主要分布于孟北路的北侧、迎大公路和S202的两侧及部分矿区。区内14处崩塌地质灾害及两处崩塌隐患点按斜坡体的物质组成划分，分为岩质崩塌和土质崩塌，其中岩质崩塌10处，土质崩塌6处，分别占崩塌总数的62%和38%。崩塌规模均为小型。崩塌主要发育于香山山区，根据野外调查显示，崩塌相对集中分的布，分布区域表现在人类工程活动较为频繁、强烈的地区。这些地区的斜坡为人工修路切坡和采矿形成的高陡边坡，地形坡度多在40°~90°，局部甚至出现负角度。不稳定斜坡类型。不合理人类工程活动导致的不稳定斜坡和自然形成的不稳定斜坡，切坡修路形成的边坡、采矿活动形成的边坡和自然斜坡等，也是沙坡头区地质灾害的主要类型。

二、自然灾害

（一）旱　灾

沙坡头区干旱发生次数较多，频率高，强干旱事件对沙坡头区农业生产、水资源供给、生态环境和社会经济生活影响巨大。

2004年9月至2009年，沙坡头区兴仁等乡镇降水持续偏少，气温持续偏高，兴仁、蒿川等中干旱带出现自气象气候资料记录以来少有的持续干旱。

2013年11月2日至2014年2月4日，无降水日数长达94天。虽然2月4日到9日出现连阴雪天气，2月16日白天到夜间，出现第2场降雪天气，3月30日出现降雨，但与正常年份相比，山区降水量比往年偏少，1—3月份总降水4.9毫米，3月后，气温回升快，山区土壤失墒严重，山区旱情呈加重态势，水库、塘坝基本干枯，人畜饮水形势十分严峻。

2015年1—7月，沙坡头区气温偏高，降水偏少，且分布不均，对农业生产及生态环境建设产生了不利影响。1—7月气温与历年同期平均值相比偏高0.2~0.8℃，尤其是6—7月份沙坡头区降水明显偏少，降水量为20.7~28.2毫米，比历年同期偏少67%。

2017年夏季，沙坡头区持续极端高温且降水量少，部分镇乡遭遇旱灾。

2018—2019年，沙坡头区除中部干旱带上的兴仁镇和邻近乡镇季节性干旱外，其他乡镇受旱灾影响较小。2019年夏季，沙坡头引黄灌区和中部干旱带各地降水量在71.5~337.5毫米，降水明显偏少，气候干旱，对农作物影响较大。

（二）风、雹、霜灾

风、雹、霜是沙坡头区主要自然灾害。沙坡头境内风、雹、霜灾近乎年年发生，2004—2019年，风、雹、霜自然灾害累计超过50次，年均3.8次，给人民群众生命财产带来较大损失。

2004年5月3日至4日，沙坡头区重霜冻。6月14日，沙坡头区迎水桥镇、滨河镇出现雷阵雨、冰雹、大风天气。8月3日、18日至19日，出现雷阵雨天气，暴发山洪。

2005年5月28日，东园镇降冰雹，主要受灾作物为玉米和小麦。6月29日，红泉乡出现雷阵雨并伴有冰雹，造成11018亩西甜瓜不同程度受灾。6月30日，沙坡头区香山局部地区出现暴雨，造成167公顷西甜瓜受灾，部分建筑物损毁。

2006年4月10日至11日，沙坡头区大风、沙尘暴、降温、霜冻天气。7月7日14时30分至15时50分，沙坡头区香山乡尹东、尹西自然村后山突降暴雨，暴雨中心降水量约35毫米，暴雨形成山洪灾害。7月28日16时至18时，沙坡头区常乐镇山区出现强对流天气，局地出现暴雨，暴雨中心降水量35~40毫米。

2007年3月2日至3日，沙坡头城区出现较大的降雪过程，使镇罗镇和柔远镇的316座日光温室蔬菜大棚被大雪压塌。6月8日，迎水桥镇长流水村出现强降水天气，造成部分农田淤积，树木、道路和水利工程被冲毁。7月13日，镇罗镇、宣和镇、永康镇受暴风雨及冰雹袭击，造成道路、水利工程和各类农经作物受灾。7月21日，香山乡出现雷阵雨天气，使引黄灌溉渠道严重损毁。7月29日，永康镇和常乐镇出现雷雨天气。8月6日，永康镇、东园镇受到暴风雨冰雹袭击并引发山洪部分道路、供水管道、耕地、经济作物被冲毁。8月8日，香山乡出现暴雨并引发山洪，冲淤硒砂瓜地6.7公顷。8月25日，沙坡头城区出现雷雨大风天气并引发山洪，使羚羊寿渠、北干渠、部分水利工程、农作物受灾。

2008年1月中下旬，沙坡头区出现连续降雪、低温天气，使城区9个镇（乡）13850座日光温室蔬菜受冻，同时造成道路结冰严重，汽车全部停运，给交通运输带来一定影响。4月22日至24日，沙坡头区出现霜冻天气，使6个镇（乡）2400公顷农作物、1067.3公顷经济作物和846.7公顷经果林受冻。5月3日，沙坡头区出现沙尘大风天气，滨河镇、文昌镇、镇罗镇、柔远镇、宣和镇、东园镇、迎水桥镇1316座蔬菜大棚棚膜刮破，23座大棚作物受冻，33.3公顷弓棚西瓜受冻。

2009年3月20日，受大风沙尘暴影响，沙坡头区滨河镇、文昌镇、镇罗镇、柔远镇、东园镇的日光温室蔬菜大棚棚面钢架下塌40个，3个卷帘机受损，棚面薄膜被风撕裂93个、轻度受损216个。4月30日，出现大风天气，沙坡头区镇罗镇、柔远镇、东园镇共有40座日光温室蔬菜大棚受灾，其中部分蔬菜大棚棚膜被风撕裂、部分蔬菜大棚出现轻度坍塌。8月16日，因强降水引发山洪，沙坡头区香山乡4个村11个自然队不同程度受灾。11月10日至11日、16日至18日，沙坡头区出现的降雪天气，宣和镇、镇罗镇、柔远镇等共计8个镇的28个村884人、230个温棚受灾。

2010年4月11—14日，沙坡头区受降雪低温冻害影响，4个镇共计583.82公顷果木、小麦、小拱棚不同程度受灾。4月24日至25日，沙坡头区出现大风、沙尘天气，11个镇（乡）1621.2公顷农作物受灾。5月24日，沙坡头区常乐镇、香山乡出现冰雹、暴雨天气引发山洪。8月2日、10日，沙坡头区香山乡因强雷阵雨天气引发山洪，造成8个自然村469人受灾，其中两人死亡，81.4公顷硒砂瓜被洪水冲淤。

2011年4月25日，沙坡头区出现大风灾害天气，造成东园镇、兴仁镇75户280人受灾。7月6日，沙坡头区遭遇大风天气，造成沙坡头区镇罗镇96户376人受灾。8月4日，沙坡头区香山乡黄泉行政村出现暴雨、冰雹天气，此次灾害性天气造成0.87公顷硒砂瓜被冲毁。

2012年1月18日夜间至22日，中卫地区出现降雪天气，受降雪及雪后低温影响，沙坡头区西风口沙漠设施农业基地和镇罗镇、柔远镇设施温棚蔬菜遭受雪灾及冻害。4月2日，受大风天气影响，沙坡头区3个镇12个行政村受灾。5月3日至4日、7、10日至11日，沙坡头区出现的强降水、大风天气致使5个（乡）镇24个村不同程度受灾。6

月17日、22日、26日，沙坡头区部分地区出现短时强降水、冰雹天气，造成该地区不同程度受灾。7月17日、22日、27日，沙坡头区部分地区由于短时强降水形成洪涝、山洪，造成该地区不同程度受灾。9月1日，沙坡头区出现强降水天气，造成文昌、镇罗、宣和3个镇乡1人死亡，房屋出现不同程度受损。11月2日至3日，沙坡头区出现的大风天气共造成镇罗镇、永康镇63户221人受灾。12月21日至23日，沙坡头区出现低温冻害天气，造成迎水桥沙漠设施农业基地的大棚蔬菜受到不同程度的冻害。

2013年4月7日至8日，沙坡头区出现大风降温天气，造成宣和镇、永康镇、柔远镇农户种植的3722.1公顷果树花苞受冻。7月22日，沙坡头区出现大风短时强降水天气，造成镇罗、永康两个镇3个行政村209.8公顷农作物，117户农户455人受灾。

2014年4月24日至25日，沙坡头区8个镇受大风、沙尘、雨雪、降温天气影响，造成较严重农业灾害。5月1日，沙坡头区出现的大风、沙尘、降水、降温天气过程，使永康镇、迎水桥镇和镇罗镇农经作物不同程度受灾。7月26日，沙坡头区永康镇校育川村、党家水村遭受冰雹袭击；28日，沙坡头区常乐镇罗泉村、熊水村遭受冰雹袭击。8月15日至16日，沙坡头区连续两天遭受大风、冰雹、强降水天气袭击，冰雹直径15~20毫米，持续时间30分钟。8月25日，沙坡头区寺口子一带出现雷阵雨并引发山洪，2名游客在寺口子景区遇难山洪袭击。

2015年6月16日14时50分，沙坡头区常乐镇和香山乡出现暴雨和冰雹天气，造成农经作物受灾。8月1日18时，沙坡头区永康镇党家水村出现短时暴雨，共造成16户68人受灾。11日07时00分至16时00分，沙坡头区迎水桥镇、永康镇、兴仁镇、常乐镇和香山乡出现暴雨并引发山洪，共造成1811人受灾。9月19日20时30分，沙坡头区兴仁镇东滩村发生强降雨，形成洪涝灾害，造成32户130人受灾。

2016年3月28日，沙坡头区香山乡新水村受低温冷冻天气影响，部分拱棚硒砂瓜瓜苗受冻。5月15日，受霜冻影响，沙坡头区香山乡、兴仁镇、迎水桥镇、永康镇等16个乡镇种植的地膜硒砂瓜瓜苗和玉米、油葵等农作物受冻，共造成1841户7751人受灾。6月6日15时27分，沙坡头区东园镇史湖村遭遇风暴伴雷阵雨灾害性天气，镇罗镇李嘴村给西红柿捆绑秧蔓的15位村民在附近大树下避雨，不幸被雷电击中。7月24日，沙坡头区出现暴雨并形成洪涝灾害，造成兴仁镇、迎水桥镇、东园镇、永康镇1785人受灾。8月14日，沙坡头区兴仁镇、香山乡、常乐镇、迎水桥镇受暴雨袭击并形成洪涝灾害，共有16个村1466户6017人受灾。

2017年4月17日，沙坡头区5个镇遭遇大风沙尘天气，造成17个村304户1003人受灾。5月14日，沙坡头区4个乡镇遭遇冰雹灾害，造成33个村3473户9569人受灾。6月6日、20日、29日，沙坡头区部分地区遭遇短时强降水、冰雹灾害，造成该地区不同程度受灾。7月14日，沙坡头区两个乡镇两个村遭遇短时强降水、冰雹灾害。8月5日，沙坡头区4个乡镇18个村遭遇强降水引发山洪。

2018年4月6日凌晨2时至9日清晨8时，沙坡头区11个镇乡91个村遭遇低温冷冻灾害，造成10779户44966人受灾，经果林、硒砂瓜、玉米、蔬菜等多种作物严重受灾。5月22日，沙坡头区两个镇5个村430户1034人种植的硒砂瓜遭遇低温冷冻灾害。7月1日，沙坡头区4个镇24个村遭遇强降水洪涝灾害，造成427户1604人受灾。7月19日，沙坡头区两个镇5个村遭遇强降水洪涝灾害，造成659户2629人种植的硒砂瓜、枸杞受灾。8月7日，沙坡头区7个乡镇34个村1830户7107人遭遇洪涝灾害。

2019年6月18—27日，沙坡头区出现持续10天的阴雨天气过程，其范围之广、过程持续时间之长均创1961年以来6月极值，造成农作物受灾，经济损失很大。8月持续阴雨天气加重了作物喜湿性病害发生，沙坡头区兴仁镇出现轻到中度的枸杞黑果病，作物根腐病、灰霉病和白粉病各地均有不同程度发生。

第八节　自然资源

一、植物资源

沙坡头区自然植被覆盖率低，森林资源缺乏，干旱荒漠植物较为齐全。南部香山地带主要是天然灌丛草原植物群落，西北部低山沙漠上主要有荒漠草原植物，中部平原多为人工种植植物。沙坡头区有天然野生种子植物54科156属260余种，其中裸子植物有4科11种；被子植物有37科411种；水湿生植物34种，还有原生乔木5种，均为人工种植；有羌柳、旱柳、白榆、沙枣、胡杨灌木44种；半灌木23种。草本植物中有多年生103种，一年生54种。

沙坡头区干旱区植被分布主要受水因子影响，植物呈斑块状分布，种类单一，结构简单。按中国植被区划系统，该区属于"温带沙漠区域东部荒漠亚区，温带半灌木、灌木荒漠地带，阿拉善高平原草原荒漠，半灌木、灌木荒漠区"，属于荒漠向草原过渡地区。主要植被草本层为小画眉草、芦苇、狗尾草、猪毛菜；灌木层为雾冰藜、驼绒藜草、猫头刺、狭叶锦鸡儿、柠条锦鸡儿、细枝岩黄芪、阿拉善沙拐枣；乔木层为小叶杨、新疆杨等。

天然植物中，属国家保护的一、二类资源有沙冬青、蒙古扁桃和羽叶丁香3种。属于阿拉善草原和宁夏特产的稀少植物桃叶卫矛、罗布麻、狭叶鼠李、宽叶水柏枝、裸果木、斑子麻黄、胡杨、沙鞭（沙竹）、百花蒿和碱蓬等多种。有经济价值的食用植物沙蓬、大白果刺、沙棘、沙介等15种。油料植物有籽蒿、珍珠草、猪毛蒿和牛心蒲子4种。纤维植物有芦苇、芨芨、马蔺、香蒲、罗布麻等16种。药材植物有79种之多，牧草植物137种，观赏植物32种，其中香山爬松为沙坡头区特产，植物群落特征突出。

表1.12 沙坡头区植物群落特征

植物群系	种 类	覆盖率
狭叶锦鸡儿群系	猫头刺、狗尾草、猪毛菜、雾冰藜、驼绒藜、沙蓝刺头、芨芨草、苦荬菜、白山蓟、百花蒿、紫菀、白草、沙米、狭叶锦鸡儿、狗哇花、沙葱	0.35%
猫头刺群系	猫头刺、狗尾草、猪毛蒿、猪毛菜、沙米、柠条锦鸡儿、沙蓝刺头、小画眉草、白山蓟、百花蒿、白草、驼绒藜、芨芨草、苦荬菜、苦苣菜、老瓜头	0.15%
细枝岩黄芪群系	雾冰藜、狗尾草、猪毛菜、沙米、狭叶锦鸡儿、柠条锦鸡儿、细枝岩黄芪、栉叶蒿	0.40%
柠条锦鸡儿群系	小画眉草、狗尾草、猪毛菜、柠条锦鸡儿、猪毛蒿、猫头刺、栉叶蒿、叉枝鸦葱、细叶鸢尾	0.10%
沙枣群系	芦苇、赖草、白刺、角果碱蓬、雾冰藜、尖叶盐爪爪、碱蓬、碱地风毛菊、沙枣	0.20%
小叶杨群系	沙枣、油蒿、苦荬菜、雾冰藜、芦苇、小画眉草、柠条锦鸡儿、虫实、狗尾草、沙米、猪毛菜、小叶杨	0.30%

沙坡头国家级自然保护区植物资源丰富，共有裸子植物4科8属14种（包括种下等级），被子植物75科220属426种（包括种下等级），合计种子植物79科228属440种，占宁夏种子植物的24.30%。其中栽培植物共176种；自然分布的野生植物264种，包括双子叶植物190种，单子叶植物12科41属72种。保护区被列入国家一、二级保护的植物有裸果木、沙冬青和胡杨。

保护区湿地植物有水生和湿生两大类，共114种，占保护区植物种类的25.91%。保护区的水生植物分为沉水植物、浮水植物和挺水植物。沉水植物在保护区的代表种类有狸藻、茨藻等。浮水植物保护区代表种类有浮萍和眼子菜等。挺水植物保护区代表种类有香蒲等。保护区的湿地植被可划分两个植被型组，3个植被型，6个植被亚型，11个群系。

沙坡头区林木种质资源有天然旱生小乔木及灌木树种，主要分布在南部黄土丘陵沟壑区。天然沙生灌木树种，主要分布在北部低山与沙漠（西北部为腾格里沙漠）区域。林木树种多为人工栽，主要分布在中部黄河冲积平原——卫宁平原区域。胡杨种质资源主要分布在南部黄土丘陵沟壑区及北部低山与沙漠区。小乔木主要有灰榆，旱生灌木主要有柠条、子遗植物、枸绣线菊、细枝盐爪爪、白刺、锦鸡儿、霸王等；北部低山与沙漠区主要分布着天然灌木树种，主要有红北有砂、猫头刺、柠条白刺、花棒沙冬青、柽柳杨柴等。中珍稀、其濒危野生林木有9种。裸果木系杨柳科杨属胡杨亚属，属于珍稀濒危野生物种，被誉为"活着的化石树"，是渐危种，已被列为国家Ⅰ级保护植物。裸果木为亚洲中部荒漠区比较稀少的残遗种，属古地中海成分，是构成石质荒漠植被的重杨是第三世纪残余的古老树种，是荒漠河岸林最主要的建群种，第二批确定的国家Ⅰ级重点保护植物。果木在沙坡头区主要分布在黄河以南的沙坡裸头自然保护区烟洞沟梁一带，盖度最高可达4%左右。羽叶丁香分布地区建立保护小区，严禁樵采和放牧，保护这一珍贵的残遗植物。系木犀科丁香属，叶灌木，落别名山沉香。羽叶丁香为中国特有种，国家Ⅰ级保护濒危种。

二、动物资源

1986—1987年首次全面调查宁夏沙坡头区的动物种类及其数量。1998—1999年又先后4次调查该地区脊椎动物种类及数量。沙坡头区的动物资源变化明显。1999年国家重点保护动物比1986年增加7种，已达19种，其中国家Ⅰ类保护种类3种，Ⅱ类保护种类16种。鸟类增加35种，其中宁夏新记录11种；兽类新增3种；两栖类和爬行类各减少两种；鼠类减少3种。1999年与1986年相比，湿地景观水鸟种类和数量显著增加，村庄农田景观、荒漠景观和固沙林景观鸟类种类和数量减少。

沙坡头区动物资源种类繁多，有脊椎动物194种，其中鱼类18种，两栖类3种，爬行类5种，鸟类147种，兽类21种。鱼类占宁夏回族自治区鱼类种数的58.1%，两栖类占50.0%，爬行类占27.8%，鸟类占51.9%，兽类占29.6%。沙坡头国家自然保护区列入国家重点保护野生动物名录的种类有23种，占保护区脊椎动物的11.9%。其中，一级保护动物 5 种：黑鹳、金雕、玉带海雕、白尾海雕和大鸨；二级保护动物 18 种：灰鹤、蓑羽鹤、白琵鹭、荒漠猫、猞猁、鹅喉羚、岩羊等。保护区列入 CITES 附录的脊椎动物有 21 种，占保护区脊椎动物种类的 10.82%，其中列入附录 I 的只有白尾海雕一种，余均为附录 II。列入《中日保护候鸟及栖息环境协定》鸟类名录并分布于保护区的鸟类有 65 种，占保护区鸟类种数的 44.2%。

湿地是多种脊椎动物类群的栖息地。沙坡头区湿地动物被列入国家保护动物的种类都是鸟类，共有 7 种，占保护区国家保护动物的 30.43%。其中 I 级两种：玉带海雕和白尾海雕；II 级 5 种：鹗、大天鹅、灰鹤、蓑羽鹤和白琵鹭。湿地有鱼类 18 种。其中分布于计划调入保护区的过境黄河的有 8 种，占沙坡头区鱼类的 44.44%。鱼类有北方花鳅、泥鳅、达里湖高原鳅、似鲶高原鳅、敖鱼条、鲤、麦穗鱼、黄河鱼、北方铜鱼、棒花鱼、黄鲴鱼、鲫鱼、波氏栉虾虎鱼、鲶、团头鲂、花鲢、白鲢、草鱼等；两栖动物有花背蟾蜍、中国林蛙、黑斑蛙等。还有湿地兽类麝鼠。

三、水资源

沙坡头区饮用水源位于城区西南侧，南临黄河，西临迎水桥镇牛滩村，北临包兰铁路，东至城区应理路，水源地开采总面积 15 公顷，地下水型为黄河冲积平原第四系孔隙潜水。该水源是沙坡头区唯一水源地。

地表水。黄河从沙坡头区自西向东流过，区内流经 114 千米，占黄河宁夏段流程的 28%，河面平均深度 200 米，过境平均流量 322.50 亿立方米。黄河是卫宁平原主要农业用水水源，地表水水质控制目标为 III 类水质标准。多年平均引水量 6.24 亿立方米，占过境水量的 2%，主要用于农业灌溉，其中回归水每年 3.17 亿立方米，占引水量的 49.40%。因此构成了沙坡头区网状水利排灌体系，区内共有大型农灌渠 3 条，排水沟 9 条，引黄灌区工农业及城市生活废水主要通过各排水沟排泄，最终在胜金关一带进入下游跃进渠或汇入黄河。区内的人工灌溉干渠主要有美利渠、太平渠、第三排水沟、第四排水沟及支、斗渠系纵横交错。美利渠长 21.60 千米，引水量 16 立方米/小时，灌溉面积 1.64 万公顷。太平渠长 21.85 千米，引水量 5 立方米/秒，灌溉面积 1.60 万公顷。第三排水沟长 21.8 千米，排水量 10 立方米/秒，排水面积 0.49 万公顷。第四排水沟长 21.76 千米，排水量 2 立方米/秒，排水面积 0.30 万公顷。

地下水。沙坡头区地下水资源储存量为 1.21 亿立方米。区内地表水径流主要取决于大气降水，因干旱少雨，地表径流十分贫乏。多年来平均径流仅为7.70毫米，平均每平方千米年产水量0.77万立方米。长期以来自大量引用地表水，致使引黄灌区地下水位急剧上升，引黄灌区是地下水补给的主要来源，灌区年潜水水位变幅1.62~3.77米。地下水主要补给来源为引黄灌区渠系行水与田间灌水的渗漏。其次为地下水的侧向径流补给和大气降水的渗入补给。根据水源地供水水文地质勘探资料，区内地下水动态与农田渠道行、灌水的关系极为密切，1—3月枯水期水位埋深一般为3~4米，4—11月中旬进入灌期后，地下水位迅速上升，其深埋一般1~2米，水位年变幅1.62~3.77米，地下水动态类型属灌溉入渗型。该地段含水层岩性为粗粒相砾卵石层，松散、空隙大，其主要特点是补给好、水质好。缺点是由于渗透性强，受引黄灌溉入渗影响，地下水极易受到污染。

干旱缺水仍然是沙坡头区的基本区情。水资源主要来自天上水、地下水、黄河水。天上水量少且时空分布不均；地下水由于地质结构的复杂性，既有资源性缺水问题也有质量性缺水问题；黄河穿境而过，是较丰沛的水资源，但实际可利用的浅层水资源总量有限。当地水资源利用完全依赖于限量分配的黄河过境水，其他地表水、非常规水使用非常有限。年人均水资源占有量是全国平均水平的57.3%，农业用水占总用水量的90%以上。

四、矿产资源

沙坡头区北山—香山大地构造位置为阿拉善地块与祁连造山带的过渡区，区内所见最老地层为寒武纪地层，为大陆斜坡复理石夹硅质岩建造，泥盆纪、石炭纪寒武地层较发育，且铁、铜、金、银、硫、铅等丰度值较高，为良好的矿源层，热液活动较强烈且时间较长，热液蚀变普遍较发育，矿化类型多、面积广、矿化点分布密集，已发现矿种19种，矿产地189处。其中：大型5个，中型2个，小型77个，矿点、矿化点105个。探明资源储量的矿种有19种，主要有煤、铁、铜、金、电石灰岩、制碱灰岩、水泥灰岩、饰面用大理岩、石膏、陶瓷黏土、水泥配料用黏土、砖瓦黏土、建筑石料、建筑用砂等。仅天景山—米钵山地区化工灰岩（包括电石灰岩、制碱灰岩）资源量约4300万吨，其他矿区水泥灰岩资源量约23150万吨，石膏资源量约71595万吨。

金属矿产。沙坡头区金属矿产相对贫乏，矿产种类少，已发现的矿种有铁矿、铜矿、金矿、银矿（伴生矿）、铅锌矿、锰矿6种，均为小型或矿点、矿化点。铁矿资源储量小，且矿石品位低，多为贫矿。已探明资源储量的铁矿产地4处，即麦堆山、石堆水、新照壁山、照壁山铁矿，资源储量136.92万吨（其中基础储量76.3万吨），储量26.9万吨。经过地质简测的铁矿点有9处，但资源量较小，其余均为矿点、矿化点。铜矿仅腰岘子有一小型铜矿床，并正在做详查工作，求获资源量7万吨，其余均为矿点或矿化点。金矿产地主要分布于北山金场子且资源储量基本枯竭。铅、锰均为矿化点，或与铜共生，多分布于香山地区。

非金属矿产资源。沙坡头区非金属矿产资源丰富，尤其是电石灰岩、制碱灰岩、石膏、建材原料矿产分布广泛、资源储量大，产地相对集中。其中，石膏90%以上资源储量分布在城区甘塘—小红山第三纪盆地和石炭纪地层中。电石灰岩、制碱灰岩、质量好，已探明的天景山化工灰岩矿区，有电石灰岩资源储量534.2万吨（其中基础储量38.3万吨），储量491.4万吨；制碱灰岩资源量337.6万吨，据预测，天景山—米钵山地区化工灰岩（包括电石灰岩、制碱灰岩、水泥灰岩）资源量约44000万吨，已探明的水泥灰岩矿产地较大的有天景山灰岩矿。石膏已探明城区甘塘石膏矿、中卫城区小红山石膏矿，基础储量3728.5万吨。陶瓷黏土、水泥配料用黏土已探明资源储量的矿产地在下河沿等地，并开发利用。饰面用大理岩已探明资源储量的矿产地仅有香山大理岩矿大道崖矿段1处，资源量208万立方米。

沙坡头区能源矿产资源以煤炭为主，储量3318.34万吨（其中基础储量1135.1万吨），储量476.68万吨。分布于在北山、香山等地，其中卫宁北山的煤质优良，资源潜力较大。煤层一般埋藏浅，但褶皱构造发育，煤层产状陡，常规勘查手段不适宜，勘查程度普遍较低，开采规模小。

第二章　行政建置

沙坡头区隶属宁夏回族自治区中卫市，位于宁夏中西部。沙坡头区前身为中卫县，历史悠久。石器时代就有人类在这里繁衍生息。沙坡头区前有黄河之险，后接贺兰之固，扼守宁夏西大门，是丝绸之路边陲要塞。春秋时为羌族和戎族杂居地。秦并六国后将中卫纳入版图属北地郡，汉属安定郡朐卷县，南北朝时属灵州薄骨律镇，隋属灵武郡丰安县，唐属西会州鸣沙县，宋、辽、西夏时期属西夏应理县，元属宁夏应理州。明废应理州，于建文元年（1399 年）置宁夏中卫指挥使司，中卫之名由此始。清雍正三年（1725 年）废卫改中卫县，属甘肃省宁夏府。1933 年，中卫县一分为二，在其东部新置中宁县。

1954 年宁夏省撤销并入甘肃省，中卫县属甘肃省银川专区。1958 年宁夏回族自治区成立，甘肃省银川专区撤销，中卫县直属自治区。1972 年，银南地区成立，中卫归属其管辖。

2003 年 12 月，国务院批准撤销中卫县，设立地级中卫市，中卫市设立沙坡头区，以原中卫县的行政区划为沙坡头区的行政区划。2016 年 8 月 19 日，中卫市沙坡头区正式挂牌，标志着该区以市辖区行政建制模式独立运行。截至 2019 年 12 月，沙坡头区总面积 6877 平方千米，辖 11 个乡镇、165 个行政村和 22 个城镇社区。

第一节　建　置

一、历史沿革

沙坡头区系原中卫县，历史悠久，境内发现有细石器文化遗址，说明早在石器时代就有人类在这里繁衍生息。春秋战国时为羌族和戎族杂居地。秦将蒙恬伐匈奴后中卫属北地郡，汉属安定郡朐卷县。南北朝时属灵州薄骨律镇。隋属灵武郡丰安县。唐属西会州鸣沙县。元属宁夏应理州。明置宁夏中卫指挥使司，中卫之名由此始。清废卫改中卫县，属甘肃省宁夏府。

1933年，中卫县一分为二，在其东部新置中宁县。1941年，宁夏省将中卫县香山地区划出，设香山设治局。1945年，宁夏设置行政专员督察区，中卫属第二督察专员区。不久，香山设治局撤销，并入中卫县；专区也撤销，中卫县直属宁夏省。1954年宁夏省撤销并入甘肃省，中卫县属甘肃省银川专区。1958年宁夏回族自治区成立，甘肃省银川专区撤销，中卫县直属自治区。1972年，银南地区成立，中卫归属其管辖。

2003年12月31日，国务院发布关于同意《宁夏回族自治区设立地级中卫市等有关行政区划调整的批复》（国函〔2003〕139号）。2004年2月6日，《宁夏回族自治区人民政府关于撤销中卫县设立地级中卫市的通知》（宁政发12号），撤销中卫县，设立地级中卫市。市人民政府驻原中卫县滨河西路。中卫市辖从吴忠市划入的中宁县、从固原市划入的海原县和原中卫县。2004年4月28日，中卫市成立大会举行。地级中卫市设立后，只在原中卫县辖区设立中卫城区办公室等机构，"中卫城区"的指沙坡头区。2008年6月11日，自治区人民政府办公厅下发通知，要求即日起统一使用"中卫市沙坡头区"，不再使用"中卫市中卫城区"或其他名称。2012年组建沙坡头区管委会。2016年将正式设立沙坡头区人民政府。

2008年，宁夏回族自治区政府批复同意将海原县的兴仁镇、蒿川乡划归中卫市沙坡头区管辖。

2015年12月，自治区政府批复同意中卫市撤销沙坡头区蒿川乡行政区划建制，将蒿川乡行政区域划归兴仁镇。

2016年8月19日，中卫市沙坡头区正式挂牌，标志着该区以市辖区行政建制模式独立运行。

二、区域变迁

沙坡头区原为中卫县。历史上属于边地，历代屯垦军民和西北游牧民族迁徙居住。西汉为朐卷县西境，东汉废县，隋唐置丰安县及雄州，与鸣沙县分治或合并为一，大致境域西界凉州，东界灵武，以黄河南北分治。西夏设应理寨，元设应理州与鸣沙州分治。《元史·地理志》记载：应理州东据大河、西据沙山。另据明代宪宗实录记载："都金事王义之先为应理州贺兰山后人"，证明应理州界北至大漠贺兰山后。

明代宁夏中卫，东接灵州，南连庆王香山牧马场，西邻庄浪卫，北近边墙外空旷地。清中卫县，又辖属明庆王香山牧马场地及边外西至营盘水接松山驿，北界边口外60里与蒙古分界，这是中卫县历史上的最大版图。史有四至八到之说，即东至灵州界220里（广武分首岭），东南至大岚沟200里与灵州分界，南至白崖口灵州界135里，西南至柴薪梁靖远县界200里，西至营盘水皋兰县界210里，北至边墙外60里。

1933年卫宁分治后，黄河北岸以胜金关中、南岸以山河桥中为界，东为中宁县，西为中卫县。黄河北岸以胜金关山梁北直经骆驼山东侧至砂井子以西，黄河南岸以山河桥中上溯清水河中南至沙泉井接大洪沟以西为中卫县境。1945年将香山地区析出设立设治局，后又并入中卫县。据1988年9月由宁夏回族自治区测绘局编绘，中国地图出版社出版发行的《宁夏回族自治区地图册》境域界限的直线距离，县城东至胜金关中23.65千米，至山河桥中31.35千米，东南至同心县界44千米，东北至阿拉善左旗、中宁县30.25千米，南至马鞍桥南海原县界54千米，西南至碱壕沟梁靖远县界47.3千米，西至营盘水西甘肃、内蒙古自治区界77.7千米，西北至乌兰敖包火车站东侧内蒙古自治区界70.4千米，北至双石垒子内蒙古自治区阿拉善左旗界17.6千米。东西最长处118千米，南北最宽处达91.8千米，总面积为5780平方千米。

2003年中卫县撤县设市，析出沙坡头区（中卫城区）隶属中卫市，位于宁夏回族自治区中西部，东邻中宁县，南与同心县、海原县及甘肃省靖远县交会，西接甘肃省景泰县，北邻内蒙古自治区阿拉善左旗。境域东西长115.3千米，南北宽81.4千米，总面积5922.4平方千米。

2016年沙坡头区管辖总面积6199平方千米，总人口42万人。有11个乡镇，167个行政村，15个城镇社区。截至2019年12月，沙坡头区总面积6877平方千米，辖11个乡镇、165个行政村和22个城镇社区。

第二节　乡　镇

一、文昌镇

文昌镇地处中卫市城市核心区，南靠黄河，西临滨河镇槐树北巷社区，以鼓楼南北街为界限，北与东园镇双渠村接壤，东与柔远镇砖塔村毗邻。2003年7月撤乡并镇后，城关镇更名为文昌镇，隶属中卫县；2004年4月，原中卫县文昌镇改为中卫市文昌镇。2012年以后归沙坡头区管辖。镇政府位于中央大道以北中卫市公安局交警支队车管所西侧，距离沙坡头区政府5.4千米，镇党政机关设置"二办一队三中心"，即：党政办公室、综治维稳办公室、综合行政执法队、经济发展综合服务中心、民生服务中心、农业科技推广服务中心。镇域面积2676平方千米，辖8个行政村10个社区居民委员会，全镇共有常住人口66242户108674人。

2019年，全镇共有耕地6138.2亩，从事农业劳动力13761人，粮食作物以小麦、水稻、玉米为主。2019年全镇经济总收入为244526万元。第一产业收入为5965.1万元，其中农业收入2099.1元，林业收入546.1元，牧业收入2698.8元，渔业621.07元；第二产业收入133531元；第三产业收入105030元。农民人均纯收入达到15172元，同比上年增长17.1%。全镇有中小学及幼儿园22所，镇域内有沙坡头区最大的四季鲜农产品综合批发市场以及以农副产品加工、食品加工和新型建材为主导的宁夏红健康养生产业园。2004年至2019年文昌镇历任党委书记、镇长为严玉忠、杨建国、焦清春、吴庭华、王琳、张鹏、胡文礼、张巨才、张永华、汪文奎、姜广文、马千笑。

表2.1　2004—2019年文昌镇基本情况表

年　份	耕地面积（公顷）	农民人均纯收入（元）	农作物种植（公顷）			畜牧业养殖		
			粮　食	蔬　菜	其　他	猪（头）	羊（只）	牛、马（头）
2004	867.88	4017	1303.6	-	-	9768	8099	4163
2005	1062.00		1536	82	45	9816	10249	2087
2006	1007.92	4209	1047	78	99	7495	10414	2316
2007	949.72	4355	1650	159	291	4574	6379	2145
2008	869.46	4916	1034	110	577	5351	7021	1459
2009	865.43	5314	1954	204	580	4433	10431	1689
2010	837.93	5750	1058	130	116	4243	8782	1537
2011	831.59	6667	992	142	114	2654	7551	1135
2012	774.89	7715	825	131	133	2305	9078	1237
2013	690.70	8459.2	712	94	99	2462	8012	1330

续　表

年　份	耕地面积（公顷）	农民人均纯收入（元）	农作物种植（公顷）			畜牧业养殖		
			粮　食	蔬　菜	其　他	猪（头）	羊（只）	牛、马（头）
2014	611.34	9645	572	83	95	3291	6545	481
2015	1179.02	10387.7	593	78	71	1458	4994	229
2016	1108.33	11062.9	599	64	146	1281	4220	460
2017	535.70	12014.3	499.4	66	45	1394	5515	857
2018	512.79	12956.2	453.6	52.4	179.1	1728	3489	428
2019	506.56	15172	411.6	6.9	17	1360	4044	569

表2.2　2019年文昌镇各村基本情况

村（社区）	人口（人）	土地面积（公顷）	农作物种植（公顷）	农民人均纯收入（元）	村集体经济收入（万元）	卫生医疗（所）	学校（所）
东关村	2276	20	5.79	15926	108	-	-
雍楼村	2781	327	173.35	16052	110	-	-
黄湾村	3515	31	11.25	15798	189.8	-	-
东园村	4551	201	79.90	15838	80.4	1	-
蔡桥村	3988	17	1.17	15013	145.96	-	-
五里村	2673	202	26.26	14097.5	61.5	1	1
郭营村	3425	210	113.37	14478	11.58	1	1
双桥村	2927	300	95.45	14324	60.3	1	-

二、滨河镇

滨河镇西连迎水桥镇，东接文昌镇，南依黄河北岸，北部与东园镇为邻。2004年由城郊乡改为滨河镇。镇政府所在地中央西大道51号，距离沙坡头区（区政府所在地）2.5千米。镇域面积0.29万平方千米，含13个行政村9个社区居民委员会，镇域交通便利，有包兰铁路、卫青公路、201省道、县道等通过。人民群众生活和社会保障较为完善。截至2019年，全镇居民人均可支配收入14512元，参加农村基本养老保险和医疗保险全覆盖。全镇有卫生医疗院所7所，中小学校7所。2004—2019年，滨河镇社会经济发展持续上升，人民生活水平不断提高。

传统产业有水稻、小麦、玉米，主要分布在大板村、涝池村、城北村。养殖业以鸡、鸭、羊、牛等为主。2003年，农村税制改革和农村产业结构调整后，主要农作物有小麦、水稻、青储玉米、设施农业、蔬菜等，养殖业以奶牛、猪、羊、鸡为主，主要分布在西关村、官桥村、炭场子村、大板村等。随着农村产业结构调整和城乡融合发展，滨河镇产业发展有了变化，有设施农业等特色产业。2016年以后，随着城乡融合发展，滨河镇产业结构发生较大变化，工商业经济得到迅速发展。第二产业以城市建设开发为龙头，第三产业以餐饮、服务为主。2004年至2019年滨河镇历任党委书记、乡（镇）长为周宗杰、李旭竹、李万忠、张福平、丁志和、姜广文、张永华、孙健宾、刘文杰。

表2.3 2004—2019年滨河镇基本情况

年 份	耕地面积（公顷）	农民人均纯收入（元）	农作物种植（公顷）			畜牧养殖			
			粮 食	蔬 菜	其 他	鸡、鸭（只）	猪（头）	羊（只）	牛（头）
2004	1528.7	3134	1390.07	84.63	32.2	136	435	202	160
2005	1455.7	3521	1319.14	86.56	33.2	135	476	217	157
2006	1388.22	3904	1243.69	83.33	31.6	130	484	210	151
2007	1362.63	4354	1208.79	91.14	49.6	128	444	207	151
2008	1337.52	4801	1181.75	90.64	48.6	127	427	201	166
2009	1271.3	5377	1111.1	89.37	48.6	105	111	198	149
2010	1251.17	5915	1108.5	79.97	52.1	93	107	200	149
2011	1085.57	6808	982.23	94.94	44.1	80	102	201	111
2012	1019.12	7400	934.93	51.13	70.83	49	41	196	112
2013	1015.11	8290	843.93	52.33	152.89	48	38	194	112
2014	980.94	9312	780.15	51.64	183.19	35	38	193	111
2015	886.14	10435	711.75	41.24	167.19	3	28	64	42
2016	825.8	11262	663.31	50.67	149.39	5	20	58	36
2017	831.84	12444	674.05	48.67	146.69	4	16	58	32
2018	825.84	13502	662.72	49.4	151.29	4	9	55	31
2019	824.9	14512	653.38	50.83	158.26	4	9	41	19

表 2.4　2019 年滨河镇各村基本情况

村　名	人口（人）	村民小组（个）	土地面积（公顷）	农作物种植（公顷）	农民纯收入（元）	村集体收入（万元）	卫生医疗（所）	学校（所）
官桥村	2669	9	79.13	79.13	14885	590.57	1	2
西关村	2160	8	50.46	45.46	14406	137.59	1	1
沙渠桥村	2206	7	54.95	54.95	13222	31.58	1	1
南关村	2031	6	13.21	13.21	15820	1200	-	1
南元村	2160	7	50.06	50.06	13785	23.2	-	1
高庙村	1503	6	72.49	72.49	13876	100	-	-
前锋村	1110	4	22.06	22.06	13301	13.2	-	-
南街村	975	4	7.56	7.56	14390	43	-	1
大板村	5220	16	185.35	185.35	13210	5.1	1	-
涝池村	1296	4	63.37	63.37	11988	3.92	1	-
城北村	2154	7	106.68	106.68	13466	15.3	1	-
新墩村	2753	10	-	-	13310	13.8	1	-
炭场子村	2082	7	-	-	12801	18.4	-	-

三、柔远镇

柔远镇镇政府位于中卫市市区向东 5 千米处（沙坡头区柔远镇柔远街 169 号），东邻镇罗镇，西靠文昌镇，南与黄河接壤，北邻东园镇，行政区域面积 40 平方千米。2002 年 5 月 18 日，柔远乡撤乡设镇为柔远镇。2018 年，柔远镇辖 13 个行政村，116 个村民小组，总人口 7325 户 30504 人，其中农业人口 27936 人、非农业人口 1871 人，全镇耕地 32999 亩，人均收入 12194 元。

主要农作物有水稻、小麦、玉米等，随着农村产业结构调整和城乡融合发展，柔远镇产业发展变化迅速，有设施农业等特色产业。镇域交通便利，有包兰铁路、201 省道公路、西云路等穿过。人民群众生活和社会保障较为完善。农村基本养老保险和医疗保险全覆盖。2004 年至 2019 年柔远镇历任党委书记、乡（镇）长为张敬东、刘希宁、闫自立、丁志和、刘德祥、张永生、潘玉顺、王福才。

表 2.5 2004—2019 年柔远镇基本情况

年 份	耕地面积（公顷）	农民人均可支配收入（元）	主要农作物种植（公顷）			畜牧业养殖			
			粮 食	蔬 菜	其 他	家禽（百只）	猪（头）	羊（只）	牛（头）
2004	-	-	2048	577	29	836	14490	18964	11040
2005	-	-	3103	664	58	931	16878	16671	17357
2006	-	-	2393	608	29	571	18233	29604	16347
2007	-	-	2042	1014	29	557	8849	31809	9019
2008	2421	-	1540	1887	25	460	9645	26346	11608
2009	-	-	1725	2263	60	702	5987	14197	13382
2010	-	-	1952	2186	54	930	7017	7440	9929
2011	-	-	2143	1766	29	380	4726	9403	10144
2012	-	-	1447	2033	23	177	6079	12479	6589
2013	2590	-	1188	1843	9	577	5888	16956	6337
2014	-	-	1336	1962	7	751	7566	12561	3337
2015	-	10169.81	1446	1834	7	236	4808	12563	3810
2016	2199.95	11456.93	1501	2043	7	516	4814	11814	3614
2017	2199.95	12194.00	1107	1771	5	153	8932	14828	1445
2018	2135.51	13231.67	1087	1687.4	5	636	9624	11505	1332
2019	2058.8	14360.33	1268	1180	3.53	166	3863	6279	1083

表 2.6 2019 年柔远镇各村基本情况

村 名	人口（人）	村民小组（个）	土地面积（公顷）	农作物种植（公顷）	农民纯收入（元）	村集体收入（元）	卫生医疗（所）	学校（所）
高营村	1462	4	132.67	163.33	14540.62	354900	1	-
沙渠村	3559	12	271.93	153	13638.37	20000	1	-
砖塔村	2018	8	550	83	14530.00	65580	1	-
渡口村	1136	7	190	90.67	15106.56	81000	1	-
莫楼村	1464	7	90	244	13784.55	25000	1	-
夹渠村	2705	12	249.6	210.2	13740.35	20000	1	-
镇靖村	2631	6	160.32	53.33	14076.89	50100	1	-
冯庄村	2507	14	193.3	193.33	16641.86	218000	1	-
雍湖村	1595	7	237.23	237.04	13987.10	79100	1	-
范庙村	1871	8	201.1	201.07	14231.31	58000	1	-
施庙村	2900	11	226.67	223.33	14080.17	100000	1	-
柔远村	2608	13	122.4	104.67	14034.15	90000	1	2
刘台村	1579	6	120	-	14290.48	104674	1	-

四、兴仁镇

兴仁镇(镇政府办公地在兴仁村)是两省(甘肃、宁夏)三县一区(靖远县、中宁县、海原县和沙坡头区)的交会处,东至中宁县徐套乡;南接海原县关桥乡、西安镇;西与甘肃省靖远县靖安乡、五合乡接壤;北与沙坡头区香山乡、永康镇毗邻。距沙坡头区(区政府所在地)79千米,镇域面积(含蒿川乡)699.1万平方千米,含11个行政村51个自然村。原属海原县管辖,2008年划归沙坡头区管辖。

兴仁镇传统粮食作物以春小麦、糜谷和秋杂粮为主,经济作物主要有马铃薯、油葵、胡麻、麻子等。养殖业以猪、牛、羊为主。随着农村产业结构调整和城乡融合发展,兴仁镇产业发展发生了重大变化,有硒砂瓜、枸杞等特色产业。沙坡头区成立后,随着城乡融合发展,兴仁镇产业结构发生较大变化,工商业经济得到迅速发展。有各类专业合作社107家,个体经营户1500余家。主要矿产资源有煤、页岩、白云岩、陶土等。镇域交通较为便利,京藏高速公路和109国道横跨东西,202省道纵穿南北,人民群众生活和社会保障较为完善。截至2019年,全镇居民人均可支配收入9750元,参加农村基本养老保险和医疗保险全覆盖。全镇有乡镇卫生院、村级卫生所14所。全镇教育资源丰富,拥有学校(含幼儿园)11所。2004—2019年,兴仁镇社会经济发展持续上升,人民生活水平不断提高。2004年至2019年兴仁镇历任党委书记、乡(镇)长为王文智、任进文、黄宗浩、冯智、汪万文、丁志爱、黄占荣、黄兴明、周重男、何建中。

表2.7 2004—2019年兴仁镇基本情况

年份	耕地面积(公顷)	农民纯收入(元)	主要农作物种植(公顷)				畜牧业养殖		
			粮食作物	特色种植			猪(头)	羊(只)	牛(头)
				硒砂瓜	枸杞	马铃薯			
2004	21867	2900	1400	668	11.5	1600	12000	10000	185
2005	21867	3020	1420	1330	34.8	1600	12580	10200	200
2006	21867	3180	1400	3550	122.6	1560	12000	10500	210
2007	21867	3290	1480	7000	184.3	1550	12805	10800	235
2008	21867	3380	1500	7000	307.1	1500	12803	11000	260
2009	21867	3405	1588	7000	325.6	1580	12000	11200	300
2010	21867	3500	1435	7000	417.7	1500	12850	11525	320
2011	21867	3533	1635	7167	417.7	1467	14700	11360	385

续　表

年　份	耕地面积（公顷）	农民纯收入（元）	主要农作物种植（公顷）				畜牧业养殖		
			粮食作物	特色种植			猪（头）	羊（只）	牛（头）
				硒砂瓜	枸　杞	马铃薯			
2012	21867	4158	1815	7067	417.7	2000	9653	11060	385
2013	21867	4834	3246	7066	1329	1333	8000	11600	277
2014	21867	5426	2753	7000	1328	1153	8135	20180	1155
2015	21867	6093	2266	7082	1543	640	9878	27050	1064
2016	21867	6885	1792	6720	2844	373	10285	31534	1134
2017	21867	7657	1020	7113	3874	598	10154	37732	998
2018	21867	8628	816	7200	3874	173	10048	25232	599
2019	21867	9750	755	7200	3874	163	9514	30466	388

表2.8　2019年兴仁镇各村基本情况

村　名	人口（人）	村民小组（个）	土地面积（公顷）	农作物种植（公顷）	农民纯收入（元）	村集体收入（元）	卫生医疗（所）	学校（所含幼儿园）
兴仁村	7060	8	3872	163	12580	40000	3	5（3）
郝集村	3863	8	3197	150	11025	0	1	2（1）
西里村	2725	8	3183	93	11097	7000	1	1
高庄村	2944	7	3035	118	8338	6000	1	2（1）
王团村	1355	4	1447	85	8345	60000	1	1
东滩村	2580	6	3345	69	10323	6000	1	
拓寨村	1938	6	2829	77	10719	0	1	
团结村	2513	1	222		6534	61200	1	
泰和村	2315	1	219		6370	74000	1	
兴盛村	949	1	152		6434	60000	1	
川裕村	2620	1	267		6601	60000	1	1

五、香山乡

香山乡地处沙坡头区南部。东北至东南与常乐镇、兴仁镇接壤，南至西南与甘肃省靖远县五合、东升、北滩、永新乡毗邻，北至沙坡头区常乐镇。香山乡由2003年原中卫县行政区划调整时原三眼井乡与景庄乡合并成立。香山乡人民政府位于香山乡三眼井村三眼井队，距离沙坡头区100千米。乡域面积9.567万平方千米，辖红圈村、新水村、三眼井村、深井村、景庄村、梁水村、黄泉村、米粮川村8个行政村，38个自然村。全乡以发展农业为主,林业、畜牧业为辅,硒砂瓜产业是香山乡经济发展和农民脱贫致富的主导产业,辅以种植小麦、玉米、向日葵等农作物。

传统产业有小麦、玉米,主要分布在红圈村、景庄村。养殖业以鸡、肉为主。2004—2019年,香山镇凭借优势的自然条件,发展富硒砂瓜产业,远销北京、陕西、河南、重庆、广州等全国20多个大中城市及省区,总收入占全乡总产值75%以上。同时,香山乡发展压砂地枸杞产业,种植面积逐年上升。截至2019年,全乡居民人均可支配收入达到16268.4.1元,参加农村基本养老保险和医疗保险基本实现全覆盖。全乡镇拥有村级卫生所7所,村级小学3所。

2004年至2019年香山乡历任党委书记、乡(镇)长为胡生义、贾自华、王立成、李学灵、唐兴武、张巨才、孙家骥、李文成。

表2.9 2004—2019年香山乡基本情况

年 份	耕地面积（公顷）	农民村收入（元）	主要农作物种植（公顷）			畜牧业养殖			
			粮食（小麦、玉米）	枸杞	硒砂瓜	鸡、鸭（只）	猪（头）	羊（只）	牛（头）
2004	7110.7	3186.5	1245.4	100.7	5865.3	1920	368	31220	0
2005	9371.6	3198.5	686.1	130.4	8685.4	1870	351	30870	0
2006	10810.7	3566.8	208.6	156.2	10600	2150	452	33870	0
2007	12404.3	3966	579	167.3	11573.3	2090	541	32450	0
2008	13664	4385	437.3	170.1	12972	2087	721	35480	0
2009	13633.3	4858	301.8	187	13073.3	2250	754	36500	0
2010	14538	5576	293	218.6	13861	2400	801	39800	0
2011	14723.8	6300	346.4	245.8	14220	559	698	26980	0
2012	14944.3	7726	378	265.9	14333.3	1735	508	23700	0
2013	15222	8716	325	322.3	14667	3200	409	36530	0
2014	15428.2	9769	282.7	322.3	13996	3200	294	37120	0
2015	15650.4	10760	1588.8	408.1	13000	5100	409	41500	0
2016	15773.3	11922	2183.3	747.8	14753.3	5100	294	40260	0
2017	16549.3	12806.1	1689	823.4	14400	5100	351	39720	0
2018	16815.4	15105.3	538.7	836.7	14940	3200	428	38651	0
2019	16952.4	16268.4	351.1	836.7	15302.5	8900	55	36500	9

表2.10 2019年香山镇各村基本情况

村 名	人口（人）	村民小组（个）	土地面积（公顷）	农作物种植（公顷）	农民纯收入（元）	村集体收入（元）	卫生医疗（所）	学校（所）
红圈村	2432	6	13240	3438	13872.9	36000	1	1
新水村	1671	4	9570	2693.3	16100.6	63600	1	—
三眼井村	1694	3	11480	2482.1	16152.6	154000	1	1
深井村	890	3	14350	2782.6	18340.5	50000	1	—
景庄村	1605	6	15170	3124.7	16162.7	10000	1	1
米粮川村	1006	1	1180	246.7	4521.6	60000	1	—
梁水村	588	6	11150	272.8	9173.9	60000	1	—
黄泉村	646	10	22400	472	10976.6	60000	—	—

六、迎水桥镇

迎水桥镇地处沙坡头区西部，南靠黄河，北接内蒙古、西临甘肃，辖17个行政村，两个社区。2003年由西园乡改为迎水桥镇。镇政府所在地中卫市沙坡头区迎水桥镇牛滩村，距离沙坡头区政府约10千米，镇域面积1380平方千米，辖区内旅游资源、文化资源、矿产资源、水利资源十分丰富，主要农作物有小麦、水稻和玉米，盛产优质水果、鲜鱼、蔬菜。养殖业以猪、羊、牛为主。沙坡头水利枢纽工程、高速公路、西气东输管道、国家5A级旅游景区尽在镇域内，交通网络四通八达，有包兰、宝中、甘武铁路，201省通纵贯全镇，有亚洲最大的铁路编组站——迎水桥编组站，宁夏第二大支线机场——香山机场。迎水桥镇历史文化积淀深厚，主要经济收入来源为劳务输出和旅游产业。截至2019年，全镇居民人均可支配收入13475元，参加农村基本养老保险和医疗保险全覆盖。全镇拥有17个村级卫生所和4所小学。2004年至2019年迎水桥镇历任党委书记、乡（镇）长为赵军文、范家宏、马德明、冯建军、韩国平、任勤、武建国、谭青海、李学亮、朱政祖。

表2.11 2004—2019年迎水桥镇基本情况

年 份	耕地面积（公顷）	农民人均收入（元）	农作物种植（公顷）			畜牧业养殖			
			粮 食	蔬 菜	其 他	鸡（只）	猪（头）	羊（只）	牛（头）
2004	1963.5	3518	2328	371	504	389500	35699	27636	2103
2005	1963.5	3580	2407	430	937	403700	37981	47284	2875
2006	1963.5	3688.08	2253	479	467	449600	35104	51193	3374

续　表

年　份	耕地面积（公顷）	农民人均收入（元）	农作物种植（公顷）			畜牧业养殖			
			粮食	蔬菜	其他	鸡（只）	猪（头）	羊（只）	牛（头）
2007	1963.5	2602	-	-	-	-	-	-	-
2008	1963.5	4290	2457	249	-	206500	8594	26942	8948
2009	1963.5	4774.6	2297	409	-	288700	7073	37546	3743
2010	1963.5	5977.9	2057	376	-	236900	7247	26065	1547
2011	1963.5	6497.8	2217	400	-	166200	5775	23793	2070
2012	1963.5	7063	2584	292	-	99700	8315	19872	1937
2013	1963.5	7960	2556	288	107	108400	17032	73695	3625
2014	2683.4	8820	2569	372	-	576100	12731	55102	6273
2015	2683.4	9800	1886	348	-	165800	17799	60112	11776
2016	2683.4	10789.5	1935	325	-	217000	14299	58850	12669
2017	2683.4	11467.1	1691	499	-	346500	25325	46816	28845
2018	2683.4	12476.2	2378	455	-	246539	19776	76861	22044
2019	2683.4	13475	1533	162	200	389500	35699	27636	2103

表2.12　2019年迎水桥镇各村基本情况

村　名	人口（人）	村民小组（个）	土地面积（公顷）	农作物种植（公顷）	农民纯收入（元）	村集体收入（元）	卫生医疗（所）	学校（所）
夹道村	3156	10	824.9	373.3	13980	226000	1	1
杨渠村	2862	11	602.5	264	12630	260000	1	-
何滩村	1701	6	318.7	133	12985	12	1	-
姚滩村	2274	13	605.8	176	12000	80000	1	1
牛滩村	3247	8	373.3	1670	12570	120000	1	1
迎水村	3267	10	1607.6	187.7	13600	70000	1	1
码头村	2208	6	284.4	133.3	12400	120000	1	1
黑林村	3105	5	562	240	13047	100300	1	1
鸣钟村	739	3	381.3	26.7	13000	-	1	-
鸣沙村	719		85.9	37.9	10680	190000	1	1
沙坡头村	459	2	6209.1	4	19943	0	1	-
孟家湾村	400		9811.2	20.7	12940	80000	1	-
长流水村	561	2	33236.7	56.7	12590	195000	1	-
营盘水村	485		23161.9	220	13100	130100	1	1
北长滩村	511	2	12545.7	110	11200	162000	1	-
南长滩村	997	6	13766.5	46.7	13000	75000	1	-

七、镇罗镇

镇罗镇位于中卫市沙坡头区东大门，东以胜金关为界与中宁县接壤，西邻沙坡头区柔远镇，南濒黄河，北依照壁山与内蒙古阿拉善左旗相连，辖区面积220.8平方千米。镇人民政府在镇罗镇镇北村，距沙坡头区人民政府15.4千米。辖12个行政村116个村民小组，总人口8593户33021人，耕地面积4.9万公顷。有设施蔬菜产业、冶金工业和畜牧产业。随着农业产业调整和产业规模化发展，水稻、小麦少量种植，玉米改种为青储。镇域交通条件便利，包（头）兰（州）铁路与109国道平行东西横贯，为宝（鸡）中（卫）铁路和包（头）兰（州）铁路交会处。人民生活水平和基础设施条件不断改善，2019年居民人均可支配收入14560元，参加农村基本养老保险和医疗保险全覆盖。全镇拥有14所村级卫生所和6所学校。2004年至2019年镇罗镇历任党委书记、乡（镇）长为姜守清、刘振平、王兴文、景兆珍、丁志爱、刘德祥、郭建华、潘玉顺、赵浩海、贺伟龙、房英俊。

表2.13 2004—2019年镇罗镇基本情况

年份	耕地面积（公顷）	农民人均收入（元）	农作物种植（公顷）			畜牧业养殖			
			粮食	蔬菜	其他	鸡、鸭（只）	猪（头）	羊（只）	牛（头）
2004	2363	3396	1913	450	-	-	-	-	-
2005	2363	-	1901	453	-	-	-	-	-
2006	2363	-	1743	620	-	-	-	-	-
2007	2363	-	1733	632	-	-	-	-	-
2008	2363	-	1733	630	-	-	-	-	-
2009	2363	-	1725	638	-	-	-	-	-
2010	2363	-	1728	635	-	-	-	-	-
2011	2363	-	1723	640	-	-	-	-	-
2012	2363	-	1708	655	-	-	-	-	-
2013	2363	-	1700	663	-	-	-	-	-
2014	2363	-	1629	734	-	-	-	-	-
2015	2987	10949	2062	925	-	-	-	-	-
2016	2987	12044	1913	1074	-	-	-	-	-
2017	2998	12335	1975	1013	-	412	293	429	200
2018	3032	13482	1989	1025	-	408	280	392	208
2019	3048	14560	2032	998	-	382	62	379	211

表 2.14　2019 年镇罗镇各村基本情况

村　名	人口（人）	村民小组（个）	土地面积（公顷）	农作物种植（公顷）	农民纯收入（元）	村集体收入（元）	卫生医疗（所）	学校（所）
沈桥村	2620	9	282	270.1	14548	110000	1	-
观音村	2707	8	301.4	293	14587	20000	1	1
关庄村	2577	7	262.1	319.8	14626	18000	1	1
李园村	2267	8	270	280.5	14521	-	1	-
九塘村	2562	8	309.2	221.3	14572	14000	1	1
镇西村	2239	10	180.9	161.2	14547	120000	1	1
镇罗村	3002	12	267.4	279	14574	17000	2	1
镇北村	3004	10	208.6	190.9	14533	50000	1	1
李嘴村	2871	11	279.5	264.3	14559	3200	1	1
河沟村	2359	8	275.3	279.6	14545	31000	1	-
凯歌村	3884	16	396.3	364.3	14498	320000	2	1
胜金村	2949	9	264.5	173.7	14628	28000	1	-

八、常乐镇

常乐镇位于沙坡头区西南，镇政府驻地沙坡头区常乐镇常乐街217号，东邻永康镇，南靠香山，北接黄河，西与甘肃接壤。东汉置有沿河亭障麦田城，明置古水营、常乐二堡城，清代为常乐堡，民国年间属四、六区地。1949年10月为六区，辖常乐乡、水车乡。1956年为常乐乡，1958年为卫星公社。1962年改为常乐公社，1983年恢复乡，1992年8月改建镇。截至2019年，全镇辖16个行政村，1个居委会，84个自然队，行政区域面积7.89万平方千米。共有人口10221户29195人，其他户别715户。其中农业人口7639户24438人、非农业人口1876户3137人。全镇农村社会总产值13.9亿元，村集体经济纯收入196.73万元，农民人均可支配收入12553元。主要农作物种植有水稻、小麦、玉米等，随着农村产业结构调整和城乡融合发展，常乐镇产业发展有了变化，有设施农业、畜牧业、旅游业等特色产业。镇域交通便利，中卫高铁南站位于辖区马路滩村，有中卫—兰州高铁、吴忠—中卫高铁、滨河南路、迎大公路等穿过。人民群众生活和社会保障较为完善，农村基本养老保险和医疗保险全覆盖。全镇拥有14个村级卫生所，4所学校。2004年至2019年常乐镇历任党委书记、乡（镇）长为孙学宁、李学灵、黄积银、丁学东、刘险峰、田建文、徐刚、白春霞、宋学强。

表2.15 2004—2019年常乐镇基本情况

年 份	耕地面积	农民纯收入（元）	主要农作物种植（公顷）			畜牧业养殖			
			粮食作物	蔬菜	硒砂瓜	家禽（百只）	猪（头）	羊（只）	牛（头）
2004	1933	3370	1818	6	26.6	948	4716	33886	1227
2005	-	-	4164	131	82.7	939	2289	31154	1842
2006	5830	-	2092	216	214.7	989	2448	24814	3723
2007	-	-	-	-	-	-	-	-	-
2008	9322	-	2661	132	-	811	2428	24087	653
2009	8995	-	2319	69	-	681	1749	23985	582
2010	1933	5019	540	-	466.7	-	-	7620	570
2011	-	5887	-	-	466.7	-	3125	12787	753
2012	7645	6967	336	85	403.1	237	1315	18858	666
2013	7361	7845	1228	38.7	408.9	-	-	-	-
2014	6947	8798	1281	25.7	333.3	-	-	-	-
2015	7359	9466	1456	19.7	5776	442	4119	72738	2406
2016	7192	12406	8358	59	380	237	2400	34278	2321
2017	6481	11360	1329	333.3	329.9	487	3546	55643	5721
2018	6657	12553	1119	21.3	363.3	651	4818	36839	7118
2019	-	12679	-	-	-	-	-	-	-

表2.16 2019年常乐镇辖村基本情况一览表

村 名	人口（人）	村民小组（个）	土地面积（公顷）	农作物种植（公顷）	农民纯收入（元）	村集体收入（元）	卫生医疗（所）	学校（所）
倪滩村	2156	7	333	174	11390	664800	1	-
马路滩村	1210	4	140	40.6	10500	236500	1	-
枣林村	2155	8	287	142.3	13000	835100	1	-
河沿村	617	2	100	67.1	9800	288600	1	-
黄套村	344	1	1073	182.3	9490	258600	-	-
大路街村	2878	9	1000	160	10450	462800	1	2
常乐村	1189	6	200	122.5	11000	220500	-	-

续 表

村　名	人口（人）	村民小组（个）	土地面积（公顷）	农作物种植（公顷）	农民纯收入（元）	村集体收入（元）	卫生医疗（所）	学校（所）
刘营村	1248	4	130	112.4	10800	875900	1	—
高滩村	1397	4	120	106.5	11050	372600	1	—
李营村	2240	9	260	169.1	13460	654500	1	—
水车村	2584	10	598	204.2	11000	322700	1	1
罗泉村	1306	7	6124	1790	5000	316200	1	—
熊水村	920	8	3540	2475	12000	275900	1	—
康乐村	2584	1	300	10	8500	383300	1	—
思乐村	2987	1	280	9	8852	407800	1	1
海乐村	1739	1	120	5	8200	336700	1	—
常乐社区	3656	3	270	—	—	—	—	—

九、宣和镇

宣和镇位于中卫市沙坡头区东南30千米处，东邻中宁县舟塔乡，以清水河分界，南与永康镇校育川接壤，西与永康镇徐庄村相邻，北靠黄河。南北长27.2千米，东西宽18千米，镇域面积为488.9平方千米。全镇下辖24个行政村，其中川区12个，扬灌区12个，辖村民小组215个。全镇总户数为19206户，常住人口64861人。全镇共有耕地面积14186.6公顷，其中引黄自流灌溉面积2980公顷，扬灌区面积11206公顷，其中特色产业硒砂瓜地面积4133.3公顷。全镇共有机关单位13个，中小学校19所，幼儿园5个。集镇中心文化广场、集贸市场、交通运输等基础服务设施健全。镇域内宝中铁路、定武高速、乌玛高速、城际高铁、卫宁公路、迎大公路四通八达。西气东输途经本镇；4A级寺口旅游区距本镇23千米，文化旅游景点有寺口子、羚羊寺等。

全镇农作物以水稻、小麦、玉米、杂粮为主；经济作物以经果林、富硒套袋苹果、枸杞、硒砂瓜、红枣、酒葡萄等为主。工业产品以石灰石、电石、水泥、硅铁、服装、农机具配件、石膏板等为主；2019年全镇养鸡存栏为294.36万只，属西北养鸡第一镇，全镇共有各类商贸、餐饮等服务业293个，各类工业企业72个，从业人数达5769人。2019年全镇社会总产值34.96亿元，其中：工业总产值24.12亿元，农业及第三产业总产值10.84亿元，人均可支配收入为14349.2元。全镇农村居民基本医疗保险和社会养老保险实现全覆盖。2004年至2019年宣和镇历任党委书记、镇长为葛生玉、魏建雄、王泽生、宋万才、张福平、李学灵、张鹏、李伏荣、孙占宏、韩进军、詹惠阔、李玉明、黄振全。

表2.17 2004—2019年宣和镇基本情况

年 份	耕地面积（公顷）	农民人均可支配收入（元）	农作物种植（公顷）			畜牧业养殖			
			粮 食	蔬 菜	其 他	家禽（万只）	猪（头）	羊（只）	牛（头）
2004	6374	3128	5416	167	791	24.16	55490	15591	5097
2005	6710	3536	5691	181	838	263	15182	15870	5181
2006	7021	3765	5908	194	919	320	15670	16230	5240
2007	7128	3964	3402	206	3520	147.52	15901	15216	5659
2008	7235	4588	2862	221	4152	276.3	16607	15470	5108
2009	7355	4963	3185	226	3944	223.0	17205	15930	4951
2010	7599	5510	3370	265	3964	245.7	18310	16021	4471
2011	7892	6568	3177	282	4433	263	19269	16323	4526
2012	8313	7823	5167	286	2860	254	18910	3100	2736
2013	9373	8140	6298	290	3785	258.0	16452	47810	3101
2014	11650	8201	8556	290	2804	261	11600	51632	3814
2015	11948	8487	8843	301	2804	207.5	12000	52300	3634
2016	12133	9336	9505	328	2300	214.9	1370	28700	4224
2017	12745	10326	10658	336	1751	197.2	18140	31000	5600
2018	13306	11152	11264	338	1704	251.4	2360	31700	7427
2019	14186.6	14349.2	12743.6	103.9	1339.1	294.36	25713	30320	8318

表2.18 2019年宣和镇各村基本情况

村 名	人口（人）	村民小组（个）	土地面积（公顷）	农作物种植（公顷）	农民纯收入（元）	村集体收入（元）	卫生医疗（所）	学校（所）
福堂村	3032	15	262.7	262.7	15401	-	1	1
福兴村	2379	11	219.2	298.4	15468	-	1	-
羚羊村	1965	9	143.8	210.8	14648	30840	1	-
东月村	2356	11	175.8	175.8	14504	-	1	1
宣和村	5058	14	190.5	293.5	15483	396262	1	1
何营村	3512	13	275.8	275.8	15475	2000	1	1

续　表

村　名	人口（人）	村民小组（个）	土地面积（公顷）	农作物种植（公顷）	农民纯收入（元）	村集体收入（元）	卫生医疗（所）	学校（所）
旧营村	2815	10	234	234	15198	34967	1	1
赵滩村	3456	14	385.6	384.6	14773	8604	1	1
三营村	2406	9	202.1	222.1	15448	6265	1	-
张洪村	3013	12	372	372	14725	2000	1	3
宏爱村	1875	9	349.5	369.5	14507	-	1	1
马滩村	2714	13	413.2	412.2	15592	-	1	1
汪园村	1944	5	3686.3	3986.3	15704	-	1	1
曹山村	2039	7	370	362	14940	490923	1	1
敬农村	1257	6	385.3	433.6	15424	82000	1	-
喜沟村	6178	9	1213.9	1637.9	15366	10000	1	1
丹阳村	2797	9	711.3	1078.3	15441	-	1	1
草台村	1698	7	862.3	929.3	14960	80619	1	1
永和村	2853	10	908.9	919.9	14303	2500	1	1
华和村	1704	4	360	382	10192	102018	1	-
海和村	2700	4	151.3	151.3	8829	-	1	-
羚和村	869	4	261	261	14338	15000	1	1
兴海村	3026	4	256.6	256.6	9002	160000	1	-
林昌村	591	6	108.7	108.7	8801	-	-	-
山羊场	2624	-	820	820	-	-	-	-
养鸡四园区	-	-	866.7	866.7	-	-	-	-

十、永康镇

永康镇位于中卫城区东南部，西接常乐镇，东邻宣和镇，南靠香山，北依黄河南岸。2003年由永康乡改为永康镇，2004年后归中卫市管辖，2016年成立沙坡头区后归沙坡头区管辖，政府驻地永康村，距离沙坡头区23千米，镇域面积5.15万平方千米，含23个行政村127个村民小组。辖区内吴中城际铁路、福银高速、卫宁公路、迎大公路、中靖公路、永大公路以及滨河南路纵横交错。

传统产业有水稻、玉米，主要分布在灌区村。养殖业主要为家鸡、鸭、羊、牛等。农村税制改革和农村产业结构调整后,主要农作物有玉米、水稻、苹果,养殖业有鸡、牛、羊。随着城乡融合发展,永康镇产业结构发生较大变化,特色种植业得到迅速发展。随着农村产业结构调整和城乡融合发展,永康镇产业发展变化加大,有经果林、硒砂瓜等特色产业。截至2019年,全镇居民人均可支配收入12627元,农村基本养老保险和医疗保险全覆盖。各行政村有村级卫生所,有小学(含村级幼儿园)。2004年至2019年永唐镇历任党委书记、镇长为姚其平、张斌、马建华、龚中生、李伏荣、韩进军、马立生、李守华、李玉明、王文宁。

表2.19　2004—2019年永康镇基本情况

年　份	耕地面积（公顷）	农民村收入（元）	主要农作物种植（公顷）			畜牧业养殖			
			粮食	蔬菜	其他	鸡、鸭（只）	猪（头）	羊（只）	牛（头）
2004	-	-	-	-	-	-	-	-	-
2005	2854	-	46470	10215	20430	1177300	22203	57849	1492
2006	-	-	-	-	-	-	-	-	-
2007	-	-	-	-	-	-	-	-	-
2008	-	-	-	-	-	-	-	-	-
2009	-	4270	-	-	-	-	-	-	-
2010	-	4988	-	-	-	902580	40820	51410	3250
2011	-	5649	34950	-	-	1387920	38453	58420	2215
2012	7204	6406	49140	2925	-	440400	17673	59082	2088
2013	-	7213	-	-	-	860250	31800	81095	2418
2014	-	8086	-	-	-	752330	36910	102060	4715
2015	6031	8733	39120	4875	47270	905740	26430	105390	5150
2016	-	9761	40170	4395	38580	905500	27160	104700	5368
2017	-	10795	-	-	-	893300	40100	105800	6860
2018	6417	11669	36478	1200	139872	1034700	55230	103040	7310
2019	6417	12627	35227	1695	141502	949400	62598	98680	7887

表2.20 永康镇2019年各村基本情况

村名	人口（人）	村民小组	土地面积（公顷）	农作物种植（公顷）	农民纯收入（元）	村集体收入（万元）	卫生场所（所）	学校（所）
杨滩村	1727	7	520	230.4	13084	14.6	1	—
上滩村	601	1	150	6.5	13370	0.03	1	—
北滩村	627	1	110	61.4	13527	0.05	1	—
南滩村	681	1	250	52	13586	0.3	1	—
刘湾村	1946	8	370	210	13069	1.22	1	—
永丰村	2190	8	390	178.7	13923	1.03	1	—
艾湾村	2719	11	380	181	13992	1.23	1	—
永康村	2153	11	690	156.3	13536	0.04	1	—
永南村	1635	8	200	144.1	13822	1.29	1	2
沙滩村	2901	13	410	200	12572	1.58	1	1
徐庄村	2841	12	440	409.7	12890	4.31	1	—
乐台村	1607	4	860	46	10923	0.06	1	1
景台村	1688	3	700	471.8	13600	0.04	1	1
阳沟村	1845	5	880	898.5	12896	5.75	1	1
丰台村	1393	3	770	674.9	11485	2.51	1	1
达茂村	1767	3	750	824.6	10598	0.16	1	1
城农村	1360	3	820	759.3	12925	0.91	1	—
彩达村	2610	7	780	1033.7	11697	2.48	1	1
双达村	1777	5	1350	1173.3	12792	2.52	1	1
永新村	2019	4	500	461.2	10179	2.10	1	2
永乐村	1350	4	840	4301			1	—
党家水村	394	3	4610	1426.7	2598	1.59	1	—
校育川村	399	2	14800	1166.7	5698	0.10	1	—

十一、东园镇

东园镇南与中卫市市区相接、东临沙坡头区柔远镇和镇罗镇、西靠迎水桥镇、北连内蒙古左旗孪井开发区，镇政府位于曹闸村一队（五葡路），距沙坡头机场5千米。东园镇总面积271.91平方千米，耕地面积67285公顷，辖20个行政村135个村民小组，农村常住居民10215户3.67万人，农业户籍人口2.8万人，占总人口的78.3%。乡村道路170

千米，形成三纵七横网格化道路，村村通柏油、混凝土路和公交车。

东园镇集中精力选择发展潜力大、关联度高、增收贡献率高的蔬菜、奶产业，形成了李姚路沿线以拱棚瓜菜、日光温室和供港蔬菜为主的2.63万亩设施蔬菜产业带，中沟路两侧0.8万亩的露地蔬菜种植区，成功创建蔬菜标准园两个，培育"韩闸韭菜"等品牌。东园镇蔬菜产业区是沙坡头区三大核心区之一，产业整体水平高，年种植蔬菜4.8万亩，产量8.74万吨，占沙坡头区的25%，产值2.925亿元，占沙坡头区的26%。形成北干渠沿线奶产业带，83个奶牛养殖户联合建成13个标准化奶牛养殖场（合作社），年产鲜奶4.51万吨，产值1.53亿元，是伊利、蒙牛、夏进等大型乳企的优质奶源基地。2019年，全镇实现社会总产值100210万元，全镇居民人均可支配收入13213.3元，农村基本养老保险和医疗保险全覆盖，全镇村级卫生所全覆盖，共有学校两所。2004—2019年，东园镇社会经济发展持续呈上升趋势，人民生活水平不断提高。

表2.21　2004—2019年东园镇基本情况

年 份	耕地面积（公顷）	农民纯收入（元）	人口数	农作物种植（公顷）		家庭养殖（户）			
				粮 食	蔬 菜	鸡、鸭（只）	猪（头）	羊（只）	牛（头）
2004	2230	3436.61	32214	4053	1434	193800	40253	30596	2675
2005	1770	3510	35383	3336	994	228600	34540	61769	3290
2006	3038	3765	34867	3304	1205	401000	22882	60003	4862
2007	3038	3922	35062	2748	1091	70800	18447	18859	4108
2008	4666	4316	35113	2907	1581	38200	20739	16713	3180
2009	2885	4939	35229	3836	2321	159900	9978	16301	2138
2010	3100	5572	35335	3181	1902	162200	10212	25510	2240
2011	3382	6351.2	34714	3268	1847	187600	36298	15875	5526
2012	3317	7213.3	34676	3092	2369	109500	33357	18536	7246
2013	3318	7950.07	34898	2710	3069	116500	34069	15449	6152
2014	3720	8919.18	34093	2571	3006	95164	59083	44276	12741
2015	3687	9690.33	34363	1951	3400	202345	69036	49080	13547
2016	4487	10715.78	36047	2382	3392	85700	31680	25420	5540
2017	4510	11810.82	37789	3225	3923	102200	31357	27934	5669
2018	4510	12122.3	37898	2964	3772	99100	30440	29207	5810
2019	4667	13213.3	37907	2732	2581	93250	31680	29358	5669

表 2.22 2019 年东园镇各村基本情况

村 名	人口（人）	村民小组（个）	土地面积（公顷）	农作物种植（公顷）	农民纯收入（元）	村集体收入（元）	卫生医疗（所）	学校（所）
双渠村	2038	5	156	848	13857.48	128328.21	1	1
史湖村	3019	11	335	1188	13723.57	62110	1	-
冯桥村	1546	6	217	1637.92	13824.45	64647	1	-
美利村	1497	6	264	1795.5	13704.17	11892.83	1	-
北湖村	1291	3	222	2545.81	13714.44	51346.22	1	-
瑞应村	3704	13	791	4783	13891.03	42322.8	1	-
曹闸村	2345	9	372	911.13	13865.69	72673.45	1	-
赵桥村	1931	6	231	334.64	13818.17	55047.1	1	-
新滩村	3034	10	483	4037.83	13524.12	173204	1	-
谢滩村	2169	9	328	3468.12	13745.42	62560	1	-
白桥村	1590	6		890	13954.86	56641.09	1	-
韩闸村	1881	6	271	3120	14086.75	30265	1	-
八字渠村	2706	9	196	493	13720.08	52633.41	1	-
红武村	757	5	348	2569.5	13914.07	331.2	1	-
柔新村	1364	9	2202	1924	13689.83	488.06	1	-
黑山村	1537	6	2479	3767	13804.45	35305	1	-
新星村	1042	4	2152	5868	13733.14	116.76	1	-
郭滩村	1617	5	2192	2946	13908.64	5207	1	1
金沙村	1874	5	2330	4012	13880.61	69416	1	-
郑口村	965	5	2614	2782	14080.60	61189	1	-

第三节 社区居民委员会

一、东方红社区

（一）社区概况

东方红社区地处鼓楼西街，于 1997 年 7 月成立。截至 2019 年，社区面积 80 公顷。社区共有居民 6009 户 16773 人。社区有工作人员 16 名，党总支书记 1 名，设主任 1 名，副主任1名。

辖区内主要街巷有7条，依次为应理南街、鼓楼西街、东方红步行街、瑞丰路、南苑路、中央大道、新墩路，街道纵横交错。辖区内有公交站点11处，有荣盛超市、樊大酒楼、天康口腔医院、中国建设银行、大河医院、大河机床有限公司、宏建热力、新华书店、南元村社区、南元警务室、中卫市地税局。社区有公共卫生所1个，即东方红社区卫生服务站；职业学校1所，即宁夏中卫职业技术学校；完全小学1所，即中卫市第四小学；幼儿园2所，即中卫市新时代幼儿园和大河幼儿园。

（二）社区业务

两个文明建设。社区内有大型超市或中小型便民服务中心52个，家政服务中心11个，健身器材85件，便民市场1个，大型酒店5个，健身广场5个。2017年，成立沙坡头区首个"书记工作室"，将3名离退休书记，3名优秀村居书记，2名辖区党委书记和2名后备干部统筹纳入社区"书记工作室"，构建社区党支部的"红色方阵"，建成沙坡头区社区红色教育基地，自教育基地建成以来接收参观40余次，人数达1000余人。2019年5月东方红社区新时代文明实践站挂牌成立，分设"红黄蓝绿青蓝紫"七支志愿服务小队182人。先后开展"送医送药送健康""创卫见成效市民齐点赞""少儿才艺大比拼""绳舞飞扬、跃动金秋""庆国庆、迎中秋、共话幸福生活"文艺汇演、"红色经典"诵读会、"我和国旗合个影我对祖国说句话"活动等40多次志愿服务活动。以辖区党员、社区居民为注册对象，发布志愿服务项目45个，90%的项目已结项。

民生事业。截至2019年，全社区享受低保的户数84户118人；截至2019年救助困难人群8户23人，其中低保1户1人；残疾人家庭118户122人，其中享受残疾人两项补贴31户36人；公共租赁住房申请了116套，解决了116户176人住房困难问题。社区共有灵活就业人员347人。为152名4050人员办理了社会养老保险、医疗保险补贴业务；为下岗职工办理再就业优惠证，全年共办理优惠证11人，实现再就业人员115人，其中4050人员26人，新增就业岗位36个。

荣誉称号。2013年荣获自治区民族团结进步创建活动模范社区；2015年荣获沙坡头区计划生育模范社区；2016年先后荣获中卫市"五好"关工委、沙坡头区农民工入会集中行动先进集体、沙坡头区计划生育模范社区；2018年荣获滨河镇党风廉政建设先进集体、沙坡头区年度创建全国文明城市工作先进社区、滨河镇效能目标管理考核先进集体、沙坡头区"三八"红旗集体；2019年荣获沙坡头区民族团结进步创建示范社区和沙坡头区新时代文明实践中心建设工作优秀志愿服务队。

二、光明社区

（一）社区概况

光明社区地处鼓楼南街，于2010年1月成立。辖区境域东至鼓楼南街、北至中央大道、西至应理南街、南至滨河大道。截至2019年，辖区面积215公顷。社区共有居民6107户18321人。社区有工作人员9名，党总支书记1名，设主任1名，副主任1名。

辖区内主要街巷有9条，依次为鼓楼南街、中央大道、应理南街、滨河大道、隆祥路、青山街、丰安西路、平安西路、朝阳路，街道纵横交错。辖区内有公交站点，重要有中卫市沙坡头区农业农村局、中卫市沙坡头区应急管理局、中卫市生态环境局沙坡头分局、中卫市沙坡头区扶贫开发办公室、中卫市沙坡头区住房城乡建设和交通局、中卫市沙坡头区发展和改革局、中卫市沙坡头区工业信息化和商务局、中卫市沙坡头区统计局、中卫市沙坡头区审计局、国家税务总局、中卫中学、红宝宾馆等。社区有公共卫生所1个，即光明社区卫生服务站。

（二）社区业务

两个文明建设。2010—2019年，先后有大型超市5个、中小型便民服务中心7个，成立爱心餐桌1个、老年活动室2个、VR体验室、体感健身室、电子阅览室、四点半课堂，建成健康小屋两个，在辖区5个小区打造了睦邻之家等。截至2019年，连续10年举办重阳节趣味运动会，连续7年举办母亲节活动，连续5年不定期在小区为居民开展义诊活动。

民生事业。截至2019年，社区享受低保的户数13户15人。享受临时救助的户数两户两人。享受残疾人生活补贴的户数4户4人，护理补贴8户8人。享受高龄津贴的户数1户1人。享受重点优抚对象抚恤金的户数5户5人。享受"4050"补贴的人数25人。享受公共租赁住房保障的户数17户26人。

荣誉称号。2018年获沙坡头区级民族团结进步创建示范社区，2019年获中卫市级民族团结进步创建示范社区。2019年获宁夏退役军人工作先进单位。

三、槐树北巷社区

（一）社区概况

槐树北巷社区地处祥瑞小区院内，于2008年2月成立。辖区境域北至中宝铁路、南至鼓楼西街、东至鼓楼北街、西至应理北街。截至2019年，辖区面积229公顷。社区共有居民5374户19582人。社区有工作人员9名，党总支书记1名，设主任1名，副主任1名。

辖区内主要街巷有7条，依次为槐树巷子、鼓楼西街、鼓楼北街、商业北街、长城西街、十里水街、应理北街，街道纵横交错。辖区公交站点14个，有红太阳广场、高庙公园、宁夏银行、石嘴山银行、农村商业银行、日月宾馆、中卫宾馆、锦江酒店、西部大酒店、沙坡头区第二人民医院、沙坡头区司法所、中卫市第二小学、中卫市第五中学、铁路幼儿园等。社区有公共卫生所两个，即官桥卫生服务站、中卫市第二人民医院；完全小学1所，即中卫市第二小学。

（二）社区业务

两个文明建设。2008—2019年，社区内有大型超市或中小型便民服务中心86个，大型商场两个，餐饮78个，官桥服务市场1个，另每个小区增设健身设施。2012年，开展志愿服务活动，获"自治区优秀志愿服务项目"。2018年，成立新时代市民讲习所，用简单易懂的方式向居民讲解民生、政策知识。2019年以党建引领，成立四支新时代文明实践志愿服务队，分别是爱心义剪、阳光义诊、舞动红星舞蹈队、秦腔戏苑。

民生事业。截至2019年，全社区享受低保的户数147户209人。

荣誉称号。2012年荣获自治区颁发的全区优秀人民调解委员会。2017年荣获自治区民族团结示范社区。2018年荣获中卫市科普"先进集体"。2019年荣获中卫市"民族团结示范社区"。

四、平安社区

（一）社区概况

平安社区地处中卫市区西北部，于2019年5月底成立。辖区东至应理北街、南至鼓楼西街、西至沙姚路、北至包兰铁路。截至2019年，辖区面积2.8公顷。社区共有居民4043户11362人。社区有工作人员11名，党总支书记1名，设主任1名，副主任1名。社区管理在册党员人数77人。其中预备党员2人，男性党员51人，女性党员26人，25岁到60岁的党员51人，60岁到80岁以上的老党员26人。

辖区内主要街巷有5条，依次为应理北街、鼓楼西街、厚德巷、十里水街、沙姚路，街道纵横交错。辖区内有公交站点3处，分别地处供电局、市医院、安和世家门口，交通便利；网格下辖企事业单位4家，分别为沙坡头区政府、宁夏天源电力有限公司、中卫市人民医院、香山酒业；辖区宾馆3个，安泰大酒店、鸿瑞宾馆、宏鑫大酒店；广场1处，美丽广场，是人们休闲运动的最佳场所。社区有公共卫生所1个，即官桥社区卫生服务站。

（二）社区业务

两个文明建设。2019年，社区内有大型超市或中小型便民服务中心4个。

成立"石榴籽""安阳""平安有你""绿色守望""578""法制宣传""红马甲"7支志愿服务队，志愿者348名。

民生事业。截至2019年，全社区享受低保的户数24户36人。社区为5户申请人员办理公共租赁房申请。社区有退役军人116人，其中2人既是退役军人又是现役军人的家属，社区成立退役军人领导小组，挂牌成立退役军人服务站，对退役军人建立了一人一档信息，及时走访退役军人家庭，掌握退役军人的动态，为能更好地服务退役军人提供有保障。社区内有残疾人55人，肢体残疾人32人，精神残疾人5人，智力残疾4人，听力残疾10人，低视力残疾人有2人，多重残疾人有2人，其中享受城市低保的残疾人是6人，享受残疾人护理补贴的人有19人，生活补贴10人。加大对残疾人康复的力度，建立健全残疾人康复档案，开展多种形式扶残、助残、扶贫解困活动。根据计划生育政策办理二孩生育服务证7个，独生子女证4个。

五、瑞丰社区

（一）社区概况

瑞丰社区地处西关一期院内，于2019年5月成立。辖区东从新墩路至机场大道，南从中央大道至鼓楼西街。截至2019年，面积60公顷。社区共有居民6735户15902人。社区有工作人员9名，党总支书记1名，设主任1名，副主任1名。

辖区内主要街巷有7条，依次为鼓楼西街、新墩路、中央大道、机场大道、南苑西路、富民路、宜居南路，街道纵横交错。辖区内有公交站点6处，有深中天然气、中国平安保险、中国农业发展银行、中国人寿保险公司、沙桥基督教堂、黄鹤楼水上乐园。社区有完全小学1所，即中卫市第十一小学；幼儿园两所，即中卫市第三幼儿园和明鼎幼儿园。

（二）社区业务

两个文明建设。2019年，社区有大型超市或中小型便民服务中心10个，便民市场1个。社区党支部自2019年7月6日成立以来，积极组织支部党员开展"不忘初心 牢记使命""移风易俗·党员干部走在前""共创文明城市"等党员示范先行支部主题党日活动6次，唤醒党员入党初心，激励和鼓舞广大党员干事创业，始终保持共产党员先进性。在辖区内宣传消防安全、食品安全、道路交通等安全知识5次，开展食品鉴别、防火、防盗培训讲座3次。社区安全专干被评为"2019年全市优秀社区消防宣传大使"。

民生事业。截至2019年，全社区享受低保的户数7户10人；社区有残疾人14人，其中重度残疾4人；退役军人18人；共申请公共租赁住房两户。共办理生育服务证25个，新出生婴儿24人，其中一孩14人，二孩9人，三孩1人。

六、向阳社区

（一）社区概况

向阳社区地处中卫市区南部，于2015年6月成立。辖区境域应理南街以东，鼓楼西街以南，鼓楼南街以西，南苑路以北。截至2019年，辖区面积0.33公顷。社区共有居民4467户11181人。社区有工作人员7名，党支部书记1名，副书记1名。设主任1名，副主任1名。

辖区内主要街巷有8条，依次为鼓楼南街、鼓楼西街、应理南街、南苑西路、商业南街、向阳步行街街、中山街、香山西街，街道纵横交错。辖区内有4处公交站点，有向阳步行街、鼓楼百货、中卫商城、朝阳百货等。社区有公共卫生所1个，即中卫市第三人民医院。

（二）社区业务

两个文明建设。2015—2019年，社区内先后建成大型超市1个，便民服务中心1个，其中有图书室、多功能会议室、志愿者服务室、互助爱心加油站、居民协商室等6个居民服务活动室。为辖区居民提供专业服务。组织各类社区文化活动，突出民风建设，弘扬优秀传统美德，传承好家风、好家训、"最美家庭"等群众性精神文明创评活动，树立典型，宣传典型，激发群众的道德良心。深化推进公民思想道德建设。强化典型宣传，用"最美事迹"感动人、"最美人物"鼓舞人、"最美精神"塑造道德模范。

民生事业。截至2019年，社区内享受低保81户120。社区困难救助人员14人。退役军人享受临时救助4人。临时救助人员41户。享受"4050"补贴132人，免费职业介绍23人。城镇医保全面推进。处理解决矛盾纠纷上报14起，处理12345民生服务平台任务处理单71人次，成功化解57人次。为社区203名退役军人进行光荣之家入户挂牌，并填写建立个人台账203份。2015—2019年，办理婚姻登记人数11人。社区有中学1所，即中卫六中。

荣誉称号。2018年获全国防震减灾示范社区。2018年沙坡头区创建全国文明城市工作先进社区。

七、新墩花园社区

（一）社区概况

新墩花园社区地处中卫市沙坡头区滨河镇，于2019年5月成立。辖区境域东从应理南街至机场大道，南从中央大道至滨河路，截至2019年，辖区面积431公顷。社区共有居民8325户24316人。社区有工作人员9名，党总支书记1名，设主任1名，副主任1名。

辖区内主要街巷有两条，依次为新墩路、平安西路。辖区内无汽车站，设有7个公交站点，有五馆一中心、中影巨幕影院、宁夏大学中卫校区、云端假日酒店、中关村科技园、中卫党校等。社区无公共卫生所，有完全小学1所；即中卫八小。

（二）社区业务

两个文明建设。2019—2019年，社区内有中小型便民服务超市1个，依托五馆一中心，完善辖区文体活动场所，丰富辖区居民文体生活。开展"庆七一"文艺演出、"九九重阳节·温暖老人心"系列主题教育活动9次。组建新时代文明实践志愿服务队伍，采取"群众点单、实践站派单、志愿者接单"的服务模式，开展"小手拉大手文明齐步走""远离校园欺凌争做阳光少年""我动手我创意"等主题活动共5次，为辖区未成年人讲解如何预防校园暴力等法律知识讲座培训等4次。组建多支党员先锋志愿服务队，开展志愿服务活动30余次。制定《关于切实破除婚丧陋习推进移风易俗的工作方案》，成立了移风易俗志愿者服务队、道德评议活动领导小组及红白理事会组织，开展"推动移风易俗 树立文明新风"宣传活动。开展科普活动5次，创建了科普示范社区。

民生事业。截至2019年，新墩花园社区无低保户。成立以社区支部书记、主任为组长，民生专干及两名退役军人为成员的退役军人服务站，建立一人一档，悬挂光荣之家军属牌两人，入户走访两次，并带领退役军人参观红色纪念馆。宣传二孩生育政策，办理生育服务证两对，免费孕前优生健康检查3对，登记出租房屋12户25人。

八、长安社区

（一）社区概况

长安社区地处中卫市区鼓楼西街，于1981年10月21日成立。辖区东从美利渠至飞机场路，南从鼓楼西街至铁路，西从飞机场路至美利渠，北从铁路至鼓楼西街。截至2019年，辖区面积55公顷。社区共有居民5851户13240人。社区有工作人员9名，党支部书记兼社区主任1名，副书记1名，副主任1名。长安社区党支部现有党员19名，其中女性党员12名，大专以上文化程度10人，平均年龄38岁；退休党员8人，下岗失业党员6人。近年来，社区党支部打造了"六心""四民""幸福宜居""五心五桥""七彩长安"等党建品牌。

社区内设社区卫生服务站、便民服务综合大厅、老年人活动室、党员活动室、道德讲堂、志愿服务室、社会组织工作站、民主协商议事室、四点半课堂、爱心互助站、舞蹈室、全民阅读室、人民调解室、法律援助工作站、未成年人心理健康辅导站、科普益民服务站、妇女儿童维权工作室、居家养老室等便民功能室。

辖区内主要街巷有两条，依次为鼓楼西街、飞机场大道。辖区内有两处过往车辆站口、1处公交站点，重要建筑物有1个加油站、3栋村部办公楼、两个广场。社区有公共卫生所1个，即长安社区卫生服务站；幼儿园两所，即格林幼儿园、人才幼儿园。

（二）社区业务

两个文明建设。1981—2019年，辖区内先后有大型超市或中小型便民服务中心18个，家政服务部两家，便民药店4家，幼儿园两家，餐厅14家，理发店7个，便民菜市场1个，加油站1家，老年人娱乐活动室3家。

民生事业。截至2019年，社区享受低保的户数23户31人。为23人办理了残疾证，其中3人享受护理补贴，两人享受生活补贴。救助困难人群123人。全员人口信息系统共录入育龄妇女896人，出生新生儿312个。

荣誉称号。2016年，荣获全国综合减灾示范社区。2017年8月，荣获全国科普示范社区。2017年1月，荣获香社区。2018年3月2日，荣获中卫市文明社区。2019年2月，荣获全国宣传推选学雷锋志愿服务"四个100"先进典型"最美志愿服务社区"；3月，荣获民族团结进步创建示范社区；4月，荣获沙坡头区2018年度创建全国文明城市工作先进社区；10月，荣获宁夏回族自治区五星级和谐社区。

九、中山社区

（一）社区概况

中山社区地处中卫市区南部，于1981年10月21日成立。辖区东至鼓楼南街、西至应理南街、南至中央西大道、北至南苑路。截至2019年，辖区面积0.4公顷。社区共有居民6792户19943人。社区有工作人员9名，党支部书记兼社区主任1名，副书记1名，副主任1名。

辖区内主要街巷有7条，依次为鼓楼南街、应理南街、中央西大道、南苑路、民生路、阳光巷、中山街，街道纵横交错。辖区内共有7个公交站点，有包括中卫市公路段、滨河镇人民政府、中卫市市场监督管理局、社会事业大楼、兴南大厦、香港摩尔城、金银岛大厦。社区有公共卫生所1个，即中山社区卫生服务站；初中1所，即中卫市第二中学。

（二）社区业务

两个文明建设。先后有大型超市或中小型便民服务中心20个，社区下辖"六个中心、五个活动室、一个爱心小屋"。六个中心：一站式服务中心、党员教育培训中心（居民学校）、日间照料中心、星光艺术团活动中心、科普中心、家政服务中心；5个活动室：计生悄悄话室、健身室、书画室、阅览室、乒乓球室；一个爱心小屋：妇女之家。为了普及和加强社区精神文明建设，组建星光艺术团，经常深入社区开展各种文化宣传活动，为创建和谐社区奠定了良好的基础。2019年5月，挂牌成立中山社区新时代文明实践站。先后创建民族团结进步示范社区，以"共同团结进步、共同繁荣发展"为主题，加强社区各民族群众之间的联系、沟通、交流，促进社区民族团结建设发展，形成民族团结、宗教和顺、社区和谐的良好局面。

民生事业。截至2019年，全社区享受低保户数108户144人。享受临时救助户数59户59人。享受残疾人生活补贴户数26户26人、护理补贴26户26人。享受高龄津贴户数10户10人。享受重点优抚对象抚恤金户数8户8人。享受"4050"补贴人数257人。享受公共租赁住房保障户数200户412人。共办理婚姻登记820人。

荣誉称号。先后荣获全国先进文化社区、全国科技社区、全国综合减灾示范社区、自治区基层党建工作先进单位、区级敬老模范社区、自治区巾帼文明岗、青年文明社区、五个好基层党支部、中卫市文明单位、中卫市反腐倡廉工作先进单位、模范居委会等称号。

十、黄河花园社区

（一）社区概况

黄河花园社区办公地点位于黄河花园小区一期物业三楼，成立于2012年7月。社区东至迎宾大道，南至平东安路，西至鼓楼南街，北至中央大道。截至2019年，辖区面积480公顷，共有9个小区233栋住宅楼，居民4153户12773人。辖区内有机关单位253个，商业网点324家，流动人口227户，党员92名。2019年，社区共有工作人员11名，社区党支部书记、居委会主任"一肩挑"，设有党支部书记、社区主任1名，副书记1名，副主任1名。

黄河花园社区有多家中卫市人民政府、沙坡头区人民政府行政管理部门办公处所，如财政局、人民检察院、信访局、公安局、安全局、武装部、交通运输局、建设局等。区内主要街道有12条，自东向西依次为迎宾大道、黄河街、怀远南路、丽景街、利民街、秀水街、芙蓉街、鼓楼南街；自北向南依次为中央大道、鸣沙路、丰安东路、平安路纵横贯穿，位于香山湖公园北侧。区内建有中国人民银行、中国电信、移动公司、联通公司等。文化教育优越，中卫市第九小学、新闻传媒中心、沙坡头区文明实践中心等相继落户。区内还建有沙坡头区全民健身中心、11人制足球场、财富广场、府前广场等文体活动场所。区内有完全小学1所，即中卫市第九小学；公共卫生所1个，即黄河花园社区卫生服务站。

（二）社区业务

两个文明建设。以党建为引领，社区内设党员活动中心、综治中心、多功能文体活动中心、图书室、戒毒工作站、社工工作站、志愿者俱乐部、四点半课堂、爱心饭馆、警务室、卫生服务站等，能够满足不同层次居民的个性化服务需求。以"五在五心"为载体，打造"金色纽带"品牌，推行1335工作模式，通过社区带动、服务支撑、活动联做，广泛发动辖区单位、社会组织、义工、志愿者、居民共同参与社区建设。社区先后成立黄河读书社、黄河书画苑、白冰合唱团、爱追梦文艺队等，用喜闻乐见的方式教育引导广大居民，丰富居民文化生活。社区成立以来，紧抓两个文明建设，围绕"我们的节日"

主题活动，组织居民开展两届全国社区网络春晚、"中华民一家亲，同心共筑中国梦"文艺演出、庆祝新中国成立70周年"我和我的祖国"端午邻里节文艺演出、"不忘初心、牢记使命"文化惠民演出、"中国梦爱国情"中华经典诵读大赛。举办新时代文明实践站志愿者表彰大会等。

民生事业。截至2019年底，社区共有低保户27户37人，临时救助9户，4050登记39人，残疾人两项补贴9人，办理公共租赁住房13户，登记退役军人68人。办理退役军人双拥卡68人，两癌筛查320人，办理两癌保险120人，计划生育孕前优生检查49人，生育服务证一孩办理21人，二孩办理36人，共计57人。

荣誉称号。社区先后获得全国社区网络春晚优秀奖、全国地震安全示范社区、全区扫黄打非示范标兵社区、五星级和谐社区、自治区民族团结进步示范社区、自治区最美志愿者服务社区、中卫市文明社区、中卫市五四红旗团支部等荣誉。

十一、文昌阁社区

（一）社区概况

文昌阁社区地处文博苑南区北门口，成立于2019年5月，社区东至文昌南街，南至中央大道，西至鼓楼南街，北至鼓楼东街，截至2019年，辖区地面积88公顷，共有45个小区123栋住宅楼，常住人口2827户8697人。2019年，获得中卫市级民族团结进步示范社区、沙坡头区级民族团结进步示范社区等荣誉称号。2019年，社区共有工作人员9名，社区党支部书记、居委会主任"一肩挑"，设有党支部书记、社区主任1名，副书记1名，副主任1名。

文昌阁社区管辖多个老旧小区、三无小区，区内主要街道有14条，自东向西依次为文昌南街、长河路、鼓楼南街，自北向南依次为鼓楼东街、一道巷、二道巷、东三道巷子、香山东街、南苑东路、幼儿园路、正丰路、文河路和中央大道。区内建有文化广场1处，是居民活动游乐的重要场地。文化教育优越，区内有完全小学两所，即中卫市第一小学、中卫市第五小学；幼儿园两所，即中卫市第一幼儿园、中卫市第四幼儿园；中卫市中医医院旧址在此。

（二）社区业务

两个文明建设。认真开展"不忘初心、牢记使命"主题教育、召开主题党日6次、联合党委会议两次，民主协商5次，组织150名党员下社区服务。借助联合党委的力量，以社区居民需求为导向，依托社区资源优势，形成互补合力，打造幸福社区。挖掘社区能人资源，发挥社区骨干优势，组建文体活动团队4支，举办文体活动10余次，义诊3次。实行资源共享，积极助力"双创"工作，调节居民矛盾纠纷53起、落实解决"12345"市长信箱诉求68起、扫黑除恶线索摸排20次，入户发放宣传折页1000余份，接到来电来访电话200个。

民生事业。社区有临时救助10人，低保124户134人、征兵两人，登记退役军人262人，享受残疾人两项补贴172人，其中生活补贴36人，护理补贴78人；计划生育优生检查28人，免费两癌筛查48人，优抚待遇16人。

十二、福润苑社区

(一) 社区概况

福润苑社区成立于2015年8月，办公地点位于福润苑小区A2区中心会所，辖区东临柔远镇刘台村，南至南苑东路，西至迎宾大道，北至中宝铁路。截至2019年，辖区总面积120公顷，共有居民住宅区10个，住宅楼210栋10803套房，常住人口629户1933人，支部党员22人，商业网点557家。社区先后获得自治区四星级和谐社区、自治区卫生社区、中卫市民族团结进步创建示范社区、沙坡头区民族团结进步创建示范社区、沙坡头区文明社区等荣誉称号。2019年，社区共有工作人员9名，社区党支部书记、居委会主任"一肩挑"，设有党支部书记、社区主任1名，副书记1名，副主任1名。

区内交通较为便利，是中卫市汽车客运中心、城乡公交所在地，主要街道有7条，自东向西依次为宁钢大道、五里北街、迎宾大道；自北向南依次为十里水街（二干渠）、长城东路、鼓楼东街、南苑东路。区内建有宁夏红产业科技园区、宁北汽车城、中博中浩建材城等园区，区内有纳帝酒店1家，东园供电所1处，加油站2处，区内有幼儿园1所，即中卫市第二幼儿园。

(二) 社区业务

两个文明建设。社区党群服务中心办公面积500平方米，内设民政、社会保障、综治、计生等公共服务便民窗口，以及党员活动室、远程教育室、图书阅览室、文体活动室、家长学校、青少年活动中心、青少年心理健康辅导站、妇女儿童之家、退役军人服务站、矛盾纠纷调解室等功能站室，能够满足不同群体个性化服务需求。2017年以来，严格落实"三会一课"和主题党日等制度，开展"不忘初心、牢记使命"主题教育，结合

"三听两问"的方式，征集解决意见建议9条。结合"我们的节日"，开展移风易俗、社会主义核心价值观、六个文明、科普、民族团结进步知识宣传活动40余次。借助微信平台发布各类知识100余条，电子屏全天滚动播放各类宣传标语。开展道德讲堂3次，评选上报最美家庭3户。2019年，组织开展"巾帼芳华绽放"和"相约母亲节·传递感恩心"趣味运动会，举办亲子诵读风采活动两次，亲子教育大讲堂1次。成立社区金色夕阳和金色年华文艺队，为文艺队提供活动场地，借力政协委员下基层，为文艺队配备音响设备和舞蹈服装等。

民生事业。为退休老人社会保险待遇资格认证累计200余人，为重度残疾人申报两项补贴，为退伍军人挂牌、建立台账并做政策解答，引导自闭症青年融入社会，关爱残疾人家庭生活，与共建单位慰问残疾母亲、参战退役军人党员和重残家庭5户。

十三、东花园社区

（一）社区概况

东花园社区成立于2002年1月，办公地点位于金河三期B西区会所，社区所辖区域东至怀远北路，南至长城路，西至鼓楼北街，北至宝兰铁路。截至2019年，辖区面积100公顷，共有居民住宅区24个，住宅楼140栋，居民3619户11130人，支部党员323人，商铺359户。2019年，社区共有工作人员11名，按照社区党支部书记、居委会主任"一肩挑"的原则，设有党支部书记、社区主任1名，副书记1名，副主任1名。

东花园社区是中卫市火车站所在地，交通较为便利，区内有主要街道7条，自东向西依次为怀远北路、李家大桥、邵桥路、鼓楼北街；自北向南依次为铁路公园路、十里水街、长城东路。区内有东园工业园区、长城供热站两家重要的工业场所，二干渠横穿而过。区内建有人民广场，为居民提供休闲娱乐场所。区内有幼儿园1所，即东方圣杰幼儿园；公共卫生所1个，即东道口社区服务站。

（二）社区业务

两个文明建设。社区下设为民服务大厅、国防教育基地、退役军人服务站、党员活动室、四点半课堂、儿童之家、舞蹈室、书画室、棋牌室、谈心谈话屋等功能室，并配备各类办公设备，为高效、便捷开展为民服务打下了坚实的硬件基础。

发挥党建引领，强化社区党组织政治功能，设立党员活动室和国防教育基地，开展红色故事串讲，加深广大党员群众的家国情怀。整合辖区资源，规范社区"联合党委"运行机制：对社区现有单位、物业公司、业委会、其他组织等进行调整，将市审计局、市文联等驻社区单位纳入社区"联合党委"，签订共治共建协议。围绕服务型党组织建设，认真落实"三会一课"、党员承诺、民主评议等制度，开展软弱涣散基层党组织整顿组织生活会，推动了党内政治生活正常化和规范化；扎实开展"不忘初心、牢记使命"主题教育。推进"双创"工作。全面开展移风易俗和环境卫生治理工作，对辖区560名居民进行知识普及，提高"双创"知晓度；定期开展志愿者服务活动；进一步完善老旧小区、"三无"小区改造工作，加大环境整治力度，辖区环境卫生得到了有效改善；开展"母亲节义务理发"等主题志愿服务活动。完善一孩生育服务登记21户，二孩生育服登记15户，准确掌握辖区育龄妇女的基本情况。

民生事业。注重民生保障，组织群众召开各类民生会议9次；全面落实民生工作信息沟通反馈机制，收集居民对社区民生工作建言献策26条；完善上报"4050"社保补贴信息120人；协助统计局对180家企业商户进行经济普查，确保数据真实有效；发放老年人服务券41份，帮助退休老龄人社保年检480人次；统计上报老年人卫生间改造4户；新增低保家庭6户；协助18户困难家庭申请临时困难补助；为13户困难家庭申报公、廉租房；申报困境儿童4人；对两户居民完成两项护理补贴；普查辖区194名残疾人信息，做到信息全覆盖；在413户退役军人家中悬挂"光荣之家"牌；做好来电来访记录在册，认真对待居民生活的实际问题。

荣誉称号。截至2019年底，荣获沙坡头区创建全国文明城市先进社区、中卫市沙坡头区庆"三八"妇女健身大赛三等奖、沙坡头区级文明单位称号。

十四、香山社区

（一）社区概况

香山社区成立于2019年5月，办公地点位于双桥嘉苑小区，社区所辖区域东至宁钢大道、南至滨河东路、西至鼓楼南街、北至平安东路。截至2019年，辖区面积200公顷，共有居民小区7个，住宅楼102栋，居民454户1395人，支部党员21人，商业网点25个。2019年，社区共有工作人员8名，社区党支部书记、居委会主任"一肩挑"，设有党支部书记、社区主任1名，副书记1名，副主任1名。

香山社区所辖区域为城市新区开发的重要区域，区内有占地面积564公顷的国家级湿地公园——中卫香山湖国家湿地公园，是生态旅游的好去处。区内主要街道7条，自东向西依次为宁钢大道、迎宾大道、黄河街、怀远南街、鼓楼南街;自北向南依次为平安东路、滨河东路。区内有幼儿园1所,即小精灵第二幼儿园,无公共卫生所。

(二)社区业务

两个文明建设。严格落实"三会一课"制度、主题党日活动等制度,组织党员开展"不忘初心、牢记使命"主题教育。推进全国文明城市、国家卫生城创建工作。充分利用每周五下午的志愿服务活动,开展"双创"知识宣传、卫生清扫、文化惠民等活动;成立社区未成年人心理健康辅导站,积极构建学校、家庭、社区三位一体的教育网络,不断推进民生事业。未成年人思想道德建设,净化社会环境。

认真贯彻落实计划生育各类制度,2019年共有新生儿18人,办理生育服务登记11户,其中办理一孩生育服务登记8户,二孩生育服务登记3户,组织动员8对夫妇参加孕前优生健康检查。严格落实各项民生政策,完善5名退役军人个人信息,直招士官入户走访1户。把辖区安全工作作为社区建设工作的重要内容,每月召开安全工作会议,到辖区各企业下发消防安全通知30份,各小区、企业悬挂安全生产及消防安全横幅共10条,开展科普应急讲座两次,联合本辖区企业、物业共开展消防应急演练4次。充分发挥社区治保调解委员会作用,2019年共调解矛盾纠纷5起。

十五、福兴苑社区

(一)社区概况

福兴苑社区成立于2019年5月,办公地点位于福兴苑小区3号公寓,社区东至宁钢大道、南至平安东路、西至迎宾大道、北至南苑东路。截至2019年,辖区面积230公顷,共有6个小区169栋楼,人口421户1291人,支部党员27人。2019年,社区共有工作人员8名,社区党支部书记、居委会主任"一肩挑",设有党支部书记、社区主任1名,副书记1名,副主任1名。

区内主要街道7条,自东向西依次为宁钢大道、五里南街、迎宾大道;自北向南依次为南苑东路、中央东大道、丰安东路、平安东路。区内有完小1所,即中卫市第十二小学;幼儿园3所,即中卫市第六幼儿园、快乐童年幼儿园、东方圣杰幼儿园,公共卫生所2个,即中卫市中医医院(新)、中卫市疾控中心。

(二)社区业务

两个文明建设。区内有中卫市最大的农产品综合批发市场——中卫四季鲜农产品综合批发市场,也是中卫市应理城乡市政产业(集团)有限公司所在地。坚持定期组织社区工作人员集中学习习近平新时代中国特色社会主义思想及业务知识,提高干部理论水平和业务能力。开展"不忘初心、牢记使命"主题教育。定期开展道德讲堂、社会主义核心价值观宣讲活动,以"我们的节日"开展身边人讲身边事、身边人讲自己事、身边事教身边人文化教育道德大讲堂活动。利用社区儿童之家开展未成年人宣传教育,号召辖区青少年增强道德意识,强化道德养成,践行道德规范。联合社会组织开展"青少年心理健康"教育讲座。协调辖区单位参与社区志愿者服务,为居民开展多样的便民服务。共注册志愿者303人,服务时长1800余小时,服务300余人次。对辖区363家商户行业乱象进行排查,在辖区形成风清气正、公平、正义、和谐稳定、民族团结、宗教和顺的良好局面。

民生事业。截至2019年底,社区共有1户1人享受低保待遇,申请公共租赁房1人,残疾人护理补贴1人,困难补贴1人;为12名退役军人悬挂光荣牌;先后解决了18名下岗人员就业问题;协助131名老年人完成养老认证,社区为民服务站实现为民代办92件;组建社区一呼百应群、孕宝亲子群,完成孕前检查7对。

十六、民族巷社区

(一)社区概况

民族巷社区成立于1988年,2012年10月办公地址由东方家园迁入丽景园小区物业办公楼。社区所辖区域东至怀远北街、南至鼓楼东街、西至鼓楼北街、北至长城东路。2019年,辖区占地面积54公顷,共有居民小区41个133栋住宅楼,居民3538户10880人,支部党员230人,大小商业点568家。社区共有工作人员10名,社区党支部书记、居委会主任"一肩挑",设有党支部书记、社区主任1名,副书记1名,副主任1名。

区内主要街道有9条,自东向西依次为怀远北街、和睦巷、清真寺巷、文昌北街、大夏巷、鼓楼北街;自北向南依次为长城东路、雍楼步行街、鼓楼东街。区内有完小两所,即中卫市第三小学、中卫市第七小学;公共卫生所1个,即民族巷社区卫生服务站。区内有商业步行街1条,即雍楼步行街;大型购物中心两个,即开盛购物中心、华润万家、家具城两个;酒店两个,即中卫大酒店、宇丰大酒店。民方六巷社区是集购物、娱乐、休闲为一体的主要区域,区内经济发展较为繁荣。

(二)社区业务

两个文明建设。民族巷社区本着"以人为本、服务居民"的发展理念,不断创新思路，健全机制，积极拓宽服务领域，细化服务内容，发挥社区党组织"服务群众、凝聚人心、优化管理、维护稳定"的作用，在建设服务型党组织活动中取得了明显成效。推进社会主义核心价值观宣传教育和思想政治工作。先后开展"倾听妇女声音，关爱妇女权益""大手牵小手""民族团结一家亲""庆祝祖国七十华诞""不忘初心、牢记使命"等文艺汇演活动，丰富社区居民文化生活。创建平安社区，围绕"强化红线意识促进安全发展"为主题，每月对小区、楼院、各商铺进行安全生产检查，对存在的问题立查立改。

民生事业。落实低保等惠民政策，申请低保对象9户13人，实行低保信息的动态管理和数据对接。辖区"4050"灵活就业人员社保补贴申报办理共计197人次，临时救助15户。登记录入全国征兵网3人，登记信息登记280人，悬挂光荣牌280人。

荣誉称号。社区先后获得全国三八红旗先进集体、全国民族团结进步模范社区、全国综合减灾示范社区、全国创建无邪教示范社区、全区依法治理示范单位、全区家庭教育工作示范社区、自治区五星级社区、全区充分就业社区、自治区四星级社区工会、全市五个好基层党组织、全市文明社区、全市清廉社区、全市社区工作先进单位、全市尊老敬老先进集体、先进基层党组织、民族团结进步创建活动模范集体、沙坡头区流动人口服务管理先进集体"等荣誉。

十七、杞香苑社区

（一）社区概况

杞香苑社区成立于2019年5月，办公地址位于廉政文化广场西北拐角（文萃北街金河三期28号）。社区东至迎宾大道、南至鼓楼东街、西至怀远北路、北至包兰铁路。截至2019年，辖区面积92公顷，共有居民小区12个，常住居民1674户5150人，辖区内企业21个，商业网点652家，支部党员54人。2019年，社区共有工作人员7名，社区党支部书记、居委会主任"一肩挑"，设有党支部书记、社区主任1名，副书记1名，副主任1名。

区内主要街道有7条，自东向西依次为迎宾大道、文萃北路、怀远北路；自北向南依次为包兰铁路、十里水街（2条）、长城东路、鼓楼东街。二干渠在径流而过，宁夏红产业科技园区（28家）、中卫市职工活动中心、五环广场坐落于内。有汉庭酒店、东方酒店、隆成酒店3家酒店。区内无完全小学，有中学1所，即中卫第四中学；幼儿园2所，即中卫市第五幼儿园、东方幼儿园；无公共卫生所。

(二) 社区业务

两个文明建设。加强基层党组织建设工作。严格落实"三会一课"制度，充分结合主题党日、组织生活会等形式开展集中培训，并充分利用党员微信群、学习强国等方式进行推送，提高基层党支部凝聚力、战斗力，认真落实党风廉政建设。推进移风易俗宣传，利用条幅、宣传展板、入户等方式大力宣传移风易俗相关知识。开展创建全国文明城市和国家卫生城市工作。联合创城志愿服务单位结合每周五创城活动，全面清理辖区内各小区垃圾、杂物。

民生事业。社区以亲民、惠民、富民为出发点和落脚点，扎实开展社会救助各项工作。2019年，申请低保救助10人，登记退役军人27人，25名残疾人享受两项救助；组织免费孕前优生健康检查对象6对；对203户389名出租房和流动人口建立信息登记台账；组织46名妇女免费进行"两癌筛查"体检，慰问困难妇女2人。

十八、蔡桥路社区

(一) 社区概况

蔡桥路社区成立于1986年4月，办公地点位于正丰小区东大门物业三楼。社区东至怀远南路，南至中央大道，西至文昌南街，北至鼓楼东街。截至2019年，辖区面积150公顷，共有居民小区24个174栋住宅楼，常住人口4274户13146人，支部党员253人。2019年，社区共有工作人员9名，按照社区党支部书记、居委会主任"一肩挑"的原则，设有党支部书记、社区主任1名，副书记1名，副主任1名。

社区内有主要街道7条，自东向西依次为怀远路、蔡桥路、文昌南街；自北向南依次为鼓楼东街、南苑东路、正丰路、中央大道纵横贯穿。区内有全民创业城，是全市餐饮娱乐商家最集中、形象好、档次高的一站式餐饮娱乐中心。区内有高中1所，即中卫市第三中学；完全小学1所，即中卫市第六小学；公共卫生所两个，即五洲医院、蔡桥路社区卫生服务站。

(二) 社区业务

两个文明建设。蔡桥路社区始终把网格化服务作为社区工作的首要工作来抓，以党建统领全局，推动社区建设。组织党员参观东关村雷锋纪念馆、六盘山红色之旅开展革命传统教育。配合做好三无小区整治工作，修订完善居民公约，发挥红白理事会、志愿者协会等自治组织的作用。做好小区安全生产工作中细化工作任务。并与中卫市残联组织辖区有行动能力的残疾人到金沙岛、通湖草原游玩，走进工业园区、云基地参观中卫发展，走进影院观看电影《红星照耀中国》，为每名残疾人捐赠5本图书，组织他们观看文艺演出。配合建设局做好老旧小区基础设施建设摸底及数据上报，推进老旧小区改造，入户签订碳房子拆除协议，改善人居环境。开展"最美家庭""好家风好家训""评选身边好人"等评比活动；通过展板、电子屏、海报微信平台等向群众宣传党建、民族团结、扫黑除恶、卫生等方面的内容。完成上报企业及个体户共464家，对100户居民进行城乡收支调查，完成100户全国劳动力抽样调查及12家个体工业调查，新增法人单位登记上报132户，普查信息用PDA上报市统计局，为国家掌握各类数据提供有力支持。

民生事业。对92名孤、老、残、弱人员开展扶贫济困，申报救助。摸底登记上报享受"4050"养老保险政策261人。完成487名退役士兵个人信息采集补录登记和挂牌工作。完成区156名残疾人上门入户、拍照留痕、调查登记、数据录入等自治区残疾人普查工作，做实功、办实事、促民族团结。

荣誉称号。社区先后获得五星级和谐社区、全区家庭教育示范社区、民族团结示范社区、健康教育示范社区、卫生社区、消防宣传示范社区、中卫市科普示范社区等荣誉称号。

十九、华西社区

（一）社区概况

华西社区成立于2004年6月，办公地点位于文萃家园小区东南角营业房。社区东至迎宾大道，南至中央大道，西至怀远南路，北至鼓楼东街。截至2019年，辖区面积430公顷，共有居民小区22个住宅楼231栋，常住居民5249户16143人，支部党员250人，商业服务网点846家。2019年，社区共有工作人员12名，社区党支部书记、居委会主任"一肩挑"，设有党支部书记、社区主任1名，副书记1名，副主任1名。

华西社区是文昌镇人民政府所在地。社区内有多家市人民政府、沙坡头区人民政府行政管理部门办公处所，如车辆管理所、社会保障局、水务局、文昌派出所等。区内交通较为便利，有主要街道6条，自东向西依次为迎宾大道、文萃南路、怀远南路。自北向南依次为鼓楼东街、南苑东路、中央大道。区内有市区最大的中博机电市场，是市区专业市场的标杆。区内有高中1所，即中卫市第一中学；公共卫生所两个，即中卫市妇幼保健医院、华西社区卫生服务站。

（二）社区业务

两个文明建设。华西社区以创建文明和谐社区为主题，创新社会治理，丰富社区居民的精神需求。社区服务功能明显增强，居民满意度不断提升。引导党员干部带头落实移风易俗，寻找身边的好人好事，树立了一批遵纪守法、诚实守信、孝老敬亲的道德典型，进行大力宣传，引导居民崇德向善。先后成立8支620人的志愿者服务队伍，培育"一米阳光"志愿者服务品牌，制作志愿者服务证，推行志愿服务"积分"制度，推动社区志愿者服务的规范化、社会化、特色化。先后开展"绿色环保我先行""党员认领绿地""端午粽飘香，浓浓社区情"端午联谊会等形式多样的志愿服务活动，共开展志愿活动90余次，发动志愿者4000余人次，营造我为人人、人人为我的良好社会风尚。以培育和践行社会主义核心价值观为主线，以全面提升市民素质和城市文明程度为目标，以志愿者服务队为依托，开展了宣传教育、环境整治、未成年人教育、文明劝导等志愿服务活动280余次，入户宣传不漏一栋楼、一条街、一户人；对辖区各楼院及三无小区进行环境卫生专项整治4次，清理垃圾80余车，三无小区改造签订炭房拆除协议83户。

民生事业。办理灵活就业人员申报社会保险补贴136人；协助完成退休人员年检工作；低保户动态管理60户80人，保障性住房动态管理224户。对辖区125个残疾人需求进行摸底排查，完成基本服务状况和需求信息数据动态更新工作的信息采集及录入系统工作；悬挂退役军人光荣牌242个，并对所有退役军人的基本信息进行采集录入；为119户60岁以上困难家庭、残疾人提供政府购买服务；走访慰问重点优抚对象、困难群众26人；办理临时救助16户。

荣誉称号。社区先后获得五星级社区、五个好基层党支部、自治区离退休干部"五好"党支部、文明社区、平安模范社区、老龄模范社区、全区优秀人民调解员、国家综合减灾示范社区、健康促进示范社区、自治区科普示范社区、五好关工委、三八红旗集体、先进基层党支部、自治区充分就业社区、全国科普范社区等光荣称号。

二十、绿盛社区

（一）社区概况

绿盛社区成立于1983年8月，东临沙姚路，西临迎水铁路编组站，南临黄河，北临包兰铁路。截至2019年，辖区占地面积10公顷，现有办公场所面积750平方米。辖区内共有3个居民小区，1575户2396人。社区有工作人员5人，党支部书记1人，居委会主任1人,副主任1人。

辖区内有三干渠路、姚新路。辖机关单位9个,分别为迎水桥镇人民政府、迎水卫生院、西郊林场、中卫市林场、良繁场、黄河农村商业银行西园支行等。有中学1个,即中卫市第八中学;社区卫生机构1个,即迎水卫生院。个体商业网点56个,有40人志愿者队伍一支。2019年,城镇居民可支配收入为31292.26元,荣获"2019—2022年度文明社区"荣誉称号。

(二)社区业务

两个文明建设。绿盛社区充分发挥微信公众平台作用,发布职业介绍、技能培训、劳务输转、居民医保、养老保险、惠民等各类政策。开展计划生育宣传工作,走访已婚育龄妇女家庭,办理《生育服务单》。2004—2019年累计调节各类矛盾纠纷60余件。加强生态建设和社区环境整治,对辖区林场环境卫生进行彻底清理。改善社区人居环境。落实党在不同时期的政策方针路线和农村工作政策。支部坚持"三会一课"制度,以"主题党日"活动为载体,为社区居民解决各种工作生活。以"不忘初心、牢记使命"主题教育为契机,组织17名党员干部以集中学习、个人自学等形式,提升党性修养,增强支部班子成员工作能力,培养入党积极分子3名。强化移风易俗宣传教育,评选助人为乐和好婆媳道德模范。集中宣传《中华人民共和国人口与计划生育法》《中华人民共和国婚姻法》《国务院殡葬管理条例》《公民道德建设实施纲要》等法律法规知识。

民生保障。新增低保5户,审核低保30户47人,取消4户高收入居民低保待遇;为23户因灾因病造成生活困难的家庭办理了临时救助;为20人办理了退休手续,对辖区1730名退休人员逐户进行网络年检。为30名退役军人家庭悬挂"光荣之家"荣誉牌。

二十一、迎新社区

(一)社区概况

迎新社区地处中卫市城区西部,成立于2000年1月,东临牛滩村,西靠旅游新镇,南接迎水村,北至包兰铁路。截至2019年,辖区占地面积3.2公顷,现有办公场所面积1000平方米。辖区共有两个居民小区,1627户2735人。社区有工作人员5人,党支部书记、居委会主任1人,副主任1人,委员3人。

辖区内主要街巷道有5条,依次为201省道、中央大道、牛滩市场商贸街、旅游新镇纵三街、旅游新镇纵四街。机关单位8个,分别为迎水法庭、迎水派出所、迎水拘留所、迎水戒毒所、看守所、中卫市市场监督管理局沙坡头文化旅游示范区分局、迎水税务所、中卫市沙坡头旅游公安分局；学校1个，即迎水铁路小学（2019年9月停止使用，学校暂未注销）；社区卫生机构1个，即尔康精神病院，个体商业网点71个，247人志愿者队伍一支。2019年城镇居民可支配收入为31292.26元，荣获自治区级民族团结进步示范社区荣誉称号。

（二）社区业务

两个文明。党支部与社区干部以学习促为民服务能力。迎新社区有党员41名，长期以来坚持党风廉政建设，组织党员干部领导并参与社区各类活动，提升党员素质和党组织为民服务水平。结合本社区实际，制定各类学习教育活动实施方案，开展专题性讲座和主题实践、集中学习讨论、讲党课等活动，扎实推动整个学习教育有效开展。开展党员积分制管理、党员评星定格、公开承诺和无职党员"设岗定责"为载体的创先争优活动。开展党员进社区义务劳动，集中整治社区环境卫生。开展婚育新风、法律培训、健康知识、模范评比、环境整治、民主管理"六个进村入户"活动，评选出助人为乐、孝老爱亲等各类道德模范。2015年起，配合完成原铁厂和农牧场棚户区409户居民拆迁安置工作。搭建社区为民服务微信平台。加大环境整治力度，建立卫生保洁长效机制，排查各类矛盾纠纷。完成农牧场90户居民房屋征收补偿、拆迁协议签订等工作。开展"关于做好关爱女性健康保障计划"参保工作。对旅游新镇建设规划已拆迁的109户居民（原铁厂安置户55户、海鑫化工47户、原农牧厂7户）进行房屋分配。落实"文化下乡惠民工程"，放映《小卓玛》《铃鼓舞》等电影。

民生保障。截至2019年，居民医疗保险参保缴费人数833人，参保率达到98%，统筹城乡居民养老保险参保任务140人，参保率达到97%。为27户因灾因病造成生活困难的家庭办理了临时救助；申请"4050"人员社保补贴47人。为社区83户退伍军人6户现役军人家属悬挂"光荣之家"荣誉牌。对辖区内低保户进行审核，申报城镇低保两户，取消校报5户，降低低保标准4户，提高重病特困家庭低保标准两户。办理户口登记、离退休人员养老金办理登记等350余人次；办理残疾人燃油补贴8户；走访居民家庭570余户，慰问困难群众22户，60岁以上的老党员两名；为6户因病致贫困难家庭申请临时救助3000元。年内共接待群众5000余人，办结涉及民生服务的各类事项620余件，居民满意率99%。为58户中低收入困难家庭申报公共租赁住房；为23位失业人员办理《失业与就业登记证》，为52位"4050"人员办理养老保险补贴退补手续；完成1126名领取社会养老保险人员资格认证工作。

第三章　环境保护

沙坡头区前身为中卫县，古代时期由于人烟稀少，开发利用植被只限于游牧、狩猎和农耕的空间需要，先民基本从事畜牧业和农业，森林草原、干草原、荒漠草原三大植被类型基本不受干扰，长期保持原生状态。宋元以后，原始森林破坏日渐加剧，草原因过度放牧、垦荒及气候因素而退化，以至腾格里沙漠也向平原地区侵蚀，沙进人退现象愈演愈烈。但水环境质量、大气环境质量尚好。新中国成立前，随着人口的繁衍，人们对自然环境和生物资源的开发利用强度加大，自然环境退化有增无减，特别是对草原的大量开垦和弃荒，严重破坏土地资源和生物资源，使生态环境恶化，直接影响农、林、牧业生产。

新中国成立后，开始重视沙漠化治理，但因沙化面积大，过牧、乱垦、滥挖、乱砍现象严重，治理速度赶不上破坏速度，荒漠化不但没有控制反而不断扩大，导致风沙严重，环境质量变差。人为因素破坏更为厉害，20世纪80年代，中卫县加速发展工业，尤其是造纸业和化工厂所造成的污染日益加剧，致使水环境、大气环境等生态环境质量逐年下降。

自2004年沙坡头区成立后，区委、区政府以以加快城市化发展为契机，深入开展城市环境综合整治，推动城市的可持续发展。退耕还林、退牧还草和封山禁牧成效显著，森林覆盖率不断提高，沙漠化和水土流失得到控制。重点流域、重点区域和城市环境质量明显改善，主要污染物排放量逐年下降。通过采取取缔、治理和环境监察等措施，城区小锅炉数量进一步减少，集中供热面积不断扩大，市民投诉锅炉烟尘污染案件继续下降。空气综合污染指数稳定下降，城区环境空气中可吸入颗粒物、二氧化硫、二氧化氮年均值均有所下降，城区环境空气质量得到显著改善。同时，沙坡头区严格工业项目环境准入标准，实施工业园区节能环保行动计划，建立环境质量量化控制体系，对企业实施环境在线监测。在环境保护工作中，沙坡头区坚持市域统筹、县区协同、产城融合、城乡一体、山川共济，大力实施"开放引领、创新驱动、富民共享、生态优先"战略，全力打造生态宜居城市。

至2017年，沙坡头区下河沿断面总体水质均呈Ⅱ类；香山湖总体水质呈Ⅱ类，营养状态级别为中营养级别；第一排水沟总体水质为Ⅲ类；第四排水沟总体水质均为劣Ⅴ类。沙坡头区城市饮用水源地水质持续稳定达到Ⅲ类水质要求。城市空气质量达标天数（优良天数）为281天，占有效监测天数（365天）的77.0%；空气质量综合指数为5.0。沙坡头区区域声环境质量等级为二级，总体水平评价为较好；道路交通噪声昼间质量等级为一级，总体水平评价为好；城市功能区声环境监测点位功能区昼间、夜间达标率分别为95.0%、90.0%。

第一节　环境质量

一、水环境

（一）地表水

1. 黄　河

黄河沙坡头区段有下河沿手工监测断面，距下河沿断面约10公里处设有新墩黄河水质自动监测站，为全国100个地表水水质自动监测站之一。

据《宁夏环境质量报告书》或《宁夏环境质量年报》载，20世纪80、90年代，经自治区环保部门水质污染监测结果显示，黄河中卫污染物指标均低于国家地面水质标准和生活饮用水标准，不影响人畜饮用和农田灌溉，可以开闸供水。由于黄河两岸未经处理的工业污水的大量排放，黄河水质已逐年下降。从水质监测分析报告中超标的情况看，污染物主要来自上游石油、化工、电镀、印染等行业，在水体稀释和自净能力差的枯水期，污染情况非常严重，河水变黑、变绿，油层密集水面，纯属污水河。1996—2004年，黄河宁夏段干流入境断面中卫下河沿断面监测的13个项目结果表明，水质未能达到功能水体的要求。

2004年沙坡头区成立后，环境保护机构加大对黄河水体的监测力度。2005年黄河水体主要污染物监测结果表明：主要控制因子高锰酸盐指数、挥发酚、氨氮、石油类年超标率分别为0.22%、0.25%（执行地表水Ⅲ类标准），石油类最大浓度0.07毫克/升，超标

0.4倍，年均浓度0.034毫克/升，达到《地表水环境质量标准》（GB3838-2002）中地表水Ⅲ类标准，水体达到Ⅲ类水质。2006—2017年，下河沿断面水质持续稳定达到水质功能要求，各年度综合评价均符合地表水Ⅲ类水质要求。主要评价因子高锰酸盐指数、氨氮、总磷年均浓度均呈下降趋势，下河沿断面总体水质呈稳中向好趋势。

表3.1 2006—2017年下河沿断面主要评价因子年均浓度及水质状况年度变化情况一览表

（单位：mg/L）

年 份	高锰酸盐指数	氨 氮	总 磷	水质类别
2006	2.5	0.350	0.097	Ⅱ类
2007	2.2	0.330	0.090	Ⅱ类
2008	2.3	0.270	0.098	Ⅱ类
2009	2.2	0.210	0.097	Ⅱ类
2010	2.2	0.246	0.089	Ⅱ类
2011	2.4	0.205	0.109	Ⅲ类
2012	2.4	0.276	0.080	Ⅱ类
2013	2.5	0.245	0.077	Ⅱ类
2014	2.2	0.276	0.055	Ⅱ类
2015	1.8	0.280	0.051	Ⅱ类
2016	2.0	0.209	0.026	Ⅱ类
2017	1.8	0.17	0.06	Ⅱ类
rs	−0.448	−0.503	−0.797	—
污染趋势	不显著下降	不显著下降	显著下降	—

2017年，黄河下河沿断面总体水质为Ⅱ类优水质，达到自治区"十三五"水污染防治考核目标；中卫新墩水质自动站总体水质为Ⅱ类优水质。其中，Ⅰ类水质占25.5%（93天），Ⅱ类水质占70.3%（256天），Ⅲ类水质占3.6%（13天），Ⅳ类水质占0.6%（2天）。从断面间水质变化看，出、入境断面水质类别无变化；从主要指标来看，高锰酸盐指数年均浓度断面较入境断面有所上升；氨氮年均浓度出境断面较入境断面有所下降；总磷年均浓度出、入境断面持平。

2. 湖泊水库

2005年，沙坡头区主要湖泊湿地有美利湖、千岛湖、马场湖、高墩湖、香山湖、湿地公园6个。为加强沙坡头区湖泊湿地的保护与管理，自2007年起，中卫市环境监测站对沙坡头区各大湖泊不定期地开展水质监测工作,采样条件达不到相关监测技术规范要求的,只用于了解水质状况及管理需求。2011年开始,将香山湖列为国控地表水监测断面,且为国控监测。断面,属国家事权,中卫市环境监测站按照相关监测技术规范要求,每月对香山湖开展手工监测并及时上报监测数据。2011—2017年,香山湖水质持续稳定为Ⅲ类及以上优良水质,营养状态级别稳定为中营养级别。主要评价因子高锰酸盐指数、氨氮、总磷年均浓度均呈下降趋势。

表3.2　2011—2017年香山湖主要评价因子年均浓度及水质状况年度变化情况一览表

(单位:mg/L)

年　份	高锰酸盐指数	氨　氮	总　磷	水质类别	营养状态级别
2011	3.3	0.129	0.039	Ⅲ类	中营养级别
2012	3.1	0.191	0.042	Ⅲ类	中营养级别
2013	3.2	0.165	0.038	Ⅲ类	中营养级别
2014	2.8	0.203	0.028	Ⅲ类	中营养级别
2015	3.1	0.146	0.020	Ⅲ类	中营养级别
2016	2.7	0.116	0.019	Ⅱ类	中营养级别
2017	2.5	0.10	0.019	Ⅱ类	中营养级别
2018	3.0	0.09	0.018	Ⅱ类	中营养级别
rs	−0.714	−0.690	−0.952	−	−
变化趋势	浓度值显著下降	浓度值显著下降	浓度值显著下降	−	−

3. 排水沟水质

第一排水沟、第三排水沟、第四排水沟、北干渠是沙坡头区主要的农业排灌沟渠,为确保农业灌溉水质安全,中卫市环境监测站从2006年起于春灌期间分期进行监测。2006—2010年,中卫市环境监测站于春灌期间对第一排水沟、第三排水沟、第四排水沟、北干渠水质进行监测,监测项目有:水温、pH值、溶解氧、化学需氧量、氨氮、总磷共6项(各年不同)。执行《地表水环境质量标准》(GB3838-2002)中Ⅴ类标准。分析结果表明:各分析项目均达到GB3838-2002中Ⅴ类标准,排水沟水质呈Ⅴ类水质,达到农业用水区水质要求。

第一排水沟水质情况:2011—2017年,第一排水沟除2011年呈Ⅳ类水质外,年均稳定为Ⅲ类良好水质。主要评价因子化学需氧量、总磷年均浓度均呈下降趋势,氨氮年均浓度有不显著上升趋势。

表3.3　2011—2017年中卫市第一排水沟主要评价因子年均浓度及水质状况年度变化情况一览表

（单位：mg/L）

年　份	化学需氧量	氨　氮	总　磷	水质类别
2011	20	0.547	0.199	Ⅳ类
2012	17	0.407	0.129	Ⅲ类
2013	15	0.337	0.142	Ⅲ类
2014	13	0.379	0.129	Ⅲ类
2015	14.6	0.789	0.071	Ⅲ类
2016	15.4	0.594	0.090	Ⅲ类
2017	18.0	0.71	0.09	Ⅲ类
rs	−0.214	+0.571	−0.75	−
污染趋势	不显著下降	不显著上升	显著下降	−

第四排水沟水质情况：2011—2017年，第四排水沟水质均为劣Ⅴ类水质。主要评价因子化学需氧量、氨氮、总磷年均浓度均呈下降趋势。

表3.4　2011—2017年第四排水沟主要评价因子年均浓度及水质状况年度变化情况一览表

（单位：mg/L）

年　份	化学需氧量	氨　氮	总　磷	水质类别
2011	54.9	6.23	0.650	劣Ⅴ类
2012	53.0	8.20	0.698	劣Ⅴ类
2013	45.0	3.77	1.11	劣Ⅴ类
2014	56.6	4.28	1.00	劣Ⅴ类
2015	50.7	4.53	0.458	劣Ⅴ类
2016	41.3	11.0	0.860	劣Ⅴ类
2017	22	4.41	0.26	劣Ⅴ类
rs	−0.714	−0.036	−0.321	−
污染趋势	不显著下降	不显著下降	不显著下降	−

（二）地下水

1.饮用地下水源

沙坡头区原有城市饮用水源"清源水源地"，建成于1985年，2004年沙坡头区成立后，随着城市规模的急速扩张、人口的增加，原有水源地补水水源不足，已经不适宜作为集中式城市饮用水水源地。2012年4月启用新水源地即"沙坡头区城市水源地"，6月正式全面投入使用。水源地为地下饮用水源，水源地设计开采16眼深水井，实际取水量为300.9197万吨。

2006年1—6月水质检测报告显示，沙坡头区城市饮用水水质综合合格率为99.2%，其中出厂水质合格率为99.3%，国标31项指标合格率为100%，管网水质合格率为99.1%。沙坡头区地下饮用水资源量为1.44亿立方米，现使用的城市集中饮用水水源地1个，共8口井，年供水总量为647.38万立方米。其中，分散式供水209.38万立方米，集中式供水438万立方米。中卫市环境监测站对沙坡头区地下水集中生活饮用水水源地水质的监测显示：地下水环境质量监测指标中，水温、pH值、高锰酸盐指数、氨氮、氯化物、氟化物、硫酸盐、总硬度、总大肠菌群、铅、铜、锌、铁、锰共14项分析结果表明：各分析项目均达到GB/T14848-1993中Ⅲ类标准，沙坡头区2006年地下饮用水总体水质呈Ⅲ类水质，水质良好。

2011—2014年，沙坡头区城市集中式地下饮用水水源地供水总量年均为463.5万吨。

2012—2017年，中卫市沙坡头区城市水源地水质持续稳定为Ⅲ类。主要评价因子总硬度、硫酸盐、氟化物年均浓度均呈不显著上升趋势，氯化物年均浓度呈不显著下降趋势（详见表3.5）。

表3.5 2012—2017年沙坡头区城市水源地主要评价因子年均浓度及水质状况年度变化情况一览表

（单位：mg/L）

年　份	总硬度	硫酸盐	氯化物	氟化物	水质类别
2012	263	85	51	0.27	Ⅲ类
2013	276	92	50	0.24	Ⅲ类
2014	293	92	53	0.25	Ⅲ类
2015	355	100	54	0.27	Ⅲ类
2016	339	99	52	0.24	Ⅲ类
2017	209	62.6	38.5	0.308	Ⅲ类
rs	+0.086	+0.086	−0.086	+0.429	—
污染趋势	不显著上升	不显著上升	不显著下降	不显著上升	—

2.工业用地下水

中卫市美利工业园区位于沙坡头区西北角单梁山地区，北至宁蒙省界，东至东环路，南至北干渠，西至美利造纸工业园，规划总用地40.13平方千米，实际工业用地为25平方千米，工业区定位为化工、能源电力、生物制药、建材和机械加工产业。随着城市工业的发展，入园企业逐渐增多，为了解美利工业园区地下水质状况，自2008年开始，中卫市环境监测站对园区地下水每季度监测一次。中冶美利浆纸有限公司为满足其生产、生活用水需求，在园区内勘察、钻探10眼水井，每天选开7眼，由环保分厂供水车间一泵站每天抽取约8000立方米地下水，用于本公司电厂循环冷却用水及厂内约1500名职工生活用水。

二、大气环境

沙坡头区成立前，原中卫县居民区和工厂混杂交错，且工厂、居民生活燃料以煤为主，一些工厂排放有害气体。随着居民生活水平的提高，汽车拥有量不断攀升，加上城市改扩建步伐加快，汽车尾气污染、道路扬尘逐渐成为影响中卫大气环境质量的重要因素。1989年，中卫县城区废气排放总量为59000.407万标立方米，废气中二氧化硫为1667.25吨，烟尘1222.97吨。工业粉尘排放量为0.3919万吨，工业尘回收量0.0748万吨。1990年，中卫县完成全年城区的大气监测，做出数据320个，平均值大气总悬浮微粒为0.6543毫克每标准立方米，大气二氧化硫为0.045毫克每标准立方米，氮氧化物为0.02毫克每标准立方米，三项均符合目标规定值。2004年沙坡头区成立后，加大生态环境保护力度，加强项目环境管理，把建设项目管理作为控制新污染源的重要手段，严把建设项目审批准入门槛，实行污染物排放总量控制和排污许可制度，大气环境有了较大改善。监测数据显示，2006—2016年，中卫市沙坡头区城市环境空气主要评价因子可吸入颗粒物年均浓度在$81\mu g/m^3 \sim 150\mu g/m^3$，年际间呈显著下降趋势；二氧化硫年均浓度在$22\mu g/m^3 \sim 48\mu g/m^3$，年际间呈不显著上升趋势；二氧化氮年均浓度在$19\mu g/m^3 \sim 26\mu g/m^3$，年际间呈显著上升趋势。

表3.6 2006—2016年中卫市沙坡头区环境空气主要评价因子年际变化一览表

（单位：$\mu g/m^3$）

年份 项目名称	可吸入颗粒物	二氧化硫	二氧化氮
2006	150	31	20
2007	110	28	19
2008	113	24	20

续 表

年 份 \ 项目名称	可吸入颗粒物	二氧化硫	二氧化氮
2009	120	22	19
2010	101	48	20
2011	97	48	22
2012	94	42	23
2013	81	36	26
2014	96	36	23
2015	105	34	21
2016 年	100	31	21
rs	−0.673	+0.386	+0.650
变化趋势	显著下降	不显著上升	显著上升

注：2006—2009 年，城市空气质量监测实施手工监测；自 2010 年起，开展自动监测。

2017 年，沙坡头区城市环境空气质量优良天数 281 天，达标率 77.0%，较 2016 年同期优良天数减少 8 天；PM10 平均浓度 106μg/m³，扣除沙尘天气后 PM10 平均浓度 81μg/m³，与 2016 年同期相比上升 6.0%；PM2.5 平均浓度 39μg/m³，与 2016 年同期相比下降 13.3%。

三、声环境

影响沙坡头区市区声环境质量的主要噪声源为交通噪声、生活噪声、建筑施工噪声。污染最严重的是城市交通噪声，其次是生活噪声、建筑施工噪声。

（一）区域环境噪声

1983 年，中卫县按照《城市区域环境噪声监测规范》，开展了区域环境噪声普查工作。当年，开展区域环境噪声监测，等效声级 54.0 分贝，声环境质量一般。1988 年和 2000 年，分别对区域环境噪声进行了监测。

2001—2004 年，中卫城区区域环境噪声有效监测点位逐年递增，2004 年区域环境噪声有效监测点位 30 个，昼间等效声级 52.9 分贝，区域环境声环境质量属较好水平。2005 年，沙坡头区区域环境噪声有效监测点位 40 个，昼间等效声级 51.5 分贝，夜间等效声级 41.8 分贝，区域环境声环境质量属较好水平。

2006—2017 年，沙坡头区区域环境噪声等效声级 51.9—54.9 分贝，区域声环境质量保持在较好水平；但年际间等效声级有上升趋势，区域声环境质量总体有上升趋势。生活和交通噪声仍然是影响中卫市区域声环境质量的主要噪声源。

(二) 交通噪声

1999年和2000年,中卫县的交通噪声等效声级分别是73.2和70.4分贝,均超过国家标准,属中度污染。2002—2003年,中卫县交通干线噪声平均值为67.5分贝与全国平均53.4分贝相比较高,区域环境噪声平均值为55.7分贝,低于全国平均水平10%。

2005年,沙坡头区市区共监测23个路段,路段总长度22.7公里,超过70分贝的路长占监测总长度的58%,加权平均等效声级70.4分贝,超标0.4分贝,道路交通声环境质量属轻度污染水平,较2004年下降了1.8分贝。

2006—2017年,沙坡头区道路交通噪声等效声级64.5—69.1分贝,道路交通噪声环境质量处于好或较好水平。但年际间等效声级有上升趋势,交通声环境质量总体有下降趋势。

(三) 功能区环境噪声

沙坡头区成立后,2005年设立功能区噪声监测点位5个,各类功能区环境噪声随着污染监督管理力度的加大,环境噪声有明显好转。2006年,沙坡头区市区声环境质量属较好水平。环境区域噪声有效监测点位40个,昼间等效声级52.4分贝,夜间等效声级43.0分贝。与上年相比昼间上升0.9分贝,夜间上升1.2分贝。按照《声环境质量评价方法技术规定》区域环境噪声质量等级划分的规定,沙坡头区环境区域噪声属良好水平。

从2007年起,沙坡头共设有5个功能区噪声监测点位。其中1类区、2类区、3类区各1个,4类区两个。2017年,各功能区等效声级昼、夜间均达标。与上年相比:昼间等效声级1类区、2类区、3类区、4类区(原市环保局、北苑小区)分别下降4.4分贝、6.6分贝、0.4分贝、4.7分贝和4.2分贝;夜间等效声级1类区、2类区、3类区、4类区(原市环保局、北苑小区)分别下降3.0分贝、4.5分贝、4.1分贝、3.6分贝和4.2分贝。

四、土壤环境

(一) 土壤污染

新中国成立后,先后开展的第一次、第二次土壤普查,20世纪60年代进行的荒地调查及20世纪70年代所作的银南山区土壤概查,记录了沙坡头区境内大量土壤资料。2007年,中卫市第一次全国污染源普查数据显示:沙坡头区属引黄灌区,是宁夏农业精华之地。多年来,由于工农业生产的高速发展,工业"三废"和农村乡镇企业的污染以及农业生产中长期大量使用化学农药、化学肥料、化学除草剂、杀虫剂等，对农业生态环境造成一定的影响。

2005年，沙坡头区选择种植面积较大的瑞应村种植基地作为代表，经宁夏环境监测中心站监测，其土壤环境质量、灌溉水质量、环境空气质量均符合标准，能够保证"蔬菜"的环境安全。2006年，沙坡头区认定无公害农产品产地34个，其中种植业产地28个，畜牧业产地4个，水产业产地两个；无公害农产品认证21种。主要农产品农药残留合格率达85%。沙坡头区创建全国绿色食品原料标准化生产基地项目通过自治区级验收。

2007年，第一次全国污染源普查后得知，沙坡头区化肥使用量8588.63吨，占中卫市化肥使用总量的9.6%。化肥流失以地下淋溶为主。沙坡头区农药施用总量（折纯）674992.62千克，占中卫市农药施用总量的77.8%。普查的14类农药施用量统计结果表明，沙坡头区施用的农药种类主要是其他类农药和其他有机磷类农药，其施用量分别占农药施用总量的78.9%、15.3%。农药残留量0.1千克，其中2,5-D丁酯0.08千克，毒死蜱0.02千克，分别占农药残留总量的80%、20%。

2007年，香山硒砂瓜被列入全国首批250个国家地理标志保护农产品，并被北京奥运会餐饮备选基地考察组确定为2008年北京奥运会指定采购产品，成为沙坡头区走向全国的一张最亮丽的名片。2009年，按照自治区《关于开展土壤污染治理和生态修复前期准备工作》，在中卫市十大重点区域土壤污染状况调查的基础上，开展土壤污染综合治理与修复示范工程的筛选，为生态建设打好基础。2017年落实《土壤污染防治行动计划》和《宁夏回族自治区土壤污染防治工作实施方案》，以农用地和重点行业企业用地为重点，深入开展土壤环境污染防治工作。

（二）地膜污染

地膜覆盖栽培是先进的农作物栽培方式之一。沙坡头区从20世纪80年代开始推广地膜覆盖栽培，农膜的使用已在农业领域产生了显著的经济和社会效益，同时伴生的白色残膜污染问题也日趋扩大、严重。地膜是造成残留污染的主要农膜品种。残膜碎片的阻隔作用使土壤物理性能变差，影响作物出苗、根系发育和地上生长；增塑剂对农作物产生化学毒害作用；稳定剂对土壤形成重金属污染。灌区残膜污染程度重于山区，山区残膜污染速度快于灌区。由于长期大量施用化肥，加上农药残毒、农膜残留释放的有毒有害化学物质和环境污染等因素，不仅使耕地受到不同程度污染，同时也造成了水体污染，并通过植物的吸收进入农产品，通过食物链进入畜产品和水产品。2007年，沙坡头区地膜用量194.42吨，占中卫市地膜使用总量的65.0%。地膜残留量108.33吨，占中卫市地膜残留总量的40.3%。

第二节　污染防治

一、大气污染防治

沙坡头区工业废气主要是二氧化硫、氮氧化物和烟粉尘等。20世纪80年代，中卫县主要加强对城区锅炉的消烟除尘和消声工作进行监测验收、监察。1990年，中卫县完成全县锅炉监测任务。1995年，中卫县人民政府提出"九五"环境保护目标、措施和污染防治计划。1998年，中卫县人民政府出台《县城地区大气污染治理实施方案》。2001年底，经吴忠市环保局验收，中卫县列入考核的55家企业达标排放46家，达标率83.6%。2003年，中卫县推行以治理工业烟尘污染为主要内容的"退黑还蓝"环保行动。

2004年沙坡头区成立后，中卫市成立由环保局、建设局、公安局等部门组成的城区烟尘治理领导小组，召开中卫城区大气污染治理动员大会，主管环保工作的副市长与各烟尘治理单位和供热单签订污染治理目标责任书，批转中卫市环保局《关于中卫城区大气污染治理实施方案》，下达《关于中卫城区大气污染限期治理任务的通知》，当年沙坡头区共取缔锅炉19家21台，86家稳定使用清洁燃料。全面完成城区锅炉烟尘整治的目标任务。

2005年，沙坡头区采取"冬病夏治"的办法，本着"只要供暖接得上，锅炉就要拔得掉"的原则，依法拆除锅炉、茶浴炉。2007年，沙坡头区以燃煤锅炉、茶浴炉、餐饮业炉灶为治理对象，以发展集中供热推广清洁型燃煤为手段，开展了大气污染防治工作。2009—2010年，沙坡头区认真执行国家有关产业政策，加大对不符合产业政策项目及生产线的淘汰、关停力度。2011年，沙坡头区加强对重点污染源企业污染防治设施和一般污染源企业污染防治设施运行情况的监管。2013—2014年，沙坡头区全面开展用煤企业能源审计，对冶金等重点行业实行对标管理。2015—2017年，沙坡头区加快淘汰城市建成区域燃煤锅炉和热电联产项目建设。加强机动车污染治理和油气回收治理，对工业堆场和城市扬尘防尘进行治理，推进城市餐饮油烟治理，并对农村加强秸秆焚烧环境监管。

二、水污染防治

（一）工业废水治理

1986年，中卫县城市工业废水、生活污水严重污染黄河等地面水体，城市周围排水沟水质均低于Ⅴ类标准，而黄河水质中不少指标低于Ⅲ类标准。1989年，按照自治区要求，中卫县制定集中控制污染措施和限期治理政策，坚持对污染严重的企业实行关、停、并、转。1995年，中卫县环保部门还对污染治理运行情况进行检查，对污染治理设施不按管理规定运行的企业纠正或给予处罚。2002年11月27日，中卫县城地区集污工程全面竣工，昔日的"龙须沟"——第四排水沟，建成一条环境优美的休闲大道。2003年，中卫县加大工业企业污染治理和查处力度，中冶美利纸业集团有限公司等企业废水实现达标排放。明盛染化等一批污染企业相继投资建设污水处理工程，从源头上杜绝污染。

沙坡头区成立后，加大工业废水的处理力度。2004年，中冶美利纸业集团有限公司完成污水综合利用工程，每天将处理后的5万吨造纸废水全部引入速生林基地，结束向黄河排放造纸废水的历史；投资7000万元建设的日处理160立方米浓缩黑液第二套碱回收项目建成投运。明盛染化公司投资1200万元、日处理200立方米还原废水的治理设施建成投入运行，每年可回收工业硫酸近2万吨。2007年，中冶美利纸业集团有限公司第三套碱回收重点污染源限期治理项目建成投运。2008年，对第四排水沟所存在的问题制定切实可行的整改意见，强化沿途工业企业、生活废水排放口的整治和污水处理厂的运行监管，努力改善第四排水沟水质。2009年，执行国家有关产业政策，加大对不符合产业政策项目及生产线企业的淘汰、关停力度。2010—2011年，宁夏昊丰伟业钢铁有限公司、中卫俱进化工有限公司、宁夏新美亚陶瓷公司、中卫海鑫化工有限公司、宁夏美利机械安装公司、铁路编组站外排废水全部并网，实现企业废水纳入污水处理厂集中处理达标外排，结束企业高浓度废水直接进入水环境的历史，有效改善原接纳企业废水的排水沟水质。2016年，督促实施工业园区污水处理厂及配套设施项目建设；督促重点入黄排水沟综合整治；有序开展工业园区污染场地修复工作。2017年，沙坡头区建立并上报"'十三五'水污染防治"项目库。

（二）生活污水处理

沙坡头区成立前，城区生活水污染问题比较突出，造成地表水和地下水污染。2005年，中卫市污水处理厂投入运行，中卫市人民医院投资29万元建成医疗废水处理设施。

2007年，中卫市进行第一次全国污染源普查，沙坡头区生活源普查对象涉及人口13.63万人。沙坡头区生活污水产生、排放量为539.16万吨，占中卫市生活污水产生、排放总量的49.0%。生活源污水处理治理情况：生活源各类行业除医疗机构有污水处理设施外，其他行业无污水处理设施。沙坡头区纳入城市污水管网的生活源污水经中卫市污水处理厂处理后达标排放。

2009年，沙坡头区铁路地区生活污水并入城市污水管网工程，很大程度上减少废水直接排放。2010年，在中卫市委、市政府的督导下，沙坡头区迎水桥地区工业和铁路系统生活废水限期并入城市污水集污管网，统一由市污水处理公司集中处理后达标排放或生产再生水。2014年，沙坡头区乡镇建成区（中心村）生活污水收集率达60%以上，处理率达到40%。2016年，督促城镇污水处理提标改造项目建设。2017年，中卫市第一污水处理厂提标改造项目已完成，并通过环保验收。

（三）饮用水源地管理

饮用水是人类赖以生存的基本资源，饮用水水质的安全直接影响人类的健康状况。2005年，沙坡头区开展以提高黄河干流水质和保护城市饮用水源地为主要内容的水污染防治工作，结合整治违法排污企业保障群众健康环保专项行动，强化重点行业和企业的监管。2007年，开展城乡饮用水源勘查、调查和水源保护区划定。沙坡头区农村饮用水源保护区划分方案经中卫市政府常务会议审议批准。2008年市政府常务会议审议通过，市人民政府印发了《沙坡头区集中式饮用水水源地保护区划分方案》。2012—2015年，沙坡头区对农村集中饮用水水源地进行保护，管理农村水源地环境，有效推进农村生活污染治理和控制农业面源污染。沙坡头区城市集中饮用水水源评估工作通过自治区环保厅评估验收。2017年，《中卫市城乡居民饮用水安全保护条例》正式颁布，对沙坡头区饮用水水源地保护工作奠定法律法规基础。

三、固体废物污染防治

固体废物排放成分较复杂，主要有冶炼废渣、粉煤灰、炉渣、煤矸石、尾矿、污泥、生活垃圾、医疗废物等。

（一）工业固体废弃物

2002—2003年，中卫县工业固体废物产生量12.76万吨，污染较为严重的是迎水地区。沙坡头区2004年成立后，2005年沙坡头区城区工业固体废弃物产生量16.66万吨，综合利用和无害化处理量14.87万吨，处置利用率89.2%。2007年，沙坡头区固废产生量为65.7万吨，占中卫市产生总量的41.3%。2015—2018年，沙坡头区加快垃圾填埋场建设，加强工业固体废物集中收集和无害化处理，对一般固体废物产生、处置进行台账管理和登记制度，提高固体废物综合利用率。严把产生危险废物项目审批关，对重点监管的危废企业建立"一企一档"，规范危险废物识别标志。

（二）生活源固体废弃物

生活源固体废物主要包括生活垃圾、医疗废物及锅炉粉煤灰和炉渣三大类。2007年，中卫市及沙坡头区生活垃圾及锅炉粉煤灰和炉渣产生、清运情况如下。

表3.7　2007年生活垃圾及锅炉粉煤灰和炉渣产生、清运一览表　（单位：万吨）

	生活垃圾产生量	所占比例（%）	生活垃圾清运量	清运率（%）	锅炉粉煤灰和炉渣产生量	所占比例（%）
中卫市	4.07	-	3.34	82.1	2.53	-
沙坡头区	2.05	55.3	2.04	99.5	0.48	19.0

行业、区域分布：生活垃圾产生量城镇居民所占比例最大，餐饮业次之，住宿业和医院所占比例较少；从区域分布看，主要分布在沙坡头区城区。

四、声环境污染防治

（一）工业噪声污染治理

2001—2005年，沙坡头区加强噪声源的监督管理，开展以治理建筑施工噪声、铁件加工场所噪声为主要内容的清理整顿，对沙坡头区城区51家建筑施工工地开展排污申报登记噪声限时管理。2007—2017年，沙坡头区要求企业认真按照建设项目环境影响评价批复的要求，落实各项噪声防治措施，选取低噪声设备，合理布置生产设备，采取有效的隔声、消声等降噪措施，确保厂界噪声符合排放标准；对工业企业重点噪声排放源单位加大检查执法力度，确保重点排放源噪声达标排放，贯彻落实《工业企业厂界环境噪声排放标准》。2017年，所有工业企业噪声源均采取减振隔声措施。

（二）交通噪声综合治理

2001—2006年，公安部门在沙坡头区城区主要交通干线设置禁鸣区和禁行路段，加强机动车辆噪声监督管理。2007—2017年，在主要交通路段两侧设置隔离带，各类绿化树种搭配，确保西北地区在寒冷季节也有常青树，既美化环境，又可起到隔声作用；公安部门合理划定禁鸣区域，并在禁鸣道路主要出入口及小区、学校、医院等公众聚集区路段、路口设置禁鸣标志；划定市区货车禁行区域和绕行路线，完善禁止货车驶入标志和交通引导标志，引导车辆按既定路线通行；通过现场查纠及监控抓拍相结合的方式，及时查处货车违禁通行和乱鸣笛交通违法行为；同时，及时发现并处置交通事故、车辆抛锚、违停等易引起区域性交通拥堵的情况，减少乱鸣号诱发因素；在中考、高考期间，组织警力加强学校周边道路交通管制，减少因车辆噪音影响，为考生创造良好的考试环境。

（三）生活噪声综合治理

1998年，中卫县政府下发《关于加强噪声污染管理的决定》。1999年，县政府连续两年发布《关于加强噪声污染管理的通知》《关于高考期间加强噪声管理的通知》，全面清理沿街商业网点悬挂的喇叭、外接音箱、露天卡拉OK摊点；对商城内歌舞厅、啤酒屋限制营业时间严格控制音量；中、高考期间实行定人定点值班制度。

2004年沙坡头区成立后，为加快城区环境建设，有效防治城市噪声污染，不断提高城市品位，为生态旅游文化城市建设创造良好环境，对城区环境噪声功能区进行严格划分。即0类标准适用区域：布局疗养区、高级宾馆区等特别需要安静的区域；1类标准适用区域：布局文教区、居民集中区、机关、事业单位集中区域；2类标准适用区域：布局居住、商业与工业混合区、规划商业区；3类标准适用区域：布局工业区和已形成的工业集中地带；4类标准适用区域：包括城市主要交通道路及道路两侧临街第一排建筑物之间的区域、铁路两侧区域、中央大道内两侧。按照城区总体规划，城区噪声功能区东起环城东路，西至团结路，南起滨河大道，北至北环路，总面积31.49平方公里。其中1类区包括3个小区，总面积21.68平方公里；2类区1个小区，总面积6.69平方公里；3类区2个小区，总面积3.12平方公里。

2001—2006年，沙坡头区加强城区噪声管理，要求采取严格控制音量，限制作业时间，规定边界噪声值不超过50分贝，营业时间不得超过23：00等措施，规范经营行为。2010—2017年，按照自治区环境保护厅、公安厅、住房和城乡建设厅《关于开展全区城市扬尘噪声污染综合整治的通知》精神，沙坡头区加强对建筑施工场所夜间建筑施工巡查，对建筑施工场所的塔吊、混凝土搅拌机、振动棒、金属切割机等高噪声设备使用情况进行检查，对发现违反有关规定超时施工作业的，采取警告、现场停工、经济处罚等措施，加强市区建筑单位夜间施工噪声管理。

第三节　环境管理

一、管理机构

沙坡头区环境保护工作机构最早可以追溯到中卫县时期，1984年10月，中卫县环境保护股成立，为中卫县城乡建设局下设工作机构，逐步担负起环境监测和环境管理工作任务。1989年4月成立中卫县环境保护办公室，为科级单位，原环境保护股、环境监测站合并到中卫县环境保护办公室，与中卫县城乡建设局合署办公，中卫县城乡建设局长兼任中卫县环境保护办公室主任。1992年2月，县环境保护办公室与县城乡建设局分开办公，与环境监测站合署办公。1996年10月，更名为中卫县环境保护局，级别为正科级，为中卫县政府直属部门。2002年10月，中卫县环境保护局更名为中卫县建设与环境保护局，与县城乡建设局合署办公。2018年2月，成立沙坡头区环境保护局，核定行政编制6名，设局长1名，副局长2名；同年3月，成立区委、区政府主要领导任双组长的沙坡头区环境委员会，并挂牌成立中卫市生态环境局沙坡头分局，为中卫市生态环境局正科级派出机构。

二、环境监测

2004年8月，中卫市环境监测站成立，是在原中卫县环境监测站基础上组建的，沙坡头区作为中卫市政治、经济、文化中心，是中卫市环境监测站的监测重点。2005年，全面启动城市大气、废水、废气、噪声环境质量监测，变更优化空气质量监测点位，完成四个季度的大气环境质量监测。2006年，中卫市监测站积极创造条件开展城市饮用水水源地水质监测，沙尘暴监测，功能区噪声、环境区域及交通干线噪声监测、迎水地区空气质量监测，垃圾处理厂周围环境空气质量监测，沙坡头机场环境现状监测等。2007年，中卫市监测站开展沙尘暴监测、酸雨监测、计量认证工作和全区污染源普查前期准备工作。2008年，不断拓展监测领域，开展对美利工业园区地下水质每季度一次监测、国控重点污染源监督性监测、春灌期间农灌水质安全监测、北干渠断面监测，地表水监测由上年14项增至18项。2010年，中卫沙坡头区3个环境空气自动监测子站和1个沙尘暴自动监测站运行稳定正常，并在中卫电视台发布《沙坡头区城市环境空气质量日报》，实现环境空气质量在线监测自动化。2012年，全面开展污染减排监测体系建设。2014年，对具备比对条件的国控重点企业实施在线设备比对监测，比对监测完成率100%；主要湖泊湿地水环境监测，建立重要湖泊湿地水环境监测长效机制。2015年，围绕环境质量、污染物排放状况的总体要求，开展重点企业监督性监测工作、企业自行监测工作。

三、建设项目环境监督管理

按照自治区建设项目的环境管理规定，建设项目中的环境保护设施必须与主体工程同时设计、同时施工、同时投产使用，简称为"三同时"。沙坡头区照此执行。

2004年，沙坡头区新建设项目的环评执行率达到100%。建设项目"三同时"执行率达到92%。2005年，为适应投资体制改革的要求，对新、改、扩建项目施行"执行环评、三同时承诺制"、集体审批制和全流程跟踪管理制。2006年，进一步完善建设项目环境管理机制，将环保工作纳入目标责任考核，促进建设项目的环境管理。2007年，实行项目审批分级管理和全程跟踪管理、项目评审分离制，主动为企业办理环境影响评价及审批。2008—2009年，"三同时"执行合格率达到100%。2010年，沙坡头区按照《中卫市关于建设项目环境管理规定》《中卫市环保局建设项目全程跟踪管理办理程序（暂行）》等规章，把单纯的监督管理改变为监督管理与服务并重的工作方法。2011年，按照建设项目环境管理相关规定，建立"事前介入、事中指导、事后监督"的环评工作新机制。2014—2015年，落实环评文件技术审查制和行政集体审批制双重原则，从严控制新的污染源产生，并执行权力清单制度，推进政务公开，实行一站式服务。2017年，沙坡头区建设项目竣工环境保护验收62项。已通过竣工验收的项目在环保网站进行公示，并结合建设项目"三同时"、环境保护竣工验收、排污许可证核发、污染源在线监控、监督性监测、环境信访投诉和环境违法处罚等情况，对企业污染治理设施是否符合"三同时"要求、治理设施是否具备达标能力、具备达标能力的能否稳定达标排放情况进行全面评估。

四、城镇环境综合整治

沙坡头区成立后，按照中卫市城市环境综合整治定量考核工作领导小组2006年制定的《中卫市城市环境综合整治定量考核实施方案》，对城市环境综合整治定量考核。自2006年起，沙坡头区将环保工作纳入目标责任考核。2007年，加强城市环境综合整治，组织实施"天蓝、地绿、水清、尘净"四大工程，并以加快城市化发展为契机，继续深入开展城市环境综合整治，推动城市的可持续发展。同时，沙坡头区进入"中国特色魅力城市200强"。2010年，以加快城市化发展为契机，持续深入开展城市环境综合整治，建设美利森林公园、黄河湿地公园、香山湖、应理湖、水域面积10000亩腾格里湖生态公园、景观水道等城市公用设施项目，形成水域面积1.6万亩。2013年，完成沙坡头区市区"36纵26横"大绿量、多层次、全覆盖绿化改造工程，城市绿地率和绿化覆盖率分别达37%和39%。2014年3月，经过科技部、发改委等16个国家可持续发展实验区协调领导小组成员单位联席评审会的评审，中卫市沙坡头区正式通过国家可持续发展实验区验收。沙坡头区于2006年11月被批准为国家可持续发展实验区，是宁夏唯一获得批准的国家级可持续发展实验区。2014年6月15日，经中国人居环境奖工作领导小组研究批准，决定授予"宁夏回族自治区中卫市老城区宜居家园城中村及棚户区改造项目——中国人居环境范例奖"。2015—2018年，沙坡头区对各年度环境保护目标任务进行分解下达，与有关部门及重点企业签订环保目标责任书、污染减排目标责任书，将环境保护任务纳入效能目标进行考核，建立有效的管理机制，确保城镇环境综合整治和农村环境整治取得实效。

五、污染源普查

2007年，为全面掌握环境状况，同时给制定经济社会政策提供依据，按照国家和自治区第一次全国污染源普查方案，全面启动中卫市第一次全国污染源普查工作。普查标准时点为2007年1月1日—12月31日，时期资料是2007年度。普查对象包括沙坡头区范围内所有达到界定要求的工业源、生活源、农业源、集中式污染治理设施。区域内建制乡镇情况：沙坡头区辖10镇2乡159个行政村和18个居民委员会。重点源监测的数量：沙坡头区国控、省控污染源普查监测废气企业共6家，废水企业3家。城镇污水处理厂1家（中卫市污水处理厂）。

此次普查结果显示：沙坡头区废水及主要污染物化学需氧量的排放以工业源排放占的比例较大，工业废水排放量最大的区域是沙坡头区，占工业废水排放总量的88.5%；工业源化学需氧量排放量最大的区域是沙坡头区，占工业源化学需氧量排放总量的75.7%；工业废水排放量最大的行业是造纸及纸制品业，其次是氮肥制造业，以上两个行业累计占工业废水排放总量的87.4%；废水排放量最大的企业是中冶美利集团有限公司。废水中排放的主要污染物氨氮在废水污染治理中是薄弱环节，对水环境质量压力较大。沙坡头区废气及主要污染物二氧化硫的排放以工业源排放占的比例最大。废气中排放的主要污染物二氧化硫的污染治理是薄弱环节，对沙坡头区环境空气质量压力较大。沙坡头区固体废物排放成分较复杂，主要有冶炼废渣、粉煤灰、炉渣、煤矸石、尾矿、污泥、生活垃圾、医疗废物等。工业固体废物中的危险废物及生活源中医疗废物对环境压力较大。

2017年，第二次全国污染源普查启动后，按照《中卫市第二次全国污染源普查工作实施方案》，沙坡头区成立了相应工作机构。根据中卫市第二次全国污染源普查结果，沙坡头区共有污染源普查对象953个。

六、农村环境保护与治理

（一）农村环境连片综合整治

2005—2006年，沙坡头区城区及各乡镇人口相对集中的地方共设置垃圾点20个，新建卫生厕所598个，改变了人畜粪便、生活垃圾和生活污水等肆意排放的现象。2007年3月27日，按照全市村庄环境整治会议的要求，沙坡头区委、区政府就今后加强农村环境整治工作进行全面部署。2008年6月25日，全区"塞上农民新居"建设现场观摩团一行在自治区人大常委会副主任刘天贵、自治区副主席李锐、自治区政协副主席陶源和自治区主席助理田明等带领下，到中卫市沙坡头区永康镇杨滩村，现场观摩该村的农房平改坡及村庄环境整治等工作。是年，沙坡头区常乐镇创建自治区级环境优美乡镇通过自治区环保局验收。2009年，依据实际情况，为部分镇乡配置垃圾清运车，安装太阳灶、开展沼气综合利用建设项目，改善了农村环境。2010年，沙坡头区委、区政府以创建国家环保模范城市为契机，积极组织开展以"树立生态环境观念，倡导绿色生活方式，构建文明绿色社区"为主题的绿色社区活动及优美镇（乡）创建工作。开展优美乡镇及"绿色社区"创建工作，中卫市迎水桥镇被环保部命名为国家级环境优美乡镇，宣和镇被自治区命名为自治区级环境优美乡镇，双桥村、南长滩村被自治区命名为自治区级生态村，中山社区、长安社区被自治区命名为自治区级绿色社区。2011年，按照市委、市政府《关于城乡环境综合整治"三大工程"实施方案》，争取中央农村环境连片村庄整治项目资金，实施沙坡头区文昌镇雍楼村、滨河镇南关村两个垃圾中转站建设项目；争取中央环保专项资金1979万元，其中，连片整治示范项目资金1935万元，11处水源地保护项目资金44万元，组织实施沙坡头5个镇（乡）29个村庄的环境连片整治示范项目建设，受益人口86450人，8月底，项目建设工程和水源地保护工程全面完工。2012年，沙坡头区继续扩大农村环境连片整治范围，实施农村饮用水水源地保护、农村生活污水和垃圾处理、畜禽养殖污染防治、农村面源污染防治、清洁能源、农村生态示范建设工程，对农村集中饮用水水源地进行保护，对新农村建设重点村庄环境空气、地表水、地下水、土壤环境质量进行监测分析，建成一批环保基础设施。沙坡头区文昌镇、东园镇被命名为国家级生态乡镇和生态村，永康镇、滨河镇南关村、常乐镇李营村被命名为自治区级环境优美乡镇和生态村。2013年，编制《中卫市2013—2015年农村环境综合整治项目库》，争取国家2013年第一批农村环境综合整治项目资金2880万元，其中：沙坡头区1060万元。沙坡头区滨河镇南关村被命名为国家级生态乡镇和生态村；沙坡头区柔远镇被命名为自治区级生态乡镇，沙坡头区镇罗镇沈桥村被命名为自治区级生态村；沙坡头区东园镇被环保部命名为2012年度国家级生态乡镇，并奖励50万元；沙坡头区黄河花园社区被命名为自治区级环境友好示范社区，并奖励30万元。是年，中卫市人民医院、沙坡头区人民医院，沙坡头区宣和镇、东园镇等6个乡镇卫生院和市区滨河社区、光明社区等7个社区服务站开展环境卫生整治活动，获得自治区环境卫生整治以奖代补资金140万元。2014年，按照"典型引导、循序渐进"的总体思路，捆绑项目资金，集中连片推进，有序开展"环境生态乡镇"和"生态村"创建活动，沙坡头区滨河镇被自治区拟命名为自治区级生态乡镇；沙坡头区柔远镇雍湖村、刘台村被命名为自治区级生态村。2017年，沙坡头区以"美丽村庄"建设为突破口，开展乱堆乱放清理、沟渠垃圾清理等"六大专项行动"，将城乡结合部21个区域、主干路两侧103个庄点、70个示范村、8个集镇市场"四大重点保洁区域"的整治任务层层分解，确保重点区域垃圾日产日清，环境卫生干净整洁。沙坡头区农村环境卫生保洁覆盖率达到100%。

（二）美丽乡村建设

2014年，沙坡头区在中卫市委、市政府的统一部署下，围绕"加强农村环保，建设美丽乡村"的主题，以加强农村环境保护为重点，以"中卫美丽乡村"创建为主要载体，开展农村环境保护工作集中视察和创建工作督评促活动。在创建活动中，涌现出一批村民环保意识增强、村容村貌整洁、基础设施完善、村庄实现"四化"、环保卫生管理运行实现常态化的"美丽乡村"，成为引领全区美丽乡村建设的标杆。经过村申报、乡推荐、区审核、市验收、媒体公示等程序，以推动农村生态发展，全面加快美丽乡村建设。

（三）畜禽养殖污染管理

1. 畜禽养殖普查

2007年，中卫市开展第一次全国污染源普查，沙坡头区规模养殖场和养殖园区污水排放的主要流域为干沟到黄河，有一部分用作生产沼气。养殖专业户产生的污水无处理、无利用，全部沉淀在地下。据测算，沙坡头区畜禽粪尿产生量12.92万吨（其中粪便产生量9.02万吨，尿液产生量3.90万吨），占中卫市畜禽粪尿总量的43.7%。畜禽养殖污染物产生量总计20020.62吨，占畜禽产污总量的49.7%。其中COD产生量18853.55吨，总氮产生量993.91吨，总磷产生量167.36吨，锌产生量3.65吨，铜产生量2.15吨。沙坡头区畜禽养殖污染物排放量2670.99吨，占中卫市畜禽养殖污染物排放量的43.8%。

2.规模化畜禽养殖粪便综合处理

2005年，沙坡头区宣和、永康两镇已建成8家鸡粪处理厂，形成年产4万吨有机复合肥生产能力。财政部下达迎水桥镇鸡粪无害化处理项目资金计划，争取项目资金70万元。2012年，对全市列入减排项目的沙坡头区夏华公司等8个规模养殖场和中宁县天利公司等3个规模养殖场实施养殖源减排。2013年，按照中卫市养殖污染源减排会议，沙坡头区安排养殖污染源减排工作，与沙坡头区农牧局签订目标管理责任书，并通过科技培训、下乡服务等形式宣传养殖和环境治理同步进行的减排理念。沙坡头区纳入年度减排计划的有7个养殖场，认真落实减排措施，建立减排档案。通过对规模养殖场落实生物减排设施建设和生物减排实用技术的推广，生物减排效果明显。2014年，沙坡头区规模化畜禽养殖粪便综合处理利用率达95%以上。是年，中卫市敬农生态养鸡园区、中卫市宣和镇第一园区、中卫市鑫源良种种猪繁育公司等农业源养殖场粪便，全部通过肥料生产厂家收购，制作有机肥料。2016年，沙坡头区争取专项资金290万元，支持6家规模化畜禽养殖场加大对畜禽粪便污染的治理力度，提高畜禽粪便综合利用率。

（四）秸秆综合利用

1999年，农业部秸秆养羊项目验收小组对中卫县秸秆养羊项目进行验收。2001年，中卫县建设标准化秸秆养羊示范小区27个，全县新建青贮氨化池窖159个，体积6290立方米，加工利用秸秆饲料8.2万吨。2002—2004年，中卫县加强指导农户秸秆还田，对养殖户指导制作饲料，对秸秆利用的同时严禁农户焚烧秸秆。2005年，在中卫市环保局的争取下，沙坡头区迎水桥镇获得秸秆气化项目资金30万元，年底已建成280座沼气池。2007年，沙坡头区秸秆产生总量1.69万吨，占中卫市秸秆产总量的6.28%。其中丢弃量0.01万吨，田间焚烧量0.15万吨，还田量0.07万吨，饲料0.68万吨，燃烧0.40万吨，原料0.38万吨。2009—2011年，贯彻落实自治区《2009年推进特色优势产业促进农业产业化发展的若干政策意见》精神，开展秸秆加工调制综合利用示范。2012—2016年，组织技术人员指导移民区养殖户加工制作玉米秸秆饲料，加工制作全株玉米黄（青）贮饲料，为养殖产业发展提供物质保障。2017年，全市秸秆焚烧得到有效管控，下发《关于进一步加强秸秆禁烧工作的紧急通知》《关于农作物秸秆禁烧的公告》等文件，按照属地管理原则，采取"封、禁、堵、压、打、用"综合措施，实行逐级分包责任制，做到领导包乡镇、县（区）技术干部包村、乡镇技术干部包组，层层落实工作责任制，确保空间覆盖无空白、职责落实无盲点、监督管理无缝隙。

（五）农村环境保护

1995年，中卫县建立县级农业环保站。1997年，中卫县环保部门开展关停取缔"十五小"企业的监督执法工作。2005—2006年，沙坡头区种植无公害水稻、蔬菜、果树1.1万亩，注册"鸣钟牌"无公害商标。主要农产品残留合格率达85%。2006年，认真贯彻落实国务院办公厅和国家4部委有关做好禁止使用黏土砖，推行新型墙体材料的文件精神，按照市人民政府要求，分两年时间取缔分布在沙坡头区灌区9个镇、19个行政村的20家黏土砖厂。2007年，为改善农村环境质量，启动农村小康环保行动，开展环境优美镇（乡）创建活动。2008年，在全区农田水利基本建设"黄河杯"竞赛验收中，沙坡头区被自治区推荐为"全国农田水利基本建设先进县"。香山硒砂瓜被列入全国首批250个国家地理标志保护农产品，并被北京奥运会餐饮备选基地考察组确定为2008年北京奥运会指定采购产品，成为中卫市走向全国的一张最亮丽的名片。2009年，按照自治区《关于开展土壤污染治理和生态修复前期准备工作》，在重点区域土壤污染状况调查的基础上，开展土壤污染综合治理与修复示范工程的筛选，为生态建设打好基础。2012年，争取自治区环保专项资金，对农村集中饮用水水源地进行保护。2014年，通过在生态移民区、沙漠及灌区开展不同作物种类的节水试验示范，沙坡头区新建高效节水灌溉基本农田5万亩，亩均实现节水560方。通过项目建设，带动土地流转和规模化、集约化经营，实现由分散经营向集约经营转变。强化产业扩规增效和农机农艺有效结合，实现由传统农业向绿色低碳农业转变。沙坡头区入围全区农田水利基本建设"黄河杯"竞赛，获二等奖，受到自治区农田水利基本建设指挥部的表彰奖励。2015—2018年，沙坡头区以项目为载体和支撑，组织实施农村环境整治项目和规模化畜禽养殖防治项目，争取专项资金，购置垃圾收集箱、垃圾收集车，建设垃圾填埋场，支持规模化畜禽养殖场进行污染防治项目建设。

七、环境监察执法

（一）排污申报

1986年，中卫县成立了污染源调查申报登记的领导机构。1992年，自治区环保局专门召开会议全面部署全区的排污申报登记，排污许可证工作。此后，中卫县严格执行排污申报登记和排污许可证制度。2003年，中卫县对78家排污单位进行申报登记工作，其中：工业企业33家，第三产业48家。对各排污单位排污情况进行逐一审核，发放《排污许可证》20个。

2004年中卫撤县设市后，沙坡头区按照国家排污许可证发放管理办法，开展排污申报工作。组织全市排污单位开展排污申报，及时开展排污审核。依据区域污染物排放总量控制目标，向各排污单位分解污染物排放量，下达污染物允排量，核发排污许可证，加强排污单位允排量执行情况监督检查，监督排污单位遵守定量排污制度，开展允排量核算工作，规范排污单位定量排污行为。

（二）排污收费

1986年1月，中卫县根据国务院《征收排污费暂行办法》开展排污收费工作。1988年，银南地区监测站将县属以下单位的排污收费权限下放到县级，中卫县至此迈入排污费收管用的正规道路。1993年，把排污收费纳入环境监理工作，强化收费工作的法律地位。1998年，中卫县环保部门对征收的排污费缴入本县财政部门，纳入预算内，成为环境保护补助资金。在征收项目上有废水、废气、废渣噪声、放射性废物以及排污水费、加倍收费、滞纳金等。在排污费的征缴和使用中，实行了"收支两条线"，当年将全部排污费上缴当地财政部门。2003年，共征收排污费54.91万元。2004年中卫撤县改市后，沙坡头区境内企事业单位的排污费统一由中卫市环境保护局依法征收。2008年，沙坡头区全年征收排污费、监测费182.4万元，罚款18.6万元，超额完成任务。2011年，进一步加强排污费征缴力度，完成了中卫市沙坡头区排污单位的排污申报、核定工作。2016年，全面推进排污费核定、征收、催缴及排污费征收档案建立工作。2017年，全面执行排污动态申报、排污费征收报告制度，提升核定数据质量。并加强排污费稽查工作，提高自动在线监控数据的应用率，确保排污费足额征收。中卫市环保局按照上级安排做好费改税和向沙坡头区人民政府职能部门移交沙坡头区范围内的排污费征收相关工作的衔接和过渡。

第四节　生态治理

一、植树造林

沙坡头区地处宁夏干旱、风沙和水土严重地区。大部分地区由于历代破坏，致使曾经森林植被由"风吹草低见牛羊"的水草茂盛环境，逐步演变为新中国成立前的"黄龙腾空"淹没庄田、沙进人退，人民背井离乡的惨状。早在20世纪60年代初，中卫县在腾格里沙漠边缘成立县林场和园艺场，开展植树造林。1977年，中卫县被评为全国林业先进县。20世纪80年代初以后开展的"全民义务植树活动"，对改善生态环境起到积极促进作用。1987年3月，中卫县被授予全国绿化先进单位。1990年中卫县荣获全国平原绿化先进县称号，2002—2003年，中卫县各类林业用地为42.9万亩，森林构成有人工林和天然次生林两种。全县有人工林32.9万亩，主要分布在腾格里沙漠前缘，包兰铁路两侧，黄河两岸和南山台，少数分布在引黄灌区，边山地带。有天然次生林10万亩，占林地带面积的40.6%，主要分布在香山地区的天井子山、黄色水山、米钵山及香山寺等处。森林状况特点是森林覆盖率全县平均为6.34%，且分布极不均匀，森林覆盖率山区为0.23%，川区为33%；人工林树种单一，病虫害严重。由于天牛等林木病虫害危害，使原营林带彻底毁灭，冰雹、大风、沙暴、热干风、低温冷害等自然灾害频繁出现，水土流失严重，土地沙化面积扩大，土壤盐碱化程度加重。草场退化，森林、草原植被覆盖率低。

2004年中卫撤县设市，沙坡头区正式成立，坚持经济建设与生态建设并重，完善生态补偿和修复机制，继续推行退耕还林还草、封山禁牧、荒山造林等工程，恢复生态植被，保护生态环境。2010年，中卫市沙坡头区森林覆盖率为14.5%，林地面积达到181.14万亩，其中：生态防护林面积33.93万亩，生态经济林面积31.28万亩，封山育林面积52.58万亩（含天然林保护工程封山育林33万亩），退耕还林面积63.35万亩（含荒山造林45.5万亩）。2011年，沙坡头区完成人工造林1488万亩。沙坡头区完成生态经济林10.93亩，生态防护林3.95万亩，封山育林3万亩，共计栽植各类苗木1891.77万株，其中乔木653.86万株，灌木1237.91万株。至2011年底，沙坡头区林地面积累计达到195.15万亩。坚持续封与新封并举、管护与造林并重的原则，实施工程恢复与生物治理相结合的办法，采取"围、封、种、补"等手段，沙坡头区完成封山育林 3 万亩。2013 年，沙坡头区完成营造林 12.59 万亩。2014 年，沙坡头区以建设完善的生态防护体系、发达的林业产业体系和繁荣的生态文明体系为目标，以提升营造林质量为核心，以项目建设为纽带，以建设环境优美宜人的新中卫为己任，集中精力发展现代林业，促进农民增收，沙坡头区全年完成营造林 9.02 万亩，完成封山育林 3 万亩。2015 年，沙坡头区坚持经济建设与生态建设并重，完善生态补偿和修复机制，重点实施腾格里沙漠防沙治沙、天然林资源保护、禁牧封育、退耕还林还草等重点生态工程，2015 年完成营造林 12.333 万亩。推进腾格里沙漠防沙治沙、农田林网、城市及村庄绿化等生态防护林工程建设，2015 年完成封山育林 4 万亩。2016—2018 年，沙坡头区政府按照中卫市《关于落实绿色发展理念，加快美丽中卫建设的实施意见》，实施腾格里沙漠东南缘防沙治沙、黄河卫宁城市过境段生态综合治理及城区、美丽村庄绿化提升项目，加大退耕还林、移民迁出区生态修复力度，生态环境明显改善。

二、退耕还林

沙坡头区由于所处地理位置，自然生态较为脆弱，自然环境甚为恶劣，水土流失严重，植被脆弱，风力侵蚀主要分布在腾格里沙漠边缘。

改革开放以来，自治区党委、政府把山区经济建设作为振兴宁夏的重要内容，把治理水土流失纳入各级政府重要议事日程。1995 年 4 月，中卫县水土保持工作取得显著成效，在检查验收中被评为全国先进集体。2001 年，中卫县完成人工种草面积 2.38 万亩。全年投入 3489 万元，对黄河险工段、三大山洪沟、灌区灌排设施、农村自来水工程等进行治理、配套和改造。

2002—2003 年，中卫县坚持工业污染防治与生态保护并重的方针，抓住西部大开发历史性机遇，从生态环境和城市环境基础设施建设入手，响应中央"西部大开发，生态要先行"的号召，组织实施退耕还林、还草工程，实行封山禁牧荒山造林，水土保持，防风固沙，恢复生态植被，保护生态环境，高起点规划并开工建设了林纸一体化项目速生林基地，碱碱湖生态风情苑，北部防风固沙林带，黄河护岸林工程，西风口植树防沙工程，中卫继被国家环保局列为全国 69 个生态示范县之后，又被列为全国生态农业建设重点县。

2004 年沙坡头区成立后，继续推行退耕还林、还草，封山禁牧，荒山造林等工程，恢复生态植被，保护生态环境。截至 2005 年底，沙坡头区共退耕还林 3 万亩，封山禁牧

321.8万亩，荒山造林18.5万亩。

2005—2006年，沙坡头区继续实施国家退牧还草工程项目，全面加强草原生态建设。2005年国家下达沙坡头区退牧还草工程草原围栏建设任务45万亩，实际完成45.08万亩，占下达任务的100.17%，落实围栏责任制1512户，签订草原围栏承包合同105户。2006年，国家下达沙坡头区退牧还草工程草原围栏建设任务80万亩，完成围栏任务79.4万亩，完成任务的99.25%。2010年，沙坡头区迎水桥镇被环境保护部命名为国家级环境优美乡镇，宣和镇被自治区命名为环境优美乡镇，沙坡头区双桥村、南长滩村被自治区命名为生态村，中山社区、长安社区被自治区命名为绿色社区。2011年，沙坡头区天然草原禁牧面积449.28万亩，农牧户补贴5202户，年补助资金1615.59万元，5年补助资金共8077.95万元，其余资金由市政府统筹，用于禁牧封育畜牧业后续产业发展。

2012年，沙坡头区抢抓中央、自治区加大水利基础设施建设投资的机遇，实施项目带动战略，年内沙坡头区共争取生态移民、中小河流治理、高效节水补灌、小农水重点县建设、病险水库除险加固等各类项目26个，到位资金2.45亿元。2013年，沙坡头区农村饮水安全、中小河流治理、病险水库除险加固等各类水利项目资金1.78亿元。2015年，组织实施沙坡头南北干渠及灌区节水改造，黄河二期防洪（中卫段）治理工程等。

三、防沙治沙

荒漠化土地主要分布在沙坡头区北部的腾格里沙漠。土地沙化的原因有自然和人为两种。自然因素主要是干旱、多风、强烈的物理风化和地表的沙质物质组成。人为因素主要是人口快速增长造成滥垦、滥牧、滥采、滥挖、滥伐等对草原植被的严重破坏，特别是对草原的大量开垦和弃荒，任风吹蚀，是沙化迅速发展的主要原因。土地沙化严重破坏土地资源和生物资源，使生态环境恶化，还直接影响农、林、牧业生产，威胁了交通、水利和居民点等设施。2006年4月1日，宁夏发生2002年以来污染强度最大的沙尘天气，其中最严重的是中卫市沙坡头区。

进入21世纪后，沙坡头区自然生态保护工作遵循立足示范，着眼推广，注重基础、讲求实效的原则，以治沙治荒漠化为重点，以生态主体、高效农业为突破口，引水开发，稳妥推进，多方筹措资金，全方位启动，加大生态投入。加速北部沙漠综合治理，南部山区水保、草原建设，农田林网黄河护岸林带建设，农田水利建设，生态旅游建设，加强自然资源保护管理，污染源治理，实现物种多样性，运用生态学，生态经济学科学原理及生态运用技术，指导农业生态、工业生态、城市生态形成有机综合良性循环体系，建起防风固沙林带前沿沙带、封山育草"五带一体"的防沙防风体系，保证包兰铁路畅通无阻，创造人进沙退的世界壮举，实现了沙漠变绿洲的美好愿望。

自2005年开始，据中卫市监测站监测数据，沙坡头区浮尘、扬沙、沙尘暴频次总体逐年减少，由沙尘天气引起的灾害逐渐减少减弱。2005年，中卫城区浮尘、扬沙和沙尘暴天气共发生15次，其中：浮尘5次，扬沙9次，沙尘暴1次，强度最大的一次发生在2月23日，TSP浓度为4.39mg/m³，超标13.6倍。与2004年发生的21次相比，从频次和强度上有所减弱。

2006年，沙坡头区浮尘、扬沙和沙尘暴天气共发生14次，其中：浮尘3次，扬沙9次，沙尘暴两次，强度最大的一次发生在4月10日，总悬浮微粒浓度最大为17.9mg/m³，超标58.7倍。

2007年，沙坡头区发生沙尘天气8次，其中：一级沙尘天气（浮尘）3次，二级沙尘天气（扬沙）3次，三级沙尘天气（沙尘暴）两次。总悬浮微粒浓度均值0.68mg/m³~9.41mg/m³，超标1.3~22.6倍；可吸入颗粒物浓度均值0.72mg/m³~2.6mg/m³，超标3.8~16.3倍。与2006年相比，从频次和强度上都有所下降。

2008年，沙坡头区共捕捉到沙尘天气6次，其中：一级沙尘天气（浮尘）1次，二级沙尘天气（扬沙）两次，三级沙尘天气（沙尘暴）两次，四级沙尘天气（强沙尘暴）1次。TSP浓度均值1.39mg/m³~12.27mg/m³，超标3.6~39.9倍；可吸入颗粒物浓度均值1.6mg/m³~5.07mg/m³，超标9.7~32.8倍。与上年相比，沙尘天气的出现频次有所下降，强度有所增强。沙尘天气对沙坡头区农业生产影响严重，大部分设施农业种植区的日光温室、大拱棚损失严重。

2009年，沙坡头区发生扬沙、浮尘天气5次，其中扬沙天气1次，沙尘暴1次，强沙尘暴3次。可吸入颗粒物最大监测浓度值为7.07mg/m³，超过《环境空气质量标准》（GB3095-1996）中二级标准46倍，最小监测浓度值为1.51mg/m³，超过《环境空气质量标准》（GB3095-1996）中二级标准9倍。与2008年相比，沙尘暴、扬沙、浮尘天气出现的频次减少，但强度有所增加，持续时间延长，危害程度有所增加。

2010年，沙坡头区共发生扬沙、扬尘、沙尘暴天气26次，其中：浮尘天气3次，扬沙天气11次，沙尘暴12次。可吸入颗粒物最大监测浓度值为4.34mg/m³，超过《环境空气质量标准》（GB3095-1996）中二级标准28倍，最小监测浓度值为0.78mg/m³，超过《环境空气质量标准》（GB3095-1996）中二级标准4.2倍。与2009年相比，沙尘暴、扬沙天气出现的频次增多，但强度有所下降，危害程度减弱。

2011年，沙坡头区发生扬尘天气4次，全年未出现沙尘暴天气。与上年相比，沙尘天气的发生频次和强度均有明显下降，对区域环境空气质量的影响有所下降。

2012年，发生沙尘天气4次，按《沙尘天气分级技术规定（试行）》评价，4次沙尘天气级别均为二级扬沙天气，全年未出现浮尘、沙尘暴天气。

2013年，沙坡头区发生沙尘天气3次，按《沙尘天气分级技术规定（试行）》评价，2月28日和4月17日次沙尘天气级别均为二级扬沙天气，3月9日沙尘天气级别为三级扬沙天气，全年未出现浮尘、沙尘暴天气。

2014年，沙坡头区发生沙尘天气3次，其中：扬沙（二级沙尘天气）两次，沙尘暴1次。与上年相比，首次沙尘天气发生时间推迟了27天；扬沙天气减少1天，沙尘暴天气增加1天。三次沙尘天气中：以4月24日出现的沙尘天气对空气质量影响最大，为沙尘暴天气，从06：00开始，历时6小时，期间：最小能见度仅为0.99千米；数据显示可吸入颗粒物最大浓度值为3462μg/m³，超过《环境空气质量标准》（GB3095-2012）二级标准（150μg/m³）22.1倍，总悬浮颗粒物最大浓度值为5186μg/m³，超过国家二级标准（300μg/m³）16.3倍。3月27日，沙尘天气从02：00开始，历时4小时，可吸入颗粒物最大浓度值为2040μg/m³，超标12.6倍，总悬浮颗粒物最大浓度值为4701μg/m³，超过国家二级标准（300μg/m³）14.7倍；5月9日，沙尘天气从00：00开始，历时8小时，可吸入颗粒物最大浓度值为3731μg/m³，超标23.9倍，总悬浮颗粒物（TSP）最大浓度值为4892μg/m³，超标15.3倍。

2015年，共发生沙尘天气8次，其中：一级沙尘天气（浮尘）1次，二级沙尘天气（扬沙）6次，三级沙尘天气（沙尘暴）1次。与上年相比，沙尘天气发生次数增加5次，其中浮尘天气增加1次、扬沙天气增加4次；首次沙尘天气发生时间提前了47天，末次沙尘天气结束时间推迟了18天。8次沙尘天气中：以5月27日出现的沙尘天气对空气质量影响最大，为三级沙尘天气（沙尘暴）。从04：00开始，历时7小时，期间最小能见度仅为1.8千米。数据显示，可吸入颗粒物最大浓度值为2435μg/m³，超过《环境空气质量标准》（GB3095-2012）二级标准（150μg/m³）15.2倍，总悬浮颗粒物最大浓度值为2136μg/m³，超过国家二级标准（300μg/m³）6.1倍。

2016年，共发生沙尘天气18次，其中：一级沙尘天气（浮尘）6次，二级沙尘天

（扬沙）8次，三级沙尘天气（沙尘暴）4次。与上年相比，沙尘天气发生次数增加10次，其中：浮尘天气增加5次，扬沙天气增加2次，沙尘暴天气增加3次；首次沙尘天气发生时间推迟了8天，末次沙尘天气结束时间推迟了182天。18次沙尘天气中：以10月10日出现的沙尘天气对空气质量影响最大，为三级沙尘天气（沙尘暴）。从00：00开始，历时12小时，期间最小能见度仅为2.5千米；数据显示，可吸入颗粒物最大浓度值为3381μg/m³，超过《环境空气质量标准》（GB3095-2012）二级标准（150μg/m³）21.5倍。

2017年，共发生沙尘天气7次。年度沙尘天气有两大特点：一是涉及时段广，7次沙尘天气分别出现在1、3、4、5、9、12月，涉及6个月，尤为突出的是，9月份也发生了一次沙尘天气；二是单次沙尘持续时间长、强度大，12月份发生了一次历时38小时的强沙尘暴天气，5月份发生了一次历时49小时的沙尘暴天气。

四、沙坡头国家级自然保护区

宁夏中卫沙坡头国家级自然保护区（以下简称保护区）始建于1984年，1994年晋升为国家级自然保护区。地处腾格里沙漠东南缘，中卫市城区西部，总面积14043.09公顷，属内蒙古高原、黄土高原和腾格里沙漠的交汇处。其中核心区面积3956.76公顷，缓冲区面积5414.12公顷，实验区面积4672.21公顷。主要保护对象为典型的温带沙漠自然生态系统及其生态演替，特有稀有野生沙地动、植物及其生存繁衍的生态环境和以防护林工程为主体的人工生态系统及其治沙科研成果，以及区内各名胜古迹和历史遗迹。保护任务是：保护国内具有代表性的干旱半干旱荒漠地区的自然生态系统、人工治理荒漠生态系统、珍稀濒危野生动、植物的物种、生境、栖息地以及古长城、沙坡鸣钟。同时减少因人为破坏而造成的荒漠化扩展，维持该地区生态平衡，保护西部大开发国家重点工程沙坡头水利枢纽工程和西气东输管道工程的生态安全，保护"中卫绿洲"和包兰铁路畅通，实现保护区生态、社会、经济的可持续发展。

按中国植被区划系统保护区应划入温带荒漠区域东部荒漠亚区，处于荒漠向草原过渡地带，是我国最早建立的7个荒漠生态类型的自然保护区之一，也是我国北方干旱地区保持较大面积的典型人工与自然结合的荒漠生态系统。主要保护自然和生态沙漠植被、人工森林生态系统、湖泊湿地生态系统及动植物物种多样性，具有广泛的区域代表性和地域分界特点，在自然地理、农业区划以及全球气候变化研究中具有特殊地位。这里不仅以"大漠孤烟直，长河落日圆"和沙坡鸣钟的独特自然景观驰名中外，而且以其麦草方格为措施的"五带一体"固沙防护林工程的治沙成果享誉中外，被称为"世界奇迹"。

1994年，沙坡头国家级自然保护区被联合国环境规划署命名为"全球环境保护500佳"；1999年，被科技部、中宣部、中国科协命名为"全国青少年科技教育基地"和"全国科普教育基地"；2000年，《宁夏沙坡头国家级自然保护区总体规划》通过国家环保局审核，保护区总面积1万多公顷。2003年6月15日，中共中央政治局常委、国家副主席曾庆红到中卫对沙坡头生态保护区、沙坡头水利枢纽工程工地、美利纸业百万吨林纸工程进行实地考察。2006年、2008年，被自治区科技厅、自治区科协评为"全区优秀科普教育基地"；2007年，被国家旅游局批准为5A级旅游景区；2010年，被环保部、科技部评为"国家环保科普基地"；2011年6月12日，中共中央政治局常委李长春到中卫调研，在中卫市沙漠生态设施农业示范区和沙坡头自然保护区，李长春勉励要因地制宜，大力发展沙地农业，开辟群众致富和保护生态的新路。2012年，被宁夏回族自治区人民政府评为"环境友好示范教育基地"；2013年，被环保部、教育部评为首批"全国中小学环境教育社会实践基地"；2016年，被中国环境科学学会授予"'十二五'环保科普工作先进集体"等。保护区现已成为科研、教学、科普示范及生态旅游的良好基地。

保护区内保存着比较丰富的珍稀、濒危动植物物种。至2017年共有种子植物476种，脊椎动物225种，昆虫种类811种，具有很强的特有性、典型性和珍稀性，以及重要的生态地位和特殊的保护价值。

五、生态示范区

沙坡头区规划建设5个生态大区，9个生态示范小区，分阶段逐年实施，以使全县生态环境得以改善。

宁夏环保生态示范基地。该基地位于腾格里沙漠东南缘，地处中卫市沙坡头区迎水桥镇北荒草湖，占地总面积6500亩，土地类型主要为沙漠、防风固沙林地和湖泊湿地。由宁夏中卫沙坡头国家级自然保护区管理局（以下简称沙管局）筹划建设。项目于2008年12月16日由自治区环保厅批准建立，拟利用环保部下拨的项目资金，以防沙治沙、生态保护建设为重点，打造宁夏环保生态建设样板工程。

沙坡头西风口地区。2007年6月，中卫市城区西风口地区被列入日元贷款生态环境综合治理项目，贷款投资5014万元，经过5年，项目全面完工。该项目共完成开发、改造、治理面积9.3万亩。其中营造防风固沙林6万亩，种植苗木1800株；人工种草3万亩,种植草籽42128公斤;建设种苗圃基地0.16万亩;开挖砌护渠道54条73.3公里,配套各类水利建筑物工程298座,新修生产道路6条17.1公里。

六、湿地生态环境保护

2004年沙坡头区成立后,区委、区政府加强沙漠边缘湿地保护,以湿地带动周边生态状况改善,阻止沙漠侵袭,为把沙坡头区建设成为一个河湖相依、林草丰茂、鸟翔鱼跃、特色鲜明的旅游城市做好铺垫。并按照"沿黄城市中最宜居、最宜业、最具特色美"的定位,全力打造黄河金岸,使得沙坡头区人居环境得到不断改善。

2005—2006年,沙坡头区境内共有湿地面积697公顷,其中天然湿地有马场湖(30公顷)、高墩湖(80公顷)、小湖(30公顷)和荒草湖等,人工湿地有鱼塘(约218公顷)、建市以来新开发建设的市区黄河湿地公园(140公顷),新区生态湖(69公顷,2006年底完成40公顷)和沙坡头生态风情苑南湖(130公顷)。2006年7月,滨河湿地被列入国家湿地保护区建设工程项目。2007年,沙坡头区湖泊湿地面积显著增加,美利工业园区单梁山湖、照壁山湖、生化氧化塘工程相继开工建设。绿化覆盖率明显提高,美利纸业速生林已逾50万亩。2008年,沙坡头区湿地面积约562.6公顷。2010年3月11日,以香山湖、应理湖、黄河湿地湖为内容的黄河湿地开发保护项目被住房和城乡建设部评为"中国人居环境范例奖"。以"水域面积2200亩的黄河湿地公园、1000亩的香山湖、500亩的应理湖"为主要内容的黄河湿地资源开发保护项目于2010年获"中国人居环境范例奖"。滨河大道两侧生态湿地绿化工程全面完成,恢复湖泊湿地3500亩。2011年5月27日,腾格里沙漠湿地被评为自治区级水利风景区。2015—2016年,沙坡头区已建成"大河之舞"主题文化公园、香山公园、黄河公园、应理湖、五馆一中心、腾格里湖等地标性建筑和市民休闲公园。经过近些年的湿地保护工程建设,特别是退养还湖、退田还泽、湖泊连通、围堰蓄水等工程的实施,有效增加了湿地面积,极大改善了湿地植被生态系统,初步形成了湿地水与各种植被统一的生态体系。据调查,中卫沙坡头区的湿地面积由原来的4150公顷增加到12728公顷。黄河湿地公园、香山湖、美利湖生态旅游区已基本成型,高墩湖、马场湖以及周边池塘通过"腾格里湖开发工程"也已全部连通形成了腾格里湖,发挥保持水土、防风固沙的作用,形成新的旅游景区。

第四章 社 会

沙坡头区得天独厚的自然人文环境，使得这里成为农耕文明与游牧文明长期冲撞融合的地区。"今考中俗，朴厚强力，士业诗书，能取科第，有衣冠文物之气。贫则躬自耕凿，逐末者少。儒童肄业，惟春冬居馆，夏秋大半从父兄治田，皆耕读相兼云。"史书上记载的习俗，可窥一斑。然而日常生活中的民俗习惯，远远要比史书上记载的繁杂丰富，这些习俗被一代一代的人传承下来，成为独具特色的沙坡头地方文化。

沙坡头区建设步伐加快，提升城市综合承载能力，在经济保持快速平稳增长、工业化加快推进的同时。有力促进了人口向城镇区域集中。城镇规模扩大，城镇人口显著增加，人口发展呈现出人口总量持续增加但增速逐步放缓的特点；出生人口性别比增大，山、川地区差异大；年龄结构不断转变，老年人口占比持续增加；回族人口县区间差距明显、民族融合加快；人均受教育年限逐步增长，文化素质明显提高；人口就业总量大幅增长，结构逐步优化；城镇化进程持续加快，人口集聚效应更加凸显。

第一节 人 口

一、常住人口

2004年，沙坡头区户籍总人口为34.7万人。2010年第六次全国人口普查，沙坡头区常住人口为378606人，同第五次全国人口普查时的347647人相比，十年共增加30959人，增长8.91%，年平均增长率为0.86%。2013年"单独二孩"政策出台、沙坡头区人口出生率逐年下降的趋势得到初步扭转，2016年"全面二孩政策"逐渐发力、人口出生率持续上升、沙坡头区人口增加较快。全区常住人口逐年增长，至2018年全区常住人口达41.3万人。截至2019年12月，沙坡头区常住人口41.42万人，比上年末增加0.15万人，其中，城镇人口23.52万人，占常住人口比重（常住人口城镇化率）为56.79%。

二、人口变动

（一）自然变动

2004年，沙坡头区城镇人口12.48万人，占总人口的36%；乡村人口22.17万人，占总人口的64%。2004—2008年，沙坡头区人口增长28037户43720人，出生率在11.00‰左右，死亡率降低，自然增长上升，人口逐年增加。2009—2011年，沙坡头区提升城市综合承载能力，在经济保持快速平稳增长、工业化加快推进的同时，促进人口向城镇区域集中，城镇规模扩大，城镇人口显著增加。2012年，沙坡头区总人口有40.3万人，常住人口38.7万人。其中，非农业人口15.3万人，占常住人口比重为39.4%。人口自然增长率7.51‰。2013年，沙坡头区总人口40.5万人，比上年末增加0.2万人。其中，非农业人口15.5万人，占总人口比重38.2%。人口出生率11.7‰，死亡率3.6‰，人口自然增长率8.1‰。2014年，沙坡头区总户数13.5万户，总人口40.6万人，比上年末增加0.1万人。常住人口40.0万人。其中，非农业人口15.5万人，占总人口比重38.1%。人口出生率11.7‰，死亡率4.5‰，人口自然增长率为9.8‰。2012—2018年，沙坡头区人口结构及自然增长率发生变化，2015年10月，国家正式实行"全面二孩政策"，鼓励符合条件的家庭生育第二胎，35年来首次实施宽松的人口政策，人口结构相应也发生了变化。2015年，沙坡头区总户数14.8万户，总人口40.5万人，比上年末减少0.1万人。其中，城镇人口21.9万人，常住人口城镇化率54.4%。人口出生率11.55‰，死亡率5.42‰，人口自然增长率6.13‰。截至2019年12月，沙坡头区户籍总户数15.23万户，户籍总人口41.73万人，户籍人口城镇化率44.28%。比上年末增加0.15万人，其中，城镇人口23.52万人，占常住人口比重的（常住人口城镇化率）56.79%。全年出生人口5445人，出生率13.17‰，死亡人口2270人，死亡率5.49‰；人口自然增长率7.68‰。

沙坡头区3次（第五次、第六次、第七次）人口普查显示，全区人口数量增长平稳，城市化率较高，男女性别比例差别较小。

表4.1 沙坡头区第五次、六次、七次人口普查情况统计

人口普查	2000年第五次人口普查	2010年第六次人口普查	2020年第七次人口普查
常住人口	320474	378606	414200
户籍人口	323958	391831	417300
城镇人口（常住）	71230	160279	235229
城镇化率（%）	22.23	42.33	56.79
男　性	163555	194023	205375
女　性	156919	184583	194421
男女比例	1.042	1.051	1.056
少数民族比例	2.01%	6.17%	6.76%
家庭户数	83744	119536	152300
户规模（人/户）	3.81	3.09	2.74

（二）人口机械变动

沙坡头区成立前，人口机械变动迁入率大于迁出率，净迁移率稳定保持在20%以内。2004年之后，沙坡头区人口迁入迁出较为频繁。人口迁移2007年、2008年、2012年较大。2007年，全区人口净迁移率30.61%，迁入11633人，迁入率65.30%，迁出6181人，迁出率34.70%。2008年，全区人口净迁移率38.49%，迁入5862人，迁入率30.76%，迁出13198人，迁出率69.24%；2012年，人口净迁移率35.46%，迁入7496人，迁入率67.73%，迁出3571人，迁出率32.27%。全区迁入人口、迁出人口基本持平的年份有2005年、2015年。2005年，全区人口净迁移率0.77%，迁入15600人，迁入率49.62%，迁出15841人，迁出率50.38%；2015年，全区人口净迁移率0.38%，迁入4065人，迁入率50.19%，迁出4043人，迁出率49.81%。除2007年、2012年、2015年外，其余年份迁出人口数均大于迁入人口数，2018年，沙坡头区净迁移率为4.02%。

（三）流动人口

20世纪80年代以来，随着对外开放和对内搞活政策实施，南方大量人口涌入。2010年，沙坡头区非常住人口16778人。2018年，非常住人口数3001人。2019年，非常住人口3100人。

（四）生态移民

沙坡头区南部与"西海固"同处中部干旱带，自然资源匮乏，生态环境脆弱，加之行政区划调整，原属海原县的部分区域划归沙坡头区管辖。沙坡头区是西海固地区移民

搬迁的主要接收地，20世纪80年代，随着原中卫县南山台子地区开发利用，来自原州区、西吉县、海原县、同心县、隆德县、彭阳县等"西海固"地区以及甘肃、陕西、内蒙古等周边省市的移民通过吊庄移民、投亲靠友等形式大量迁入沙坡头区置业定居。2010年至2019年，先后安置来自西吉县、海原县政策性移民5369户23494人，建成米粮川、高庄王团、敬农、康乐、龙湖5个集中安置区11个生态移民村，有生态移民建档立卡户2005户8994人，占辖区建档立卡总数40.71%和49.68%，其中"十一五"期间，在兴仁镇高庄、王团安置区及米粮川安置区搬迁安置原蒿川乡生态移民2039户9186人。"十二五"期间，在常乐镇康乐、宣和镇敬农、迎水桥镇龙湖3个安置区及灌区插花安置移民3466户14918人。"十三五"期间，在东园镇金沙、瑞应村搬迁安置生态移民336户1432人。

三、人口结构

（一）民族构成

20世纪90年代人口普查时，原中卫县有汉族、回族、满族、蒙古族、藏族、壮族、朝鲜族、侗族、苗族、东乡族、锡伯族、裕固族、瑶族、土家族、撒拉族和俄罗斯族计16个民族。

2004年，沙坡头区少数民族人口大致不变。2010年第六次全国人口普查，常住人口中汉族人口为354673人，占93.68%；各少数民族人口为23933人，占6.32%。同2000年第五次全国人口普查相比，汉族人口增加21220人，增长6.36%；各少数民族人口增加9739人，增长68.61%。

（二）性别年龄构成

2010年第六次全国人口普查数据显示，沙坡头区常住人口中，男性人口为194263人，占51.31%；女性人口为184343人，占48.69%。总人口性别比由2000年第五次全国人口普查的104.08上升105.38。2018年，沙坡头区性别比104.33。

2015年，沙坡头区参照中卫市出生人口性别比为115（女性为100）。与2005年的113.7相比，高出1.3个百分点。分山、川来看，沙坡头区出生人口性别比为117，海原县为100，与地处山区的海原县相比，相差17个百分点。全区人口年龄构成与中卫市人口年龄构成相似，其基本形态是"中间大两头小"。"中间"指15~59岁人口占总人口的65.34%，"两头"指0~14岁、60岁及以上人口分别占总人口的23.76%、10.89%。与2005年1%人口抽样调查的28.32%、63.58%、8.10%相比，10年间0~14岁人口比重下降4.56

个百分点、15~59岁人口的比重上升1.76个百分点，60岁及以上人口的比重提高2.79个百分点。按照国际人口年龄构成划分标准，全区60岁及以上人口占总人口的9.04%，65岁及以上人口占总人口的5.84%，人口年龄结构步入成年型中后期阶段，人口老龄化进程加快。人口年龄构成城乡差别（参照中卫市数据），0~14岁人口比重城市低于镇、乡村，镇为24.72%、乡村为24.68%、15~59岁人口比重城镇高于乡村，城市为71.47%、镇为66.31%，比乡村的63.64%分别高7.83、2.67个百分点。60岁及以上人口比重乡村最高。乡村、城市、镇从高到低依次为11.68%、10.78%、8.97%。与2005年相比，变化最为显著的是城市。镇、乡村0~14岁人口比重皆有不同程度下降，下降最快的是乡村，下降5.47个百分点；城市、乡村15~59岁人口比重有不同程度的上升，上升最快的是乡村人口，上升2.91个百分点；60岁及以上人口比重有所增加，乡村人口增加最多，提高3.49个百分点，乡村老龄化特征更为突出。人口年龄构成发生变化的主要原因是乡村计划生育工作深入扎实，多孩率不断下降，人口出生率已稳定在较低水平。

20世纪80年代，随着计划生育工作力度的不断加大，人口出生水平逐年下降，沙坡头区总人口快速增长的势头得到了有效遏制，同时人口年龄构成也发生了较大变化。2000年第五次人口普查，沙坡头区0~14岁、15~59岁、60岁以上分别占总人口的28.3%、64.7%、7%。这一时期呈现典型的年轻型年龄结构特征，少年人口较多，老年人口较少，青壮年人口最多。2010年第六次人口普查，沙坡头区常住人口中，0~14岁人口为77273人，占20.41%；15~64岁人口为277594人，占73.32%；65岁及以上人口为23739人，占6.27%。同2000年第五次全国人口普查相比，0~14岁人口的比重下降8.64个百分点，15~64岁人口的比重上升6.49个百分点，65岁及以上人口的比重上升2.16个百分点。2018年，沙坡头区0~17岁、18~34岁、35~59岁、60岁以上人口占总人口比重分别为21%、27%、37.6%、14.4%。

（三）职业构成

沙坡头区自古就以农业为主，农业就业人口比重大，并随着国民经济和社会发展而不断变化。20世纪50~70年代，农业就业人口占社会劳动总人口的比重逐渐呈下降趋势。20世纪分布，以农林牧业者最多，其次是工矿企业、交通邮电、科教文卫、商业饮食服务及国家机关团体。嗣后，实行劳动部门介绍就业、自愿组织就业和自谋职业相结合的就业政策，就业率不断提高。进入21世纪后，因为产业结构调整，沙坡头区农业劳动力不断向工业、商业、饮食服务、金融保险等行业转移。2010年，沙坡头区就业人口占总人口的比重为50.6%。其中：从事第一产业的人员占就业人口的46.6%，第二产业人员占29.2%，第三产业人员占24.1%。2017年沙坡头区就业人口占总人口的比重为56.8%，其中：从事第一产业人员占就业人口的44.1%，第二产业人员占19.8%，第三产业人员占36.1%。

（四）城乡人口

原中卫县农业人口多，城镇人口相对较少，随着时代发展，产业分工的复杂化，从农村招工和职工家属进城，以及外地职工及其家属前来定居，城镇人口不断增长，乡村人口不断向城镇转移，从事商品生产、商品流通以及社会化服务，加之落实知识分子家属农转非（由农业户口转为非农业户口）政策和职工家属农转非政策，城镇人口增加较快。2004年，沙坡头区城镇人口12.48万人，占总人口的36.0%；乡村人口22.17万人，占总人口的64%。截至2019年12月，沙坡头区城镇人口235229人，占总人口的56.79%；乡村人口178980人，占总人口的43.21%。

四、人口分布及素质

（一）地域分布

沙坡头区人口地域分布长期稳定。20世纪80年代，人口主要分布在各乡镇，后来随着南山台扬黄灌区建成和北干渠流域开发，部分人口由香山地区搬到南山台、北干渠新灌区。2004年沙坡头区辖9镇1乡，149个村委会、21个居委会，人口遍及9镇1乡。2008年，海原县的兴仁镇、蒿川乡划归沙坡头区管辖，辖区增至10镇2乡，160个村委会、17个居委会，人口自然分布在10镇2乡。截至2018年底，沙坡头区辖10镇1乡，167个行政村，15个居委会，人口分布其中。

表4.2　2019年沙坡头区人口地域分布状况表　　　（单位：户、人）

乡　镇	行政村居民委员会	户　数	人　口
文昌镇	8个行政村，6个居委会	23633	65615
滨河镇	14个行政村，6个居委会	22925	61855
迎水桥镇	17个行政村，2个居委会	12769	31928
东园镇	20个行政村	13888	37873
柔远镇	13个行政村	11324	29174
镇罗镇	12个行政村	12958	33046
宣和镇	24个行政村	19329	53170
永康镇	23个行政村	12099	32136

续 表

乡　镇	行政村居民委员会	户　数	人　口
常乐镇	17个行政村，1个居委会	10213	28912
兴仁镇	11个行政村	9555	30981
香山乡	8个行政村	3619	11030
合　计	167个行政村，15个居委会	152312	415720

（二）密度分布

20世纪80年代，原中卫县按行政区划，城关镇为人口密集区，密度较大，人口密度平均每平方千米38.1人。随着人口总量逐步增加，人口密度相应增大，20世纪90年代，人口密度增至每平方千米52.76人。2004年后，沙坡头区人口密度为每平方千米58人。截至2018年，沙坡头区人口密度增加至每平方千米60.01人。

（三）人口素质

人口文化素质明显提升。2018年，全区6岁及以上人口的平均受教育年限为7.89年，比2004年的7.18年提高0.71年。2015年，据全国1%人口抽样调查资料：全区6岁及以上受教育人口中，初中及以下文化程度占81.52%，高中（含中专、中职）占11.5%，大学专科占3.86%，本科及以上占3.12%。其中，初中及以下文化程度比2005年下降5.36个百分点，高中（含中专、中职）上升1.87个百分点，大学专科上升1.07个百分点，本科及以上上升2.42个百分点。

五、人口普查

中华人民共和国建立后，先后进行过多次人口普查。1953年第一次全国人口普查，建立户口登记制度，逐步推进经济性的人口报表制度，搜集人口资料。并先后于1964和1982年举行第二、三次人口普查。1990年是第四次全国人口普查。根据《中华人民共和国统计法实施细则》，自1990年，人口普查开始改为定期进行，即每10年一次，在年号末位逢"0"年份举行。两次普查之间，进行一次简易人口普查。

2010年，第六次全国人口普查数据显示，沙坡头区常住人口为1080832人，同第五次全国人口普查相比，十年共增加112894人，增长11.66%。年平均增长率为1.11%。出生人口15161人，出生率为14.14‰；死亡人口5987人，死亡率为5.58‰；自然增加9174人，自然增长率为8.56‰。常住人口中，共有301195户，家庭户人口为1059647人，平均每个家庭户的人口为3.52人，比2000年第五次全国人口普查减少0.75人。男性人口为552279人，占51.10%；女性人口为528553人，占48.90%。总人口性别比（以女性为100，男性对女性的比例）由2000年第五次全国人口普查的104.19上升为104.49。其中0~14岁人口为261642人，占24.21%；15~64岁人口为755785人，占69.92%；65岁及以上人口为63405人，占5.86%。同2000年第五次全国人口普查相比，0~14岁人口的比重下降7.95个百分点，15~64岁人口的比重上升6.13个百分点，65岁及以上人口的比重上升1.81个百分点。汉族人口为704461人，占65.18%；各少数民族人口为376371人，占34.82%。同2000年第五次全国人口普查相比，汉族人口增加36506人，增长5.47%；各少数民族人口增加76388人，增长25.46%。具有大学（指大专以上）文化程度的人口为41561人。具有高中（含中专）文化程度的人口为106330人，具有初中文化程度的人口为385722人。具有小学文化程度的人口为369340人。同2000年第五次全国人口普查相比，每10万人中具有大学文化程度的由1564人上升为3845人，具有高中文化程度的由8359人上升为9838人，具有初中文化程度的由28121人上升为35688人，具有小学文化程度的由34414人下降为34172人。文盲人口（15岁及以上不识字的人）为74299人，同2000年第五次全国人口普查相比，文盲人口减少27553人，文盲率由10.52%下降为6.87%，下降3.65个百分点。

六、计生服务

（一）服务机构

2004年，中卫撤县设市，沙坡头区医疗卫生单位病床由914张增至2184张。2014年12月，中卫市卫生局和市人口与计划生育局合并，成立中卫市卫生和计划生育局。2018年，沙坡头区共有各级各类医疗卫生机构146所。其中：二级综合医院1所（沙坡头区人民医院），乡镇卫生院9所，村卫生室136所。执业（助理）医师1054人，每千人拥有执业医师2.59人，注册护士1384人，每千人拥有注册护士2.30人。

2019年1月，成立沙坡头区卫生健康局，管理沙坡头区人民医院、9所乡镇卫生院（其中：乡镇中心卫生院4所，乡镇卫生院5所），130余所村卫生室，主要承担全面贯彻实施健康政策、疾病预防控制、卫生应急、职业卫生监督管理、基本医疗、中医药事业发展规划、国家基本药物制度、国家基本公共卫生服务项目、卫生健康宣传促进、健康扶贫、计划生育管理和服务、爱国卫生、创建国家卫生城市、推进老年健康服务体系建设和医养结合工作等职能。

2004—2018年，归中卫市人口和计划生育局管理，2019年沙坡头区卫生局成立。

（二）计划生育网络化管理

2004年，沙坡头区利用服务车下乡"三查"，开展生殖道感染防治、出生缺陷干预、优质服务三大工程。至2008年，沙坡头区完成联合国人口基金会"生殖健康/计划生育"第五、六周期项目。2010年，为各乡镇配备计划生育服务流动车，成立节育手术并发症鉴定小组。2012年，沙坡头区启动免费孕前优生健康检查项目。

2015年，中卫市（县）计划生育指导中心及妇幼保健院（所）合并，组建"市（县）妇幼保健计划生育服务中心"。市（县）妇幼保健计划生育服务中心均设立计划生育科、计划生育门诊。沙坡头区计划生育间隔放开，取环妇女增多，将避孕方法知情选择、出生缺陷干预、生殖健康和孕前优生健康检查作为民生工程推进落实，截至2019年，沙坡头区已婚育龄妇女86301人，累计采取各种节育措施的有79405人，其中女性结扎20194人，放环54545人，皮埋24人，使用药具4642人，综合节育率为92.1%。

（三）计生政策措施

2004年前，原中卫县根据实际情况，不断创新宣传方式，利用广播、电影、电视、幻灯片、图片、墙报、宣传栏等多种形式，进行宣传，由县城至农村，真正做到计划生育政策的家喻户晓。在同各乡镇签订计划生育目标管理责任书时，增加了计划生育宣传教育的开展和普及率两个标准，计划生育宣传工作全面开花。同时，随着乡镇基础设施建设和服务网络的建立健全，计划生育宣传工作渗透到乡村集镇及村庄。由于群众受教育程度和生育观念的影响，宣传教育工作从政策法规到国情、县情甚至家庭，把宣传与服务结合起来，从解决农村经济发展和家庭劳动力等方面出发，扭转农村各种落后观念，至2008年，沙坡头区计划生育宣传教育工作安排打破传统宣传方式，进行村村播放宣传片，定期举办培训班，户户发放宣传计划生育的挂历、学习生育手提袋，开展登门走访，对村庄进行妇女生活调查等，统一印发《优生优育科普知识手册》等，并针对不同村庄结合实际入村进行婚育形势教育，举办各类培训班，改变育龄妇女的传统生育观，树立依法生育思想，形成计划生育的良好氛围。

2016年，宁夏回族自治区制定《关于落实全面两孩政策改革完善计划生育服务管理的实施意见》，计划生育政策发生变化。方案规定全区全面实行生育登记服务制度，对生育两个以内（含两个）子女的，不进行审批，夫妻双方或其委托人可持相关材料，到一方户籍地或现居住地村（居）委会（社区）办理生育登记，免费领取《生育服务证》，自主安排生育。对生育第三个子女的，继续实行审批制。对实施全面两孩政策后自愿生育一个子女的夫妻，不再发放《独生子女服务光荣证》，不再享受独生子女父母奖励和优待政策；已领取《独生子女服务光荣证》要求再生育的，收回并注销证件，不再享受奖励优惠，此前已享受的奖励费不退还。在宣传过程中，沙坡头区不断完善人口信息系统进行升级改造，完善信息动态采集、统计分析功能，实现与国家人口和计划生育信息互联互通，合理配置妇幼保健、儿童照料、学前和中小学教育、社会保障等资源，满足新增公共服务的需要。加大产科和儿科医师、助产士及护士培养力度，为有生育计划的城乡群众做好服务，将沙坡头区计划生育与扶贫开发相结合起来，迈向新时代继续实施的"少生快富"工程。

第二节　民族宗教

一、机　构

2009年，根据《自治区党委办公厅人民政府办公厅关于印发〈中卫市人民政府机构改革方案〉的通知》，设立中卫市民族宗教事务局，为中卫市人民政府工作机构。

2004—2008年，沙坡头区民族宗教事务由中卫市人民政府统一部署，沙坡头区党工委管理委员会办公室履行职责。2009年，中卫市民族宗教事务局成立，沙坡头区成立中卫市民族宗教事务局民族宗教科沙坡头区民族宗教工作办公室，主要职责是：贯彻实施有关法律、法规、规章；组织开展民族宗教理论、民族宗教政策的宣传教育；组织开展民族宗教工作重大问题的调查研究并提出工作建议；对有关部门贯彻执行民族宗教政策情况进行检查、指导，做好散居少数民族工作；宣传党的民族宗教政策；负责民族事务服务体系和民族事务管理信息化建设，加强对民族法律法规、民族政策和少数民族发展相关规划贯彻执行的督促检查职责等。

二、民族宗教

（一）民　族

2019年，沙坡头区有汉族、回族、满族、蒙古族、壮族、苗族、瑶族、土家族、朝鲜族、藏族、彝族、裕固族、维吾尔族、侗族、锡伯族、布依族、土族、俄罗斯族、达斡尔族19个民族。

(二) 宗　教

沙坡头区道教、佛教、伊斯兰教、天主教、基督教5大宗教俱全，信教群众众多。

道教。沙坡头区道教历史悠久。区内，元、明、清三代修建的庙、观有92座，分布于城乡各堡。可考者清光绪十六年（1890年）四川道人龙门派全真道士第17代弟子罗教福云游定居老君台，寺庙名全真观，收徒传道到叶至春为21代。1963年叶道士死后，其徒田、赵、陈、刘先后还俗。老君台全真观修复后住持道士为李理杰、张宗兰，为该道世传第22代和第23代弟子。

沙坡头区内道教庙会多与佛教庙会交错进行，主要有正月十日上元天官节、七月十五日中元地官鬼节和十月十五日的下元水官节三大节日庙会。道观举行诵经外还演戏（有些小庙演皮影）、迎神赛会，无住持道士的庙宇，由庙祝（管理香火的人）负责举办。20世纪80年代后，常乐老君台全真观恢复，农历二月十五日为其庙会。

沙坡头区道教分出家和在家两种，前者少。出家者必入道观，男称"道士"，女称"道姑"。在家者多为一般信徒。正一道士称"阴阳"。道教的教事活动有祈福、禳灾、拔苦、求仙、延寿、超度世人等。诵经礼忏、祭祀、建醮及一切法事，都要修斋。大多诵念《玉皇经》和《孔雀明王经》等，只有文化较高的道士，才奉习《道德经》《南华经》《黄庭经》《参同契》等。

佛教。沙坡头区信仰佛教的甚多。清代盛行佛教，民国年间，纯道教寺观极少，佛教传播广泛。改革开放后，党的宗教政策逐步落实，佛教活动也日趋正常，先后开放高庙、大庆寺、羚羊寺、观音寺、保安寺等寺庙，并有僧尼主持寺庙。20世纪90年代，沙坡头区各乡镇基本都有佛教寺庙及其活动场所，并有固定的活动时间，佛事活动会期如下。

高庙每年举行寺会两次，时间在农历二月十五日释迦牟尼涅槃日，九月三十日药师佛圣诞日。规模最大，香火最旺。

柔远乡大庆寺，每年农历七月三十日，地藏菩萨圣诞日，举行寺会。

镇罗镇观音寺，每年农历六月十九日，观世菩萨成道日，举行寺会。

常乐镇保安寺，每年农历七月三十日，地藏萨圣诞日，举行寺会。

宣和镇羚羊寺，每年农历四月二十日，准提菩萨圣诞日，举行寺会。

柔远乡施庙莲池寺，每年农历七月十三日，大势至菩萨圣诞日，举行寺会。

宣和镇红崖龙朝寺，每年农历二月十九日，观世音菩萨圣诞日，举行寺会。

永康乡永南灵塔寺，每年农历七月十五日，诸佛欢喜日，举行寺会。

西园乡夹道永安寺，每年农历九月十九日，观世音菩萨出家日，举行寺会。

东园乡瑞应寺，每年农历七月二十五日，龙树菩萨圣诞日，举行寺会。

西园乡姚滩龙泉寺，每年农历七月十五日，诸佛欢喜日，举行寺会。

红泉乡香岩寺，每年农历四月初八日，释迦牟尼佛圣诞日，举行寺会。

宣和镇永庆寺（上佛堂），是唯一留存的原建寺庙，每年农历七月初七日举行盛大庙会。

基督教。基督教曾有内地会、安息日会、卫理公会三派别。沙坡头区的基督教徒三派都有。

内地会，1931年，英国传教士李俄德来中卫县城设堂传教。因无人入教，旋即离去。之后，又派英国牧师李春雷夫妇来卫，在中卫县城东关租房设堂传教，发展教徒10余人。1923年李春雷染伤寒逝世后，兰州内地会又派美国牧师孔保罗、女教师潘德华夫妇来卫继续传教，并在镇罗堡设支会1处，发展教徒9人。1928年，英籍牧师饶培华接办中卫、金积两县传教事宜。嗣后，有牧师白荣生、李贵真、宋丽珍·恩格思等先后来中卫县传教，发展教徒40余人。1950年12月，宋丽珍·恩格思返国，活动停止。

安息日会，1943年由梁奎三、陈选民两人传入。在中山街买房建堂，发展信徒60余人，并开办信徒子弟小学及棉毛纺织厂各1所，但都持续时间不长，相继停办。

卫理公会，1949年有基督教蒙古布道团一行数人来中卫县城，准备进入阿拉善旗头道湖地区布道，后因天寒及解放战争等在中卫县滞留近一年并例行教事。其团长为英国人司汝珍（女），团员有英国人司喜乐（女、医师兼布道）、英国人施自新（女、助产师兼布道）、山西汾阳人尚文慧共4人。

沙坡头区基督教原有教堂两处，即原中卫县城教堂和镇罗教堂。截至1949年有信教徒80人，后逐渐减少。1984年9月，中卫县城教堂重新开放，按照基督教会全国三自（自治、自养、自传）爱国运动委员会的倡议精神，选出长老1人，执事5人。内地会与安息日会两派，求同存异，团结一致，共同办教。现有教堂1处，活动点两处，信徒千余人。

天主教。沙坡头区的天主教开始于1922年，时由甘肃省古浪县人张国福负责办理建站传教事宜，在沙坡头区设天主教站。翌年，有外籍传教神甫葛天民来卫，在南街租民房一所，建堂传教，并购置西园汪姓土地23亩，栽植果树、蔬菜，并修建房舍，设立教会小学，继在镇罗堡、张家湾、韩家闸、西夹道、曾家岗子5处设立宣讲所，3年后，往平罗天主堂。接任神甫为丁、黄2人，后相继有戴保卫（比利时人）、傅梦弼、马元牧接管主持教堂活动，发展教徒。1933年前后，县天主堂内附设西医诊所，由神甫戴保卫及修女数人充任医护人员，为教徒及县内群众治病、接生，此为当时县城设备最好的西医诊所，新中国成立后于1952年转并东方红卫生院（今中医院）。教徒最多时有637人，最少时47人。

1958年教会停止活动。1987年恢复宗教活动，现有200多名教徒。1989年，政府拨款、征地新建教堂1处，设修女1名，开展日常活动。由神甫主持堂务。

伊斯兰教。明清时期，有回族陆续入居，当时多系过往商旅或从事皮毛交易者。民国时期，逐渐在县内水旱码头处的东关、新缴、莫家楼、申家滩、吴家沙灌等处开设旅店、饭馆或经商贩运，形成大分散小集中的聚落。1931年建起，莫家楼是沙坡头区第一座清真寺，之后随着回族人口增多，沙坡头区又陆续兴建东关清真寺、新墩清真寺、沙滩及申滩清真寺，至1949年，沙坡头区共有清真寺4座。

20世纪80年代，清真寺陆续恢复重建。1982年至1986年重建和恢复东关、新墩、莫楼、水车、沙滩5所清真寺，其中规模最大的是东关清真寺，建有大殿12间，厢房5间，水房4间，其他用房4间。各清真寺均聘有开学阿訇主持教事活动。1987年后，陆续在西台乡建清真寺3处，在东台乡建2处。

第三节　社会风俗

一、习　俗

（一）年　俗

沙坡头区的年俗主要有春节、腊八、饦烙子、祭灶神、年三十、年初一、拜年、元宵节、燎干等。

春节是中华民族的传统节日，已有几千年历史。春节也叫过年。沙坡头区群众过年，和其他地方虽无二致，但因地域不同，民间对年的理解和认识还是有所不同的。沙坡头区民谣关于"年"是从腊月二十三开始的，民谣唱到："二十三糖瓜粘，二十四扫房子，二十五做豆腐，二十六割年肉，二十七宰公鸡，二十八把面发，二十九蒸馒头，三十晚上熬一宿。"

腊八。人年来到的日子是农历腊月初八，当地人称"腊八"。如果腊八这天下了雪，就预示着来年的吉祥和丰收。俗话说："吃了腊八饭，汉子跟上婆姨转。"沙坡头区的"腊八饭"也叫花豆子黏饭，即将各种豆类掺杂一些大米花豆子熬煮成黏稠状的饭，也叫煮黏饭吃。腊八之后，就意味着过年的活动开始了。新媳妇可以领着丈夫走娘家。家里主事的大人也开始置办过年的食品、衣物。有条件的人家还要杀一头年前就养肥的猪，或者宰一只羊。男人碾米磨面，购置年货；女人拆洗被褥，缝制衣帽，扫尘除污，更换窗纸；小孩清扫院里垃圾，甚至房上积的树叶也要扫去。也有人家急不可耐地砌了土灶，开始置办过年的吃食。

祭灶神。沙坡头区群众有祭灶神的习俗。相传玉皇大帝封"九天东厨司命灶王府君"负责管理各家的饮食，因此，灶神被作为一家的保护神而受到崇拜。腊月，民间有"腊月二十三，灶老爷要上天"的说辞，村镇集市上有民间用石板木板刻成的灶神像。灶神是坐像，通常左首是坐骑白马，右首是一侍者，抱粮禾。灶神脚下伏牛、马、羊、鸡、犬、猪六面。对联写"上天言好事，下地降吉祥"。农历腊月二十三，是民间祭祀灶神的日子。傍晚时分家里挂的灶神像去旧换新，灶神像在黄表纸上签灶神牌位，立于锅灶间，供上整锅出笼的馒头或油炸馃子等各类面食点心，寄希望灶神"上天言好事"，并做几样菜肴一并供奉于灶台正中，点燃三炷香插于香盒，主人虔诚地三跪拜、三叩首，等三炷香烧完，再次跪拜叩首，供养破散了，祭拜结束。之后收起供品供家人食用。

腊月二十三祭过灶神，腊月二十四就可以扫尘了，扫尘习俗寄托着人们破旧立新的愿望和辞旧迎新的祈求。

年三十。年三十也叫除夕，是指每年农历腊月的最后一天，与春节（正月初一）首尾相连。除夕的意思是"月穷岁尽"，人们都要除旧布新，有旧岁至此而除、来年另换新岁的意思，是农历年最后的一个晚上。故此其间的活动都以旧布新、消灾祈福为中心。

在沙坡头区，年三十是过年几天里最为隆重的一天。这天，男性不管大人小孩都要剃头，故有"有钱没钱，剃头过年"的说法。年三十也是置办年货的最后一天。上午，街道集市人来人往，人们匆匆忙忙赶着办没办好的年货，不管贵贱只要过年能用能吃即可。

下午，铺面关门，摊贩收摊，热闹的街市倏然冷清起来，在外做活的人们都赶回家里，和家里人聚在一起吃团圆饭，家家都忙着打扫屋子院落，贴对联门神。天色向晚，有的人家设了祖宗先人的灵位，摆上供品祭菜，升表焚香，三叩九拜，祭奠祖先。年三十讲究守岁，一家人吃着、喝着，深夜12点一到，那鞭炮声震耳欲聋。

旧时，还有从年三十起在井台、炉台、磨盘、石碾都上香供奉的习俗。地上有多少样东西，天上就有多少尊神，猪羊马牛有圈神，家里住宅有土神，在相对应的节气，都要上香供奉。年三十油坊、染坊、磨坊、毡坊及铁匠、木匠和商贩，要各自祭拜本行的祖师爷，工具、用具都要擦洗干净封存起来。随着历史发展，年俗有了很大改变，乡村、小城镇，祭祖、全家人吃团圆饭的传统还是保留了下来。

年初一。沙坡头区有大年初一不出门的习俗。初一不出门，与整个家族初一拜大年有关。初一大早，晚辈们要给长辈们拜年，平辈之间相互走动相互拜年。通常晚辈给长辈拜年时沿袭的仍然是传统的礼仪——磕头作揖，晚辈给长辈拜年，长辈也要给晚辈还礼散压岁钱，压岁钱多少不计，图的是欢喜吉利。有的父母在年三十夜晚待子女睡熟后，将压岁钱压在子女的枕头下。

初一早上放鞭炮，曰之"迎财神"。沙坡头区有正月初一不能动扫帚的习俗，传统观念认为如果扫地，会扫走运气、财气，把"扫帚星"引来，招致霉运。所以，地再脏也不能去扫。初一不扫地的习俗在农村还有多见。过年讲究"不破五，不动火"，从初一到初五，不动案板、切刀，不动烟火做饭，所以家家必备几天的熟食，把案板、擀杖、切刀封起来，吃的水也备足。这一习俗现在已有很大改变。

拜年。初一不出门，但家族里是可以互相走动的。家族里互相拜年也基本集中在这一天。晚辈到长辈家里拜年是礼数，平辈互拜是情分，路上遇上村人邻居，也要互拜一下，问候一声。过了初一就可以出门走亲访友。从初二这天起，外甥给舅舅拜年，侄子给姑姑拜年，女婿给岳父岳母拜年，沙坡头区农村习俗通常是拜年时不能空手，礼物视自身经济情况而定，长辈受之无愧，亲戚朋友也互相理解。随着时代的发展，拜年的习俗亦不断增添新的内容，方式上也有了很大变化。人们除了沿袭以往的拜年方式外，现在又兴起了电话拜年、短信拜年、微信拜年。

放河灯。每年正月初八的晚上，位于市区南边黄河沿岸的福星寺、圆通寺等寺庙都会举行"放河灯"仪式。

元宵节。元宵节也叫元夕、元夜，又称上元节。因历代在这一节日有观灯习俗，故又称灯节。每逢正月十五，白天有社火展演，四面八方的群众都进城看社火，并在小吃摊子上挑着拣着风味小吃，晚上再看焰火、看花灯。这天晚上人们都赶到城里，一时间张灯结彩的街上人挤人。沙坡头区民间讲究闹元宵，要连续举办三天灯会，耍社火、放烟花、唱大戏，这个习俗延续至今。从正月十三起，县城的灯会、社火、大戏开台。由于人多，小吃摊也赶热闹，摆一溜儿街，中间走人，两边支炉子摆桌子，吆喝要吃的人坐下。每逢元宵节，政府都要支持举办各类美食节、社火展演、灯展等活动。

燎干。"正月二十三，家家户户都燎干。"燎疳，是沙坡头区人民传承下来的一个民俗。资料显示，燎干也是西北地区广为流传的习俗，因而有民谚流传。当地人也有把"燎干"写为"燎街"的。沙坡头区人把"街"读为"gan"，"干""街"同音，混淆起来使用。在农村，燎疳是在村路或者村巷里空旷的地方进行，因而称为"燎街"。

燎干是西北春节的一个结尾。过了正月二十三，一个年节算是彻底结束了。燎干在各地叫法不同，但意思无多大差别。沙坡头区人将燎干，也或说"燎水气""燎水臊""燎臊气"。中卫方言里的"水气"就含有"不顺""肮脏""晦气"等意思，如"水臊"有"水疱""湿疹"及小孩皮肤溃烂流黄水等。

沙坡头地区，正月二十三这天晚上，不管是农村还是城镇，到处火光闪闪，热闹非凡。鞭炮声噼噼啪啪响起，大人娃娃叫喊声嬉闹声不断。在一堆一堆燃烧的火前，大人娃娃喊着叫着兴奋地从火堆上跳过。火熄后，灰烬里的火籽还亮着，就由壮汉拿锹铲了火灰奋力扬向天空，天空中火星飞舞，那些燃烧过的麦草灰结成一团，在空中炫耀一下，又缓缓落了下来。此时，扬灰人一锹一锹边扬着灰，嘴里边说着："今年的麦子好么？"站着的人就要应："好！""今年的稻子好么？""今年的西瓜大么？""今年的苹果收成了么？"一路问来一路应，直到灰烬扬尽，燎干方才作罢。可见"燎"的不但是"干"，还有农人心里企盼的庄稼。

（二）婚　俗

沙坡头区历史上是个多民族聚居的地方，在漫长的历史岁月中，各民族文化相互交融、影响、发展，在此基础上形成的婚俗，古朴淳厚，独具特色。沙坡头区把牵线婚事的行当叫"保媒"。媒婆不仅要熟悉男女双方及其家庭的基本情况，力求门当户对，而且要准确地向男女双方父母反映情况，又要尽可能扬长避短，从而使双方乐于达成嫁娶的意向。在衡量一桩婚事能不能做成时，门当户对是媒婆首先要认真考虑的。由媒人预先通过告知男女双方及其家庭并做好相应的准备后，男女双方相互见面，叫相亲。相亲通常是男方要去女方家，双方见面。相亲时男方要准备一点礼物，女方要洒扫庭院，准备接待客人。作为当事人，男女二人都要打扮得得当，以便给对方一个好的第一印象。

相亲是婚姻能否成功的一个关键环节。沙坡头地区的相亲也叫上门，是指某家的丫头经媒人介绍后，将某家的儿子带来看这家的丫头，这家丫头和家里大人也看由媒婆带来的男娃。相亲，其实也是双方看人。上门相亲，一般男方给女方所带礼物，相亲时女方接受了男方的礼物，证明这桩婚姻就可以按照程序进入看家阶段。看家是相亲过后，女方上男方家里了解男方基本情况，如房子、兄弟姊妹、父母及其家庭收入等。看家如果气氛融洽，女方满意。男女双方就要谈婚论嫁。

由媒婆牵线的青年男女经过一段时间的来往后，家里大人就要考虑给儿女订婚了。订婚就是把双方的婚姻关系通过一种仪式先确定下来。订婚是在男方家，一切费用由男方承担，包括金钱和首饰等。经过移风易俗，现在的订婚仪式相对简单，订婚仪式也发生了很大变化。

男女订婚后，在双方家长的操持下就可以择日子成婚了。成婚前后几天男女双方家庭根据自己的条件，准备好女儿出嫁和男儿娶妻的各种东西，举办酒席。姑娘出嫁的头天晚上，男方家要送一个红色的箱子过来。这个箱子里装着男方家的礼钱，女方家也要在箱子里放钱，叫回礼钱。女儿出嫁时待客吃臊子面，寓意嫁出去的姑娘要记挂着娘家人，常回家走走。长长的面丝拴着姑娘的腿，牵着姑娘的心，常来常往，不能到了婆家忘了娘家。

随着时代的发展，娶亲也变得简单了，但其中的礼节一应俱在。男方家娶亲的人按照事先准备好的礼仪聘娶新娘，后经过典礼到入洞房等一系列程序，一对男女成婚。新婚一个月里，新人一般不随意外出，不能坐羊皮筏子或船渡河，也不能和结婚现场的新人碰面，民间叫"装新"。在沙坡头区，成婚后的新娘十天要回娘家，叫站娘家。十天站娘家，新媳妇可以在娘家住一宿。

（三）丧　俗

在沙坡头地区，老人病重时，儿女要守在身边，不分日夜，换班伺守。老人病重时请医问药，接待探望，缝制寿衣等，都是送终的前期准备。按当地习俗，老人寿衣要在闰年闰月缝制，取功德润泽后人之意。老人临终时，亲人们要为其剃头、梳头、盥洗、整容。儿女守护着父母去世，叫"送终"。通常老人在弥留之际要当着众人嘱咐一些后事，如借谁的钱没还，家里财产怎么分，还有些事要怎么办，等等，最后的嘱咐，沙坡头区当地人叫"托后事"。老人刚咽气，要把预备好的"口含钱"放入口。"口含钱"是一枚铜钱或其他金属硬币，穿上红线，放入死者口内后，把红线的另一端拴在寿衣布带上，防止"口含钱"滑入腹内，待入殓时揪掉红线。

老人咽气后，由儿孙找来停丧床，摆在堂屋中间，由舅舅或者叔叔坐镇指挥，将尸体抬到停丧床上，由舅舅或者叔叔给死者盖上蒙脸纸，将尸体摆周正，衣服鞋帽袜子等拉拽整齐，脚用红头绳绊好，后摆供桌设灵堂，最后由老人的长子带一帮儿孙，到外面给老人烧"倒头纸"。庄里人看见烧纸，就知道谁家的老人去世了，死者为大，丧事就成庄子邻里的事情，就会第一时间来祭奠并帮忙干活。

停丧。寿过耄耋的可停丧八九天，最多有11天的。寿高古稀的至少停5天。停丧期间阴阳要做"纸活"。"纸活"有童男童女、金斗银库、宝幡宝盖、魂幡长钱，还有纸扎的小汽车、电视机。"纸活"多少，根据事主家经济状况而定。再加晚辈、亲友送来的花圈，摆到停丧期结束，出殡当天由专车拉去坟上烧了。停丧期间，嫡系亲戚要来换供。女儿女婿、外甥外甥女、侄子侄女等，不分先后。换供一般蒸馍或者馃子15个，祭菜3碗。换供的晚辈到了院外，要由守灵堂的孝子或者孝女到外面迎接，并放声陪哭。换完供，祭奠过亡者，换供的晚辈要走时，事主家要从收下的供品里回给换供者两三个馒头或馃子。停丧期还有给亡者念经的，曰"停丧经"，一般念一天，讲究的人家念3天。

报丧。老人去世后，晚辈向逝者生前亲属报丧，要随丧帖送去孝布。孝布根据血缘关系而定，有多有少，如舅舅去世，外甥戴重孝，所送孝布就多。

爬草铺。爬草铺是丧葬礼俗的主要内容之一，停丧期间逝者的子女晚辈都要在铺有麦草或稻草的灵堂陪伴逝者直到出殡，也是陪伴逝者的最后一个阶段，昼夜不离，晚上在草铺上睡，夜里按时上香换蜡，白天趴在草铺上，迎送来祭奠去世老人的亲朋。爬草铺的孝子孝孙另一件事是每夜烧"鸡鸣纸"。停丧期烧"鸡鸣纸"不能断，直到去世老人入土。通常爬草铺守灵堂由去世老人的长子、长孙担任，其他不承担重要事情的子孙协助，保证灵堂里一直有人。在出殡前一晚，全部子孙都要守在灵堂，表示对已故长辈的孝心，俗称"行孝"。

消夜。消夜是沙坡头地区丧俗的主要仪式，是在出殡的前一天晚上进行，由逝者的儿孙族人亲戚晚辈等，在吹鼓手的指挥下，依次到专门设置的灵案前三叩九拜，祭奠逝者。消夜曲目大多曲调悲壮苍凉。消夜到尾声，要放爆竹，有的人家还要打烟花。消夜时村里人大都出来围观，场面宏大。

入殓。若是冬天，可在出殡头天晚上入殓。如果天热，逝者的尸体就不能放的时间长了，要及时入殓，入殓后棺材停在堂屋里。入殓前，把死者在棺材里放好。尸体入棺，要下铺红褥子，上盖红被单。尸体与棺壁之间用纸毛子拧成的把子塞严实，以做固定，防止晃动。尸体入棺时，要由长子抬头，其他人抬脚，小心翼翼把尸体放入棺内。死者起灵时长子要摔丧盆子，出殡时扯头纤，在灵车上要打魂幡子，祭奠时抱遗像。

逝者的脚用一根红头绳绊着，俗叫"绊脚绳"。入殓后，要将绊脚绳解开，把口含钱的线绳揪断。

"起樟"即把棺材抬起来稍微挪动一下，意寓告诉死者灵魂第二天要动身走了。"起樟"的晚上，要招呼抬众的小伙子吃喝一顿。出殡时一旦棺材抬起来，讲究路上不能落地，所以事主家不敢慢待了抬众的人。

出殡。尸体停放的日子到了，丧葬所需一切都准备妥当，遗体入殓进馆，就要入土为安，称为出殡。出殡时庄邻好友都要来送死者一程。出殡后，设过灵堂的屋子要找专人打扫，当地称打扫"草堂"。屋内打扫出来的乱草杂物由打扫"草堂"的人背至路边堆放，等送葬的人从坟地回来后，点燃杂物和乱草，里面扔麸子、大盐，众人一一从火堆上燎过，意为除晦气，也谓之"了了"。

出殡后在桥梁闸道村庄等处要不断撒"买路钱"直到墓地。

下葬。要在墓地上方设置敬土神的牌位，摆上供品，焚香升表敬告土神，整个过程由专人指挥完成。下葬后，所有送葬的人起身时要将鞋里的沙土磕干净。送葬人返回后洗手整理按事先安排的秩序坐定，等待主人辞谢，这时抬棺小伙子、吹鼓手班子等要特别招待，由主人敬酒，待客时逝者如果信佛吃素，殡葬后待客的席就摆素席；如果逝者不吃素，待客的席就摆荤席。席摆荤素是对逝者的尊重。

待客结束，丧事到了尾声，开始"净宅子"（中卫话"净庆子"）。专人手摇铜铃，口念经文前面走，后面一人端一碗干净水，手拿一小截柳枝，一人端一碗米，二人边走边洒水、撒米，习俗讲是"撒花米净水"。屋里院子里都要走过来撒过来，意寓把亡者恋家的魂灵和与亡者有关的脏东西都清出去。净完宅子，事主家要"拉七单"，也叫"打七单"。"七单"是每七天一个单位，"头七""二七""三七"至"七七"，把亡者的每一七都写清楚，由主家贴在门后面，到七就出去给亡人烧纸，烧完七七作罢。

上坟。一般家里老人亡故，有"五七"念经做佛事的，也有"末七"念经做佛事的，"末七"念经做佛事要提前一天。

孝衣要戴一百天，百天上坟过后可以摘下。老人过世一百天必须上坟。上百日坟要带供品祭菜、鞭炮酒水、香火烧纸。孝子孝女跪在坟前，点燃烧纸黄表，叫着亡灵的尊号"使钱来"，烧了纸，泼过汤，走出坟院，这才摘下孝帽、脱下孝衫。百日上过坟，就可以剃头理发了。

（四）节　俗

二月二。二月二是我国的一个传统节日。沙坡头区有民谣言："二月二，炒豆豆，家里来了个小舅舅。杀公鸡，叫鸣呢，杀母鸡，下蛋呢，杀鹅呢，瞧门呢，杀狗呢，气得舅舅背上包袱子就走呢。"二月二，沙坡头区要炒豆子。豆子要提前拣干净，用水泡醒，然后晾干水分，早晨架起大锅炒。炒豆子锅里放沙粒，这样炒出的豆子干酥不糊。豆子有蚕豆、青豆（黄豆）、豌豆，特别是蚕豆炒好出锅后，放胡麻香油炒拌，色泽红艳，又酥又脆。二月二，炒豆豆，这习俗和炒玉米花一样异曲同工。在沙坡头区，二月二这天，男人大多会去理发，寓意龙抬头，自己也要抬抬头，图一个好彩头，让自己这一年也顺顺利利，发达平安，获得丰收。民间还有妇女不做针线活，防针刺龙眼。

三月三（上巳节）。相传三月三是黄帝的诞辰，中国自古有"二月二，龙抬头；三月三，生轩辕"的说法。《乾隆中卫县志·风俗》记载："春暖则沿乡树秋千。至清明日，士女杂沓出游。商集诸货相贸易。""季春三日，士女赶会三皇庙及去城十里之华严寺。又廿八日，进香东岳庙，皆如清明日。""季春三日"即三月三日，古时，沙坡头区群众过三月三有踏青、荡秋千、集市贸易、赶庙进香的习俗，还是很讲究很热闹的。

清明节。清明节又称鬼节、冥节、扫坟节。清明的主要习俗是祭扫墓地，表示对祖先的思念崇敬，具体为坟墓培土添土，给祖先烧纸祭奠，以黄纸钱压坟头。现在，在公墓区也有以彩色塑料花带装饰坟墙的。沙坡头区群众清明上坟讲究鸣鞭炮，摆祭品，供烟酒水果，焚香表纸钱，酒水、茶水一应俱全。几个人上过坟，然后坐在墓地的山坡上，祭过祖的供菜供品供酒，摆开了喝个痛快。一些大姓家族给祖先上坟，结束后到饭馆包一桌饭，俗称"吃清明"。在沙坡头讲究春分一过就上坟，一直上到清明结束，这半个月里哪天都行。尤其是给祖先坟丘添土的，必须在清明这天正日子才可以动土，其他日子不能随便动土。往常日子，去烧纸即可。

端午节。农历五月初五称"端午节"。《乾隆中卫县志·风俗》载："午日，插艾、菖蒲，饮雄黄酒，啖角黍，相馈遗。"黍，黄米。古时沙坡头区出产黄米，用黄米包粽子。啖角黍，即吃粽子。沙坡头区在端午节这一天家家户户大门前插菖蒲、艾蒿、桃枝（桃木剑），挂镜子，吃粽子，划龙舟，喝雄黄酒。有的地方，特别是沿河、沿湖等水乡还有赛龙舟（划龙船）的习俗，以锣鼓助威，先至终点者为胜。

七夕节。农历七月初七，又称七巧（乞巧）节、女儿节。《乾隆中卫县志·风俗》载："孟秋七日，闺人以指工、茗果作七巧会，甚至群聚歌舞，俗称跳巧者。"乞巧节这天夜晚，年轻男女相聚，载歌载舞跳巧巧，分别伴作织女和牛郎，以喜鹊搭桥的舞姿，让牛郎和织女约会。家家户户都要摆上茶水、瓜果。传说七夕求织女，织女心灵手巧，能织五彩祥云，会将自己的一手巧活传于人间，使人间的少女成为巧妇。故七巧节又叫女儿节。

中元节。农历七月十五日是中元节，又称"盂兰盆节"，俗称"鬼节"。这一天，沙坡头区的庙观设道场，举行法会，超度亡灵。佛教在盂兰盆会的日子，在寺庙做"盂兰盆会"，以五果供奉佛、僧，解救在阴间受苦的之灵。家家门前都会摆供桌设祭品，屋檐下挂纸灯，使孤魂野鬼能找到供养他们的地方。七月十五，中卫家家户户蒸馍馍，敬神谢土，为亡者祈福，为活者祈安。

中秋节。中秋节是个古老的节日，祭月、赏月是节日的重要习俗。这一天，全家人在一起聚餐，称"团圆节"。入夜，月亮升起，要在室外摆香案，供月饼、糕点、西瓜、葡萄等供品，由年老者率家人面向月亮祭拜。事毕，主妇将月饼按人数切成相应的份数，分发众人，边吃月饼，边喝茶，边赏月。

重阳节。重阳节又称登高节、菊花节、老人节等，是中华民族的传统节日。沙坡头区群众过重阳节时，该收的庄稼都收了，稻谷上场。重阳这天，出门登高、饮菊酒、插茱萸。文人骚客还应个节气，聚在一起吟诗作画，以示雅兴。《乾隆中卫县志》载："季秋九日，酿酒曰'重阳酒'。是月采蔬，盐渍以备冬。"由此可见，重阳时沙坡头区群众登高赏秋、喝"重阳酒"，也腌菜准备过冬。

十月朝。农历十月初一，谓之"十月朝"，又称"祭祖节"。这一天，特别注重祭奠先人，谓之送寒衣。沙坡头民谣称："十月朝朝，拿火烧烧。"乾隆《中卫县志·风俗》载："至十月朔，则具纸楮剪服，奠酒于户外，曰'送寒衣'。"在沙坡头区十月初一这一天，几乎家家都给祖先烧纸，讲究的人家还粘了纸衣服给祖先烧。同时，还要烧点纸，这是习俗。烧纸也在进步。过去是拿纸凿子（一种钢打制的圆形开槽的器物）打出来的类似于"银圆""铜圆"的纸钱，一沓纸，一凿子下去打透，一凿子挨一凿子，无数个"银圆""铜圆"就制成了。之后有木制印版印刷，现在有专卖冥纸的，买了烧就可以。

(五) 乡 俗

坐月子。坐月子是将产妇生完孩子后，要在家里不出门度过一个月。这期间，如果是冬天，必烧热炕，春秋天凉之际，也必须烧热炕。女人坐月子一般在厢房或者耳房，门上挂红布条，昭告来人，这里是禁区。是告诉人们，这家添丁了，喜事。就是亲戚来看望，也不能贸然进入，要等身上的了，由月家里的女性长者带进去看产妇。

过满月。沙坡头区群众对小孩出生十分重视，在小孩出生满一个月时，要"过满月"，亲朋好友要隆重地庆贺一番。满月通常指孩子出生30天的日子，这个日子小孩的家庭要举行民间约定俗成的一些仪式，称为"过满月"。这一天，刚出生30天的孩子要经过见生人、剃满月头，亲戚朋友及乡邻都要吃满月长面。见生人，就是民间的认"干亲"。认干亲，又称结干亲、拜干亲，是流传已久的民间习俗。"认干亲"的原因多种多样，旧时最为常见的是婴儿出生不久的满月前后，或百天左右，由父母或祖父母怀抱着上街，见到的第一成年人便认作干亲。男性为"干爸"，女性为"干妈"，但往往这是预先准备好的，其目的就是为了让孩子能平安健康，有避免灾祸的诉求。在沙坡头区，也有人家不给孩子"过满月"的，而是"过百日"，也叫"过百禄"。孩子一百天后，宴请亲朋好友，以百禄长面为主，酒席招待来客，习俗跟"过满月"相似。

过寿。也叫祝寿，俗称"过生日""庆寿""做寿"。做寿起始年龄有着严格的限定，即人不过五十岁不为寿，到了六十岁才开始做寿，有祝"六十大寿"之说。一般来说，人在六十岁之前不举行任何庆生日、做寿活动。六十大寿做过之后，只有六十六岁生日时，方有隆重庆寿之举，取"六六大顺"的吉兆。前来给老人过寿的亲友祝寿送礼比较讲究，如面条、花生等，面条谓之"长寿面"，花生谓之"长寿果"。其余礼品不拘。已嫁闺女更加重视为父母亲庆寿。

拢寿材。沙坡头区乡间有拢寿材的习俗。在农村，人上了年纪，就给自己先备好棺木（俗称寿材），择机做好棺材，是为了自己去世后儿女不致慌乱。也有的寿材是子女为老人置办的。至今，沙坡头区还留存着拢寿材的风俗。拢寿材就是当匠人把棺材做好后，由乡贤或木匠师傅主持老人寿材庆典礼仪，当地人叫"扫材"。扫材是将做好的寿材放置在院子里，院子里挂寿幛，老人背靠寿幛端坐，儿孙跪拜行礼。亲朋好友在寿材上搭赠送的绸缎被面等礼品，以示祝贺。

社火。沙坡头区过春节，社火上街是必不可少的娱乐活动。各村都有社火队，再由乡镇集中组织起来，除了在镇村表演外，还要进县城展演。各路社火统一在正月十五进城，阵容庞大，内容丰富。因此，每年各村社火排练好后，都要由乡镇和县上有关部门人员对社火进行彩排点评。社火表演内容主要有龙、狮子、旱船、腰鼓、高跷、秧歌、高跷驴子、威风锣鼓等，道具和服装都是统一购买的，十分整齐。各乡镇村庄除上述项目外，还有"大头娃娃""榔头车子""猪八戒背媳妇""彩旗方队"等。沙坡头区除在正月初三至初五上街或在村庄表演外，正月十五要在城区进行展演。

二、生产习俗

（一）盖房子

沙坡头区盖房的习俗是忌大门对直路，厅堂对前屋尖峰，宅基地忌坟茔遗址。通常先请人看日子，定下立木的时间，由木匠师傅做四梁八柱的木活。后由泥匠师傅按房子定向放地基线，也叫"撒地盘"。地盘撒好，木匠师傅做好的四梁八柱在众人的操持下立了起来，大梁土柱卯榫结合，在没有墙体支撑的情况下立于空中，叫"天盘"。此时泥匠师傅要把放的地基线和立起来的四梁八柱尺寸验证一遍，确认"天盘""地盘"相吻合后，砌墙方可进行。立木这天，主人请亲戚邻里来帮忙，和泥、砌墙、抱砖、扔墼子、拉土等一应由匠人分配妥帖，盖房子作业有序推进。立木的日子是盖房子的正日子，通常是十二点鸣炮，盖房子是农村的大事，前来帮忙的亲戚朋友要以礼金、挂红等表示祝贺，立木时，木匠师傅站在大梁上，一手拿酒瓶，嘴里念着《建房歌》。《建房歌》没有固定套式，全凭师傅发挥，朗朗上口，押韵合辙，如"上了中梁看四方，四方来财住新房"。奠完酒，接上装馍馍、枣子、花生、核桃的筐子，说着《撂馍》的歌谣，边说边把筐子里的东西按说的方位撒出去。房子盖好后，人住进去，还要择日子"回土"。"回土"是敬谢土神对盖房子的关照。这是沙坡头区盖房子的最后一个环节，也是人们对新房入住后平安健康祥和的期盼。

（二）二毛皮鞣制工艺

中卫地区的养羊业历史时期相当悠久，中卫滩羊属长尾脂、粗毛裘皮用绵羊品种。2009年"二毛皮鞣制工艺"入选中国非物质文化遗产第一批名录，传统的二毛皮加工工艺，旧时曾为民间一道独特风景。传统的裘皮加工工艺大多采用黄米等农作物进行鞣制，工序非常复杂。出生40天左右宰杀的滩羊，毛色洁白，质地坚韧，非常结实，尤其毛穗呈现特有的弯曲状，轻轻抖动，如玉簪滨落，梨花纷飞，享有"九道弯"美誉。若将皮板纵横倒提，只见洁白的毛穗，自然下垂，宛如冰锥叠撞倾倒，平户涟漪荡漾，更觉轻盈动人。用滩羊二毛皮制作的男女皮衣，穿着舒适，美观大方，保温性能极佳。用其制作高档服饰的镶嵌，色调明快，典雅素致，别具风韵。

（三）陶瓷烧制技艺

沙坡头区常乐镇下河沿村南约1.5千米的山沟里，旧称老窑沟，是古代烧制陶瓷的窑址。窑址东西长约600米，南北宽150~280米，窑炉附近堆积的残瓷片最厚处有10多米，由此判断当时烧制瓷器的规模相当大。

下河沿码头是黄河上的水运要冲，下河沿窑当年生产的瓷器除了畅销中卫地区，还沿着黄河远销银川和内蒙古一带。主要生产的是民用生活瓷，属于民窑。器型有各式碗、盘、盆、双耳罐、盘口瓶、桶式瓶、钵、罐、油灯、工具等，釉色以黑釉、褐釉、白釉、青黄釉为大宗。装饰方法有白釉褐彩、点釉、刻划花等。这里煤炭资源丰富，地下泉水潺潺不断流出，并且附近山沟里还有大量陶土，是烧制瓷的理想场所。下河沿窑烧制的瓷器种类繁多，其白釉褐彩碗、褐彩盘的褐色点彩装饰是典型的北方元代瓷器的特征。另外，白釉褐彩盆、白釉褐彩桶式瓶等，也有典型的北方元代瓷器的特征，据初步推断下河沿窑的烧制年代上限应该在元代，下限一直延续到民国初期，是当时西北较大的一处瓷器烧制作坊。

（四）方言剧

沙坡头区方言以秦晋方言为基础，混合了中原、吴越方言等多种成分。沙坡头区方言很少受外来冲击。改革开放以来，人口的大量流动，加速了方言的变异，因此，沙坡头区方言剧属于中卫市方言文化遗产的抢救性成果。人民群众创造了沙坡头区方言，在生活中用方言传唱着生活。如流行在卫宁平原上的《过寿歌》，就是用方言表达情感的一种方式。

（五）民　歌

沙坡头地区流传在民间的民歌小曲，曲调主要有民谣、劳动号子、山花儿等，内容包括劳动歌、仪式歌、情歌、儿歌、生活歌等。不同时代不同民族的民歌表达方式不同。

第四节 人民生活

一、农村居民生活

2004年沙坡头区成立后，农业和农村经济稳步发展，农村居民生活不断改善。2004年，沙坡头区农民人均可支配收入3348元，人均生活消费支出2892元。2008年，沙坡头区农民人均可支配收入4538元，人均生活消费支出3781元，农村居民人均住房面积达到28.23平方米。2012年，农民人均可支配收入为7353元，同比增长13.1%；农民人均生活消费支出为7035元，同比增长16.0%；农村居民人均居住面积为32.6平方米，同比增长0.9%。2015年，沙坡头区农村常住居民人均可支配收入9669元，同比增长7.8%；农村常住居民人均消费性支出8997元，同比增长7.3%；农村居民人均居住面积34.4平方米。2016年，沙坡头区农村居民生活水平稳步提高。农村居民人均可支配收入10375元，同比增长7.3%；农村常住居民人均消费性支出9920元，同比增长10.3%；农村居民人均拥有房屋面积37.5平方米/人。截至2019年，沙坡头区农村居民人均可支配收入13210元，农村常住居民人均消费性支出12803元。

表4.3　2004—2019年沙坡头区农村人均可支配收入、人均消费性支出及人均住房面积

年 份	人均可支配收入（元）	增速（%）	人均消费性支出（元）	增速（%）	人均住房面积（平方米）	增速（%）
2004	3348	8.42	2892	51.49	26.7	
2005	3517	5.05	2142	−25.93	26.72	0.07
2006	3816	8.50	2353	9.85	26.84	0.45
2007	4156	8.91	2994	27.24	28.83	7.41
2008	4538	9.19	3781	26.29	28.23	−2.08
2009	4937	8.79	4161	10.05	28.52	1.03
2010	5628	14.00	4775	14.76	30.58	7.22
2011	6499	15.48	6065	27.02	32.3	5.62
2012	7353	13.14	7035	15.99	32.6	0.93
2013	8146	10.78	7301	3.78	29	−11.04
2014	8972	10.14	8387	14.87	31.96	10.21
2015	9669	7.77	8997	7.27	34.94	9.32
2016	10375	7.30	9920	10.26	37.5	7.33

续　表

年　份	人均可支配收入（元）	增速（%）	人均消费性支出（元）	增速（%）	人均住房面积（平方米）	增速（%）
2017	11249	8.42	11106	11.96	39.52	5.39
2018	12194	8.40	11864	6.83	46.02	16.45
2019	13210	8.33	12803	7.91		

备注：数据来源于历年中卫统计年鉴，2019年数据为年度反馈数据。

二、城镇居民生活

2004年，沙坡头区在岗职工平均工资11769元；城镇居民人均可支配收入6913元；人均生活消费支出5393元；居住条件改善，城镇居民人均住房面积达到24.16平方米。

2008年，沙坡头区经过5年的发展，民生事业得到改善，城市居民生活水平显著提高。城镇居民人均可支配收入11416元，比上年增长17.9%；人均生活消费性支出7796元，增长19.9%。恩格尔系数（居民家庭食品消费支出占家庭消费总支出的比重）为36.06%，城乡居民住房条件继续改善，城镇居民人均住房面积27.51平方米。

2012年，沙坡头区在岗职工年平均工资39817元，同比增长8.3%；城镇居民人均可支配收入18867元，同比增长12.9%；城镇居民人均生活消费支出为13245元；城镇居民人均居住面积为30平方米。

2019年，沙坡头区城镇常住居民人均可支配收入31028元。其中，人均工资性收入23689.7元，增长9.0%；人均经营净收入2092.5元；人均财产净收入1174.6元；人均转移净收入4070.7元。城镇居民人均消费性支出21141.1元，其中，食品烟酒类5320.8元。城镇居民居住环境有较大提高。

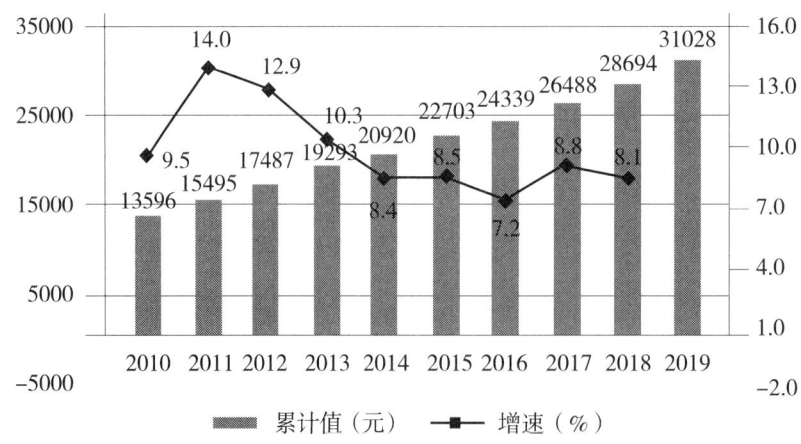

图4.1　2010—2019年沙坡头区城镇居民人均可支配及增长速度

表4.4 2004—2019年沙坡头区城镇居民人均可支配收入、人均消费性支出、人均居住建设面积及居民恩格尔系数

年 份	人均可支配收入（元）	增速（%）	人均消费支出（元）	增速（%）	人均居住建筑面积（平方米）	恩格尔系数
2004	6319	19.93	5393	10.17	23.87	
2005	6905	9.27	4520	-16.19	24.43	38.96
2006	7710	11.66	6049	33.83	24.5	37.72
2007	9684	25.60	6500	7.46	24.94	36.36
2008	11416	17.89	7796	19.94	27.51	36.06
2009	12415	8.75	8345	7.04	27.6	35.53
2010	13596	9.51	9919	18.86	28.83	33.56
2011	15495	13.97	11987	20.85	29.05	34.04
2012	18867	12.90	13245	10.49	30	33.81
2013	19293	2.26	12504	-5.59	29.3	31.71
2014	20919.7	8.43	15576	24.57	29.3	30.88
2015	22702.7	8.52	16835	8.08	34.9	30.29
2016	24338.8	7.21	18794	11.64	35.5	29.59
2017	26488	8.83	18145	-3.45	37.58	
2018	28694	8.33	19602.97	8.04	35.77	26.29
2019	31028	8.13	21141.07	7.85		26.1

备注：数据来源于历年中卫统计年鉴，2019年数据为年度反馈数据。

第五章　农业与农村经济

沙坡头区成立后，以农民增收为中心，以科技创新为手段，以发展特色产业和项目实施为重点，围绕"一乡一业""一村一品"思路，逐渐形成"公司＋基地＋合作社＋农户"现代农业发展模式，农业和农村经济工作呈现可持续发展的良好势头。

截至2019年底，沙坡头区完成农林牧渔业总产值52.65亿元，其中农业产值34.6亿元，林业产值0.05亿元，畜牧业产值14.3亿元，渔业产值2.2亿元，农林牧渔服务业产值1.5亿元。2019年，沙坡头区粮食种植面积25.94万亩，其中，小麦面积1.48万亩，水稻面积5.10万亩，玉米面积18.30万亩。全年粮食总产量15.39万吨，其中，小麦产量0.44万吨，水稻产量3.13万吨，玉米产量11.71万吨。年末生猪存栏13.1万头，牛存栏6.7万头，其中，奶牛存栏4.1万头，羊存栏23.5万只，家禽存栏287.2万只。全年生猪出栏15.2万头，牛出栏3.0万头，羊出栏18.4万只，家禽出栏181.5万只。全年主要肉类产量2.4万吨，其中，猪肉产量1.2万吨，牛肉产量0.5万吨，羊肉产量0.3万吨，禽肉产量0.4万吨，禽蛋产量3.7万吨，牛奶产量17.5万吨。全年农业机械总动力30.6万千瓦。年末实有封山（沙）育林面积5.0万亩，森林抚育面积2.0万亩。

第一节　农业农村经济体制

一、城乡农业产业发展新格局

沙坡头区成立后，按照《中共中央　国务院关于进一步加强农村工作提高农业综合生产能力若干政策的意见》《中共中央　国务院关于推进社会主义新农村建设的若干意见》《中共中央　国务院关于积极发展现代农业扎实推进社会主义新农村建设的若干意见》《中共中央　国务院关于积极发展现代农业扎实推进社会主义新农村建设的若干意见》《中共

中央　国务院关于切实加强农业基础建设进一步促进农业发展农民增收的若干意见》等文件，从6个方面抓好农业基础设施建设，即抓好小型农田水利建设、大力发展节水灌溉、抓紧实施病险水库除险加固、加强耕地保护和土壤改良、加快推进农业机械化、继续加强生态建设等。

2012年，沙坡头区完成农林牧渔业总产值31.8亿元。其中农业总产值23.6亿元，林业总产值0.5亿元，畜牧业总产值5.5亿元，渔业总产值1.4亿元，农林牧渔服务业总产值0.8亿元。粮食总播种面积34.1万亩，粮食总产量14.7万吨；油料播种面积3.6万亩；蔬菜播种面积19.4万亩。完成造林面积12.4万亩，育苗面积0.9万亩，农业机械总动力为48.4万千瓦，机耕、机播、机收面积分别为66.4万亩、34.2万亩、30.0万亩。截至2019年底，沙坡头区完成农林牧渔业总产值52.65亿元，其中农业总产值34.6亿元，林业总产值0.05亿元，畜牧业总产值14.3亿元，渔业总产值2.2亿元，农林牧渔服务业总产值1.5亿元。粮食总播种面积26.3万亩，粮食总产量16.62万吨。油料播种面积0.145万亩，蔬菜播种面积7.74万亩，设施蔬菜播种面积5.36万亩，露地瓜菜播种面积2.38万亩，硒砂瓜播种面积46.48万亩。

二、农业农村制度创新

沙坡头区围绕国家关于农村经济体制改革的一系列政策措施，深化农村土地制度改革，推动适度规模经营发展。沙坡头区农村土地承包制度改革深入推进，实现了土地所有权、承包权和经营权的"三权分置"，开展土地承包经营权确权登记颁证试点，这是农村改革的又一重大制度创新。按照依法自愿有偿原则，鼓励农民以转包、出租、互换、入股、转让等方式流转承包地，推动适度规模经营。2013年至2016年，沙坡头区开展农村土地承包经营权确权登记颁证，向辖区农村土地承包农户颁发《农村土地承包经营权证》6.7691万本，占应颁证户的97%，全区农村土地承包经营权确权登记颁证工作基本完成。全区农村土地确权登记颁证遗留问题涉及11个乡镇91个行政村，农户1611户，土地面积25013亩。生态移民土地确权涉及5个乡镇13个行政村及灌区乡镇插花移民，农户12864户，土地面积29927亩。土地流转推动了农业规模化经营快速发展。沙坡头区通过土地规模化流转，借助"X+科技"的产业模式，统筹推进，连片开发，带领群众科学种植增收致富。2018年，农村土地流转人均纯收入达14000元左右。2019年，为深入贯彻落实《自治区党委办公厅　人民政府办公厅印发〈关于完善农村土地所有权承包权经营权分置制度的实施意见〕的通知》（宁党办发〔2018〕26号）文件精神要求，确保农村土地所有权、承包权、经营权分置改革有效推进，结合沙坡头区实际，制定了沙坡头区贯彻落实自治区《关于完善农村土地所有权承包权经营权分置制度责任分工方案》。落实农村集体土地所有权面积125万亩，其中：农用地75.27万亩，建设用地10.05万亩，未利用地39.68万亩；落实承包农户6.8万户；落实土地承包经营权面积58.29万亩。开展农村土地承包经营权确权登记颁证"回头看"工作。已完成11个乡镇确认6293户47227.21亩的土地承包农户首次确权及变更等相关程序及数据工作任务。培育和发展新型农业经营主体方面，沙坡头区农民专业合作社383个，带动农户12534户，覆盖面积3.03万亩。家庭农场261家，带动农户4164户。

第二节 扶贫开发

一、生态移民区扶贫开发

2009—2016年，沙坡头区先后搬迁安置来自西吉县、海原县移民5271户24636人，建成米粮川、高庄王团、敬农、康乐、龙湖5个集中安置区11个生态移民村。2017年9月，一次性搬迁安置了海原县336户1432名移民。沙坡头区委、区政府全面整改落实制约生态移民区生产发展的突出问题，通过改善移民区生产生活、基础设施条件，改良土壤条件，解决土地沙化问题，破解制约移民区生产发展瓶颈，为移民群众增收致富奠定良好生产基础。

2015年，沙坡头区先后投资2324万元实施兴仁镇高庄王团、香山乡米粮川移民区土地综合治理项目，兴仁移民区完成土地平整4454亩，铺设田间供水管道30.1千米，砌护渠道15.8千米，打机井7眼。调整产业结构，压砂380亩全部种植硒砂瓜，栽植枸杞1030亩；香山乡米粮川移民区新增压砂地480亩，完成改良实验示范盐碱地50亩，村庄及园区铺设排水管道6.8千米，新建阀井51座、雨水井101座。投资3500万元实施敬农生态移民区生沙荒地改造工程，共完成平田整地5200亩，砌护支斗农渠75.12千米，配套建筑物539座，组织农户种植糜子和谷类作物1600亩。完善水利基础设施，先后争取资金1993万元，实施康乐、敬农移民区村庄及室内外排水工程，铺设各类排水管道128

千米，累计配套各类排水建筑物 5377 座。

2016 年，投资 448 万元对兴仁镇团结村 2210 亩土地进行"坡改梯"治理，培育以枸杞、硒砂瓜种植和牛羊养殖互补的主导产业；采取企业化运作模式，将宣和镇兴海村 3185 亩土地全部流转给中乾农业科技有限公司，用于种植矮化、乔化苹果，敬农移民区经果林产业迈出实质性步伐：政府出资 100 万元，在香山乡米粮川村新发展压砂地 500 亩用于种植枸杞，新建 3000 亩硒砂瓜示范基地，110 户移民群众硒砂瓜收入 320 万元，农户硒砂瓜最少收入达到 2.6 万元。投资 320 余万元，实施宣和镇海和村养殖园区扩能改造工程。借助金融扶贫政策的有力支撑，引进夏华集团按照"企业+农户"托管代养的形式，发展肉牛、肉羊养殖产业。引进中卫市和旺畜牧业公司与兴仁镇泰和村养殖户建立肉牛养殖互助联盟，政府出资为扶贫龙头企业定向担保贷款，企业为养殖户定向赊牛养殖，通过"大户带头示范、散户联户入园、企业统管统销"的办法，解决企业养殖成本高、大户养殖融资难、散户养殖规模小等突出问题，直接带动泰和村新增肉牛 800 头、肉羊 3000 只。

2017 年，依托 11 个生态移民村自然资源、土地和劳动力现状，采取"公司+基地+农户"的合作模式，围绕"四带一区"产业规划，按照"宜种则种、宜养则养、种养结合"的发展思路，着力培育脱贫致富的主导产业。同时，沙坡头区"十三五"易地扶贫搬迁金沙安置点建设项目正式开工，对"十三五"易地搬迁安置项目规划用地 2346 亩（其中建房安置用地 258.8 亩），所有土地资源均来自市直部门及国有企业在 20 世纪 90 年代开发利用的国有土地，土壤地力条件好，相对集中连片，不仅易于土地权属置换，移民安置房建设严格按照"按人定补"政策要求，安置房统一设计为单层砖混结构坡屋顶新居，卫生间统一安装洗手盆、蹲便器并配备太阳能热水器，客厅统一铺设地瓷砖、全屋石膏板吊顶简装修，移民搬迁后基本实现"拎包入住"，房屋建设概算投资每平方米 1800 元左右，房屋建筑设计标准较"十二五"生态移民安置房有大幅度提高。按照《沙坡头区"十三五"易地扶贫搬迁安置方案》规划，2017 年 9 月一次性完成 1432 人搬迁入住和土地分配等任务。为方便移民安置后的生产生活，充分吸取"十二五"生态移民经验教训，专门选择靠近工业园区、毗邻现代农业基地、地力条件成熟并能充分利用老庄点教育、医疗、村级组织等公共设施的东园镇金沙村、林场两个安置区实施插花安置。在创新的"四个融合"（安置方式上集中插花融合，社会管理上融入原有行政村，生产生活上相互交叉融为一体，产业发展上融入当地特色优势统筹推进）模式下，"守土"能赚钱，"离土"能就业，移民稳定入住率达到100%。

2018年，聚焦生态移民区的"生荒地"贫瘠现状，区政府专门列入1000万元的移民村土地培肥改良预算资金，采取"以奖代补"形式对移民村土地流转企业实施培肥改良奖补；整合扶贫资金大力实施以沃土培育、节水改造、沙地盐碱地改良为主的土地综合治理项目，移民区土地闲置撂荒问题彻底解决。康乐移民区引入西域金枸农业公司实施集中流转经营，新栽植枸杞4500亩、杞瓜间作1000亩、枣瓜间作2600亩、籽瓜1500亩，并对2600亩枣树实施四倍体冬枣高接换头。专门定制了《沙坡头区2018—2020年建档立卡户特色产业培育扶持方案》，本着"大干大支持、不干不支持"的原则，采取差别化扶持方式，对"有发展能力和发展愿望"的贫困人口实施精准到户扶持政策，扶持贫困户发展特色种养业、个体务工等增收产业，为3893户建档立卡贫困户兑付扶持资金510万元，扶持标准最高相差10倍，有效激发自主脱贫的内生动力。

2019年，沙坡头区对辖区所有贫困村、贫困户在人饮、住房、教育、医疗方面的基本保障落实情况开展"拉网式"排查。投资4591.08万元实施的4个人饮安全保障项目已进入尾声，农村建档立卡贫困人口家庭医生签约服务全覆盖，签约率100%。同时，投入资金4亿余元实施以环境综合整治等为主要内容的整村推进、巩固提高项目和部分贫困村生产道路硬化等项目，改善了贫困村农业生产条件和基础设施。

沙坡头区依托已有产业基础，大力培育硒砂瓜、经果林、劳务三大脱贫富民主导产业，通过四年集中攻坚，截至2019年底，累计脱贫4445户16794人，27个重点贫困村全部脱贫出列（含9个深度贫困村），贫困发生率由建档之初的10.8%下降至0.55%，生态移民搬得出、稳得住、逐步能致富的目标正逐步实现。2019年，农村居民人均可支配收入达到13210元，同比增长8.3%；政策性移民2019年人均可支配收入达到7408元，同比增长11.9%，为2020年决胜全面建成小康奠定了坚实基础。

表5.1　2015—2019年沙坡头区重点贫困村脱贫出列情况一览表

脱贫年度	脱贫销号村	总人数	建档立卡户总数		已脱贫		年未脱贫		贫困发生率（%）
			户数	人数	户数	人数	户数	人数	
2015	米粮川村	1006	110	416	109	413	1	3	0.30%
	川裕村	2650	169	733	154	695	15	38	1.43%
2015	兴盛村	1020	35	138	34	133	1	5	0.49%

续　表

脱贫年度	脱贫销号村	总人数	建档立卡户总数		已脱贫		年末脱贫		
			户数	人数	户数	人数	户数	人数	贫困发生率（%）
2016	团结村	2521	231	933	224	906	7	27	1.07%
	泰和村	2346	142	580	135	554	7	26	1.11%
2017	鸣沙村	719	73	297	69	287	4	10	1.39%
	永乐村	2350	41	136	39	132	2	4	0.17%
2018	高庄村	3421	87	252	64	203	23	49	1.43%
	王团村	1420	80	276	72	262	8	14	0.99%
	汪园村	3008	69	220	63	200	6	20	0.66%
	永和村	4474	28	76	20	56	8	20	0.45%
	华和村	1148	64	191	63	188	1	3	0.26%
	黄套村	326	35	99	33	95	2	4	1.23%
	校育川村	385	8	17	7	15	1	2	0.52%
	营盘水村	482	71	181	64	172	7	9	1.87%
	梁水村	588	33	98	29	91	4	7	1.19%
2019	海和村	2613	258	1024	237	955	21	69	2.64%
	兴海村	2877	301	1362	282	1291	19	71	2.47%
	海乐村	1719	192	914	180	869	12	45	2.62%
	康乐村	2471	260	1264	242	1204	18	60	2.43%
	熊水村	895	42	97	31	73	11	24	2.68%
	思乐村	2938	286	1361	267	1284	19	77	2.62%
	党家水村	385	18	36	17	34	1	2	0.52%
	南长滩村	1010	43	93	39	85	4	8	0.79%
	长流水村	638	33	88	32	85	1	3	0.47%
	孟家湾村	430	25	62	24	60	1	2	0.47%
	黄泉村	646	17	41	16	38	1	3	0.46%

注：2018年脱贫销号村上石棚村，已于2018年底撤销与熊水村合并。

二、扶贫政策

（一）教育扶贫

从2017年春季学期开始，沙坡头区对全区幼儿园在园建档立卡贫困户适龄儿童（含农村非建档立卡贫困户经济困难残疾儿童）按规定标准免除保教费并补助伙食费。对建档立卡贫困户普通高中学生免除学费，逐步实现对建档立卡贫困户普通高中学生免费教育（免除学费、住宿费和教科书费）。继续实施好面向建档立卡贫困家庭中职、高职学生的"雨露计划"，每人每学期1500元补助标准。普通高中家庭经济困难学生国家助学金平均资助标准为每生每年2000元；对宁夏籍在宁就读的建档立卡贫困户高职学生，及高职院校农林师范类学生，按照每生每年4200元标准减免学费；对宁夏籍在宁就读品学兼优的建档立卡贫困户普通高校本专科生（含高职、第二学士学位），每生每年给予励志奖学金5000元。实施农村义务教育阶段学生营养改善计划，按照每生每天5.6元标准（全年每生1120元），为贫困地区农村义务教育学生早晨提供一个熟鸡蛋，中午提供一顿安全、营养、卫生的午餐。从2018年春季学期起，将农村学生营养改善计划实施对象覆盖至实施范围内农村义务教育学校附设学前班。

（二）健康扶贫

在2018年对未脱贫的建档立卡贫困户个人参保缴费补助基础上，沙坡头区持续加大政府财政投入力度，进一步扩大了建档立卡贫困人员补助范围，明确对全部建档立卡贫困人员个人参保缴费补助范围，不再区分脱贫户、未脱贫户。2019年，对一、二、三档缴费人员分别补助150元、190元、130元。实行"四保三救助一兜底"保障。2020年沙坡头区城乡居民基本医疗保险个人缴费参保标准280元，农村建档立卡贫困户人口个人缴费标准为30元/年。开展便民住院服务。全市农村建档立卡因病致贫、因病返贫患者（以下简称贫困患者）实行先诊疗后付费并免缴住院预付金，减轻贫困患者垫资负担。先诊疗后付费并免缴住院预付金实施范围仅限于县域范围内，也就是沙坡头区的建档立卡贫困户在沙坡头区范围内各提高大病保障水平。落实建档立卡因病致贫、因病返贫患者在定点医疗机构就医，大病保险报销起付线，由9500元下调至3000元，大病保险报销比例在普惠性政策的基础上再提高5个百分点；并对患有20个特殊病种的贫困患者，在此基础上再提高两个百分点。实现大病保险报销按规定比例提升。

加大医疗救助力度。贫困患者全部纳入医疗救助范围，与城乡低保对象享受同等医疗救助政策。罹患重特大疾病的贫困患者，年度最高救助金额由8万元提高到16万元，并在报销政策的基础上提高10个百分点。

实行政府兜底保障。贫困患者年度内在医疗机构发生的个人自付合规费用在基本医疗保险、大病保险、扶贫保、社会救助、医疗救助报销后，实行政府兜底保障，确保贫困患者年度内住院医疗费用实际报销比例不低于90%或当年住院自付费用累计不超过5000元。

（三）就业扶贫

扶贫培训：培训对象为全区 16~60 周岁建档立卡贫困人口和"十二五"生态移民（含劳务移民）。对有劳动能力，就地就近就业或扶贫车间（基地）就业的，适当放宽培训年龄。贫困劳动力参加机动车驾驶员培训的年龄为 50 岁以下。

补助标准：1.职业教育。"雨露计划"扶贫助学，每人每学年补助 3000 元。"两后生"参加职业技能培训，培训后须取得职业资格证书（或培训合格证书），一学期给予 6000 元培训补贴，对建档立卡贫困户"两后生"每人再享受 3000 元生活费补贴。2.技能培训。（1）职业技能培训。对列入《国家职业资格目录》81 个职业（工种）开展培训。其中，A 类初级培训每人补助 1000 元，中级及以上每人补助 1500 元；B 类初级培训每人补助 900 元，中级及以上每人补助 1300 元；C 类初级培训每人补助 800 元，中级及以上每人补助 1100 元。每个培训班不得超过 50 人，培训时间原则上 20~30 天，每天不少于 6 个学时（特殊专业可根据专业培训需求确定培训时间）。（3）机动车驾驶培训。取得 B2 照以上的，每人补助 5000 元，取得 C1、C2 照的每人补助 3000 元；扶贫车间纺织工和制衣工，按照每人 3000 元的培训补助标准直接补助给培训用工企业，对其他培训的职业（工种），参照技能培训补助标准执行或由各县（区）进行培训成本核算确定。（4）培训生活补贴。参加《国家职业资格目录》和《自治区专项职业能力项目》规定的职业（工种）培训，培训后取得职业资格证书（专项职业能力证书）的，每人每天可给予 40 元的生活补贴。参加《国家职业资格目录》和《自治区专项职业能力项目》规定以外的职业（工种）培训，培训后取得培训合格证书的，每人每天可给予 20 元的生活补贴。未取得职业资格证书（或专项职业能力证书、培训合格证书）的不予补贴。具体补贴方式由县（市、区）自行确定。（5）订单培训补贴。对吸纳贫困劳动力开展订单、定岗培训，取得职业资格证书（或专项职业能力证书、培训合格证书），并安排稳定就业 6 个月以上（以工资表证明）的区内外用人单位或扶贫车间（基地），按自治区确定的培训、鉴定补贴标准直接给予补贴。

（四）扶贫车间

土地支持政策。新增建设用地指标优先保障深度贫困地区发展用地需要，按照贫困地区开展城乡用地增减挂钩的规定，优先向"扶贫车间"建设倾斜。"扶贫车间"建设用地，实施差别化的土地供应政策，保障建设用地。

资金支持政策。采取财政专项扶贫资金、涉农整合资金、闽宁协作资金、部门（中央单位）援助资金、其他社会帮扶资金、村集体资金等各种形式支持建设扶贫车间。除企业和个人投资外，政府投入的资金、社会帮扶资金、村集体经济发展资金和资产要量化折股作为村集体经济资金投入扶贫车间建设。

就业支持政策。建档立卡贫困户劳动力在"扶贫车间"连续稳定就业6个月以上，可以从财政专项扶贫资金中给予就业者每人每月300~500元的就业补助。

税收支持政策。对"扶贫车间"执行税收优惠政策，实施小微企业降税减负等一系列优惠政策。企业招用建档立卡劳动力并签订1年以上劳动合同且缴纳社会保险的，给予企业1年的社会保险补贴，所需资金从就业补助资金中列支。

培训支持政策。对建档立卡贫困户劳动力和"十二五"移民实施订单、定岗、定向培训，培训资金可以从切块到县（区）的扶贫培训资金中安排。对纺织工和制衣工，按照每人3000元的培训补助标准直接补助给培训用工企业，对其他订单培训的职业（工种），参照技能培训补助标准执行或由各县（区）进行培训成本核算确定。

其他支持政策。鼓励扶贫车间建设与光伏扶贫、电商扶贫和旅游扶贫等新业态相结合，并享受相关行业补贴政策。

（五）扶贫小额信贷

贷款政策：将有发展意愿、有就业创业潜质、技能素质和一定还付能力的贫困户作为扶贫小额信贷支持的重点，做到应贷尽贷。对初次贷款的贫困户，执行5万元以下（含5万元）免担保免抵押、基准利率、财政贴息、3年期以内扶贫小额信贷政策。对已获得扶贫小额信贷支持，有一定产业基础、有扩大再生产意愿和发展能力、信用状况良好的贫困户，在风险可控的前提下，可将贷款额度提高到5万~10万元，根据贫困户自身经营情况，可通过追加保证人、"两权"抵押等担保形式加强贷款风险控制。对具有劳动能力、有发展意愿、参加保险的贫困户申贷年龄放宽至65岁。进一步整合各类涉农和扶贫资金，壮大政府风险补偿基金和融资担保基金规模，完善评级授信和风险分担机制，增强风险保障和融资担保实力。

贴息政策：根据自身实际，采取贫困户先行付息、财政予以贴息，或财政代贫困户直接向银行付息两种方式进行贴息。对5万元（含5万元）以下部分，用财政扶贫资金全额贴息；超过5万元的部分，使用统筹整合的地方财政资金予以贴息。

（六）"扶贫保"

"扶贫保"有四款保险产品，即优势特色产业保险、家庭意外伤害保险、大病补充医疗保险、借款人意外伤害保险。

优势特色产业保险。对象：特色种植、养殖的建档立卡贫困户。期限：一年。责任：对建档立卡贫困农户投保的优势特色产业，种植业因自然灾害、产量降低或价格下跌造成的损失以及养殖业因疾病、自然灾害和意外事故造成的死亡，在各项责任对应的保险金额内进行赔偿。主要承担参保品种和保险金额。未列入指导目录中的品种，可参照相关品种及标准执行。

家庭意外伤害保险。对象：建档立卡贫困户。期限：一年。责任：建档立卡贫困户因意外伤害导致的身故、伤残（含烧烫伤）、意外伤害住院医疗，保险公司按照保险金额进行赔付。

大病补充医疗保险。对象：建档立卡贫困户。期限：一年。责任：参保人员因住院发生的医疗费用在基本医保、大病保险等其他保险机构报销且大病保险报销后不为零的个人自付费用，在扣除大病补充医疗不合规费用剩余的金额按照一定比例给予再次赔付。基本医保、大病保险报销后，仍需个人负担的费用，目录内报销70%。目录外报销50%，年度限额2万元/人。同时，22~60周岁的妇女，如患有原发性卵巢癌、原发性子宫内膜癌、原发性宫颈癌、原发性输卵管癌、原发性阴道癌、子宫肉瘤、乳腺癌七种特定疾病，目录内报销100%，目录外报销50%，年度限额2万元/人。累计最高赔付限额10万元。截至2019年，沙坡头区大病补充医疗保险保障金额100000元/人，保险费45元/人。

借款人意外伤害保险。对象：发起借款的建档立卡贫困户。期限：一年。责任：承担主借款人在日常生活工作中发生意外伤害身故、伤残保障责任。金额：主借款人实际借款金额。主借款人意外伤害身故、伤残投保保险费率为1.8‰。

（七）特色产业培育奖补

按照"大干大支持、小干小支持、不干不支持"的原则，产业扶持根据不同家庭的不同主业、相同主业的不同规模以及不同效益，采取差别化的正向激励扶持政策，通过"基准补助＋奖励补助"方式，按以下标准给予扶持。

基准补助。从2018年至2019年，沙坡头区逐年提高已脱贫建档立卡户的基准补助标准。具体标准如下。

2018年：当年脱贫建档立卡户的基准补助标准为1000元/户（"十一五""十二五"生态移民户为2000元/户）;已脱贫建档立卡户的基准补助标准为500元/户（"十一五""十二五"生态移民户为800元/户）。

2019年：当年脱贫建档立卡户的基准补助标准为900元/户（"十一五""十二五"生

态移民户为1800元/户);已脱贫建档立卡户的基准补助标准为600元/户("十一五""十二五"生态移民户为1000元/户)。

奖励补助。奖励补助在基准补助基础上,根据产业种类、规模以及效益不同,按以下差别化的标准奖补:种植业(每年奖补最高不超过500元/户)。依托沙坡头区优势特色产业,重点扶持壮大硒砂瓜、枸杞、苹果以及设施蔬菜产业,并兼顾农户自主选择的其他种植业。硒砂瓜10~20亩(含20亩)(兴仁镇、香山乡生态移民户3~10亩,含10亩)奖补300元/户;20亩以上(兴仁镇、香山乡生态移民户10亩以上)奖补500元/户。苹果、枸杞、中药材、温室大棚1~3亩(含3亩)奖补300元/户;3亩以上奖补500元/户。小麦、玉米、水稻等其他传统农业3亩以上(含3亩)奖补300元/户,不足3亩者不予奖补。

养殖业(每年奖补最高不超过300元/户)。养殖肉牛1~5头(含5头)、基础母牛1~3头(含3头)奖补200元/户。肉牛5头以上、母牛3头以上奖补300元/户。肉羊育肥10~30只(含30只)奖补200元/户;肉羊育肥30只以上奖补300元/户。养殖生猪5~10头(含10头)、母猪3~5头(含5头)奖补200元/户;生猪10头以上、母猪5头以上奖补300元/户。

劳务产业。家庭成员有1~2人长期务工且年劳务收入达到1.5万元以上奖补500元/户;3人以上长期务工且年劳务收入达2.3万元以上奖补800元/户(家庭成员有1人在企业稳定就业6个月以上并签订劳务合同者奖补500元/户,两人及以上者奖补800元/户)。家庭成员从事汽运、餐饮、农家乐等个体经营者奖补500元/户,经营项目带动其他贫困户稳定就业1~2人再增加奖补200元/户,带动其他贫困户3人以上稳定就业者增加奖补300元/户。产业奖补重点聚焦"有发展能力和发展愿望"的建档立卡贫困户。当年达不到脱贫标准、"不愿脱贫"的建档立卡户仅依据事实享受奖励补助,无产业者不得享受基准补助。

另外,庭院拱棚种植奖补。按照"谁种植、谁受益"的原则,对兴仁、宣和、常乐镇生态移民村房前庭院拱棚种植给予200元/棚的补助。

三、扶贫措施

(一)整村推进

2016年,沙坡头区整合各类项目资金1460.6万元,通过项目支撑、产业带动,全力推进两个重点贫困村脱贫销号。团结、泰和两个贫困村如期出列，1251户4486名建档立卡贫困人口如期脱贫。

2017年，沙坡头区整合发改、交通、水利、国土、扶贫等项目资金1.62亿元，实施迎水桥镇营盘水村整村危房改造、永康镇永乐村经果林节水控灌等9个重点贫困村整村推进项目。981户4091名建档立卡贫困人口顺利脱贫；永康镇永乐村、迎水桥镇鸣沙村两个重点贫困村如期实现整村脱贫出列。

2018年，沙坡头区投资2493万元实施黄泉、梁水等6个深度贫困村基础设施配套项目，投资7800万元实施11个村整村推进和两个村巩固提高项目，贫困村基础设施面貌显著改善，兴仁镇高庄、王团村，香山乡梁水村，永康镇校育川村，宣和镇汪园、永和、华和村，常乐镇黄套村，迎水桥镇营盘水9个贫困村脱贫出列，487户2036名建档立卡群众达到"两不愁三保障"标准稳定脱贫，完成年度减贫任务。

2019年，沙坡头区整合各个渠道资金2.53亿元实施了40个扶贫项目，其中投资1.06亿元实施14个整村推进及巩固提高项目，投资1.48亿元实施26个贫困村基础设施补短板项目。迎水桥镇南长滩村、孟家湾村、长流水村，宣和镇兴海村、海和村，永康镇党家水村，常乐镇康乐村、思乐村、海乐村、熊水村，香山乡黄泉村等11个贫困村已全部达到出列标准，855户3404名建档立卡群众达到"两不愁三保障"标准稳定脱贫，贫困发生率由建档之初的10.8%下降至0.55%，完成年度减贫任务。

（二）补齐"两不愁三保障"漏洞

沙坡头区始终聚焦"两不愁三保障"标准，把贫困地区人饮、住房、教育和医疗保障作为脱贫攻坚的底线标准，逐村逐户对症下药，因地因村补齐短板。

"两条管网"彻底解决人饮安全问题。对人口集聚区实施人饮管网入户全覆盖，解决香山、兴仁贫困区域自来水未入户及水质不达标问题。对居住分散的深度贫困村实施水质集中净化800米供水半径全覆盖，采取"山沟截潜取水、纳滤集中净化、800米半径供水"方式，历史性地解决了常乐、香山、迎水桥3个乡镇6个重点贫困村人饮水质不达标问题。

"三项清零"有效解决了住房安全问题。对边界型深度贫困村实施整村危房"清零"，研究制定《沙坡头区深度贫困村危房改造实施方案》，适度提高危房改造补助标准，南长滩、校育川、党家水和营盘水4个村通过"整村统一规划、施工队统一翻建"，彻底改变了以往"破败不堪"的村庄旧貌，真正使沙坡头区"边界型"深度贫困村的群众稳定留居当地。对走耕式"空心化"村庄实施闲置危房"清零",制定《沙坡头区农村危房"清零"工作实施方案》,组织各乡镇对不符合安全标准且长期闲置的住房进行统一登记造册、统一集中拆除、统一整治环境,彻底消除闲置危房安全隐患。对建档立卡户实施危房改造"清零",对辖区所有建档立卡户房屋进行安全检测,对所有D级危房一律鼓励翻新改造,对确实无力改造农户由乡镇按照最低面积统一组织翻建,住房安全问题全面清零。

"三包三保"解决义务教育保障问题。严格落实乡镇村干部包动员、保入学率,学校包管理、保巩固率,教师包教学、保合格率的"三包三保"制度,开展"千名教师访万家"活动,组织各学校按照"户、册、籍、人"四对照的办法,对辖区内义务教育阶段辍学学生情况进行摸底排查。沙坡头区中小学幼儿园建档立卡贫困就读学生无辍学现象。

健康扶贫政策有效降低因病返贫风险。全面落实健康扶贫政策,建档立卡户基本医疗保险参保率达100%,并采取政府补贴形式,统一为建档立卡户购买"大病补充保险"和"意外伤害保险"。推进"互联网+健康医疗"一体化应用平台建设,通过签约一体机及云巡诊车进行线上签约及移动健康体检随访服务,全面执行"先诊疗后付费""一站式结算"规程,确保建档立卡贫困患者年度内住院费用实际报销比例不低于90%或当年住院自付费用累计不超过5000元。

(三)产业扶贫

2016年投资448万元对兴仁镇团结村2210亩土地进行"坡改梯"治理,培育以枸杞、硒砂瓜种植和牛羊养殖互补的主导产业;采取企业化运作模式,将宣和镇兴海村3185亩土地全部流转给中乾农业科技有限公司,用于种植矮化、乔化苹果,敬农移民区经果林产业迈出实质性步伐;政府出资100万元,在香山乡米粮川村新发展压砂地500亩用于种植枸杞,新建3000亩硒砂瓜示范基地,110户移民群众2019年硒砂瓜收入达到320万元,农户硒砂瓜最少收入达到2.6万元。投资320余万元,实施了宣和镇海和村养殖园区扩能改造工程。借助金融扶贫政策的有力支撑,引进夏华集团按照"企业+农户"托管代养的形式,发展肉牛、肉羊养殖产业。引进中卫市和旺畜牧业公司与兴仁镇泰和村养殖户建立肉牛养殖互助联盟,政府出资为扶贫龙头企业定向担保贷款,企业为养殖户定向赊牛养殖,通过"大户带头示范、散户联户入园、企业统管统销"的办法,解决企业养殖成本高、大户养殖融资难、散户养殖规模小等突出问题,直接带动泰和村新增肉牛800头、肉羊3000只。

2017年,依托11个生态移民村自然资源、土地和劳动力现状,采取"公司+基地+

农户"的合作模式,围绕"四带一区"产业规划,按照"宜种则种、宜养则养、种养结合"的发展思路,着力培育脱贫致富主导产业。一是投资398万元实施香山乡米粮川村1000亩盐碱地敷土改良和兴仁镇泰和村457亩山坡地压砂项目,扶持兴仁、香山深度贫困地区发展硒砂瓜、枸杞产业。投资603.2万元实施康乐移民区土地综合治理(一期)项目,平整开发土地1800亩,新栽植黑枸杞1600亩。投资1173万元实施宣和镇兴海村滴灌维修改造和农田基础设施建设项目,苹果产业逐步成为南山台贫困区域脱贫致富支柱产业。二是依托迎水桥镇鸣沙村紧邻沙坡头旅游景区的区位优势,投资91万元回购3套农家乐样板房作为鸣沙村村集体资产,引入宁夏田园风旅游管理有限公司投资4100万元,租赁村集体3套农家乐样板房和农户6套闲置房屋发展乡村旅游业,每年为村集体增加租赁收入12万元,6户农户出租闲置房屋年收入3500元。全年累计接待游客1.8万人次,实现营业收入200万元,18名建档立卡留守妇女实现稳定就业(每月收入3000元/人)。三是引进中卫和旺畜牧业公司与兴仁镇泰和村养殖户建立肉牛养殖互助联社,通过"大户带头示范、散户联户入园、企业统管统销"的办法,直接带动泰和村新增肉牛800头、肉羊3000只,建档立卡户仅肉牛养殖年最低收入达两万元。引进夏华集团在宣和镇海和村探索尝试"企业+农户"肉牛养殖托管代养模式,公司养殖肉牛500头、肉羊4100只,带动农户养殖肉牛60头。

2018年,聚焦生态移民区的"生荒地"贫瘠现状,沙坡头区政府专门列入1000万元移民村土地培肥改良预算资金,采取"以奖代补"形式对移民村土地流转企业实施培肥改良奖补。整合扶贫资金实施以沃土培育、节水改造、沙地盐碱地改良为主的土地综合治理项目,移民区土地闲置撂荒问题彻底解决。先后投入5000万元培肥平整土地、维修改造节水滴管设施8977亩,对康乐、敬农移民区14636亩沙土地每亩使用牛羊粪7方,提高土地综合生产能力。康乐移民区引入西域金枸农业公司实施集中流转经营,新栽植枸杞4500亩、杞瓜间作1000亩、枣瓜间作2600亩、籽瓜1500亩,并对2600亩枣树实施四倍体冬枣高接换头。该移民区4500亩新栽植枸杞已开始挂果,盛果期鲜果产量预计每年达1500吨,仅枸杞采摘一项,每年可为移民区增加劳务收入1000万元,移民区土地种植利用"老大难"问题得到有效解决。整合1472万元扶贫资金,采取差别化扶持政策,对"有发展能力和发展愿望"的贫困人口实施精准到户扶持政策,扶持贫困户发展特色种养业等增收产业,为3893户发展种植、养殖、务工等产业的建档立卡贫困户兑付扶持资金510万元。

2019年，实施特色产业精准扶贫"四个一"示范带动工程，以硒砂瓜、枸杞、苹果、畜牧养殖、旅游等产业为主，在香山乡梁水村、黄泉村和常乐镇熊水村创建富硒砂瓜万亩小产区3000亩，培育提升产业扶贫示范村6个。制定《沙坡头区"十二五"生态移民区土地培肥改良以奖代补方案》，2019年兑付流转敬农、龙湖移民区的3家企业奖补资金255.976万元，激发了企业（专业合作社）参与移民区土地集中流转经营的积极性。按照《沙坡头区2018—2020年建档立卡户特色产业培育扶持方案》，兑付4009户发展种植、养殖、务工等产业的建档立卡贫困户扶持资金536.78万元，发放生态移民庭院拱棚奖补资金3158户121.594万元，政策性移民产业匮乏问题逐步化解。

（四）金融扶贫

2016年，建立产业发展担保基金1200万元，按1∶10比例撬动金融机构放贷，对建档立卡贫困户及生态移民户5万元额度内贷款全额贴息1年，共发放产业扶贫贷款1880笔7823万元。沙坡头区50个互助社运行互助资金3332万元。整合财政扶持资金130万元，为3954户建档立卡户购买"家庭意外伤害和大病补充医疗保险"，为办理贷款的贫困群众购买"借款人意外伤害保险"，为4975只（头）基础母羊、母牛购买"优势特色产业保险"。

2017年，规范设立3700万元扶贫小额信贷担保基金和风险补偿金，印发《关于进一步贯彻落实金融扶贫政策的通知》，为规范落实"5万~10万元、两免一基"金融扶贫新政策提供了制度保证。新增扶贫贷款2.07亿元，累计发放贷款2.93亿元，建档立卡户贷款覆盖率达89.4%，户均贷款4.5万元。结合贫困地区产业特点，制定《沙坡头区2017年"扶贫保"实施方案》，整合222.25万元扶贫资金，为所有建档立卡贫困户量身定制"3+X"扶贫保险（家庭意外伤害险、大病补充医疗险和借款人意外伤害险全覆盖＋务工人员责任险、五小车辆驾意险、种养殖业财产保险等个性化选择），办理各种理赔74笔70余万元，脱贫致富的意外风险得到有效控制。将互助资金以担保金形式与银行合作开发金融"互助贷"新产品，为贫困村产业扶贫贷款扩规增量充实"资金池子"，从根本上抵御"互助资金"管理风险。

2018年，严格落实"3万~5万元免担保免抵押基准利率贴息"金融扶贫政策，多措并举严厉打击"恶意逾期还贷"农户，新增扶贫小额贷款2.15亿元，完成年度任务1.44亿元的149.3%，累计放贷4.97亿元，扶贫小额信贷覆盖率达到85%，不良贷款率仅为0.7‰（截至2018年度，共计发生不良贷款4笔16.87万元），先后为按期还清本息的2200

户贫困户贴息506.39万元，协调保险公司为发生意外的建档立卡户理赔152起83万元，金融扶贫工作健康有序推进。

2019年，与宁夏银行等5家合作银行签订金融扶贫合作协议，规范设立担保金账户和风险补偿金账户，扶贫小贷余额从2016年的6000万元增加到2019年的6.3亿元，建档立卡户贷款覆盖率从2016年的65%稳定到2019年的80%以上，逾期不良贷款始终控制在0.5%以内。2019年围绕"风险防控"主题，专门研究制定《沙坡头区2019年金融扶贫工作方案》，组织开展了诚信户、诚信村评创活动，年内新增扶贫小额贷款1.9596亿元，户均贷款4.8万元，建档立卡户覆盖率达到82.66%，年内为按期还清本息的1150户贫困户贴息221.2638万元，协调保险公司为发生意外的建档立卡户理赔8笔46万元。

（五）易地扶贫搬迁

沙坡头区"十三五"易地扶贫搬迁安置项目自2017年3月份开工建设，规划新建东园镇金沙村和瑞应村两个安置点，项目总投资9655万元，完成27140平方米移民安置房建设任务，一次性完成海原县336户1432名移民搬迁安置工作。

一是安置方式上融合。在金沙村、瑞应村新建移民安置房336套27140平方米（人均住房面积18.95平方米），配套耕地毛面积2096亩（确保人均1亩水浇地）。参照美丽村庄建设标准，两个安置点配套建设广场、道路、上下水及路灯等基础设施，金沙安置点还配建农民工培训中心和村级电商服务站。安置房严格按照自治区"按人定补、一户一宅"政策要求，统一建设。二是生产生活上融合。沙坡头区利用引黄灌区秋季农田水利基本建设"大会战"之际，组织移民群众200多人参与平田整地、沟渠清淤等工程。安排48名有就业愿望的移民群众就近在养殖园区、工矿企业就业。安排68名包保帮扶干部入户帮扶，从日常用水用电、学生入学、就医就业和信息服务等生活细节开展结对帮扶。三是社会管理上融合。移民搬迁入住之后，沙坡头区按照属地管理的原则，将移民纳入所在乡镇村队进行管理。辖区东园镇党委、政府主动承接，立即着手处理安置过渡期稳定工作，组织召开移民党员代表大会和群众代表大会。金沙村和瑞应村在安置点广场等设立村务"公示栏"，及时将所有惠农政策公示公开。四是产业发展上融合。在金沙村召开移民技能培训集中开班仪式，为金沙、瑞应两个安置点336户移民群众讲解水稻种植、玉米种植、劳务就业转移、设施蔬菜产业发展、个体经营发展等川区生产生活情况，开展"订单式"精准技能培训，引导移民群众掌握1~2项创业、就业技能，就近向工业园区及市区输出劳务。采取"公司+基地+农户"的模式，在安置区培植以大拱棚蔬菜为主的特色蔬菜产业基地，建设占地 122 亩拥有 55 座钢架大棚的金沙设施蔬菜产业园。

截至 2019 年 12 月，沙坡头区"十三五"县外移民中，工业园区企业及周边蔬菜基地务工 350 余人、城市商贸服务业就业 30 余人，镇村环保公益岗安置 14 人，外出务工 250 余人，2019 年移民人均纯收入达到 7650 元，已有 288 户 1286 名移民群众实现稳定脱贫。

（六）技能培训及就业扶贫

2016 年，对建档立卡贫困户中、高职学生发放"雨露计划"教育培训补助资金 288 人 21.56 万元；完成建档立卡贫困户及生态移民户驾驶员 B 证、C 证资格补助 328 人 81.6 万元。整合 646.6 万元"双到"资金，采取差别化扶持政策，对"有发展能力和发展愿望"的贫困人口落实产业扶贫贷款贴息、购买四种"脱贫保"产品、补助种植庭院拱棚及扶持从事特色种养业农户，着力培育壮大优势主导产业。将符合条件的 1871 户 2288 人建档立卡户纳入社会保障范围，实现农村低保标准和扶贫标准"两线合一"，做到应保尽保。紧紧围绕市场需求和贫困群众意愿因地因人制宜，对有转移就业创业愿望的建档立卡贫困群众和生态移民，开展多层次、多形式、宽领域的精准脱贫职业技能培训和实用技术培训班 52 期 4436 人次，依托工业园区（一区四园）平台，有组织地输出劳动力 3700 人，依托硒砂瓜、枸杞、供港蔬菜基地，就地消纳季节性劳力 15000 余人次。

2017 年，采取"基准补贴＋产业奖补＋拱棚奖补＋保险兜底"差别化扶持政策，对 2629 户"有发展能力和发展愿望"的建档立卡贫困户，按照户均 3000 元标准（最高 4310 元，最低 1510 元）兑付到户资金 458.4 万元，扶持发展特色种养业、务工及经营产业。核发建档立卡贫困户中、高职"雨露计划"就学补助 525 人次 78.75 万元，核发建档立卡户及生态移民户大学生补助人万元（每生每学年 5000 元），核发建档立卡贫困户及生态移民户驾照补助 814 人 254.72 万元（其中：B 证 453 人、C 证 361 人），完成电焊工、瓦工、刺绣等初级技能培训 1880 人次，落实企业订单培训 300 人，依托工业园区（一区四园）平台，有组织地输出劳动力 3900 人，依托硒砂瓜、枸杞、供港蔬菜基地，就地消纳季节性劳力 1.7 万余人次。

2018 年，为 434 名在校和新入学的生态移民及建档立卡贫困大学生发放就学资助 217 万元（每生每年 5000 元）；为 963 名建档立卡贫困户的中、高职学生发放"雨露计划"就学补助 144.45 万元（每生每学期 1500 元）；完成建档立卡贫困户及生态移民户驾照补助 729 人 281.5 万元（其中：B 证 5000 元、C 证 3000 元）；举办精准脱贫职业技能培训 13 班次565人，举办实用技术培训4班次240人，举办创业致富带头人培训两班次69人，企业"订单式"培训23人，拓宽建档立卡贫困群众就业增收渠道。建成宁夏万齐、宁夏西域金构等4个扶贫车间，实现稳定就业1641人，其中建档立卡贫困人口496人。

2019年，为316名建档立卡贫困在校大学生发放就学资助158万元；为570名建档立卡户的中、高职学生发放"雨露计划"就学补助85.5万元；完成建档立卡贫困户及生态移民户驾驶员B证、C证补助580人214.6万元；完成精准脱贫职业技能培训200人，新型职业农民培训430人，创业致富带头人培训80人，建成宁夏科豪陶瓷瓷砖烧制车间等8个扶贫车间，实现稳定就业1641人（其中建档立卡贫困人口496人）；提供建档立卡群众公益性岗位就业119人，聘用建档立卡户生态护林员100人。

四、扶贫机构

2004年2月，撤县设市，整合资源，在原中卫县扶贫开发办公室基础上组建中卫市扶贫开发办公室，为正处级事业单位，负责全市扶贫开发工作。2016年5月，中卫市沙坡头区扶贫开发办公室成立，自此，由中卫市扶贫开发办公室承担的沙坡头区扶贫开发任务正式移交到沙坡头区扶贫开发办公室。

沙坡头区扶贫开发办公室为中卫市沙坡头区人民政府直属正科级事业单位（公益一类），核定事业编制13名，设主任1名（正科级），副主任2名（副科级）。内设综合业务室、教育培训业务室、计划财务业务室、项目业务室。2019年1月计划财务业务室并入综合业务室。

2019年1月，沙坡头区扶贫开发办公室由政府直属正科级事业单位调整为政府工作部门，下设区扶贫开发服务中心（不定级别），重新核定行政编制5名，其中主任1名（正科级），副主任2名（副科级），事业编制9名，其中主任（不定级别）。内设综合业务室、教育培训业务室、项目业务室。

第三节　农业农村经济发展

2004年沙坡头区成立后，农林牧渔业产业结构不断调整，产品生产结构趋于合理，科学技术水平的提升，打破了传统农业生产结构，新型农业和特色农业方兴未艾。

表5.2　2004—2011年沙坡头区主要年份农林牧渔业总产值　　　　（单位：万元）

年　份	总产值	农　业	林　业	畜牧业	渔　业	服务业
2004	100349	45929	1891	47975	2941	1613
2005	109665	47200	1000	56600	3100	1765
2006	115578	61187	2117	47041	3112	2130
2007	137237	89603	2399	31862	9496	3877
2008	183715	115037	3682	52998	6898	5100
2009	212436	137201	3895	58581	7400	5360
2010	257211	175065	4097	63433	8453	6164
2011	308510	217005	2712	72054	9419	7319

表5.3　2012—2018年沙坡头区主要农林牧渔业产品产量　　　　（单位：万吨、万亩）

年份\指标	粮食作物	油料作物	蔬菜	设施蔬菜	园林水果	猪牛羊禽肉总产量	奶产量	禽蛋产量	水产品产量	荒山荒（沙）地造林面积
2012	15.1	0.5	45.0	28.0	8.7	1.2	2.1	1.5	0.9	12.4
2013	15.4	0.4	41.9	25.1	8.8	1.3	2.9	2.3	1.0	0.8
2014	15.4	0.4	41.9	25.1	8.8	1.3	2.9	2.3	1.0	0.8
2015	15.5	0.4	43.4	24.8	—	1.6	6.6	2.7	1.4	11.2
2016	15.8	0.3	43.8	24.4	—	1.7	7.3	2.7	1.6	—
2017	16.1	0.1	44.3	24.7	—	1.8	10.0	3.0	1.7	—
2018	15.7	0.1	32.9	20.3	—	2.6	16.0	3.5	1.7	—

2019年，沙坡头区完成农林牧渔业总产值52.8亿元，实现农林牧渔业增加值26.9亿元；全年粮食播种面积26.3万亩，粮食总产量16.6万吨；蔬菜及食用菌播种面积13.3万亩。实现农林牧渔业总产值52.65亿元，其中实现农业产值34.6亿元，林业产值0.05亿元，畜牧业产值14.3亿元，渔业产值2.2亿元，农林牧渔服务业产值1.5亿元。农作物播种面积84.7万亩，粮食作物播种面积26.3万亩，油料播种面积0.145万亩，蔬菜及食用菌播种面积13.3万亩。粮食总产量16.62万吨，其中水稻产量2.77万吨，玉米产量13.49万吨，小麦产量0.36万吨，油料作物产量0.1万吨，蔬菜产量32.34万吨，硒砂瓜产量82.75万吨。猪、牛、羊、家禽存栏分别为14.8万头、7.13万头、36.1万只和402.78万只；猪、牛、羊分别为25万头、3.38万头、32.8万头；家禽出栏204万只。肉类总产量

3.07万吨，禽蛋产量3.15万吨，奶类产量20.74万吨，水产品产量1.83万吨。

第四节 种植业

一、传统种植业状况

(一) 区 划

2004年沙坡头区成立前，境内耕地由常年稻旱水浇地、稻旱轮作地、旱地和菜地构成。平原自流灌溉低洼湖滩用于常年稻地，占耕地面积的5.29%；水浇地主要分布在山沟和台地，有截流、井灌和扬水灌溉三种，占耕地面积的11.1%；稻旱轮作地主要分布在引黄灌区，占耕地面积49.9%；旱地集中分布在香山山区，又分为一般旱地、坝地、压砂地和水平梯田4个类型，占总耕地面积的33.47%，包括旱地、坝地、压砂地、梯田，菜地主要分布在城郊乡和西园乡、城关镇部分村，面占耕地面积的0.4%。

2019年，沙坡头区完成农林牧渔业总产值52.8亿元，同比增长6.7%，实现农林牧渔业增加值26.9亿元，同比增长3.6%。全年粮食播种面积26.3万亩，同比下降5.5%，粮食总产量16.6万吨，同比增加7.2%。蔬菜及食用菌播种面积13.3万亩，同比下降14.3%。

(二) 耕作制度

沙坡头区耕作制度承袭传统。大致分单种歇茬轮作制、套种复种耕作制和三种三收耕作制三种。

单种歇茬轮作制。平原灌区夏秋作物，不论春小麦、水稻，还是秋作杂粮，均为一年一种的春秋交替轮歇耕作。春种小麦，夏收割，秋季翻晒、歇茬，培养地力，翌年倒茬复种、套种。水稻或糜谷茬地春季翻晒，夏季播种，秋季收获，翌年倒茬。南部山区多依赖雨水耕作，收获一年一熟粮或油作物。因地广人稀，而广种薄收，主要是头年翻晒培养地力，翌年播种，均以天雨墒情而定作物。春墒好多种小麦，夏雨多多种大秋或晚秋作物，一般种一年歇一年，两年收获一次。如遇长时天旱无雨，多年歇茬。零星水浇地与灌区耕作同。压砂地一年一种，历来如此。

套种复种耕作制。平原灌区大面积种植早熟品种小麦、豌豆、扁豆及大麦，夏收后复种小日月糜子、谷子、荞麦或萝卜等蔬菜，一年两种两收。小麦部分地在谷雨时节间套种黄豆，麦收后施肥中耕，于秋季成熟收获；水稻或小秋作物播种前，旱种绿肥，如苜蓿、芸荞及豆类，长到夏播时翻压作肥料，栽种水稻。

三种三收耕作制。该耕作制度于1977年试验成功，进而全县示范推广，多以小麦套种玉米、间种大豆、苏子或蔬菜等，单位面积产量高。能充分利用土地、光热等自然资源，缓解夏收夏种时劳力、畜力和肥料使用集中的矛盾，且能摆脱早霜侵害，现基本定型为春小麦播种时留足玉米带，谷雨前套种玉米、间种大豆或苏子、蔬菜，夏季麦收后重点中耕施肥培育玉米，9月30日左右收获。这种耕作制度因提升灌区粮食单产量，在20世纪80年代曾作为自治区农业科技推广项目在全自治区灌区推广应用。

（三）中耕锄草

中耕松土锄草是20世纪70年代以前沙坡头区粮食作物的主要培育保护措施。旱作小麦、糜谷、豆类、蔬菜、瓜果在出苗不久或淌头水后进行中耕松土除草（俗称薅田），粮食作物至抽穗进行2~4次，瓜菜经常进行松土培苗壅肥等精耕细作，玉米、高粱进行中耕间苗，水稻主要进行人工拔草。中耕除草虽属于传统耕作方法，在现代机械化的21世纪，仍然是传统农作物生长期的一个重要环节。

（四）药剂除草

田间杂草种类及数量繁多，危害极大，每年因草害减产20%~30%，重者绝产。旱田有野灰条、野芥菜、野豌豆、刺儿菜、猪秧秧、刺旋花等双子叶杂草，稻田杂草有稗子草、三棱草、野慈姑、猪鬃草、牛毛毡、鸭舌草等，为害较重。20世纪60年代前，全靠人工除草，工效慢，收效差，往往贻误农时，发生草荒，严重影响作物产量。传统根除办法只有稻旱轮作倒茬和中耕。嗣后，除通过大面积机耕作业，实行深翻、轮作、套种、复种加以防治外，逐步推广化学药剂除草技术，收效甚佳。药剂除草随着科学技术的不断提高，得到广泛推广和使用，除了减轻农作物草害外，还有利于农作物病虫害的预防作用。

随着除草技术不断提高，化学药剂除草向广谱高效方向发展。沙坡头区农作物中耕除草过程中，传统使用的药剂为丁草胺、五二扑、禾大壮等。

（五）植物病虫害防治

病虫防治。沙坡头区粮食作物病害仍然是一些基础病虫害。水稻有稻瘟、白叶枯，小麦有锈病、黑穗病等；虫害有吸浆虫、金针虫、蚜虫、螟虫、蝗虫、地老虎等。承袭传统防治措施，以物理防治为主，采取掘稻根、除杂草、点灯诱蛾以及人工捕捉成虫、摘卵块、拔枯心苗等，用喷撒石灰、硫黄液防治瘟病，喷洒烟叶水消灭蚜虫。主要使用的农药有"六六六"和滴滴涕，但因药物残效期长，对土壤、果实污染严重而逐步淘汰。敌百虫、敌敌畏、乐果、硫酸铜、稻瘟净、多菌灵、敌杀死等化学农药，有效地防治病虫害，保护作物生长，并不断选择抗病新品种，以防为主，粮食作物病虫害大为减少。

二、农业新技术推广

（一）农业新技术推广

2013—2018年，粮食作物新技术不断增加，在小麦、玉米、水稻在生长的每个关键环节，技术人员都及时深入田间地头进行面对面的技术指导，狠抓技术措施落实。小麦推广春小麦精播精种技术、春小麦耕播一体化匀播技术、小麦"一喷三防"技术与麦后高效复种技术，新技术覆盖率达到97.17%；水稻推广播后上水直播栽培技术，直播稻病、虫、草害绿色防控主推技术，测土配方施肥技术与大棚育秧机插秧技术，技术覆盖率达到95.16%；玉米推广"一增四改"、水肥一体化技术、全程机械化生产技术与玉米"一防两控"技术，技术覆盖率94.19%。推广宁夏测土配方查询系统移动端APP，供每位种植户随时查询施肥配方，使测土配方施肥率达到100%。

2019年，沙坡头区农业机械总动力30.4893万千瓦。拖拉机拥有量达到6853台，其中100马力以上大型拖拉机达到127台、中小型拖拉机6726台；联合收割机265台。拖拉机配套农具达到1.41万台（套）。水稻种植机械、玉米收获机械等粮食生产薄弱环节的农业机械大幅增加；为硒砂瓜生产、设施农业、枸杞、马铃薯、中药材及畜牧饲草等农业产业化生产服务的新型农业机械研发推广工作不断推进，技术日臻成熟，农机装备结构优化，农业机械成为支撑农业生产的重要物质装备。农作物耕种收综合机械化水平达到89.2%。灌区小麦实现全程机械化生产。水稻机械化种植水平达到77.5%，机械化收获水平达到99.9%，玉米机械化种植水平达到91%，收获水平达到85%。设施农业、硒砂瓜、枸杞等主要农业产业化生产机械化水平有了突破，地膜覆盖面积残膜机械化回收利用率达90%以上，主要农作物机械化秸秆回收综合利用率超过80%。主要农业产业机械化快速推进，机械化生产方式在农业生产中占主导地位。在农机购置补贴实施过程中，沙坡头区重点向薄弱环节、农业主导产业、玉米收获、水稻种植、农机社会化服务体系建设、硒砂瓜生产、枸杞生产等生产服务的机械倾斜。

（二）农机社会化服务体系建设

2019年，沙坡头区共有农机专业合作组织23个，其中，农机作业服务公司14个，年作业服务面积25万亩。拥有各类农机具262台（套），机具配套比1∶3，流转土地3.8万亩，按照《农机作业公司建设规范》，引导农机作业公司，从机耕、育秧、插秧、播种向植保、机收、加工等粮食生产全程机械化服务拓展，提高市场化服务水平，引导农机作业公司，参与土地流转，大力推行土地承包、土地流转、代管托管等服务形式，建立稳固的作业市场。提高规模化、集约化经营水平。

（三）农牧科学技术管理及服务

沙坡头区实施脱贫富民战略，紧抓农村产业融合发展示范园创建，推动一、二、三产业融合发展，打造以"种养结合、农牧循环、草畜平衡"为一体的草畜产业融合示范园，形成"基地种植+冻干加工+冷藏包装"全产业链延伸发展模式的苹果产业融合发展示范园；建设产品从田间到生产到餐桌全程可跟踪查询的兴拓现代农业产业融合发展示范园，通过对种植基地实行统一管理，帮助农户实现节本增效。

2019年，围绕粮食高产创建与绿色增产模式攻关等项目，粮作组每逢农闲时间与农事生产关键时期采取集中培训，现场演示等方式，深入田间地头，从田间整地、播种、施肥、中耕管理、病虫害防治等关键技术环节对农民进行技术培训、技术指导，及时为农户解难答疑。在11个镇（乡）共举办培训班102场次，培训农民10520余人次，印发放小麦耕播一体化匀播技术、玉米水肥一体化、水稻播后上水直播栽培技术、测土配方施肥技术、病虫综合防治技术、三大粮食作物主导品种等资料和宣传纸10000余份。

（四）农业产业化

2004—2016年，沙坡头区在农业产业布局中，突出主题气候特点，按最适宜地区规划各种优势产业布局，逐渐形成老关区东园镇、柔远镇、镇罗镇发展设施农业蔬菜产业为主，南山他永康镇、宣和镇、常乐镇以发展经果林产业为主，黄河南边的永康镇、宣和镇以发展家禽养殖业为主发展畜牧业，迎水桥镇以发展养鱼产业为主，香山地区和兴仁镇以发展硒砂瓜产业为主发展优势特色产业，通过优势产业区域规划布局和建设，使沙坡头区优势产业向区域化、规模化和产业化发展。

三、种植业发展

2004年，沙坡头区粮食作物总面积25789.47公顷。其中小麦8003.8公顷，水稻5418.2公顷，玉米8225.13公顷，套种大豆2989.47公顷，夏杂312.9公顷，秋杂840公顷。粮食总产量13.872万吨，其中小麦总产量3.83万吨，水稻总产量4.72万吨，玉米总产量5.02万吨。经济作物种植面积14754.8公顷，油料作物2345.2公顷，蔬菜5.193公顷，瓜类作物4655公顷，中药材333.3公顷，其他经济作物2402公顷。经济作物总产量66.84万吨，总产值25452万元。

2012年，沙坡头区粮食播种面积34.14万亩，产量15.07万吨。农业优势特色产业快速发展，设施瓜菜面积累计达17.58万亩（日光温室蔬菜9.8万亩、小拱棚瓜菜6.13万亩、移动大拱棚瓜菜0.58万亩、供港设施蔬菜1.07万亩），总产量57.55万吨，总产值9.42亿元（日光温室总产量32.5万吨，总产值5.23亿元；小拱棚瓜菜总产量19.17万吨，总产值2.34亿元；大拱棚总产量2.3万吨，总产值0.32亿元；供港蔬菜总产量1.5万吨，总产值1.53亿元。

2015年，沙坡头区农作物播种面积110.25万亩；粮食播种面积30.5万亩，其中小麦3.4万亩，水稻7.39万亩，玉米19.34万亩；油料播种面积2.4万亩；蔬菜及食用菌播种面积19.6万亩，其中设施蔬菜12.29万亩，露地蔬菜4.85万亩，食用菌2.46万亩。粮食总产量15.5万吨，其中水稻产量4万吨，玉米产量10.3万吨，小麦产量0.9万吨。油料作物产量0.38万吨。建设农业部级粮食高产万亩示范片3个，3.2万亩，12个百亩核心攻关点0.42万亩；自治区级玉米千亩增产攻关模式示范片1个，1150亩。种植硒砂瓜49.12万亩，建立硒砂瓜品质品牌保护核心基地30万亩，总产量达67.5万吨，实现产值6.51亿元。全年蔬菜总产量达到61.34万吨，产值14.83亿元。

2016年，沙坡头区农作物播种面积116.1万亩；粮食播种面积31.5万亩，其中小麦3.85万亩，水稻6万亩，玉米20.01万亩；油料播种面积2.1万亩；蔬菜及食用菌播种面积19.7万亩，其中设施蔬菜12.31万亩，露地蔬菜3.28万亩，食用菌4.11万亩。粮食总产量15.8万吨，其中水稻产量3.7万吨，玉米产量10.7万吨，小麦产量1.2万吨；油料作物产量0.3万吨。建设水稻、玉米绿色攻关示范点两个，2150亩。种植硒砂瓜45.05万亩，建立硒砂瓜品质品牌保护核心基地30万亩，总产量达62.8万吨，实现产值5.55亿元。新建永久性蔬菜基地0.25万亩。全年蔬菜总产量达到61.1万吨，产值15.62亿元。

2019年，沙坡头区科学划定粮食生产功能区29万亩，其中小麦4万亩，水稻5万亩，玉米20万亩。完成小麦种植面积1.31万亩，玉米种植面积20.44万亩，水稻种植面积4.61万亩，共计产量16.6万吨。完成蔬菜种植面积7.47万亩，其中设施蔬菜5.36万亩（日光温室2.28万亩、大中拱棚瓜菜0.71万亩、小拱棚瓜菜0.56万亩、供港蔬菜1.81万亩）；露地瓜菜2.11万亩。新增蔬菜1767亩、苹果2100亩、枸杞1900亩。硒砂瓜种植面积46.48万亩；建立硒砂瓜标准化生产基地25万亩、创建富硒砂瓜示范基地3万亩，高标准硒砂瓜产业园1500亩，新建设施农业1680亩，新建永久性蔬菜基地3个，完成农机农艺融合示范园区两个。制定《沙坡头区富硒产业行业标准》，建成富硒苹果1000亩，创建富硒砂瓜标准化生产示范基地3万亩，完成有签品硒砂瓜认证3100亩。建设绿色高质高效技术模式示范区两个，面积1366亩，其中玉米绿色高质高效技术模式示范区680亩，水稻绿色高质高效技术模式示范区686亩。

第五节　林　业

一、林业资源

沙坡头区林地总面积145805.37公顷，其中有林地（乔木林）11027.30公顷，灌木林地70479.09公顷，疏林地310.25公顷，未成林地55225.65公顷，苗圃地77.50公顷，无立木林地3976.56公顷，宜林地4506.57公顷，林业生产辅助用地202.44公顷。森林覆盖率15.1%。

二、林业工程

沙坡头区林业发展，经历了北部腾格里沙漠前沿防风固沙林和灌区农田林网建设期（1949年至20世纪70年代末期）、灌区林网和南山台子经果林基地建设期（20世纪80年代初期至2004年中卫市成立初期）、林业生态建设转型期（2004年至2018年）三大发展期。根据沙坡头区不同的自然地理条件及山、沙、川三大块的地域格局，坚持"因地制宜、适地适树"原则，实行"总体规划、分类指导、集中治理"方针，团结和带领沙坡头区群众大力实施项目带动战略，加快实施三北防护林、天然林保护、退耕还林、防沙治沙、平原绿化、黄河护岸林、城市绿化等重点林业工程，以重点林业工程建设带动区域林业发展，全面实行封山禁牧，加强林木资源管理，巩固了林业建设成果，沙坡头区林业生态建设取得一定成果，基本形成以防沙治沙为主的北部防沙林体系、以农田防护林和经济林产业为主的平原灌区防护林体系，以封育、退耕还林、经济林产业发展为主的南部山区荒漠化治理水土保持林体系。沙坡头区生态林业的高速发展，得益于西部大开发优惠政策支持，得益于各级、各届党委政府的正确领导，特别是中卫撤县设市以来，市委、市政府根据中卫地区不同的自然地理条件，按照山、沙、川三大块的格局，实行分类指导，集中治理，结合三北防护林、经济林产业、天然林保护、退耕还林、防沙治沙等重点林业工程的实施，以重点林业工程建设带动区域林业发展，全面实行封山禁牧。

（一）北部沙区治理工程

在北部沙区治理工作中，抢抓西部大开发的机遇，借助林业项目支持，在国家、自治区林业局及地方历届政府的大力支持下，采取政策支持、项目扶持、捆绑资金、集中投入的措施，动员社会各方面力量投入林业生态建设，帮助企业争取项目资金、信贷资金、贴息贷款，加快腾格里沙区治理进度。先后由中冶美利纸业集团有限公司、中国石化宁夏分公司、中卫市香山酒业公司、明盛染化公司、中卫市商事集团公司、中卫市逸悦葡萄公司等多家企业投身北部腾格里沙区绿化治理，其中中冶美利纸业集团有限公司在沙区建立造纸原料林基地已达20多万亩，在企业、个体大户及中卫市直机关、场、站共同努力下，已完成腾格里沙区治理及利用面积83.2万亩。有效遏制了沙患，保护了基本农田和城乡居住环境。

（二）平原绿化工程

沙坡头区位于卫宁平原灌区，属黄河冲积平原，地处河套区前端，是中卫市政治、经济、文化的中心。也是中卫市粮食生产的主产区，结合城乡环境综合整治"三大工程"建设，围绕"塞上农民新居工程"和"美丽乡村建设工程"，以干渠、支渠、沟渠和农村道路绿化为主线，采取乔冠结合、立体绿化的方式，营造布局均衡、整洁有序的景观系统，大力营造农田林网，对乡镇、村屯、巷道、广场实施"绿化、亮化、净化"工程，以"窗前有花、院内有果、屯边有树、路边有林"为目标，精心打造村部休闲广场，乔、灌、花、草有机搭配，休闲娱乐设施一应俱全，将人与自然巧妙融合，汇成水清草碧，生机盎然的幸福村庄，为平原灌区农业生产创造适宜的生态条件，粮食产量连年丰收，生态防护林体系日趋完善。

（三）生态移民迁出区生态恢复工程

"十二五"和"十三五"期间，按照自治区生态移民工程建设，将蒿川乡整体生态移民。为了加强生态移民迁出区的水土流失治理，恢复林草植被，改善南部山区的生态环境，按照中卫市委、市政府加快生态建设步伐的要求，通过对蒿川迁出区荒山造林工程建设，吸纳蒿川大量劳动力参与生态治理工程建设，带动运输等相关行业的发展，增加迁出区农民收入，促进迁出区经济及生态治理可持续发展。2014年至2018年，共计实施生态移民迁出区生态恢复项目 5.7 万亩。

（四）退耕还林工程

2001—2006 年，沙坡头区第一轮退耕还林建设。2015—2016 年，进行新一轮退耕还林建设。截至 2018 年，沙坡头区共计实施退耕还林 181444.7 亩，其中前一轮退耕还林 161444.7 亩，新一轮退耕还林 20000 亩（全部为生态经济林）。主要涉及沙坡头区兴仁镇、香山乡、永康镇、常乐镇、迎水镇 5 个镇乡 31 个行政村 9000 余户 4 万余人。

（五）林业科技建设

"十二五"期间，沙坡头区先后建立苹果幼龄早果丰产示范园、枸杞标准化示范园、矮砧密植苹果示范园等 17 个，示范推广应用面积 1 万亩，辐射带动面积 10 万亩，培育发展国家级龙头企业两家，自治区级龙头企业 9 家，市级龙头企业 6 家，农民专业合作社 44 个。结合林果产业生产实际，建立"领着农民干、干给农民看、帮着农民富"的技术服务机制，促进经济林产业向效益型方向发展。确定成龄郁闭苹果园树体改造、幼龄苹果早果早丰，红枣品种改良为主推技术，累计完成苹果低产园改造 7 万亩，红枣品种改良 2 万亩。

（六）城市绿化工程

沙坡头区以打造"沙漠水城、花儿杞乡、休闲中卫"为目标，围绕"近水亲河，东扩南移，生态扩城，道路连城"的城市发展战略，改造提升老城区绿化工程、大河之舞主题文化公园绿化、黄河湿地公园绿化、十里水街绿化工程、市民森林休闲公园绿化工程、城市森林公园等工程、"全覆盖、多层次、大绿量"城市景观带改造提升等园林绿化工程；制定《中卫市城市美丽园林绿化管理办法》。2016 年，建成区绿化覆盖率为 39.42%，人均公园绿地面积为 26.13%，绿地率为 35.48%。2017 年，建成区绿化覆盖率为 39.60%，人均公园绿地面积为 23.14%，绿地率为 35.57%。2018 年，建成区绿化覆盖率为 40.10%，人均公园绿地面积为 24.14%，绿地率为 36.12%。2018 年底，城市园林绿地总面积达 2334 万平方米，景观水域总面积 356.26 万平方米；建成 20 处广场公园、主次干道 55 条及工业园区、黄河金岸等绿地区域。先后获得"国家园林城市""中国最佳绿色生态城市""中国最佳生态发展城市""中国人居环境范例奖""迪拜国际改善人居环境最佳范例奖"等荣誉称号。

三、经果林产业开发

沙坡头区委、区政府通过政策引导、科技创新、技术支撑、项目带动、企业扶持等措施，围绕自治区"1+4"特色优势产业战略布局和沙坡头区"一带两廊"产业格局，打造沙坡头南山台子高标准种植基地，发展苹果、枸杞、红枣等特色优势经济林产业。围绕南山台地区和香山地区，加大经济林基地建设力度，形成环香山地区红枣、南山台扬灌区苹果以及香山乡、兴仁镇等地区枸杞产业发展格局，加快培育产业基地。

截至2019年，沙坡头区累计发展苹果面积16.01万亩，挂果面积8万亩，总产量达到16.72万吨，总产值达5亿元，贫困地区苹果产业分布以永康镇、宣和镇所辖的南山台扬灌区为主，涉及22个贫困村10630户（含贫困户808户）46535人。南山台地区户均种植面积达8.1亩（建档立卡贫困户户均苹果种植面积7.7亩），2019年苹果亩均纯收入保底1500元，仅苹果产业为南山台地区创造务工收入1.86亿元，解决贫困地区劳动力就业148.8万人次，辖区贫困群众来自苹果产业领域的收入占到总收入的30%左右。经果林发展取得良好社会效益，年销售商品苹果50吨以上经纪人有34人，果品出口尼泊尔、蒙古等国，国内销往西藏、内蒙古、福建、浙江、江苏、上海、云南、广东等地。涌现出包括宁夏南山阳光果业有限公司、宁夏沙坡头果业有限公司、宁夏弘兴达果业有限公司等龙头企业10家，"沙坡头苹果"品牌荣获2017年最受消费者喜爱的中国农产品区域公用品牌。

四、森林资源保护与管理

（一）森林资源属性划分

截至2018年，沙坡头区林地总面积145805.37公顷。按照林地权属划分，国有林地129760.86公顷，集体林地16044.51公顷；按照林地管理类型划分，林业部门管理林地131193.80公顷，非林业部门管理林地14611.57公顷；按照按经营类型划分，生态公益林130517.28公顷，商品林15288.10公顷；按林地保护等级划分，Ⅱ级保护林地39594.58公顷，Ⅲ级保护林地90800.81公顷，Ⅳ级保护林地15409.98公顷。

（二）森林资源保护发展利用

2017年，沙坡头区人民政府成立保护和发展森林资源管理领导小组、目标责任制考核领导小组办公室、森林防火指挥部、森林防火指挥部办公室、重大外来有害生物灾害应急处置指挥部等，建立沙坡头区保护和发展森林资源管理目标责任制，制定《沙坡头区保护和发展森林资源管理目标责任制考核奖惩办法》《林木林地管理办法》《森林防火应急预案》《重大外来有害生物灾害应急预案》《陆生野生动物疫源疫病监测防控应急预案》。每年度及时组织召开沙坡头区人民政府森林防火工作会议，分别与乡镇及场所签订《保护和发展森林资源管理目标责任书》《森林防火责任书》《林业有害生物防治责任书》。严格落实林业行政审批程序，依法依规开展林业行政审批工作。2017—2019年，共计办理林地征占用10宗109.44公顷，立案查处非法占用、毁林案件7起，办理林木采伐许可证97份，林木采伐48公顷。无重大森林草原火灾发生。

（三）林业有害生物监测防控

沙坡头区加强预测预报，结合沙坡头区林业发展实际，针对全国、全区检疫对象美国白蛾、苹果蠹蛾、臭椿沟眶象、光肩星天牛、春尺蠖、斑衣蜡蝉、舞毒蛾、柠条豆象、东方田鼠、松材线虫等林业有害生物，并进行全面监测。加强检疫执法，加大对林产品的检疫执法力度，对调入和调出的森林资源都及时进行检疫，狠抓林产品的产地检疫、调运以及复检工作，促进林木检疫工作的良性发展。加大林业有害生物的防治力度，主要针对苹果蠹蛾、臭椿沟眶象、光肩星天牛、春尺蠖、斑衣蜡蝉5种林业有害生物，通过化学防治、物理防治、机械防治等措施的综合运用，使沙坡头区的森林病虫害防治预警预报及林业有害生物的防治工作取得实效。2018年，实施监测面积121.71万亩次，监测覆盖率94.84%，预防及防治作业面积2.43万亩次，无公害防治率达90.95%，建设苹果蠹蛾监测防控示范区3.0万亩，东方田鼠防治0.25万亩，办理省内调出苗木检疫708.85万株，外省调入苗木复检553.01万株，办理苗木检疫证345份，苗圃检疫产地检疫0.37万亩。

五、林业管理

2018年，沙坡头区林业和草原局为沙坡头区林业行政主管部门，现有林业行政人员1名，下设沙坡头区林业技术推广服务中心（加挂沙坡头区林木检疫站），有事业编制技术人员30人。

第六节　草畜业

一、畜牧业发展

2004年，沙坡头区猪、牛、羊、家禽存栏分别为12.2万头、2.3万头、25.7万只、414.81

万只，猪、牛、羊、家禽出栏分别为25.2万头、1.6万头、17.78万只、349.98万只。肉、蛋、奶总产量分别达到2.52万吨、3.95万吨、0.615万吨。2008年，沙坡头区猪、牛、羊、家禽存栏分别为7.01万头、2.65万头、17.37万只、330.42万只，猪、牛、羊、家禽出栏分别为9.89万头、1.57万头、16.33万只、71.27万只。肉、蛋、奶总产量分别达到1.31万吨、3.21万吨、1.388万吨。2015年，沙坡头区猪、牛、羊、家禽存栏分别为6.1万头、3.2万头、22.2万只和194.4万只，猪、牛、羊、家禽分别出栏9.5万头、1.7万头、19.3万只、144.7万只。全年肉类、禽蛋和奶类总产量分别达到1.6万吨、2.7万吨和6.6万吨，实现牧业总产值7.9亿元。截至2019年12月，生猪存栏13.1万头，牛存栏6.7万头，其中奶牛存栏4.1万头，羊存栏23.5万只，家禽存栏287.2万只。全年生猪出栏15.2万头，牛出栏3.0万头，羊出栏18.4万只，家禽出栏181.5万只。全年主要肉类产量2.4万吨。其中猪肉产量1.2万吨，牛肉产量0.5万吨，羊肉产量0.3万吨，禽肉产量0.4万吨；禽蛋产量3.7万吨。

二、饲草饲料

2004年，沙坡头区种植各类优质饲草40401亩，其中紫花苜蓿14012亩、饲用玉米18866亩、黑麦草8921亩。指导城区镇（乡）农户制作秸秆青贮氨化饲料3.57万吨，其中青贮料1.81万吨，黄贮0.12万吨，草粉氨化1.64万吨。

2015年，种植各类优质饲草1.97万亩，其中多年生5100亩、一年生14658亩。2016年，种植各类优质饲草1.56万亩，其中多年生1.19万亩，一年生0.37万亩。畜禽养殖主要饲料为玉米、豆粕、麸皮和青贮。沙坡头区全面推广"粮改饲"工作，2018年共制作青贮饲料28.5万吨，经过项目考核验收，对42个奶牛、肉牛和肉羊养殖企业进行补助，共补助1100万元。

2019年，全面落实"粮改饲"政策，种植青贮玉米9.5万亩，共有大型青贮玉米收获机10台，青贮玉米100%使用机械化收割。由于雨水充沛，青贮长势较好，大部分养殖场压贮每亩可达3.7吨左右，共压青贮饲料30.2万吨。压贮时全株玉米青贮干物质含量达32%左右。

三、畜种改良

2015年，两个生猪良补供精站生产良种猪精液8.9万份，授配能繁母猪2.16万头；引进优质奶牛冻精5.66万支、肉牛冻精2.04万支，运送液氮10505立升，改良奶牛2.13

万头、肉牛1.21万头；落实滩羊和山羊种公羊各200只，引进种公猪20头，调购原种母猪50头、二元母猪500头。生猪、奶牛、肉牛良种覆盖面均达到100%，羊良种覆盖面达70%以上。切实提高品种质量，促进产业提质增效。

2017年，围绕生猪、奶牛、肉牛，开展人工授精服务，使用良种猪精液6.2万份，授配能繁母猪1.5万头；配送液氮7600立升，发放奶牛冻精28600支，奶牛改良14300头。发放肉牛冻精10000支，改良肉牛4600头，受胎率分别达90.8%和85.6%以上；生猪、奶牛、肉牛良种覆盖面均达到100%。

四、疾病预防

沙坡头区畜禽疾病以炭疽、马腺疫、破伤风、鸡新城疫、鸡白痢、羊肠毒血症、羊痘、血吸虫、疥癣、狂犬病为常见，危害及损失详情难考。随着畜种引进，畜产品贸易范围日渐扩大，加之检疫防疫间断无常，致使不少新疫病传入并呈交叉感染，先后发生和流行的疫病有58种，临床症状明显者近50种，其中猪类有猪瘟、猪丹毒、喘气病等12种；牛类有牛瘟、流行性感冒、放线菌病等5种，马类有马腺疫、鼻疽、肠梗阻，羊类有羊快疫、羊肠毒血症、羊疥癣等6种，禽类有鸡新城疫、禽霍乱、鸡葡萄球菌病等9种，鱼类有疥疮病、打印病、竖鳞病等5种，人畜共患的传染病有炭疽、布鲁氏杆菌病、结核病、破伤风、流行性乙型脑炎，其他为狂犬病、兔瘟、貂巴氏杆菌病等。

第七节 渔 业

2008年，沙坡头区十个乡镇，五个品区，水产养殖面积16995余亩，水产品产量达到5100吨。

2009年，沙坡头区十个乡镇，五个品区，水产养殖面积22080余亩，比上年增长30%；水产品产量达到5373吨，比上年增长5.4%。

2010年，沙坡头区十个乡镇，五个品区，水产养殖面积28512余亩，水产品产量达到6855.6吨。

2011年，沙坡头区十个乡镇，五个品区，120余户渔业养殖户，35700余亩水产养殖面积，比上年增长25%；水产品产量达到7855.4吨，比上年增长14.6%；共落实稻蟹种养面积 3370 亩。

2012 年，沙坡头区水产养殖面积 3.92 万亩，商品鱼产量 9100 吨，实现渔业总产值 1.1 亿元。

2013 年，沙坡头区水产养殖面积达到 4.15 万亩，水产品产量达到 1.1 万吨，渔业总产值达到 1.16 亿元。

2014 年，沙坡头区水产养殖面积达到 4.37 万亩，水产品产量达到 1.35 万吨，渔业总产值达到 1.31 亿元。

2017 年，沙坡头区水产养殖面积稳定在 44700 亩；水产品产量达到 17200 吨，比上年同期增长 4.6%；渔产值达到 1.95 亿元，池塘标准化改造面积达到 3000 亩；池塘养殖设施低碳高效流水池槽建设 11 条 12100 平方米。

2019 年，沙坡头区共有养殖户 65 户，水产养殖面积达到 3.2 万亩，同上年同期持平；水产品产量达到 18340 余吨，产值 20174 余万元。

第八节　农业农村管理

2013 年 1 月，沙坡头区农牧科技局成立，作为沙坡头区管委会职能部门，管理本区农业及其生产。核定科级领导职数 4 名（1 正 3 副），设局长 1 名（正科级），副局长 3 名（副科级），核定行政编制 14 名，后勤服务事业编制 1 名。2016 年 4 月，成立沙坡头区农业和科级委员会，核定行政编制 11 名，设科级领导职数 5 名（1 正 4 副），其中主任 1 名（正科级），副主任 4 名（副科级），下设 11 个事业单位。2018 年 3 月，成立沙坡头区农牧林业科技局，核定科级领导职数 4 名（1 正 3 副），局长 1 名（正科级），副局长 3 名（副科级）。2019 年 3 月，改称沙坡头区农业农村局，共核定行政编制 7 名，科技领导职数 4 名（1 正 4 副），设局长 1 名（正科级），副局长 3 名（副科级），下设 5 个事业单位。经过 2019 年机构改革，沙坡头区农业农村局下属事业单位合并为 3 个。2004 年至 2019 年，沙坡头区农业农村局历任负责人是景兆珍、马学峰、刘德祥、胡文礼、张永生、汪文奎、拓守辉等。

第六章 水 利

中卫市沙坡头区地处黄河前套之首，黄河自黑山峡入境，于胜金关出境，东西长114千米。沙坡头区自流扬黄灌区灌溉面积38813.3平方千米，分河南、河北两个灌区。河南灌区有羚羊角渠、羚羊寿渠及南山台扬水干渠，河北灌区有沙坡头美利渠总干渠及一支、二支、三支干渠和北支干渠。共管辖干渠八条，全长213.3千米，与13185条支、斗、农渠配套灌溉，引黄河水流量58立方米/秒，年均引水总量57973.8万立方米，管辖干沟九条，全长158.6千米，排水流量24.5立方米/秒，年排水总量23430万立方米。基本形成了防洪、灌溉、排水、水保、抗旱的农田水利工程体系。

沙坡头区水利工作以改革为动力，以构建和谐水利为目标，以抗旱灌溉为中心，坚持以人为本，发扬"三苦"精神，突出"发展、务实、为民"治水理念，使一批事关群众"灌水、排水、行路、饮水、增收、发展"等方面的问题得到有效解决，为社会主义新农村建设提供了可靠的水利保障。截至2019年，沙坡头区水利工作注重在高效节水灌溉、沟道治理、渠道砌护、农村饮水安全巩固提升、农田设施配套、维修养护、供水改造、防汛抗旱、山洪灾害防治等方面开展工作。

第一节 机构管理

一、机 构

2004年中卫市成立，中卫市水务局在原中卫县水务局的基础上成立。沙坡头区水利行业实行市、区一体化管理。2012年组建沙坡头区管委会，2012年5月至2013年3月设立沙坡头区农村工作部，负责对接中卫市水务局中卫城区相关水利工作。2013年1月，将市水务局下辖的河北灌溉管理所、河南灌溉管理所、北干渠灌溉管理所、南山台电灌站、农村人畜饮水管理站5个事业单位（以下简称"三所两站"）整体划转为沙坡头区农牧科技局所属事业单位，并新设立沙坡头区水利技术服务中心（挂沙坡头区抗旱服务队牌子），为沙坡头区农牧科技局所属事业单位。2016年8月，沙坡头区农牧科技局更名为沙坡头区农业和科技委员会，继续承接对沙坡头区水利行业的管理。2018年2月，沙坡头区水务局成立，由原沙坡头区农业和科技委员会所辖的各水利单位整体划转组成。首任水务局局长张红涛。2019年2月，根据沙坡头区机构改革方案，结合水务局实际，内设沙坡头区水利技术服务和沟道水库管理中心（沙坡头区河长制工作服务中心）、财务办公室、水旱灾害防御办公室、法规和水资源管理办公室、水利安全与质量监督管理站、水利调度和节约用水办公室、南山台电灌站、河北灌溉管理所、河南灌溉管理所、北干渠灌溉管理所。11月，将沙坡头区北干渠灌溉管理所、沙坡头区河北灌溉管理所、沙坡头区河南灌溉管理所的职责整合，组建沙坡头区灌溉管理所，定为不定级别的公益二类自收自支事业单位，核定事业编制71名，为沙坡头区水务局下属事业单位。

二、管 理

(一) 工程管理

2005年开始，沙坡头区组建成立并注册86个农民用水者协会，支干渠以上工程由灌溉所（站）统一管理，支渠以下各级工程由乡镇水利站指导，农民用水协会负责管理。形成了"村委会+协会"、协会指导下的支渠承包、按水文边界组建协会运行三种模式。截至2019年引黄自流灌区灌排系统骨干工程一直由三个灌溉管理所管理，支渠及以下各级工程由乡镇水利站指导，农民用水组织负责管理。理顺了供水单位和用水者的关系，解决了管理主体缺失的问题，实现了支斗渠由农民自管自用，镇村监督协调，水管单位延伸服务，主动参与供用水管理的目标。

在机械提灌工程管理方面：2006—2017年，每年年初中卫市和沙坡头区水行政主管单位都与辖属单位签订《社会治安综合治理目标管理责任书》，以创建"平安模范单位"为核心，坚持"谁主管，谁负责"的原则，认真落实领导责任制，狠抓了社会治安综合治理，确保各项水利工作顺利进行。2015—2017年，沙坡头区水行政主管部门根据辖区内各类水利工程性质和特点，按照公益性、准公益性和经营性工程定性标准，组织开展了改革范围各类小型水利工程的调查登记和分类定性，建立了小型水利工程管理档案。落实工程管护主体，明确工程管护责任，制作并颁发小型水利工程"三权"证书（所有权、管理权、使用权），同时签订了工程管护责任书。

（二）灌溉管理

沙坡头区成立前，由于灌排设施简陋、标准低，支斗渠分级混乱，数量多。2005年，引黄灌区面对用水计划指标调减、自然降水减少、持续干旱等不利的灌溉形势，从全面提高灌溉管理水平入手，确定了以农村水费改革为切入点，以解决灌水难为着力点的治水思路。城区累计投资400多万元，砌护赵范渠、冯家渠、复胜渠、新渠等5条共10.86千米，配套各类建筑物145座，完成清淤、工程岁修69项131处。通过渠道衬砌、工程岁修，有效缓解了输水"瓶颈"及群众淌水难的矛盾。

2006年，引黄灌区面对水稻种植面积增大，需水量增加，用水矛盾十分突出的现状，沙坡头区从节水保灌溉入手，使水权分配、用水计量、水费核算、水商品化管理以及"一价制"收费工作运转正常。使灌区形成了灌水有序、缴费及时、上下游均衡受益的灌溉管理机制，确保灌区34.7万亩农田的适时灌溉。

2007年，制定《中卫市城区引黄灌区2007年水量调度预案》，对全年灌溉引水、用水采取"总量控制、水权管理、定额使用"措施，同时严格执行水权管理制度，合理分配水权指标。

2012年3月，中卫市水务局实施沙坡头区农业水价综合改造项目——三干渠自动化控制闸门改造项目，2013年11月项目建成。实际完成干渠砌护20千米、配套各类建筑物96座，其中节制闸8座，新建退水闸1座、改造支渠口122座；配套自动化设备99套，建设信号传输中转塔两座；配备水费收缴终端管理系统、斗口自动控制管理系统、渠道水情检测系统各一套。实现干渠支口闸门远程自动化开关、支渠水位自动记录传输、软件系统自动计量，加强了对干渠水量的科学调配，提高了计量的准确性，减轻了渠道管理的工作强度。

2016年3月，中卫市水务局实施农业综合开发中型灌区节水配套改造项目——宁夏中卫市南山台子（二期）扬水灌区节水配套改造项目，4月底项目建成，有力地促进了沙坡头各渠的灌溉管理水平，保证了渠道安全运行和水量科学调度。

2017—2019年，实际用水总量分别为4.07亿立方米、4.46亿立方米、4.70亿立方米，未超过自治区下达用水指标；农田灌溉水有效利用系数分别为0.484、0.506、0.516。

（三）水政水资源管理

2004—2006年，中卫市水务局水政水资源科和水务科，会同各水管所有关水管站工作人员及鸣钟律师事务所律师，先后对河北灌区迎水镇4个村，东园镇两个村，柔远镇两个村，镇罗镇10个村，河南灌区常乐镇3个村、永康镇5个村，共计6个镇26个村117户，历年尾欠水费的"钉子户"进行集中清欠，通过集中上门入户清欠，现场收回50户14419元，签订还款计划保证书47户，拟起诉欠费"钉子户"欠费7305元。

2017年，按照自治区、市深改办的统一部署，扎实做好以农业水价综合改革为重点的各项水利改革工作。沙坡头区对9类小型水利工程维修养护经费进行测算；对10条干支渠、772条直开口渠道及7座大中型扬水泵站基本情况进行调查、统计汇总，完成58.22万亩农田初始水权分配工作；以常乐镇为试点，组织编制《中卫市沙坡头区农业社会化服务体系建设试点方案》，按照"成本运行、微利运作"方式为试点范围内各涉农主体提供服务。水务一体化进程不断加快。沙坡头区与宁夏水投集团合作，做好河南、河北人饮巩固提升供水工程建设的准备工作，成立宁夏水投集团中卫水务公司，人饮站人员和资产实现顺利移交，中卫水务公司运营顺畅。水利管理体制不断完善。按照市机构编制委员会批复，市水务局向沙坡头区农科委再次划转10名事业干部充实基层水利工作一线，使沙坡头区水利工作技术力量得到加强。

2019年，为强化沙坡头区水资源管理能力，全面落实"水利工程补短板，水利行业强监管"新时期治水思路，沙坡头区水务局于2月内设成立法规与水资源管理办公室。

（四）地下水资源管理

2015年5月26日按照市政府第10次常务会议要求，市国土资源局会同市水务局组织相关人员，依据《取消许可和水资源费征收管理条例》（国务院令第460号）第四条"家庭生活和零星散养、圈养畜禽饮用等少量取水不需要申请领取取水许可证"的规定，从6月5日至6月15日，利用10天时间对沙坡头区井径大于100毫米深度在20米以上的地下水井进行调查。2006年，对城区内打井的单位和个人依法严格审批，凡在城市规划区内的一律不予批准，市区内严禁自备水源井，并且强制关闭自备水源井，规范水资源管理。

第二节　渠道管护

河北灌溉管理所管理沙坡头北干渠系上中段（含美利渠渠首、美利渠中段、扶农渠、美一支干渠、美二支干渠、美三支干渠、碱碱湖扬水干渠及沟水回灌水系新北渠等），承担第二、第三、第四、第七排水沟沟道监管任务，下辖7个渠道管理段、6个乡镇水利工作站、1个扬水泵站，涉及河北灌区6镇68个行政村，农田灌溉约13万亩。

河南灌溉管理所管理沙坡头南干渠系（含原羚羊寿渠、羚羊角渠），下辖4个渠道管理段、3个乡镇水利工作站、两个扬水灌溉泵站，涉及河南灌区3镇21个行政村，灌溉面积3万余亩。

北干渠灌溉管理所管理沙坡头北干渠系下段（原北支干渠），下辖3个渠道管理段。承担第一排水沟、中沟沟道监管任务，灌溉面积3.8万余亩，并负责内蒙古栾井滩扬水灌区、美利纸业速生林、照壁山水库等农田灌溉、林业及工业园区供水任务。

2017年底，灌区支、斗、农等各级渠道19042条5072.36千米，已砌护改造4350千米，砌护率86.74%（其中：支渠772条1099.14千米、斗渠2348条1128.5千米、农渠15922条2844.72千米）。

截至2019年底，灌区干渠支干渠砌护改造率达到96.2%，支斗农等渠道砌护改造率达到87%，提高了各级输配水渠道"最后一公里"供水保障能力，发挥工程节水效益。

依据中央、自治区、中卫市《深化小型水利工程管理体制改革》要求和《关于印发沙坡头区水权确权工作实施方案和沙坡头区深化小型水利工程管理体制改革实施方案的通知》（卫沙政办发〔2017〕105）精神，沙坡头灌区小型水利工程的分类定性、明晰产权、落实管护主体和责任已完成。2018年4月，以沙坡头区政府向各乡镇、区水务局颁发了沙坡头区小型水利工程"三权"证书（所有权、使用权、管理权），并签订了沙坡头区小型水利工程运行管护责任书。

按照小型水利工程"分级管理、属地管理"原则，沙坡头区干渠、干沟（含附属水工建筑物）所有权属沙坡头区人民政府，由沙坡头区水务局负责管理；支渠（沟）及支渠（沟）以下各级渠（沟）道（含附属水工建筑物）所有权属所在地乡镇人民政府，由所属乡镇、行政村负责管理。

第三节　水利工程

一、引黄灌溉工程

沙坡头区的引黄灌溉工程主要有美利渠总干渠（沙坡头北干渠）、沙坡头北干渠、坡头南干渠等。

二、提水灌溉工程

沙坡头区提水灌溉工程主要有南山台子扬水灌区。2004年，经过30多年的开发建设，扬水灌区已发展灌溉面积23.90万亩。其中，农田面积9.08万亩，开发未种地2.61万亩。粮食作物1.77万亩，经济作物1.81万亩，8年以上的经果林2.24万亩，幼树套种3.26万亩，硒砂瓜套种枣树补灌面积12.2万亩。

三、引调水工程

沙坡头区引调水工程主要有黄河沙坡头低坝水利枢纽工程、沙坡头水利枢纽北干渠工程、沙坡头水利枢纽南干渠工程等。

四、高效节灌工程

沙坡头区高效节灌工程是集农村饮水安全、特色补灌、生态移民于一体的综合供水工程。主要有香山硒砂瓜引黄高效节水补灌工程、中卫市沙坡头区永康和宣和节水补灌工程、永大线高效节水农业示范项目（水利配套一期）、永大线高效节水农业示范项目（水利配套二期工程）、中卫市沙坡头区永康高效节水补灌工程、永康（硒砂瓜及果树）高效节水补灌工程、宣和高效节水补灌工程、永康兴仁高效节水灌溉工程、香山乡高效节水灌溉工程、敬农双达康乐高效节灌工程、宣和寺口子常乐黄套高效节水灌溉项目、沙坡头区镇罗东园高效节灌工程、东园高效节灌工程、沙坡头区常乐高效节灌工程、迎水桥高效节灌工程等。

五、农村饮水安全工程

沙坡头区农村饮水安全工程有兴仁综合供水农村饮水安全工程、兴仁高庄（王团）生态移民项目区养殖园区饮水工程、红圈子景庄农村饮水安全工程、兴仁香山抗旱应急水源工程、中卫县宣和集镇供水（饮水）工程、中卫县常乐降氟改水改造工程、中卫县城北降氟改水工程、城东自来水管理站计量供水复线改造工程、中卫县刘湾降氟改水工程、中卫县永康人畜饮水工程、中卫县第一批氟砷病改水项目区宣和镇、宣和养殖园区供水（饮水）工程、永康养殖园区供水（饮水）工程、中卫市城区柔远农村饮水安全工程、中卫市城区东园镇人畜饮水改造扩建工程、迎水农村饮水安全工程、高滩农村饮水安全工程、镇罗工业园区供水（饮水）工程、中卫市城区镇罗人畜饮水改造扩建工程、上游村饮水安全工程、中卫市沙坡头区东月农村饮水安全工程、迎水桥镇营盘水抗旱应急水源工程等。

六、工业供水工程

沙坡头区工业供水工程主要有中卫市沙坡头区镇罗金鑫园工业供水工程、常乐工业园科豪陶瓷循环经济利用项目供水工程、中卫工业园区照壁山水库供水工程、中卫工业园区氧化塘废水处理与应急供水工程、宁夏万隆新材料有限公司10万吨锰酸锂项目供水工程等。

第四节 水土保持

一、小流域综合治理

沙坡头区小流域综合治理项目分别有长流水小流域、景台小流域、高家水小流域等。

二、淤地坝

截至2019年，沙坡头区共有淤地坝66座，其中：骨干坝13座，中型淤地坝34座，小型淤地坝19座。2017—2018年，对上川、周套、蒿川、蔡堡、喇嘛井骨干坝进行了除险加固。

三、沙坡头水利枢纽

宁夏沙坡头水利枢纽有限责任公司成立于1999年,2004年由新华水力发电有限公司、宁夏水务投资集团有限公司、北京能达电力投资公司和宁夏电力建设工程公司共同出资重组。

第五节 防汛抗旱

一、防 汛

(一) 汛 灾

沙坡头区防汛以城市防洪为主,发生的自然或人为因素导致的洪涝灾害,主要是黄河洪水、山洪水库溃坝、暴雨洪涝等灾害事件的防御和处置。沙坡头区城市地处黄河上游下段,灌区自古以来既得河水灌溉之利又受河汛洪灾之害。每当汛期洪流奔腾咆哮,在黑山峡内坡陡流急,携带大颗粒推移质,出峡后河床扩散流速大减,大颗粒推移质必然沉积,当左岸沉积量大,阻塞流向河道势必南移,反之则北移。由于河床左右摆动,河洪大水淤滩,小水冲湾,形成两岸一滩接一滩,一湾接一湾,不断地蚕食两岸农田和村庄。当洪峰流量超过4000立方米/秒时,淹漫两岸滩地、顶托城市排水,危及农田、村庄、渠道、城市供排水安全。汛期洪水多主要在7月、8月、9月三个月。

表6.1 沙坡头区境内各山洪沟洪水情况分析表

沟道名称	长度(千米)	平均比降(‰)	流域面积(平方千米)	三十年一遇最大洪峰流量(立方米/秒)	汇入河流
崾岘子沟	43.1	16.3	299	540	黄河
三个窑沟	39.2	18.8	160	387	黄河
羊圈沟	12.5	27.3	25.6	143	黄河
阴洞梁沟	38.4	18.8	168.00		黄河
黑山嘴沟	26.1	8.0	102	239	黄河
石墩水沟	12.3	8.5	60.2	182	黄河
涩井沟	39.3	6.5	296	424	黄河

（二）防汛体系

城市防洪防汛主要有四个方面：一是黄河洪水；二是暴雨山洪；三是水库、塘坝、蓄水湖泊等；四是城市暴雨内涝。

1. 黄河防洪现状

黄河自中卫市沙坡头区香山乡南长滩村流入至青铜峡库区流出，全程182千米。黄河在黑山峡内坡陡流急，携带推移质颗粒大，出黑山峡后河床扩散、流速大减，大颗粒推移质必然沉积，黄河左右两岸有10多条大的直入黄河的山洪沟，每遇大的山洪，大量的泥石流堆积岸坡，使岸坡扩大抬高，阻塞河道流向，对岸不断被冲刷塌岸。黄河来水不稳，大水淤滩、小水绕弯，经多年黄河整治，初具规模。整治规模最大的是1999年黄河堤防整治工程，沿1982年制定的规划线，设计洪峰流量6000立方米/秒（相当于50年一遇），堤顶宽6米，边坡1∶2的设计标准进行工程施工，完工后存在发展不平衡，有些堤段质量比较差，由于各种原因，有些段落高度、坡度、宽度达不到标准。2008年至2009年，对黄河卫宁段堤防进行了标准化建设，由于黄河卫宁段临水堤段较多，又没有缓冲地带，并且缺少骨干控制性工程设施，因此，现仍存在较多处险工段，如遇较大洪水直接冲刷河堤，防守仍处于被动。多年来所形成的横河、斜河多处可见，河床逐年抬高，有些码头、丁坝护岸多年失修，度汛能力逐年锐减，出现小流量高水位的现象已被多次通过2000立方米/秒左右的流量所证明，如现在行洪流量在4000立方米/秒时的情况下，相当于1964年行洪6000立方米/秒的高水位，就会多处出现险情。黄河堤防、丁坝（码头）是城市防洪防汛重要的防护对象。

2. 山洪沟防洪现状

沙坡头区黄河两岸有大型山洪沟7条，是沙坡头区城市防洪重要防护对象。这些山洪沟由于穿过引黄灌区，加之长期以来没有进行彻底治理，尤其是沙坡头区的崾岘子沟、三个窑沟、羊圈沟、石墩水沟、黑山嘴沟、涩井沟。现有防洪设施差，因而遇山洪暴发时淹没农田、庄稼、冲毁房屋、冲毁水利设施、冲垮道路、淤积沟渠、危及城市，山洪给周边镇村群众生命财产安全带来极大威胁，严重影响着当地经济发展。

二、防 洪

截至2019年底，区内黄河主河道现已趋于稳定，不再危及两岸农田和群众财产。同时，两岸建成了南北滨河大道共长90千米。2018年4—6月，投资71.95万元，修建了水车村导洪工程、永康镇校育川村饮水安全工程、营盘水沙沟治理工程、冯庄骨干坝维修工程等。工程实施后，通过山洪沟道的疏浚治理，有效提升了防洪能力，确保了当地群众的生命和财产安全。2018年7—10月，受降雨影响，龙羊峡、刘家峡水库联合防洪调度，下河沿断面流量持续在3000~3500立方米/秒上下，根据中央及自治区《2018年中央特大防汛抗旱补助资金通知》文件精神，投资150万元，对黄河宫东侧两处土坡滑塌、永康永丰码头冲毁、柔远夹渠杨家湖护岸抢险加固。2019年，投资2194.8万元，对发源于甘肃省在沙坡头区兴仁镇入宁夏境内的高崖沟支流马沙河沟、野马涝沟、洪水河重点段落进行了治理，治理范围长15.65千米。

表6.2 沙坡头区山洪沟道基本情况统计表

沟道名称	所在水系	流域面积（平方千米）	沟道长度（千米）	比降（‰）
一、北山区				
长流水沟	黄河左岸一级支流	98.7	20.5	19.9
黑山嘴沟	黄河左岸一级支流	60.2	12.3	10.4
石墩水沟	黄河左岸一级支流	102	26.3	8.38
涩井沟	黄河左岸一级支流	296	45.5	6.49
井梁子沟	黄河左岸一级支流	220	45.3	7.17
二、香山北麓区				
寺口子沟	黄河右岸一级支流	130	20.0	20.3
沙沟子	黄河右岸一级支流	16.85	7.2	20.8
石磺沟	黄河右岸一级支流	45.7	19.5	26.5
白鹅子沟	黄河右岸二级支流	39.83	10.5	27.6
曹家山沟	黄河右岸二级支流	37.1	8.4	32.5
阴洞梁沟	黄河右岸一级支流	168	38.4	18.8
马家山沟	黄河右岸一级支流	7.36	7.8	24.3
艾湾沟	黄河右岸一级支流	2	2.0	40.4
三个窑沟	黄河右岸一级支流	160	39.2	18.8
羊圈沟	黄河右岸一级支流	25.6	12.5	27.3
崾岘子沟	黄河右岸一级支流	299	43.1	16.3
常乐沿山导洪沟	黄河右岸一级支流	33.1	8.8	53.7
水车九队沟	黄河右岸二级支流	2.9	2.9	46.3
水车七队沟	黄河右岸二级支流	3.3	4.5	45.8

续　表

沟道名称	所在水系	流域面积（平方千米）	沟道长度（千米）	比降（‰）
水车六队沟	黄河右岸二级支流	2.05	3.3	42.4
滴水沟	黄河右岸二级支流	3.85	3.85	52.3
茶坊庙沟	黄河右岸二级支流	3.5	4.8	47.6
粉石沟	黄河右岸二级支流	3.52	5.0	53.4
黄刺沟	黄河右岸二级支流	7.45	5.5	56.8
山台沟	黄河右岸二级支流	2.45	3.25	43.2
紫泥沟	黄河右岸二级支流	4.08	1.4	42.1
东大沟	黄河右岸一级支流	6.12	6.5	75.3
惊水沟	黄河右岸一级支流	2.34	5.4	
冰　沟	黄河右岸一级支流	129	28.1	23.8
贼　沟	黄河右岸一级支流	0.33	0.85	24.6
大沟滩沟	黄河右岸一级支流	2.06	3.2	83.3
窑　沟	黄河右岸一级支流	3.8		3.5
马田沟	黄河右岸一级支流	1.61		3.1
佘家沟	黄河右岸一级支流	3.19		4.0
高崖沟	黄河右岸一级支流	2580	120	15.9–5
三、香山南麓区				
新庄子沟	高崖沟	4.23	5.6	30.2
红石沟	高崖沟	1.7	3.01	28.6
三合大沟	高崖沟	6.43	7.46	22.7
新水大沟	高崖沟	22.41	12.82	20.7
红圈子沟	高崖沟	1.43	4.8	24
金家川沟	高崖沟	1.59	2.61	31.9
榆树沟	高崖沟	18	13.5	24.6
三眼井沟	高崖沟	3.21	1.8	35.3
黑碳沟	高崖沟	1.25	2.03	54.7
深井大沟	高崖沟	3.93	4.24	38.8
水花沟	高崖沟	34.81	15.92	18.8
牛条沟	高崖沟	41.9	14.0	20.9
罗锅井沟	嵯岘子沟	1.6	1.66	23.4
车路沟	清水河	4.34	4.69	31.5
干柳树沟	寺口子沟	0.67	1.48	58.2

续 表

沟道名称	所在水系	流域面积（平方千米）	沟道长度（千米）	比降（‰）
独家坟掩沟		0.5	1.4	38.9
大　沟		5.26	3.28	44.6
老坟沟		0.95	0.74	86.2
土　沟		0.82	2.6	54.8
大渠梁沟		8.91	5.83	76.9
冯家大沟	高崖沟	26.2	10.3	25.6
洪水河沟	高崖沟	6.45	7.69	27

三、抗　旱

（一）2003年引黄灌区抗旱

2003年，受黄河来水量严重偏枯的影响，自治区分配中卫县的灌溉引用水指标较往年大幅度减少，灌区春夏灌用水缺口大。中卫引黄灌区是无坝引水，黄河水位低，引水困难。面对前所未有的水资源短缺形势，中卫县水利局制定了2003年抗旱工程建设方案和指导意见。抗旱主要在引黄灌区；主要措施是建设四项工程：打井抗旱工程、渠道补水工程、应急抗旱设施、渠口引水工程。在大旱之年灌区实现灌水秩序正常，农作物不减收减产。

（二）山区应对旱灾措施

2007年，山区春季持续5个月无有效降水，旱情严重。防汛抗旱办公室积极争取抗旱资金115万元（分别是2007年第一批特大抗旱补助费15万元、第二批特大抗旱补助费40万元、第三批特大抗旱补助费40万元、市配抗旱经费20万元）。将到位的抗旱经费及时投入抗旱一线，通过发放抗旱工用具、送水补水、维修人饮工程等方式缓解旱情。维修石砚子、党家水、水化沟、深井、七眼井5处抗旱水源工程，缓解当地老百姓的人畜饮水问题；市防汛抗旱办公室发挥抗旱服务职能作用，元月至5月份，利用现有拉水工具，动用送水车7辆，为香山乡严重缺水的机关、学校、老弱病残户及特困户等弱势群体累计送水42天，送水1500多吨。4月到7月份，先后从甘肃兴电、固海扬水、南山台扬水工程共调水361万立方米（其中城区调水139万立方米，海原调水107万立方米，中宁调水115万立方米），缓解了香山旱情，减少了干旱造成的损失。

2013年，入冬以来沙坡头区较往年同期气温偏高，降水偏少，至5月份境内降水量仅为18.0毫米，较历年同期偏少三成。由于干旱风多，境内中部干旱带上的香山、兴仁及蒿川乡部分区域土壤墒情差，部分水窖及大型蓄水池蓄水不足，硒砂瓜补灌储备水量不足。主要采取了以下措施帮助群众抗旱救灾。一是为农民提供抗旱拉水设施：拉水补窖，并对所有的供水设备进行检修，对老化失修的闸阀、供水房进行更新和维修，确保旱区群众人畜饮水安全。二是与甘肃兴电扬水管理局联系争取补灌用水：力争合同外供水，确保硒砂瓜补灌用水。三是加强对硒砂瓜补灌：对工程进行及时维修并加强管理。四是各镇（乡）政府及扶贫部门：做好对五保户、贫困户、学校等重点人群拉水送水工作。五是加快抗旱工程建设：申报沙坡头区自来水还未入户的村队。六是沙坡头区对抗旱实行财政扶持：对山区香山乡、兴仁镇和环香山带村队抗旱自救给予资金支持。

2014年至2017年，随着香山及环香山硒砂瓜补灌工程效益的发挥、兴仁综合供水工程的正常运行、香山乡兴仁镇机深井由原来的（设市前2004年）30多眼猛增到350余眼，过量开采地下水、利用引黄水以及沿山村队在沟中挖大口井抽水补水等工程措施抗旱，近年来虽有旱情，但由于水利工程的作用，干旱已不再是当地致灾的主因。如今，山区群众生活用水有保障，生产用水得到较大补充和改善。

2017年，沙坡头区中南部大部分地区出现严重旱情，加之水利设施老化，蓄水池渗漏严重，泵站供水能力不足，导致效益衰减。同时，部分山洪沟抵御自然灾害能力差，每遇山洪暴发，淹没村庄、农田、养殖园，严重威胁当地群众的财产安全，影响群众的正常生产生活。为此，根据自治区水利厅有关文件精神，沙坡头区水务局于2018年4—6月投资154.14万元，修建了香山乡三眼井村硒砂瓜补灌工程、迎水桥镇南长滩村泵站改造工程、迎水桥镇下滩村泵站改造等工程。工程实施后，经过泵站及蓄水池维修改造，提高了泵站及蓄水池供水能力，在大旱之年保证了农田及时供水，促进了项目区群众脱贫致富、改善了生存与生态环境。

四、水　库

沙坡头区共有5座水库，其中：中型水库两座，为沙坡头水利枢纽工程和沙沟水库；小型水库3座，分别为照壁山水库、寺口子水库和新水水库。沙坡头区管辖的水库有3座：沙沟水库、寺口子水库、新水水库。市水务局管辖的水库有两座：为沙坡头水利枢纽工程、照壁山水库。

第七章 工 业

中华人民共和国成立前，沙坡头区工业主要是以手工作坊为主的手工业。新中国成立后，沙坡头区工业逐渐起步，1953年，对手工业和私营工商业进行社会主义改造，实现公私合营。1958年以后，掀起大办工业热潮。第一个五年计划期间，沙坡头区工业生产总值从1953年的44万元增长到1957年的119万元，涨幅为170.45%。"文化大革命"期间，沙坡头区一些工厂停工停产。1967年，贯彻党中央"抓革命、促生产"指令，多数工厂相继恢复生产。十一届三中全会后，各企业先后实行承包经营责任制，手工业者开始从事生产经营活动，沙坡头工业发展有了新的契机。20世纪90年代，工业企业深化体制改革，乡镇企业和私营企业迅速发展。2000年以后，沙坡头区加快经济结构调整，逐步形成空间布局合理、产业特色鲜明、经济机制灵活、多种经济成分竞相发展的工业化新格局。2007年，沙坡头区共有企业229户，规模以上工业企业76户，规模以上从业人员14939人。"十二五"期间，沙坡头区紧抓国民经济和社会发展战略机遇期，转变工业发展方式，推动工业转型。2015年，工业生产总值增至46.27亿元，比"十一五"计划末增长19.25亿元，涨幅为71.24%。进入"十三五"期间，借助国家新的发展战略机遇，为沙坡头区工业进一步拓展空间及创新发展提供了新途径。2017年，沙坡头区工业生产总值达到53.34亿元，占地区生产总值的31.06%。2019年，沙坡头区按照中卫市"一带两廊"空间规划布局，依托自然禀赋、资源优势和产业基础，科学布局。围绕"四带一区"特色产业发展，聚焦沿黄生态经济带和脱贫富民产业廊，沙坡头区全力推进工业转型升级，取得良好效果。

第一节　工业体制

一、管理机构

2018年，根据《沙坡头区委办公室、人民政府办公室关于调整优化沙坡头区机构编制有关事项的通知》（卫沙党办发〔2018〕12号），设立中卫市沙坡头区工业和信息化局（挂沙坡头区商务和经济技术合作局牌子），为沙坡头区政府工作机构。沙坡头区发展和改革局承担的工业和信息化职责、商务和经济技术合作职责，整合划入沙坡头区工业和信息化局。核定行政编制8名，核定科级领导职数3名。设局长1名（正科级），副局长2名（副科级，其中1名副局长兼任信息动员办公室副主任）。2019年1月，将沙坡头区工业与信息化服务中心由原区工业和信息化局所属事业单位调整为区工业信息化和商务局所属事业单位。2018—2019年沙坡头区工业信息化和商务局历任局长黄占荣、孙占宏、拓守辉、伏刚等。

二、国有企业

进入21世纪，沙坡头区国有企业改制全面展开，除关系国计民生的电力、热力等重要行业和领域外，其他大部分国有工业企业改制为私营企业。截至2016年末，沙坡头区共有规模以上企业70家，实现规模以上工业企业增加值41.9亿元，同比增长4.2%。其中冶金产业规模以上生产企业10家，工业产值达23.83亿元；电石化工产业企业6家，规模以上生产企业3家，工业产值达4.53亿元。2017年，沙坡头区国有企业固定资产投入为33.99亿元，占全年固定资产投资的28.16%。2019年，国有控股企业增加值增长18.7%。

三、私营企业

1978年后，在改革开放、搞活经济、发展商品生产中，城乡各种私营、个体或联营工业蓬勃发展，到1993年，全县木材、食品、饲料、纺织、铁皮等加工业发展迅速。截至2017年，沙坡头区私营企业固定资产投入为71.06亿元，占全年固定资产投资的58.87%，在全年固定资产投资中最多。2019年，私营企业增加值增长5.3%。

第二节　工业门类

一、轻工业

中华人民共和国成立前，沙坡头地区轻工业长期处于落后状态，只有数十家酿造、加工、皮毛鞣制、缝纫、石印、日用粗陶烧制及农器具修理的店铺、摊点。新中国成立后，逐步发展以农副产品为原料的各类加工制造业。70年代后期以来，国营、集体、个体轻工企业得到发展。2014年，沙坡头区轻工业增加值14.1亿元。其中，农副食品加工业实现产值1.7亿元。2015年，轻工业完成产值30.3亿元，同比增长114.9%。其中，农副食品加工业实现产值0.2亿元。截至2016年，轻工业完成产值43.7亿元，增长45.2%。2019年，轻工业增加值增长7.6%。

二、重工业

沙坡头区矿产资源较为丰富，重工业历来以采掘业占优势。至1993年，发展为采掘、原材料、机械、电力等门类。2014年，沙坡头区重工业增加值204.6亿元。其中，化学原料和化学制品造业实现增加值46.7亿元，电力、热力生产和供应业实现增加值69亿元。

2015年，重工业完成产值169.9亿元，同比下降16.6%。其中，化学原料和化学制品制造业实现产值32.1亿元，电力、热力生产和供应业实现产值58.7亿元。2016年，重工业完成产值172.8亿元，同比增长1.3%。2017年，沙坡头采矿业生产总值为623万元，占中卫市生产总量的35.92%，从事人员515人；制造业生产总值为31.08亿元，比2016年增长了7.2%，从事人员33874人；电力、煤气及水的生产和供应业生产总值为22.19亿元，比上年增长12.3%，从事人员2559人。2019年，重工业增加值增长5.7%。

第三节 安全管理

2012年，沙坡头区深入开展安全生产大检查，全年共开展6次专项排查整治活动，排查各类事故隐患422处，排除415处，排除率为98.3%。突出矿山领域打非治违，集中开展两次打非治违专项行动，采取中卫市、沙坡头区、乡镇三级联合执法方式，严厉打击非法、违法生产经营行为，沙坡头区没有发生因非法、违法生产经营建设造成的安全生产事故。

2013年，重点突出道路交通、煤矿、非煤矿山、危险化学品、输油输气管道、民爆物品、建筑施工和市政建设、人员密集场所消防安全等15个重点行业领域的安全生产监管，组织开展安全大检查7次。加强对校育川、常乐等煤矿的监督管理，排查排除隐患7条，杜绝偷采盗采现象发生。对存在职业病危害的用人单位进行摸底调查，对职业病危害较严重的企业进行重点监督检查，完成职业病危害因素申报11家，建立职业卫生管理档案8家，完成作业场所有害因素监测6家，建立职工健康监护档案10家1100人。

2014年，按照"一年打基础、两年上台阶、三年大变样"的总体部署，对中小微企业负责人和安全员组织开展法律法规、安全管理、应急救援等知识专题培训，聘请专家对企业安全状况进行"会诊把脉"，并免费量身定制科学实用的管理规范，年内开展安全生产综合检查5次，组织开展专项检查7次，排查各类隐患3731个，排除整改3716个，中小微企业安全生产管理逐步由粗放式向精细化方向迈进，由被动管理向自我管理方向转变。

2016年8月，镇罗、宣和、常乐、文昌4个乡镇产业园区交由沙坡头区承接管理。自承接管理以来，认真贯彻落实安全生产各项工作要求，保持4个工业园区安全生产形势持续平稳，未发生重特大安全事故。

第四节 工业发展

一、工业产值

2012年，规模以上工业增加值中，轻工业增加值6.3亿元，重工业增加值216亿元。按经济组织类型分，国有企业实现增加值24亿元，独资企业实现增加值24亿元，股份有限公司实现增加值2.1亿元。全年规模以上工业企业总资产贡献率为-0.5%，资产保值增值率为19.6%，资产负债率为15.7%，流动资金周转率为14.7%，成本费用利润率为-27.9%，工业全员劳动生产率为89.1%，工业产品销售率为12.7%。全年规模以上工业企业实现主营业务收入123亿元。沙坡头区规上工业累计完成总产值130.14亿元，同比增长18.5%。2012年，沙坡头区规模以上工业企业中5大重点行业实现增加值24.72亿元，同比增长21.4%，占规模以上工业总增加值的比重为88.5%。其中：黑色金属冶炼及压延加工业完成增加值13.43亿元，同比增长53.5%；化学原料及化学制品制造业完成增加值3.69亿元，同比增长56.4%；电力、热力燃气及水生产和供应业完成增加值2.6亿元，同比增长124.1%；酒、饮料和精制茶制造业完成增加值1.43亿元，同比下降29.2%；造纸及纸制品业完成增加值3.57亿元，同比下降41.3%。

2013年，沙坡头区共有规模以上企业56家，实现总产值1525亿元，同比增长174；实现增加值39.9亿元。其中国有控股企业增加值3.3亿元，比上年少31.3%。沙坡头区全年规模以上工业实现营业收入1510亿元，其中主营业务收入145.1亿元。规上工业企业总资产贡献率14255%，资产保值增值率12.88%，资产负率16.31%。流动资金周转率15.59%，成本费用利润率-13.09%，工业会员劳动生产率9.36%，工业产品销售量13.34%。2013年，沙坡头区规模以上工业企业中5大重点行业实现增加值33.15亿元，同比增长34.1%，占规模以上工业增加值的比重为83.1%。其中：黑色金属冶炼及压延加工业完成增加值13.84亿元，同比增长3.1%；化学原料及化学制品制造业完成增加值12.75亿元，同比增长245.5%；电力、热力燃气及水生产和供应业完成增加值2.61亿元，同比增长0.38%；酒、饮料和精制茶制造业完成增加值2.87亿元，同比增长100.7%；造纸及纸制品完成增加值1.08亿元，同比下降69.8%。

2014年，沙坡头区共有规模以上企业62家，实现总产值218.7亿元，同比增长65%；实现规上工业企业增加值423亿元。其中国有控股企业增加值71.3亿元，同比增长9%。规模以上工业实现营业收入167.4亿元，其中主营业务收入161.9亿元。规上工业企业总资产献率201，产保值增值率13453，资产负债率71.90%。流动资金周转率143%，成本费用利润率-1.7%，工业产品销售率9604%。全年规模以下工业总产值82亿元，规下工业增加值2.8亿元，增速3.1%。2014年，沙坡头区规模以上工业企业中5大重点行业完成产值201.1亿元，占规模以上工业总产值的比重为90.1%。其中：黑色金属冶炼及压延加工业完成产值75.42亿元，同比增长4.00%；化学原料及化学制品制造业完成产值46.74亿元，同比增长5.3%；电力、热力燃气及水生产和供应业完成产值66.95亿元，同比增长13.9%；酒、饮料和精制茶制造业完成产值6.33亿元，同比增长9.5%；造纸及纸制品完成产值5.64亿元，同比增长7.6%。

2015年，规模以上工业实现增加值39.5亿元，同比增长4.9%。规模以上工业实现总产值200.3亿元，同比下降8.1%。三次产业结构由2014年的14.5∶41.2∶44.3调整为2015年的13.7∶41.5∶44.8。共有规模以上企业71家，实现规上工业企业总产值200.3亿元，同比下降8.1%。全年规模以上工业实现营业收入168.2亿元，其中主营业务收入165.3亿元。规上工业企业总资产贡献率为2.7%，资产保值增值率为126.0%，资产负债率71.0%。流动资产周转率1.3，成本费用利润率0.4%，工业产品销售率为94.1%。

2016年，共有规模以上企业70家，实现规模以上工业企业增加值41.9亿元，同比增长4.2%。规模以上工业实现营业收入186.3亿元，其中主营业务收入183.1亿元。规上工业企业总资产贡献率为3.1%，资产保值增值率为142.6，资产负债率65.4%。流动资产周转率1.4%，成本费用利润率2.9%，工业产品销售率96.0%。

2017年，全部工业增加值117.06亿元，比上年增长7.8%，对经济增长的贡献率为31.8%。规模以上工业增加值增长8.2%。分经济类型看，国有控股企业增加值增长5.9%，股份制企业增加值增长8.2%，私营企业增加值增长8.6%，外商及港澳台商投资企业增加值增长166.4%。分行业看（按比重由高到低顺序公布），电力、热力燃气及水生产和供应业增加值增长8.9%，有色金属冶炼及压延加工业增加值增长15.1%；化学原料和化学制品制造业增加值增长18.0%，黑色金属冶炼和压延加工业增加值增长7.7%，非金属矿物制品业增加值下降5.8%，电气机械及器材制造业增加值下降18.8%，食品制造业增加值下降0.9%，酒、饮料和精制茶制造业增加值增长6.7%，造纸及纸制品业增加值增长

34.8%，农副食品加工业增加值下降20.2%。战略性新兴产业增加值增长4.1%。高耗能行业增加值增长10.2%。123家规模以上工业企业利润总额39.07亿元，增长62.6%；亏损企业比上年末减少5家，亏损企业亏损6.84亿元，下降6.7%；每百元主营业务收入成本为83.95元，比上年减少2.88元；经济效益综合指数为256.9%，比上年提高25.6个百分点。规模以上工业企业实现销售产值522.93亿元，增长24.4%，工业产品销售率98.0%；企业资产负债率69.4%。

2019年，沙坡头区全部工业增加值60.65亿元，比上年增长5.0%，占地区生产总值比重为31.9%。规模以上工业增加值增长5.3%。在规模以上工业中，分轻重工业看，重工业增加值增长5.7%，占规上工业增加值比重90.8%；轻工业增加值增长7.6%，占规上工业增加值比重9.2%。分经济类型看，国有控股企业增加值增长18.7%，股份制企业增长4.8%，外商及港澳台商投资企业增长10.9%，私营企业增长5.3%。分门类看，制造业增加值占规模以上工业增加值的比重为63.2%，比上年增长10.7%；电力、热力、燃气及水的生产和供应业增加值占36.8%，比上年增长1.6%。分行业看，电力、热力生产和供应业占规模以上工业增加值的比重为33.6%，比上年增长4.6%；黑色金属冶炼及压延加工业占比29.8%，比上年增长10.0%；化学原料及化学制品制造业占比10.0%，比上年增长22.2%；非金属矿物制品业占比4.3%，比上年下降2.4%。

二、经济效益

2012年，沙坡头区规模以上工业实现销售收入122.99亿元，同比增长22.4%；应缴税金及附加3.85亿元，同比增长26.1%，在50家规模以上工业中，亏损企业25家，亏损企业亏损额8.77亿元。企业资产总计270.68亿元，同比增长41.1%；负债合计212.45亿元，同比增长48.6%，负债率为78.5%；应收账款合计30.1亿元，同比增长101.3%。2013年，沙坡头区规模以上工业实现销售收。工业与园区建设投入145.13亿元，同比增长18%；微交税金及附加5.77亿元，比上年同期下降50%；利润总额6.75亿元，同比扭亏为盈。在56家规模以上工业中，亏损企业24家，亏损面达42.9%；企业资产总计295.16亿元，同比增长9%；负债256.26亿元，同比增长20.6%，负债率为86.8%；应收账款合计20.4亿元，同比下降32.2%。2014年，沙坡头区规模以上工业实现销售收入161.87亿元，同比增长12.9%；利润亏损2.97亿元。在62家规模以上工业中，亏损企业31家，亏损面达50%；企业资产合计314.68亿元，同比增长9.1%；负债226.26亿元，同比增长1.6%，负债率为71.9%；应收账款合计23.37亿元，同比增长22%。2019年，85家规模以上工业企业实现利润14.99亿元，比上年增长61.6%。分经济类型看，国有控股企业实现利润6.92亿元，增长45.0%；股份制企业14.14亿元，增长64.8%；外商及港澳台商投资企业0.86亿元，增长22.3%；私营企业7.14亿元，增长90.2%。分门类看，制造业实现利润3.45亿元，下降467.1%；电力、热力、燃气及水生产和供应业实现利润11.54亿元，增长12.9%。规模以上工业企业营业收入利润率为6.56%，比上年增长2.68个百分点；规模以上工业产品产销率为98.2%；企业资产负债率63.8%。

第五节　节能降耗

2016年，银河冶炼余热发电项目建成，年发电量达13363万千瓦时，年可节约标煤4.05万吨。组织明巨电石、胜金水泥公司开展清洁生产审核，并通过自治区清洁生产审核验收。组织上报节能、循环经济和资源节约重大备选项目11个，获得资源节约与环境保护中央预算资金支持1000万元。

表 7.1 沙坡头区单位 GDP 能耗及相关指标表

指　标	计量单位	2005	2006	2007	2008	2009 年	2010	2011	2012	2013	2014	2015	2016	2017	2018
全社会消费量（等价值）	万吨标准煤	314.34	356.42	397.19	426.46	460.37	494.64	736.83	839.96	891.86	850.94	955.68	940.72	958.78	1052.67
单位 GDP 能耗（等价值）	吨标准煤/万元	4.5406	4.5724	4.4736	4.2097	3.9933	3.7856	3.7452	3.8066	3.6746	3.3149	3.5078（3.0158）	2.7994	2.6351	2.73
单位 GDP 能耗上升（+）或下降（-）	%		0.7	-2.06	-5.9	-5.1	-5.2	31.13	1.64	-4.2	-9.1	5.82	-7.84	-5.19	3.6
全社会用电量	万千瓦时	381834.2	483294.6	588720	617554.5	636372.7	8.3521	1476801	1773600	1870700	1797900	2069143	2573659	2008900	2273672
单位 GDP 电耗	千瓦时/万元	5482.48	6162.77	6593.35	6068.43	5769.92	6149.58	7506.36	7077.75	6507.23	6041.93	6529.52	7603.99	5519.26	6687.94
单位 GDP 电耗上升（+）或下降（-）	%		12.4	6.99	-7.96	-4.92	6.58	61.79	-5.71	-8.06	-7.15	8.07	16.46	-27.42	1.76
规模以上工业综合能耗总量（当值量）	万吨标准煤	219.05	2661.56	286.21	280.35	289.4	323.55	447.42	501.47	545.98	517.6242	569.3	550.32	597.9	684.46
规模以上工业单位增加值能耗	吨标准煤/万元	15	15.83	14.07	11.31	10.4	9.72	11.199	11.37	10.45	9.64	9.23	8.23	-	-
规模以上工业单位增加值能耗上升（+）或下降（-）	%		4.22	-11.1	-19.63	-8	-6.53	28.72	1.52	-8.06	-7.78	0.45	-6.24	-7.42	9.3
规模以上工业用电总量（当值量）	万千瓦时	277948	414987	515779	532800	584000	675310	1356858	1647695	1731603	1647108	1909810	1849818	1677074	1966700
规模以上工业单位增加值电耗	千瓦时/万元	21988.2	25120.3	25355.4	19365	16360	15843	24869	25399.87	23786.52	17641.8	18641.67	19435	-	-
规模以上工业单位增加值电耗上升（+）或下降（-）	%		14.24	0.94	-23.6	-15.5	-3.2	57	2.13	-6.35	-25.83	5.67	4.26	-16.21	12.04

注：2010 年及以前单位 GDP 能耗以 2005 年可比价计算，2011 年单位 GDP 能耗以 2010 年可比价计算

第六节　工业园区

一、美利造纸工业园区

我国第一个以造纸为主导产业建立的特色鲜明的省级工业园区，园区实施林纸一体化战略，大力发展循环经济。园区总占地面积36万亩，由两个部分组成：一是核心工业区，占地面积2万亩；二是林区及沙漠生态旅游区，占地面积34万亩。工业区由制浆造纸园区、招商园区、科技园区、商贸园区、办公生活区五部分组成。园区从2003年开始建设，2010年全面建成。完成投资百亿元以上，新建100万吨造纸工程。

二、镇罗金鑫工业园

镇罗金鑫工业园占地面积13000亩，园区内道路、供水、供电、排水、通信和建设用地达到"五通一平"标准。2012年，入园工业企业20余家，其中重点骨干企业8家，从业人员1万余人。完成金鑫园二区至胜金关全长6.5千米主干道路的打通铺垫工程前期勘测工作，建设500立方米自来水调节蓄水池1个，建成330千瓦变电站并投入运营。引进落实工业项目9个，总投资12亿元。深入推进节能减排，引进宁夏节能投资有限公司与园区企业合作开发建设两座低温余热发电项目。2014年，加大基础设施配套力度，投资520万元，完成金鑫园二区至胜金关6.5千米主干道路的勘测设计、招标及硬化工作；投资100万元，延伸架设全长3千米10kV公网线路；投资50万元，完成园区植树造林7500余株。宁夏三元中泰冶金公司投资1.25亿元建设两台25500kVA硅铁矿热炉；茂烨冶金公司投资3.2亿元建设两台63000kVA硅铁矿热炉；中卫市聚鑫源工贸有限公司投资650万元建设低品位氧化矿处理深加工项目。引进北京康德集团与茂烨冶金有限责任公司合作，建设两组共25MW纯中低温余热发电站项目，项目投资1.6亿元，年发电量达16950万千瓦时，节能标准煤20.8万吨，有效降低企业的生产经营成本，提高能源利用率，实现资源综合利用。

三、常乐陶瓷园

常乐镇陶瓷工业园区，于1985年开始规划建设，东至崾岘子沟，西至常乐煤矿路，南至导洪沟，北至杨下线，总占地面积9000余亩。常乐陶瓷工业园聚集机械铸造、水泥生产、陶瓷加工等大中型企业31家，年均工业总产值达到10亿元。2012年，新建、技改等投资项目3个，完成投资1.3亿元，其中：闽鑫金属铸锻有限公司投资4850万元续建年产5万吨金属铸造件生产项目；华源机械制造有限公司投资650万元扩建硅酸钠生产项目；三鑫冶金铸锻有限公司投资7500万元对生产设备进行整体技改。全镇入园工业企业达到27家，企业完成产值102695万元，实现收入99419万元，创利税6449万元；规模以上工业企业5家，完成产值69328万元，实现收入67415万元，创利税4619万元。2013年，新建、技改等投资项目2个，完成投资3752万元，其中：华源机械制造公司投资1900万元新建钢结构厂房，购置各种机械加工设备及其他辅助设施等；磊鑫矿业有限公司投资1852万元对年产700吨金属铜生产线进行技改，完善多项基础设施，建设深水井1眼、铺设园区网自来水管线及下河沿地区人畜饮水主管线5000多米，架设园区10kVA高压线路1条3千米，园区主干道及高速公路沿线共植树5000株，绿化50亩。全镇入园企业达到29家，其中工业企业28家，企业完成产值100064万元，实现收入97627万元，创利税7801万元；规模以上工业企业6家，完成产值82383万元，实现收入82660万元，创利税6566万元。2014年，新建、技改等投资项目4个，完成投资42610万元，其中：宁夏汇合风光新能源有限公司30MW光伏发电项目，占地979亩，建设规模30MW，总投资25000万元，实际完成投资4000万元；中电投宁夏能源铝业中卫新能源公司30MW光伏发电及配套输电线路工程项目，总投资37000万元，实际完成投资35700万元；宁夏科豪陶瓷有限公司高档喷墨印花砖生产线技改项目投资2460万元，对施釉线、喷墨印花进行技术改造；宁夏美康陶瓷有限公司投资450万元对陶瓷生产线进行技术改造。全年28家企业完成产值107168万元，实现收入104753万元，创利税8331万元，其中6家规模以上工业企业完成产值87537万元，实现收入86383万元，创利税6861万元。

四、宣和冶金化工园

2012年，新增投产企业4个，续建、技改工业项目4个，总投资4.75亿元，完成投资3.216亿元。其中：引进恩菲新能源（中卫）有限公司60MWP光伏太阳能发电项目，年发电量达到9500万度，实现产值1亿元；完成投资5500万元的华伟化工31500kVA全密闭电石矿热炉及尾气烧白灰续建项目；完成投资1500万元的宁夏明巨电石有限公司1号全密闭电石矿热炉及尾气烧白灰技改项目；完成中卫市俱进化工有限公司31500kVA全密闭电石矿热炉技改。全镇工业企业累计发展到70家，其中规模以上企业达15家，投资千万元以上的企业14家，亿元以上的骨干企业5家，固定资产投资达到23.5亿元，全镇工业总产值达16.6亿元，完成利税3200万元，乡镇企业总产值由上年的1.4亿元增加到6.9亿元。

五、文昌宁夏红科技园

2012年，宁夏红科技园区新增续建工业项目两个，完成投资709万元。其中，投资209万元新建金帝冷冻食品系列加工项目，项目当年建成投产，主要生产经营月饼、雪糕等系列产品；投资500万元新建果醋深加工及保鲜项目，项目当年建成投产，主要生产经营枸杞果醋饮料、枸杞果醋保健蔬菜食醋等系列产品。文昌镇完成工业总产值10040万元，同比增长8.2%。2013年，宁夏红科技园区已建好的32个项目中，23个项目生产正常，9个项目虽然建成，但因资金和产品市场影响未正常生产，厂房整体或部分出租。投产的企业主要以建筑建材、仓储物流、印刷包装、造纸及农副产品加工行业为主。其中，农副产品加工企业6家、建筑建材装饰企业5家、加工制造企业12家、厂房出租的企业9家。生产的产品主要有苹果汁、面粉、挂面、月饼、雪糕、酸奶、枸杞果醋饮料、枸杞果醋保健蔬菜食醋、环保锅炉、学生作业本、信纸、钢化玻璃、塑钢门窗、护围钢栏、建筑建材等。宁夏通达果汁有限公司加工生产的苹果汁远销20多个国家和地区，当年完成工业总产值10191万元，同比增长7.8%。2014年，宁夏红科技园区已建好的32个项目中，有20个项目生产正常，有9个项目虽然建成，但因资金和产品市场影响未正常生产，厂房整体或部分出租，有3个企业因市场问题处于停产或半停产状态。投产的企业主要以建筑建材、仓储物流、印刷包装、造纸及农副产品加工行业为主。其中，农副产品加工企业6家、建筑建材装饰企业5家、加工制造企业12家、厂房出租的企业9家。当年完成工业总产值10008万元，同比减少1.8%。

六、宁夏红健康养生产业园

园区建于 2002 年，东至曹闸路，西至怀远北路，南至长城东街，北至包兰铁路，占地面积 1082.83 亩。有入园企业 32 家，占地 1010.4 亩，形成了以农副产品加工、食品加工和新型建材为主导的产业集群。2018 年完成产值 1.2 亿元。

七、宣和镇电石循环产业园

宣和镇电石循环产业园是中卫市委、市政府 2004 年规划确定的中卫市"一区五园"重点高载能工业园区之一，坐落在宣和镇丹阳村，东起石磺沟，南依迎大公路，西至丹阳路，北邻同心扬水渠，占地面积 5000 亩。交通便利，靠近电石原料产地。园区共引进企业 8 家，而中卫市俱进化工有限公司、中卫市华伟化工有限公司、宁夏大正伟业冶金有限责任公司、宁夏胜金水泥有限公司、中卫市昇鑫冶炼有限公司、长和化工双氰胺分厂、宁夏明巨电石有限公司、美联化工，完成固定资产投资 18.9 亿元，实现年产值 30 亿元，提供就业岗位 1500 余个。

第八章　商业贸易

沙坡头区自古就是丝绸之路要道，商业贸易兴盛。早在明万历二年（1574年），朝廷就批准宁夏中卫开设边口互市。清代，中卫黄河水运繁忙，黄河沿岸有不少水运码头。清末民初，形成以城镇集市贸易为主，手工业品自销，商业店铺私营的格局。新中国成立后，经过三年经济恢复，人民政府致力于建立发展供销合作商业和国营商业网点，保障民众利益。1978年后，在改革、开放、搞活市场经济中，大力发展多种渠道、多种形式的商业、饮食服务业网点，不断涌现出工贸、农贸、工农贸合资联营的商业、饮食服务业。自20世纪80年代初期以来，不断实行商业经营体制改革，逐渐推行政企分开、公司商店集体承包、柜组私人承包或租赁经营等多种形式。沙坡头区商业、饮食服务业得到迅速发展，社会、经济效益逐年提高。1986—2006年，国民经济改制转型阶段，以计划经济时代的国营经济和集体经济为主导的体制，逐步向市场经济时代的多种经济成分并存发展。2019年，沙坡头区依托中卫高铁南站，建设集交通集散、旅游服务、精品酒店、特色购物、众创空间为一体的高铁商圈。投资2000万元，建成集口岸作业区、保税物流区、保税加工区于一体的迎水桥铁路口岸。配合完成沙坡头机场口岸、中卫物流园、镇罗公铁物流园等项目建设，积极引进3A、4A级物流企业。力促夏华现代冷链物流、农资机电物流商贸综合体等项目落地实施。配合实施中卫市公交首末站、电动汽车充电站、新能源移动商业工程等项目，打造以旅游新镇为核心，连接主要景区和道路的新能源旅游交通平台。建成兴仁荣盛超市商贸服务中心，促进开盛购物、新华百货等重点商贸企业加快发展。

第一节　商业管理

一、购　进

(一) 工业品

中华人民共和国成立前,中卫地区手工业产品少,日用所需工业品多由县城或各集镇较大商号、店铺及客商从平津、太原、包头、银川、平凉、宝鸡、西安、兰州等地购入,再向小商小贩批发。1978年党的十一届三中全会以后,商品流通体制多次改革。2008年,全市实现社会消费品零售总额23.25亿元,比2003年增长1.1倍,年均增长16.2%。私营个体经济占社会消费品零售总额的比重达到83%,餐饮业成为消费需求中快速增长的行业。汽车、家用电器、家庭装修材料、通信器材等消费热点不断升温。

(二) 农副产品

明清至民国年间,本外地商客在中卫地区设点或走村串乡随行就市收购当地产枸杞、甘草、发菜、皮毛、小茴香及水果等产品,经水路、陆路到太原、包头、兰州、西安、银川、平凉等地贩卖,赚取差价。1958年后,开始实行有计划地定购、派购,甘草、枸杞等药材归药材公司收购,蔬菜、瓜果归蔬菜公司收购,生猪、活羊、禽蛋、皮毛由供销社收购,同时实行粮、肥奖励等措施,保证了计划任务的完成。1978年后,实行国营、集体、个人多渠道多网点自由收购,收购额不断上升。20世纪90年代,国营商业及供销社改制后,退出了农副产品经营市场,由个体或民营商业经营。

2004年后,沙坡头区农副产品市场越来越繁荣活跃,随着居民消费结构梯度提升,农副产品消费、流通、出口量大增。

二、销　售

中华人民共和国成立前,沙坡头区商品多为私营,多数日用棉布、日用小百货和卷烟、糖、茶等工业生活消费品均由外地购进销售。中华人民共和国成立后,主要消费日用品棉布、针纺织品实行有计划地分配调拨。20世纪60年代后,副食品、烟酒、火柴、肥皂、糖、糕点等均实行分配或凭票证供销,自行车、手表、缝纫机、毛呢以及生产资料也实行分配供销。1978年改革开放后,逐步取消票证或分配供销。20世纪80年代后,人民生活水平逐步提高,消费日用品不断增加,同时由低档向中高档方向转变。1982年后,各种针织品及毛料、棉布、化纤布成衣消费量大增,毛呢、混纺、绸缎销售量明显上升。

三、市场管理

2000年以后,随着社会主义市场经济体制逐步建立和完善,商品日益丰富,交易额大幅度上升,中卫地区商品监管逐步纳入法制化、规范化、科学化轨道,2012年,开展酒类流通秩序专项整治工作,使酒类批发持证销售登记率达100%,酒类零售备案登记率达95%,《酒类流通随附单》使用率达98%,规范了酒类市场秩序。2014年,开展成品油市场、报废汽车回收、再生资源回收等领域执法监管工作。2010年起,建立"部门联动、区域联动、运转高效、保障有力"的商务综合行政执法机制。

第二节　经营体制

一、私营商业

明代以前,沙坡头地区经济长期处于封建自给半自给状态,商品经济发展缓慢。明永乐年间,沙坡头区黄河两岸筑成聚集屯垦军民的城堡,初步形成以城区为中心、各城堡为点线的商业、饮食、服务店铺网络,经济以军屯为主、农垦为辅。清代,社会相对稳定,外地商贾逐渐在县城及各堡经商开店。民国时期,由于战乱频繁,匪患不断,沙坡头地区商业萧条。新中国成立后,私营商业得以恢复、发展。1978年改革开放后,以个体工商户为代表的私营商业蓬勃发展。进入21世纪以来,个体私营商贸服务业态不断丰富,规模不断扩大。

二、集体经济

1942年,宁夏省推行地方集资股份制生产合作社。1950年,沙坡头区先后组建生产合作社。1952年,开始组建供销合作基层社及各类集体制商业、饮食服务业社店。1978年后,搞活市场经济,沙坡头地区集体所有制商业得以发展,机关、厂矿、学校服务公司，乡村集体商业、饮食服务业逐渐兴起。20世纪90年代，商业系统陆续改制，集体商业实行承包、租赁经营。2000年以后，集体所有制商业逐渐过渡为私营。

三、国营商业

1992年10月，党的十四大做出实行市场经济的决定。沙坡头区国营商业推行经营放开，价格放开，用工放开，分配放开"四放开"，实行承包经营、风险抵押、合同管理、自主经营、自负盈亏、税费自理；独立核算的小型企业、零售商业实行国家所有、集体经营、以利代税、自负盈亏的经营机制；饮食服务业小型门店实行租赁承包经营。1997年，党的十五大作做出国有企业改革的决定。1998年，宁夏下发《关于国有商业企业进行改革的意见》，决定撤销政企合一的国有商业主管部门——商业局。

2004年4月，地级中卫市成立后，商业流通现代化进程加快，实施"科技兴贸""商务惠民""商务民生"工程和项目带动战略。2005年，沙坡头区鼓楼百货、人民商场、金世纪商厦、文昌购物广场年销售额突破1000万元；逸兴大酒店、中卫宾馆年营业额达1000万元；宣和禽蛋批发市场年交易额达2亿元。

2008年后，沙坡头区商业重点项目进程加快，建成开盛购物中心、中卫大酒店、物华家世界、卓越大酒店、雍楼农贸市场、四季鲜农产品批发市场等重点商业项目。同时，市内小型商业网点逐步向专业店、专卖店、连锁店、便民店方向发展。

第三节　商业成分

一、百货业

20世纪90年代以后，随着市场经济的完善和发展，沙坡头区百货业经营品类、网点增多。进入21世纪，百货店、连锁店、商业网点数量急剧增多，遍布城乡。2004年4月后，实施"科技兴贸"和项目带动战略。是年，实现社会消费品零售总额12.3亿元。至2017年，沙坡头区先后建成开盛购物中心、荣盛超市、红太阳商厦、鼓楼百货、新华百花、爱家超市、中卫全民创业城、新百中卫商厦、正丰商厦、世纪朝阳购物广场、广东名品家具城、华润万家超市、三森家具城、物华家世界、中博机电城、大禹餐饮娱乐城（向阳步行街）等百货零售、生活消费服务骨干商贸企业；建成南关、怀远、西关、官桥、邵桥、文萃、福润苑、丰安、美利9处便民菜市场。

表 8.1　2017年沙坡头区大中型零售商业网点一览表

商业网点名称	建筑面积（平方米）	经营业态	所在街道
新华百货中卫店	19600	超市、家电、百货	鼓楼北街
鼓楼百货商场	5270	服装鞋帽	鼓楼西街
人民商场	6800	服装百货电器	鼓楼北街
朝阳百货	40000	超市百货餐饮	鼓楼南街
开盛百货	20000	百货	鼓楼北街
荣盛超市开盛店	5500	超市	鼓楼北街
荣盛超市创业城店	12000	超市	鼓楼东街
华润万家	15000	超市百货服装	鼓楼东街
金世纪商场	7600	百货服装	鼓楼北街
中卫金店	600	金银珠宝首饰	鼓楼北街
三森家具城	16721	家具	鼓楼东街
双虎家私	2500	家具	鼓楼东街

表 8.2　沙坡头区商业网点主要年份统计表

名　称	业　态	2005	2008	2011	2015	2017
网点数（个）	零售	6	8	8	12	12
从业数（人）	零售	960	1406	1420	1892	1809

二、食品业

沙坡头区历来有经商者开店或在家中制作面食糕点、豆腐凉皮、油炸食品贩卖经营的传统，一般规模较小，经营面狭窄，从业人数不多，真正意义上的食品业出现在近代。

2000年后，按照"国资退位，民有民营"工作思路，沙坡头区对国有商业整体实行有限责任公司、股份制公司改制后，国营食品企业经营机制逐步转换，实行股份制、公司制运营。2017年，沙坡头区有私营食品企业19家。

三、餐饮业

20世纪80年代后，饮食业出现多种形式经营并实行租赁承包经营，城乡集镇饭店、饭馆、小吃摊点遍布,三县县城建成地方风味小吃街(夜市),经营品种增多。1993年,国营饮食企业进行所有制和经营制改革,改制后,国营饮食业改制为有限责任公司、股份有限公司和股份合作制企业。同时,饮食服务业态不断丰富,规模不断扩大。

表8.3　2017年中卫市沙坡头区大中型宾馆饭店一览表

名　称	建成年份	占地面积（平方米）	建筑面积（平方米）	从业人员（人）	营业额（万元）	所处街道	服务项目
中卫宾馆	2009	1100	5000	18	260	鼓楼西街	住　宿
中卫饭店	1997	1386	9102.8	40	500	鼓楼北街	住　宿
中卫红宝宾馆	2007	3600	30833	120	1411	滨河西路	餐饮、住宿
中博大酒店	2014	2988.4	19561.5	130	1068.7	鼓楼东街	餐饮、住宿、洗浴
隆城酒店	2011	3999.6	11000	107	987	鼓楼东街	餐饮、住宿
雷迪森酒店	2012	3000	13549	122	2190	文昌南街	餐饮、住宿
新华国际酒店	2012	2300	12600	86	600	鼓楼东街	餐饮、住宿
英特嘉大酒店	2014	600	6800	30	300	鼓楼东街	住　宿
沙都大酒店	2016	4432	12000	120	600	旅游新镇	餐饮、住宿购物
豪宫商务酒店	2012	1800	2100	30	180	鼓楼西街	住　宿
卓越大酒店	2004	2000	3000	10	70	鼓楼东街	住　宿
黄河金岸酒店	2010	24672	19000	80	1400	新墩路	餐饮、住宿
阳光大酒店	2006	605	3500	15	158	鼓楼南街	住　宿

四、批发零售业

2004年沙坡头区有各类批发企业416家。2010年沙坡头区有各类批发企业416家。

2010年至2017年,沙坡头区批发市场建设迅猛发展,已开业运营的大型专业批发市场有沙坡头区四季鲜农产品批发市场、中浩建材装饰材料市场、四季鲜农机批发市场、中博机电水暖批发市场、四季鲜建筑机械批发市场、中南百货批发市场、创业城建材批发城、柔远设施蔬菜批发市场。

2012年,实现社会消费品零售总额23.9亿元,同比增长14.5%。按销售单位所在地分,城镇消费品零售额15.3亿元,乡村消费品零售额3.6亿元。按消费形态统计,商品批发零售额19亿元,同比增长14.0%;住宿餐饮业零售额4.9亿元,同比增长16.6%。

2013年,沙坡头区实现社会消费品零售总额27.5亿元,同比增长14.9%。按经营地统计，城镇消费品零售额23.8亿元，同比增长16.2%，其中城区消费品零售额18.0亿元，同比增长17.6%；乡村消费品零售额3.7亿元，同比增长6.7%。按行业分，批发零售贸易业实现销售额21.6亿元，同比增长13.3%；住宿餐饮业收入额5.9亿元，同比增长20.9%。

2014年，沙坡头区实现社会消费品零售总额31亿元，同比增长12.7%。按经营地统计，城镇消费品零售额272亿元，同比增长12.2%；乡村消费品零售额3.8亿元，同比增长16.8%。按行业分，批发零售贸易业实现销售额24.3亿元，同比增长12.4%；住宿餐饮业收入额6.6亿元，同比增长13.8%。

2015年，沙坡头区实现社会消费品零售总额334亿元，同比增长7.7%。分城乡看，城镇消费品零售额30.5亿元，增长7.7%；乡村消费品零售额2.9亿元，增长7.9%。分行业看，批发零售业实现零售额26.7亿元，同比增长7.4%；住宿餐饮业零售额6.7亿元，同比增长9.0%。分经济类型看，国有经济零售额0.2亿元，下降11.8%；集体经济零售额0.7亿元，下降3.7%；私营经济零售额10.9亿元，增长15.3%；个体经济零售额13.3亿元，增长8.6%；股份制经济7.7亿元，下降2.7%；其他各种经济0.6亿元，增长45.2%。

2016年，沙坡头区实现社会消费品零售总额36.2亿元，同比增长8.6%。分城乡看，城镇消费品零售额33.2亿元，同比增长8.8%；乡村消费品零售额1亿元，同比增长6.1%。分行业看，批发零售业实现零售额30.0亿元，同比增长12.4%；住宿餐饮业零售额6.2亿元，同比下降6.5%。分经济类型看，国有经济零售额0.2亿元，同比增长11.0%；集体经济零售额0.7亿元，同比下降3.9%；私营经济零售额12.6亿元，同比增长11.3%；个体经济零售额14.0亿元，同比增长6.2%；股份制经济8.6亿元，同比增长10.0%；其他各种经济0.2亿元，同比增长6.3%。

2017年，沙坡头区实现社会消费品零售总额40.0亿元，同比增长10.3%。分城乡看，城镇消费品零售额36.5亿元，同比增长10.2%；乡村消费品零售额3.5亿元，同比增长11.5%。分行业看，批发零售业实现零售额33.3亿元，同比增长11.0%；住宿餐饮业零售额6.7亿元，同比增长7.3%。分经济类型看，国有经济零售额0.1亿元，同比增长26.1%；集体经济零售额0.7亿元，同比增长3.8%；私营经济零售额10.8亿元，同比下降0.5%；个体经济零售额16.0亿元，同比增长11.8%；股份制经济12.1亿元，同比增长21.0%；其他各种经济0.3亿元，同比增长11.8%。

2018年，沙坡头区实现社会消费品零售总额41.3亿元，同比增长3.3%。分城乡看，城镇消费品零售额37.4亿元，同比增长3.1%；乡村消费品零售额3.9亿元，同比增长5.3%。分行业看，批发零售业实现零售额35.3亿元，同比增长5.0%；住宿餐饮业零售额6.0亿元，同比下降5.5%。分经济类型看，国有经济零售额0.1亿元，同比增长21.0%；集体经济零售额0.7亿元，同比增长0.9%；私营经济零售额13.3亿元，同比下降4.9%；个体经济零售额18.4亿元，同比增长5.7%；股份制经济8.2亿元，同比增长13.3%；其他各种经济0.5亿元，同比增长9.7%。

2019年，沙坡头区实现社会消费品零售总额比上年下降1.9%。按经营地统计，城镇消费品零售额比上年下降3.1%，乡村消费品零售额比上年增长8.9%。按行业分，批发零售业零售额比上年下降2.2%，住宿餐饮业零售额比上年增长0.1%。按经济类型分，国有经济零售额比上年增长21.7%，集体经济零售额比上年下降4.9%，私营经济零售额比上年下降17.1%，个体经济零售额比上年增长7.6%，股份制经济比上年下降1.1%，其他各种经济比上年增长7.7%。

第四节　市　场

一、乡镇集市

沙坡头区的乡村集市历史悠久，明清时期形成固定集市。2010年以后，沙坡头区借助国家实施"双百市场工程""万村千乡市场工程"，改造提升乡、村农贸市场，改造建设农资、农家店，基本形成覆盖城乡、联通成网的乡村便民市场服务体系。至2017年，沙坡头区宣和禽蛋批发市场交易额超过2亿元。年交易额超过亿元的还有沙坡头区宣和农贸市场、雍楼市场。

二、物资交流会

中华人民共和国成立后，随着工农业生产的恢复和发展，为互通有无，促进地区间物资流通，中卫县举办物资交流大会活跃商业发展经济。2012年沙坡头区举办硒砂瓜、设施蔬菜、服装、床上用品、陶瓷、玉石字画、汽车、电动车等展销会21场次。2017年，中卫市沙坡头区共举办各类展销会21场次。

三、主要市场

（一）中卫四季鲜农产品综合批发市场

位于中卫市沙坡头区宁钢大道西侧，建于2010年，2013年底投入运营，占地240亩，建筑面积2.7万平方米，入驻各类经营主体800余户，从业人员4000余人，由宁夏供销社投资6亿元，发起建设并运营的大型农产品集散交易市场，划分为内牛羊肉、果品、淡水鱼、干坚果、粮油调味品、蔬菜、冰鲜等业态经营区。市场基础设施完善，交易厅棚和配送中心功能齐全，配套的5000多平方米的冷藏冷冻库，1万多平方米的仓储设施，40多台配送车辆，既服务了商户，也增强了市场的运输配送能力。产品流通和辐射到周边近500千米范围，带动3000多人就业。2016年，实现交易量18.5万吨，交易额14.8亿元。2017年，交易量19.4万吨，交易额15.6亿元，2018年度交易量15.6万吨，交易额16.4亿元，辐射区内各市县及甘肃、内蒙古、青海、陕西、广西等省（区）。中卫四季鲜农产品综合批发市场被中华全国供销合作总社认定为"供销合作社公益性农产品示范市场"，被商务部市场建设司评定为"农产品冷链流通标准化示范试点企业"，被自治区人民政府认定为"自治区农业产业化重点龙头企业"。

（二）雍楼市场

位于沙坡头区鼓楼南街，建设于2004年，2005年投入使用，占地面积9920平方米，建筑面积23000平方米。各类摊位252个，其中蔬菜交易厅768平方米，肉、鱼交易厅310平方米，果交易280平方米，饮食区460平方米，仓储设施432平方米，交易厅（南方百货）1152平方米，是全市主要的农副产品及生活用品零售市场，承载着近四分之一市民的"菜篮子"供应，日营业额16万元，吸收社会劳动力1200余人就业，为广大市民购物买菜提供了许多便利条件。

（三）美利村集贸市场

位于沙坡头区东园镇美利村，建于2002年6月，由村委会牵头搭桥，4户群众出让土地5.6亩，入股分红形成，经营范围主要是农副产品。2014年，美利村积极争取项目资金扶持，对集贸市场进行扩建改造，共硬化场地8307平方米，建成商业用房12间、办公用房4间、水冲式厕所两间42平方米，建成宽16米、长54米的交易大棚两座共计1898平方米。通过扩建改造，美利村集贸市场经营范围扩展到农副产品、餐饮、服装、鞋袜、水果、小百货等。集贸市场共有固定摊位40个、临时摊位20个，收费标准为每个摊位每季度150元。集贸市场设专职管理员一名，主要负责集贸市场收费、卫生等日常管理工作。美利村集贸市场的建成不仅满足了周边群众生产和生活所需，同时有效带动了美利村经济的发展。

（四）柔远镇农贸市场

位于柔远镇柔远村，柔远镇政府斜对面，建于2000年10月，2013年进行了改造升级，总占地30亩，有固定摊位98户、临时摊位152户，主营蔬菜、水果、百货鞋帽、五金小商品、成衣、特色小吃、副食调料等，年销售额达4500万元。每年为柔远村带来村集体经济收入11.5万元，解决了村上无经济收入为群众办事难的问题。

（五）兴仁镇农贸市场

位于109国道与205省道交叉路口向东150米处，建于2003年，总占地面积约1万平方米。多年来，经兴仁镇政府与私人陆续投资，截至目前建设有营业商铺128间，交易彩钢棚2900平方米，市场内划分了日用品贸易区，蔬菜销售区和肉类销售区。2019年秋季，兴仁村投资费5万元金，对农贸市场原来乱搭乱建的鸡棚、塑料棚进行了拆除，对多年积存的杂物、垃圾进行了彻底清理。

（六）宣和农贸市场

位于宣和镇中心，始建于1984年，先后经过四次扩建，目前已形成占地规模94亩，总投资1300万元，建筑面积达5367平方米的农产品集散地商贸交易中心，现有固定摊位、店铺320个，季节性临时流动摊位50个，商业街区1条，大型服装商贸城两个，大型家私城两个，大型生活综合超市1家，主要经营服装、鞋帽、百货、生资日杂，水果蔬菜、肉食、餐饮、化妆品、禽蛋、羊只皮毛、玉米等行市，实现年交易额3.5亿元。2015年6月30日，宣和市场交于宣和村管理，村党支部多方筹资，2015年8月25日投资280万元建成一座2370平方米的服装商贸广场和市场南门口营业房12间，通过招租，每年为村集体创收22万元。

（七）牛滩村集贸市场

位于中卫市迎水桥铁路编组站南侧，建于1994年，占地面积13000平方米。市场东侧和南侧为商品房，以维修、餐饮、服务业为主；北边为市场配套房屋，以商户租用为主。2013年投资761万元进行改造，硬化场地12000平方米，搭建12米×60米的遮阳大棚4座，建设固定摊位600多个，解决劳动力200余人，年交易量2000万元左右。市场主要由牛滩村村委会负责管理，法人代表为村委会主任，市场配备一名具体负责人员，确保市场正常安全运转。

（八）常乐市场

位于常乐镇大路街村，建设于2004年，2005年投入使用，占地30600平方米，2010年根据常乐镇城镇建设规划，由政府财政拨款和市场管理公司自筹扩建小百货棚两栋，2011年由政府财政和市场管理公司自筹资金建设交易棚、路面修复等其他建设。

（九）镇罗蔬菜批发市场

位于镇罗镇政府以南，卫青公路以北，始建于2002年，2003年投入使用，占地面积50亩，建成6个交易大棚，面积6400平方米，6000平方米商业用房，保鲜储藏库2000平方米，市场内水、电、路齐全，电话、电视、通讯等基础设施较完善。主要经营辣椒、西红柿、茄子等无公害蔬菜批发零售，兼营日用百货批发零售，市场周边固定店铺70家，固定和流动摊位达200多个，年市场交易额约3000万元。

第五节　商品储运

2000年后，随着市场经济发展，商品交易活跃，流通企业壮大，市内仓储业建设增速。2010年，沙坡头区共有各类商业仓库299家20100平方米。中卫荣盛连锁超市仓库面积1900多平方米，四季鲜农产品批发市场自有或出租仓储及设施5000多平方米。中卫朝阳百货、华润万家超市货都建有企业自有仓库。至2017年，中卫荣盛超市有冷藏库4个300平方米，保鲜仓库6个400平方米，四季鲜农产品批发市场，建有冷藏仓库1523平方米、保鲜库1020平方米，宁夏夏华清真牛羊肉公司有冷库1处6000平方米，沙坡头区朝阳百货、华荣万家超市。

第六节　电子商务

随着现代互联网技术和现代物流业的发展和完善，自2006年沙坡头区开始出现零星网上购物后，用户规模逐年上升。2010年，随着智能手机的应用和普及，淘宝、京东、唯品会等购物网站与互联网平台对接，网上购物市场开始快速发展，用户规模和交易量持续增高。之后快递企业及网点增多，网上购物的优点更加突出，日益成为沙坡头区消费者一种新的重要的购物形式，45 岁以下人群为网上购物的主体。至 2017 年，沙坡头区共有 19 家快递企业 63 家网点，从业人员 300 多人，快递车辆 161 辆，专用设备 325 台，乡镇覆盖率 60% 以上，累计业务量完成 457.37 万件，同比增长 90.1%。2017 年，沙坡头区引导中卫中通、中卫韵达等快递公司入驻中卫物流园区。

表 8.4 2017 年沙坡头区快递企业一栏表

企业名称	网点数（个）	从业人数（人）	快递车（辆）	专用设备（台）	覆盖范围
顺丰速递	12	36	16	22	川区各乡镇
汇通快递	6	20	9	18	川区各乡镇
圆通快递	9	28	13	21	川区各乡镇
申通快递	11	36	16	28	城乡
中通快递	3	14	7	9	城乡
韵达快递	9	21	11	12	川区各乡镇
优速快递	6	18	9	8	城区
EMS 邮政特快专递	12	22	18	33	城乡
德邦快递	5	20	7	8	城区
宅急送	6	21	9	8	城区
中铁快运	2	8	4	6	城乡

第七节 招商引资

2017 年，沙坡头区成立 5 个产业专题招商小组，1 个线索征集及项目推介小组和 11 个乡镇招商小组，分别赴北京、上海、浙江、江苏、广东、湖南等地招商，努力引进一批有利于保增长、调结构、促转型、利长远的大项目、好项目。签约宁夏科豪陶瓷有限公司日产 2 万平方米高档喷墨金刚釉抛光砖生产线，江苏绿港现代农业蔬菜生产基地建设、高效节水灌溉及现代化灌区建设，宁夏森沃农业科技产业园，阜民丰万头牛养殖基地，紫云新都时尚商业广场，天然气发电等 64 个项目，计划投资 256.74 亿元。实施年产 300 万件民族服饰加工、宁夏森沃农业科技产业园、紫云新都时尚商业广场、万头生猪种养结合一体化循环利用、银阳 100MWp 光伏发电等项目 50 个，完成招商引资到位资金

45.54亿元。

2018年，沙坡头区成立5个产业专题招商小组和11个乡镇招商小组，由主要领导带队，主动走出去、请进来，重点围绕全域旅游、云计算大数据、交通物流、军民融合和特色产业等，外出开展招商活动13批次，接待来访客商25批次，新签约恒大都市广场、兴南·卫珑城商业综合体、铁合金产业升级改造、浙江浙能电力股份公司风电等项目29个，计划总投资225.42亿元。实施碧桂园商贸体、宁夏钢铁50MW光伏电站、中卫南站黄河大桥、恒大中卫都市广场、沙坡头盛典旅游文化演艺等招商引资新建、续建项目28个，完成招商引资到位资金28.63亿元。2018年，沙坡头区永康镇落实投资项目1250万元。宁夏嘉盛禾新能源有限公司投资300万元续建运营年产3万吨生物质颗粒项目；宁夏富毅鑫源农业科技有限公司投资150万元续建苹果销售、套袋、反光膜加工项目；宁夏南山阳光果业有限公司投资800万元续建果蔬脆片加工、示范园建设项目；深圳奥利农科技有限公司投资5000万元建设景台村职能设施蔬菜生产基地；北京京蓝生态科技有限公司投资5000万元实施1.72万亩高效节水项目。

2019年，区委、区政府主要领导分别带领区直有关部门、乡镇和重点企业到华东、华南等地开展招商活动21批次，考察重点企业64家，接待来访客商48批次，签约烟台大地牧业数字农业产业园等项目17个，计划总投资142.3亿元，全年实施招商引资项目23个，其中国电投200兆瓦风电、新唐新能源49.5兆瓦风电、烟台大地牧业数字农业产业园等14个项目为新建项目；碧桂园商贸综合体、恒大都市广场、中卫南站黄河大桥、沙坡头景区基础设施建设等9个续建项目。完成招商引资实际到位资金为53.38亿元，其中实施项目到位资金21.59亿元，金融项目到位资金31.79亿元。

第八节　粮食流通

一、收购情况

2017年，沙坡头区累计收购粮食6.4万吨（从生产者购进，下同），小麦、稻谷、玉米的收购量分别为0.45万吨、3.24万吨、2.71万吨，分别占收购总量的7.03%、50.63%和42.34%。全年从企业购进各类粮食4.74万吨，小麦、稻谷、玉米的购进量分别为0.32

万吨、3.65万吨、0.56万吨。

2018年，沙坡头区累计收购粮食4.9万吨（从生产者购进，下同），小麦、稻谷、玉米的收购量分别为0.08万吨、2.95万吨、1.87万吨，分别占收购总量的1.63%、60.20%和38.16%。全年从企业购进各类粮食1.49万吨，小麦、稻谷、玉米的购进量分别为0.20万吨、1.22万吨、0.04万吨。2018年度，全市从企业调入各类食用油0.07万吨。

二、销售情况

2017年沙坡头区累计销售粮食10.28万吨，小麦、水稻、玉米的销售量分别为0.83万吨、7.47万吨、1.97万吨，分别占粮食销售总量的8.07%、72.67%和19.16%。销往区外粮食2.14万吨，其中水稻1.32万吨、玉米0.82万吨。2017年销售各类食用油0.07万吨。

2018年，沙坡头区累计销售粮食5.77万吨，小麦、水稻、玉米的销售量分别为0.41万吨、3.77万吨、1.59万吨，分别占粮食销售总量的7.11%、65.34%和27.56%。销往区外粮食1.17万吨，其中水稻0.87万吨、玉米0.30万吨。

三、库存情况

2017年底，各类粮食库存2.26万吨，其中小麦0.18万吨、水稻1.58万吨、玉米0.50万吨。各类食用油库存为0.02万吨。截至2018年底，各类粮食库存1.94万吨，其中小麦0.05万吨、水稻1.73万吨、玉米0.15万吨。各类食用油库存为0.02万吨。

第九节 物 流

一、物流建设

2017年，中卫综合物流园区完成路网、上下水等建设，完成投资2.8亿元，部分投入运营。中卫交投公司与成都新丝路公司合资成立中卫国际陆港、中卫国际快铁公司，发欧洲至中卫、俄罗斯至中卫国际班列10列，货值1亿元，中卫铁路口岸已初设、土地招拍挂同步进行。

2018年，成立中卫市现代物流业发展指挥部，统筹负责物流项目总体规划；做好迎水桥保税物流中心、中卫综合货场建设前期工作，协调解决宁钢集团等企业"最后一公里"运输问题。联系顺丰蜂鸟公司在沙坡头机场开展无人货机测试，拟打造成西北航空货运分拨中心。完成中国物流中卫物流园一期项目投资计划和二期调规，落实李旺物流园项目建设用地，中国物流中卫物流园入住鑫龙源物流、宝通物流、八俊物流、顺丰、中通、韵达等10家物流快递企业。运行中欧、中俄班列20列。

二、物流园区

中卫综合物流园区分南区和北区。南区为中国物流中卫物流园区，占地总面积483亩，一期308亩，总投资4.7亿元，规划构建"一心、一港、三区、两流"链式布局结构："一心"即中国物流物联网创意中心、"一港"即公路港、"三区"即国际电子商务示范区、新能源汽车示范区和新能源仓储示范区；"两流"即资金流和信息流，贯穿和链接整个园区所有业务环节。至2017年，基本建成国际电子商务区1~5号楼，以及公路港1~6号转运区，完成投资2.6亿元，入园企业有快递企业、专线运输、钢材批发市场和零担物流企业等200多家，其中苏宁电器、京东、日日顺等企业已签订入园协议。二期计划投资2.33亿元，建设全国中药材存储基地。北区为沙坡头农产品产业园，至2017年有宁夏虹桥有机食品有限公司、中卫市军粮供应有限公司、宁夏广浩物流有限公司、宁夏兴拓现代农业发展有限公司、宁夏中杰物流管理股份有限公司5家企业开始运营。

第九章 交通运输与信息产业

中华人民共和国成立特别是改革开放后,沙坡头区的交通运输得到快速发展。到2017年,形成集公路、铁路、水路、航空、现代物流、新能源、电子信息为一体的现代化交通运输服务体系,为沙坡头区经济和社会发展、全面建成小康社会做出了重要贡献。沙坡头区是铁路欧亚大通道"东进西出"的必经之地,包兰、宝中、太中银、干武4条普铁线路在此交汇。2007年,沙坡头区道路运输业繁荣发展,市场秩序进一步好转。农村公路建设取得了重大突破。同时加大治理"三乱"力度,实现了辖区内所有公路无"三乱"的目标。截至2018年末,沙坡头区公路通车里程达2856.638千米,公路密度为46千米/百平方千米。沙坡头机场航线北京—中卫—乌鲁木齐,加密中卫—西安—上海正常航线,开通每天3班中卫—银川快线,日均上座率70%,成为宁夏首条"低空旅游观光航线"。2018年度,共保障飞机3976架次,旅客吞吐量24.3万人次,货邮吞吐量86.9吨。

第一节 机构管理

一、机 构

中华人民共和国成立前,沙坡头地区公路由宁夏省负责管理。中华人民共和国成立后,中卫县于1956年成立工业交通行政管理部门,负责工业、交通运输事业管理。此后工业、交通部门几经分离、合并,机构名称不断改变。1989年开始,中卫县交通管理部门与其他机构分离,相继成立交通局,负责交通运输管理、公路建设等工作。2004年4月,中卫市交通局成立。2006年,随着公路管理体制及机构改革,宁夏公路管理局中卫分局成立,负责下辖干线公路、国道及高速管理收费站,辖养高速公路、国道、省道及其他干线公路。2010年，机构大幅合并，中卫市成立交通运输局。2015年，中卫市开展大部制机构改革，公路、铁路、航空、物流建设管理职能列入交通运输局，综合性"大交通"协调管理机制形成。2016年，沙坡头区政府组建后，成立沙坡头区建设交通局，内设交通业务室，负责农村公路及交通综合业务。2018年，农村公路建设、养护、管理职能正式下放至中卫市沙坡头区建设交通局，同时承担中兰高铁、乌玛高速等国家、自治区重大交通项目协调服务工作，加快建设丝绸之路经济带上的物流枢纽城市。沙坡头区住房城乡建设和交通局局长潘玉顺，2019年1月任职。

二、管 理

(一) 道路管护

2005年，养护农村道路164条853千米。2006年，公路养护从定员养护转变为定额养护，列养公路3392千米。采用CBMS、CPMS系统和路面养护专家管理系统对路况桥涵进行跟踪管理，普及防风固沙，生产应用"科宁玲补"材料修补路面病害。采用加盘湿接缝、加筋钢板湿接缝、桥面铺装加筋加厚等措施维护危桥（涵）。完成砼边沟2490.4立方米，砼硬路肩及拦水带1089.2立方米、浆砌片石急流槽2371.58立方米，改造危桥4座，整治公铁立交桥梁3座，改建危涵5道。治理路面病害8300平方米，完成沙砾路上沙1万多立方米。2007—2008年，中卫市列养公路里程达4761.14千米，出台《中卫市农村公路养护管理实施细则》，治理迎闫公路跨包兰铁路立交大桥重大安全隐患。宁夏公路管理局中卫分局在年初多年不遇的雪灾中，组织机械、人员上路除雪除冰，撒铺防滑沙891立方米，工业盐59.8吨，出动除雪车辆940台次，人工除雪6808人次。

2009年，召开中卫市公路法律法规宣传暨农村公路养护管理工作会议，构建部门联动协调、社会齐抓共管公路养护管理新机制。2010年，推行国省干线公路"三阶段"养护。2011年，实施自治区级道路交通安全隐患整治工程14项，市级道路安全隐患治理工程177处。2012年，成立防汛工作领导小组及实名制防汛抢修队伍，开展公路防汛应急抢险演练，确保汛期辖养公路安全畅通。

2013年，中卫市开展主干道绿化整治工程，制定《中卫分局公路桥梁（隧道）管理养护年活动方案》，健全桥涵检查、评定和养护管理考评体系。

2014年，中卫市公路管理段开展"农村公路综合整治"活动，宁夏公路管理局中卫分局开展公路"管理服务提升年"活动，推行工程费制，实行合同管理、计划管理、定额管理和计量支付制度。更新、完善公路数据库、路面管理系统、桥梁管理系统和养护专家系统。健全应急保障体系，修订完善突发事件、恶劣天气等专项处置预案，建立公路应急保通队伍，开展防汛抢险应急演练，提高养护单位应急实战能力。

2015年，中卫市公路管理段开展"大整治大绿化"和"美丽乡村建设"，强化依法治路和安全管理，制定《中卫市（沙坡头三区）农村公路、滨河大道养护管理考核办法》，列养公路5300千米，修复公路水毁130处，改造维修农村公路危涵6道，更换农村公路涵板36块，拆除违章建筑104处、非公路标牌347块，植树6042棵，储备防滑沙1245平方米，投放融雪盐45吨，增设、维修标志标牌458块、警示桩806根，搭建铁路涵洞雨棚7座、安装抽排水设施1处、加高隔水墙135米。宁夏公路管理局中卫分局集中处治G109等国省干线公路路面沉陷、车辙、推移等病害34811平方米，维修标志标牌439处，安装隔离栅2124片、刺丝100565万延米、轮廓标1.5万个。清洗高速公路护栏及标志353千米，划设公路标线36628平方米。成立桥涵维修程项目管理办公室，实行质量责任终身制。

2016年，路网结构扩张和调整后，宁夏公路管理局中卫分局辖养公路1690.06千米。规划建设养护中心10个，路政大队10个，规划新建中宁省级应急保障物资储备基地，新建中卫市级和7个县级应急保障物资储备基地，整合各养护中心人力及设备资源，成立中宁、海原两个路面专业维修队和桃山桥涵及交通安全设施维修队。制定《中卫分局专业化养护实施方案》《中卫分局"一路一案"编制大纲》，完成G09线挂牌督办等路段路面病害处治59118平方米，路面灌缝14万延米。完成59座定检桥梁、8座特检桥梁数据库更新和技术档案，处治水毁砌护221立方米，维护坡勾缝3217平方米。

（二）车辆及安全管理

中卫市成立后，中卫市交通局坚持"安全第一，预防为主"方针，建立"一岗双责"工作机制，实行"一票否决"制度，开展安全检查及隐患排查活动，尤其在春节、五一、十一等重大节事活动期间，加大道路旅客运输、危货运输、施工安全等方面的安全检查力度，及时消除安全隐患，预防安全事故。宁夏公路管理局中卫分局坚持"安全第一，预防为主，综合治理"方针，完善安全管理制度，建立健全安全管理组织体系，加大资金投入，统一购置安全标志和安全设施，注重施工现场安全管理，开展"安全生产月""安全生产隐患排查治理""百日安全检查专项行动"活动，实行"跟踪复查制"，及时整改隐患。

（三）路政管理

2005年，按照国务院和自治区统一部署，开展治理汽车超限超载和治理乱收费、乱查车、乱罚款"三乱"工作，降低车辆超载率，改善公路基础设施受害程度，减少超限超载引发的交通事故，查处超限超载车辆3545辆，卸载541辆，卸载物1780吨，处理路政案件97起。

2006年，查处超限超载车辆3328辆，卸载517辆，卸载货物1520吨。拆除违章建筑46户3264平方米，清理垃圾杂物1500立方米，处理路政案件242起，查处238起，结案238起，收回各类公路占、利用赔（补）偿费1508万元。

2007年查处超限超载车辆10878辆，卸载1149辆，卸货8775吨，转载2687辆，转货29391吨。建立路政、养护、收费和交警四部门联合执法管理机制，查处路政案件300起，结案285起，公路占利用、赔补偿费共计240.3万元，清理堆积物15292立方米、2242起，占路摆摊2278平方米、518起，广告牌117块898起，治理公路污染4581平方米，拆除违章建筑947平方米、24起，出动清障车404次。

2008年，接群众举报取缔迎湖公路非法检查站。"96779"运政热线投诉案件反馈率100%，答复咨询电话600余个，检查车辆26293辆，处理11754辆，清理违章建筑物480处4100平方米、圈厕450处3900平方米、非法广告牌350块、堆积物780处8300平方米。查处路政案件337起，收取各类路政规费589.2万元，制定《公路路产管理责任追究办法》。开展超限超载治理工作，检测治超车辆82.5万辆，卸载401辆，卸货2147吨，处罚2633车次。

2010年，开展打击盗窃破坏高速公路设施违法犯罪专项整治行动，收缴隔离栅163片，立柱82根，标志牌7副，钢板护栏3块；开展迎国检专项环境治理行动，拆除临时违章建筑99平方米、非公路标牌16块，清理堆积物699平方米；实行路政、交警、养护巡查机制，增大路政巡查频率，及时处置各类路巡案件，破获损坏路产逃逸案件3起；设立"中卫市公安局兴仁高速收费站警务室"，负责处置兴仁大件运输治理点、收费站及省道302收费站各类突发性事件和治安案件。

2012年，评查路政许可案卷37件，路政赔偿案卷494件，路政处罚案卷1430件，开展公路巡查3506次，出动人员9615人次，出动清障车697辆（次），拆除临时违章建筑716平方米，清理占道摆摊721起，检测车辆69.78万辆，查处超限车辆8045辆，转（卸）载货物3799吨，查处损坏路产案件592起，收取各类路政规费710.97万元。

2014年,开展"打非治违"专项活动,出动稽查车辆60辆次、稽查人员400人次;开展客运、维修专项稽查活动17次,查处违章行为100余起,检查车辆1200余辆,纠正不规范经营行为30余起。处理路政违法案件3起,收取路产赔(补)偿费20.3万元。评查路政许可案卷48件,路政赔偿案卷425件,路政处罚案卷1410件,进行公路巡查4225次,出动人员10863人(次),出动清障车1113辆(次),清除非公路标牌984块,清理打场晒粮6323平方米、摊点及占道经营970处,办理一般许可48件,大件许可292件,破获损坏高速公路逃逸案件7起,追回路产损失10万余元,收取公路赔补偿费等各种规费1074.20万元,查处路巡案件428起,超限车辆7206辆,检测车辆67.89万辆。

2016年,出台《超限运输车辆行驶公路管理规定》,处罚车辆896辆、卸载车辆270辆、卸载货物1599.32吨,办理大件许可3321件。开展行政执法评议考核,评查路政赔偿案卷423件、路政处罚案卷513件。

2017年,宁夏公路管理局中卫分局办理大件运输许可3200起,查处政案件465起,收取各类路政规费共计417.54万元。联合交警部门召开节前片区会议,重要节点安排清障车,处置交通事故615起,应对恶劣天气11次,排查隐患60次,实施清障救援763次,确保节日期间公路畅通。投入人员4252人次,检测车辆346913车次,卸载货物2295.03吨,罚款15.61万元,超限超载率降至2%以下。

2018年,以开展日常安全检查和督导检查为主线,联合多部门开展节假日、重大活动期间和各项专项检查和专项整治工作,及时发现和排除各项隐患。开展道路交通隐患大排查25次,重点排查桥梁207座、涵洞1517道、立交通道45处,危桥涵58道,排查出道路交通隐患81处,累计投资89.7万余元,整改率100%。共处治中央大道等主干公路上影响安全通行的路面病害2.6万平方米,校正主干路标志标牌316块、校正埋设警示桩等沿线设施1023根,修剪遮挡标牌的树木3.9万棵,清理路障923处3347立方米,清理路面严重抛撒2280处178万平方米,疏通边沟5.4万米,及时清排镇照路等立交通道内及主干道路路面积水394次56.3万平方米,清理路面严重淤泥353处11万平方米,修复红油路等路肩边坡塌方295处,清理和转运夹砂石料3.4万立方米。累计在滨河南北路等主干公路急弯陡坡危险路段储备和使用防滑沙625方,储备和使用融雪盐164吨。强化路政管理。及时清理各类路面堆积物和非公路标牌,依法办理路政案件13起,办理路政赔补偿案件6起,有效维护路权、保护路产,为公路安全运行保驾护航。加强超限治理。在寺口子路、迎大路、滨河北路等主干公路设置流动治超站,对货运车辆进行检测,共出动路政执法人员560人次，检测车辆321辆，勒令加盖篷布95辆。

（四）水政管理

2004年，中卫有渡口10处（参与营运的8处）、旅游区两处，共有船舶62艘，其中渡船12艘、工程船1艘、趸船1艘、旅游船舶48艘、羊皮筏子60架，水上从业人员160多名。2005—2006年，中卫市有渡口（码头）12个，各类船舶66艘，水运企业、水上旅游公司7家，从业人员160多人。2008年，中卫市地方海事局落实禁止水上非法运输12条措施，开展乡村非营运船舶清理整顿活动，共处置非法船舶33艘，在黄河沿线设置非营运渡口13处，投资5万元对非营运码头进行安全基础设施配置，开展船舶检验登记、从业人员培训和督查巡查工作，建立非营运船舶四级安全监管机制，落实安全管理主体责任，非营运船舶实现规范化运行。

2009年，中卫市地方海事局坚持日常安全监督检查制度，配合完成自治区区营运性船舶联查和船舶检验等工作，船舶检验率达100%，落实禁止水上非法运输12条措施，建立健全非营运船舶县、乡、部门和企业（业户）的四级安全监管网络，完善渡船安全设施，探索非营运渡口规范化、法制化建设新途径，共巡查渡口码头118次，检查船舶1038艘次，检查船员850人次，严厉打击违章渡运、冒险航行、证照不全等违法行为，查处违章操作3起，下发整改通知书两份，实施停航整顿3次，监督更换灭火器72支、救生衣86件，销毁自制非法运输工具9副，开展对公园、湖泊手划船、脚踏船的治理整顿工作。

2010年开始，中卫市地方海事局加强营运性渡口、船舶管理，落实禁止水上非法运输12条措施，开展船舶检验、船员培训工作，全面落实水上运输周巡查周报告制度。今年共巡查渡口码头160次，检查船舶307艘次，检查船员631人次，纠正违章10次，限期整改1次，停航整顿3次，监督更换灭火器24支、救生衣125件，销毁自制非法运输工具3个，实施渡口、船舶改造工程，在下河沿、大湾、永丰、胜金、马滩5处渡口建设便民候船厅，完成马滩、胜金渡口3艘旧船舶改造，被自治区交通运输厅评为自治区海事管理工作先进单位。

2011年，巡查渡口码头92次，检查船舶1614艘次，检查船员2148人次，纠正违章4次，限期整改4次，停航整顿1次，监督更换灭火器45支、救生衣420件，销毁自制非法运输工具2副。

2012年，中卫市地方海事局管辖胜金渡口、永丰渡口、马滩渡口、下河沿渡口、南长滩渡口5个渡口，常迎黄河浮桥、宁夏沙坡头旅游公司、鸣钟漂流公司3家水运企业，巡查渡口码头102次，检查船舶1849艘次，检查船员2259人次，纠正违章4次，限期整改4次，停航整顿1次，监督更换灭火器68支、更换救生衣856件，销毁自制非法运输工具两副。

2013年，中卫市地方海事局管辖胜金渡口永丰渡口、马滩渡口、下河沿渡口、南长滩渡口、河沟渡口等6个渡口，对常迎黄河浮桥、宁夏沙坡头旅游公司、中卫市腾格里旅游服务有限公司3家水运企业，开展常规性安全检查120次，共检查船舶1260艘次、船员2100人次，纠正违章20次，取缔了鸣钟漂流公司违法漂流，监督更换救生衣300件，更新堰木60只，灭火器16支。配合自治区地方海事局开展2013年度船舶检审验工作，对辖区内营运船舶进行年检，共审验船舶104艘，水运安全形势稳定。

2014年，中卫市地方海事局出动执法人员680人次，开展各项安全检查7次，检查水运企业和渡口304次，共检查船舶2349艘次，查出、整改安全隐患14起。

2015年，中卫市地方海事局出动执法人员1120人次，开展安全检查178次，平均每周不少于两次，对船舶发动机、缆绳、堰木、船舱、航道、码头设施、船员配员、救生和消防设备等进行检查，制作安全检查记录178份，检查船舶1231艘次，船员1405人次，纠正违章14起。

2016年，中卫市地方海事局共管理渡口6家（其中营业3家、停业3家）、浮桥1处、水上旅游企业两家，管理船舶119艘，船舶总吨2111，总客位1946位，皮筏100副，船员249名，全年完成客运量80.82万人、运输车辆15.56万辆、货运量23.34万吨，辖区共实现水运收入3793万元。全年共检验船舶119艘，实现船检率100%。协助区海事局在中卫开展全区船员培训工作，辖区新增船员28名。积极做好日常安全检查及重大节假日水上安全检查工作，全年共开展安全检查84次，出动执法人员243人次，检查船舶1632艘次，全年无安全事故发生。

2017年，中卫市地方海事局共管理渡口6家（其中营业3家、停业3家），浮桥1处，水上旅游企业两家，管理船舶124艘，总吨2090、总客位1886位、皮筏105副、船员268名，全年完成客运量78.48万人，车辆28.2万辆，货运量42.3万吨，辖区共实现水运收入3948万元。

2018年，严格水上隐情报告和值班制度。全年水上无安全生产事故发生。加强船舶登记，避免"一船多证、多船一证、船证不符"等现象，新注册登记船舶3艘，换发到期、变更国籍证书61本,消除失效证书,确保船员数据资料真实可靠,确保船舶登记数据资料真实准确。加大日常检查频次,全年共检查137天,检查船舶2527艘次,检查船员和筏工3091人次,出动执法人员294人次。其中日常安全检查104次,节日期间累计检查33次。共查出安全隐患10处,其中下发执法文书两次,罚款2000元。全年发出预警通知6次,全线禁航通知2次。

第二节 航 空

一、机 场

中卫机场位于中卫市区西北方向,占地2745亩,距离银川187千米,距中卫市中心约9千米,距国家5A级沙坡头旅游景区约26千米。2008年3月正式开工,10月中卫市人民政府与西北机场集团宁夏机场有限公司签订委托管理协议,机场由西北机场集团宁夏机场有限公司,12月26日顺利通航。机场为旅游支线机场,机场飞行区等级为4C级,跑道长2800米,宽45米,机坪面积3.9万平方米,年可起降客机5100多架次,旅客吞吐量22万人次。机场货站拥有国内先进的货运休息管理系统,能够满足航空公司及货主安全快捷的运输需要,配备先进的航行管制、航空气象、通信导航、除冰雪设施(除冰车、吹雪车)和助航灯光系统,满足波音737、空客320系列及以下机型的起降,保障能力在国内支线机场中处于领先水平。2011年底,中卫市人民政府与西部机场集团签订协议,自2012年1月1日起,中卫机场移交西部机场集团管理。2012年8月,更名为中卫沙坡头机场,完成海南航空学校中卫基地机坪、机库工程;2014年7月,完成机坪扩建工程;2017年8月,开工建设无人机机库工程。

二、航 班

2008年12月26日,中卫机场通航后,于2009年开通中卫—西安—重庆、中卫—北京航班。2013年开通中卫—海口航班。2015年,开通上海—西安—中卫(固原)、北京—中卫—乌鲁木齐航班。至2017年,机场开通通往银川、阿拉善左旗、榆林、西安、西宁、北京、重庆、成都、合肥、乌鲁木齐、上海、海口等城市一航点。

三、空　运

表9.1　2010—2017年中卫机场客货运情况明细表

年　份	旅客吞吐量（人次）	年增长率（百分比）	货邮吞吐量（吨）	年增长率（百分比）	飞行架次（架次）	年增长率（百分比）
2010	67466	62	14.3		1320	19.1
2011	88569	31.3	46.2	223.9	14139	971.1
2012	87734	−0.9	51.8	12.1	30930	118.8
2013	71390	−18.6	69.9	35	46520	50.4
2014	91466	28.1	60.5	−13.5	56358	21.1
2015	93760	2.5	71.5	18.3	58350	3.5
2016	102834	9.7	89.5	25.2	40046	−31.4
2017	159744	55.3	126.7	41.5	42321	5.7

2017年，北京—中卫—乌鲁木齐航线正常运行；加密中卫—西安—上海正常航线；开通每天3班中卫—银川快线，日均上座率70%；在银川河东机场、悦海新天地、中宁县、海原县设置中卫沙坡头机场旅客候机厅，成为宁夏首条"低空旅游观光航线"；确保每日均有通北京航班。沙坡头机场完成运输起降2462架次，旅客吞吐量15.97万人次，货邮吞吐量126.7吨。

第三节　铁　路

一、铁路线路

（一）包兰铁路

1925年，国民政府对包兰铁路进行过实地勘测，计划打通宁夏段铁路线，后因地理环境等因素，包兰铁路建设计划搁置。中华人民共和国成立后，1952年经中央政府政务院批准，铁道部开始对包兰铁路进行实地勘探设计，克服腾格里沙漠等环境因素，包兰铁路于1954年开工建设，1958年建成通车，1975年建成包兰铁路3.291千米中宁电厂支线并投入使用。包兰铁路属国家一级铁路干线，为国内第一条沙漠铁路，自内蒙古包头市包头东站起,经巴彦淖尔、乌海、石嘴山、银川、中卫、白银至兰州,全长990千米,在中卫沙坡头和甘塘间穿越腾格里沙漠,全线有140千米在沙漠穿行,沙坡头区内长度119.7千米。包兰铁路沙坡头区段自胜金关隧道进入沙坡头区,过刘庄、镇罗、柔远、中卫城区、迎水桥,后沿沙漠边缘越沙坡头、孟家湾、长流水、红卫、碗泉、翠柳沟到甘塘出境。1987年,包兰铁路中卫段采取的防沙、治沙措施获国家科学技术进步奖特等奖。1992年9月起,自兰州开始进行包兰铁路电气化改造,1994年初动工改造迎水桥到甘塘段复线电气化铁路,1995年12月6日投入试营运。

(二)宝中铁路

宝中电气化铁路连接陕西省宝鸡市和宁夏中卫市,南起陇海铁路虢镇东站,北于黄羊湾接包兰铁路,止于中卫迎水桥站,与陇海、包兰、兰新线相连,形成欧亚大陆桥通道,途经宝鸡、千阳、陇县、华亭、平凉、固原、同心等车站,全长498.19千米,1990年1月开工建设,1994年6月通车营运。沙坡头区境内长37千米。宝中铁路是穿越中国大西北腹地的重要铁路干线,穿越陕、甘、宁三省区14个市县,对缓解中国西北地区铁路运输紧张状况,加强与东部地区经济联系,推动陕甘宁沿线经济建设,促进陇海—兰新经济带发展,加强民族团结和巩固国防具有重要意义。

(三)太中银铁路

太原至中卫(银川)铁路简称"太中银铁路",太中银铁路东起太原南站,西至包兰线沙坡头区迎水桥编组站(支线至银川站),途经晋中市、榆次市、太原市小店区、清徐县、交城县文水县、汾阳市、吕梁市、柳林县、临县后,进入陕西省榆林市吴堡、定边等县市,在黄羊湾站与包兰铁路接轨至沙坡头区,跨越山西省西南部、陕西省北部、宁夏回族自治区中北部地区,横穿23个市县区,三跨黄河,线路全长944千米,其中太(原)中(卫)正线752千米,定(边)银(川)支线192千米。沿线设计车站65个,由铁道部和晋、陕、宁政府联合兴建。2011年1月11日,正式通车运营。到2017年,太中银铁路成为中部地区通往西部最便捷的通道。

(四)干武铁路

干武铁路东起宁夏中卫市沙坡头区迎水桥镇干塘站,西至甘肃省武威市,为国家一级铁路,1958年开工建设,1961年建成运营,全长172.2千米,沙坡头区段长约8.5千米,沿线设干塘、乌兰敖包、岳家井、郭家窑、庆阳山、大嘴子、冰草湾、谭家井、石峡子、黑冲滩、双槽、土门子、园墩、上腰墩、武威南15个站点。线路由包兰线上的干塘站引出,进入内蒙古自治区阿拉善左旗乌兰敖包车站,沿腾格里沙漠南部边缘向西行进,过庆阳山站后进入甘肃省古浪县,经冰草湾,过土门子,到兰新线武威南站。甘武铁路为包兰、兰新两大干线的联络线。线路建成后,自武威站以西的车站发往内蒙古、华北、东北的货物,较经由兰州站可缩短运距345千米,是畅通西北和华北、华东等地区货物大通道的主要区段。1995年3月18日电气化改造工程开工,1996年11月18日建成通车。2014年8月21日,开工建设干塘至武威南铁路增建二线工程。

（五）城际高铁

中卫至吴忠城际铁路于2015年12月开工建设,2018年底竣工。线路由银西线吴忠站南端引出,向南沿京藏高速经关马湖、滚泉,穿越牛首山丘陵区至中宁东设站,向西沿黄河南岸经宣和至中卫公路黄河大桥设中卫南站,全长135.306千米,中卫市过境长度81千米,为客运专线双线,速度目标值250千米/小时,新建滚泉、中宁东、中卫南3站,预留关马湖、宣和两站。中卫至吴忠城际铁路不仅是连接吴忠、中卫两地的高速通道,也是未来北京—呼和浩特—银川—兰州客运专线的重要组成部分,将与即将开工的银川—西宁高铁等共同构成宁夏内联外通、通边达海的黄金通道,在宁夏打造丝绸之路经济带战略支点中发挥重要作用。银川至西安旅客列车运行时间将由现在的14小时缩短至3小时。

（六）中卫至兰州客运专线

中卫至兰州客运专线自中卫至吴忠城际铁路中卫南站引出,向南经甘肃省白银市平川区、靖远县、白银区,向西经兰州新区,并入既有铁路中川城际树屏线,引入兰州西客站,全长218.5千米,宁夏区内约46.2千米,中卫段46.2千米,甘肃省内172.3千米。正线数目为双线,速度目标值250千米/小时,预留350千米/小时,预计2022年建成通车。线路建成后,银川至兰州将从8~9个小时缩短至2~3小时。

二、桥涵隧道

（一）黄河特大桥

属宝中铁路,位于沙坡头区宣和镇内,桥长1315.04米,1993年7月完工,被评为部级优质样板工程。

（二）长流水桥

属包兰铁路,位于迎水桥镇,为钢筋混凝土"工"型单孔结构,长17米。

(三) 孟家湾桥

属包兰铁路，位于迎水桥镇，为钢筋混凝土"T"形3孔结构，长76米。

(四) 扶农渠桥

属包兰铁路，位于迎水桥镇，为钢筋混凝土"T"形双孔结构，长20米。

(五) 跨迎阎公路立交桥

属中宝铁路，桥长330.46米，为钢筋砼结构。

(六) 跨石营公路立交桥

属中宝铁路，桥长350.4米，为钢筋—砼结构。

(七) 跨卫宁公路立交桥

属中宝铁路，桥长354.2米，为钢筋砼结构。

(八) 胜金关隧道

属包兰铁路，位于沙坡头区与中宁县交界处隧道长654米，1958年开凿，2009年又开凿复线隧道。

三、火车站

(一) 包兰铁路

沙坡头区内设置营盘水、小红山、甘塘、红卫、孟家湾、沙坡头、迎水桥、中卫、柳家庄等站点。其中迎水桥车站为编组站，中卫、甘塘为二等区段站。

(二) 宝中铁路

沙坡头区内设迎水编组站、中卫站。其中迎水编组站站址在沙坡头区迎水桥镇，为各类大型笨重物资装卸转运点，为1级3场，内设上行到发场、下行到发场、列车编组场各1个，共23股道。站场占地2378亩。迎水编组站工程由铁道部第十一工程局施工，1991年7月开工，1994年竣工投入使用。中卫站站址在沙坡头区城区，为宁夏第二大车站，距包头站673千米，距兰州站306千米，距太原站739千米，距宝鸡站511千米，距武威站257千米；中卫火车站为包兰铁路中间站，太中（银）铁路、宝中铁路、干武铁路起始车站和终到车站，隶属兰州铁路局银川车务段管辖。1996年8月动工建设，1997年10月竣工并交付使用。中卫站承担旅客乘降，行李、包裹托运，整车、零担货物发到，整车货物承运前保管及1吨集装箱运输业务；不办理整车爆炸品及整车一级氧化剂、罐装危险货物发到，为客货二等站。宣和站站址在沙坡头区宣和镇，建于1995年。距宝鸡站485千米，距中卫站26千米，隶属兰州铁路局银川车务段管理，承担旅客乘降及行李、包裹托运，为四等站。大战场站站址在中宁县大战场乡，建于1995年，离宝鸡站473千米，离中卫站38千米，隶属兰州铁路局银川铁路分局管辖，仅承担旅客乘降业务，为五等站。

（三）城际高铁

中卫至吴忠高铁新建中卫南站，预留宣和站。其中，中卫南站位于沙坡头区黄河南岸常乐镇马路滩村附近的黄河滩地，最高聚集人数2000人，属客运专线中型旅客车站，站房建筑面12000平方米，雨棚17292平方米，旅客地道1608平方米。中卫至兰州客运专线从此站引出。

四、铁路运输

包兰铁路通车时，中卫站有28个货位台2000平方米，货场面积6000平方米，还有3个零担库和车检调度、候车室、贵宾室车站广场等，占地2.2万平方米。20世纪80年代以来，中卫站除日均到发70余列2700多辆货车外，对开兰州—北京、兰州—包头、兰州—银川6列特快、普快和普通客车停靠。1990年，货物吞吐量30多万吨，客流量16万多人次。1993年，铁路中卫站货物吞吐量44.64万吨，铁路客运量28.96万人次。1994年，中卫县铁路中卫站货物吞吐量1800吨。1995年，铁路中卫站货物吞吐量2000多吨。1996年，中宝铁路通车后，中卫铁路运输揭开了新的一页。是年，铁路中卫段货物发送量9200吨，旅客发送量36.1万人次。1997年，货物发送量9700吨，旅客发送量37.4万人次。2011年，货物发送量123万吨，旅客发送量50万人次。2012年，货物发送量125万吨，旅客发送量49万人次。2013年，货物发送量132万吨，旅客发送量49万人次。2014年，货物发送量148万吨，旅客发送量52万人次。2015年，铁路中卫车务段辖属各站完成旅客发送量58万人次，货物发送量163万吨。2016年，货物发送量183万吨，旅客发送量60万人次。2017年，货物发送量198万吨，旅客发送量61万人次。

第四节 公　路

一、国　道

(一) 109 国道

北京至拉萨国道，前身为包兰公路。民国时期称为宁兰公路，也称为银兰北道，自1925年开始，在原灵州至凉州古道基础上不断修筑、改建而成。沙坡头区段自兴仁镇拓寨村入区，向西至兴仁镇郝家集出区。

(二) 338 国道

自沙坡头区镇罗入区，经柔远、中卫城区、迎水桥至营盘水出区。

二、省　道

(一) 205 省道

自沙坡头区照壁山经镇罗、柔远，于宁钢大道过中卫黄河大桥南上南山台子到兴仁、嵩川接海原关庄S311线，其中镇罗至宁钢大道段与G338线重合。

(二) 308 省道

自沙坡头区宣和入区，经永康、常乐、迎水桥至闫地拉图。

表9.2　2012—2016年沙坡头区道路情况表

时　间	公路通车里程	同比增长	国道通车里程	省道通车里程	县道通车里程	高速公路通车
2012	2320.7	1.9%	153.62	255.9	106.8	138.69
2013	2405.8	3.7%	153.62	255.9	106.8	138.69
2014	2482.8	3.2%	153.62	255.9	106.8	138.7
2015	2548.6	2.7%	153.6			138.7
2016	2863.9	12.4%	257.6	213.9	34.2	126.9

三、县　道

(一) 迎闫公路

迎闫公路也常写成迎阎公路，于1984年11月开工建设，1985年10月底竣工通车，是宁夏自主设计修筑的第一条穿越沙漠的公路。南起石营公路迎水桥火车站，西北向直线横穿腾格里沙漠最高峰吊坡梁至闫地拉图，穿越高6~17米大小沙丘沙梁30余个，铺筑黄土路基，上覆沙石路面，公路西侧设200米东侧设150米宽麦草方格固沙，外围置高立式阻沙芭栏。全长39.36千米。设立公路修筑维护队固沙养护。年货运量由4万吨发展为30万吨以上，通中卫至巴彦浩特客运班车。此后，经过三十多年不断修整及路网调整，成为S308线组成部分。

（二）石营公路

石营公路为民国年间废弃的银兰北道。1950年后整修为西至迎水桥、东达胜金关与石空、青铜峡相连道路，通行机动车辆。时称卫（中卫）青（青铜峡）公路或迎（迎水桥）永（永宁）公路。20世纪60年代后期，废弃县城东吕家岔路北行穿包兰铁路旧线，顺直铺筑铁路南县城东到镇罗堡接胜金路段。1982年，中宁黄河公路大桥建成，卫青公路至后石空接通G109线。1985—1986年，中卫县境内段加宽铺筑为柏油路面，并顺直胜金关西绕雷家沙窝段。1987年，铺筑迎水桥至沙坡头段为宽9~12米的二级柏油路面。1988年，修通沙坡头至营盘水路段为碎石路面，接甘肃省景泰县通兰州或武威路。1990—1993年，整修铺筑石空至营盘水全路段为柏油路面，改称石营公路，全长158千米。1994年10月1日，沙坡头至营盘水段改建为二级油路。自此宁夏与甘肃、陕西、青海、新疆、内蒙古等省区的公路交通网络连通，中断多年古丝绸之路北段恢复。之后经过二十多年不断修整及路网调整，成为G338线组成部分。

（三）香山公路

1956—1966年先后分段修通，系S205支线，自红泉北经莫耳水入牛条沟至梁水，又西南经冯庄、深井、三眼井红圈子至油井子接S205线。全长83.2千米，宽6.5米，1993年修建为3级沙石路面，通班车。1995年修建为柏油三级公路。

（四）陈下公路

1978年，为勘测大柳树黄河大坝工程，开山辟路由下河沿至大柳树峡谷，此外陈下公路前身。1985年，又以工代赈动员山区群众修通大柳树向南经黄石漩至陈家水，过黄泉至梁水园接香山公路。全长38.1千米，宽6.5米，是沟通山区景庄、陈水至下河沿山区公路。

（五）迎水公路

全长8.3千米，宽6米，为1960年、1974年两次修建改造而成。之后经修筑及路网调整，成为 S308 线组成部分。

（六）杨下公路

由下河沿接永康渡口古道改建而成，由 S205 线在杨滩沿山向西经倪滩、马滩、枣林、大路街至下河沿。全长 19.3 千米，宽 9 米。1963 年，铺筑为 3 级碎石路面。1997 年，建桥涵 27 座，填路基土方。1998 年，铺筑油路 7.3 千米。2000 年 4 月，修建二级油路 12 千米。此路段经修筑及路网调整，成为 G2012 线组成部分。

（七）南山台公路

1985 年兴建，系东西贯穿南山台新灌区公路。西由 S205 上山至阳沟村东支经西台、东台乡至大战场接 G109 线全长 35.2 千米，宽 8 米，为 3 级沙石路面。

（八）镇照公路

1958 年动员中卫县及金积、灵武、吴忠外县民工修筑。20 世纪 80 年代初改造、扩建为 3 级砂石路面为铁矿石专运线。南起石营公路镇罗堡东，向北至照壁山北接贺兰山后通阿拉善左旗便道。中卫境内公路长 20 千米，宽 6.5 米。1997 年由于第三排水沟桥因基础下陷而断裂，新修跨度 16 米三级公路桥 1 座，于 7 月底建成通车。1999—2000 年，修建为二级油路之后经修筑及路网调整，成为 S205 组成部分。

（九）柔石公路

1959 年、1969 年修建、改造，铺筑为 4 级碎石路面，为拉运矿石专线以及通往新北乡主要公路。南起 G338 线柔远东侧，向北至石墩水，全长 8 千米，宽 6.5 米。1999 年完成柔远至美利 3.5 千米路段 3 级油路铺筑任务。2000 年修建为二级油路。

（十）李姚路

20 世纪 70 年代沿美利渠坂拓宽修成与 G338 线平行道路，西起姚滩，东至李园接 S205 线，全长 21 千米，路宽 6.5 米。

（十一）南环路

中卫县城南环路于 1994 年勘测设计，1995 年 3 月动工，10 月底竣工，东起工业硅厂，向南折向西接 G33 线，全长 8 千米，路面宽 16 米，建桥 1 座，涵洞 101 个。2006 年更名中央大道北道，后更名沙坡头大道。

（十二）石碱公路

原为中卫、中宁两县拉运碱沟山煤炭便道，初由 S338 线石空村北越包兰铁路，经时家庄、乏牛坡、老牛湾、红井子、马场井到碱沟山煤矿，全长 18.5 千米。1956 年按简易公路标准修建，后经改线自倪丁穿G338、包兰铁路经平塘湖到碱沟山煤矿，整修为沥青路面。

四、乡村道

中华人民共和国成立前，沙坡头区生产运输以人背、驮畜或人畜力车为主，乡村间有可通牛车的道路或田间渠坂小径。

中华人民共和国成立后，新交通工具不断出现，各乡村陆续兴建村庄通往农田和村庄相互连接通行大中型机动车辆的道路网络。1978年改革开放后，国民经济快速发展，乡村道路建设稳步推进。20世纪90年代，国家实施西部大开发战略，基础设施建设加快，乡村道路建设迎来大发展。至2000年，乡村道路以混凝土路面为主，沥青路面普遍出现。

2000年以来，国家实施"千亿元"农村公路建设计划，沙坡头区乡村公路建设进入快速发展阶段，建成滨河路、中沟路、中央大道、五葡公路、香山柏油路、沙坡头风情苑路、小康路、移民区道路、沙坡头区设施蔬菜园区硬化路、南山台高效节水农业区道路等建设项目，建成沙坡头区宣和镇、永康镇、香山乡、常乐镇地区压砂西瓜基地道路。沙坡头区11乡镇165个行政村通了沥青或混凝土道路。

2007年，新修了柔远镇、镇罗镇、东园镇、滨河镇共计30千米设施蔬菜基地道路。宣和镇、永康镇、香山乡、常乐镇共计71千米压砂瓜基地道路。23千米乡村硬化道路和34千米等级沙砾路。迎水桥至美利工业区12.3千米迎湖二级公路，常乐、镇罗工业园6条12.6千米主要干道。农村公路好路率和综合值与2006年相比有所提高：乡村好路率43.6%，综合值53分；村道好路率34%，综合值53.7分。

2016年，新修农村公路107千米，硬化巷道52千米。

2017年，沙坡头区结合实际，立足重点和急需，争取自治区交通运输厅补贴资金4115万元，建设农村公路17条85.2千米，涉及8个乡镇22个行政村，服务人口8.4万人；争取区财政资金418万元，实施宣和美丽新村公路0.8千米，有效改善城镇招商引资环境，拉动了附近群众就业；与甘肃景泰县筹资共建南长滩村通村公路16.5千米，进一步巩固提升了贫困地区交通基础设施建设，加强了毗邻地区合作交流。农村公路项目的实施进一步强化了沙坡头区农村地区交通基础设施，极大地提升了沙坡头区农村交通运输服务能力和水平。

2018年，沙坡头区立足重点和急需，加强农村交通基础设施建设，一是争取自治区交通运输厅2018年第一批农村公路建设项目补贴资金1926万元，完成建设农村公路9条32.1千米，筹集本级财政资金实施宣和镇第四养殖园区道路项目，建成沙砾路18.8千米。二是争取自治区交通运输厅2018年安全生命防护工程补贴资金213万元，在迎水桥、宣和等6个乡镇41条村道上新增波形钢护栏16.251千米、轮廓标2707个、示警桩794个。三是争取危桥改造项目补贴资金117万元，对凯歌路沙沟桥、永康中路七星渠桥、第九排水沟桥三座年久失修存在较大安全隐患的农村公路桥梁进行拆除新建。四是争取2018年第二批农村公路补贴资金4930万元，建设农村公路82千米，该项目于2019年4月开工建设。

五、高速公路

（一）京藏高速

编号G6，沙坡头区自兴仁拓寨村入区，向西至兴仁郝家集出区，沥青砼路面，全封闭双向4车道。

（二）乌玛高速

编号G1816，沙坡头区自镇罗工业园区入区，经镇罗、永康、东园、迎水桥镇至营盘水出境，自镇罗万亩果园引出一条连接线至永康徐庄接定武高速，全长76千米。

（三）定武高速

编号G2012，沙坡头区自宣和入区，永康、常乐、孟家湾至营盘水出区。

六、公路桥涵

（一）履坦桥

位于原中卫县城西南15千米外西沙嘴越美利渠通往沙坡暗门处，石砌草泥墩，圆木横担草泥铺盖桥面。2014年修建沙坡头南苑路延伸段（新墩路至沙坡头大道）时，此处重新修筑2跨涵洞一座，石砌水泥墩，预制钢筋混凝土桥板，沥青铺装桥面。

（二）官渠桥

位于原中卫县城西3里许，又称沙渠桥，原为石砌草泥墩，木搭草泥桥面。中华人民共和国成立后道路重修时，修筑钢筋混凝土桥梁一座，石砌水泥墩，预制钢筋混凝土桥板，沥青铺装桥面，桥西龙王庙等古建筑群不复存在，成为历史。

（三）油梁沟桥

位于胜金关西3里许，跨越美利渠梢，原为石砌桥墩，搭木草泥桥面，常被山洪冲决。中华人民共和国成立后改建为水利设施。

（四）山河桥

原为上、下山河两座桥，位于卫宁交界处，跨清水河。始建年代不详，常被山洪冲毁。1942年初，两桥合一，改为天然石桥一座。至2017年，坚固完好。

（五）迎水桥

位于中卫县城西10千米处，跨越美利渠，原为草泥砌石桥墩，木料担搭，草土覆面。中华人民共和国成立后，修筑钢筋混凝土桥梁一座，石砌水泥墩，预制钢筋混凝土桥板，沥青铺装桥面。

（六）中卫黄河公路大桥

桥长1130米，1994年开工，1997年交付使用。

（七）沙坡头黄河特大桥

桥长1341.5米，2006年开工建设，2008年建成通车。

七、汽车站

清时期，中卫设置陆路驿站，由中卫城来往于银川、凉州和固原物资转运。清末民国初，盐运驮运尤为兴旺，先后形成莫家楼、沙港、宁安、党家水等物资转运或歇脚站点。1936年1月21日，宁夏汽车管理局在中卫县城设置汽车站。1954年，银川运输公司在中卫县城设汽车站。1974年，中卫县新汽车站建成，开始发展客运业务。1989年，中卫县汽车站扩建为三级汽车客运站。2004年，中卫汽车客运总站开始建设。2007年10月，中卫汽车客运总站投入使用，为西北五省区（地级市中规模最大汽车客运站，宁夏交通运输厅"民建公助"交通基础设施重点项目，日发送旅客达1.5万人，日发班次100个，日发旅客1800余人次。2007年，投资5300万元的中卫市国家一级汽车客运总站建成使用。2015年，优化公交线路6条，沙坡头区新建候车亭268座、港湾式站台10处20个。

八、公路货运

明清至民国年间，中卫地区主要输出物资有煤炭、日用陶瓷、食盐及农畜土特产品，输入多以工业日用百货、中药材、山货、油料等为主。沙坡头区地区除驿道、塘报有官办驿递转运车马外，其他物资均靠民间畜驮、人力运输。20世纪50年代，转运量不断上升，1957年中卫县公路货运量达14万吨。中卫县以畜运、手推车、牛车等运输工具为主，半机械化胶轮车开始使用。20世纪50年代中后期拖拉机及汽车开始使用。

20世纪60年代胶轮车、拖拉机普遍使用，逐步替代驮畜及畜力车。20世纪60年代，中卫运输物资逐渐由食盐、煤炭转变为铁矿石、生铁、石膏、木材钢林、建材和机械设备及日用工业品，多由铁路或公路机动车辆运输，1966年周转量为119.14万吨/千米。

20世纪70—80年代中卫汽车货运快速发展，拖拉机成为民间短途运输主要工具，替代传统驮畜和畜力车，个体运输户不断兴起，运力充足。20世纪90年代以后，汽车、拖拉机、摩托车等现代机械化运输工具得以普及。1978年，公路货运量达34.43万吨，周转量258.12万吨/千米。20世纪80年代，商品经济发展，中卫货运量迅速增长。1989年，中卫县货运量突破百万吨。1993年中卫县公路货运量上升为106万吨，周转量为1030万吨/千米。1994年，中卫县公路货运量318万吨，货物周转量5350万吨/千米。1995年，货运量达到511万吨，货物周量达到6736万吨/千米。2004年，中卫撤县立市，沙坡头区公路运输量逐年增长。

九、公路客运

20世纪50年代，中卫汽车站成立，承担起站点服务、客票管理工作。20世纪90年代后，个体及私营客运车辆增加，交通运输管理所承担起客运管理及稽查工作，加大春运期间管理力度，开展道路运输证年度审检工作，对营运汽车在规定期限内换证审验，建立车辆报停手续，完善管理制度和办事程序。1998年后，中卫县不断组织交通秩序整顿行动，从严打击乱停放车辆、欺行霸市、压班压点行为。

2004年中卫市成立以后，市交通局建立健全旅客运输安全管理和安全机构，建立各项制度，开展优质服务活动，确保旅客运输安全有序。

2017年，公交首末站现建成两处（牛滩首末站和中卫机场停车场），投资330万元。充电站（桩）建成3处（牛滩公交首末站、中卫机场停车场、中卫综合物流园），完成投资1140万元。沙坡头区确定为全国城乡交通运输一体化示范县（区），争取项目资金2500万元。沙坡头区推广应用新能源公交车53辆，其中投入23辆将城区1路公交线路打造成纯电动汽车应用示范线路，30辆作为沙坡头景区摆渡车。

2018年，沙坡头区农村客运班线经营企业5家，运营车辆103辆，开通农村客运班线40条，覆盖沙坡头区167个行政村，覆盖率达到100%。续建两个、新建1个公交首末站，新建公交站台（候车亭）132座、改建公交站台11座，更换线路指示牌268块，新增指示牌143块。公交智能调度系统建设项目按计划推进。争取到自治区财政厅2018年城市公交和城客运一体化建设项目补助资金3000万元。

（一）城际班车

民国年间，中卫开始出现汽车客运。2001年，中卫县汽车站每天发出长途客车16条线路42个班次，过境线路8条15个班次。2017年，沙坡头区城乡客运经营企业5家，运营车辆161辆，开通城乡客运线路40条，覆盖沙坡头区167个行政村，覆盖率达到100%。

（二）城市公交

中卫城市交通始于20世纪60年代。2007年中卫市乡镇通车率100%，行政村通车率92.6%，11家客运企业经营农村客运线路86条，投入农村客运车辆312辆，日发班次1015个，全年完成农村客运量216.5万人次。

2014年，中卫市沙坡头区开通3、4、5、6、7路公交，建设候车亭268座，投入80量宇通牌LNG天然气城市公交车，提升城市服务功能，方便群众生产生活。

2015—2016年，中卫市有公交客运企业10家。2015年运营公交线路（含农村公交线路）62条，公交客运车辆457辆，2016年运营公交线路75条，公交客运车辆555辆。

2017年，运营公交线路75条（含农村公交线路），公交客运车辆562辆。沙坡头区推广应用新能源公交车54辆，其中投入23辆将城区1路公交线路打造为纯电动汽车应用示范线路；城市公交经营企业3家，运营车辆291辆，开通城市公交线路7条，完成客运量2253.4万人次，出租车经营企业10家，运营车辆1138辆，完成客运量3509.3万人次。

2018年，城市公交经营企业3家，运营车辆277辆，开通城市公交线路12条，完成客运量1245.1万人次。

表9.3 沙坡头区公交线运行路表

线路	运行方式	起点	终点	路线长度	站点数量	运行参数
1路	双向对开	柔远镇施庙村	宜居家园	13	48	
2路	双向对开	中卫汽车客运总站	迎水桥火车站		55	
3路	环行双向对开	老年公寓	老年公寓	20.9	64	每6分钟一班
4路	环行双向对开	老年公寓	老年公寓	13.3	50	每6分钟一班
5路	环行双向对开	老年公寓	老年公寓	48	94	每10分钟一班
6路	环行双向对开	香山公园北门	香山公园北门	12.9	42	每5分钟一班
7路	环行双向对开	汽车客运总站	汽车客运总站	15.2	18	每6分钟一班

(三) 出租车

20世纪90年代开始，中卫县个体及联户经营的三轮车、中型面包车不断增加，营运线路迅速拓展，出租车市场呈繁荣景象。出租车由交通部门按照《宁夏回族自治区客运出租汽车管理办法》进行具体管理、监督和检查。

2000年以后，中卫出租车数量继续增加，与此同时，天然气进入中卫，"油改气"技术逐渐成熟，2011年，中卫以天然气为主要燃料的出租车达到1455辆。2015年，沙坡头区运营出租车1211辆，至2018年，出租车经营企业14家，运营车辆1138辆，完成客运量2284.6万人次。

第五节　水　路

一、航　道

1950年，宁夏省成立河运管理局（简称内河局），制定"宁夏省河运管理及收费办法"，中卫县开始成立水运管理组织。同年在内河局领导下，船筏河业公会成立，掌握船只及货源，按船只报班、货物报运的先后次序统一分配承运。境内船筏根据内河航运管理制度有组织地发展黄河水运。1958年，包兰铁路通车，加之青铜峡黄河大坝、中宁、中卫黄河大桥兴建，黄河水运日渐衰退，至2017年，仅剩胜金、永丰、马滩、下河沿南长滩、河沟等渡口用于民间渡运。2013年，开工建设黄河宁夏中卫沙坡头至南长滩段航运工程，项目起自南长滩村，止于沙坡头码头，全长56千米，按内河Ⅴ级航道标准建设，总投资1.31亿元，项目于2016年完工。

二、渡　口

自秦以来，中卫黄河筑障塞，在军事、交通要道渡河处不断设置关隘、渡口防守。元代有应理州黄河九渡之说，明清时期形成固定渡口、码头，自上而下有兵沟、常乐、永康、泉眼山、宁安、老鼠嘴、张义、广武和青铜峡渡口。民国年间，中卫县有下河沿、新墩、莫家楼及李嘴渡口，至1990年有北长滩、下河沿、大板湾、新墩、莫楼、冯庄等7个固定渡口，还有沙坡头、草坝头、倪滩、福堂、马滩5个临时渡口（1991年后均审验为固定渡口），至 1993 年中卫县共有 12 个渡口。2014 年，沙坡头区共有渡口 12 处，其中营运渡口 7 处，旅游区渡口 5 处。

2018 年，辖区内水上通航里程达 92 千米，营运船舶 105 艘，在册登记船员 249 人；有 7 处渡口、浮桥，分别是：南长滩渡口、中卫通航渡运有限责任公司、中卫常迎黄河浮桥管理有限责任公司、永丰渡口、河沟渡口、胜金渡口、马滩渡口；有两家水运企业：（港中旅）宁夏沙坡头旅游景区有限责任公司、中卫腾格里旅游服务有限公司。

三、水运工具

（一）羊皮筏

又叫"排子"。多用羊皮浑脱或少量小牛浑和木杆脱联结而成，以浑脱的多少，分为大、中、小三种。上行时，由筏工肩扛背行，或放气折叠用畜力驮运到上游目的地，再充气排放在水中运行。短途运输全年均可。行驶渡运时，由一筏工用一根木桨划驶，停靠荡漾不须专用码头岸口，极为灵巧方便。每副载重量 800~1000 公斤，可载 8~10 人，顺水漂流划放，大水时可日行 200 千米，一般载重下行日程也在 150 千米左右。若运量大、货物多、运输里程长，也可数副相联。大型羊皮筏以 41 排，460 个浑脱组成，可载货 15 吨；中型 30 排，396 个浑脱组成，可载货 10 吨；小型 27 排 330 个浑脱组成，可载货 5 吨。最小的羊皮筏只用 13 只浑脱组成，可载 400~500 公斤。此种工具操作简便，一般沿河农民均会，但既苦又累，在洪汛或黄河冰凌期也较危险，故群众流传着"船匠、排子匠是死了没埋的人"。20 世纪 70 年代后淘汰，现仅在沙坡头作为游玩、戏水观展品。最大的羊皮筏用 8 人操作，中型用 6 人，小型用 2~4 人，一般摆渡用 1 人操作。顺水每小时可行 6~7 千米。羊皮筏的使用寿命可达 3 万~4 万千米。羊皮筏吃水浅，不怕触礁搁浅，木船无法航行之处能通行无阻。大型羊皮筏一般用来长途货运，中小型羊皮筏可作短途运输，是黄河各渡口摆渡载客主要工具。1986 年中宁黄河大桥建成后，鸣沙等处仍有数十架小羊皮筏在沿岸摆渡或货运。

（二）木帆船

木帆船船体大，载重量均在 10 吨，有别于南方小型带固定篷房的渔船或航船。中卫境内河道行驶的木帆船主要有高帮船和低帮船两种。高帮船较大，吃水浅，满载吃水约 0.7 米，船身长 10 米左右，中宽 4~5 米，深 1 米左右，船板厚 2~3 厘米，整个船形像半只蚌壳浮于水，又像一根扁担顺水漂流，故有高蚌船、扁担船之称。起与桨相似，约为船长之半。一般有四舱,立桅杆一根,或顺风挂帆或逆水挂纤,适宜卵石河床航行。行船货运,顺流而下,下行载重10~15吨,下行较快,顺风时,可使用风帆助之,日行25~100千米,枯水季节日行40千米,洪水季节日行60千米,逆水上行载重2~3吨不等,全靠人力拉纤,极为艰难费力,一般5人拉纤,1人掌舵,一般上行空船通航日程15~20千米。如遇激流,须合数船船工拉纤。中卫木船通航,上起冰沟门,下至县外各渡口,远达包头或更远。20世纪70年代以后,木船长途航运逐渐淘汰。

(三)七站船

别名七栈、七仓、七子船,因其船有七块板之高得名。船长12~13米,高1.8米,中宽6米,舳舻收拢3.5米,船底平窄。外形类似纵剖的半个西瓜,呈椭圆形,俗称"西瓜皮船"。有前舱、中舱、后舱,中舱较短。一般用1人操舵,4人划桨或拉纤。七站船吃水深,载重量大,顺水可载20~30吨,逆水约装四分之一。航速与高帮船相同。

(四)小渡轮船

20世纪60年代初,莫楼渡口首次使用50马力柴油发电机带动驳船渡运,每次可渡运两辆汽车及人力车等。20世纪70年代不断发展更新,增大了渡运量。20世纪80年代以来,莫楼、下河沿渡口使用小汽轮渡运,有148马力小汽轮5艘,60吨大渡船5只。同时,在莫楼、冯庄、胜金渡口发展小型铁木制船上安装25马力柴油发动机的渡船10多艘,随时渡运行人、自行车和手扶拖拉机,工效提高30倍。至1993年,中卫所有渡口均用机动小渡轮或柴油机铁索引渡。

第六节 信息产业

一、中国电信

(一)机 构

2005年1月26中国电信股份有限公司中卫分公司挂牌成立。2005年5月增设人力资源部。2006年6月21日,成立分公司10000号客户服务中心;8月24日,设置中卫分公司互联网业务部;9月17日,成立"个人客户服务部"和"无线网络维护中心"。2010年8月11日,根据职责模块设立网络操作维护中心、客户支撑中心、接入维护中心、网络资源中心、无线维护中心。2011年5月27日，成立企业信息化部。2015年6月19日，成立综合服务支撑中心；11月25日，成立电视宽带及资本引入合作办公室（简称电宽办），隶属于市场营销部；12月10日，将原客户服务部管理的客户维系中心调整到市场营销部管理。2016年6月19日，分公司将综合服务支撑中心与客户服务部合并、设立沙坡头区分局，主要负责沙坡头区内城市支局、农村支局、中心营业厅、城市商圈和VIP维系筹划小单元的销售、服务和支撑等工作。2016年8月16日，在网络部下设立客户端维护中心，同政企客户支撑中心实施一套人马两块牌子的管理模式。

（二）电信通信网路与设备

1. 长途线路

民国时期中卫有两条长途线路，一条是1933年从宁夏首府"银川—大坝—中卫"架设的一条单线电话电路；另一条是1938年甘肃省防空司令部从中宁经中卫、长流水、营盘水到山（景泰县境内）通向兰州的一条防空情报单线电路，中卫至中宁一段线路同时作为电报局的话传电报线路，1934年上半年，在中卫县城设立中宁电话分所，属宁夏省地方政府管辖，下半年，宁夏省电话局将银川至中卫的电话线路从石空分支，越黄河石空渡口分别开通中宁到同心、预旺的串联话路，接通了省际长途电话。1949年中卫至中宁电路为47.6杆千米，中卫至大坝120杆千米。1952年12月6日，中卫至中宁线路大修竣工。1954年5月，由线路工程队对中卫至大坝线路进行大修，为弯钓2.6铁线（单线，杆距67米），全长98.45千米，同时在镇罗区政府、石空区政府、渠口区政府挂3部单机。以后这段线路交给地方县话，镇罗以西交中卫县使用，石空以东交中宁县使用。中卫至中宁这条线路一直作长途电话、电报话传电路。1954年9月由线路工程队对这段线路进行整修，单线改为双线，1959年冬又进行线路技术改造，新架2.6铜包钢弯勾线一对45杆千米。1982年改变线路结构，由弯勾线改为四线担，加4.0铁线一对，巡防线一对，全长48.07千米，属省内二级干线。有长途线务站，中宁线务段维护。

2. 机械设备及电路

1958年3月14日，中卫第一批进入甘肃省会议电话网路，由中宁到靖远转接到省会局兰州。局内增添会议电话终端机三套（使用两套）。1959年10月安装了TEC单路载波机一部，开通了中卫到银川的直达载波电话电路一条，同时开通中卫到银川有线电报电路一条，这一年共有长途电话电路两条（中卫至银川、中卫至中宁）。电报电路1条（中卫至银川），同时中卫至中宁利用电话电路进行话传电报。1960年安装了ZD3路终端载波机1部。1962年因业务量下降停用，又恢复开通TEC单路载波机。

1968年12月29日开通中卫至中宁ZW202型3路载话终端机1部。这年共有长途电路6条（中卫至银川3条、中卫至吴忠1条、中卫至中宁1条、电报电路1条），1978年增装ZM2003路载终机1部，增开到银川半自动电路1条，到中宁、吴忠各1条，共有长途电路9条。1985年元月更新ZM200三路载波终端机，安装ZM307-Ⅲ型12路载波终端机，增开中卫到银川、中卫到中宁、中卫到固原电路各1条。同年12月，又给银南地委办公室到中卫县委办公室、银南公安处至县公安开通用户专用线路各1条。共有电路15条，实用14条。

1987年11月29日，将原简易半自动改为正规设备开通DD14长途半自动对端机。容量为4来4去调正，增开半自动电路：中卫到银川、银川到中卫各2条，吴忠到中卫1条。

DD14长途半自动对端机开通之后，通过银川程控交换机联结到全国自动电话交换网，长途台可直接拨自动电话网内任何城市的自动电话用户。外地可直拨中卫县电话用户。

（三）资　费

1.国内电话

1934年4月，宁夏省电话局开放省内长话业务，以一分钟为一次计次收费，费率自定。1987年11月1日，邮电部和国家物价局联合发出《关于调整长途电话近距离资费的通知》，对长话价目1—6级（300千米以内）划为近距离。

2.国际电话

1983年开通国际长途电话，国际电话资费的组成、结算单位、调整与国际电报资费相同，其基本价目按邮电部与有关国家商定的价目执行。

（四）移动网络

2005年1月，中卫分公司正式挂牌成立。2005年3月25日，分公司通信网络实现了割接（从原吴忠和固原分公司的通信网络分离），中卫市"0955"区号诞生并正式启用。此时，中卫电信分公司网络通信机房沙坡头区包括35个农村农化机房；交换机容量达到140660线，宽带（ADSL）端口容量为7632线（端口速率达到2M）。带宽为1G，无线网络是通过小灵通+ETS两种网络的部署，基本实现中卫市无线通话网络的全域覆盖，中卫基站规模达到315个（小灵通395个，ETS20个），接入容量达到46035线，城区及农村整体覆盖大于90%。2005年，中国电信2005年京呼银兰WDM传输系统工程开始立项并实施，中卫分公司的传输容量将达到千G以上。

（五）移动电话

1993年3月由区邮电管理局投资，在吴忠市开通800M模拟移动通信基站1个，可覆盖吴忠市5至10千米内的区域，交换局设在银川，经长途电路在银川进行交换。是年8月，陆续在中卫开通800M模拟基站。1996年5月，区邮电管理局投资开通则MGSM数字移动基站一座，覆盖范围5至10千米。是年6月，中卫设立基站，形成银南移动通信M数字通信网，交换局仍设在银川，光缆传输至银川移动通信局进行交换。

2008年10月，中国电信正式接手原中国联通CDMA网络并正式启动CDMA网络扩容建设；2008年12月，中国电信189号段正式放号。2008年12月31日，宁夏电信首个自建CDMA基站——沙坡头区镇罗工业园基站正式建成入网运行。

（六）4G网络

2013年12月，中国电信获得TD-LTE4G牌照。同月，中卫电信正式启动4G网建设。

2015年2月27日，中国电信获得FD-LTE4G牌照。3月份，中卫电信启动4G（FD-LTE）网规模建设，同年底，中卫电信4G网络基本实现城区、乡镇及主要行政村全覆盖。

2015年7月20日，沙坡头区S1240设备和ZXJ10设备、ADSL设备下电退网，中卫分公司在全区率先完成本地网传统交换端局退网，并且成为全国第一个全光本地网。2015年12月，宁夏电信中卫本地网100GOTN系统新建工程调测完毕并投入运行，中卫新局机房均有节点，该系统地投入运行，使中卫市至各县区母局节点的大带宽业务投入运行。伴随着云基地机房的建成，中卫发展云计算产业取得重大成果。

2015年12月完成中卫电信电子政务云平台的建设并交付运行，共建3个冷仓，98架机架，投入使用368台服务器。

2016年，中卫分公司承接"普遍服务"沙坡头区的光网普及建设（到自然村）工作，自2016年6月开始到2017年3月，沙坡头区所有自然村全部实现FTTH接入，用户接入带宽全部达到50M以上。工程共计投资2500万元，新增覆盖户数5万户，新覆盖及延伸覆盖行政村84个、自然村817个，所有的村部、卫生室、电商点全面覆盖，新建基站48个，新建H端口2万个。截至2017年3月底，中卫分公司的FTTH端口总数达到21.7万个，4G基站的总数达到360个；随着光网覆盖的不断加厚和延伸，在2017年2月，沙坡头区迎水夹道村光进铜退IAD设备的下电，中卫地区所有的公众客户的IAD设备（550台）全部退出网络舞台。

2018年11月，由中卫分公司投资1650万元承建的云基地160千米的环网管道和144芯光缆（镇罗云基地、宣和云基地、迎水云基地）交付亚马逊。

二、中国联通

（一）机构沿革

中国联通中卫市分公司成立于2005年1月22日，是中国联通在中卫地区的分支机构，沙坡头区经营部属于下设公司。沙坡头区设有多个实体营业服务网点，还开通了网上营业厅、手机营业厅、微信营业厅、短信营业厅等线上电子服务渠道。中卫分公司下设综合部、市场部及包括的三个县级经营部。其中综合部包括办公室、财务、运维3个专业，负责分公司日常行政事务、财务管理、线路、基站维护及工程施工、管理工作。经营部主要负责各地区市场发展及后台支撑工作。截至2019年11月底，中卫市分公司有工作人员111人，其中：合同制员工有106人，派遣制员工有5人，中卫市分公司下设5个部门（办公室、营销部、网络部、政企客户事业部、营销支撑中心）。

（二）网络建设

中卫联通致力于打造"速度更快、覆盖更广、感知更好"的匠心网络，2016—2018年，投资1.8亿元用于4G网络建设、政府电子政务外网和电信普遍服务网络建设。仅4G基站达到1000多个位居行业前列，并已经实现景区、高速公路、国道、省道以及铁路沿线信号连续覆盖，信号质量持续提升。开通载波聚合后，手机上网峰值速率到了300兆，处于行业领先水平，更好为广大人民群众提供优质、高速的通信服务。

三、云产业

（一）中关村科技产业园

2013年7月，工信部发出《关于支持宁夏加快内陆开放型经济试验区建设有关事项的复函》，函件中将宁夏纳入国家云计算产业发展布局，并指出对符合布局导向要求、落户宁夏的云计算项目，工信部将予以支持。

2013年12月12日，在北京国际会议中心，亚马逊AWS、北京市政府及宁夏回族自治区政府共同宣布了合作谅解备忘录。

2014年10月，国家发改委发布《西部地区鼓励类产业目录》，鼓励宁夏发展"大型或超大型数据中心建设及运营"类产业。

2014年，全球云计算龙头企业亚马逊，最终选择在中卫建设全球第十个数据中心。从启动打造中国版"凤凰城"计划开始，短短几年时间，美国ZT、微软公司、工信部信息中心、中国移动、中国联通、奇虎360、浪潮、美团等140多家云制造、云服务、云应用企业纷纷落户中卫。

2017年12月12日，全球最大的云计算厂商——美国亚马逊旗下云计算公司AmazonWebServices, Inc.宣布，与中国云服务提供商宁夏西云数据科技有限公司展开战略技术合作，由西云数据运营的AWS中国（宁夏）区域正式开放。

2018年，云天产业翘楚云集。美国亚马逊云计算中卫合作项目正式上线运营，奇虎360数据中心投入运营，中国移动数据中心即将投用，美利云数据中心二期、炫云数据中心等项目开工建设，国家旅游局、中国残疾人福利基金会、风云气象卫星等数据中心落户中卫。以PPP合作模式建设"12345"政务服务热线和"以克论净"环卫云、智慧医疗云、"多规合一"信息平台等云应用项目。启动军民融合创新示范区建设、西部军民两用飞艇基地、高分辨率对地观测系统宁夏应用中心等项目加快推进。"天地一体化无线电信号监测关键技术研究"项目列入自治区重大科技专项。云计算和军民融合产业及配套项目累计完成投资33.6亿元。

2018年7月，中卫市成功举办首届"云聚中卫 引领未来"云天大会，来自业界的大咖们在中卫云集论道。会上推介发布了云计算产业的中卫标准和中卫公式，签约西部医疗健康大数据中心等7个项目，协议金额50亿元，中国天翼云宁夏节点和中国数据中心产业发展研究所等4个机构在中卫设立，为中卫云计算产业发展在云制造、云服务、云应用和人才引进、投融资等方面提供了优质服务。

2019年上半年，全市信息传输、软件和信息服务业增加值增长31.8%，对GDP的贡献率达14.4%；云计算产业完成固定资产投资8.32亿元，同比增长123.5%。目前，西部云基地服务器规模达18.1万台，累计完成固定资产投资64.74亿元，信息传输、计算机服务和软件业增加值增速45%，云计算产业链带动投资30亿元以上。

2019年10月16日，以"绿色、创新、自主、共享"为主题的2019云天大会将在中卫市举办，与会各方将在信息技术创新应用、新一代绿色数据中心应用、融媒体等多个重点领域开展分项活动。

（二）前店后厂模式

"前店后厂"是宁夏中关村科技产业园（中卫）发展云计算产业的一种创新模式。"前店"——国内外云计算在北京中关村设立企业总部、研发中心、营销中心和示范中心，作为西部云基地的管理中心、服务大厅与窗口；"后厂"——在宁夏（中卫）西部云基地，建设超大型数据中心，提供海量存储和巨型运算能力，与北京的前端客户需求实现高速无缝对接。

中卫这种以利益协同为基础、东西部同台竞技的云产业"前店后厂"模式是区域协作的创新性探索。

云计算进入中国，各地共同面对两大瓶颈：第一是建设成本、运行成本居高不下；第二是网络、云网融合，基础条件是欠缺的。应该说，经过五年的努力，中卫基本上解决了这些问题。比如成本问题，集中在北上广深的IDC数据中心，用电量非常大，由于中卫美利云数据中心采用全自然风冷技术，建设成本降低30%、运行成本降低45%。

中卫通过科技创新，建设的两个大型新一代云计算数据中心集群，采用全自然风冷，能效值（PUE）做到了世界先进水平1.1，远低于目前国内平均PUE值的水平。

第十章　城乡建设

沙坡头区以"宜居、休闲、生态美"作为城市定位，把"城市让生活更美好"作为城市发展目标，坚持"以绿为美、以水为源、以净为荣、以适为宜、以人为本"的发展理念，依沙傍水规划建设城市，精心精细管理城市，着力改善城市生态、提升城市环境，打造城市品牌，"以克论净"的城市深度保洁管理机制享誉全国。生态优美，环境宜人，休憩游园、生态带、健康绿道构建起覆盖全域的生态体系，建成区绿地率和绿化覆盖率分别达 35.6% 和 39.7%；水域面积达 220 公顷，占建成区面积 20%。先后荣获"迪拜国际改善居住环境最佳范例奖""厕所革命优秀城市""全国十佳生态文明建设示范城市""国家园林城市""中国特色魅力城市 100 强"等殊荣。

第一节　机构体制

1949 年 10 月 1 日中华人民共和国成立，中卫县设立建设科，负责城乡建设工作；1956 年成立工交部、农林牧部，撤销建设科；1958 年成立城市建设委员会；1979 年 3 月成立城镇建设房产管理办公室；1981 年 4 月成立中卫县基本建设委员会；1982 年 1 月成立房地产公司，对城区公共房产进行登记管理，1987 年将城区内私有房产进行了登记发证工作；1983 年 3 月成立城乡建设局；1984 年成立了综合开发公司，对城区建设、房屋拆迁进行统一开发、合理利用；1984 年 2 月在体制改革中城乡建设局更名为城乡建设科，增设综合股、规划站等内设机构，负责城乡建设工作。2004 年，中卫撤并设市（地级市），6 月 22 日，中卫市建设局挂牌成立，设立综合科，负责市政工程、房地产管理等。2012 年 5 月 10 日，沙坡头区党工委和管委会正式组建。根据《关于沙坡头区党工委、管委会机构设置和人员编制有关事项的通知》精神，沙坡头区设立中共沙坡头区工作委员会和沙坡头区管理委员会，城乡建设和环境保护局为其下属 10 个正科级工作机构之一。沙坡头区城乡建设和环境保护局下设办公室、综合业务科两个内设机构，共核定行政编制9名，后勤服务事业编制1名；科级领导职数3名（1正2副），其中：局长1名（正科级），副局长两名。有在编领导、干部共计8名。工作职能是：负责村镇规划建设、农村道路路政管理、农村环境保护、农村环境综合整治和市容市貌管理、辖区国土资源管理工作。2016年8月19日，沙坡头区委、区人大、区政府、区政协正式挂牌成立。下设建设交通局，主管城乡建设方面工作。2019年随着机构改革，更名为沙坡头区住房城乡建设和交通局，新增沙坡头区许可的建设工程项目质量监督管理及物业管理职能。2012年至2019年沙坡头区住房城乡建设和交通局历任局长为韩进军、刘德祥、俞正国、胡文礼、张永生、郭建华、潘玉顺。

第二节　城市设施

一、道　路

（一）主干路

机场大道。南起滨河北路，北至中卫市沙坡头机场，全长9661米，红线宽60米，沥青混凝土路面，三幅路。其中，非机动车宽5米×2，人行道宽4米×2。修建于2008年，是中卫市高铁站至沙坡头机场的必经之路。

沙坡头大道。东起包兰铁路线，西至镇罗镇与212省道相连接，单幅路，全长约6300米，宽60米，机动车道宽5米×2，人行道宽5米×2。该条道路分三端，一段是包兰线至机场大道，宽60米；另一段是机场大道至惠丰路交会处，此段将沙坡头大道分为南北两条单行线，均沿观光渠两侧，各宽30米；剩余一段是惠丰路至212省道，宽60米。修建于2006年，是通向沙坡头旅游景区最方便的一条道路。

平安大道。东起机场大道，西至宁钢大道，全长5996米，宽90米，非机动车道宽6米×2，人行道宽5米×2，沥青混凝土路面。途径新墩棚户区、宁夏大学中卫校区、中卫中学、香山公园、沙坡头水镇、市住房和城乡建设局、政府广场、恒祥国际小区等。

迎宾大道。南起滨河北路与中卫黄河大桥相连接，北至包兰线，全长4071米，宽73米，非机动车道宽5.5米×2，人行道宽5.5米×2，三幅路，沥青混凝土路面。该条道路为来卫宾客进入市区必经之路。途经迎宾广场、恒祥国际小区及中卫市汽车站等。

宁钢大道。南起滨河北路，北至东立交桥，长3872.9米，宽60米，非机动车道宽5.5米×2，人行道宽7米×2，三幅路，沥青混凝土路面。东立交桥以北直通中卫市工业园区，城市段途经四季鲜农贸批发市场、中浩建材城及福润苑小区等。该条道路是市区通向中卫市工业园区的必经之路。

鼓楼东街。东起宁钢大道，北至市区鼓楼，长3380.3米，宽50米，非机动车道4.5米×2，人行道宽3.5米×2，三幅路，沥青混凝土路面。该条道路是沙坡头区设区以前修建，宁钢大道以东途径柔远镇、镇罗镇直通中宁县，此段为双向单车道。

鼓楼西街。东起市区鼓楼，西至机场大道，长2782米，宽30米，非机动车道宽4.5×2，人行道宽3.5米×2三幅路，沥青混凝土路面。该条道路为老城区道路，设市前修建，机场大道以西途经夹道村、大板村等，在驻卫部队门口与沙坡头大道相连接。

鼓楼南街。该条道路分为两段，一段是南起观光桥，北至市区鼓楼，长1136.33米，宽50米，无人行道非机动车道，人行道宽6米×2，此路段是设市前修建；另一段是南起滨河北路，北至观光桥，长2210.94米，宽90米，非机动车道宽6米×2，人行道宽5米×2，此路段是设市后修建。整个路段途经鼓楼、朝阳百货、中卫五小等。

鼓楼北街。南起市区鼓楼，北至中卫市火车站，长514.37米，宽40米。该条道路是设市前修建，2017年为创建全域旅游城市，经市委、市政府决定，改造为步行一条街，禁止机动车进入。

（二）次干路

富民路。南起沙坡头大道，北至包兰线，分富民南路与富民北路。富民南路南起沙坡头大道，北至鼓楼西街，长2224.2米，宽20米，人行道宽5米×2，总面积4.4万平方米。富民北路南起鼓楼西街，北至包兰线，长1323.2米，宽25米，人行道宽5米×2，总面积3.3万平方米。

应理街。南起滨河北路，北至西立交楼，长4100米，分为应理南街与应理北街。应理南街南起滨河北路，北至观光渠，长2200米，宽90米，非机动车道6米×2，人行道5米×2，总面积19.8万平方米。应理北街南起观光渠，北至西立交，长1900米，宽40米，人行道宽5米×2，总面积7.6万平方米。

新墩路。南起滨河北路，北至鼓楼西街，长3600米，分为新墩南路与新墩北路。新墩南路南起滨河北路，北至沙坡头南大道，长2200米，宽30米，非机动车道宽5米×2，人行道宽5米×2，总面积6.6万平方米。新墩北路南起沙坡头北大道，北至鼓楼西街，长1400米，宽20米，非机动车道2米×2，人行道2米×2，总面积2.8万平方米。

文昌街。南起沙坡头北大道，北至长城路，长1468米，宽40米，人行道宽3米×2，总面积5.8万平方米。

南苑路。东起宁钢大道，西至机场大道，长5719米，宽32米，人行道宽4.5米×2，总面积18.3万平方米。

丰安路。东起宁钢大道，西至前进路，长3883.2米，宽50米，非机动车道宽5米×2，人行道宽6米×2，总面积9.4万平方米。

怀远路。南起滨河北路，北至包兰线，长4169.4米，分怀远南路与怀远北路。怀远南路南起滨河北路，北至观光渠，长2101.1米，宽90米，非机动车道宽6米×2，人行道宽5米×2，总面积18.9万平方米。怀远北路南起观光渠，北至包兰线，长2068.3米，宽40米，人行道宽5米×2，总面积8.2万平方米。

文萃路。南起沙坡头北大道，北至包兰线，长1935米，宽40米，人行道宽5米×2，总面积7.7万平方米。

惠丰路。南起滨河北路，北至包兰线，长3728.7米，宽30米，非机动车道宽3米×2，人行道宽2米×2，总面积11.1万平方米。

黄河街。原名体育路，南起滨河北路，北至沙坡头南大道，长1907米，宽25米，人行道宽5米×2，总面积4.76万平方米。

安定路。东起迎宾大道，西至怀远路，长734米，宽30米，人行道宽4.5米×2，总面积2.2万平方米。

(三) 支 路

瑞丰路。东起南苑路，北至鼓楼西街，长1220米，宽20米，人行道宽3米，总面积2.4万平方米。

长城路。东起宁钢大道，西至应理街，长4529米，宽25米，人行道宽4米×2，总面积11.3万平方米。

香山路。分香山东路与香山西路，长1114米，宽25米，人行道宽4米×2，总面积2.78万平方米。香山东路东起文昌街，西至鼓楼南街，长385米。香山西路东起鼓楼南街，西至应理街，长729米。

民生街。东起鼓楼南街，西至应理街，长829米，宽18米，人行道宽5米×2，总面积1.49万平方米。

蔡桥路。南起沙坡头北大道，北至鼓楼东街，长959米，宽25米，人行道宽5米×2，总面积2.39万平方米。

西一路。南起沙坡头北大道，北至鼓楼东街，长959米，宽25米，人行道宽5米×2，总面积2.39万平方米。

中山街。南起沙坡头北大道，北至鼓楼东街，长1542.2米，宽20米，人行道宽3米×2，总面积3.08万平方米。

朝阳路。东起鼓楼南街，西至应理街，长812.8米，宽30米，人行道宽5米×2，总面积2.43万平方米。

裕民路。南起鼓楼东街，北至铁东路，长853米，宽25米，人行道宽4米×2，总面积2.13万平方米。

科技园路。东起惠丰北街，西至文萃街，长309.4米，宽20米，人行道宽3米×2，总面积2.13万平方米。

秀水街。南起平安大道，北至沙坡头南大道，长882.3米，宽30米，人行道宽7.5米×2，总面积2.64万平方米。

正丰路。原名利民路，东起怀远北路，西至应理街，长1280米，宽20米，人行道宽7.5米×2，总面积2.56万平方米。

鸣沙路。东至怀远路，西至鼓楼南街，长1250米，宽20米，人行道宽4米×2，总面积2.5万平方米。

丽景街。南起平安大道，北至鸣沙路，长548.8米，宽18米，人行道宽2.5米×2，总面积0.9万平方米。

芙蓉街。南起平安大道，东至秀水街，长875米，宽18米，人行道宽2.5米×2，总面积1.57万平方米。

前进路。原名振东路，南起平安大道，北至沙坡头南大道，长972米，宽30米，人行道宽7.5米×2，总面积2.91万平方米。

雍楼步行街。东至文昌街，西至鼓楼北街，长363.3米，宽18米，人行道宽2.5米×2，总面积0.65万平方米。

（四）巷　道

安和世家巷。东起应理北街，北至十里水街，长420米，宽11米，于2017年改造完毕。

太平寺巷。位于商业北街，长378米，宽5米，于2017年改造完毕。

四小南巷。位于中卫市第四小学南侧，长360米，宽5米，于2017年改造完毕。

水木兰亭巷。南起沙坡头北大道，北至正丰街，长395米，宽6米，于2017年改造完毕。

二、供　水

(一) 供水水源

中卫市沙坡头区城市饮用水源地保护区是自治区人民政府于2012年4月批复设立的，于2016年12月进行调整。其中一级保护区的范围是东侧边界为机场路向西100米处，西侧边界为李家河湾生产路，南侧边界为黄河北岸，北侧边界为美利渠。东西长5.37千米，南北最宽处3.45千米，面积8.57平方千米。二级保护区的范围是东侧边界为机场路，西侧边界为滨河西路，南侧边界为黄河南岸，北侧边界为沙坡头大道和迎大路。东西长6.42千米，南北最宽处3.59千米，面积14.76平方千米（其中，包括黄河水域面积2.12平方千米）。备用水源地是滨河路迎水桥段以西到黑林村西边，美利渠沿线至黄河北岸，面积约5平方千米，自治区人民政府2017年1月份批复。

清源供排水公司在水源地共建有18座深井。其中旧井4座，井深为100～120米，取水层在40～60米，作为备用水源井；2012年在黄河北岸新打井5座（8#–12#井），井深120米，取水层在35米，日取水1.7万方左右；2014年沿滨河大道两侧到迎水镇又新打井9座，已全部投入使用，设计取水量为2500万方/年，2016年实际取水量为850方吨。水源地深井泵房内均安装了红外安防报警系统，2017年12月在水源地泵房内又安装三套水质在线预警系统，实时与调度中心上位机互联实现远程监测。同时，公司每天安排专人对水源地周边情况及泵房运行情况进行至少一次巡视检查，确保水源地环境及供水安全。

(二) 城市供水

表10.1　2003—2017年沙坡头区城区供水量统计表　　　　（单位：万吨）

年　份	日供水量	年供水量
2003	0.62	226
2005	0.86	313
2007	0.99	360
2009	1.14	417

续　表

年　份	日供水量	年供水量
2011	1.27	464
2013	1.39	508
2015	2.30	841
2017	2.63	960
2018	2.86	1044
2019	3.05	1113

（三）供水企业

中卫市清源供排水有限公司注册成立于2008年4月，前身为中卫县自来水公司，现隶属于中卫市应理城乡市政产业（集团）公司。清源供排水公司主要经营范围集污水处理及再生水利用、集中式供水、雨水收集、水表计量检定和社会公益性服务于一身。下属自来水公司由于城市供水需求现由一厂扩建为两厂，两厂都隶属于中卫市清源供排水有限公司。

（四）供水设施

第一水厂于1986年始建于中卫县西大街沙渠桥南侧，1989年建成投入使用。1998年进行二期工程扩建，2003年进行供水管网扩网改造，2005年全部完工并投入使用。工程项目概算总投资8100万元，共占地26亩。工程建设分为水源地、水厂、供水管网及配套设施组成。设计规模4.2万吨/日，主要承担城区居民生产、生活用水。在自来水公司内有二级泵房一座、除锰曝气楼1座，总容量8600方的储水池4座（3500方2座，800方2座），架设了双回路供电线路，采用了国内最先进的二氧化氯消毒器进行水质处理，供水实现了遥控、遥测、遥讯的"三遥"系统和变频调速，建成计算机自动化控制系统。供水系统采用地下水源，水质达到GB5749-2006生活饮用水标准。

第二水厂是2012年中卫市委、市人民政府确定的1号民生改善工程，目的是让中卫城区群众喝上"明白水、放心水、无忧水"。工程由水厂、水源地深井、输配水管网、水质检测中心四部分组成，概算投资8800万元。（其中，水厂5400万元、水源地深井350万元、输配水管网1350万元。水厂设计规模4万方/日，采用"曝气+过滤+消毒"工艺，建成后城市供水能力从原来4.2万方/日增加到8.2万方/日，满足中卫城区群众用水需求。

水源地深井沿机场大道以西、滨河大道以南，在6.8平方千米范围内打120米优质地下水深井14座，并在黄河南岸以北，中央大道、迎大路以南，滨河西路以东，机场路以西划定城市饮用水水源地保护区23.33平方千米，备用水源地保护区设置范围为：滨河西路以西，迎宾大路以南，黄河南岸以北，总面积4.82平方千米。水质硬度从360mg/L降到160mg/L，大幅提升了群众用水水质和用水安全。

输配水管网东起宁钢大道、西至机场大道、南靠滨河大道、北及宝中铁路及旅游新镇，铺设DN150-DN1000供水管网10千米，供水服务面积从35平方千米增加到45平方千米，满足中卫城市未来建设发展需求。

（五）供水管网

沙坡头区城区供水主管网总长113.74千米，其中管径DN75-DN300总长为63.66千米，管径DN300-DN600总长为41.88千米，管径DN600-DN100总长为8.2千米。管材为球磨铸铁管、玻璃钢管、PE管。建设年限从1986年开始铺设。

三、排　水

（一）排水管网

沙坡头区城区排水主管网总长为97.4千米，管材全部使用砼管，主管网雨污合流。

（二）污水处理

沙坡头区城市污水由中卫市污水处理公司负责处理。污水处理公司隶属于中卫市清源供排水有限公司。于2002年9月开工建设，2004年10月全部建成，2005年6月正式投入运行。工程概算总投资为9159.9万元，占地85亩，其中绿化面积40亩。服务面积30平方千米，服务人口10万人。设计处理能力4万吨/日，实际处理能力2万吨/日，主要承担中卫市沙坡头区城区生活、生产的污水处理。污水处理达到《城镇污水处理厂污染物排放标准》（GB18918-2002）规定的二级排放标准。

2016年根据国家环保总局对黄河流域污水处理厂出水标准一律提至《城镇污水处理厂污染物排放标准》（GB18918-2002）一级A标准的要求，对该污水处理厂进行提标改造，项目于2016年3月3日通过中卫市发展和改革委员会批复，同年7月，该项目环境影响报告书由中卫市环境保护局批复通过。由银川规划设计院设计，采用"底部曝气+生物填料"强化工艺，总投资3900万元，中卫市应理城乡市政产业（集团）有限公司负责实施，宁夏杰林工程咨询有限公司负责监理，中卫市质量监督站负责质量监督。2016

年9月30日开工建设，2017年3月投入运行，并于2017年9月30日通过中卫市环境保护局验收。出水稳定达到一级A排放标准。

四、供　电

1959年，中卫供电所成立，隶属于中卫电厂。20世纪60年代后期，经改造、扩建，中卫电厂年供电量上升为3000~4000千瓦时。

1973年9月，中卫110千伏变电所—迎水桥变电所35千伏线路建成。12月，中宁古城变电所—中卫变电所110千伏输电线路建成。

1974年，中卫电厂撤销，中卫供电所划归宁夏电力公司银南供电局管辖。是年1月，中卫变电所安装竣工投运。4月，中宁电厂—古城110千伏输电线路竣工。10月，中卫变电所—镇罗水泥厂35千伏输电线路竣工投运。1983年7月，中宁古城—中卫（一次变）110千伏输电线路建成投运。

1991年3月，中卫供电所更名为中卫县供电局，隶属银南供电局。1992年11月17日，中卫县供电局实现全自治区"乡乡通电"工程，名列全国12位。全年完成售电量28835.25万千瓦时，售电收入3313.899万元。1993年，全县年用电量达37947万千瓦时，其中工业用电29915万千瓦时，城乡居民用电1545万千瓦时，农业用电4945万千瓦时。1994年，全县完成售电量4.06亿千瓦时。1995年，全县完成售电量4.88亿千瓦时。1996年，是中卫县供电局开展"创一流"供电企业的起步年，全年完成售电量5.89亿千瓦时。

1997年，中卫县供电局共有电力用户3072户，管辖35千伏线路3条，10千伏线路26条。1999年，完成售电量7.12亿千瓦时。2000年，完成售电量7.31亿千瓦时。2001年是国家电力公司确立的"电力市场整顿和优质服务年"，完成售电量8.32亿千瓦时。2002年，完成售电量8.54亿千瓦时。2003年4月，中卫县供电局通过宁夏电力公司验收，实现了一流县供电企业目标。全年完成售电量12.05亿千瓦时。

2004年4月，组建宁夏电力公司中卫供电局，简称中卫供电局。

2013年7月，中卫供电局更名为国网宁夏电力公司中卫供电公司，2017年10月更名为国网宁夏电力有限公司中卫供电公司，企业类型由全民所有制分支机构（非法人）变更为有限责任公司分公司（非自然人投资或控股的法人独资）。

五、供　热

中卫供热公司1999年成立。中卫市城区（沙坡头区）集中供热工程于2003年经区计委批准立项，市区建设东、西区两个供热站。东区供热站规划设计安装4台40吨热水锅炉，概算总投资6651万元，供热面积130万平方米。工程分期建设，一期工程安装了两台40吨热水锅炉，换热站4个，报建新区供热站1个，概算投资4014万元。西区供热站规划设计安装两台40吨热水锅炉。东、西区供热站均采取一、二次间接供热。2004年，沙坡头区市区供热面积达到120万平方米。截至2006年底，共建成集中供热站3座，即文萃供热站、长城供热站、西城供热站（宏建热力）。新区（西区）集中供热一期工程项目和文萃供热站二期工程项目正在建设中，建成后全市集中供热总设计面积将达到300万平方米。

2008年，市区供热管网改造工程完成管网改造1000米，铺设支管网1600米，建成换热站4座，完成分户改造面积近23000平方米，新增供热面积60万平方米，城市集中供热面积达到350万平方米。

2009年，加强供热服务监督，强化供热优质服务，大力节能降耗，严格控制成本，供热运行质量不断提高，接暖总面积208万平方米，实际供暖面积165万平方米，比上年增加25万平方米，供热保证率达95%以上。2010年，新增供暖面积35万平方米，实际供暖面积320万平方米，供热合格率95%以上。2013年，集中供热能力从160万平方米增加到650万平方米；加强供热服务监督，进一步提高供热行业服务质量。先后对世纪花园A区、B区、C区及D区共1100户供热用户进行分户改造，改造面积10万平方米。2014年，城市集中供热能力达到525万平方米。2017年，沙坡头区完成城市供热管网工程升级改造工程。对沙坡头区城市建城区内20蒸吨以下供热燃煤锅炉进行摸底调查，城市建成区28台20蒸吨以下的供热燃煤锅炉全部拆除，20蒸吨以上的全部停用。

六、供　气

沙坡头区有燃气企业8家，从业人员176人。其中：天然气加气站6座，日销售CNG天然气5.2万方（加气车辆4200辆），日销售LNG天然气8吨（加气车辆285辆），液化气加气站两座，日销售液化气4.6吨（用户50780户）。沙坡头区城镇居民天然气用户35000户，平均日用气量10万立方米，农村天然气入户2200户。燃气长输管网：长输主线总长46.5千米；美利工业园区支线总长25.9千米；附属设施：高压钢制阀井26座，阀室1座，调压站1座，工业调压柜6台。燃气市政管网（中、低压）：市政中压埋地管线（PE）65.93千米；庭院埋地管线56.19千米；附属设施：中压PE阀井208座，调压箱334台，调压柜34台。农村天然气管网：2014年新农村天然气入户中压管网12千米，农村低压管网30.6千米。

第三节　公共基础设施建设

一、城市美化绿化

2004年，沙坡头区投资1100多万元，改造整治了鼓楼东西南北大街，对主车道、慢车道罩面，人行道与慢车道标高降为一致并铺筑花岗岩和彩砖。2006年，完成了对城区文化广场、红太阳广场、人民广场、五环广场、美利广场的彩砖、马路道牙、大理石贴面、礼花灯维修等工作。共更换彩砖3.5万余块，面积达3700平方米。在鼓楼东西南北大街等重点地段培植鲜花10.5万株，种植草坪8.7万平方米，栽植风景树2778棵，新增绿地面积50万平方米，市区公共绿地总面积达到79.2万平方米，树木25个品种9859棵，草坪71040平方米。人均公共绿地面积由上年的1.6平方米增加到6平方米。

2008年，认真做好春季树木草坪的返青养护工作，采取及时春灌、清理草坪枯草层、加强防风、通风、透气管理等措施进行全方位的养护。做好春秋季补植工作。补植水蜡30000株、各类乔木925株、花灌木84株、草花1596平方米、草坪10000平方米。接收新区绿化面积280万平方米。8月份接管高庙公园后补植红叶小檗5000多株，小桧柏1200棵。广场、大街共摆放花坛栽植花卉21万盆。

2009年，以创建园林城市为目标，定期修剪树木、草坪，定期打药、灌水，保证树木花草的正常生长，绿化养护面积达到244万平方米；节日期间，在广场公园等地段栽植和摆放鲜花23万盆，营造喜庆气氛；完成了工业园区绿化定点放线、挖坑换土、栽植浇水工作。指导各镇（乡）先后开挖树坑22万个，换土2.2万余立方米，栽植、浇灌各类苗木共22.3万余株，为香山公园、应理公园铺设草坪两万平方米，为应理公园铺设制草板近3万平方米。广泛动员全社会参与"园林城市"创建工作，先后开展树木草坪"认建认养""园林式单位（小区）"评选和"名木古树"普查挂牌等活动，并于10月30日顺利通过自治区专家组的验收。"十一"前夕，组织人员加班加点在黄河大桥、公园广场、彩虹桥两侧等地段种摆花坛、制作立体花架，完成了3个立体花架的制作和8个地点21万盆草花的栽植摆放。及时组织对道路、广场等重点区域带病树木进行集中防治，刷白越冬树木4万余株，为树木的正常生长提供保障。同时，多方筹集资金，购置剪草机、割灌机、喷药机等绿化机具，保证绿化管护工作正常开展。

2011年，以创建国家园林城市为目标，大力实施城市植绿、增绿、扩绿工程，改善城市生态环境。投资1.9亿元完成绿化面积1.23万亩（其中工业区1万亩），栽植各类苗木1207万株，种植地被25万平方米，铺设微喷1053亩、滴灌8215亩。2012年，在城市绿化方面做到适地适树、适地适景，使城市道路绿地体现出园林旅游城市特色。2013年，集中绿地从200亩增加到3.9万亩，公共绿地面积从150亩增加到1.2万亩，水面从800亩增加到两万亩，城市绿地率36.5%，绿化覆盖率达到37.9%。2014年，人均公共绿地面积达到19.51平方米、绿地率36.6%、绿化覆盖率37.9%。

2017年，按照道路养护规范与标准及时修补翻浆、裂缝、下陷的市区路面2600平方米，灌缝3000米。拓宽应理街、文昌街、文萃街、怀远路大型十字路口，对新区秀水街、鸣沙路、利民路、丰安东路、芙蓉街5条约5.5千米道路实施精表处理，采用彩色透水混凝土工艺将府前（后）广场、应理湖6950米人行道改造为慢行步道，补铺红砂岩1200平方米，新建、改建公厕11座。

二、城市亮化

2004年，为美化市容市貌，改善沙坡头区城区形象，对城区新开街道实施了亮化施工，实施范围为应理南街、美利路、中央大道、文萃南北路、文昌南街、长城东路等8条街道上的路灯铺设。重新对鼓楼及鼓楼四周、鼓楼东西南北大街进行了亮化改造。市区内所有大街、巷道2493盏路灯亮灯率保持在98%以上。2008年，认真落实城市节能降耗措施，全面改装设施设备，利用新技术、新措施改造原有设备装置，全方位实施节能降耗，按照市政府全年电费预算指标进行有效运转。2010年，新增城市路灯1039盏，将全市22727盏路灯、256千米路灯线路等设施设备按照"五定"工作法的要求，做到工作量化，责任细化，建立健全路灯编号档案管理制度，日常维修登记制度，定期巡视检查制度。并依据昼夜长短及时矫正开关灯时间，依节日等因素改变照明方式，使城市路灯亮化管理工作做到节电、科学、人性。

2011年，先后两次对全市27000盏路灯，83台箱变进行全面检修和维护。日常普修路灯3800余盏，开挖维修路灯电缆12处，处理箱变故障32起。

2012年，全年共维修路灯8400余盏次，更换灯泡6500只、镇流器120台、电子触发器105只、更换破碎灯罩135个、交流接触器15台、时控开关50台、处理高压电缆故障6起、修复路灯低压电缆故障44次、处理箱变故障30余起、重装因外力破坏灯具12套；路灯完好率达到98%以上、亮灯率达97%以上，路灯片灭率、单侧灯规范率、故障检修率、灯容灯貌等均达98%以上。春节前夕，城市公用事业管理所为春节亮化工作提前购置了多种材料，包括各色绢花、网状冰条灯、各色条状灯、水果灯、流星雨、彩球、中国结、大中小三种型号灯笼等共计32种12985件。

2016年，全年共维修路灯照明及景观照明设施6700余盏，修复路灯高低压电缆故障70期；新装清真寺巷、文昌街路灯21基；将中央大道5个大型十字路口的32基单光源路灯改造为多光源路灯；景观水道两处木质曲桥两侧安装庭院灯20组，柱头灯74套；彩虹桥两侧亲水平台安装护栏灯118套；更换文化广场庭院灯灯具32套，新增LED射灯48盏；更换机场路、宁钢大道风光互补灯光源11套，控制器180台，蓄电池418块，太阳能电池板108片；完成十里水街景观照明线路改造工作，重新埋设电缆线路3600米；完成府后广场亮化改造工程，更换灯具164套，共敷设电缆980米，更换控制箱两个；完成彩虹大道两侧景观照明工程，两侧行道树共安装30WLED照树灯3000盏，敷设电缆4000米，安装控制箱16个。

2017年，城市道路照明灯盏达到11115盏，安装路灯道路总长261千米，城市装灯总功率达3284千瓦。先后及时处理路灯高低压电缆故障，实施春节亮化装饰和平安大道、迎宾大道、滨河路等13条道路的路灯增亮提升民生实事工程，共安装LED路灯369基，铺设高、低压供电电缆2.4万余米，安装路灯专用箱式变压器6台。先后对彩虹路、黄河湿地公园、香山公园、滨河步道、机场路和宁钢大道等区域路灯进行维修更换，共增补市区主要路灯800余基。中卫市黄河大桥和定武高速立交桥亮化项目完成。

三、城市净化

2003年8月13日，国家发改委立项中卫城区城市生活垃圾无害化处理国债项目，项目概算总投资4100万元，全场占地面积为795亩，日处理生活垃圾能力200吨。工程项目主要分为四个部分：一是垃圾收集及转动系统。老城区内设垃圾收集站8座并带水冲式厕所。二是生活垃圾填埋场。位于中卫城区永康镇阳沟村，紧邻迎穿大道，距市中心约13千米处的一荒谷内，主要工艺形式采用卫生填埋方式，将城市生活垃圾进行无害化、减量化处理，填埋场总库容130万立方米。设计处理年限20年。三是环卫管理中心。位于迎宾大道东侧，建筑面积2000平方米。四是机械设备。购置垃圾压缩站成套设备8辆自卸车5辆、真空吸污车两辆、后压缩式垃圾车1辆、喷药车1辆、装载车1辆、履带式推土机1辆、东风底盘密封式垃圾收集车1辆、东风底盘洒水车1辆、工程维修车1辆、垃圾桶和果皮箱380个。

2006年，中卫市城区环卫清扫保洁区域扩展至16条大街、58条巷道，新增清扫面积1345504平方米，增加了20825米。清扫总面积达到3123269平方米。清扫范围东至郭营路、西至中央大道南北路交会处、南至滨河路、北至火车路向北400米。

2007年，市区新增清扫面积60万平方米，市区清扫保洁面积达到370万平方米。按照"五扫、六净、六不准"的标准，实施"一日两扫，全天保洁"，对卫生死角定向管理，专项整治，将滨河、文昌、迎水桥、常乐四镇的生活垃圾纳入统一清运范围。

2008年，市区环卫清扫面积达3542193平方米，覆盖市区22条大街，56条巷道。按照"一日二扫全天候保洁""五扫、六净、六不准"的标准，加大街巷清洁保洁力度，城市主要街巷洁净率达95%以上。生活垃圾清运做到日产日清，清运率达98%以上，全年清运生活垃圾8万余吨。

2009年，以创建卫生城市为目标，将市区所有街巷纳入清扫保洁范围，清扫保洁面积达到396.8万平方米，增长12%，年清运垃圾8.8万吨，增长5%，环卫清扫保洁率达98%以上。

2011年，严格执行"天平称重"和"一日两扫，全天保洁"卫生标准，确保清扫保洁工作不留死角和盲点。制定《特殊天气环卫工作应急预案》，密切关注天气预报，对环卫工作在雨天、雪天、大风天气需采取的各项工作措施做出明确规定。一旦出现特殊天气，立即启动应急预案，确保不因天气的原因，降低环卫工作标准，影响市民正常出行。

2012年，全面实施城市道路机械洗扫工作，通过机械洗扫和人工保洁相结合的方式，环境卫生质量得到质的提升。

2013年，确定"以克论净、严格标准、注重维护、强化考核"的工作思路，严格执行《中卫市城乡环境卫生深度清洁管理办法》《中卫市城市道路车辆运输防渗防撒防漏监管规定》《城市管理岗位达标标准与处罚机制》。由288名捡拾保洁员全天16小时轮班对全市 536 万平方米进行卫生保洁作业。每天安排卫生监管检测员和考核员以"天平称重"方式（每个责任区地面浮尘每平方米不得超过 5 克），对城市道路环境卫生质量进行检测考核。发现不合格的，责任人将受到相应的经济处罚直至解聘。这项机制实施后，城市道路浮尘合格率达 100%，所有责任区道路浮尘含量每平方米均低于 5 克；老城区地表垃圾合格率在 94.5%~100%，新城区地表垃圾合格率在 94.8%~100%。此项工作经验在全区推广。

2016 年，城区共有环卫捡拾保洁人员 325 名，环卫机械清（洗）扫车辆 34 台。坚持执行《中卫市城区环境卫生深度清洁管理办法》，严格落实岗位责任制，强化提升"以克论净·深度清洁"环卫保洁模式，狠抓人工保洁质量，"双 5"标准合格率分别达 96% 和 98% 以上。建设"环卫云"以克论净环卫管理系统，对城区环卫职工考勤纪律、工作状态、地表垃圾检测即时查询，以云计算技术固化"以克论净·深度清洁"环卫管理工作，使环卫工作科学化管理和快捷式推广应用。

2017 年，市城市公用事业管理所共有环卫保洁人员 378 名，环卫作业车辆 88 台，主要承担市区道路 680 万平方米的清扫保洁任务。执行《中卫市城区环境卫生深度清洁管理办法》和《城市管理岗位达标标准与处罚机制》规定，对市区主次干道、巷道、广场、公园等公共区域环境卫生进行精细管理，对城市道路采取冲、洗、扫保洁作业。同时，购置抑尘车 10 辆，根据天气变化情况适时调整作业时间和作业方式，对市区主次道路和重点区域进行抑尘作业，有效抑制城市道路扬尘。按照"两个 5"标准检测，市区城市道路地表垃圾合格率达 96% 以上，浮尘检测合格率达 98% 以上，城区道路机械化清（洗）扫率达 74%。"以克论净"环卫保洁工作持续受到全国环卫行业的高度关注和推崇，年内，先后有 66 批 812 人次到中卫考察学习，累计（2015 年至 2017 年）达到 455 批 6159 人。

四、公园广场

(一) 人民广场

位于北大街中卫火车站前，以前叫做铁路广场，始建于 2002 年，于 2004 年正式挂牌。它是中卫的一个集散广场。人民广场占地 60 亩，绿地面积 37.5 亩。常青树主要有蜀桧球、云杉、黄杨球、油松、北京桧；落叶木主要有垂柳、银杏、国槐、千头椿、合欢、香花槐、无刺槐、白蜡、紫藤、杏树；花灌木主要有榆叶梅、连翘、丁香、珍珠梅。人民广场内有造型植物，主要为黄杨。

(二) 红太阳广场

红太阳广场位于旧城区鼓楼西街中心地段，建于2003年。占地面积15亩，绿地面积7.5亩，绿地率达50%，绿化覆盖率达50%。为纪念性休闲娱乐广场。2008年完成改造。改造后的红太阳广场，对以前空地进行绿化硬化美化，建设停车场，配套附属服务设施。沿广场东西两侧建设一层仿古营业房，既可以和高庙公园形成统一风格，又可以通过营业房的出售出租筹集广场建设资金。红太阳广场改造项目建成后，将和高庙公园、生态停车场、人民广场连为一体，成为新的城市人文景观。同时又能提升城市品位，改善人居环境，打造新的旅游景点。

(三) 五馆一中心及室外景观工程

中卫市五馆一中心（游泳馆、博物馆、文化馆、图书馆、体育馆及文体娱乐中心）总建筑面积4.76万平方米，概算投资2.3亿元，分为三个相互独立的建筑群体。在设计建设上突出了"生态、人文、科技"的和谐理念，体现了"跨越伸展、和谐共荣"的主题。五馆一中心优美的建筑造型和新颖独特的室外景观设计已成为中卫市城市的一大景观。项目建设主要内容有生态停车场、溢水坝、承重桥、种植水生植物、露天浴场等。先期建成的体育馆、露天浴场、生态停车场、溢水坝等项目已成为区内外游客及中卫市广大市民群众观光、健身、休闲、娱乐的理想场所。自2011年5月投入使用以来，平均每天接待游客1000余人次，节假日高峰期达到2000余人次。

为进一步优化城市环境，提升公园综合服务功能，2012年春季开始实施香山公园生态修复提升工程。先后对五馆一中心四周绿地进行全面修复，共种植蜀桧424棵、垂柳633棵、丁香1495棵、黄刺玫4950株、香蒲1800株；种植慈姑、芦苇等水生植物20000余株，湖内投放了彩鲫、锦鲤、草鱼、花鲢等鱼类及螃蟹5万余尾；种植草坪1.6万平方米；安装休闲座椅98把。五馆一中心是广大市民及游客休闲、健身、观光、娱乐的理想场所，已成为中卫城市建设一道亮丽的风景线。

(四) 美利广场

美利广场位于鼓楼西街，建于2005年。占地26.4亩，绿地面积22.5亩，绿地率达85.23%，绿化覆盖率达85.23%。美利广场种植设计采用列植、群植、合理密植、分层种植、分花期种植等现代景观的种植方式，较多地运用了香花槐、洒金柏、云杉、楸树、桧柏、金枝国槐、碧桃等树形、叶形特点明显的优质乔木，配以红叶小檗、红王子锦带、扶芳藤、榆叶梅、丁香、红瑞木、月季等花蜜期长的花灌木营造出较高品质的景观效果。

蜿蜒小径穿梭园中，与主干道相连。合理布置休息亭、花坛、置石等。在郁郁葱葱、花团锦簇、步移景异的空间，漫步于蜿蜒小径上，欣赏随季节变化的自然美景，亲切自然，将白天职场的烽烟、喧嚣涤荡一空。

（五）文化广场

文化广场位于沙坡头大道景观水系以北、鼓楼南街以东。特别的是北边紧邻中卫市第五小学，更能烘托出浓浓的文化气息。文化广场建于2003年。文化广场占地84亩，绿地面积51亩，绿化覆盖面积66亩，绿地率达60.71%，绿化覆盖率达78.57%。

（六）应理公园

应理公园建于2008年，总占地面积755.06亩，其中水域面积413.98亩，绿地面积279.89亩，绿化覆盖面积300.13亩，绿地率达91.9%，绿化覆盖率达39.75%。

（七）高庙公园

高庙公园位于中卫市鼓楼北街路北。高庙公园占地57亩，水域面积9.6亩，绿地面积22.5亩，绿化覆盖面积40.5亩，绿地率达56.32%，绿化覆盖率达71.05%。为了保护古建筑高庙，相关部门于2001年以高庙为主要景点建立了高庙公园。四周相继设有游戏场、书画院、园内商业摊点等，丰富了高庙公园的旅游元素。

（八）香山公园

香山公园位于沙坡头区滨河大道以北、平安路以南、怀远路以西、彩虹路以东，占地面积129.87公顷，其中水域面积50.37公顷、绿化面积78.8公顷、道路及构筑物0.7公顷。主要建设生态湖、景观桥、景观廊架、黄河水车等项目，绿化以草坪、荷兰菊、紫穗槐、百三叶、百脉根等地被和香花槐、金丝垂柳、日本樱花、小钻杨、核桃等乔灌木为主。2007年12月开工建设，2008年4月底建成免费对游客开放。为进一步优化城市环境，提升公园综合服务功能，2012年对香山公园实施生态修复提升工程，公园南、北、西主入口铺装福鼎黑斧剁石、栽植核桃树；开挖建设小型水生植物园，栽植荷花、慈姑、鸡头米等10余种水生植物；湖内投放了彩鲫、锦鲤、草鱼、花鲢等鱼类及螃蟹10万余尾；安装休闲座椅280把；新建免费公厕两座；设置喂鸟格22个；开工建设亲鸟之家鸟岛1处，引进黑天鹅、鸳鸯、锦鸡、麻鸭等珍稀鸟类。2009年以来，以香山湖等湿地为主要内容的黄河湿地资源保护开发项目先后荣获"中国人居环境范例奖""迪拜国际改善居住环境最佳范例奖"。

(九) 行政广场

行政广场位于市行政中心办公楼前后，发展路以东、前进路以西、平安路以南、沙坡头大道以北，建于2007年。广场占地面积449.98亩，水域面积46.5亩，绿地面积299.99亩，绿化覆盖面积305.98，绿地率达77%，绿化覆盖率达68%。行政广场主要由市民休闲广场、中心广场、中心旱喷、百草园、绿洲园、民俗园、江南园及民族特色花坛、微地形、假山、绿地及水系等组成。行政广场和香山湖、黄河公园、景观水系连成一体，突出"河湖泉相互贯通，水绿文一体和谐"的城市特色。

(十) 五环广场

五环广场位于中卫市东大街延伸段长城街南面文萃路以东。五环广场建于2004年，占地85.5亩，绿地面积达52.5亩。绿地率达61.4%，绿化覆盖率达84.21%。五环广场有草坪29400平方米，树木19210棵。

第四节 乡镇建设

一、旧城改造

2004年，沙坡头区共有"城中村"农户7056户。为加快"城中村"改造步伐，采取政策引导、市场运作、统一规划、分步实施的办法，吸引陕西瑞达、宁夏铁发等区内外10家房地产开发企业与文昌镇、滨河镇联合开发滨河新村、中卫新花园、家和园等经济适用住房小区，用于安置拆迁农户。2005—2006年，实施旧城改造项目共计26个，拆迁面积28万平方米，开工建筑面积87万平方米，概算投资近9亿元。中卫新花园、宾河花园、东蓠苑、正丰商贸中心等一批旧城改造项目相继竣工。2015年，沙坡头区团结小区、水利小区、紫瑞苑等46个老旧小区改造任务全部完成，与3家物业服务公司及代管单位达成协议，对40个老旧住宅小区进行物业托管，各小区已分别成立业主委员会。2016年，沙坡头区完成31个老旧小区改造和50万平方米既有居住建筑节能改造。2017年，沙坡头区完成老旧小区改造27个。2018年未实施老旧小区改造。2019年，实施长河小区、向阳小区等27个老旧小区改造。

二、新农村建设

2007年4月，委托宁夏城乡规划研究院编制的沙坡头区城区9镇1乡村庄布局规划完成报批工作。根据自治区建设厅编制村庄建设规划的总体部署，按照社会主义新农村规划要求，在村庄布局规划的指导下，编制完成永康、常乐、宣和集镇规划和165个村庄建设规划，村庄建设规划覆盖率达75.1%。

2008年，编制完成沙坡头区全部349个村庄建设规划以及89个村庄改造规划；编制完成围合式、明摆式、套房式农民住宅方案和永乐移民大村农宅平面规划、建筑设计方案、效果图以及硬山式、悬山式、歇山式坡屋面施工图设计；编印《中卫市沙坡头区农宅设计方案图集》《高速公路两侧村庄规划图集》，精心设计14套符合中卫实际的农宅户型，供农民群众选择，为新农村规划建设提供依据。2008年，沙坡头区共拆除土坯房5136户，新建示范村庄14个，旧村整治改造村庄84个，建成坡屋顶农居4897户，砖房平改坡1454户，砖房率由38%提高到43%；清理整修道路225千米，硬化村庄巷道176千米，铺设排水管道62千米，自来水入户6595户，建垃圾池374个，沼气池1342个，安装太阳能1208台，村庄植树38015株。同时，积极争取各类项目资金781万元用于环境综合整治和农房改造。建成的示范村庄布局合理、村容整洁、道路硬化、人畜分离、脏净分区、污水排放和垃圾收集有序。宣和镇三营村、永康镇杨滩村等重点村已基本达到整治标准，新建的宣和镇魏家窑、迎水桥镇夹道村、杨渠村等示范村庄标准高、设施全，起到了典型示范推动作用，全市新农村建设取得阶段性成效。

2011年，组织实施以农房改造、农村基础设施建设和城乡环境整治为内容的中卫市城乡环境综合整治"三大工程"。全年共完成危房改造11782户，其中贫困户危房改造完成9266户；生态移民住房建设完成2516户。建设集中连片50户以上的"塞上农民新居"示范点5个。大力加强农村基础设施建设和环境整治，共完成村庄道路硬化89千米，村庄铺设排水管道67千米，村庄植树10.35万株，建设农村文体活动广场7个，对常乐镇枣林村、永康镇上滩村、东园镇曹闸村、柔远镇冯庄村、迎水桥镇杨渠村5个村庄和广场进行亮化，安装太阳能路灯372盏。为沙坡头区109个行政村配备农村垃圾清运车共118辆、摆臂车11辆、吸泥车3辆、提升车14辆、人力三轮车85辆，配备塑料垃圾桶11708个、铁制垃圾箱363个，为每个村配备2名垃圾清运工，并将工资列入财政预算。建设垃圾中转站两个。启动建设环境综合整治示范村庄48个，整治样板路18条。在示范村庄带动下，沙坡头区川区有78个行政村村庄环境达到整治标准，占川区行政村总数的50%以上，山区有8个行政村村庄环境达到整治标准，占山区行政村总数的1/3以上。

2012年，集中组织实施以农房改造、农村基础设施建设和城乡环境整治为内容的中卫市城乡环境综合整治"三大工程"。沙坡头区新建"塞上农民新居"示范点两个，完成危房改造4301户，开工建设整村推进的危房改造点9个，有效地解决了群众的住房安全问题，改善农民群众的居住条件。全面实施特色小城镇建设。沙坡头区常乐镇、镇罗镇总体规划正在组织编制；沙坡头区宣和镇已开工小城镇建设项目6项。

2015年，全力推进全市美丽中卫建设行动计划。沙坡头区迎水桥旅游新镇、宣和镇、镇罗镇、兴仁镇4个特色小城镇完成投资5.7亿元。加快实施美丽村庄建设。沙坡头区建设美丽村庄7个。全力实施农村危房改造工程，沙坡头区完成危房改造1020户。加大农村环境整治力度。制定《村庄环境综合整治标准》，实行量化管理，按照试点先行、分类指导、逐年推进的思路，把城市深度保洁机制向集镇、村庄延伸。

2017年，沙坡头区实施柔远小城镇柔三路道路铺垫、土地征收和8000平方米街景改造，完成投资1500万元美丽村庄建设。沙坡头区9个村庄完成整治，完成投资3379万元。整治内容主要是硬化道路、粉刷墙体、铺设管网、绿化巷道、修建广场等，通过对村庄基础设施进行整治，有效地改善农村生活环境。沙坡头区农村环境卫生保洁覆盖率达到100%。

2018年，大力推进美丽乡村建设。实施香山美丽小城镇项目建设，包括道路硬化、排水铺设、广场建设、公厕建设、保洁服务站维修建设等，总投资852万元。完成新滩、福兴等6个美丽村庄项目建设，通过有效整合涉农项目资金，捆绑财政"一事一议"、农村公路等项目，完成投资2266万元，硬化道路20.56千米，铺设给排水管网22.51千米、面包砖3.1万平方米，粉刷墙体6.02万平方米，建成文体广场5个。完成东园新滩村、迎水桥镇码头村等8个一体化污水处理设施项目，建成高营、福兴等15个村104座1379立方米化粪池。

2019年，持续推进美丽乡村建设，实施美丽村庄项目6个，即迎水桥镇杨渠村东园镇韩闸村和白桥村、镇罗镇刘庄村、永康镇沙滩村、宣和镇草台村，累计完成投资840万元，完成道路硬化12546平方米；铺设排水管网2333米、面包砖14191平方米；铺筑道牙2000米。通过项目的实施，村庄道路、供水排水等基础设施得到改造提升。编制完成《沙坡头区农村生活垃圾治理专项规划》，通过住建厅评审并备案。严格落实"三检三考"

机制，每月对各乡镇环境卫生进行督查，拨付乡镇3个季度环卫经费580.9万元。建立了"户分类、村收集、乡镇转运、市处理"的农村生活垃圾收集转运处理系统，实现了农村垃圾治理工作全覆盖。投资2888万元，建设完成沙坡头区第四污水处理厂。

第十一章 旅游业

沙坡头区风景优美、文物古迹众多，是著名的旅游目的地城市。国家首批5A级旅游景区沙坡头，巍巍祁连山横亘黄河之阴，浩瀚腾格里沙漠连绵黄河之阳，一水中分，形成一幅天然太极图。景区集大漠、黄河、高山、绿洲、长城、线路为一体，"白马拉疆""麦草方格""铁龙越沙"浑然天成，实现了黄河与沙漠、沙漠与绿洲、人类与自然的和谐共处，形成了独特的旅游资源；中卫高庙始建于明朝永乐初年，砖木结构，融儒、释、道三教于一体，被全国建筑师学会称做"中国古寺庙经典建筑"；寺口子景区丹霞与喀斯特地貌互相融合，奇幽险绝；浩瀚大漠与万顷碧波交相辉映的腾格里沙漠湿地休闲度假区——金沙岛，金沙、碧水、飞鸟、绿地、花海镶嵌其中，勾画出"此景只应天上有，人间能有几回见"的绝版美景。大麦地岩画、一碗泉新石器遗址、古长城等，具有极高的文化研究价值和旅游开发价值。

截至2019年12月，沙坡头区有5A级景区1家（沙坡头景区），4A级景区1家（腾格里·金沙岛），3A级景区5家（腾格里·金沙海、寺口子、高庙、大河之舞·黄河宫、沙坡头水镇）。有休闲农业和乡村旅游单体273个，其中农家乐236家、休闲观光农园（庄）16个、星级休闲农庄15家，直接从业人员1992人，带动农户增收3912户。

第一节 旅游资源

一、自然景观

（一）沙坡头

沙坡头旅游区位于宁夏中卫市沙坡头区城西20千米的腾格里沙漠东南边缘处，是国家首批5A级旅游景区，是宁夏、甘肃、内蒙古三省（区）的交接点，黄河第一入川口。

旅游区东起沙坡头水利枢纽堤坝，西至黑山峡宁夏、甘肃交界处，以沙坡头黄河两岸山水田园以及北部的腾格里沙漠为核心。腾格里沙漠、黄河、香山与新旧石器遗址、史前岩画以及河湾园林在这里交汇，形成了沙坡头独特的"S"形地理风貌，曾被美国著名的《国家地理》杂志作为世界奇观向全球推出。被中外旅游家誉为"世界垄断性旅游资源"，正被打造成为中国沙漠旅游第一品牌。

沙坡头古已有载。《明史·地理志》载：中卫"西有沙山，一名万斛堆。大河在南"。《读史方舆纪要》载：中卫"西五十里，因积沙而成，或云即万斛堆"。历史上又叫"鸣沙山"。《读史方舆纪要》摘引元代史志记载说："自兰州而东，过北卜渡，至鸣沙河，过应理州，正东行至宁夏路。鸣沙河，即宁夏中卫鸣沙山南黄河也。"这里所说的"鸣沙山"，即今之沙坡头。

"天下黄河富宁夏"，塞上江南的美誉，从沙坡头开始。早在秦汉时期，当地军民就开渠引水，灌溉农田，创造了黄河无坝引水的辉煌历史，诞生了"白马拉缰"的神话传说，与四川都江堰一道彪炳中国乃至世界灌溉史。唐朝著名诗人王维奉旨宣慰在河西打了胜仗的将士，途经宁夏中卫沙坡头，面对大漠黄河壮美的景色，写下了"大漠孤烟直，长河落日圆"的千古绝唱。

沙坡头之所以屹立于世界治沙、生态和环保三大科学高峰，是她辉煌卓越的治沙成果。为了确保西北交通大命脉——包兰铁路畅通无阻，从1956年开始，勤劳智慧的当地人民与治沙工作者、科技工作者一道艰苦探索，创造出了以"麦草方格"为主的"五带一体"综合治沙工程体系。用最经济、最简洁、最原始的方法，成功地制服了沙魔，1984年，国务院将沙坡头列为"中国第一个沙漠自然生态保护区"，1992年，国家为沙坡头治沙成果颁发了在中国屈指可数的"科技进步特别奖"。沙坡头以其"麦草方格"为核心的"五带一体"治沙，奇迹解决了困扰全球的荒漠化难题。沙坡头被联合国评为"全球环境保护500佳单位"。沙坡头成为"联合国教科文组织人与生物圈和世界实验室的研究点"，"国际沙漠化治理研究培训中心培训基地"。著名科学家竺可桢在1959年实地考察沙坡头治沙成果后，1960年在《人民日报》发表了著名的《向沙漠进军》一文，盛赞沙坡头治沙的伟大意义。

自1984年开发建设以来，沙坡头旅游景区基础设施逐步完善，旅游活动空间不断拓展。1992年，沙坡头被评为国家级沙漠自然生态保护区；1994年，获联合国"世界环保五百佳单位"殊荣；2000年，被国家旅游局评定为首批4A级旅游区；2003年，被国家体育总局评定为"全民健身二十大景观"之一；2004年，被中国电视艺术家协会、旅游电视委员会等联合举办的"体验中国"2004年度中国最好玩的地方评选颁奖晚会，评为全国最好玩的十大景观之一；2005年，被《中国国家地理》杂志评为"中国五大最美的沙漠"之一，被水利部确定为"国家水利风景区"；2006年，被国家新闻媒体联合会评为"中国最值得外国人去的五十个地方"之一；2007年，被国家旅游局评为首批5A级旅游景区。

（二）寺口子

寺口子风景区位于香山脚下，在沙坡头区城区东南方向约50千米，被评为"宁夏文明风景旅游区""宁夏十佳诚信旅游景区"和"宁夏全民健身攀岩基地""首批中国自驾车旅游活动基地""中国魅力景区"等。2006年，被国家旅游局评定为国家3A级旅游景区。2020年，被国家旅游局评定为国,4A级旅游景区。寺口子景区占地面积18平方千米，是一处集险、幽、奇、绝于一体的自然风景旅游区，由个体业主吴自升于2001年初投资开发建设。古代这里曾建有苏武庙和米钵寺，因此，以"寺"为名叫做"寺口子"。寺口子历史悠久，风光旖旎，传说众多，文化底蕴厚重，是西北地区不可多得的旅游胜地。

寺口子景区由两种地质地貌组成，分为东、西两个景区。东景区属于典型的喀斯特地貌，以峡谷怪石著称，被称为"塞上奇峡景区"，自然景观独特，有被称为天下奇观的"神仙左右脚印"。峡谷内有一线天景观中的绝品，是极佳避暑胜地。峡谷内还有"熊猫""宁夏版图""情人石""大象石""榆树""孔雀"等怪石，有栈道云台等自然美景。西景区是红色丹霞地貌，被国家丹霞地貌研究专家称为西部最美最为壮观的丹霞地貌奇观。西景区以自然景观特色为主，但也不乏历史文化的沉淀，这里有妇孺皆知的苏武牧羊十九载的动人故事，有苏武圈羊石窟、苏武栖身石窟、苏武庙、苏武断桥、寺口大睡佛、云汉天渡索桥等景观。

寺口子旅游资源丰富奇特，有多条奇石错落、野树飘香的喀斯特地貌沟谷，其最具代表的是"一线天"大峡谷，谷中山石有的像猛兽，有的像飞禽，神态各异，栩栩如生，是盛夏避暑的极佳场所。还有丹霞地貌沟谷，很多历代遗迹均发人深思。整个景区被"苏武牧羊"的故事串联，又以"丹崖佛光"为文化主线，实现了历史与自然景光融为一体，文化与自然巧妙结合。尤其是百米多高的山崖上孔穴众多，是北方难得的自然攀岩场所。

（三）金沙岛旅游区

位于腾格里沙漠东南边缘，距宁夏沙坡头区城区8千米。占地22平方千米，水域面积1万亩，是集生态观光、花卉观赏、特色度假、水产养殖、运动休闲、康体养生于一体的旅游景区。先后被评为国家4A级旅游景区、国家级水利风景区、2014中国美丽田园、自治区级旅游休闲度假区、中国最美花卉景观、中国最美渔作景观。

（四）腾格里·金沙海景区

位于沙坡头区迎水桥镇迎闫公路以西，国家3A级旅游景区。景区占地1.16万亩，充分展现全生态腾格里沙漠的奇美景观。主要景点有大漠观楼、丝路长街、狂野地带、星辰帐篷酒店、水上世界、沙漠阳光浴场、拓展基地、军事营地、丝路驼队、国内首家火车野奢旅馆、帐篷星空酒店等设施。

（五）大漠边关景区

是由宁夏大漠伟业旅游开发有限公司历经五年，投资数亿建设而成的。旅游区位于宁夏中卫市中心迎水桥镇，美利工业园区西侧，紧靠香山机场旁，控制面积56平方千米，规划面积23平方千米，旅游区以"龙宫湖""赛马会"为中心，西面腾格里沙漠太阳泉，北面湿地、胡杨林，东南西汉长城、边关兵营遗址。旅游区依托历史古迹，天然湖泊、腾格里沙漠、原生态植物等自然资源，打造以"万里长城第一烽火台""边塞雄关"为核心，以龙宫湖、沙漠太阳泉、小叶胡杨林、赛马会为特色的旅游景区。

（六）通湖草原旅游区

沙坡头的后花园、世界沙漠地质公园、中国最神奇的沙漠草原，位于宁夏和内蒙古交界处的腾格里大沙漠腹地，距宁夏中卫市26千米，南与举世闻名的中国首批5A级旅游景区——沙坡头隔沙相望，直线穿越8.3千米便可到达。通湖草原旅游区汇集了沙漠、盐湖、湿地草原、沙泉、绿洲、牧村、岩画等多种自然人文景观，被中外游人喻为沙漠中的"伊甸园"。

二、遗址、遗迹

（一）石器文化遗址

1.长流水新石器时代遗址

位于长流水村西侧沟谷两岸的台地上。遗址以长流水河谷为界，分布南、北两个遗址区，每区大体呈东西向分布，长度均为500余米，宽度200~300米。遗址地势较为平坦，地表覆盖黄沙，散见较丰富的石器和陶器残片。石器有磨制石器、打制石器、细石器等，陶片器形多为罐。部分陶器残片饰彩绘。从采集的石器标本特征分析，当属新石器时代文化遗址。1990年被公布为市县级文物保护单位。

2. 香山沙塘石器时代遗址

分布于沙塘村庄以北的台地上，东西长350米，南北宽250米。地表沙化且黄沙覆盖，最北端有起伏的小沙丘，在沙丘被风吹开的地表，散布较丰富的泥质红陶和灰陶片。红陶除素面者外，大多外表经打磨施黑彩，器形主要有罐、瓶、盆等类型，纹饰主要有附加堆纹、网纹、黑色草叶纹、旋带纹等。泥质灰陶占有一定数量，主要有绳纹和旋纹。石器主要有磨棒、磨盘、石箭头及石料。在该遗址西南端还发现居住石房基，南北长18米，东西宽5米，基宽0.8米。从遗址特征推断，属新石器时代居住址。2004年，被公布为市县级文物保护单位。

3. 迎水桥孟家湾细石器文化遗址

共有5个分布点，均集中于中卫市区西约22千米处孟家湾村西北侧长流水河谷南北两岸，遗址高于河床7~15米，为隆起的丘陵地貌，地表覆盖少量黄沙，采集有打制、磨制石器、细石器和陶器残片，器形有罐、钵等，大部分饰黑色彩绘。从陶片标本特征分析，属新石器时代马家窑文化半山类型，打制石器具有典型的北方细石器文化特点。2004年，被公布为市县级文物保护单位。

(二) 岩　画

1. 大麦地岩画

位于东园镇黑山村东北15千米北山岩画区域中部。分布范围南北长2.56千米，东西宽1.6千米。有岩画2337幅，共单体图像7813个，内容主要有羊、马、牛、驼、鹿、虎、豹、狐狸、鸟、人体及文字等。其中6人射箭争战图、5人射猎图、4人骑马争战图、骑马放牧射猎图、群鹿图、巫师图、多人围猎图、骑马举旗图为珍品。岩画创作技法有研磨、敲、凿、刻、磨并用等。在此范围内，还见到石垒砌的古人类居住遗迹，也有个别泥质的陶片和加工石器材料。大麦地岩画是中卫岩画的荟萃地之一。以分布广，数量多内容丰富闻名于世。2005年，被公布为自治区级文物保护单位。

2. 香山岩画

中卫南部的香山岩画主要分布于沙坡头区常乐镇、香山乡的石马沟、石羊沟、大井河、骚虎槽子、南井沟、红石水沟、茶树沟、韩索井等14个地点，有岩画1000多幅。1990年，被公布为市县级文物保护单位。

(三)古人类生产、生活遗址

1. 照壁山铜矿遗址

照壁山铜矿遗址位于沙坡头区镇罗镇以北的一座普通小山——照壁山上。1987年，文物考古工作者首次在这里发现照壁山铜矿遗址。遗址由古矿洞、冶炼遗址和居住遗址三部分组成。有古铜矿27座，分布在山上方圆约1千米的范围内。部分矿洞已受到后期人工开采的破坏，大部分洞口已被山洪堆积物封闭。经初步调查，矿洞入口有竖井式、斜坡式、平行坑道式三种。部分窑洞口有大量的陶器残片，残片以泥质灰陶为主，也有少量的泥质红陶和夹砂红陶。还有炼过铜的石渣、炭渣和灰层堆积。在冶炼遗址内发现窑炉10多座，分布集中，排列有序，由于自然风化，部分窑址已严重破坏。当时，人们已经熟练掌握了开采、冶炼及冶铸等技术，并将手工业青铜器远销周边地区。在居住遗址表面，发现了汉代陶器残片及宋元瓷器残片，在矿洞内出土过白釉斜壁碗、瓷灯、汉代博山陶炉、钱币及其他陶器。研究确认，照壁山的古铜矿早在春秋战国时期可能就已开采，西汉时期已形成了较大规模的开采和冶炼，在西夏、元代亦持续开采冶炼，这在我国西北地区极为少见，为进一步研究西北地区"青铜文明"的产生、发展，提供了珍贵的实物依据。2006年，照壁山铜矿遗址被国务院公布为第六批全国重点文物保护单位。

2. 大湾汉代瓦窑遗址

遗址位于下河沿西3千米，分布在黄河南岸较高的台地上，当属汉代烧瓦窑址遗址。遗址东西长400米，南北宽约200米，地表散布较丰富的泥质灰筒瓦和板瓦残片，大多饰粗绳纹，具有典型的汉代器物特征。遗址内发现明显的窑炉遗迹7处。1998年发现后作为重点保护，是沙坡头区已发现时代最早的主要烧制建筑用瓦的窑址。2005年，被公布为自治区级文物保护单位。

3. 常乐四眼井西夏居住遗址

该遗址分布在四眼井村西，是一处较大面积的西夏古村落遗址，分布面积南北长500米，东西宽200米。有几十处已坍塌的古窑洞居住址。窑洞有单间和套间。1987年，在遗址内出土西夏瓷器、铁器、铜器及宋、金钱币等。2005年，被公布为自治区级文物保护单位。

4. 下河沿古瓷窑遗址

窑址位于下河沿村南2千米的老窑沟两侧台地之上，分布呈东西向，多集中于老窑沟北侧较高的台地上，初步推断从宋元时期就已开始烧制瓷器。遗址地表散布极为丰富的瓷器残片，个别地方文化堆积厚达10米，瓷片以白釉和黑釉细瓷为主，其次为粗瓷，主要有黑釉、黄褐釉，器形以碗、盘、罐、缸等为大宗，裸露明显的窑炉遗迹10余座，规模较大，是宁夏地区主要烧造民用瓷器的产地之一，历经西夏及元明清几代。另在该瓷窑遗址内东西两侧遗存明、清时代寺庙遗址各一处，分布面积200平方米，地表散见较丰富的砖、瓦、兽头及石狮等建筑构件。还发现石垒砌造房基3处，应是窑工居住过的遗址。2005年，被公布为自治区级文物保护单位。

5. 中卫酿酒作坊遗址

该遗址位于中卫市区应理北街路西香山酒业厂址中心，该遗址的酿酒作坊前身，为清同治七年至光绪二十四年（1868—1898年）中卫一天津籍商人开办的"义隆源"烧坊。新中国成立后，随着社会的发展，由私人联营演变为国营和民营，酿酒工艺代代相传。遗址南北向分布，现存20世纪50—70年代的酿酒建筑物10栋，均为砖混结构，其中拱顶连弧式酒坊风格特殊，是本体尚存的代表性建筑。2009年，被公布为自治区级文物保护单位。

（四）古代军事设施遗址

1. 明长城

明代长城在沙坡头辖区内分为黄河北岸段和黄河南岸段。2013年，被国务院公布为全国重点文物保护单位。

北岸段长城自胜金关至黑林。明代称长城为"边墙"，该段边墙修筑于明成化九年（1473年）在"靖房连接宁夏黄河两岸各修筑扼塞，使房不得渡河"。万历十四年（1586年），再次修筑大佛寺（今石空寺）、西抵黄河处约15公里长的土墙一段。墙体东起与中宁县交界的镇罗镇胜金村胜金关口，由东向西延伸至凯歌村。在凯歌以西上九塘，蜿蜒向北经李园、郑口，进入东元镇金沙、郭滩、新星、黑山、柔兴、红武、新滩，穿农林牧场达迎水桥镇的姚滩村。沿腾格里沙漠的东部边缘转折向西南至夹道村，包兰铁路在此东西横穿而过，此后长城由东北向西南延伸经过黑林村，最终至迎水桥镇黑林村黄河北岸的分水岭——西沙咀。共调查墙体15段，全长49506米，消失墙体26465米。除382米石墙以外，其余均为土墙，土墙墙体基础多为自然基础，黄土夹杂沙粒、砾石夯筑，大部分墙体采取分段版筑，夯层厚0.12~0.20米。石墙墙体毛石干垒，缝隙间夹杂粗沙石粒碎石粒及黄土，壁面较平整。沿线调查敌台17座。

南岸段长城自下河沿至南长滩。该段边墙修筑于明成化二十三年（1487年），"因宁夏瓷器残片，个别地方文化堆积厚达10米，瓷片以白釉和黑釉细瓷为主，其次为粗瓷，主要有黑釉、黄褐釉，器形以碗、盘、罐、缸等为大宗，裸露明显的窑炉遗迹10余座，规模较大，是宁夏地区主要烧造民用瓷器的产地之一，历经西夏及元明清几代。另在该瓷窑遗址内东西两侧遗存明、清时代寺庙遗址各一处，分布面积200平方米，地表散见较丰富的砖、瓦、兽头及石狮等建筑构件。还发现石垒砌造房基3处，应是窑工居住过的遗址。2005年，被公布为自治区级文物保护单位。

5. 中卫酿酒作坊遗址

该遗址位于中卫市区应理北街路西香山酒业厂址中心，该遗址的酿酒作坊前身，为清同治七年至光绪二十四年（1868—1898年）中卫一天津籍商人开办的"义隆源"烧坊。新中国成立后，随着社会的发展，由私人联营演变为国营和民营，酿酒工艺代代相传。遗址南北向分布，现存20世纪50—70年代的酿酒建筑物10栋，均为砖混结构，其中拱顶连弧式酒坊风格特殊，是本体尚存的代表性建筑。2009年，被公布为自治区级文物保护单位。

（四）古代军事设施遗址

1. 明长城

明代长城在沙坡头辖区内分为黄河北岸段和黄河南岸段。2013年，被国务院公布为全国重点文物保护单位。

北岸段长城自胜金关至黑林。明代称长城为"边墙"，该段边墙修筑于明成化九年（1473年）在"靖虏连接宁夏黄河两岸各修筑扼塞，使虏不得渡河"。万历十四年（1586年），再次修筑大佛寺（今石空寺）、西抵黄河处约15公里长的土墙一段。墙体东起与中宁县交界的镇罗镇胜金村胜金关口，由东向西延伸至凯歌村。在凯歌以西上九塘，蜿蜒向北经李园、郑口，进入东元镇金沙、郭滩、新星、黑山、柔兴、红武、新滩，穿农林牧场达迎水桥镇的姚滩村。沿腾格里沙漠的东部边缘转折向西南至夹道村，包兰铁路在此东西横穿而过，此后长城由东北向西南延伸经过黑林村，最终至迎水桥镇黑林村黄河北岸的分水岭——西沙咀。共调查墙体15段，全长49506米，消失墙体26465米。除382米石墙以外，其余均为土墙，土墙墙体基础多为自然基础，黄土夹杂沙粒、砾石夯筑，大部分墙体采取分段版筑，夯层厚0.12~0.20米。石墙墙体毛石干垒，缝隙间夹杂粗沙石粒碎石粒及黄土，壁面较平整。沿线调查敌台17座。

南岸段长城自下河沿至南长滩。该段边墙修筑于明成化二十三年（1487年），"因宁夏

(三) 古人类生产、生活遗址

1. 照壁山铜矿遗址

照壁山铜矿遗址位于沙坡头区镇罗镇以北的一座普通小山——照壁山上。1987年，文物考古工作者首次在这里发现照壁山铜矿遗址。遗址由古矿洞、冶炼遗址和居住遗址三部分组成。有古铜矿27座，分布在山上方圆约1千米的范围内。部分矿洞已受到后期人工开采的破坏，大部分洞口已被山洪堆积物封闭。经初步调查，矿洞入口有竖井式、斜坡式、平行坑道式三种。部分窑洞口有大量的陶器残片，残片以泥质灰陶为主，也有少量的泥质红陶和夹砂红陶。还有炼过铜的石渣、炭渣和灰层堆积。在冶炼遗址内发现窑炉10多座，分布集中，排列有序，由于自然风化，部分窑址已严重破坏。当时，人们已经熟练掌握了开采、冶炼及冶铸等技术，并将手工业青铜器远销周边地区。在居住遗址表面，发现了汉代陶器残片及宋元瓷器残片，在矿洞内出土过白釉斜壁碗、瓷灯、汉代博山陶炉、钱币及其他陶器。研究确认，照壁山的古铜矿早在春秋战国时期可能就已开采，西汉时期已形成了较大规模的开采和冶炼，在西夏、元代亦持续开采冶炼，这在我国西北地区极为少见，为进一步研究西北地区"青铜文明"的产生、发展，提供了珍贵的实物依据。2006年，照壁山铜矿遗址被国务院公布为第六批全国重点文物保护单位。

2. 大湾汉代瓦窑遗址

遗址位于下河沿西3千米，分布在黄河南岸较高的台地上，当属汉代烧瓦窑址遗址。遗址东西长400米，南北宽约200米，地表散布较丰富的泥质灰筒瓦和板瓦残片，大多饰粗绳纹，具有典型的汉代器物特征。遗址内发现明显的窑炉遗迹7处。1998年发现后作为重点保护，是沙坡头区已发现时代最早的主要烧制建筑用瓦的窑址。2005年，被公布为自治区级文物保护单位。

3. 常乐四眼井西夏居住遗址

该遗址分布在四眼井村庄东南端，属一较大面积的西夏古村落遗址。分布面积南北长500米，东西宽200米。有几十处已坍塌的古窑洞居住址。窑洞有单间和套间。1987年，在遗址内出土西夏瓷器、铁器、铜器及宋、金钱币等。2005年，被公布为自治区级文物保护单位。

4. 下河沿古瓷窑遗址

窑址位于下河沿村南2千米的老窑沟两侧台地之上，分布呈东西向，多集中于老窑沟北侧较高的台地上，初步推断从宋元时期就已开始烧制瓷器。遗址地表散布极为丰富的中卫野喜鹊沟等处边墙与卢沟、深井等处营堡、墩台亦系要害之地，宜别令守臣议修筑之宜。事下，兵部以其言宜从。诏可"。该段墙体东起常乐镇河沿村煤矿厂区，沿黄河向西经上河沿村折南而行，穿大湾村烟洞沟、小湾村冰沟，蜿蜒曲折盘旋下山至大柳树村下园子，又由大柳树村上园子西行进入上游村，起伏于上游村岔河口大钻洞子、小钻洞子、岔沟、风石湾、米粮营子达迎水桥镇下滩村黄石漩。然后折南西行经下滩村榆树台子、鱼咀、河对坝子、榆树沟、高崖沟、下木头沟、上木头沟，继而穿越上滩村沟口子、苇子坑，经北长滩茶树沟继续沿黄河西行至南长滩枣刺沟、夹巴沟，最终抵于甘肃省靖远县与中卫的交界点——观音崖（又名小观音台），进入甘肃境内的黑山峡。共调查墙体36段，全长74251米。墙体由土墙、山险墙组成，其中土墙长5794米，山险墙长68457米。该段长城是利用黄河之阻，在山势陡峻之处劈山削石形成峭壁；山沟峡谷跨越处采用山石垒砌；平缓的山冈则就地取材，利用黄沙土夯筑墙体。部分铲削墙多位于山沟间或墙体险要地段的外侧。山口墙（挡路塞）两端连接在山体陡崖之上，沿线调查敌台5座。

2. 胜金关遗址

胜金关位于胜金村东侧1.6千米处，建于山体西坡之上墙体上，始建于明代。现存北墙、南墙东端和东墙，西墙破坏消失。墙体为土墙夹杂碎石块夯筑而成，夯土层厚0.10~0.15米。堡轮廓清晰，地势呈东北高西南低，关周长229米，占地面积约3500平方米。北墙残长47米，西端向南内弧，只残留东端，西端已被破坏消失，残留部分保存较差，只残留墙基，上部宽0.70米，底基宽2米，残高0.30米；东墙保存较好，南北长69米。由北向南6米处有一豁口，为洪水冲刷形成，豁口上部宽4米，下宽2.80米，东墙残高1.50~8米，上部宽0.60米，基宽1.60~6.50米；南墙残长58米，保存较差。残存墙体上部宽0.60米，基宽2.45米，残高0.80米；西墙已被破坏消失，关门不详。2004年，被公布为市县级文物保护单位。

（五）古代宗教建筑遗址

1. 高庙（保安寺）

位于沙坡头区城北，国家3A级旅游景区，是一处规模较大的寺庙古建筑群，重楼叠阁，殿宇紧密，牙檐相啄，廊宇曲连，与周围现代化建筑楼层形成鲜明对比。高庙以高取胜，高庙（保安寺）占地面积6895平方米，有殿堂僧房300余间，主楼通高29米，南天门以上称为高庙，以下称为保安寺。所有建筑相互对称，重楼叠阁，次第伸展增高，形似凤凰展翅。前院为保安寺及其山门，上为南天门大雄宝殿、中楼，最上层是五岳庙、玉皇阁、圣母宫，有木梯与中楼通。高庙的主要建筑都位于一条中轴线上，主体两翼分别是钟鼓楼、文楼、武楼等陪殿。南北向中轴线上，建筑物层层紧扣，步步增高，左右对称，上下呼应，亭廊相连，迂回曲折，檐牙相啄，翼角高翘，加上九脊歇山，四角攒尖，十字歇山，将军盔顶等造型别致的屋顶，构成一座气势雄伟、风格迥异的古建筑群体。

据地方志记载："明永乐年间（1403—1424年），初具雏形。"明初称新庙，后不断修葺增建。清代改名玉皇阁，民国至今称为高庙（保安寺）。清康熙四十八年（1709年）9月，发生强烈地震，上层建筑毁于一旦，经4年才重修完毕。乾隆时又一次大地震，楼阁倒塌，然而人力无穷，随毁随建，扩其规模，增其建制。清咸丰八年（1858年），增建南天门外砖制牌坊、东西转楼和东西天地，以及门前广场中的法戒楼。1942年，不慎失火，南天门以上建筑群焚毁，荡然无存。第二年，大兴土木，扩大形制，增加高度，用了4年的时间，于1946年完工。规制与以前一样，但形体较前高耸、恢宏。1966年前，高庙塑像还有170多尊，这些出自明清两代雕塑师之手的塑像，神态各异，造型别致，艺术价值较高。

1963年2月，中卫高庙被公布为第一批宁夏回族自治区重点文物保护单位。2013年，被国务院公布为全国重点文物保护单位。

2. 老君台

老君台位于中卫常乐镇的兴隆山，三面环山，一台独立，峦旷台幽，是宁夏最大的道教圣地。老君台自创建以来，屡遭兵燹火焚地震风侵之灾，殿宇毁坏，文物损失。20世纪80年代中后期，经县宗教部门批准，当地群众自发募资捐物，修补台址，复建观院，至90年代初，主体建筑拔起于山巅平台，再现道观昔日辉煌。老君台主体建筑以南天门、太白殿、中楼、三清殿（正殿）为中轴线，两相对称，左右逢源，气势雄伟，浑然一体。1991年，被批准为道教活动场所，现已成为的重要景点，年接待游客5万多人次。

3. 宣和永庆寺

永庆寺位于宣和镇福堂村，据寺内铁钟铭文记载，建于清道光四年（1824年），后在20世纪60年代受到一定破坏，保留主体建筑物，包括大雄宝殿、东西祠堂和东西陪殿共15间。其中大雄宝殿面阔10米，进深10米；祠堂面阔各6米，进深8米。殿前均有抱厦连为一体。1986年重建斋房、韦陀殿、山门，并恢复各殿堂塑像，恢复原有整体风貌。该建筑坐北面南平面呈长方形，依次有山门、违陀殿、斋房、东西陪殿、东西祠堂和大雄宝殿26间，占地面积880平方米，主体建筑高7米，为土木结构歇山顶，现为宗教活动场所。1990年，被公布为市县级文物保护单位。

4. 香严寺塔林

该塔林坐落于香山主峰东南坡下，建于明清时期。分布面积南北长150米，东西宽100米，现存砖塔7座，土塔3座，另有砖牌坊1座。塔型多为密檐式，平面呈六角形，由塔基、塔体、塔刹组成，通高5米。塔基均用大小不等的长方形石块平铺。塔体中央耸立，塔体下部位面东设有壁龛。塔体均用修平光滑的长条砖包砌，塔体上部外挑牙子叠涩砖，双层出檐，刹为歇山顶。塔顶六脊与塔体之六面体棱角一致。塔顶端竖黑色琉璃宝瓶，顶是桃形六角攒尖顶。塔林偏北处另有砖牌房一座，牌房坐西面东，高5米，宽4米，为重檐歇山顶，东西贯通一门洞与塔林南北相通，门高2米，宽1.5米。该塔林属明清时期建造，为香岩寺历代主持僧人的墓塔，排列有序形成塔林。2004年，被公布为市县级文物保护单位。

（六）古建筑

1. 鼓　楼

位于宁夏中卫市沙坡头区市中心十字街道上。楼高23米，通高30米，重楼3层，是一座四方台基拱洞形的楼阁建筑。鼓楼底基呈长方形，南北长为22.4米，东西宽为16.5米。基座正中为十字形门洞，分别通四面街道。门洞高3.75米，中心为穹隆顶，正中有八卦藻井，八卦图周围悬木雕八仙像，四个角嵌有石雕龙首，昂然相对。基座四面门楼上有匾额，是按方位反映中卫地理形胜的，其东曰"锁扼青铜"，南曰"对峙香岩"，西曰"爽挹沙山"，北匾原为"控制边夷"。台基之上为楼主体建筑，基座西南角有一小门可通到楼基上部。楼型为四面八方一体式，基座之上正中为三重檐十字形歇山顶的主楼，每面3开间，2层3檐，每层有12翘角，最上层四面有观景回廊。楼基四面建有小型陪楼4座，其内壁分别刻有鼓楼始建、重建的背景、时间、经过及有关事项等。楼顶正中竖垒黑色陶球6颗，四周置蟠龙，组成群龙戏珠画面，但从不同角度看，均为二龙戏珠。各层都有塑像，上层塑魁星，中层塑文昌，下层四面塑雷祖、财神、火帝真君和观世音菩萨。

鼓楼始建于明崇祯四年（1631年），清初名曰文昌阁，清嘉庆二十二年（1817年）七月十四日庙会时不慎失火焚毁，仅存基址。清道光十一年（1831年），知县艾椿年率典史沈垣与当地士绅一道捐资重建，翌年建成。解放后，新鼓楼受到人民政府的高度重视，1955年，拨专款对鼓楼包砖修整；1988年、1992年、1997年，县人民政府又先后3次拨专款粉饰彩绘。各层之上原有的塑像1951年被拆毁，现在看到的塑像是1992年10月县文物管理部门自筹资金按照文物原貌复原的。

2005年9月，中卫鼓楼被公布为第三批宁夏回族自治区重点文物保护单位。

2. 四眼井城址

该遗址位于常乐镇罗圈村四眼井村庄东500米，西与四眼井村庄相距约1千米，该遗址南面依山，其余三面被山水沟环绕，使水沟泄洪形成悬崖陡壁，成为一道天然的护城河使这座高大的城址更显得居高临下，气势磅礴，形势险要。遗址建于较高且平坦的岗地之上，面北坐南呈长方形，东西长约139米，南北宽约117米，墙体残高2~4米，基宽4米左右，为黄土夯筑；北墙中央置一高大的城门为正门，门宽3米，并筑瓮城，西墙中央另有侧门可入；在围墙的内侧南端和北端，有石块垒砌的房屋残基，隔成大小不等的单间与套间，当为守城人的寝室所用；遗址内还有较丰富的明代残瓷片，遗址保存基本完整。2018年，被公布为自治区级文物保护单位。

（七）古村落

1. 南长滩

黄河进入宁夏平原的首个原始村落，这里四面靠山，一河环流，阡陌纵横、鸡犬相闻。山坡100多户的党项后裔拓跋氏依山而居，坡下百亩果园里，几百年的枣树、梨树随处可见。村落周围的古长城、烽火台、古城堡、岩画，与黄河奇石传说为这里披上更加神秘的面纱。村子虽小却拥有"三个宁夏第一"宁夏黄河第一村、宁夏黄河第一渡、宁夏黄河第一漂。被国家有关部门确定为宁夏首个"中国历史文化名村"。

2. 北长滩

北长滩位于国家5A级旅游景区沙坡头的上游30千米处，因历史悠久、北方土木结构的传统建筑、军事防御和原始古朴生态于一体而被评为宁夏首批"中国历史文化名村"，又是中卫旅游优先发展战略中"一核两带"中滨河旅游带的重要节点之一。北长滩分为黄石漩、榆树台、下滩村和上滩村4个自然村，全村57户人家种田养殖，放羊砍柴，怡然自得。北长滩古村落集中坐落在北山，依山而建，因势不同，房屋高低错落，富有立体感。每户院落布局和房屋结构仍保留了明清时代当地传统的建筑风格——"四梁八柱式"土木结构建筑，而院墙则是用石块堆砌而成的。这里的传统民居建筑群，是目前宁夏具有地方特色、保存最为完整、最为集中的房屋。现在在村子里依然可以看到墙体、门木柜上清晰的毛主席语录、图像以及各类标语等。

三、现代人文景观

（一）沙坡头水镇

沙坡头水镇是在原黄河新墩码头上再建的国际商旅文化产业，国家 3A 级旅游景区。位于中卫市沙坡头区的南大门，地处沙坡头景区以东，与黄河毗邻相望。项目占地 800 亩，建筑面积约 11 万平方米，水域面积 600 亩。在建的沙坡头水镇划分为丝绸之路特色美食街区、文化艺术商业区、枸杞休闲养生度假娱乐区、文化主题酒店、旅游演艺及水上游乐等六大功能区域，使市民和游客在购物、旅游的同时，感受到浓郁的塞外风情，形成"寻游沙坡头景区，吃住购娱逛沙坡头水镇"的新的旅游消费热点。沙坡头水镇借鉴丝绸之路"开放、博大、包容"的情怀，充分体现丝绸之路的"精、气、神"。并以世界级的丝路文化和西夏的历史文化为题材，以多彩的异域文化和风情为主线，打造以丝路文化风情旅游、休闲娱乐购物和县域商贸为主导，以文化主题酒店、旅游演艺和观光夜市为辅助的丝绸之路体验旅游中心、休闲商业中心，让人们"走进历史，感受人文，体验生活"。

（二）黄河宫

黄河宫位于中卫"大河之舞"文化主题园内，国家 3A 级旅游景区。黄河宫及水滴设计创意来自"黄河之水天上来"诗词寓意，以水滴形态对整个建筑形式进行凝练，分为地上水滴建筑主体和地下黄河展示宫。黄河宫展区共分为三个部分：第一部分是黄河流域地理地貌篇，主要介绍黄河的形成、黄河源头、黄河河段、黄河主要支流、黄河湖泊、黄河湿地、黄河流域全貌沙盘、黄河水利等方面的介绍与展示。第二部分是黄河流域人文历史篇，主要介绍黄河沿线九省区代表性的历史文化遗存与文物展示，还有大麦地岩画专题展示。第三部分是黄河生态生物篇，主要展示了黄河流域生态概貌、黄河流域各种动物、植物标本模型、黄河奇石及中卫矿产。

（三）红太阳广场毛泽东塑像纪念地

毛泽东塑像坐落于中卫市沙坡头区鼓楼西街红太阳广场北侧 100 米处。1968 年，中卫当地群众为敬仰伟大的领袖、无产阶级革命家毛泽东同志，共同捐款，根据诞辰日塑全身站立像，通高 12.26 米。塑像坐北面南，为钢筋混凝土结构。基座见方 5.20 米，高 4 米，四面镶嵌红、白套色大理石，正面竖写"伟大的马克思主义者、伟大的无产阶级革命家、战略家和理论家毛泽东同志"字迹。其他三面书写毛泽东诗词。此塑像在西北地区独有，全国范围内也十分少见。21 世纪初，为缅怀伟大领袖，广场改造一新，东西两端南北向排列龙形灯柱，像前有喷水池及射灯设施，地面平铺套色的大理石，四周绿化可供人们参观瞻仰。

第二节　旅游管理

一、旅游规划

2004年沙坡头区成立后，围绕"发展大旅游、构筑大产业"的战略进行旅游开发，使沙坡头区成为继银川之后宁夏的第二个旅游目的地。充分发挥专家咨询委员会和旅游规划委员会的作用，凡重大规划和重点旅游项目必须通过专家咨询，专家咨询委员会未通过的项目，旅游规划委员会和产业领导小组一律不予研究，确保项目的科学性和前瞻性。2005年，《中卫市沙坡头边关湿地规划》被批准实施。2008年，对《黄河上游地区风景旅游带项目》《中卫市香山硒砂瓜旅游观光策划方案》《腾格里沙漠湿地生态旅游区》规划组织进行了评审论证。规划建设了沙宁大道景观带21个湖泊景观效果。2009年，规划打造腾格里湿地公园建设项目，项目规划占地面积22平方千米，其中开发治理水域面积10000亩，是中卫最大的湿地湖泊。2010年，规划打造金沙岛休闲度假旅游区。2012年，规划打造黄河沙坡头大峡谷和南长滩文化旅游民俗村。2013年，编制完成《宁夏沙坡头旅游经济开发试验区规划方案》，策划编制迎水桥旅游新镇建设项目规划、南岸半岛创意规划、沙雕园创意规划等12个规划方案。2015年，编制完成《宁夏沙坡头旅游经济开发试验区总体规划》等，旅游规划委员会先后通过沙坡头景区提质扩容等项目。2016年，编制完成《沙坡头景区提质扩容》等规划方案。2017年，编制完成《中卫市沙坡头娱岛旅游修建性详细规划》等方案。2019年，沙坡头区政府制定了《沙坡头区休闲农业与乡村旅游发展规划》，以推进全域旅游发展。休闲农业与乡村旅游点负责人（万齐集团、弘兴达果业、娱岛艺术文旅小镇、森沃现代农业产业园、鼎腾采摘园、漠贝酒庄、宁夏红酒厂、乌玛枸杞产业园、南长滩、北长滩、黄河宿集）深入开展旅游资源专项普查行动，对辖区内文化、农业产业及休闲农业、乡村旅游资源整体现状进行一次全方位、深层次的梳理盘点，形成了动态的"全域旅游发展资源库"，真正做到了底数清、情况明。在此基础上，以发展壮大乡村旅游和休闲农业为重点，按照"一次性规划到位、分步实施、分批次开发"的原则，编制完成了全区第一部县域休闲农业与乡村旅游规划——《沙坡头区休闲农业与乡村旅游发展规划》，重点聚焦打造农家特色型、文化探秘型、观光体验型、传统手工型4种类型乡村旅游产品，初步规划建设乡村旅游精品线路10条，打造全域旅游示范镇1个、示范村5个，通过把一村一巷当做景观、把一家一户作为小品，着力扩大旅游产业和资源的增量，实现由区域向全域的良性发展。

二、全域旅游

随着旅游业的蓬勃发展，战略地位的提升以及在国民经济活动中的刺激消费，带动发展，还有扶贫功能的凸显，国家提出了"全域旅游"的概念，并在有条件优先发展的地方开展试点工作。宁夏地域虽小，但旅游资源品类齐全，且特色很浓。于是宁夏也被列入了"全域旅游"的优先发展序列。尤其是中卫市，更是被列为全国首个"全域旅游"试点市。2015年，中卫市率先启动了全域旅游创建工作，聘请中国旅游研究院编制完成《中卫市全域旅游发展三年行动计划》《中卫市创造全域旅游示范市工作方案》等，沙坡头区按照中卫市的统一部署，对全域旅游工作十分重视。2016年，启动全域旅游创建工作，明确全域旅游发展总体思路和目标任务，确立空间布局和发展路径。沙坡头区签订全域旅游创建目标责任书，创建工作全面启动。2017年，紧盯全域旅游创建基本标准、验收内容，统筹落实《中卫市全域旅游发展行动规划》，加快推进城市综合提质、基础设施完善、品牌战略营销等八大工程的实施。2019年，为认真做好《沙坡头区休闲农业与乡村旅游发展规划》落地实施，推进全域旅游发展，经区政府同意，聘请旅游规划专家举办沙坡头区《休闲农业与乡村旅游发展规划》专题培训班。沙坡头区成立了由区委书记任组长和区长任第一副组长的全域旅游创建工作推进领导小组，并研究制定了《沙坡头区全域旅游示范区创建工作推进实施方案》《沙坡头区促进全域旅游创新发展专项资金扶持办法》等配套文件，督促12个部门牵头"认领"3大项18小项工作任务，切实形成了区委、区政府统一领导，各乡镇、部门齐抓共管，社会力量协同参与的全域旅游创建工作格局。

三、项目建设

沙坡头旅游区自1984年开发建设后，通过改制及两期国债项目的实施，基础设施逐步完善。沙坡头区成立后，加大旅游项目基础设施建设，由四川明辉公司投入近260万元开发经营腾格里大漠旅游区，属股份制合资企业。2001年，个体业主吴自升累计投资450

万元开发寺口子旅游区，到2004年已开发区域15平方千米，开辟了天井山森林探险等项目，完成了登山、攀岩辅助设施和就餐、住宿设施以及水、电基础设施建设，修建了塞上第一索桥——云汉天渡。高庙旅游区累计投资578.3万元，用于寺庙建设、维修和社会慈善福利工作，新建了500罗汉堂，维修完善了一些基础设施。个体大户刘兴江投资建设了占地1000多亩，集观光、休闲、度假、娱乐为一体的高墩湖生态旅游区。

2010年，一是累计投资9000万元，全面实施腾格里沙漠湿地旅游项目二期工程，完成景区建设详规，高标准建设410亩水产养殖示范中心，景区投放鱼苗200万尾；完成土方155立方米，修建栈道观光路3.7千米；建成景区主大门、生态广场、生态停车场、游客服务中心等。二是投资5000万元，建成金沙岛旅游休闲度假区。三是投资5000万元，实施沙坡头南扩北延东进战略，进一步做强5A级景区沙坡头。完成沙坡头核心区生态停车场扩建、黄河文化长廊等项目建设。四是投资8000万元，建成"大漠边关旅游区"，完成龙宫湖水上乐园、沙漠胡杨林生态观光园等项目建设。

2015年，沙坡头区重点实施旅游新镇、沙坡头景区提升改造、腾格里沙漠湿地提质扩容等旅游重点项目，特别是旅游新镇项目，先后拆除昊丰钢铁等8家企业、40家商铺、300户农房，完成11.2万平方米的游客中心、治沙博物馆、四周商业街区主体工程和广场铺装、文化景观、外围绿化等建设，创造"统分结合、切片招商"的拆迁和招商新模式，实现土建工程与文化包装同步推进。腾格里沙漠湿地提升改造项目，28千米道路及"五园"（薰衣草园、花棒园、玫瑰园、菊花园、荷花园）工程全部完成，开启中国"醉美沙漠花园"梦魅之旅。

2016年，按照"激活存量，扩大增量"的总体要求，切实抓好重点景区、重要旅游项目建设，形成新的亮点和卖点。沙坡头旅游新镇基本建成，高庙历史文化街区改造、沙坡头景区提质扩容等旅游重点项目加快推进。

2017年，以实施全域旅游"八大工程"为突破口，切实抓好重点景区、重点旅游项目建设，形成新的亮点和卖点。建成沙坡头水镇、大漠边关等新景区，旅游新镇建成运营，实施沙坡头、腾格里金沙岛、腾格里金沙海等景区的提质扩容项目，城市美化、亮化、绿化工程，卫宁黄河生态观光旅游廊道，高庙历史文化街区改造项目，沙坡头南岸丝路度假半岛生土度假村、国际滑沙场扩容及扶梯改造、沙坡头沙漠沙世界、夏华和鸣沙移民新村乡村旅游客栈等按计划推进。新建和改造的城市公厕全部达到国家旅游厕所A级以上标准，实现3A级以上景区标准化厕所达标率100%。

2019年，沙坡头区始终把项目作为撬动全域旅游发展的重要手段，加大招商引资力度，狠抓项目建设，重点实施了腾格里金沙岛节能滴灌建设项目、迎水桥镇乡村旅游示范点提升改造项目等一批项目，着力激发全域旅游发展的"源头活水"，打造新型旅游产业聚集地；紧盯古村落保护与开发，实施水车村旅游项目、北长滩水车项目等一批项目；坚持依大联强的思路，以"五优"设施蔬菜标准化生产园区、现代化生态灌区、沙坡头苹果产业园、森沃鲜切花基地建设为依托，大力实施永康镇永乐村观光旅游建设项目、森沃生态农业观光园项目等项目，着力打造休闲农业集合体。南岸半岛黄河·宿集项目引进了"西坡""大乐之野""墟里"、飞莺集（"蕾拉私旅"）等国际国内知名品牌民宿，自创了南岸民宿品牌，以高端度假住宿业态为主，共同打造了全国第一个民宿集群，客人在宿集的单人消费额达到2000元，宿集的日均产值达15万元以上。

四、旅游宣传

2010年，认真实施全民生态休闲旅游惠民工程，推行"中卫人免门票游中卫"计划，得到社会各界好评。通过网络开展全国市场宣传，宣传重点由旅行社转为媒体，加强和周边景区的捆绑销售，拓展客源市场。包装推出以沙坡头大漠黄河特色游，硒砂瓜生态农业观光游等旅游线路，通过影视片、风光片、电视剧、专题片、幻灯片、贺年卡等方式，重点开展形象宣传。2010年11月6日，在首届中国国际文化旅游节上，以宣传沙坡头为背景的电视剧《风雨沙坡头》摘得中国文化旅游发展贡献奖"影响中国旅游的一部电视剧"金奖。电视剧《风雨沙坡头》是由中国国防制作中心、自治区旅游局、中卫市沙坡头旅游公司联合出资，以沙坡头旅游区为主要拍摄基地拍摄完成的，向全国展示了沙坡头独特的风土人情和旅游资源。

2015年6月14日，宁夏沙坡头产业集团在兰州市召开旅游推介会，向兰州市各地方旅行社和媒体推介景区景点，开通"沙坡头号"旅游专列，并对沙坡头号进行详细介绍和推介。"沙坡鸣钟"被评为"宁夏新十景"之一。邀请中央电视台等新闻媒体和新华网等网络媒体进行宣传，提升沙坡头区的知名度。

2017年，召开营销宣传研讨会，定目标、定措施、优手段，进一步推进营销宣传工作的精准化和效益化。在网络媒体和机场、公交、旅游专列上开展旅游形象宣传营销，先后举办黄河营特大花灯展、美食节、南北长滩梨花节、丝绸之路宁夏（沙坡头）大漠黄河国际旅游节、亚洲旅游小姐总决赛等节事活动，加强与"爸爸去哪儿""极客出发""速度与激情"等品牌真人秀专题节目合作，进一步提升品牌影响力。

沙坡头区旅游文体局成立后，通过各种方式宣传本地旅游资源。在中卫电视台《沙坡头区新闻》栏目插播南长滩旅游宣传广告。在CCTV发现之旅《美丽家园》栏目播放南长滩旅游宣传片。印制沙坡头区旅游宣传折页、旅游地图等旅游宣传资料。充分利用抖音等新媒体平台，宣传南长滩旅游资讯相关活动。丰富沙坡头政府网旅游资讯栏目内容，搭建景区与游客之间的沟通桥梁，方便游客点击查询，提高服务水平。在畅游沙坡头微信公众平台突出介绍南长滩的风土人情和自然风光，特别是特色景点、美食等，也包括当地的出行注意、消费须知、文化差异等。二是双剑合璧，线上线下联动。在线上进行宣传的同时，线下配合线上的宣传做好对应的实体活动，做好实体活动的保障工作，让消费者切实感受到微信营销的便利与优势，从而钟情于旅游微信。

五、节事活动

2004年，成功举办了中国宁夏沙坡头大漠·黄河国际旅游节、宁夏沙坡头黄河漂流节、风味美食节、文化艺术节、寺口登山攀岩节以及横渡黄河铁人五项耐力赛等节事活动，创造了万人徒步穿越腾格里沙漠、千人羊皮筏漂流黄河两项吉尼斯世界纪录。

2005年8月和2006年8月，由200余名法、英、德、瑞士等国长跑爱好者组成的"法国丝绸之路长跑团"在沙坡头区举行长跑活动。

2010年，4月举办沙坡头黄河梨花节，5月举办腾格里沙漠湿地旅游区龙舟比赛，7月举办"黄河古城韵"大型广场文艺演出、"2010年首届中国宁夏国际自驾车旅游节'沙坡头'杯宁夏国际汽车拉力赛"，8月举办"硒砂瓜暨大漠文化旅游节"等活动。

2015年，5月1日至5月3日，在沙坡头旅游景区先后举办以"爱她就带她来沙坡头"亲情家庭游活动为主题的沙漠空中特技飞行展演活动、热气球嘉年华活动、沙漠萌宠活动和民俗表演乐开花活动。7月30日，在沙坡头旅游景区黄河区和沙漠区分别举办"情系母亲河"——皮筏对歌唱亮回乡情活动和"激情腾格里"——快乐沙漠跑活动；7月30日至8月1日，在沙坡头旅游景区沙漠区举办"狂欢沙坡头"——2015首届沙坡头沙漠音乐节活动；7月31日，在腾格里沙漠湿地·金沙岛旅游度假区和寺口风景旅游区分别举办"休闲腾格里"——万人腾格里沙漠湿地徒步行活动和"攀岩达人秀"——寺口登山攀岩大赛活动；8月1日，在腾格里沙漠湿地·金沙岛旅游度假区举办"蛟龙争霸赛"——腾格里湖龙舟赛活动。

2016年，先后举办第十届南北长滩梨花节、黄河宫摇滚音乐节、女人与玫瑰——中卫第一届玫瑰节、寺口子登山赏花节、世界女子沙滩排球赛、特色美食大赛、第七届丝绸之路·宁夏（沙坡头）大漠黄河旅游节，在相关景区举办以北长滩原古人漂流、南长滩拓跋氏登岸、沙坡头黄河大漂流为主题的黄河漂流活动，腾格里湖龙舟赛，寺口子攀岩大赛，第四届腾格里·金沙岛万人徒步行活动，沙坡头沙漠嘉年华音乐周——第三届沙漠音乐节，千家旅行社论坛等系列节事活动，第十五弱环青海湖自行车赛，缘定今生——金沙岛浪漫七夕节、第二届全国全域旅游推进会和"沙坡头杯"第三届全国大漠健身运动会。

2017年，先后举办第十一届南北长滩梨花节、寺口子登山赏花节、第八届丝绸之路宁夏（沙坡头）大漠黄河国际旅游节、"沙与海"的对话、环青海湖自行车赛、沙坡头沙漠音乐节、首届全国大漠运动会、2017年亚洲旅游小姐总决赛、2017年中国全域旅游暨文旅特色小镇创新峰会等13个节事活动。

2019年，为着力打造节事活动品牌，充分展示和传播沙坡头区旅游形象，推进国家全域旅游示范区创建工作，以黄河宿集为引爆点，节事活动为载体，引发全国对于梨花古村、西北戈壁、黄河民宿等独特风貌的深度关注，于4月13举办第十三届黄河梨花节暨中国民宿创新大会。活动累计吸引游客3.6万余人。

六、乡村旅游

截至2019年12月，沙坡头区共发展休闲农业和乡村旅游单体273个，其中：农家乐236家、休闲观光农园（庄）16个、星级休闲农庄15家，直接从业人员1992人，带动农户增收3912户。加快美丽乡村建设，大力实施绿化工程，对主干道路沿线、辖区重要的交通出入口和旅游干线上的集镇、村庄进行全面绿化升级改造，着力擦亮"绿色名片"。深入推进沙坡头乡村旅游信息化建设，与中卫智慧旅游平台合作筹建沙坡头区乡村旅游综合消费云平台，实现旅游工作全程智能监管、数据分析和商业包装营销。组织乡村旅游点和农家乐代表负责人赴陕西省礼泉县袁家村、周至水镇等地进行实地观摩学习，推进乡村旅游业蓬勃发展发展，同时，邀请国内旅游业专家在沙坡头区开展专题培训3期410人次。

第十二章 财税金融

2012年沙坡头区财政、税收机构伴随着沙坡头区党工委管委会的成立先后成立。经过近十年的发展变化，沙坡头区财政、税收部门认真贯彻落实财税金融政策，狠抓增收节支，深化财税金融改革，全力服务经济社会发展。财政收入稳步提升，财政保障能力日益彰显，"三公"经费实现保民生、保发展、保"三农"。财税改革步伐不断加快，在推进预算绩效管理，规范"收支两条线"管理，加大政府采购监管等方面取得较好成效。金融服务能力显著增强，全区金融机构信贷投放稳定增长。

2019年，沙坡头区本级一般公共预算收入2.7亿元，其中增值税1.1亿元，企业所得税0.3亿元，个人所得税0.1亿元。沙坡头区本级一般公共预算支出19.5亿元。其中：教育支出2.2亿元，社会保障和就业支出2.2亿元，医疗卫生支出1.0亿元，农林水事务支出8.5亿元。

第一节 财 政

一、机构沿革

2012年5月，沙坡头区财政局正式设立，为沙坡头区党工委直属工作机构，内设办公室、预算国库股、行政事业股3个职能股室。核定行政编制7名，后勤服务事业编制1名，科级领导职数3名（1正2副）。2013年3月，设置沙坡头区会计核算和集中支付中心，为沙坡头区财政局所属副科级事业单位，主要承担沙坡头区财政资金的审核、支付、财务集中核算和城乡居民"一卡通"支付的各种补贴资金管理、发放和核算等职责任务。核定全额预算事业编制6名，核定领导指数1名（主任1名，副科级）。2016年3月，沙坡头区会计核算和集中支付中心更名为沙坡头区国库集中支付中心，核定事业编制12名，主任1名（副科级），副主任1名。2016年8月，沙坡头区财政局为沙坡头区人民政府下属部门，核定行政编制10名，局长1名（正科级），副局长两名（副科级）。2017年2月，沙坡头区财政局将行政事业股划分为行财社保和农业经建两个股室，将预算股的国库业务合并到国库集中支付中心，预算国库股更名为预算股，内设办公室、预算、行财社保股、农业经建4个职能股室。2017年3月，成立沙坡头区国有资产运营有限责任公司，下设中卫市鑫沙工程有限责任公司，同时，将中卫市玉龙水电建筑安装有限公司下划到沙坡头区国有资本运营有限公司管理。2017年4月，下属副科级事业单位沙坡头区国库集中支付中心核定事业编制12名，其中，管理岗6名，专业技术岗6名。2019年5月，沙坡头区财政局核定行政编制9名，设局长1名（正科级），副局长两名（副科级）。2019年10月，将预算股划分为预算股和综合股，内设办公室、预算、行财社保股、农业经建、综合5个职能股室。2012年至2019年，沙坡头区财政局历任主要负责人为李红瑛、李金凯、秦玲、张睿华、雍海君。

二、财政管理

2004—2011年，沙坡头区没有独立的财政机构，财政管理及体制统一于中卫市财政局，从确定财务管理到国库支付均由中卫市财政局执行。

2012年，沙坡头区财政局成立，经过合理确定财政管理体制，搭建沙坡头区财政国库支出运行平台。设立沙坡头区国家金库，完成各类账户开设、人员信息维护、财政支付及会计集中核算流程设置等财政国库运行的基础性工作，按照国库收付制度改革要求，一步到位建立沙坡头区财政管理一体化信息系统，将新设立工作机构和12个乡镇纳入沙坡头区集中支付改革范围。

2013年，沙坡头区财政管理体制正式实施，合理确定全年沙坡头区财政支出基数，完成沙坡头区机构人员经费划转，全面开展财政资金管理业务，保证财政体制的顺利运行。围绕财政资金预算执行管理，制定《沙坡头区本级财政资金管理暂行规定》《沙坡头区惠民补贴（助）资金发放管理规程》《关于加强公务卡强制结算的通知》《沙坡头区非税收入票据管理规程》等管理制度，实现国库集中支付改革全覆盖。全区23个行政事业单位全部纳入国库集中支付改革，1075人全部纳入工资统发系统。推行公务卡强制结算制度，2013年共开办公务卡186张，结算金额70万元。稳步推进会计集中核算工作，共纳入核算试点单位11个，实现财政资金的安全有序运行。启动政府采购管理工作，全年共受理政府采购项目26项,采购资金420万元,财政资金安全运行。

2014年深化财政改革,开展"财政改革创新年"活动,完善民生保障新机制等6个方面16项内容改革。争取美利冯庄等8个"美丽乡村"试点落户沙坡头区,组织上报"一事一议"财政奖补项目54个,争取奖补资金2032万元,推动沙坡头区城乡公共服务均等化。将农机购置补贴纳入"一卡通"发放范围。启动沙坡头区农村公共服务机制示范试点改革,将迎水桥、镇罗等4镇20个行政村纳入先行试点范围。将沙坡头区村监会成员补贴和办公经费纳入预算,促进其监督职责发挥。全年通过网上动态监控共审核处理违规支付资金837笔,涉及金额1516万元。将公务卡强制结算落实情况纳入党风廉政建设考核内容。制定沙坡头区党政机关差旅费和会议费管理办法,着力降低行政成本。组织23个单位全面公开部门预算信息。全年"三公"经费累计支出249.7万元,同比下降24.2%。规范公务用车管理,测算下达沙坡头区车辆编制,严格政府采购管理,共审批采购计划3442万元,节约资金375万元,节约率10.9%。

2015年,运行财政资金动态监控系统,共监控疑似违规资金1068笔,审核处理疑似违规资金995万元。加强"三公"经费管理,因公出国(境)费用1.33万元,公务接待费24.54万元,会议费支出19.91万元,公务车辆运行费128.85万元。严把政府采购审批关口,共审批落实采购计划3334万元,节约资金340万元,资金节约率10.2%。

2016年,强化公务卡强制结算制度改革,沙坡头区43个预算单位共开公务卡382张,实现结算还款报账564笔,结算金额287.75万元,同期增长37%。共审批落实采购计划6352.48万元,实际采购5768.8万元,节约资金583.68万元,资金节约率9.6%。协调市财政局将市教育局所属126所农村闲置学校资产1725.68万元调拨各乡镇使用管理,并下发文件明确管理要求,确保资产安全完整、保值增值。制定《沙坡头区党政机关定向化保障公务用车管理办法》《沙坡头区党政机关执法执勤用车制度改革管理办法》《沙坡头区党政机关公务用车制度改革车辆处置管理办法》。加强"三公"经费管理,沙坡头区"三公"经费及会议费财政拨款执行数382.39万元。其中,因公出国(境)费4.66万元,公务接待费39.2万元,公务用车运行维护费168.72万元,会议费169.81万元。

2017年,开展内控工作,建立存量资金清理长效机制,定期汇总沉淀资金盘活情况。清理存量资金8000多万元。实行网上资金动态监控,共监控疑似违规资金2525笔,退回不合理支付资金10笔。加强公务卡强制结算力度,43个预算单位共开公务卡427张,实现结算还款报账786笔,结算金额187万元,增长16.9%,有效规范公务消费支出,提高公务支出透明度。共审批政府采购类项目32项，计划采购金额约4550万元，实际采购4154万元，节约财政资金396万元，节约率8.7%。严控一般性支出，执行"三公"经费定期报送制。修订《中卫市沙坡头区本级行政事业单位会议费管理办法》，转发《财政部关于印发中央和国家机关工作人员赴地方差旅住宿费标准明细表的通知》《中卫市本级异地交流任职干部往返补贴暂行规定的通知》等。

2018年，严控"三公"经费支出。全年"三公"经费及会议费执行数386.98万元，其中因公出国（境）费1.85万元，公务接待费6.3万元，公车购置费85.72万元，车辆运行维护费185.74万元，会议费107.37万元。从严监督检查，配合区纪委，重点从公务接待、公款消费、公款旅游等9个方面对18个单位执行落实中央八项规定精神进行抽查。

2019年，制定《沙坡头区预算绩效管理办法》《沙坡头区预算绩效目标管理暂行办法》，推动预算绩效管理工作有序开展。严把政府采购审批关口，共审批63个项目，预算金额1.04亿元，实际采购金额9384万元，节约资金1051万元，资金节约率10.07%。全年"三公"经费支出397.2万元。其中，公务接待费12.67万元，因公出国（境）费用5.04万元，公务用车购置费7.6万元，公务用车运行维护费187.57万元，会议费74.68万元，培训费109.65万元。对沙坡头区3个单位开展会计信息质量检查以及相关单位部分专项资金使用情况进行检查，并对检查出的单位资产管理、会计核算等方面存在的问题要求限期整改。对11个乡镇进行了财政审计监督检查。

第二节 重点财政项目支出

2004—2012年，沙坡头区财政重点项目支出均由中卫市财政局整体支出。

2013年，沙坡头区本级总支出为54411万元。加大重点工程建设项目投入力度，争取资金13832万元，重点支持"五大工程"、主干道路大整治、小城镇建设、乡镇农贸市场标准化建设、黄河金岸征地补偿、全民创业城、民生花园、"大河之舞"绿化项目、宜居家园、金泽庭院、乡镇文化站建设及生态移民项目区建房补助和产业帮扶等项目建设。共组织上报村级公益事业建设"一事一议"财政奖补项目115个，落实补助资金3297万元，比2012年净增936万元。组织申报基层政权建设项目25个，概算总投资1334万元，争取自治区财政补助资金510万元。制定《沙坡头区乡镇"廉政食堂"维修改造实施方案》，对"廉政食堂"建设标准、奖补方式进行明确，并组织乡镇实施。共组织上报农业科技推广示范项目、农村被动式太阳能暖房示范项目、沙坡头区现代农业生产发展及"幸福村庄"建设、小城镇建设等项目16个，落实资金5000余万元，累计安排各类专项资金38323万元。

2014年，沙坡头区本级总支出为54858万元。安排资金16426万元用于支持文昌镇民生花园、全民创业城应理新社区、滨河镇宜居家园、幸福立方安置房、三合家园安置房福润苑、新墩北路、十里水街项目建设以及"大河之舞"主题文化公园项目评估等。拨付资金1785万元用于主干道路大整治大绿化工程、黄河金岸工程墙体粉刷及绿化植树建设及乡镇农贸市场标准化建设、美丽小城镇建设。下达资金1448万元用于农村饮水安全工程项目、幸福村庄、农村幸福院项目建设、川裕村打井工程项目建设等。筹措资金3657万元及时发放退耕还林和草原生态保护补助。拨付资金1400万元用于发放农机购置补贴。下达资金1225万元用于农村环境综合整治、可再生能源建设农村劳动力培训、残膜回收、农业技术推广、病虫害控制。筹措资金951万元用于农村综合改革示范试点奖补。安排资金725万元用于县域特色产业优势项目及以工代赈项目建设。安排资金504万元用于生态移民项目区有机肥补助。安排资金429万元用于农作物畜牧良种补贴。拨付资金280万元用于支持香山乡米粮川移民村产业发展。

2015年，沙坡头区本级总支出为65242万元。拨付资金3128万元用于农村危房改造补助。拨付资金8485万元用于发放粮食直补、农资综补、退耕还林补助、草原生态保护补助、农机购置补贴、畜牧良种补贴等。下达资金4181万元用于巩固退耕还林成果、退牧还草、农产品产地初加工、基层农业技术推广等项目。拨付资金3637万元用于粮改饲、农业产业化、现代农业产业发展等项目。下达资金2056万元用于农村劳动力培训、残膜回收、病虫害控制、硒砂瓜产业发展等。拨付资金1803万元用于农业"阳光沐浴"工程。下达资金1463万元用于特色经济林产业、防护林工程及森林培育等项目建设。安排资金1080万元用于水土保持、山洪灾害防治、农村饮水安全、农村沼气、抗旱应急水源引调提水项目。拨付资金1474万元用于支持生态移民区土地改良。下达资金394万元用于乡镇基层政权补助建设。拨付资金4229万元用于宣和美丽新村棚户区改造、三合家园、应理新社区、民生花园等逾期安置。下达资金1825万元用于主干道路大整治大绿化、美丽乡村、美丽村庄工程；拨付资金1770万元用于乡镇美丽小城镇建设。筹措资金640万元用于乡镇农贸市场标准化建设。拨付资金506万元用于农田水利建设。下达资金195万元用于农村环境卫生深度保洁以奖代补。安排资金720万元用于农村公共服务运行维护，安排资金96万元用于乡镇文化站免费开放。

2016年，沙坡头区本级总支出为93630万元。争取自治区专项资金63334万元，占总任务的134.13%。共组织各乡镇上报"一事一议"财政奖补项目108个，争取自治区财政以奖代补资金3950万元批复实施项目52个。争取自治区财政厅苹果提质增效项目资金719万元，解决扬黄灌区果农反映的补助问题。安排资金2400万元支持高效节水灌溉工程；拨付2195万元建设兴仁镇、香山乡应急抗旱水源、农村饮水安全工程；筹措资金8669万元用于农业产业化项目扶持、蔬菜园区建设、农业特色优势产业项目等；拨付资金2416万元用于福润苑应理新社区、时代佳苑等项目的逾期安置；安排新墩北路、宁夏大学分校区项目征地补偿资金444万元，加快推进棚户区拆迁安置任务。安排资金642万元，继续推进兴仁镇高庄王团移民村综合治理项目。

2017年，沙坡头区本级总支出为119777万元。实施农村"阳光沐浴"工程，拨付1200万元为1.2万户农户安装太阳能热水器，发放农机具购置补贴838.77万元，发放草原生态保护补助2421万元。安排1665万元用于公益性岗位、"三支一扶"、高校毕业生到村任职人员和西部志愿者工作补助。抓好村级公益事业建设"一事一议"财政奖补项目申报。共争取财政以奖代补资金3300万元，批复实施2017年"一事一议"财政奖补项目21个，力促美丽乡村、脱贫攻坚等任务完成。

2018年，沙坡头区本级总支出为127500万元。通过"一卡通"兑付各项惠农补助9727万元，主要包括退耕还林政策补助、农作物良种补贴、农机购置补贴以及草原禁牧补助等。着重抓好村级公益事业建设"一事一议"财政奖补项目申报，共争取财政奖补资金3900万元，批复实施2018年"一事一议"财政奖补项目两批48个。围绕沙坡头区"四带一区"产业布局，安排2292万元用于永久性蔬菜产业项目建设、自治区级现代农业产业园项目、硒砂瓜品牌宣传等，推动沙坡头区现代农业提标升级。扶持优势农业产业发展，安排679.7万元用于支持森沃农业科技产业园项目、休闲农业示范点创建，延长农业发展链条。

2019年，沙坡头区本级总支出为196818万元。安排资金1.92亿元，用于扶贫产业发展、以工代赈、基础设施建设、贫困村土地改良、重点贫困村"新四通"、深度贫困村危房改造补助等，力促脱贫攻坚任务完成。投入资金3.24亿元，用于大气、水污染防治、引黄灌区农田水利巩固提升、森林抚育、农业资源保护修复与利用、农村生活污水处理、农村环境整治等项目，切实改善生态环境。积极落实乡村振兴战略及沙坡头区"一带两廊"发展规划，安排基础设施建设资金1.54亿元，主要用于建制村道路硬化、危桥改造、美丽小城镇、老旧小区改造等项目，改善群众居住环境。筹措资金2800万元，用于沙坡头区28个行政村扶持发展壮大村集体经济项目。争取财政补助资金5390万元，用于沙坡头区67个农村公益事业财政奖补项目和7个农村公益事业整村推进财政奖补项目实施。安排农业产业化资金3.39亿元，用于农机购置补贴及农机深松整地、粮改饲、农村一、二、三产业融合发展、高效节水灌溉等项目建设。筹措资金3012万元，用于创建国家全域旅游示范区等项目建设，推进全域旅游全面发展。投入资金2864万元，用于文化体育基础设施、文化活动中心配套设施建设。

第三节　财政预决算

一、财政预算安排情况

2013年，沙坡头区一般公共财政预算支出安排5667万元，主要是沙坡头区基本保障和运转经费支出，资金来源为一般性转移支付收入5667万元。

2014年，沙坡头区一般公共预算收入安排750万元；一般公共财政预算支出安排10683万元，比上年增长88.51%。支出资金来源为本级一般公共财政预算收入750万元（全部为非税收入），一般性转移支付收入9933万元。

2015年，沙坡头区一般公共财政预算收入安排772万元（全部为非税收入），比上年增长2.93%；一般公共财政预算支出安排12920万元，比上年增长20.94%。支出资金来源为本级一般公共财政预算收入772万元，一般性转移支付收入12148万元。

2016年，沙坡头区一般公共财政预算收入安排17800万元；一般公共财政预算支出安排33200万元，比上年增长88.51%；支出资金来源为本级一般公共财政预算收入17800万元，一般转移支付收入15400万元。

2017年，沙坡头区一般公共财政预算收入安排28891万元，其中：税收27941万元，非税收入950万元；一般公共财政预算支出安排34821万元，比上年增长4.88%。支出资金来源为税收27941万元，非税收入950万元，一般性转移支出收入5930万元。

2018年，沙坡头区一般公共财政预算收入安排32135万元，较上年增长18.05%。其中：税收31085万元，非税收入1050万元；一般公共财政预算支出安排39300万元，较上年增长12.86%。支出资金来源为税收31085万元，非税收入1050万元，一般性转移支付收入7165万元。

2019年，沙坡头区一般公共财政预算收入安排31030万元，较上年增长14.27%。其中：税收29750万元，非税收入1280万元；一般公共财政预算支出安排42250万元，较上年增长7.51%。支出资金来源为税收29750万元，非税收入1280万元，一般性转移支付收入11220万元。

二、财政决算

2013年，沙坡头区预算安排的财政支出，资金全部来源于市级转移支付收入。市财政共划转沙坡头区转移支付资金55345万元，其中：一般性转移支付收入10670万元，专项转移支付收入39617万元，政府性基金补助5058万元。沙坡头区本级一般公共预算支出完成49397万元，为变动预算的98.21%；基金预算支出完成5014万元，为变动预算数的99.13%。

2014年，沙坡头区预算安排的财政支出，资金全部来源于市级转移支付收入。市财政共划转沙坡头区转移支付资金61659万元，其中：一般性转移支付收入13809万元，专项转移支付收入41863万元，政府性基金补助5987万元。沙坡头区本级一般公共预算支出完成48944万元，为变动预算的86.52%；基金预算支出完成5914万元，为变动预算数的98.06%。

2015年，沙坡头区预算安排的财政支出，资金全部来源于市级转移支付收入。市财政共划转沙坡头区转移支付资金78252万元，其中：一般性转移支付收入15518万元，专项转移支付收入45923万元，债务转贷收入14236万元，政府性基金补助2575万元。沙坡头区本级一般公共预算支出完成62723万元，为变动预算的89.41%；基金预算支出完成2519万元，为变动预算数的94.31%。

2016年，沙坡头区预算安排的财政支出，资金全部来源于市级转移支付收入。市财政共划转沙坡头区转移支付资金102891万元，其中：一般性转移支付收入33743万元，专项转移支付收入59475万元，债务转贷收入8000万元，政府性基金补助1673万元。沙坡头区本级一般公共预算支出完成92030万元，为变动预算的89.32%；基金预算支出完成1600万元，为变动预算数的87.67%。

2017年，沙坡头区财政一般公共预算收入完成27670万元，为年度预算的101.65%；一般公共财政预算支出完成116558万元，为变动预算的91.83%，增长26.65%。一般公共财政预算支出资金来源是：一般公共预算收入27670万元；市财政补助收入74268万元；一般债务转贷收入13998万元；上年结转专项资金10987万元；上年结转预算稳定调节基金22万元。收支相抵，2017年财政公共预算年终滚存结余10387万元，结转下年继续使用。沙坡头区政府性基金预算支出完成3219万元，为变动预算的86.44%，增长101.19%。政府性基金预算支出资金来源为市财政补助收入1074万元；专项债务转贷收入2425万元；上年结转专项资金225万元。收支相抵，年终滚存结余505万元，结转下年继续使用。

2018年，沙坡头区财政一般公共预算收入完成27154万元，为年度预算的84.50%；一般公共财政预算支出完成124301万元，为变动预算的93.20%，增长6.64%。一般公共财政预算支出资金来源是：一般公共预算收入27154万元；市财政补助收入84662万元；一般债务转贷收入11190万元；上年结转资金10365万元。收支相抵，2018年财政一般公共预算年终滚存结余9070万元，结转下年继续使用。政府性基金预算支出完成3199万元，为变动预算的77.99%。政府性基金预算支出资金来源为市财政补助收入2697万元；专项债务转贷收入900万元；上年结转专项资金505万元。收支相抵，年终滚存结余903万元，结转下年继续使用。

三、财政预决算公开

（一）预算公开情况

2013—2015年，沙坡头区所辖32个预算单位（含二级预算单位）在市财政局门户网站公开2013—2015年度部门预算及"三公"经费情况，公开率100%。

2016年，市财政局门户网站上对沙坡头区政府预算和32个预算单位部门预算及"三公"经费信息全部进行公开，公开率100%。

2017—2018年，在沙坡头区人民政府网站对沙坡头区政府预算和43个预算单位2017—2018年部门预算及"三公"经费信息全部进行了公开。同时，加快预算支出进度，建立预算支出进度通报制度，定期通报预算单位支出情况，并联合区政府督查室，对重点单位、重点项目进行督查，公开率100%。

2019年,在沙坡头区人民政府网站对沙坡头区政府预算和47个预算单位2019年部门预算及"三公"经费信息全部进行了公开,公开率100%。在做好预算管理工作的同时,抓好预算绩效管理,制定印发了《沙坡头区预算绩效管理办法》《沙坡头区预算绩效目标管理暂行办法》《沙坡头区财政局2018年预算支出绩效评价工作方案》,从预算绩效目标、绩效监控、绩效评价、绩效公开管理等环节进行规范,积极推动预算绩效管理工作有序开展。

(二)决算公开情况

2014年,沙坡头区所辖32个预算单位(含二级预算单位)率先在市财政局门户网站公开2013年度部门决算。

2015年,组织沙坡头区所辖32个预算单位(含二级预算单位)在市财政局门户网站全面公开了2014年部门决算信息。

2016年,沙坡头区所辖32个预算单位(含二级预算单位)在市财政局门户网站及市人民政府网站全面公开2015年部门决算、政府决算信息。

2017年,沙坡头区所辖43个预算单位(含二级预算单位)在沙坡头区人民政府网站全面公开2016年部门决算、政府决算信息。

2018年,沙坡头区所辖43个预算单位(含二级预算单位)在沙坡头区人民政府网站全面公开2017年部门决算、政府决算信息。

2019年,沙坡头区所辖47个预算单位(含二级预算单位)在沙坡头区人民政府网站全面公开2018年部门决算、政府决算信息。

四、财政监督

2013年,组织对乡镇民生服务中心内部建设、业务开展、岗位设置、机构运行、档案管理等进行检查,促进规范化建设。

2014年,对文昌、迎水桥两镇进行会计信息质量检查。联合相关部门对救灾资金进行专项检查。开展"小金库"专项治理工作及公务卡制度执行情况专项检查。

2015年,对文体卫生和计划生育局、农技推广服务中心、宣和镇3个单位进行会计信息质量检查。联合相关部门对救灾资金进行专项检查。开展预决算公开情况专项监督检查,对沙坡头区预算单位的2015年预算及2014年决算公开情况进行了专项检查。制定《沙坡头区2015年涉农资金信息公开试点方案》,公示农村低保对象最低生活保障金和种粮农民直接补贴和农资综合补贴政策及发放花名册，试点推进社会保障卡发放涉农补贴工作。

2016年，对东园镇、常乐镇两个单位进行会计信息质量检查。开展民政救灾资金专项检查工作。开展预决算公开情况的专项检查工作，对沙坡头区2016年预算及2015年决算公开情况进行专项检查。开展涉农资金督查，委托3家中介机构，对沙坡头区2013—2015年度重大项目进行审计，涉及文昌、滨河、宣和、兴仁、柔远、镇罗6个乡镇和农牧、民政、计生3个部门，覆盖资金4.83亿元。

2017年，对沙坡头区水利技术服务中心、南山台电灌站、柔远镇3个单位进行会计信息质量检查；开展沙坡头区财务报销违规问题专项治理工作，重点检查18个预算单位2015—2016年度的财务报销行为，抽查率达40%，规范财务报销行为。检查救灾资金进行专项。开展预决算公开专项检查工作，对所辖单位2016年部门决算、2017年部门预算信息公开情况进行专项检查。

2018年，对沙坡头区动物疾控中心、镇罗镇、香山乡3个单位进行会计信息质量检查。强化内部监督，完成内部监督检查工作。强化资金监管，开展城乡医疗救助资金、美丽村庄建设项目资金等专项检查工作。加强业务指导，组织沙坡头区各单位开展行政事业单位内部控制制度建设，组织开展2017年度行政事业单位内部控制报告编报工作。

2019年，对沙坡头区水务局、沙坡头区林业技术推广服务中心和沙坡头区综合行政执法大队3个单位开展会计信息质量检查以及相关单位部分专项资金使用情况进行检查，并对检查出的单位资产管理、会计核算等方面存在的问题要求限期整改。同时，对11个乡镇进行财政审计监督检查。

第四节　国有资产管理

2013年，开展沙坡头区行政事业单位2012年度资产统计报表上报工作。建立沙坡头区行政事业单位国有资产基础信息库。

2014年，制定《沙坡头区行政事业单位国有资产处置管理暂行办法》，为资产处置奠定制度基础；转发市本级行政事业单位资产配置标准文件，要求单位严格按照市本级资产配置标准配置资产，确保资产配置合标规范；完善行政事业单位资产信息数据，实现资产网络化动态监管；理顺沙坡头区公务用车管理体制，实现公务用车分级管理。印发《沙坡头区公务用车编制管理办法》，测算下达沙坡头区行政事业单位车辆编制；开展公务用车管理情况专项检查，摸清各单位公务用车实有情况，实现了公务用车规范化管理。

2015年，组织开展2014年度沙坡头区行政事业单位资产统计报表填报工作，加强国有资产使用、处置管理，及时督促各单位做好2015年新增资产的录入、调拨资产的处置及接收工作，确保国有资产安全完整和高效使用。

2016年，制定《2016年沙坡头区行政事业单位国有资产清查工作方案》，举办资产清查培训班。配合做好沙坡头区公务用车改革工作。按照沙坡头区公车改革领导小组安排，对公务交通支出情况进行了测算，制定出台《沙坡头区党政机关定向化保障公务用车管理办法》《沙坡头区党政机关执法执勤用车制度改革管理办法》《沙坡头区党政机关公务用车制度改革车辆处置管理办法》。加强国有资产管理，协调市财政局将市教育局所属126所农村闲置学校资产1725.68万元调拨各乡镇使用管理，并以政府筹备组专门下发文件明确管理要求，确保资产安全完整、保值增值。

2017年，开展2016年度沙坡头区行政事业单位资产报表，举办资产报表及资产核实处置工作培训班。规范行政事业单位资产配置行为，转发市本级行政事业单位资产配置标准文件，严格按照市本级资产配置标准审核购置资产，确保资产配置合标规范。加强公务用车管理，开展沙坡头区公务用车制度改革相关数据统计报告暨填报系统培训工作。

2018年，出台《沙坡头区行政事业单位国有资产使用管理暂行办法》和《沙坡头区行政事业单位国有资产处置管理暂行办法》，开展2017年度沙坡头区行政事业单位资产报表、2017年度行政事业单位经管资产报告及自然资源国有资产报告试点工作，摸清资产家底。配合市财政局、教育局做好闲置校舍资产划拨工作。按照《沙坡头区公车改革拟报废及上交封存车辆处置方案》分工要求，配合做好车辆封存、鉴定评估，批复报废车辆，组织公开拍卖，有效提升公务用车管理水平。

2019年，举办沙坡头区2018年行政事业单位国有资产年报培训班，做好国有资产月报试编工作，加强国有资产管理工作，建立健全工作机制，制定《沙坡头区政府向人大常委会报告国有资产管理情况实施方案》，规范资产管理程序，严格按照程序批复处置资产。做好市级划转单位资产划拨工作，督促相关单位及时对划拨资产进行核对，确保资产顺利移交。开展事业单位公务用车改革，做好改革前后数据测算工作。

第五节　财政收入与支出

一、2004—2012 年财政收入支出情况

2004—2012 年，市、区两级财政体制未划分，沙坡头区收入支出均由中卫市财政局整体执行。2008 年沙坡头党工委成立，地方公共财政预算基本单列，至 2012 年，沙坡头地方公共预算收入逐年递增。2008 年沙坡头区地方公共预算收入 3.0 亿元，2009 年沙坡头区地方公共预算收入 3.6 亿元，2010 年沙坡头区地方公共预算收入 4.3 亿元，2011 年沙坡头区地方公共预算收入 6.3 亿元，2012 年沙坡头区地方公共预算收入 7.3 亿元。

二、2013—2019 年财政收入情况

2013 年，沙坡头区完成地方财政收入 13.8 亿元，完成地方公共财政预算收入 8.2 亿元。其中：增值税、营业税、企业所得税和个人所得税等主体税种分别实现 0.8 亿元、3.8 亿元、0.5 亿元和 0.1 亿元。实现地方财政支出 51.9 亿元。实现公共财政预算支出 44.5 亿元。其中，教育支出 5.3 亿元；社会保障和就业支出 3.3 亿元；医疗卫生支出 3.4 亿元。

2014 年，沙坡头区完成地方财政收入 13.9 亿元，完成地方公共财政预算收入 9.3 亿元。实现地方财政支出 45.0 亿元。实现公共财政预算支出 38.0 亿元。

2015 年，沙坡头区完成地方财政收入 15.4 亿元，完成地方公共财政预算收入 10.1 亿元。其中，增值税 0.8 亿元，营业税 4.3 亿元，企业所得税 0.6 亿元，个人所得税 0.1 亿元。实现地方财政支出 52.5 亿元。实现公共财政预算支出 46.8 亿元。其中，教育支出 6.7 亿元；社会保障和就业支出 4.4 亿元；医疗卫生支出 3.8 亿元。2008—2015 年沙坡头区地方公共预算收入突破 10 亿元，增长速度逐年加快。2013 年沙坡头区地方公共预算收入 8.2 亿元，2014 年沙坡头区地方公共预算收入 9.3 亿元，2015 年沙坡头区地方公共预算收入 10.1 亿元。

2016 年，沙坡头区完成地方财政收入 14.4 亿元，完成地方公共财政预算收入 11.0 亿元，同比增长 8.2%。其中，增值税 1.8 亿元，营业税 2.2 亿元，企业所得税 0.6 亿元，个人所得税 0.2 亿元。实现地方财政支出 63.2 亿元。实现公共财政预算支出 59.5 亿元，社

会保障和就业支出 4.7 亿元，医疗卫生支出 4.2 亿元。

2017 年，沙坡头区完成地方财政收入 15.4 亿元，完成一般公共预算收入 10.6 亿元。其中，增值税 2.7 亿元，营业税 176 万元，企业所得税 0.7 亿元，个人所得税 0.3 亿元。实现地方财政支出 64.7 亿元，实现一般公共预算支出 59.8 亿元。其中，教育支出 6.2 亿元，社会保障和就业支出 6.4 亿元，医疗卫生支出 6.3 亿元。

2018 年，沙坡头区完成地方财政收入 15.1 亿元，完成一般公共预算收入 11.1 亿元，其中，增值税 2.9 亿元，营业税 67 万元，企业所得税 0.7 亿元，个人所得税 0.3 亿元；沙坡头区本级一般公共预算收入 2.7 亿元。实现地方财政支出 66.7 亿元，实现一般公共预算支出 59.9 亿元。其中，教育支出 6.1 亿元，社会保障和就业支出 5.9 亿元，医疗卫生支出 6.3 亿元。沙坡头区本级一般公共预算支出 12.4 亿元。

截至 2019 年，沙坡头区本级一般公共预算收入完成 26941 万元。

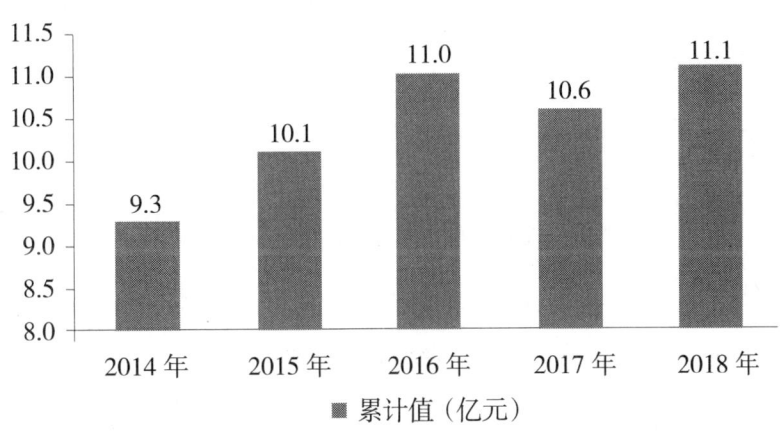

图 12.1　2014—2018 年沙坡头区一般公共财政预算收入

第六节　税收管理

一、机　构

2004 年 4 月 26 日，设立中卫市国家税务局和中卫市国家税务局直属分局（原中卫县国家税务局），同时撤销中卫县地方税务局，设立中卫市地方税务局，沙坡头区未设立县（区）一级地方税务机构，由中卫市地方税务局负责原中卫县辖区内地方税收的征收管理工作。2005年4月，中卫市国家税务局直属分局更名为城区分局。2008年7月更名为中卫市沙坡头区国家税务局，负责原中卫县辖区国家税收的征收管理工作。2014年，全国税务系统税收征管改革，中卫市地方税务局作为征管体制改革试点地区，增设重点税源管理分局（中卫市地方税务局直属征收管理局）负责沙坡头区辖区内重点税源企业的地方税收的征收管理工作。

2018年7月20日，按照国税地税征管体制改革总要求，国家税务总局中卫市沙坡头区税务局挂牌成立，原中卫市沙坡头区国家税务局、原中卫市地方税务局直属征收管理局合为一家。同年10月25日，根据《宁夏回族自治区税务局关于县级局落实"三定"暂行规定的指导原则》《国家税务总局中卫市沙坡头区税务局职能配置、机构设置和人员编制暂行规定》，共设21个所属机构，其中，13个内设机构，7个派出机构，即第一税务分局（办税服务厅）、第二税务分局、文昌税务分局、镇罗税务分局、迎水桥税务分局、常乐税务分局、宣和税务分局，1个事业单位（信息中心）。负责15个税种、12个费种，16242户纳税人的税费征管和服务工作。

二、税制变革

1994年1月1日国家实施工商税制改革，对内资企业实行统一的企业所得税，统一个人所得税，取消原个人收入调节税和城乡个体工商户所得税，调整、撤并和开征资源税、城市维护建设税等一些税种，形成以流转税和所得税为支撑的"双主体"税制体系。原来的31个税种调整为17个。取消的税种有产品税、筵席税、国营企业奖金税、集体企业奖金税、事业单位奖金税、工商统一税、集市交易税、牲畜交易税、烧油特别税、国营企业工资调节税。

2000年10月22日，国务院颁布《中华人民共和国车辆购置税暂行条例》，自2001年1月1日起在全国范征收车辆购置税，取消车辆购置附加税。2006年取消农业税。2007年实行城镇土地使用税和车船税的内外税制统一。2008年实行企业所得税的内外税制统一。2009年废止《中华人民共和国城市房地产税暂行条例》，实行《中华人民共和国房产税暂行条例》，房产税的内外税制统一。2016年开始试行营业税改征增值税试点成功，营业税退出国家税收历史舞台。

三、税　种

（一）增值税

1994年1月1日新税制全面实施，增值税由国家税务局征管。2003年5月，自治区国家税务局将全区增值税起征点重新调整，销售货物起征点由每月2000元提高到5000元，销售应税劳务由月销售额1500元提高到3000元，每日每次的起征点由150元提高到200元，从2004年1月1日起执行。2011年《中华人民共和国增值税暂行条例实施细则》，对增值税起征点的幅度重新规定，销售货物、销售应税劳务的，为月销售额5000~20000元；按次纳税的，为每次（日）销售额300~500元。

（二）增值税为中央、地方共享税

1994年新税制改革，分享比例为中央75%，地方为25%。2013年营改增试点后，只对营业税改征增值税部分增值税归地方收入。2016年6月1日，营改增全面试点后，所有行业或企业缴纳的国内增值税均纳入中央和地方共享范围，中央与地方实行50∶50的比例分享，自治区与各市、各县（区）分享比例为20∶18∶12。

消费税。1993年《中华人民共和国消费税暂行条例实施细则》，自1994年1月1日起全面实施。消费税共设置11个税目：烟酒及酒精、化妆品、护肤护发品、贵重首饰及珠宝玉石、鞭炮、焰火、汽油、柴油、汽车轮胎、摩托车、小汽车，细化了13个子目。2006年4月1日国家将消费税税目由11个增加到14个。2008年国家对成品油消费税进行改革，取消原在成品油价外征收的公路养路费、航道养护费、公路运输管理费、公路客货运附加费、水运管理费和水运客户附加费，只对消费税单位税额相对提高。消费税由国家税务局负责征收管理，税收归中央政府财政，是中央财政收入的主要来源之一。

（三）车辆购置税

2000年《中华人民共和国车辆购置税暂行条例》，自2001年1月1日起施行。车辆购置税由国家税务局负责征收管理，税收归中央政府财政，专门用于交通建设事业。2001年1月1日至2004年12月31日，由交通部门代征。2005年自治区国家税务局《关于成立车辆购置税征收管理机构的通知》，原由交通部门代征的车辆购置税，交由各地国家税务局负责征收。

（四）企业所得税

1984年后，企业所得税制度是逐步建立和完善的。1993年12月13日《中华人民共和国企业所得税暂行条例》把原国营企业所得税、集体企业所得税和私营企业所得税合并。2002年以前，企业所得税按照企业性质划分，即中央直属企业由国家税务局负责征收管理，地方企业由地方税务局负责征收管理。2002年，实行所得税分享体制改革，由国税部门征管。2008年1月1日，《中华人民共和国企业所得税法》颁布实施。自2009年1月1日起，企业所得税的征收与主税种的征管部门保持一致，即企业如果主要缴纳增值税，则企业所得税由国家税务局征收；如果主要缴纳营业税，则企业所得税由地方税务局征收。企业所得税征收由国家税务局和地方税务局分别征管。

（五）个人所得税

1980年9月《中华人民共和国个人所得税法》颁布实施以来，经过不断完善，1994年1月1日开始施行，个人所得税法，个人收入调节税，城乡个体工商户所得税合并为个人所得税。

2001年1月1日起，居民住房取得的所得不执行财产租赁所得20%的税率。2003年10月21日宁夏国地税对核定征收的起征点和计算率做了调整。2006年1月1日《国务院关于调整个人所得税工薪所得费用减除标准议案》决定将工薪所得费用扣除标准，由每人800元提高至每人1600元，并从起执行。对保险营业佣金中的营业成本免征个人所得税。2008年3月1日起实行工薪所得扣除标准由每人每月1600元提高至每人每月2000元。同年10月9日，国务院决定从即日起对储蓄存款利息所得暂免征收个人所得税。2011年9月1日，起决定将工薪所得扣除标准由每人每月2000元提高至每人每月3500元。2015年9月8日起，个人从公开发行和转让市场所得的上市公司股票，持股期限超过一年的，股息红利所得，暂免征收个人所得税；个人从公开发行和转让市场所得的上市公司股票，持股期限在一个月以上至一年（含一年）的，暂减按50%计入应纳税所得额。所得税统一按照20%的税率征收个人所得税。2018年10月1日，起将"免征额"提高至每月5000元。储蓄存款利息个人所得税由国家税务局负责征收，其余个人所得税由地方税务局负责征收。

2019年1月1日，新个税法全面实行，在法定扣除项目的基础上增加专项附加扣除项目（子女教育、继续教育、大病医疗、住房贷款利息或住房租金、赡养老人）。工资薪金、劳务报酬、稿酬、特许权使用合并为综合所得并进行年终汇算清缴。同时，使用个税税率表。

（六）土地增值税

1994年1月1日起执行《中华人民共和国土地增值税暂行条例》。1995年1月《中华人民共和国土地增值税暂行条例实施细则》颁布，截至2018年，土地增值税按照四级超额累进税率进行征收，主要在于发挥税收的分配杠杆作用，合理配置国有土地资源，调节土地增值收益。

（七）房产税

1986年10月1日《中华人民共和国房产税暂行条例》实施。截至2018年，房产税收入归地方政府。

（八）城镇土地使用税

1988年11月1日《中华人民共和国城镇土地使用税暂行条例》施行。2007年1月1日《中华人民共和国城镇土地使用税暂行条例》施行，将城镇土地使用税征收范围扩大到外资企业。截至2018年，城镇土地使用税收入归地方政府。

（九）耕地占用税

1987年4月1日《中华人民共和国耕地占用税暂行条例》施行。2008年1月1日国务院对该条例又作了修订，提高税额标准，将外资企业纳入耕地占用税征税范围，严格控制减免税，明确规定耕地占用税适用《中华人民共和国税收征收管理法》。2008年1月1日《中华人民共和国耕地占用税实施细则》实施。2010年1月《宁夏回族自治区耕地占用税实施办法》规定，耕地占用税收入归地方政府。2018年12月29日《中华人民共和国耕地占用税法》，自2019年9月1日起执行。

（十）契　税

1997年10月28日《中华人民共和国契税暂行条例》施行，同年《中华人民共和国契税暂行条例实施细则》实施。截至2018年，契税收入归地方政府。

（十一）资源税

1993年12月25日《中华人民共和国资源税暂行条例》，同时《中华人民共和国资源税暂行条例实施细则》颁布并于1994年1月1日起施行。截至2018年，国家税务局负责海洋石油资源税的征收管理，税收归中央财政。

资源税共设置7个税目，即原油、天然气、煤炭、其他非金属、黑色金属矿原矿、有色金属矿原矿、盐（包含固体盐和液体盐）。规定了8个幅度税额，最高单位税额60元/吨，最低单位税额0.3元/吨。

（十二）车船税

中华人民共和国成立初期开征车船使用牌照税（简称车船税）。1973年，企业征收的车船税并入工商税，只对个人外侨三资企业的车船继续征收车船税。1986年10月1日施行《中华人民共和国车船使用税暂行条例》，只适用于国内车船，同年起执行，涉外部分仍适用《车船使用牌照税条例》。1994年统一税法，将上述两个暂行条例合并，更名为车船税。2012年1月1日起施行《中华人民共和国车船税暂行条例》，统一适用于内外资企业。截至2018年，车船税收入归地方政府。

（十三）印花税

印花税新中国成立初期开征，1958年后废止。1988年10月1日《中华人民共和国印花税暂行条例》施行，恢复征收印花税。2011年1月8日，中华人民共和国国务院令588号对印花税暂行条例进行修改，其税收由中央政府和地方政府共享。印花税共设置13个税目：购销合同、加工承揽合同、建设工程勘察涉及合同、建筑安装工程承包合同、财产租赁合同、货物运输合同、仓储保管合同、借款合同、财产保险合同、技术合同、产权转移书据、营业账簿、权利许可证照。

（十四）城市维护建设税

1985年1月1日起实施《中华人民共和国城市维护建设税暂行条例》。2016年5月1日，城市维护建设税的税基由后来的增值税、消费税、营业税，改为增值税、消费税，其税收由中央政府和地方政府共享，是地方政府税收的重要来源之一。

（十五）环境保护税

2018年1月1日起施行《中华人民共和国环境保护法》。2018年10月26日，经十三届全国人民代表大会常务委员会审议通过《中华人民共和国环境保护法》修订案。环境保护税共设置4个税目：大气污染物、水污染物、固体废物［煤矸石、尾矿、危险废物、冶炼渣、粉煤灰、炉渣、其他固体废物（含半固态、液态废物）］、工业噪声。国税地税征管体制改革前，财产和行为税类，除海洋石油资源税外均由地方税务局负责征收管理。

四、非税收入

（一）残疾人就业保障金

根据《宁夏回族自治区残疾人就业保障金征收使用管理办法》的规定，自2003年1月1日起，残疾人就业保障金由各级地方税务机关负责征收。征管体制改革后，残疾人就业保障金由各县区税务局负责征收。

（二）工会经费

根据《中华人民共和国工会法》和自治区实施工会法办法等有关规定，经自治区人民政府同意，自治区总工会于2006年1月1日起，委托各级地方税务机关实行统一代为征收。征管体制改革后，工会经费由个县区税务局负责征收。

（三）水利建设基金

1999年，自治区人民政府根据财政部征收水利建设基金有关问题的批复，决定将自治区原征收用于宁夏扶贫扬黄灌溉工程建设资金等项目，统一合并为水利建设基金。同年，自治区财政厅、国税局、地税局、人民银行银川中心支行根据自治区人民政府通知精神，制定《水利建设基金征收管理办法》。2000年3月，自治区地方税务局印发《宁夏回族自治区地方税务局水利建设基金征收管理暂行办法》，开始征收水利建设基金。

（四）教育费附加

1986年4月28日，国务院发布《征收教育费附加的暂行规定》，自同年7月1日起执行。从2010年12月1日开始，外商投资企业、外国企业与外籍人员也缴纳城市维护建设税和教育费附加。教育费附加，收入纳入财政预算管理，作为教育专项资金，主要用于实施义务教育。

（五）地方教育附加

根据《中华人民共和国教育法》的有关规定，自治区人民政府于2002年6月《宁夏回族自治区地方教育费征收使用管理办法》颁布，2007年进行修订。

（六）文化事业建设费

1997年1月1日起《关于进一步完善文化经济政策的若干规定》施行，1997年8月1日《文化事业建设费征收管理暂行办法》，自治区财政厅、国家税施行。1998年5月1日，《宁夏回族自治区地方税务局文化事业建设费征收管理暂行办法》施行。

五、社会保险费

社会保险费主要包括：养老保险、医疗保险、失业保险、工伤保险、生育保险费5种。1999年1月22日《社会保险费征缴暂行条例》，自发布之日起执行。宁夏社会保险实施"五险"统征，建立社保"五险"税务统一征收的省级管理模式。2008年1月1日起社会保险费交由地方税务局负责征收，率先实现社会保险费征收全覆盖。2018年机构合并以来,沙坡头区税务局为方便广大缴费人,解决社保缴费高峰期拥堵问题,引入社保费自助缴费机以提高缴费效率。

机关事业单位职业年金。根据《国务院办公厅关于印发机关事业单位职业年金办法的通知》和宁夏回族自治区《关于我区机关事业单位职业年金国库汇缴清算管理有关问题的通知》规定,自2014年10月1日起,实施机关事业单位工作人员职业年金制度,是机关事业单位养老保险制度改革的重要组成部分。国税地税征管体制改革前,社会保险费由地方税务部门负责征收。

第七节　税费收入情况

2004—2007年,沙坡头区税费收入由中卫市统一计划征收,没有单列计算。2008年之后,沙坡头区税费收入由沙坡头区职能部门独立计划征收。

表12.1　2008—2018年中卫市沙坡头区税收收入情况

年份指标	年度计划数(万元)	实际完成(万元)	完成占计划(%)	同比增减(%)
2008	62640	64503	102.97	
2009	70220	58511	83.33	−9.29
2010	88550	76728	86.65	31.13
2011	123100	101331	82.32	32.07
2012	171450	113332	66.10	11.84
2013	189220	132180	69.86	16.63
2014	208705	143713	68.84	8.73
2015	214941	154875	72.05	7.77
2016	217234	177733	81.82	14.76
2017	219500	218275	99.44	22.81
2018	226000	211963	93.79	−2.89

注:表中税收数据均精确到万元四舍五入,百分比数据精确到个位四舍五入。
资料来源:中卫市沙坡头区税务局收入核算科统计年报。

表12.2 中卫市沙坡头区历年税收收入分级次统计表

年份	中央级收入		地方级收入		逐级收入					
	实际完成数（万元）	同比增减幅度（%）	实际完成数（万元）	同比增减幅度（%）	省级		市级		县级	
					收入（万元）	同比增减（%）	收入（万元）	同比增减（%）	收入（万元）	同比增减（%）
2008	35959		28544		4525		8627		15392	
2009	26581	−26.08	31930	11.86	4271	−5.61	6845	−20.66	20814	35.23
2010	34165	28.53	42563	33.30	6011	40.74	8638	26.19	27914	34.11
2011	41998	22.93	59253	39.21	8141	35.44	10172	17.76	40940	46.66
2012	43224	2.92	70108	18.32	10050	23.45	60059	490.43	0	−100.00
2013	52517	21.50	79663	13.63	12462	24.00	67203	11.89	0	0.00
2014	54947	4.63	88766	11.43	14486	16.24	74280	10.53	0	0.00
2015	55491	0.99	99384	11.96	17976	24.09	81408	9.60	0	0.00
2016	76791	38.38	100942	1.57	21185	17.85	79757	−2.03	0	0.00
2017	100470	30.84	117805	16.71	33761	59.36	57718	−27.63	26326	0.00
2018	100469	0.00	117805	0.00	33762	0.00	57719	0.00	26324	−0.01

注：表中所有收入数据精确到万元四舍五入。
资料来源：中卫市沙坡头区税务局收入核算科统计年报（税收会计统计年报表）。

第八节　税费征收管理

一、征管模式

1994年新税制实施后，国税、地税两套税务机构分设。1995年，国家税务系统执行征管和稽查"两分离"和征收、管理、检查"三分离"的征管模式，结束了自20世纪80年代以来实行的"一员进厂，各税统管"的"征管查合一"的税收专管员制度。1996年，第二次征管改革确立"以纳税申报和优化服务为基础，以计算机网络为依托，集中征收、重点稽查、强化征管"的税收管理新模式。1997年，《国务院办公厅关于转发国家税务总局深化征管改革方案的通知》颁发，对地处偏远、管户少的基层税务所采取保留建制合署办公的方法。在税源相对集中的县城和主要城镇设立"办税服务厅"，开始计算机的"单机运行"。1999年，对增值税一般纳税人实行集中管理。2001年5月1日，《中华人民共和国税收征收管理法及其实施细则》颁布实施。2002年为贯彻落实《中华人民共和国征管法》，全国税务系统实行"十率"征管考核。2015年国税、地税、工商、质检四部门实行三证合一改革工作，即工商营业执照、组织机构代码证、税务登记证三证合一，实现由一个部门核发加载统一社会信用代码的营业执照。

（一）国地税合作

2008年，根据《国家税务总局关于加强国家税务局、地方税务局协作的意见》，国税、地税联合制定内容涵盖税收业务、行政管理等7个方面32项合作事项，避免"多头执法""重复检查"，通过建立联合办税服务厅、国地税互派人员、互设窗口、联合开展宣传等，实现了让纳税人进一家门、办两家事，由"多头跑"转变为"一站式""一窗式""一次性"，纳税选择由"定点式"向"多点式"的转变，进一步减轻了纳税人的办税负担，降低了税务部门的征收成本。

（二）税收检查

税务检查被称为"纳税检查"，工作人员以私营工商业为重点，但对国营企业、合营企业的税务检查，《公营企业缴纳工商税暂行办法》第十条明确规定"公营企业或事业机关之纳税检查，由中央人民政府财政部及所属税务机关办理"。1991年8月《宁夏回族自治区税收征管改革方案》实施，推行"征管分开、管查分离、上管下查"的立体监管模式。基层税务局开始组建稽查队，在税源集中的县城实行征、管、查三分离，在川区税务所实行"征收、管查"两分离征管模式，在税源分散的山区税务所实行"划片管理、交叉检查"的征管模式。1994年税制改革，分设国税、地税两套税务机构。1995年11月8日《关于税务稽查分局等机构是否具有执法主体问题的批复》规定："县以上（含县级）税务机关经批准设立的税务稽查分局是专门执行税务稽查职务、查处税收违法行为的税务分局，各地设立的征收所是专门负责税收征收管理的税务所，符合《中华人民共和国税收征收管理法》第八条的规定，是独立的行政执法主体。"1996年，相应成立市、县局，增设稽查大队。1997年9月8日《关于税务稽查机构主体资格问题的通知》规定："省、地、县三级国家税务局、地方税务局依照《中华人民共和国税收征收管理法》第八条规定设立的税务稽查局（分局），具有独立执法主体资格。"各市、县稽查分局正式成立，增加稽查人员负责承担一般纳税人和重点税源和偷抗税案件处理，单独下达稽查任务，实现从组织机构上的"征、管、查"三分离。

2001年5月1日，修订后的《中华人民共和国税收征管法》正式实施，稽查局执法主体资格得到确认，稽查局职责更加明确，《国家税务总局关于改进和规范税务稽查工作的实施意见》提出，在市（地）县（市）两级逐步实施统一稽查体制，宁夏税务稽查部门在全区实行一级稽查，各县市设立一个稽查局，稽查业务统一由稽查局负责，稽查执法权由三级形式变为统一形式，稽查与征收管理相互分离，稽查人员由分散管理变为集中管理。2003年，宁夏国税系统开始逐步推行地市一级稽查体制"集中稽查"，中卫县国税局在城区范围内实行"集中稽查"，制定和完善了一系列稽查选案、稽查实施、案件审理、案件执行、调查取证、报告编写、案件协办、案件移送、案件公告、稽查档案、案件抽复查等稽查业务工作制度。2018年7月20日，县（区）级税务局国税地税征管体制改革后，稽查工作由市税务局稽查局统一开展。

二、税收管理信息化

1996年，全面推行国家级电子政务工程——金税工程。1997年税务大厅相继建立，纳税人上门申报纳税、集中征收，计算机开始应用于单机开票征税，单机核算当天收入。1998年在增值税一般纳税人中推行增值税防伪税控开票系统，纳税人有了自己的专用IC卡，对专用发票信息加密，有效遏制虚开代开等骗取抵扣税款现象，实现了增值税专用发票交叉稽核。

2001年7月1日，宁夏金税工程二期正式开通，从专用发票、开票、认证、报税到稽核、稽查等环节进行全面监控，确立区局、市局、县（区）局的三级管理网络体系，金税工程的四大体系即防伪税控、认证系统、稽核系统、协查系统，全部通过网络运行。2007年4月9日，国家发改委批准金税三期工程可行性报告，宁夏税务在川区的各县（区）局首次推行财税库银横向联网系统。2008年4月，沙坡头区有333户一般纳税人签订了财税库银三方协议书，占一般纳税人的90.5%。

2008年9月24日，国家发改委正式批准设计方案和中央投资概算，标志着金税三期工程正式启动。金税三期确定了"一个平台（网络硬件和基础软件统一的技术基础平台）、两级处理（税务总局和省级两级数据处理机制）、三个覆盖（所有税种、数据管理、各级国地税机关）、四类系统（征收管理、外部信息、行政管理、决策支持的管理应用系统）"的工作目标，建成一个年事务处理量超过100亿笔，覆盖税务机关内部用户超过80万，管理过亿纳税人的现代化税收征收管理信息化系统。2013年，沙坡头区国税局开发出了《税源专业化管理数据采集分析软件》和《小规模纳税人数据分析软件》，解决税收工作中的业务难题，提高了工作效率。2015年6月30日，实现"金税三期"征管系统单轨试运行，并成功办理首笔网络发票申购业务，开出了金税三期单轨上线第一票。财税库银电子缴税面达56.5%，网报率达82.51%。2018年，由宁夏区税务局集中管理并在五级广域网络上推广应用业务系统和行政管理系统以及技术监控系统软件就有49个。

截至2019年2月1日，沙坡头区顺利实现"金税三期"系统并库上线，成功办理首笔涉税业务。

三、税　收

沙坡头区税收是财政收入的重要组成部分。2004—2008年，税收由中卫市财政局统一征缴核算，税收逐年增加。2008年，沙坡头区税收达到3.0亿元。2008年以后，沙坡头区党工委按照中卫市财政预算政策，单独核算全区税收，并随着沙坡头区财政收入的不断增长而增长。

2010年，沙坡头区全年完成预算收入17.0亿元，同比增长56.7%。完成公共财政预算收入7.3亿元，同比增长16.0%。其中，实现增值税0.8亿元，实现营业税3.2亿元，实现企业所得税0.3亿元，实现个人所得税0.1亿元。

2013年，沙坡头区完成地方财政收入13.8亿元，比上年降低18.5%，完成地方公共财政预算收入8.2亿元，增长11.8%。其中：增值税、营业税、企业所得税和个人所得税等主体税种分别实现0.8亿元、3.8亿元、0.5亿元和0.1亿元。实现地方财政支出51.9亿元，同比增长0.5%。实现公共财政预算支出44.5亿元，增长13.3%。其中，教育支出5.3亿元；社会保障和就业支出3.3亿元；医疗卫生支出3.4亿元。

2014年，沙坡头区全年完成地方财政收入13.9亿元，完成地方公共财政预算收入9.3亿元。实现地方财政支出45.0亿元。实现公共财政预算支出38.0亿元。

2015年，沙坡头区全年完成地方财政收入15.4亿元，完成地方公共财政预算收入10.1亿元，增长9.4%。其中，增值税0.8亿元，营业税4.3亿元，企业所得税0.6亿元，个人所得税0.1亿元。实现地方财政支出52.5亿元。实现公共财政预算支出46.8亿元。其中，教育支出6.7亿元；社会保障和就业支出4.4亿元；医疗卫生支出3.8亿元。

2016年，沙坡头区全年完成地方财政收入14.4亿元，完成地方公共财政预算收入11.0亿元，同比增长8.2%。其中，增值税1.8亿元，营业税2.2亿元，企业所得税0.6亿元，个人所得税0.2亿元。实现地方财政支出63.2亿元。实现公共财政预算支出59.5亿元。其中，教育支出7.2亿元；社会保障和就业支出4.7亿元；医疗卫生支出4.2亿元。

2017年，沙坡头区全年完成地方财政收入15.4亿元，比上年增长18.3%，完成一般公共预算收入10.6亿元。其中，增值税2.7亿元，营业税176万元，企业所得税0.7亿元，个人所得税0.3亿元。

实现地方财政支出64.7亿元，同比增长2.2%。实现一般公共预算支出59.8亿元，同比增长0.6%。其中，教育支出6.2亿元；社会保障和就业支出6.4亿元；医疗卫生支出6.3亿元。

第九节 金 融

一、工作机构

沙坡头区金融工作自2004年以来，均由中卫市辖金融机构代为管理，各种金融信贷工作均由中卫市金融机构统一负责经营。

（一）金融管理机构

沙坡头区金融管理机构一直由中卫市辖金融机构负责。2005年4月，随着中国人民银行中卫市中心支行的成立，原中卫县中国人民银行中卫县支行撤销。金融监管2004年2月至2007年6月由银监会吴忠市监管分局中卫办事处管理，2007年7月至2012年12月，交由宁夏银监局中卫监管办事处负责。从2009年开始，沙坡头区金融管理由银监会中卫银监分局负责管理。沙坡头区保险监管由中国保险协会负责管理。

（二）金融经营机构

沙坡头区金融经营机构一直由中卫市金融经营机构负责。政策性银行有中国农业发展银行中卫支行。国有商业银行有中国银行中卫支行、中国建设银行中卫支行、邮政储蓄银行中卫市分行。地方性商业银行有宁夏银行中卫分行、石嘴山银行中卫分行、中卫市农村信用合作联社、中卫城市信用社（2005年8月归并中卫市农村信用合作联社）、中卫农村商业银行、中卫香山村镇银行。

（三）保险证券机构

沙坡头区保险证券机构较多，为推进沙坡头区经济社会发展提供了重要保证。截至

2019年，沙坡头区保险证券机构有中国人民保险公司中卫县支公司、中国人寿中卫分公司、人保财险中卫分公司、平安人寿中卫中心支公司、平安财险中卫中心支公司、太平洋财险中卫中心支公司、合众人寿中卫中心支公司、大地保险沙坡头支公司、安邦财险中卫中心支公司、泰康人寿中卫中心支公司、阳光财险中卫中心支公司、生命人寿中卫中心支公司、太平洋人寿中卫支公司、人保人寿中卫市支公司、华泰财险中卫中心支公司15家。

二、人民币管理

2004—2018年，沙坡头区人民币管理根据市场流通需要，发行第五套人民币，纸币面值有壹佰圆、伍拾圆、贰拾圆、拾圆、伍圆、壹圆、伍角、壹角，硬币有铝质1角、铜质5角、镍质1元，与纸币等值流通。第五套人民币增加了20元面额，取消了2元面额。中卫市场流通的人民币全套纸币面值186元8角8分，全套硬币面值1元6角8分。此外还以某一重要主题为纪念对象而不定期专门发行纸质纪念币，亦流通于沙坡头区市场。至2017年，中卫流通货币主要是第四、第五套人民币。

（一）人民币发行与回收

2004年以后，沙坡头区代理金融机构全面提高流通中货币整洁度，人民银行陆续开展损伤券货币回收管理工作，对各商业银行缴入发行库的残币严格按照钱捆要求认真把关，充分利用年度的"爱护人民币宣传周"活动，以各行出纳柜台为兑换窗口，动员社会力量推动损伤人民币回收工作。

随着商品经济以及科学技术发展，人民币反假成为中卫地区金融管理工作之一。2004年没收假币7820元。2007年，中卫市建立农村反假工作网络。2008年，开展金融机构人民币收付业务及假币收缴执行情况的检查，新建城乡反假货币工作站147个，培训和聘用反假传货币义务宣传员147名，网站覆盖面达到乡村总数的60%。建立反洗钱非现场监管体系，全面收集辖区非现场监管信息，建立反洗钱工作协调机制，制定印发《中卫市银行业金融机构反洗钱基础工作指引》。协助公安机关破获假币案3起，收缴假币91万元。

2011—2017年，先后举办18期人民币防伪知识培训班，6次反假知识竞赛，切实强化金融从业人员识假、反假综合素质。修订完善《反洗钱可疑交易报告制度》等5项制度，考核评估辖区27家金融机构反洗钱工作。人民银行中卫市中心支行开展跨行政区域发行基金调拨尝试，完善反洗钱风险评估机制，开展金融系统反洗钱动态评估，并与市公安局建立协作机制。创新举办"中国货币反假史展",建立宁夏辖区首家地市级反洗钱协作机制,与国家安全及国、地税部门签订《反洗钱和反恐融资合作备忘录》及《涉税反洗钱合作协议》,增强反洗钱监测水平。整合农村金融服务资源,采取"助农取款服务+小面额现金服务+残币兑换服务"模式,将助农取款点打造成小面额现金供应和残币兑换的"便民超市"。推动货币金银工作转型,改善人民币流通环境。

(二)货币政策执行

人民银行中卫市中心支行成立,贯彻国家经济金融宏观调控政策,运用多种货币政策,调控货币信贷总量,疏通货币政策传导渠道,落实各项宏观调控政策和货币政策措施。

2007—2008年,累计发放支农再贷款6.42亿元,6次提高存贷款基准利率,10次提高存款准备金率,建立经济金融协调发展机制,疏导政、银、企三方联系渠道,提高货币政策执行的有效性。加强信贷管理,把握信贷投放进度和结构,支持产业结构调整、新农村建设、节能减排、民生等领域,累计发放支农再贷款99200万元。

2011—2017年,制定《金融支持中卫市中小企业发展指导意见》等5个指导意见,向银川中支申请追加支农再贷款限额2.8亿元;协调召开金融支持重点项目对接会,向金融机构推介项目161个,形成贷款意向42个,贷款总额62.5亿元;出台《中小企业用工监测制度》,研判中小企业的发展变化。引导金融机构合理把握信贷投放总量、重点和节奏,有力支持全市重点项目、中小微企业、"三农"及民生经济等实体经济的发展。落实4次普遍降准,5次定向降准和5次降息政策,运用再贷款、再贴现工具,发放支农再贷款11.62亿元,办理再贴现4.12亿元。引导金融机构加大农村承包土地经营权抵押贷款的投放力度。推介应收账款(动产)融资服务平台,拓宽企业融资渠道,缓解中小企业融资难题。

三、金融体制改革

2004年,中国银行中卫支行根据总行、分行的部署,全面开展财务、法律、资产尽职调查工作,完成资产评估、确权、清产核资、审阅信贷资产、推进费用资源和收入分配改革等工作,实施股份制改革。2006年,建设银行中卫支行推进各项管理体制改革工作,完成风险管理体制转变以及CLPM、OCRM、非信贷资产风险管理信息系统、会计档案管理及会计稽核系统等新项目上线工作。中国银行中卫支行实施支行内部机构改革,保留业务发展部、业务管理部、营业部设置,在办公室的基础上组建综合管理部,撤销保卫部，原保卫部职能划归综合管理部，工会职能并入综合管理部，各营业网点作为营销和服务窗口，承担业务前台职能。2007年，宁夏银监局中卫监管办事处指导辖内金融机构确立服务"三农"的方向，完成辖内农业银行贷款分类调整工作；引导农村信用社集中力量发展有坚实基础、有竞争能力、有市场需求的核心业务，实现可持续发展。检查、指导和协调中宁县农村信用合作联社顺利完成央行票据兑付工作，改善风险抵补能力以及财务状况。2008年，中卫银监分局推进银行业各项改革、案件专项治理、商业贿赂治理、监管手段创新为工作重点。建立以市场准入为依托，以非现场监管为核心，以现场检查为手段，以统计信息为保障的"四位一体"的专业化监管模式，实现由任务型监管向持续型、专业型监管转变。

2011年，中卫银监分局推进督促辖区中卫市农村信用联社成立股权改造机构、制订方案和工作计划，建立股权改造季报制度，有序开展股权改造工作。督促农商行顺利开业；引导、督促邮政储蓄银行中卫市分行二类支行改革工作；推进村镇银行监管工作，在沙坡头区成立村镇银行，并督导村镇银行主要监管指标持续符合监管要求。同时，推进乡镇金融服务工作。2013年，中卫银监分局推动法人机构改革转型，督促法人机构优化股权结构，完善绩效考核制度，成立以董（理）事长为组长的实施领导小组，开展差距分析，制定切实可行的实施方案和资本补充规划。2014年，中卫银监分局推动中卫农商行股权向优质法人股东集中，督导村镇银行制定董事会议事规则，成立监事会办公室、财产审查小组，增设微贷部、内控合规部、业务发展部和电子银行部。

四、整顿金融秩序

2004—2006年，中国银监会吴忠监管分局中卫办事处建立国有商业银行信贷、非信贷资产和表外业务风险全面监测和考核制度，加大跟踪监测、检查不良资产升高的商业银行并做出风险提示。严格金融机构及高管人员监管，完善准入管理制度，建立金融机构一把手、监管人员问负责制以及金融机构案件举报制度，组织农村信用社开展风险监测和评价工作，加速中卫城市信用社清理整顿工作。

2007—2010年，中国人民银行中卫市中心支行先后完成工商银行和建设银行股份制改革，推进农业银行改革。推进银行业改革，治理商业贿赂，探索建立区域金融稳定监测评估体系和预警机制，配合完成中卫城市信用社市场退出后续工作，关注、跟踪监测农业银行股改、邮政储蓄银行成立、小额贷款公司运行等金融机构改革进展。加强全市金融机构金融稳定性监测评估指标体系建设，完善金融稳定信息基础数据库，分析预测经济走势，掌握银行体系信贷资产质量变化和中小企业风险状况，提出意见和建议。推进农行、农发行股份制改革进程，关注工商银行、中国银行、建设银行、农业银行、邮政储蓄等银行分支机构改革。促成中卫市金融稳定工作协调领导小组，制定《中卫市金融稳定工作协调沟通办法》，完善自评估机制；率先在自治区对农村信用社专项票据兑付政策实施效果评估，适时监控农村信用社票据兑付经营；完善风险提示机制，率先建立房地产和不良贷款余额高、不良资产率高、"两高"企业金融风险监测制度；利用征信系统掌握相关企业在银行贷款规模、期限、还款情况和风险状况；建立风险整改情况通报制度和高管人员约谈制度；制定《中卫市中小金融机构突发性金融风险处置预案》等应急预案。

2011—2017年，中卫银监分局制定《中卫银监分局推进辖内银行业支持县域经济发展指导意见》，建立小微企业金融服务和支持县城经济发展制度框架。加强"三农"金融支持力度，创新金融服务方式，持续深化和扩大服务"三农"的领域和规模。加强收费监管，切实保护金融消费者合法权益。强化重点领域和关键环节监管，执行房地产调控政策，遏制不良贷款反弹势头，督导辖区政策性银行和大型银行、城商行围绕全市发展战略规划，确保重点项目建设与银行资金对接。组织开展"阳光信贷""金融服务进村入社区"及"富民惠农金融创新"3大工程和"提升农村金融服务水平促进实体经济发展双百竞赛活动""支农服务承诺"两大活动，将涉农贷款增量、增速、农户信用评级、自助设备（电话自助终端、ATM机、POS机）布设等农村金融服务指标进行量化考核，采取召开审慎监管会议、约见高管谈话、检查通报等方式，督导其充分发挥金融支农、惠农功能，提升"三农"金融服务水平。督促辖内银行业机构继续执行房地产调控政策，切实防范房地产及相关行业风险。组织完成全市19家银行业金融机构综合评价，建立"黄河善谷"厚德慈善园区金融风险监测制度。探索构建会计分析评价指标体系，建立地方法人金融机构会计分析评价制度，制定《中卫市企业资金链风险防范与化解工作方案》。加强与中卫市反洗钱协作机制成员单位沟通协调，与市国家安全及国税、地税部门签订《反洗钱和反恐融资合作备忘录》及《涉税反洗钱合作协议》，深化中卫市反洗钱和反恐融资合作机制建设。牵头成立中卫市联合整治支付结算重大违法犯罪办公室；组织金融系统建立电信网络新型违法犯罪交易涉案账户的紧急止付和快速冻结机制。探索建立"中卫市经济金融信息共享与协调合作机制"，开辟政府部门与金融管理部门之间经济金融信息共享"绿色通道"。

清理清欠各种款项。2004年,工商银行中卫市支行支持地方企业破产、改制工作,核销中卫化工总厂、煤矿企业呆滞贷款本金1963万元,表内挂账利息223万元、表外挂账利息138万元,促使企业偿还不良贷款45万元;公开拍卖赢继集团部分资产(机器设备)。农业银行中卫支行建立主管行长主抓责任制和部门领导负责制收回到逾期贷款960余万元;公开拍卖抵贷资产235万元。建设银行中卫支行回收双呆贷款现金329万元;核销呆账贷款185万元,剥离不良贷款1573.42万元。

第十节 金融重点业务

一、存贷款业务

(一)吸收存款

2004年,地级中卫市成立以后,各项存款逐年增加。

表12.3 2004—2017年中卫市各项存款统计表　　　　　　　　(单位:万元)

年份	工商企业存款	财政存款	机关团体存款	储蓄存款	储蓄存款
2004	77244	12571	16122	436939	58554
2005	93164	12751	15267	504039	59681
2006	144935	29216	14500	566426	60627
2007	194147	42003	18990	573366	71097
2008	203832	77205	30956	709544	114076
2009	295963	114065	55359	898642	221409
2010	401634	103379	148128	1059401	271342
2011	1031268	126586	并入工商企业存款	1200806	4606
2012	1313602	93605	并入工商企业存款	1561536	5541
2013	1514296	54193	并入工商企业存款	1764271	13736
2014	1385520	47889	并入工商企业存款	1944620	5541
2015	1211739	179962	542858	2193210	5541
2016	1297125	227037	900143	2310716	2211
2017	1333551	103567	1031640	2598208	2185

注:2100—2017年其他存款中部分款项因统计口径发生变化并入工商企业存款。

(二) 发放贷款

商业贷款。2004年，地级中卫市成立以后，工商业持续发展。2004—2017年，工商贷款额逐年增加。

表12.4　2004—2009年中卫市工商贷款统计表　　　　　　（单位：万元）

年　份	工业贷款	商业贷款	合　计
2004	76727	58980	135707
2005	50451	56133	106584
2006	71038	67590	138628
2007	83842	67521	151363
2008	110333	57523	167856
2009	123663	76801	200464

注：2010年开始，银行统计数据口径发生变化，工商贷款数据不再单列。

农业贷款。2004—2009年，中国人民银行中卫市中心支行累计发放农业贷款1175548万元。2010年，新增涉农贷款157800万元，2011年新增涉农贷款325800万元。2013年，累计发放支农再贷款35.59亿元。2014年，发放支农再贷款31.31亿元、办理再贴现9.22亿元。2015年，发放支农再贷款11.62亿元、办理再贴现4.12亿元。2016年，精准扶贫贷款余额23.19亿元。2017年，发放支农再贷款11.8亿元，扶贫再贷款3.4亿元。

基本建设拨款和贷款。基本建设贷款基本以计划调整为主，与市场调节相结合"择优发放，按期归还"。发放基本建设贷款时，依据有关产值、产量、利润等方面的资料，按经济效益和有关偿还能力确定。随着城市建设步伐加快，沙坡头区基本建设贷款逐年增长。2004年，中卫市发放建筑业贷款3663万元、基本建设贷款103319万元。2005—2009年，累计发放建筑业贷款39008万元、基本建设贷款621034万元。2010年，统计数据口径发生变化，2010—2014年，沙坡头区固定资产贷款2844282万元。

（三）存贷款余额

2012年，沙坡头区金融机构人民币存款余额为134.6亿元。其中，单位存款52.1亿元，占存款余额总额的38.7%；个人存款75.0亿元，占存款余额总额的55.7%。金融机构人民币贷款余额为107.0亿元，其中短期存款余额为64.3亿元，占贷款余额总额的60.1%；中长期存款余额为38.6亿元，占贷款余额总额的36.1%。

2013年，沙坡头区金融机构人民币存款余额为150.4亿元，同比增长11.8%。其中，单位存款62.0亿元，占存款余额总额的41.2%；个人存款85.2亿元，占存款余额总额的

56.6%。金融机构人民币贷款余额为137.6亿元。其中短期贷款余额为86.3亿元，占贷款余额总额的62.7%；中长期贷款余额为46.2亿元，占贷款余额总额的33.6%。

2014年，沙坡头区金融机构人民币存款余额为165.6亿元。其中，单位存款64.5亿元，占存款余额总额的39.0%；个人存款97.7亿元，占存款余额总额的59.0%。金融机构人民币贷款余额为166.2亿元。其中短期贷款余额为100.6亿元，占贷款余额总额的60.5%；中长期贷款余额为60.7亿元，占贷款余额总额的36.5%。

2015年，沙坡头区金融机构人民币存款余额为204.3亿元。其中，住户存款余额108.9亿元，增长11.5%，占存款余额总额的53.3%。金融机构人民币贷款余额为178.0亿元，同比增长7.1%。其中，住户贷款余额为77.2亿元，占贷款余额总额的43.4%；非金融企业及机关团体贷款中长期贷款余额为38.0亿元，占贷款余额总额的21.3%。

2016年，沙坡头区金融机构人民币存款余额为237.7亿元。其中，住户存款余额113.5亿元，占存款余额总额的47.7%。金融机构人民币贷款余额为187.8亿元。其中，住户贷款余额为84.0亿元；非金融企业及机关团体贷款中长期贷款余额为39.2亿元。

2017年，沙坡头区金融机构人民币存款余额为244.6亿元。其中，住户存款余额127.7亿元，占存款余额总额的52.2%。金融机构人民币贷款余额为208.8亿元。其中，住户贷款余额为100.5亿元，占贷款余额总额的48.1%；非金融企业及机关团体贷款中长期贷款余额为108.3亿元，占贷款余额总额的51.9%。

2018年，沙坡头区金融机构人民币存款余额为258.6亿元。其中，住户存款余额149.1亿元，占存款余额总额的57.6%。金融机构人民币贷款余额为202.1亿元。其中，住户贷款余额为104.6亿元，占贷款余额总额的51.8%；非金融企业及机关团体贷款中长期贷款余额为39.5亿元，占贷款余额总额的19.5%。

表12.5 2018年年末沙坡头区金融机构存贷款余额及其增长速度

指 标	年末数（亿元）	当年新增（亿元）	增长（%）
人民币各项存款	258.6	14.0	5.7
其中：住户存款	149.1	21.4	16.8
非金融企业存款	40.8	−10.8	−21.0
广义政府	68.8	3.5	5.4
人民币贷款余额	202.1	−6.8	−3.2
短期贷款	111.4	−9.9	−8.1
中长期贷款	82.0	2.6	3.3

二、会计核算

2004年建设银行中卫支行全国数据中心（DCC）上线。2005年，人民银行中卫市支行成立，完成中央银行会计核算系统、国库代理及会计核算系统测试。2007年，督促两县一区升级会计核算系统。同年，农业发展银行中卫支行强化会计出纳基础管理，提高会计核算水平。2009年，人民银行中卫市中心支行改变手工对账的传统做法，完成与辖区18家金融机构电子对账联网，提高对账效率。至2017年，中卫金融系统形成快捷高效的会计核算体系。

三、结　算

沙坡头区银行结算业务采用传统的手工操作。2005年，人民银行中卫市支行成立，启动人民币银行结算账户管理系统，上线大额支付系统。2007年，完成支票影像交换系统、支付管理信息系统、人民币银行结算账户管理系统（二期）联网测试、推广和上线。2009年，率先在自治区暂停同城票据交换，探索同城资金与票据传递同步并分离的新型模式。2010年，制定《中卫市农村支付环境建设实施方案》，在宁夏辖区率先引导涉农金融机构创造性地推出"银行卡＋无线上网＋网上银行"移动支付结算业务。

2012—2016年，先后实现辖区农村乡镇助农取款服务点全覆盖，改善农村支付环境，从2013年开始，引导农业银行开通无线智能支付终端、网上银行、手机银行、电话银行等业务，解决硒砂瓜、枸杞等特色农产品田间地头批发结算难题。逐步实现硒砂瓜、枸杞等特色农产品购销电子结算全覆盖。实行IC卡和手机支付在中卫市区停车场、旅游景区、公共场所、中宁县公交领域、国际枸杞交易中心应用落地，建设宁夏中宁国际枸杞交易中心"现代化支付结算无障碍示范区"。2016年，中国人民银行中卫市中心支行推进"支付便民"工程，在国家级重点扶贫开发县海原县探索建立"一台电话自助终端＋一台便民服务终端＋一台存取一体ATM机"的"2+1"便民支付模式，打破海原县金融扶贫梗阻，促进海原县金融精准脱贫工作。全面扩大金融IC卡和手机"闪付"在智慧旅游、智慧医疗、智慧校园以及自助售卖、农贸市场、影院等公共服务和商务领域的应用范围，建设智慧城市。增设本外币支付机具，便利来卫旅客外币需求。

2017—2018年，人民银行中卫市中心支行推进"支付便民"工程，在国家级重点扶贫开发县海原县下辖的郑旗乡打造手机支付示范区，改善辖区特别是贫困地区的支付服务环境,以便形成可推广的经验。

四、外汇管理

沙坡头区外汇管理依托中国银行中卫县支行完成,涉外业务少。

2004年,以后涉外业务逐渐增加。2006年,力促"外向型"经济发展,办理外汇出口业务178份,出口收汇核销81笔,金额889.9万美元。2007年,进出口贸易总额3500万美元,出口贸易总额3460万美元,进口贸易总额59.40万美元,实现国际收支顺差2435.86万美元。贸出口核销情况,出口总额3460万美元,核销出口额2383.59万美元,核销收汇额2380.42万美元。

2010年,《关于进一步改进外汇管理促进中卫市涉外经济平稳较快发展的实施意见》实施,外贸进出口大幅增加,实现进出口贸易总额7024.58万美元,其中出口贸易额5370.28万美元,进口贸易额1654.3万美元。2011年,实现进出口贸易总额1.77亿美元。2013年,人民银行中卫市中心支行外汇管理简化审批程序,提高审批效率,提前介入政府重点项目、引导金融机构进行外汇质、押汇等融资创新方式,实现进出口贸易总额21500.95万美元。2014年,争取新增5000万美元短期外债指标,制定《中卫市外商投资企业业务审批登记指南》。创建涉外重点企业对接服务模式,争取短期外债余额累计6700万美元,开展内保外贷业务,为宁夏天元锰业与华融(香港)国际控股公司之间的内保外贷业务办理签约登记,完成中卫市首笔、宁夏全区最大一笔内保外贷业务,担保贷款金额3亿美元(约合人民币19亿元)。

2016—2017年,支持中卫市涉外旅游发展计划,承接香港中旅国际投资有限公司的外汇服务,协调中国银行在中卫腾格里金沙岛景区设立宁夏首家旅游景区外币代兑机构,切实便利了来卫旅客的外币兑换需求。外汇管理向更加平稳发展。

五、代理业务

(一)代理国库

2005年,人民银行中卫市支行成立,从2008年开始,提高国库服务与监管水平,开展国库统计分析工作,监管国债发行与兑付,进行系统升级维护和参数设置,国库集中支付的预算单位由2007年的187个增加至285个(包含中宁县、海原县),农业补贴专项资金的支付基本实现直补农民。

2009年,推行小额支付系统,成功将中卫市272名80岁以上低收入老年人的基本生活津贴划转收款人账户,实现宁夏国库直接办理财政各项补贴资金支付的"零的突破";积极协调地税、商业银行和企业签订三方协议,促成中卫、中宁地税部门财税库银横向联网系统于10月末成功上线运行;国库基础工作在中支业务考核中名列自治区第二。

2010年,率先在宁夏开展国库直接支付政府性补贴资金,将沙坡头区2010年度第二批家电下乡补贴资金直接支付相关受益人。2013年,出台《金融管理与服务工作指引》,核准6家新设机构加入人民银行金融管理与服务体系,搭建国库沙坡头区支库业务核算平台。2014年,推行国库异地办公模式,设立中宁县国库经办处,率先在全国实现无分支机构县域直接经理国库,得到总行国库局充分肯定。2017年,完成沙坡头区两级财政体制调整工作。

(二)代理发行债券

2012年,建设银行中卫支行代理发行5年期年息率3.49%的债券5.9万元,2013年代理发行5年期年息率5.41%的债券50.2万元,2014年代理发行5年期年息率5.41%的债券26.86万元,2015年代理发行3年期年息率4.25%的债券188万元,代理发行5年期年息率4.67%的债券24.9万元,2016年代理发行3年期年息率3.80%的债券484.18万元,代理发行5年期年息率4.17%的债券135万元,2017年代理发行3年期年息率3.8%的债券1204.21万元,代理发行5年期年息率4.17%的债券481万元。工商银行中卫支行代理发行凭证式储蓄国债233.6万元,代理发行电子式储蓄国债121.5万元。

(三)代理基金

随着国家金融体系的不断完善,上市公司资本市场逐步延伸拓展。沙坡头区各银行支行根据国家金融货币政策,由建设银行中卫支行和工商银行中卫支行按照国家规定标准代理销售基金。

2004—2017年,建设银行中卫支行代理销售基金8539.6万元。从2007年开始,工商银行中卫支行以代理基金营销为重点,以风险偏好强的客户为目标,营销高额度的股票型基金产品。2004—2017年工商银行中卫支行累计代理销售基金7345.75万元,工商银行中卫支行代理销售基金2833万元。

六、保 险

(一) 发展概况

沙坡头社会经济文化的迅速发展,金融服务不断完善,各种保险机构陆续入住沙坡头区。截至2019年,有12家保险公司在沙坡头区开展保险业务。

(二) 理 赔

2004年以后,入住沙坡头区的金融保险公司根据各自的经营状况,相继开展各种理赔业务,业务范围渗透到各个乡镇。

表12.6 2006—2017年沙坡头区人保财险中卫分公司理赔情况

年 份	保费收入（万元）	赔款额（万元）	赔款率（%）
2006	3783.1	2083.5	55.07
2007	5290.3	2233.4	42.22
2008	6864.6	3253.5	47.4
2009	7744	4432	57.23
2010	10671.42	4757.68	44.58
2011	12908.51	6197.05	48.01
2012	15704.51	8011.04	51.01
2013	18818.65	9557.98	50.79
2014	25709.76	20256.00	78.79
2015	29165.92	17191.07	58.94
2016	30578.26	17967.79	58.76
2017	37370	24045	64.34

表12.7 2005—2017年平安产险中卫中心支公司理赔明细表

年 份	保费收入（万元）	赔款额（万元）	赔款率（%）
2005	/	/	
2006	/	/	
2007	/	/	
2008	1459	590	40.44
2009	1842	924	50.16
2010	2364	1387	58.67
2011	3231	1326	41.04
2012	4024	1885	46.84

续 表

年 份	保费收入（万元）	赔款额（万元）	赔款率（%）
2013	5113	2199	43.01
2014	6422	2670	41.58
2015	8383	3290	39.25
2016	9426	4242	45.00
2017	11102	5109	46.02

表 12.8　2007—2017 年太平洋财险中卫分公司理赔明细表

年 份	保费收入（万元）	赔款额（万元）	赔款率（%）
2007	380	53	13.95
2008	779	369	47.37
2009	1053	550	52.23
2010	1463	771	52.70
2011	1608	882	54.85
2012	2415	1086	44.97
2013	2297	1137	49.50
2014	2493	1085	43.52
2015	2857	1669	58.42
2016	3024	1419	46.92
2017	3668	1558	42.48

表 12.9　2007—2017 年大地保险中宁支公司理赔明细表

年 份	保费收入（万元）	赔款额（万元）	赔款率（%）
2007	85.2	77.02	90.40
2008	353.89	155.26	43.87
2009	542.82	250.42	46.13
2010	645.41	318.7	49.38
2011	865.02	435.37	50.33
2012	1093.97	570.71	52.17
2013	1333.42	701.05	52.61
2014	1249.22	623.63	49.92
2015	1549.11	857.38	55.35
2016	1718.4	861.36	50.13
2017	1854.88	671.54	36.20

表 12.10　2008—2017 年大地保险海原支公司理赔明细表

年　份	保费收入（万元）	赔款额（万元）	赔款率（%）
2008	370.85	222.01	59.87
2009	596.35	419.81	70.40
2010	897.33	580.48	64.69
2011	1023.56	536.35	52.40
2012	1052.81	657.88	62.49
2013	1314.78	580.73	44.17
2014	1463.70	797.10	54.46
2015	1994.71	915.86	45.91
2016	2132.14	934.07	43.81
2017	2335.37	979.29	41.93

表 12.11　2013—2017 年大地保险沙坡头支公司理赔明细表

年　份	保费收入（万元）	赔款额（万元）	赔款率（%）
2013	43.87		
2014	77.08		
2015	201.75		
2016	527.21	123.18	23.36
2017	768.96	358.85	46.67

表 12.12　2014—2017 年安邦财险中卫中心支公司理赔明细表

年　份	保费收入（万元）	赔款额（万元）	赔款率（%）
2014	1012.81	404.26	39.91
2015	1044.16	415.15	39.76
2016	902.33	519.77	57.60
2017	1458.94	529.25	36.28

表 12.13　2013—2017 年阳光财险中卫中心支公司理赔明细表

年　份	保费收入（万元）	赔款额（万元）	赔款率（%）
2013	30.59	5.51	18
2014	192.1	66.58	34.66
2015	409.2	197.60	48.29
2016	423.26	221.96	52.44
2017	375.88	227.29	60.47

表 12.14　2017 年华泰财险中卫中心支公司理赔明细表

年　份	保费收入（万元）	赔款额（万元）	赔款率（%）
2017	312.43	32.01	10.25

（三）人身保险理赔

表 12.15　2004—2017 年中国人寿中卫分公司理赔明细表

年　份	保费收入（万元）	赔款额（万元）	赔款率（%）
2004	2023.21	438.48	21.67
2005	2327.37	463.96	19.93
2006	2920.56	402.37	13.78
2007	3445.98	744.99	21.62
2008	4770.73	1018.03	21.34
2009	5929.47	778.95	14.35
2010	5484.12	756.76	13.80
2011	5174.45	962.42	18.60
2012	5525.70	1075.89	19.47
2013	6245.12	1876.67	30.05
2014	6745.45	1791.65	26.56
2015	8413.12	1727.86	20.54
2016	11176.45	2984.50	26.69
2017	13831.77	2777.05	20.08

表 12.16　2008—2017 年平安人寿中卫分公司理赔明细表

年　份	保费收入（万元）	赔款额（万元）	赔款率（%）
2008	7881.85	716.79	9.09
2009	11080.84	932.58	8.42
2010	8920.08	1167.13	13.08
2011	10345.85	1552.60	15.01
2012	11686.80	1956.26	16.74
2013	13171.81	2025.09	15.37
2014	16222.39	2505.91	15.45
2015	19758.19	2550.42	12.91
2016	26985.46	2990.64	11.08
2017	34045.68	3276.01	9.60

表 12.17 2007—2017 年合众人寿中卫中心支公司理赔明细表

年 份	保费收入（万元）	赔款额（万元）	赔款率（%）
2007	33.30	0.00	
2008	669.94	6.38	0.95
2009	710.75	38.73	5.45
2010	1121.59	44.55	3.97
2011	1586.99	42.90	2.7
2012	1908.29	41.32	2.17
2013	3260.38	61.12	1.88
2014	3084.82	112.26	3.64
2015	5112.89	90.18	1.76
2016	8609.04	195.88	2.28
2017	12698.35	146.08	1.15

表 12.18 2014—2017 年泰康人寿中卫中心支公司理赔明细表

年 份	保费收入（万元）	赔款额（万元）	赔款率（%）
2014	260.91	21.45	8.22
2015	724.97	37.11	5.12
2016	1325.73	76.84	5.80
2017	1555.33	123.16	7.92

表 12.19 2014—2017 年生命人寿中卫中心支公司理赔明细表

年 份	保费收入（万元）	赔款额（万元）	赔款率（%）
2014	354.9	50.54	14.24
2015	708.94	5.09	0.72
2016	1050.35	55.63	5.30
2017	1361.4	60.72	4.46

表 12.20 2016—2017 年太平洋人寿中卫支公司理赔明细表

年 份	保费收入（万元）	赔款额（万元）	赔款率（%）
2016	594.17	5.31	0.89
2017	1774.28	52.20	2.94

表 12.21 2016—2017 年人保人寿中卫支公司理赔明细表

年 份	保费收入（万元）	赔款额（万元）	赔款率（%）
2016	987.75	38.79	3.93
2017	1568.15	180.93	11.54

第十三章　综合经济管理

沙坡头区人民政府按其职责将社会再生产的各个环节纳入计划管理。2004年以来，沙坡头区计划、工商、统计、审计、土地、物价等国民经济进行宏观调控均由中卫市发展和改革委员会计划执行。2012年，设立中卫市沙坡头区经济发展局挂安全生产监督管理局牌子。沙坡头区党工委管委会着手对关系民生的国民经济发展和计划进行管理工作。组织实施全县国民经济和社会发展战略，研究综合协调经济社会发展，汇总和分析财政、金融、证券、价格等部门以及其他国民经济和社会发展等工作。

截至2019年，沙坡头区实现地区生产总值187.7亿元，同比增长6.4%。其中，第一产业增加值25.4亿元，增长4.2%；第二产业增加值72.1亿元，增长6.5%；第三产业增加值90.2亿元，增长7.1%。经济运行保持平稳，产业结构优化升级，新兴动能加快成长，质量效益持续提升，民生福祉不断增进，高质量发展起步良好，全面建成小康社会迈出新的步伐。

第一节　国民经济计划

一、计划管理

沙坡头区物价管理等工作由沙坡头区发展和改革局统一部署实施工商管理和市场监督管理、审计等工作。

2004—2011年，沙坡头区经济计划与执行情况由中卫市发展和改革委员会负责执行，并负责重大项目建设与管理等。2012年根据《中共市委办公室、市人民政府办公室关于沙坡头区党工管委会机构设置和人员编制有关事项的通知》要求，中卫市设立中卫市沙坡头区经济发展局挂安全生产监督管理局牌子，成为沙坡头区党工委、管委会工作机构，核定行政编制14名，后勤服务事业编制1名，核定科级领导职数4名（1正3副），其中，局长1名，副局长3名。2016年，设立中卫市沙坡头区发展和改革局挂统计局牌子，成为中卫市沙坡头区人民政府工作部门，核定行政编制8名，局长1名（正科级），副局长2名（副科级），经济动员办公室专职副主任1名（副科级）。2019年1月，统计普查中心单列成立沙坡头区统计局。沙坡头区发展和改革局正式成为沙坡头区政府正科级工作部门，行政编制6名，设局长1名（正科级），副局长2名（副科级），其中1名副局长兼任经济动员办公室副主任。沙坡头区改革和发展局坚持党对发改工作的绝对领导，壮大党员队伍建设。截至2019年，全局有党员10名，仅2017—2019年累计有16名党员干部被沙坡头区党委评为优秀党员。

二、计划执行

2004年，沙坡头区成立后，国民经济与社会发展进入全新的发展时代。2005—2011年，伴随着中卫市工业化、城市化、农业产业化和旅游特色化的全面推进，沙坡头区重点规划了硒砂瓜产业、草畜产业和马铃薯产业，促进草畜、草原鸡、枸杞、硒砂瓜、马铃薯，以及蔬菜等特色产业发展。

截至2011年，种植饲草48万亩，马铃薯38万亩，硒砂瓜11.1万亩，枸杞6500亩，实现产业对接的新突破。现代农业向精品化、集约化方向发展，形成了枸杞、设施蔬菜、西甜瓜种植、家禽养殖、草畜、马铃薯、优质米、生猪、水产养殖和红枣林果等优势特色产业。工业总产值完成66.5亿元，同比增长16.4%；工业增加值20亿元，同比增长16.5%。规模以上企业产值、增加值和利税分别为54亿元、16.3亿元和3.2亿元，同比分别增长20%、19%和15%。产值超亿元的企业达到13家、超5亿元的1家、超10亿元的1家。各工业园区和工业基地建设步伐加快，新入园企业48家，累计达到135家。共引进各类项目104个。

2012—2015年，沙坡头区党工委管委会围绕市委、市政府提出的"建设和谐富裕新中卫"奋斗目标和"旅游优先发展、外煤进宁、城市化带动、扶贫攻坚"四大战略，经济结构调整效果初步显现，高耗能、高污染、低附加值的落后产能逐步被市场淘汰，消费市场稳定运行，经济保持总体平稳、稳中有进、稳中向好的发展态势。

2015年，沙坡头区实现地区生产总值146.0亿元，同比增长5.6%。第一产业实现增加值23.0亿元，同比增长4.8%；第二产业实现增加值56.0亿元，同比增长5.2%；第三产业实现增加值67.0亿元，同比增长6.3%。三次产业增加值构成由2014年的14.5∶41.2∶44.3调整为2015年的15.7∶38.4∶45.9。居民消费价格总水平比上年上涨1.8%，农业生产资料价格下降3.2%。完成地方财政收入15.4亿元，比上年增长10.5%，完成地方公共财政预算收入10.1亿元，增长9.4%。其中，增值税0.8亿元，营业税4.3亿元，企业所得税0.6亿元，个人所得税0.1亿元。实现地方财政支出52.5亿元，同比增长11.4%。实现公共财政预算支出46.8亿元，增长16.6%。其中教育支出6.7亿元，社会保障和就业支出4.4亿元，医疗卫生支出3.8亿元。完成农林牧渔业总产值43.1亿元，比上年增长5.4%。

2016—2019年，沙坡头区主动适应经济发展新常态，全力以赴抓发展、促转型、保民生、稳增长，经济保持总体平稳、稳中有进、稳中向好的发展态势。

2019年，实现地区生产总值187.7亿元。其中，第一产业增加值25.4亿元，增长4.2%；第二产业增加值72.1亿元，增长6.5%；第三产业增加值90.2亿元，增长7.1%。三次产业增加值构成由2017年的13.5∶38.7∶47.8调整为2018年的13.5∶38.4∶48.1。按照每人每年3400元的农村贫困标准计算，年末农村贫困人口4796人，贫困发生率1.9%；全年共有10个贫困村销号，1970人脱贫，建档立卡贫困劳动力转移就业3265人，87户建档立卡贫困户实施危房改造。城镇常住居民人均可支配收入28694元，城镇常住居民人均消费性支出19603元。农村常住居民人均可支配收入12194元，农村常住居民人均消费性支出11864元。参加城镇职工基本养老保险参保人数达到10.8万人，城乡居民养老保险参保人数达到11.1万人，基本医疗保险参保人数为38.7万人，其中职工基本医疗保险参保人数为5.5万人，城乡居民基本医疗保险参保人数达到33.2万人，工伤保险参保人数为4.5万人，失业保险职工参保人数为3.6万人，生育保险参保人数达到4.3万人。

三、社会生产总值

2004—2007年，沙坡头区经济发展计划编制与执行情况由中卫市发展与改革局统一负责实施。

2004年，全市国民经济和各项社会事业呈现出良好发展态势。实现中卫市地区生产总值50.49亿元，按可比价格计算比上年增长8.8%。分产业看，第一产业实现增加值12.91亿元；第二产业实现增加值22.45亿元，其中工业增加值13.99亿元，增长10.9%；第三产业实现增加值15.13亿元。三次产业增加值占国内生产总值的比重由上年的 25.8∶43.4∶30.8 变化为 25.6∶44.4∶30.0。第一产业比重下降 0.2 个百分点，第二产业比重上升 1.0 个百分点，第三产业比重下降 0.8 个百分点。人均国内生产总值 5027 元，比上年增加 633 元。

2008—2012 年，沙坡头区实现生产总值 118.3 亿元，其中，第一产业实现增加值 17.5 亿元，第二产业实现增加值 47.9 亿元，第三产业实现增加值 52.9 亿元。三次产业增加值构成由 2008 年的 15.7∶40.8∶43.5 调整为 2012 年的 14.8∶40.5∶44.7。

2013—2016 年，沙坡头区国民经济和社会发展编制规划前期由沙坡头区安全生产监督管理局负责编制与执行，之后，沙坡头区统计局成立，国民经济和社会发展均由统计局负责执行。期间，沙坡头区统计局克服经济下行压力等不利因素影响，经济保持平稳发展态势。

2013 年，沙坡头区实现地区生产总值 135.1 亿元。第一产业实现增加值 19.4 亿元，第二产业实现增加值 53.2 亿元，第三产业实现增加值 62.5 亿元。人均地区生产总值 34423 元。三次产业增加值构成由 2012 年的 14.8∶40.5∶44.7 调整为 2013 年的 14.3∶39.4∶46.3。

2014 年，地区生产总值 137.0 亿元。第一产业实现增加值 19.8 亿元，第二产业实现增加值 56.5 亿元，第三产业实现增加值 60.8 亿元。三次产业增加值构成由 2013 年的 14.3∶39.4∶46.3 调整为 2014 年的 14.5∶41.2∶44.3。

2015 年，实现地区生产总值 146.0 亿元。分产业看，第一产业实现增加值 23.0 亿元，第二产业实现增加值 56.0 亿元，第三产业实现增加值 67.0 亿元。三次产业增加值构成由 2014 年的 14.5∶41.2∶44.3 调整为 2015 年的 15.7∶38.4∶45.9。

2016 年，是"十三五"的开局之年，也是沙坡头区以市辖区行政建制模式运行的第一年，沙坡头区主动适应经济发展新常态，坚持稳中求进工作总基调，经济保持总体平稳、稳中有进、稳中向好的发展态势，实现地区生产总值 155.6 亿元。分产业看，第一产业实现增加值 23.0 亿元，第二产业实现增加值 58.2 亿元，第三产业实现增加值 74.4 亿元。三次产业增加值构成由 2015 年的 15.7∶38.4∶45.9 调整为 2016 年的 14.8∶37.4∶47.8。

2017 年，全区实现地区生产总值 171.7 亿元。分产业看，第一产业实现增加值 23.2 亿元，第二产业实现增加值 66.4 亿元，第三产业实现增加值 82.1 亿元。三次产业增加值构成由 2016 年的 14.8∶37.4∶47.8 调整为 2017 年的 13.5∶38.7∶47.8。

2018 年，全区实现地区生产总值 187.7 亿元，同比增长 6.4%。其中，第一产业增加值 25.4 亿元，增长 4.2%；第二产业增加值 72.1 亿元，增长 6.5%；第三产业增加值 90.2 亿元，增长 7.1%。三次产业增加值构成由 2017 年的 13.5∶38.7∶47.8 调整为 2018 年的 13.5∶38.4∶48.1。

2008—2018 年，沙坡头区社会生产总值逐年增长，从 2012 年开始，沙坡头区管委会开始对区社会生产总值与中卫市社会生产总值中单列。

表 13.1　2012—2018 年沙坡头区生产总值及其增长速度　　　　（单位：亿元、%）

年份/数量/指标		地区生产总值	第一产业	第二产业	工业	建筑业	第三产业	交通运输仓储和邮政业	批发和零售业	住宿和餐饮业	房地产业
2012	绝对值	118.3	17.5	47.9	39.3	8.6	52.9	15.4	5.6	5.6	5.6
	增长率	12.2	3.5	16.2	14.9	23.5	11.5	8.9	8.6	7.9	38.4
2013	绝对值	135.1	19.4	53.2	42.7	10.5	62.5	17.0	7.5	2.4	6.3
	增长率	10.6	4.4	14.3	12.8	21.7	9.1	6.9	18.6	30.9	7.4
2014	绝对值	137.0	19.8	56.5	45.8	10.6	60.8	15.3	6.7	2.0	6.6
	增长率	5.7	6.5	9.9	11.8	1.0	1.2	−6.8	6.6	7.1	2.9
2015	绝对值	146.0	23.0	56.0	45.3	10.8	67.0	13.8	7.4	3.0	5.6
	增长率	5.6	4.8	5.2	5.3	4.7	6.3	−3.8	−0.2	10.8	−1.1
2016	绝对值	155.6	23.0	58.2	41.9	10.6	74.4	12.5	8.6	3.2	5.4
	增长率	7.0	5.0	5.0	4.2	9.7	9.3	7.4	4.1	4.9	11.6
2017	绝对值	171.7	23.2	66.4	53.3	13.0	82.1	13.3	10.5	3.1	6.2
	增长率	7.9	4.0	10.3	10.1	14.5	7.2	2.3	12.3	4.9	3.8
2018	绝对值	187.7	25.4	72.1	58.9	13.1	90.2	14.9	11.5	3.3	6.9
	增长率	6.4	4.2	6.5	4.2	15.4	7.1	6.9	6.7	4.9	4.7

备注：资料来源于沙坡头区政府统计公报

四、建设计划

（一）"十一五"时期（2006—2010 年）

"十一五"时期，沙坡头区贯彻以科学发展观统领经济和社会发展全局的战略方针，全面推进工业化、城市化、农业产业化和旅游特色化，调整优化经济结构，加快转变经济增长方式，发展循环经济，着力培育特色优势产业，加快促进新农村建设，更加注重人民收入增长与生活水平提高。利用国内外市场需求的有利形势，加快发展美利纸业集团公司等优势骨干企业，大力实施招商引资，谋划建设一批推动结构调整和产业升级的大项目，着力培植一批竞争实力强、经济效益好的优势企业，以促进工业发展和提升生产水平。农业上，稳定提高粮食综合生产能力，培育壮大枸杞、设施蔬菜、家禽、硒砂瓜等优势特色产业，进行农产品深度开发，延伸产业链条。加大退耕还林、退牧还草、封山禁牧、荒山造林、封山育林力度，改善生态环境。大力推进扶贫开发，发展劳务经济，转移农村剩余劳动力，做大做强劳务产业，多渠道增加农民收入。在城市建设上，加大建设投资力度，着重扩大市区规划建设。从2006年开始，全面实施城市交通和新区规划建设，申请建设香山机场、拓宽贯通鼓楼南街、改造整修鼓楼北街、修通南环路、建设和改造居民小区12个，到2010年，市区面积达到15平方千米，市区规划建设初具规模。城区规划建设效应带动乡村改造和发展。2008年，沙坡头区宣和镇、永康镇、镇罗镇启动新一轮规划建设，乡村整修铺筑水泥路面，农居住宅进行补贴建设和改造；集镇农贸市场建设改造和街道规划面貌焕然一新。

（二）"十二五"时期（2011—2015年）

"十二五"时期，沙坡头区继续抢抓西部大开发机遇，强力推进新型工业、现代农业、战略性新兴产业和现代服务业发展，更加注重城乡统筹发展、城市基础设施建设、生态环境保护、民生改善和社会事业发展，规划建设交通枢纽和生态旅游城市，为实现全面建设小康社会目标奠定发展基础。2011年，加快建设城区道路和居民住宅小区，城区面积逐渐扩大。

工业上，引进新技术新项目，采用"前店后厂"区域合作模式创建宁夏中关村科技产业园，美国亚马逊AWS、保利协鑫等一批外向型大企业落户沙坡头区。

农业方面，枸杞、硒砂瓜等特色产业发展水平进一步提升，文化旅游业得到空前重视，设立旅游经济开发试验区，建成沙坡头旅游新镇，沙坡头景区得到提质扩容，腾格里湿地金沙岛旅游区进一步提质增效，黄河宫、沙坡头水镇等旅游项目相继落成。

2015年，沙坡头区完成社会固定资产投资149.6亿元。其中，房地产开发投资32.7亿元，增长17.9%。完成县属固定资产投资135.0亿元。第一产业投资2.5亿元，第二产业投资73.4亿元，其中工业投资73.4亿元，第三产业投资59.1亿元。房地产开发投资32.7亿元。其中，住宅投资26.7亿元，增长19.9%。房屋施工面积437.2万平方米，比上年增长11.8%；商品房销售面积40.8万平方米。其中，住宅销售面积35.0万平方米。全年商品房销售额 16.4 亿元，其中住宅销售额 13.0 亿元。

表 13.2　2010—2015 年沙坡头区"十二五"国民经济和社会发展完成情况

类别	指标	2010 年	2015 年	年均增速（%）
经济发展	地区生产总值（亿元）	84.2	146	9.0
	三次产业结构	16.5∶39∶44.5	15.7∶38.4∶45.9	—
	农林牧渔业增加值（亿元）	13.9	23.7	4.8
	全社会固定资产投资（亿元）	69.2	149.6	19.7
	财政一般公共预算收入（亿元）	4.2	10.1	19.2
	社会消费品零售总额（亿元）	17.9	33.4	13.3
	常住人口城镇化率（%）	42.3	54	5.7
人民生活	城镇居民人均可支配收入（元）	14669	22703	10.8
	农村居民人均可支配收入（元）	5358	9669	11.4
	城镇登记失业率（%）	3.85	3.84	—
	城乡居民养老保险参保人数（万人）	12.23	12.89	—
	年末常住人口（万人）	39.59	40.5	—
	人口自然增长率（‰）	5.78	6.7	—
科技教育	小学适龄儿童入学率（%）	100	100	—
	高中阶段毛入学率（%）	90.5	95	—
	R&D 投入强度（%）	—	0.38	—
资源环境	单位生产总值能源消耗降低（%）	−5.2	完成自治区要求	—
	城市空气质量达标率（%）	86.9	73.4	—
	地表水达标率（%）	100	100	—
	森林覆盖率（%）	—	15.9	—
	城市建成区绿化覆盖率（%）	22.13	37.04	—
	农村自来水普及率（%）	59.31	95	—
	城乡生活垃圾无害化处理率（%）	89.6	100	—
	城市生活污水处理率（%）	90	91	—

（三）"十三五"时期（2016—2020 年）

依据《推动共建丝绸之路经济带和 21 世纪海上丝绸之路的愿景与行动》《中华人民共和国国民经济和社会发展第十三个五年规划纲要》和《宁夏内陆开放型经济试验区规划》和《中卫城市总体规划（2011—2030）》等规划，沙坡头区编制与实施沙坡头国民经济和社会发展"十三五"规划，提出：到2020年，战略性主导产业、优势特色产业和新兴产业发展取得新突破，经济总量明显提升，地区生产总值达到785亿元，人均地区生产总值达到59500元，固定资产投资达到1258亿元，财政一般预算收入达到36亿元，城镇居民人均可支配收入达到51500元，农民人均纯收入达到12500元。城镇化进程取得重大进展，城镇化率达到55%，社会就业比较充分，人均基本公共服务达到全国平均水平。人口总量控制在132万人（不含机械增长人口），与全国同步实现小康社会。

五、固定资产投资

2008—2012年，社会固定资产投资98.9亿元，其中，房地产开发投资22.8亿元，完成县属固定资产投资94.6亿元，其中第一产业投资1.4亿元，第二产业投资57.3亿元，第三产业投资36.0亿元。

2013年，沙坡头区全年完成全社会固定资产投资125.9亿元。其中，房地产开发投资23.4亿元，县属固定资产投资108.5亿元。分经济类型看，国有企业投资完成19.8亿元，有限责任公司投资完成23.2亿元，股份有限公司投资完成6.2亿元。国家预算内投资2.6亿元。2014年，沙坡头区完成全社会固定资产投资142.2亿元。其中，房地产开发投资27.7亿元，县属固定资产投资125.7亿元。2015年，完成全社会固定资产投资149.6亿元。其中，房地产开发投资32.7亿元，县属固定资产投资135.0亿元。2016年，完成全社会固定资产投资156.7亿元。完成县属固定资产投资130.5亿元。从投资结构看，第一产业投资10.9亿元，第二产业投资39.8亿元，第三产业投资106.0亿元。全年房地产开发投资42.1亿元，房屋施工面积474万平方米，商品房销售面积46.5万平方米。其中，住宅销售面积41.4万平方米。全年商品房销售额18.7亿元，其中，住宅销售额15.7亿元。2017年，完成全社会固定资产投资150.5亿元。其中，县属固定资产投资120.7亿元。从投资结构看，第一产业投资18.4亿元，第二产业投资36.3亿元，第三产业投资66.0亿元。全年房地产开发投资38.4亿元，房屋施工面积472万平方米，商品房销售面积43.9万平方米。其中，住宅销售面积40.0万平方米。全年商品房销售额17.5亿元。其中，住宅销售额15.4亿元。2018年，房地产开发投资25.0亿元，房屋施工面积381.9万平方米，商品房销售面积45.8万平方米。其中，住宅销售面积41.6万平方米。全年商品房销售额19.4亿元。

2014—2018年，沙坡头区分行业县属固定资产随着城乡经济融合发展、经济结构调整和产业开发多样化的趋势发生较大变化。

表 13.3　2014—2018 年沙坡头区分行业县属固定资产投资　　（单位：亿元）

指　　标	2014	2015	2016	2017	2018
县属固定资产投资	125.7	135.0	130.5	120.7	-31.3
农林牧渔业	2.0	2.5	10.9	18.4	-64.0
制造业	22.4	15.0	32.9	15.5	-6.3
电力、热力燃气及水的生产供应业	61.9	58.4	6.9	19.6	-66.2
建筑业	0.2				-34.4
交通运输、仓储和邮政业		1.7	9.0	3.8	106.6
住宿和餐饮业		2.3	0.1		
批发和零售业				0.2	
信息传输、软件和信息技术服务业		5.4	12.9	7.9	-4.6
科学研究和技术服务业		0.2	11.0		
租赁和商务服务业			0.5	1.0	-50.5
水利、环境和公共设施管理业	5.3	10.7		10.0	-7.9
卫生和社会工作	1.8		0.4	1.0	228.0
教　　育	0.1	5.6	2.7	0.5	104.6
居民服务、修理和其他服务业		0.5			
文化、体育和娱乐业					40.2
公共管理和社会组织	0.4				467.2
备注：数据来源于沙坡头区统计公报					

第二节　物价与居民消费

一、物价管理与物价水平

2004 年前，沙坡头区物价管理工作由原中卫县物价局负责。2004—2011 年，随着国家产业结构调整、税费改革及劳动力就业市场拓展，一、二、三产业适度协调发展，沙坡头区居民消费价格基本稳定，人民消费水平逐年提高。沙坡区物价管理由中卫市物价局负责。2012—2018年，沙坡头区物价管理区域内物价进行单独核算。在中卫市物价管理的基础上，对商品定价规则针对类别进行设定，使用顺加毛利率的方法。同行价格的采集是在商品定价前进行，基本上使用的是货比三家法。调价指调整进价、售价，必须指定生效时间。基本上都遵循每种商品每天只能有一个价格，所以调价基本上按天进行。在管理信息系统中，为了方便用户使用，通常有指定供应商、指定柜组、指定类别调价。调价时可以按比例调价，可以舍位到角、元，或者使用四舍五入法。

二、居民消费

2012年，沙坡头区物价市场基本稳定，沙坡头区居民消费价格总水平比2011年上涨2.0%。其中，食品类价格上涨3.7%，衣着类价格上涨2.0%，居住类价格上涨1.2%。服务项目价格上涨2.7%，商品零售价格上涨0.7%。工业生产者出厂价格下降0.4%，工业生产者购进价格下降2.2%。农业生产资料价格上涨6.7%。2013年，沙坡头区居民消费价格总水平比上年上涨3.4%，其中，商品零售价格上涨2.2%，农业生产资料价格上涨3.2%。

2014—2017年，沙坡头区居民消费价格总水平趋于稳定并略呈波动上升趋势。2014年，沙坡头区居民消费价格总水平比上年上涨1.7%，其中，商品零售价格与2013年持平，农业生产资料价格下降2.9%。2015年，沙坡头区居民消费价格总水平比上年上涨1.8%，其中，商品零售价格上涨0.5%，农业生产资料价格下降3.2%。2016年，沙坡头区居民消费价格总水平上涨，商品零售价格上涨0.7%。

2018年，沙坡头区居民消费价格总水平比上年上涨2.2%。其中，食品烟酒类上涨3.1%，衣着类上涨2.2%，居住类上涨1.3%，生活用品及服务类上涨1.2%，交通和通信类上涨2.7%，教育文化和娱乐类上涨0.9%，医疗保健类上涨3.1%，其他用品和服务类上涨1.3%。2019年，沙坡头区居民消费价格总水平比上年上涨1.3%，总体呈低位波动运行态势。其中，食品烟酒类累计上涨4.5%，其他用品和服务类上涨1.8%，医疗保健类上涨1.2%，教育文化和娱乐类、衣着类均上涨0.4%，居住类、生活用品及服务类、交通和通信类分别下降0.2%、0.4%、2.6%。

表13.4　2012—2015年沙坡头居民八大类消费价格指数（上年价格=100）　　（单位：元）

年　份	居民消费价格总指数	烟酒及用品	衣　着	家庭设备用品及维修服务	医疗保健和个人用品	交通和通信	娱乐教育文化用品及服务	居　住
2012	102.0	102.0	102.0	101.1	101.2	101.0	100.0	101.2
2013	103.4	99.6	103.5	101.9	102.2	101.1	102.9	102.7
2014	101.7	99.4	103.3	101.1	102.6	100.0	102.4	101.6
2015	101.8	102.6	103.9	100.0	103.1	99.5	103.5	102.7

表13.5　2016—2019年沙坡头居民八大类消费价格指数（上年价格=100）　　（单位：元）

年　份	居民消费价格总指数	衣　着	居　住	生活用品及服务	交通和通信	教育文化和娱乐	医疗保健	其他用品和服务
2016	101.7	101.7	99.7	100.6	98.5	106.3	101.5	101.8
2017	101.8	102.1	101.1	102.2	101.7	101.8	105.2	102.4
2018	102.2	102.2	101.3	101.2	102.7	100.9	103.1	101.3
2019	101.3	100.4	99.8	99.6	97.4	100.4	101.2	101.8

第三节　统计工作

一、管理机构

2012年4月，沙坡头区成立经济发展局，内设统计办公室，主要承担沙坡头区经济运行情况综合分析和农业统计、生态移民统计监测等工作，配合中卫市统计局做好人口、经济、农业等重大国情国力普查工作。2016年8月，成立沙坡头区发展和改革局（挂中卫市沙坡头区统计局牌子），内设统计办公室和统计普查中心两个科室，逐步承接沙坡头区500万—5000万元固定资产投资项目统计、"四下"企业抽样调查等常规统计工作，开展全面建成小康社会统计监测、妇女儿童规划统计监测等重点监测任务，组织实施沙坡头区人口抽样调查、第三次全国农业普查、第四次全国经济普查等工作。2019年1月，成立了沙坡头区统计局，主要承担沙坡头区经济运行情况综合分析和农业统计、生态移民统计监测等工作，500万—5000万元固定资产投资项目统计、"四下"企业抽样调查等常规统计工作，开展全面建成小康社会统计监测、妇女儿童规划统计监测等重点监测任务，组织实施沙坡头区人口抽样调查、第三次全国农业普查、第四次全国经济普查、第七次全国人口普查等工作。

二、业务工作

（一）统计调查

准确及时完成农业、500万—5000万元固定资产投资、生态移民、规模以下工业、规模以下服务业、限额以下批发零售住宿餐饮业、私营劳动工资、小微建筑业、部分事业行业单位等专业统计年报和定期报表工作。完成了周期性妇女儿童规划纲要（2016—2020）统计培训与监测工作，积极开展了人口变动抽样、劳动力抽样、规下工业、服务业企业创新、规下工业研发等统计调查。

（二）统计普查

完成第三次全国农业普查、第四次全国经济普查入户调查、质量抽查、普查资料整理、编辑、印刷工作。做好第七次全国人口普查经费预算等前期准备工作。

（三）统计服务

整理编印沙坡头区历年月度经济指标手册，统计公报。完成沙坡头区2015—2018年全面建成小康社会的统计监测。加大调查分析和咨询力度，按照各种调查分析和咨询情况撰写年度各种统计调研报告、统计专报、统计信息，为各部门各单位、社会公众提供统计咨询服务。通过沙坡头区政府网站等发布重点统计数据，提供信息服务。参加上级部门组织的各种学习活动，听取各类专题报告，加强法治宣传力度，培养各种拓展型人才等。

（四）统计法制

自2019年沙坡头区统计局成立以来，高度重视统计法制工作，为进一步加强统计法制宣传，区统计局编印《统计法律法规汇编》500册及《统计普法宣传手册》1000册、人口普查、统计法宣传彩页1000份，发至所有区级领导及全部统计调查单位，广泛开展学习宣传；利用"12·4"宪法宣传日、"12·8"统计法颁布纪念日等关键节点，在广场人流量密集的地方发放统计局印制的《学习新宪法》《第七次人口普查》《大家来学统计法》等宣传资料，集中开展统计法规宣传教育；举办乡镇、企业统计业务及法规培训3期，对《中华人民共和国统计法》《中华人民共和国统计法实施条例》《统计从业人员统计信用档案管理办法》《企业统计信用管理办法》等统计法律法规进行培训，进一步增强领导干部、统计人员和统计对象法律意识。

第四节 土地管理

一、管理机构

中卫市国土资源局下设6个行政科室，3个事业单位，4个乡镇中心管理所，代管中卫市国土资源执法监察支队，有干部职工50人，主管全市土地、矿产等自然资源的规划、管理、保护、合理利用和测绘事业。2012年，基本农田实际保护面积393.1万亩；出让国有建设用地57宗，面积7740亩，成交价款7.99亿元；全年共征收土地6514.19亩，补偿征地费13974.0576万元。

二、土地利用

据沙坡头区土地利用总体规划（2006—2020年），沙坡头区所有乡（镇）土地总面积538043公顷。土地基本用途有基本农田区、一般农地、城镇村建设用地、独立工矿区、风景旅游用地、生态环境安全控制、自然与文遗产保护区、林业用地区、牧业用地区和其他用地区几类。

表13.6 沙坡头区各乡（镇）土地用途分区面积表

土地用途乡镇	滨河镇	文昌镇	东园镇	柔远镇	镇罗镇	宣和镇	永康镇	常乐镇	迎水桥镇	兴仁镇	香山乡	蒿川乡
基本农田区	681	238	4998	2142	3536	8946	5569	3703	2933	10032	9179	3424
一般农地	337	558	948	719	1118	8250	5195	973	1949	1581	4691	314
城镇村建设用地	1046	1308	685	723	604	1534	958	787	1326	1153	843	1
独立工矿区	5	—	2212	66	359	657	79	216	1243	61	227	—
风景旅游用地	—	—	—	—	—	112	—	5	172	—	1	—
生态环境安全控制	74	60	—	164	295	287	167	434	476	—	253	—
自然与文遗产保护区	—	—	—	—	—	—	3	8980	5824	—	—	—
林业用地区	186	180	780	84	874	319	165	798	3659	7024	2371	10661
牧业用地区	21	89	7983	7	11704	22971	37878	79014	44025		80827	28843
其他用地区	379	243	8457	294	2372	4838	1757	2639	43753	2080	11762	3589

三、地籍管理

（一）土地面积

沙坡头区土地总面积4633平方千米。从20世纪80—90年代以来，土地利用以传统种植业为主，耕地面积一直占所有用地的一半以上，农林牧用地结构失调，未利用土地占比过大。2000年，耕地面积57146.46公顷，林地1863.94公顷，草地175664.52公顷，建设用地28321.4公顷，水域4905.54公顷，未利用土地307571.2公顷。林牧业发展空间较大的优势没有得到调整。2004年，沙坡头区水土流失面积21.63万公顷，主要分布在南部的香山地区、西山、照壁山区域。土地沙化面积18.61万公顷，主要分布在北部腾格里沙漠的南缘地区，黄河南岸的南山台阶地。土壤盐渍化面积占耕地总面积的42.7%，其中轻度盐渍化面积占16.6%，中度盐渍化面积占20.6%，重度盐渍化面积占5.5%。黄河沿岸平原属于生态环境脆弱区，人均耕地数量小于宁夏回族自治区的平均水平，并且局部耕地质量下降。

（二）土地管理法制化建设

2004年以来，沙坡头区依托国家土地资源政策，面对快速推进的城镇化步伐，结合各项政策，加大产业结构调整，至2007年，沙坡头区土地利用初见成效，耕地33305.17公顷，林地20432.66公顷，草地252291.89公顷，水域5794.8公顷，建设用地40402.97公顷，未利用土地240013.45公顷。

2009—2012年，沙坡头区在快速城镇化推进过程中，各类非农建设用地需求逐年增加，至2013年，城市建设用地由2000年的28321.4公顷增长到2013年的60357.64公顷。2015年，开始对基本农田进行划定，制定《关于全面划定永久基本农田实行特殊保护的通知》，2016年国家制定《探索实行耕地轮作休耕制度试点方案》，规定重金属污染区、地下水漏斗区、石漠化区和生态严重退化区耕地综合治理技术路径。沙坡头区以2009年为基数制定《中卫市市辖区土地利用总体规划（2006—2020年）》，成为沙坡头区落实土地宏观调控和土地用途管制、规划城乡建设的重要依据。

（三）土地用途分区与管制规则

在土地地域分区的基础上，按照土地基本用途的不同，为优化配置各类土地资源，保护好辖区现有耕地，协调好建设用地与农用地的关系，结合土地利用规划结构调整和规划布局安排，按照沙坡头区实际发展状况，将土地划分为基本农田保护区、一般农地区、林业用地区、牧业用地区、城镇村建设用地区、独立工矿区、风景旅游区、自然与文化遗产保护区、生态环境安全控制区和其他用地区，落实土地用途管制。

基本农田保护区。基本农田保护区是对耕地进行特殊保护和管制而划定的土地功能区。规划面积55381公顷，占土地总面积的10.29%。主要分布在市辖区引黄灌区、扬黄灌区和香山地区。区内土地主要用作基本农田和直接为基本农田服务的农村道路、农田水利、农田防护林及其他农业设施。区内现有非农建设用地和其他零星农用地应当复垦或调整为基本农田，规划期间确实不能复垦或调整的，可保留现状用途，但不得扩大面积；严禁占用基本农田进行非农建设，禁止在基本农田保护区内建房、建砖瓦窑、建坟以及挖沙、采石、取土；禁止占用基本农田发展林果业和挖鱼塘；严禁排放污水、工业废水及堆放固体废弃物。

一般农地区。一般农地区指在基本农田保护区外，为农业生产发展需要划定的土地用途区。规划面积26633公顷，占土地总面积的4.95%。主要分布在宣和镇和香山乡。区内土地主要用于耕地、园地、畜禽养殖地和直接为农业生产服务的农村道路、农田水利、农田防护林及其他农业设施；区内现有非农建设用地和其他零星农用地应当优先复垦或整理为耕地、园地，规划期间确实不能复垦或调整的，可保留现状用途，但不得扩大面积；不得破坏、荒芜和污染区内土地；严禁占用区内土地进行非农建设。

林业用地区。林业用地区包括现有连片林业用地和规划的林地及为林业生产和生态服务的设施用地。规划面积25901公顷，占土地总面积的4.82%。沿交通干线和沟渠分布，主要分布在兴仁镇和香山乡。林业用地区内的土地主要用于林业生产和生态环境保护及其服务设施使用，不得擅自转变用途；鼓励林业用地区内影响林业生产的其他用地，调整到适宜的用地区；控制林业用地区内耕地改变用途，除改善生态环境、法律规定确需退耕还林的除外；严禁各类建设占用水土保持林、水源涵养林、防风固沙林及其他各种防护林的用地；严禁在林业用地区内乱砍滥伐、毁林开荒，保护好现有林地；加强林业科研和推广应用工作，更新品种，提高林地的利用率。

牧业用地区。牧业用地区指人工草场、天然草场和固沙种草的草地，区内土地主要用于牧业生产，以及直接为牧业生产和生态建设服务的牧业设施都包含在保护范围内。规划面积320386公顷，占土地总面积的59.55%。主要分布在常乐镇、迎水桥镇和香山乡。牧业用地区内的土地主要供畜牧业生产使用，直接为牧业生产和生态建设服务；鼓励牧业用地区内影响牧业生产或现状用途不适宜的其他用地，调整到适宜的用地区内；保护优质牧场，因结构调整需要开垦牧草地的，必须避免造成水土流失、荒漠化、盐渍化等生态退化问题。

城镇村建设用地区。城镇村建设用地区是指为城镇（城市和建制镇，含各类开发区和园区）和农村居民点（村庄和集镇）发展需要划定的土地用途区，包括建制镇、集镇和中心村建设用地，以及开发区、功能区等现状及规划预留的建设用地。规划面积10968公顷，占土地总面积的2.04%。在功能定位上属于重点建设区和优化利用区。主要分布在中心城区、东园镇、宣和镇、永康镇和常乐镇。区内土地主要用于城镇和农村居民点建设，与经批准的城市、建制镇、村庄和集镇规划相衔接；区内城镇村建设应优先利用现有低效建设用地、闲置地和废弃地；区内农用地在批准改变用途之前，应当按现用途使用，不得荒芜，能耕种的必须及时恢复播种；保护和改善城镇生态环境，禁止建设占用规划确定的永久性绿地、林地、保护湿地和水域。城镇村建设用地区是指为城镇和农村居民点发展需要划定的土地用途区。

独立工矿区。独立工矿区是指为独立于城镇、村镇建设用地区之外的采矿及其他独立建设用地发展需要划定的土地用途区。规划面积5125公顷，占土地总面积的0.95%。主要分布在中卫工业园区。区内土地主要用于采矿业以及不适宜在居民点内配置的其他工业用地；区内土地使用应符合经批准的工矿建设规划及相关规划；区内建设应优先利用现有建设用地、闲置地和废弃地，因生产建设挖损、塌陷、压占的土地应及时复垦；区内农用地在批准用途之前，仍按原用途使用，不得荒芜；控制建设用地规模，严格按照国家规定的行业用地定额标准安排各项建设用地，鼓励其他零散分布的工矿企业向工矿用地区集中。

风景旅游用地区。风景旅游用地区是指具有一定游览条件和旅游设施，为人们进行风景观赏、休憩、娱乐、文化等活动需要划定的土地用途区。规划面积290公顷，分布在迎水桥镇和宣和镇。区内土地主要用于旅游、休憩及相关文化活动；区内土地使用应当符合风景旅游区规划；区内影响景观保护和游览的土地，应在规划期间调整为适宜的用途；在不破坏景观资源的前提下，允许区内土地进行农业生产活动和适度的旅游设施建设；严禁占用区内土地进行破坏景观、污染环境的生产建设活动。

生态环境安全控制区。该区是为维护生态环境安全需要特殊保护的区域。主要为水源保护区、地质灾害高危险地区等。规划面积2210公顷，占土地总面积的0.41%。湿地保护区内禁止毁坏湿地资源，随意开发成其他建设用地和农用地；湿地保护区内非农建设用地和其他零星农用地应当优先整理，或调整为湿地；规划期间确实不能调整的，可保留现状用途但不得扩大面积；不得破坏、污染湿地保护区内土地，不得在区内建坟、采石、取土、采矿、堆放固体废弃物或者进行其他破坏湿地保护区的活动；湿地保护区内，严禁安排城镇村新增非农建设；严禁占用区内湿地进行非农建设（油气井、高压线塔基、地下管线、通信基站以及不宜在居民点、工矿区内配置的国家与省级基础设施建设项目除外）；允许使用区内土地进行不破坏湿地生态的农业生产活动和符合湿地规划综合利用；法律、行政法规另有规定的除外。

自然和文化遗产保护区。该区是对自然和文化遗产进行特殊保护和管理划定的土地用途区。包括依法认定的各种自然保护区的核心区、森林公园、地质公园，以及其他具有重要自然与文化价值的区域。规划面积8983公顷，占土地总面积的1.67%。主要为沙坡头区国家级自然保护区核心区，位于市辖区北部，腾格里沙漠边缘，主要有自然沙生植被及人工植被、野生动物。区内土地主要用于保护具有特殊价值的自然和文化遗产；区内土地使用应符合经批准的保护区规划；区内影响景观保护的土地，应在规划期间调整为适宜的用途；不得占用保护区核心区的土地进行新的生产建设活动，原有的各种生产、开发活动应逐步退出；严禁占用区内土地进行破坏景观、污染环境的开发建设活动。

其他用地区。其他用地区指除上述用地区以外的土地用途区，区内土地主要包括交通水利用地、其他建设用地及其他土地。该区面积82163公顷，占土地总面积的15.27%。

（四）"三线"划定

划定永久基本农田保护红线、生态保护红线和城市开发边界（简称"三线"划定），是新时期进一步严格落实土地用途管制的需要。划定后，中卫市市辖区永久基本农田保护红线面积51254公顷，主要分布在引黄灌区、扬黄灌区和香山地区。

生态保护红线是指对维护国家和区域生态安全及经济社会可持续发展，保障人民群众具有关键作用，在提升生态功能、改善环境质量、促进资源高效利用等方面必须严格保护的最小空间范围。纳入生态保护红线的土地严禁各类建设、与规划建设用地管制区中禁止建设区的布局和面积保持一致。划定区域主要为沙坡头国家级自然保护区核心区、缓冲区和黄河主河道，保护面积11193公顷，涉及9个乡镇，各乡镇保护面积分别为：滨河镇75公顷、文昌镇60公顷、柔远镇164公顷、镇罗镇295公顷、宣和镇287公顷、永康镇167公顷、常乐镇437公顷、迎水桥镇9455公顷、香山乡253公顷。

城市开发边界是为控制城市无限扩张、促进城市用地节约集约而划定的最大建设范围。包含了中心城区内的允许建设区和有条件建设区，与规划中心城区城镇建设用地扩展边界相一致。划定范围西至迎水桥镇、东至柔远镇、南至滨河大道、北至包兰铁路，总规模4533公顷。

（五）重点建设项目用地布局

规划期内，安排重点项目61项，总用地规模4256公顷（其中新增建设用地规模2566公顷，新增建设占用耕地规模605公顷）。其中能源项目8项，电力项目8项，交通建设项目22项，水利设施建设用地5项，旅游项目6项；民生项目3项，其他项目9项。

能源项目，实施石空至兰州原油管道、西气东输二线、西气东输三线、中卫至贵阳输气管道工程、新疆煤制天然气外输管道工程（宁夏段）、西气东输三线中卫至靖边联络线等能源项目8项，安排新增建设用地规模250公顷，其中新增建设占用耕地规模15公顷。

电力项目，实施宁夏中卫热电厂、沙坡头750千伏输变电工程、香山750千伏输变电工程、宣和330KV变电站、镇罗330KV变电站、香山变电站、甘塘变电站、沙阳330千伏输变电工程等8个项目，安排新增建设用地规模27公顷，其中新增建设占用耕地规模15公顷。

交通项目，实施甘塘至武威铁路复线工程、包兰铁路复线、宝中铁路复线、镇照公路照壁山经沈桥至滨河大道连接线工程（广汇大道）、乌海至玛沁公路（G1816）青铜峡至中卫段、中卫黄河大桥、下河沿黄河公路大桥、迎水桥至闫地拉图公路、国道338线中宁至中卫、中卫至甘塘段改扩建、国省县乡公路等交通项目22项，安排新增建设用地规模1516公顷，其中新增建设占用耕地规模510公顷。

水利项目，实施黄河宁夏段卫宁右岸标准化堤防工程、沙坡头水利枢纽南北干渠及灌区节水改造工程、黄河宁夏河段二期防洪工程等项目，安排新增建设用地规模68公顷，其中新增建设占用耕地规模44公顷。

旅游项目，实施沙漠植物博览园、沙坡头区沙漠博览园、沙漠小镇、全域旅游等项目，安排新增建设用地规模23公顷，其中新增建设占用耕地规模6公顷。

民生项目，实施"十三五"沙坡头区易地扶贫搬迁项目、"十二五"生态移民和兴仁镇敬老院3个项目，安排新增建设用地规模6公顷，其中新增建设占用耕地规模4公顷。

其他项目，实施中卫工业园区、中卫西部云计算基地、云计算数据中心、迎水云基地、宣和云基地、加油站等9个项目，安排新增建设用地规模676公顷，其中新增建设占用耕地规模11公顷。

第五节　安全生产管理

一、机　构

2016年，由沙坡头区综合行政执法局承担沙坡头区安全生产和环境保护工作。2018年2月，成立沙坡头区安全生产监督管理局，明确主要职责和人员编制，核定行政编制9名，领导指数3名（1正2副），全面负责全区安全生产工作，为安全生产工作的有力推进奠定了坚实的组织机构保证。2019年2月，成立沙坡头区应急管理局，核定行政编制7名、事业编制7名，领导指数3名（1正2副），全面负责沙坡头区安全生产、应急管理、防灾减灾救灾等工作。

二、安全生产指标情况

2017年，沙坡头区共发生各类安全生产事故13起，死亡17人，其中一般事故12起，较大事故1起。全年未发生重特大安全生产事故，未发生人员伤亡或重大经济损失的火灾事故。2018年，共发生各类生产安全事故9起，同比减少4起，死亡8人，同比减少9人，下降52.9%，未发生造成人员伤亡的生产经营性火灾事故，未发生较大以上生产安全事故，生产安全事故起数和死亡人数实现"双下降"；亿元GDP生产安全事故死亡率为0.043，控制在自治区下达的0.119以内。2019年，沙坡头区共发生各类生产安全事故8起，同比减少1起，死亡7人。亿元GDP生产安全事故死亡人数控制在自治区下达指标以内，未发生较大以上生产安全事故，安全生产形势总体稳定可控。

三、安全生产责任体系建设

2017年，沙坡头区委、区政府坚持"安全第一、预防为主、综合治理"的方针，出台《沙坡头区安全生产"党政同责、一岗双责"暂行规定》，明确党政领导安全生产工作职责；制定《沙坡头区安全生产监督管理责任规定》，明确区政府各负有安全生产监督管理部门的职责，"三个必须"得到有效落实。区政府、各乡镇政府、各部门安全生产工作组织机构健全、责任明确，形成"党政同责、一岗双责、齐抓共管、失职追责"的监管格局。加强对安全生产工作责任落实和考核，严格执行安全生产"一票否决"制度，层层签订安全生产目标管理责任书，把安全生产占全区综合考核的分值由3分提高到5分，严格落实政府领导责任、部门监管责任、乡镇属地管理责任，用铁的纪律、严的措施，努力构筑安全生产防护网，减少安全事故。

2018年，沙坡头区以理顺体制机制，完善安全责任体系为抓手。区委、区政府将安全生产和消防工作与经济工作同安排、同部署、同落实。先后召开8次区委常委会会议、14次政府常务会会议、5次专题会、4次安委会会议，研究部署各阶段工作。同时，印发《沙坡头区安全生产"党政同责、一岗双责"暂行规定》，明确党政领导安全生产工作职责。成立以区长任主任、所有副区长任副主任，各乡镇、有关部门负责人为成员的安全生产委员会，优化调整消防安全委员会。

2019年，调整由区委常委、常务副区长负责安委会日常工作，压实责任，强化了组织领导。区委、区政府将安全生产列入年度"6+8"重点工作内容，主要领导、分管领导定期不定期督查检查安全生产工作，安全生产履职情况作为年终各副区长履职报告中的重要内容。计划建立党政领导安全生产包保责任制，实行区委领导包乡镇，强化属地管理责任。印发《关于加强基层安全生产网格化监管工作实施方案的通知》，各行业管理部门分别建立14个安全生产行业网格，配备42名网格员，明确管理责任。下发《关于加强乡镇政府能力建设推进方案的通知》，在11个乡镇分别成立了3~5人的综合执法队，全面负责乡镇安全监管工作。所有乡镇全面推行安全生产和消防网格化管理。区委、区政府将安全生产工作列入各乡镇、各部门效能目标管理考核内容，单独进行考核。在对各乡镇、区安委会各成员单位效能目标考核中增加"一票否决"考核事项，对发生重大及以上生产安全事故的实行"一票否决"，被"一票否决"的单位和个人取消评选各级精神文明单位、各类综合性先进单位、行业系统单项奖、先进个人评比奖励资格，在年度效能目标管理考核中直接评为最低等次。在否决年度内，相关责任人员不予提拔使用。

四、安全生产大排查大整治

2017年，沙坡头区树立安全生产红线意识，集中开展煤矿、非煤矿山、危化行业、道路交通等重点行业领域安全生产专项整治。开展烟花爆竹领域专项整治。共检查各类经营销售点131家，查处违法经营烟花爆竹案件10起，消除事故隐患65处，收缴、销毁各类烟花爆竹300余箱，取缔无证经营店4家。开展煤矿、非煤矿山专项检查。通过联合检查、突击检查等方式，对辖区内关闭、停产的5家煤矿进行10余次检查，所有煤矿均无偷采行为。对停产的19家非煤矿山复产申请进行了检查验收和巡查，共查出隐患82项，已整改完毕80项，剩余2项因证件到期未及时延续责令停产整顿，证件未办理不得进行任何复工、生产活动。开展危险化学品综合治理。通过摸底排查，建立了危化企业信息台账、重大危险源台账、安全风险台账，沙坡头区56家危化企业共排查出隐患111项，分别下达《责令限期整改指令书》和《现场处理措施决定书》。开展预防高处坠落专项检查。共排查相关企业62家，发现安全隐患78处。开展冶金行业专项整治。对13家冶金企业进行了全面排查，共发现隐患150项，所有隐患均已整改到位。开展人员密集场所专项治理，共排查整改各类隐患64处。开展防范职业病及粉尘防爆专项治理工作。针对面粉加工、塑料制品、水泥建材、冶金等企业主要存在的有限空间作业、生产性粉尘、高温及热辐射、有害气体、噪音、振动、化学毒物等，联合市有关部门、有关专家对21家企业进行了全面检查，共排查隐患150项，全部下达《责令限期整改指令书》。开展建筑施工、道路交通、旅游等行业领域专项治理工作，有效遏制安全生产事故的发生。开展重点节假日安全生产检查，共检查生产经营单位150家，排查排除各类隐患244项。

2018年，开展危险化学品综合治理，对主要涉及3家电石企业的高温熔炉和电石成品库、3家氧气乙炔充装企业、2家液氨制冷企业，先后组织危化专家深入生产一线进行3轮次安全检查，共排查整改安全隐患58项。结合沙坡头区危化企业安全标准化级别、日常安全监管水平等因素，对所有危化企业划分了A、B、C、D四个等级，加强对C、D两个等级企业的检查。加强烟花爆竹安全管控，限止临时烟花爆竹经营许可，城市建成区经营点由6家减少为1家，对15家乙种危险化学品企业经营许可证进行了换发、14家第三类非易制毒化学品企业经营许可证进行了登记备案。持续开展大排查、大整治，共检查各类企业2183家（次），排查整治各类安全隐患2020项。组织各乡镇、部门、生产经营单位扎实开展"除隐患、保安全"专项整治行动，加强对停产、半停产企业检查力度，检查各类重点企业80家次，排查排除隐患61项。围绕自治区60大庆，成立以区委常委、常务副区长为组长，各副区长为副组长的专项整治行动领导小组，成立6个专项督查小组，集中开展为期100天的专项整治行动，检查各类企业1147家（次），排查清除各类安全隐患1176项，立案查处非法违法行为6起，确保自治区60大庆、国庆节期间沙坡头区无生产安全事故发生。

2019年，开展安全生产领域重大风险大起底大整治活动。对沙坡头区安全生产方面涉及重大风险点的43家企业，进行了4轮次排查，整治各类重大隐患9项。开展安全生产费用提取使用专项检查，督促企业足额提取安全费用，保障安全投入。开展重点行业领域安全生产大排查、大整治工作。突出煤矿、非煤矿山、危险化学品、冶金、建筑施工、道路交通、人员密集场所等重点行业领域，持续不间断开展大排查大整治活动，检查各类单位5231家次，排查一般隐患4847项；排查整治重大隐患61项。开展"防风险除隐患遏事故保大庆"安全生产百日专项整治行动。建立除隐患遏事故月报告考核制度，督促各部门、各乡镇每半月统计上报一次百日安全专项整治进展情况，并将工作开展情况纳入年度应急管理考核主要内容，督促落实监管职责。检查各类单位2078家次，排查整治一般隐患1531项，重大隐患14项，累计投入整改资金95.24万元。

五、安全生产违法违规行为处置

2017年，由沙坡头区负责调查处理的宁夏胜金水泥有限公司"3·27"高空坠落事故、中卫市茂烨冶金有限责任公司"6·16"物体打击事故、迎水桥镇沙都大酒店"7·14"高处坠落事故、宁夏源品钢构工程有限公司"8·31"物体打击事故均已结案，共处罚金118.5929万元。配合市安监局对手续不全的中卫市茂鑫特种合金有限公司进行了限电拉闸。针对中卫市天景山峁圪垯梁灰石矿、宁夏胜金水泥有限公司天景山水泥用灰岩矿、中石油永康加油站证件到期或未办理问题，下发《现场处理措施决定书》，责令以上企业证件未办理不得进行任何复工、生产活动。

2018年，依法对柔远镇、宣和镇、迎水桥镇5处非法储存、经营、销售危险化学品的窝点予以取缔，并对相关责任人给予行政处罚；依法对中卫市丰盛包装制品有限公司等18家企业和个人的安全生产违法行为进行了立案查处，收缴罚款21.5万元；对宁夏大正伟业冶金有限责任公司7号、8号硅铁矿热炉，未进行验收擅自投产的违规行为给予强制断电，并责令企业停产整顿；对中卫天银矿业有限公司手续不全非法偷采、中卫金矿尾矿库非法盗采予以依法查处。对中冶美利云产业投资股份有限公司"1·13"机械伤害事故进行了调查处理，收缴罚款29.85万元。

2019年，扎实开展打非治违专项行动，立案查处各类事故及安全生产违法行为12起，罚款244.6万元，申请法院强制执行2起36.8万元，建议追究刑事责任4人，责令暂时停产停业企业2家。对未按时组织培训、未设立警示标示的一家非煤矿山企业给予顶格处罚9.8万元；对未履行安全生产"三同时"手续的一家企业采取强制断电措施，并处罚款

15.8万元。对一家未进行消防监督检查投入使用的人员密集场所责令停产停业整顿，投入135万元进行整改；关闭取缔非法采砂企业5家。

六、消防安全

2018年，消防安全主要针对沙坡头区火灾形势和防控难点，部署开展了易燃易爆、高层地下、人员密集、文物古建筑、电气火灾综合治理、电动车综合治理等消防安全专项行动，重点排查整治了中卫商城、五馆一中心、雍楼步行街和向阳步行街火灾隐患，集中消除一批历史遗留火灾隐患。共检查各类场所2447家，发现火灾隐患或违法行为2124处，督促整改火灾隐患2137处，下发责令改正通知书931份；受理审核项目18个，验收项目15个，设计备案项目196个，竣工验收备案39个，安全检查213项，下发临时查封决定书25份，责令"三停"单位35家，罚款68.94万元；推动新建电动车库（棚）29处、电动车充电设施数845个，清理违规停放电动车建筑615栋、违规充电电动车场所445处、违规停放充电电动车4330辆；挂牌督办重大火灾隐患单位4家。实施公共安全保障工程。抓好消防基础设施建设，新建市政消火栓15个、消防水鹤2处，安装独立火灾感烟探测器480个；全面完成投资383.5万元的草原防火站项目建设工程。打造道路安全生命防护工程，争取安全生命防护工程补贴资金213万元，在迎水桥、宣和等6个乡镇41条道路的弯道、临崖等危险路段安装了公路安全防护设施。及时处置各类路面病害1.2万平方米，修复水毁路基103处4.5万立方米，抽排路面积水36次1.98万立方米，维修危桥涵1处8.5米；清理主干公路垃圾3740平方米、堆积物960处，拆除违章建筑27处；修正完善各类安全设施和交通标志标牌共154处、80块。

2019年，组织公安、住建、应急、消防等部门开展联合检查18次，错时检查25次。开展"三自主两公开一承诺"工作，自主评估风险、自主检查安全、自主整改隐患；所有消防重点单位在明显部位公示消防安全责任人、管理人及其职责；签订《消防安全承诺书》150份。对辖区16类重点场所117家消防重点单位开展消防安全普查工作。持续开展大型商业综合体、电动自行车、电气火灾和文物建筑专项整治，重点整治商业综合体防火分隔不到位、疏散通道不畅通，电动自行车"进楼入户""人车同屋"、私拉乱接电气线路、超负荷用电等问题。共检查单位2598家，排查整改火灾隐患2152处，下发临时查封决定书25份，责令"三停"单位34家，罚款21.98万元，行政拘留8人，约谈重点单位消防安全管理人117人次。针对中卫市向阳步行街、中卫商城、雍楼市场和中南百货批发市场火灾隐患,责令停产停业整顿2处,重拳整治火灾隐患和消防安全违法行为,彻底解决多年未能解决的老大难问题。同时,挂牌督办重大火灾隐患1处,未发生因火灾造成人员伤亡的事故。出动消防车794辆次,出动警力4446人,抢救被困人员96人,抢救财产价值273.5万元。圆满完成2019丝路环球旅游盛典、第四届全国导游大赛、第四届中阿博览会、中秋节和国庆70周年安保任务。

七、应急救援

沙坡头区成立后,建立了安全生产和自然灾害信息监测预警、会商研判、信息共享机制,公安、应急管理、气象、交通、农业农村及各乡镇信息互通。健全完善应急处置工作机制。修订《突发事件应急处置工作联络员报告制度》《沙坡头区森林草原防火应急预案》等13项工作制度及5个应急预案,明确应急处置工作机构及职责分工。设立应急管理值班室,安排4名工作人员,分三班轮流值班,确保应急值守工作人员24小时在岗,严格信息采集上报,建立工作台账,确保各类应急信息及时传达。建立了巡查制度,明确防汛抗洪"三责人员"和森林草原巡查人员,在水库、大坝、山洪沟等重点部位设置公示牌,在政府网站等媒体公示了责任人员及联系方式;相关人员在汛期、防火期进行不间断巡查,确保遭遇突发灾害能够迅速处置。开展灾情核查救助工作。除消防综合救援大队作为专业应急救援力量外,组建沙坡头区防汛抗旱及地质灾害应急救援队、沙坡头区城镇燃气专业应急救援队,组建30人规模的森林草原防灭火应急抢险队伍,各乡镇、有关部门组建各类兼职应急救援队伍34支1652人;各生产经营单位共组建应急救援队伍39支671人;在人武部组建700余人的预备役救援队伍。提前谋划做好应急物资储备。建立应急物资储备库,购置防洪抢险、森林草原防火等应急物资。投资220万元建立草原火情监控站,确保遇到险情灾情时,物资保障到位。建设应急避难场所。沙坡头区共建有避难场所187处,总面积53.50公顷,可容纳避难人数31.40万人。

第六节　审计管理

2004年至2016年,沙坡头区审计工作由中卫市审计局负责执行。2016年,随着沙坡头区政府职能部门的相继设置,沙坡头区审计局成立,审计工作全面展开。

2016年，完成建设项目决算审计2项，即镇罗镇小城镇建设项目决算、兴仁镇移民区土地治理及水利配套项目决算情况审计。完成沙坡头区农科委2015年度财政专项资金审计调查。完成镇罗镇原书记镇长、原民政社保局局长经济责任审计项目2项。对沙坡头区南山台电灌站2015年度财政预算执行及其他财政财务收支情况进行审计。选派2名职工参加自治区审计厅实施的全区扶贫资金审计项目。先后派出3名职工参加沙坡头区纪委牵头的沙坡头区八项规定"回头看"、"三公"经费检查和沙坡头区专项资金检查。

2017年，完成固定资产投资审计30项，领导干部经济责任审计3项，专项资金审计5项。延伸审计政府办、农科委、社保局、扶贫办4个部门、11个乡镇和农科委下属7个事业单位。指明规范本级预算管理资金34678万元，部门乡镇资金12508万元，责成上缴财政资金230万元，核减工程造价66万元，清退违规享受低保、危房改造、阳光沐浴工程等对象81户，指明纠正滞留财政资金1809万元、未进行公开招投标资金491万元等不规范行为。对计划内5类9个投资项目和临时交办重大建设项目实行"工程造价+财务决算"的审计模式。共完成各类建设项目审计30项，审计投资15578万元，依法纠正多计少计工程造价178万元，工程未招标83万元，设计监理等服务未招标110万元，超比例支付工程款502万元，挪用专项资金58万元，党政一把手审批支出2644万元，超批复投资77万元等问题，披露违规转包挂靠、未批先建、施工企业无资质、竣工资料不完善、以合同代替招标、以考察代替招标等工程领域违规行为。指明和纠正一把手审批财务支出4459万元、会计核算不规范1304万元、往来账清理不及时1325万元、超比例支付工程款275万元、未执行公开招标190万元等问题。完成阳光沐浴、土地确权、政府应急平台3个专项资金审计。

2018年，规范本级预算管理资金39077.93万元，部门乡镇资金3410.05万元，要求上缴财政资金11.76万元，建议核实多计工程造价673.22万元，建议对审计中发现挪用农村危房改造资金6.60万元进行调整处理归还原渠道、未进行公开招标及政府采购63.02万元。在对沙坡头区本级财政预算审计的同时，延伸司法局、民社局等8个部门和迎水桥镇、东园镇等5个乡镇。实施原农科委和柔远镇人民政府2个部门预算执行审计，对原农科委部分二级用款单位和柔远镇部分村级资金收支情况进行延伸调查。对计划内投资项目和临时交办重大建设项目实行"工程造价+财务决算"的审计模式。完成东园镇史湖棚户区改造、永康镇美丽小城镇、区扶贫办金沙移民区建设、沙坡头区2016年度高效节水灌溉、迎水桥镇小城镇建设、宣和镇2017年整村推进6个竣工决算审计项目。完成柔远、常乐、兴仁3个乡镇原书记、乡（镇）长经济责任以及原区文化体育和计划生育局局长任期经济责任审计。完成沙坡头区2017年农村危房改造项目资金、2016—2017年扶贫资金、主干道路大整治大绿化资金、2017年度阳光沐浴工程资金、2017年度为民服务资金5项专项审计项目。

2019年，沙坡头区审计局完成计划内项目审计17项。对沙坡头区本级财政预算审计的同时，延伸民社局、农业农村、工信、发改等9个部门和兴仁镇、香山乡、宣和镇等5个乡镇。实施沙坡头区建设交通运输局及其部分二级用款单位和永康镇人民政府及部分村级财政核拨资金收支情况2个部门预算执行及其他财务收支审计和延伸调查。完成宣和镇、迎水桥镇、永康镇3个乡镇原任党委书记任期经济责任、永康镇中心卫生院院长以及原建设交通运输局原任局长任期经济责任5个项目审计。完成沙坡头区2018年度地方政府债券水利项目资金收支、2016至2018年农机购置补贴项目资金收支、农业产业化贷款担保风险补偿资金、2018年阳光沐浴工程资金收支4个专项审计调查。

第十四章　中共沙坡头区组织

中国共产党沙坡头区委员会是中国共产党的地方组织，也是沙坡头区社会主义建设事业、各族人民的领导核心。按照党章规定，召开代表大会、选举领导机构。2016年8月19日，中共中卫市沙坡头区委员会正式挂牌成立。截至2019年12月，共召开1次代表大会。由区委书记、副书记、常委组成。沙坡头区委成立后，高举马克思列宁主义、毛泽东思想、邓小平理论、"三个代表"重要思想、科学发展观、习近平新时代中国特色社会主义思想伟大旗帜，坚决贯彻执行党中央的路线、方针、政策，做出一系列重要决策，带领全区人民走改革开放之路，取得社会主义建设的丰硕成果，实现了建成小康社会的宏伟目标。

第一节　沙坡头区委员会

一、机构沿革

1949年9月19日中卫和平解放。是年9月24日，中共中卫县委正式成立。1952年，设立常委会。从1954年3月召开第一次党代会起，县委领导由选举产生。1958年设书记处，1962年11月后县委书记处撤销。解放初属宁夏工委领导。1954年9月宁夏省撤销并于甘肃省，改属银川地委领导。1958年10月，宁夏回族自治区成立，直属区党委领导。1967年"文化大革命"中，县委领导陷于瘫痪。1968年4月，"中卫县革命委员会"成立，取代县委领导。1969年9月召开第五次党代会，又正式恢复县委组织机构。1973年9月成立银南地区，隶属银南地委领导。2003年12月，国务院批准，撤销中卫县，设立地级中卫市，中卫市设立沙坡头区，以原中卫县的行政区划为沙坡头区的行政区划。

2012年5月10日，中卫市委召开沙坡头区党工委、管委会组建工作动员会。以此为标志，沙坡头区党工委和管委会正式组建。沙坡头区设立中共沙坡头区工作委员会，为市委正处级派出机构，党工委和管委会实行一个机构、两块牌子的管理体制。2016年8月19日，中国共产党中卫市沙坡头区委员会正式挂牌成立。

2016年沙坡头区委正式成立时沙坡头区委机构设置6个，分别为：纪委（与监察局合署办公）、区委办公室（挂督查室、保密局、机要局牌子）、区委组织部、区委宣传部（挂精神文明建设指导委员会办公室牌子）、区委统战部（与民族宗教局合署办公）、区委政法委（与社会管理综合治理委员会办公室合署办公）、政法委员会（与社会管理综合治理委员会办公室合署办公）。沙坡头区委及部门直属事业单位共5个，分别为：廉政教育和案件信息管理中心、党政内网服务中心、党员宣传教育中心、人力资源服务中心、网络安全与信息化办公室。

2018年，经过优化调整，沙坡头区委机构设置7个，即：纪检委（与监察委合署办公）、巡察工作领导小组办公室、区委办（挂督查室、保密局、机要局牌子）、组织部（挂编办牌子）、宣传部（挂精神文明建设指导委员会办公室牌子）、统战部（与民族宗教事务局合署办公，挂工商联牌子）、政法委（与综治办合署办公）。

截至2019年12月，沙坡头区委工作机构10个，即沙坡头区纪律检查委员会（监察委员会）、沙坡头区委办公室、沙坡头区委组织部、沙坡头区委宣传部、沙坡头区委统一战线工作部、沙坡头区委政法委员会、沙坡头区委政策研究室、沙坡头区委网络安全和信息化委员会办公室、沙坡头区委机构编制委员会办公室、沙坡头区委巡察工作领导小组办公室。沙坡头区委直属事业单位1个：沙坡头区档案馆。沙坡头区委所属事业单位8个，即沙坡头区廉政教育和案件信息管理中心、沙坡头区巡察信息中心、沙坡头区党员宣传教育中心、沙坡头区人力资源服务中心、沙坡头区新时代文明实践志愿服务指导中心、沙坡头区统一战线服务中心、沙坡头区网络安全应急与监控举报中心、沙坡头区机构编制电子政务中心。

表14.1　中共中卫市沙坡头区工作委员会领导名表

职务	姓名	性别	民族	任职时间	备注
书记	张隽华	男	回族	2012.05—2014.11	
	王学军	男	汉族	2014.11—2016.06	
副书记	景兆珍	男	汉族	2012.05—2016.03	

续　表

职　务	姓　名	性　别	民　族	任职时间	备　注
副书记	唐兴武	男	汉族	2012.05—2012.05	
	柏建华	女	汉族	2012.05—2012.08	挂　职
	杨　成	男	汉族	2013.02—2013.12	挂　职
	童　刚	男	汉族	2016.01—2016.06	
	杨　和	男	回族	2016.02—2016.06	
委　员	唐永驿	男	汉族	2012.05—2016.06	
	杨立平	男	汉族	2012.05—2015.03	
	王永录	男	汉族	2012.05—2016.03	
	唐兴武	男	汉族	2012.05—2016.06	
	邹建萍	女	汉族	2013.03—2016.06	
	张　鹏	男	汉族	2013.12—2016.02	
	闫　蓉	女	汉族	2014.02—2014.12	挂　职
	肖军军	男	汉族	2015.03—2016.06	
	罗　磊	男	汉族	2015.02—2016.02	挂　职
	张　伟	男	汉族	2015.08—2016.01	挂　职
	邹　斌	男	汉族	2015.09—2016.06	挂　职
	唐　亮	男	汉族	2016.01—2016.06	
备注：中共沙坡头区工作委员会和沙坡头区管理委员会实行一个机构、两块牌子的管理体制					

表14.2　中共中卫市沙坡头区第一届委员会领导名表

职　务	姓　名	性　别	民　族	任职时间	备　注
书　记	王学军	男	汉族	2016.06—2017.12	
	童　刚	男	汉族	2017.12—	
副书记	童　刚	男	汉族	2016.06—2017.12	
	杨　和	男	回族	2016.06—2017.04	
	郭爱迪	男	汉族	2017.12—	
	田海福	男	回族	2017.04—	
常　委	唐永驿	男	汉族	2016.06—	
	肖军军	男	汉族	2016.06—	
	唐兴武	男	汉族	2016.06—2017.04	
	邹建萍	女	汉族	2016.06—	

续 表

职 务	姓 名	性 别	民 族	任职时间	备 注
常 委	邹 斌	男	汉族	2016.06—2016.09	挂 职
	唐 亮	男	汉族	2016.06—2017.01	挂 职
	张江涛	男	汉族	2016.06—2017.04	
	张志军	男	汉族	2016.06—	
	李伏荣	男	汉族	2016.06—	
	姜鹏飞	男	汉族	2016.06—	
	周 涛	男	汉族	2017.01—	挂 职
	张振宇	男	汉族	2017.04—	
	徐 刚	男	回族	2017.04—	
	蒋文胜	男	汉族	2017.07—	挂 职

二、机关工作机构

（一）纪律检查委员会（监察委员会）

中共中卫县委成立后不久，于1950年4月始置纪律检查委员会，到1955年8月改名为中共中卫县监察委员会，"文化大革命"期间，停止工作。1978年6月恢复县纪律检查委员会，1984年9月升格为副县级单位。1993年7月，县监察局与县纪律检查委员会合并，共有专职纪律检查干部30余人。2004年中卫撤县改市后，县纪委机构撤销。相关职能职责由中卫市纪委代为行使。

2012年5月9日，沙坡头区纪律检查工作委员会（与监察审计局合署办公）成立，内设办公室、纪检监察案件审理室、党风政风宣教室，共核定行政编制8名、后勤服务事业编制1名，核定领导职数3名，其中纪委书记1名（副处级）、纪委副书记兼监察审计局局长1名（正科级）、监察审计局副局长1名（副科级），普通科员5名，实有在编工作人员6名。

2016年8月，中共中卫市沙坡头区纪律检查委员会成立，与中卫市沙坡头区监察局合署办公，一套机构，两块牌子。中共中卫市沙坡头区纪律检查委员会、中卫市沙坡头区监察委员会是区委统一领导下的反腐败工作机构，履行纪检、监察两项职责，实行一套班子，两个牌子，内设办公室（宣教政研室）、党风政风监督室、案件监督管理室（信访室）、第一纪检监察室至第三纪检监察室、案件审理室。核定行政编制29名（不含纪委书记1名，编制单列）。设沙坡头区纪委书记1名、副书记2名、常委4名；沙坡头区监委主任1名，由区纪委书记兼任；副主任2名，由区纪委副书记兼任，委员4名，主要由区纪委常委兼任，不由区纪委常委兼任的区监委委员1~2名；核定内设机构正职7名。

表14.3 沙坡头区纪律检查（监察）委员会书记领导名表

单 位	职 务	姓 名	性 别	民 族	任职时间
沙坡头区党工委	纪工委书记	王永录	男	汉族	2012.05—2016.03
		张江涛	男	汉族	2016.03—2016.06
沙坡头区委	纪委书记	张江涛	男	汉族	2016.06—2017.04
		张振宇	男	汉族	2017.04—

（二）办公室

中卫县委成立后即设置秘书室，1960年改称办公室。"文化大革命"初期瘫痪，1969年被县革命委员会办公室代替，1979年恢复。2004年中卫县撤县改市，办公室机构撤销，相关职能职责由中卫市委办公室代行。

2012年5月，沙坡头区党工委（管委会）正式成立，下设沙坡头区党工委管委会办公室等10个部门。挂督查室牌子，设办公室主任1名（正科级）、副主任2名（副科级），督查室主任1名（副科级）。

2016年8月19日，中共中卫市沙坡头区委员会正式挂牌成立，根据《中卫市沙坡头区机构设置和人员编制方案》规定，沙坡头区委会下设区委办公室，挂沙坡头区委督查室、区委保密委员会办公室（区国家保密局）、区委机要局、区档案局牌子。核定行政编制16名，后勤服务事业编制1名。设主任1名（正科级），副主任3名［副科级，其中1名兼任督查室主任，1名兼任保密办（区国家保密局）主任、机要局局长，1名兼任区档案局局长］。

（三）组织部

中卫县委成立便设置。"文化大革命"期间曾被县革命委员会政治处代替，1979年恢复。2004年中卫撤县改市后，县组织部机构撤销，相关职能职责由中卫市委组织部代行。2012年5月，沙坡头区党工委（管委会）正式成立，组织部相关职能职责由沙坡头区党群工作部承担。2016年8月19日，中共中卫市沙坡头区委员会正式挂牌成立，根据《中卫市沙坡头区机构设置和人员编制方案》规定，沙坡头区委会下设区委组织部。中共中卫市沙坡头区委组织部挂沙坡头区直属机关工作委员会、区委老干部局、区公务员局牌子。

核定行政编制9名。设部长1名，由区委领导兼任；副部长3名（不含兼职。其中1名分管日常工作的副部长兼任区直属机关工作委员会副书记，正科级；1名副部长兼任非公有制经济组织和社会组织工作委员会书记，正科级；1名副部长兼任老干部局局长、区公务员局局长，副科级）；非公有制经济组织和社会组织工作委员会专职副书记1名（副科级）。

（四）宣传部

中卫县委成立就设置。"文化大革命"期间被县革命委员会政治处替代，1979年恢复。2004年中卫撤县改市后，县委宣传部机构撤销，相关职能职责由中卫市委宣传部代行。2012年5月，沙坡头区党工委（管委会）正式成立，宣传部相关职能职责由沙坡头区党群工作部承担。2016年8月19日，中共中卫市沙坡头区委员会正式挂牌成立，沙坡头区委会下设区委宣传部，挂沙坡头区精神文明建设指导委员会办公室、区新闻出版局牌子。核定行政编制6名。设部长1名，由区委领导兼任；副部长3名（不含兼职。其中1名分管日常工作的副部长为正科级；1名副部长兼任精神文明建设指导委员会办公室副主任、区新闻出版社局长，副科级；1名副部长兼任国防教育办公室副主任，副科级）。

（五）统一战线工作部

1954年设置。"文化大革命"期间中止工作，1979年恢复。2004年中卫撤县改市后，县委统战部机构撤销，相关职能职责由中卫市委统战部代行。2012年5月，沙坡头区党工委（管委会）正式成立，统战部相关职能职责由沙坡头区党群工作部承担。2016年8月19日，中共中卫市沙坡头区委员会正式挂牌成立，沙坡头区委会下设区委统一战线工作部，挂沙坡头区民族宗教事务局、区委港澳台工作办公室（区政府港澳台事务办公室）、区政府侨务办公室牌子。核定行政编制6名。设部长1名，区委常委兼任；副部长2名（不含兼职。其中1名分管日常工作的副部长兼任区民族宗教事务局局长，正科级；1名副部长兼任港澳台工作办公室（区港澳台事务办公室）主任、区政府侨务办公室主任，副科级）。

（六）政法委员会（社会管理综合治理委员会办公室）

1984年，中卫县委政法委员会成立。2004年中卫撤县改市后，县委政法委机构撤销，相关职能职责由中卫市委政法委代行。2012年5月，沙坡头区党工委（管委会）正式成立，政法委相关职能职责由沙坡头区社会管理工作部承担。2016年8月19日，中共中卫市沙坡头区委员会正式挂牌成立，沙坡头区委会下设区委政法委员会，核定行政编制6名。设书记1名，由区委领导同志兼任；副书记2名（其中1名分管日常工作的副书记为正科级）。

（七）巡察工作领导小组办公室

2018年3月，成立沙坡头区委巡察领导小组办公室。中共中卫市沙坡头区委巡察工作领导小组办公室核定行政编办5名。设主任1名（正科级），副主任1名（副科级），巡察组副科级领导职数2名（不占区委巡察办领导职数）。

（八）政策研究室

2019年1月10日，沙坡头区委政策研究室正式成立。是为沙坡头区委决策服务、从事综合性研究的职能部门，为正科级。沙坡头区委全面深化改革委员会办公室（以下简称区委改革办）、沙坡头区委财经工作委员会办公室（以下简称区委财经办）设在区委政研室，接受区委全面深化改革委员会、区委财经委员会的直接领导，承担区委全面深化改革委员会、区委财经委员会的具体工作，组织开展全面深化改革、财经重大问题的政策研究，协调督促有关方面落实区委全面深化改革委员会、区委财经委员会决定事项、工作部署和要求等。中共中卫市沙坡头区委政策研究室核定行政编制5名。设主任1名（正科级），副主任1名（副科级）。

（九）沙坡头区委网络安全和信息化委员会办公室

中共中卫市沙坡头区委网络安全和信息化委员会办公室，挂沙坡头区互联网信息办公室牌子。核定行政编制5名。设主任1名（正科级），副主任兼任区互联网信息办公室主任1名（副科级）。

（十）沙坡头区委机构编制委员会办公室

中共中卫市沙坡头区委机构编制委员会办公室，挂沙坡头区事业单位登记管理局牌子。核定行政编制5名。设主任1名（正科级），副主任兼任区事业单位登记管理局局长1名（副科级）。

三、沙坡头区委直属事业单位

沙坡头区档案馆为沙坡头区委直属事业单位，正科级。核定全额预算事业编制9名。核定馆长1名（正科级）、副馆长1名（副科级）。

四、沙坡头区委所属事业单位

（一）沙坡头区廉政教育和案件信息管理中心

机构编制：沙坡头区廉政教育和案件信息管理中心为沙坡头区纪委监委所属副科级

事业单位。核定全额预算事业编制7名。核定主任1名（副科级），副主任1名。

（二）沙坡头区巡察信息中心

沙坡头区巡察信息中心为沙坡头区委巡察办所属不定级别事业单位。核定全额预算事业编制4名。核定主任1名（不定级别）。

（三）沙坡头区党员宣传教育中心

沙坡头区党员宣传教育中心为沙坡头区委组织部所属副科级事业单位。核定全额预算事业编制6名。核定主任1名（副科级），副主任1名。

（四）沙坡头区人力资源服务中心

沙坡头区人力资源服务中心为沙坡头区委组织部所属副科级事业单位。核定全额预算事业编制7名。核定主任1名（副科级），副主任1名。

（五）沙坡头区新时代文明实践志愿服务指导中心

沙坡头区新时代文明实践志愿服务指导中心为沙坡头区委宣传部所属不定级别事业单位。核定全额预算事业编制5名。核定主任1名（不定级别）。

（六）沙坡头区统一战线服务中心

沙坡头区统一战线服务中心为沙坡头区委统战部所属不定级别事业单位。核定全额预算事业编制3名。核定主任1名（不定级别）。

（七）沙坡头区网络安全应急与监控举报中心

沙坡头区网络安全应急与监控举报中心为沙坡头区委网信办所属不定级别事业单位。核定全额预算事业编制3名。核定主任1名（不定级别）。

（八）沙坡头区机构编制电子政务中心

沙坡头区机构编制电子政务中心为沙坡头区委编办所属不定级别事业单位。核定全额预算事业编制3名。核定主任1名（不定级别）。

第二节　重要会议

一、党员代表大会

中国共产党中卫市沙坡头区第一次代表大会于2016年6月10日至6月12日召开。

会议审议通过《中共中卫市沙坡头区工作委员会工作报告》《中共中卫市沙坡头区纪律检查委员会工作报告》《沙坡头区国民经济和社会发展第十三个五年规划纲要的建议》和《沙坡头区党费收缴、使用、管理情况报告》，选举产生中国共产党中卫市沙坡头区第一届委员会和纪律检查委员会。沙坡头区党工委、人大、政府、政协筹备领导小组代表，各乡镇代表、人武部代表、区直机关工委代表出席会议。不是代表的党的纪律检查委员会委员候选人预备人选，不是代表的沙坡头区人大、政协各专委领导干部和各乡镇人大主席，不是代表的中卫市党代表、优秀共产党员代表，党组织关系不在沙坡头区的区属单位负责人和部分特邀人员列席会议。

二、沙坡头区党工委工作会会议

2014年，沙坡头区党工委共召开25次工作会会议，主要研究审定《沙坡头区党风廉政建设一票否决实施办法（试行）》《沙坡头区部门争取项目资金工作考核暂行办法》《沙坡头区开展党的群众路线教育实践活动有关事宜》《沙坡头区关于深化农村改革的实施意见》《2014年沙坡头区民风建设"五定"工作方案》《沙坡头区乡镇机构编制调整方案》《中卫市沙坡头区酿酒葡萄产业发展规划》《中卫市沙坡头区奶产业发展规划》《中卫市沙坡头区农村公共服务运行维护机制示范试点实施方案》《沙坡头区康乐、敬农生态移民区新建移民住房建设方案》等，讨论审议常乐镇上游村整体搬迁遗留问题资金兑付的意见、关于解决柔远镇永久性蔬菜增供基地建设项目扶持资金的相关事宜、关于将沙坡头区香山乡南长滩村划转迎水桥镇管辖的相关事宜、关于增加沙坡头区城镇社区干部职数的相关事宜、沙坡头区领导干部联系宗教界代表人士和重点宗教活动场所制度的相关事宜、关于成立沙坡头区集中整治非法开采矿产资源专项行动工作领导小组的相关事宜等工作。

2015年，沙坡头区党工委召开了14次工作会。传达学习市委关于开展"守纪律、讲规矩"主题教育活动动员会精神、中卫市委三届五次全体（扩大）会议精神、自治区区直机关领导干部大会讲话精神、《党政领导干部保密工作责任制规定》《党政机关和涉密单位网络保密管理规定》、自治区党委十一届六次全体（扩大）会议精神、《中卫市公职人员不担当慢作为效率低行为问责办法（试行）》、自治区主席刘慧到中卫调研讲话精神及贯彻落实意见等；主要听取经济发展局关于沙坡头区安全生产工作情况等的汇报、民政和社会保障局关于沙坡头区社区工作情况的汇报、社会管理工作部关于信访工作情况的汇报、沙坡头区农田水利基本建设及农村环境卫生整治工作汇报、沙坡头区"十三五"规划编制情况汇报等；研究审定《沙坡头区农村环境卫生深度保洁及村容村貌管理暂行办法》、沙坡头区2015年"美丽乡村"建设方案、沙坡头区党工委领导批示件办理工作制度、关于进一步深化和谐社区创建工作的意见、设置槐树北巷等社区居委会事宜、病死或死因不明畜禽无害化处理场建设事宜、拟申报的全区优秀乡镇党委书记人选等事项。

2016年，沙坡头区党工委共召开10次工作会。主要传达学习全国两会精神、中央扶贫开发工作会议及自治区脱贫攻坚誓师大会精神、自治区十一届人大五次会议精神、中卫市委三届六次全体（扩大）会议精神、自治区"两学一做"学习教育会议精神、自治区党委关于做好2016年市县乡领导班子换届工作的通知精神、自治区综治信访维稳工作会议精神等；研究审定滨河镇南关村产权制度改革相关事宜、沙坡头区星级和谐社区事宜、康乐移民区田间供水系统维修项目实施方案、沙坡头区公务用车制度改革方案及配套文件、沙坡头区2016年美丽乡村建设方案、中共中卫市沙坡头区第一次代表大会工作方案及代表选举相关事宜、中国共产党中卫市沙坡头区第一次代表大会有关事宜等。

三、沙坡头区委常委会会议

截至2019年12月，沙坡头区委共召开常委会会议116次。主要传达学习习近平总书记来宁视察重要讲话精神、习近平总书记在深度贫困地区脱贫攻坚座谈会上的讲话精神、习近平总书记在纪念马克思诞辰200周年大会上的重要讲话精神、习近平总书记在"不忘初心、牢记使命"主题教育工作会议上的重要讲话精神、习近平总书记在黄河流域生态保护和高质量发展座谈会上的讲话精神、全国实施乡村振兴战略工作推进会议精神、自治区两会精神、自治区推进"两学一做"学习教育常态化制度化电视电话会议精神、中卫市第四次党代会精神、自治区党委办公厅《关于印发共产党员不准信仰宗教和参与宗教活动若干规定（试行）的通知》等重要精神和重要文件；主要听取中央第八环保督察组反馈问题整改落实情况的汇报、沙坡头区党委意识形态工作汇报；沙坡头区重点贫困乡镇脱贫攻坚工作督查调研情况汇报、沙坡头区禁毒工作情况汇报、沙坡头区"大棚房"问题专项清理整治行动开展情况汇报、沙坡头区扫黑除恶专项斗争工作情况汇报、关于违反中央八项规定精神突出问题专项治理违规资金上缴情况的汇报等；研究审定沙坡头区人大工作报告、沙坡头区政府工作报告、沙坡头区政协工作报告、沙坡头区法院工作报告、沙坡头区检察院工作报告、沙坡头区"十三五"易地扶贫搬迁安置建设方案、沙坡头区历年效能目标管理考核实施方案、《关于全面深化沙坡头区城乡社区警务改革创新治安防控体系建设"5+4"实施方案（送审稿）》、区人民政府党组《沙坡头区农村人居环境整治三年行动实施方案》、区人民政府党组《沙坡头区促进全域旅游发展扶持意见（试行）（送审稿）》《中共中卫市沙坡头区委员会巡察工作规划（2018—2022年）（送审稿）》《沙坡头区休闲农业与乡村旅游发展规划》《中卫市沙坡头区机构改革方案（送审稿）》《中卫市沙坡头区招商引资奖励办法（试行）（送审稿）》《关于成立调整规范撤销沙坡头区部分议事协调机构的请示》《沙坡头区农村危房"清零"工作实施方案》、党风廉政建设和反腐败工作年终考核有关事宜、沙坡头区推选出席党的十九大代表候选人初步人选有关事宜等。

第三节 纪律检查

一、纪委全会

2012年5月组建沙坡头区党工委管委会，成立区纪律检查工作委员会，与监察审计局合署办公。2012年至2015年未召开纪委全会。

2016年2月19日召开沙坡头区党风廉政建设和反腐败工作会议，区党工委书记王学军出席并讲话，区纪工委书记王永录代表区纪律检查委员会工作委员会作工作报告。

2016年6月11日，中共中卫市沙坡头区第一次党代会召开，沙坡头区党工委书记王学军出席会议并讲话。区委常委、纪委书记张江涛代表沙坡头区纪律检查工作委员会向第一次党代会作工作报告。

2017年2月6日，中共中卫市沙坡头区第一届纪律检查委员会第二次全体会议召开，中卫市副市长、区委书记王学军出席会议并讲话，区委副书记杨和主持会议。会议传达学习十八届中纪委七次全会、自治区纪委十一届八次全会和中卫市纪委四届二次全会精神，区委常委、纪委书记张江涛代表区纪委常委会作工作报告。

2018年2月11日，中共中卫市沙坡头区第一届纪律检查委员会第三次全体会议召开，区委书记童刚出席会议并讲话，区委副书记、区长郭爱迪主持会议。会议传达学习中央纪委十九届二次全会、自治区纪委十二届二次全会和中卫市纪委四届三次全会精神，区委常委、纪委书记、监委主任张振宇代表区纪委常委会作工作报告。

2019年2月11日，中共中卫市沙坡头区第一届纪律检查委员会第四次全体会议召开，区委书记童刚出席会议并讲话，区委副书记、区长郭爱迪主持会议。会议传达学习中央纪委十九届三次全会、自治区纪委十二届三次全会和中卫市纪委四届四次全会精神，区委常委、纪委书记、监委主任张振宇代表区纪委常委会作工作报告。

二、党风廉政建设

2012年，区纪工委（监察审计局）印发农村党风廉政建设工作要点和任务分工，将市委要求沙坡头区承办的5个方面22项内容分解到各乡镇部门，层层压实责任。先后4次对各乡镇的党风廉政建设工作开展情况进行督查，推动党风廉政建设责任制落实。在12个乡镇150个村建立村民监督委员会，发挥基层民主监督职能。

2013年，区纪工委（监察审计局）将全年党风廉政建设和反腐败工作细化分解为70项任务指标。研究制定《沙坡头区2013年廉政风险防控工作实施方案》，组织各乡镇、部门排查确立廉政风险点147个，制定防控措施172条。先后对各乡镇、各部门落实党风廉政建设责任制和深入推进惩防体系建设情况进行检查考核，对贯彻落实"八项规定""学党章、守纪律"集中教育活动等重点工作督促检查5次，推动党风廉政建设和反腐败工作向基层延伸。

2014年，区纪工委（监察审计局）制定党风廉政建设和惩防体系建设考核细则、主要任务分工，层层签订目标责任书，组织开展"四述三评"活动，确保党风廉政建设和反腐败各项任务落实到位。对党风廉政建设责任制进行半年检查、年终考核，定期抽查指导乡镇、部门党风廉政建设开展情况，以强化监督促履职尽责。

2015年，区纪工委（监察审计局）组织召开"四述三评"活动，文昌镇、镇罗镇、宣和镇、农牧科技局及民政和社会保障局主要负责人进行述职，现场接受质询评议。建立"年初定责、季度查责、半年督责、年终考责"机制，先后两次组织对各乡镇、各部门落实"两个责任""清廉沙坡头区"建设和"守纪律讲规矩"活动等年度重点工作进行督查，对存在问题的单位点名通报，督促限期整改。

2016年，区纪委（监察局）以落实"两个责任"为抓手，研究制定党风廉政建设和反腐败工作暨"清廉沙坡头区"建设主要任务分工、"两个责任"实施意见和追究办法。认真落实领导班子及成员述职述廉制度，组织召开沙坡头区"三述三评"测评大会，4名乡镇、部门"一把手"以及两名乡镇纪委书记进行述职，现场接受质询和评议，对履行"两个责任"的落实情况进行民主测评。加大监督检查力度，对履行职责不力、"两个责任"

落实不到位的19名科级领导干部进行责任约谈，对在工作中不作为、不敢为、慢作为等问题，责令7人作书面检查、给予诫勉谈话13人，职务调整1人，通报批评2人。研究出台《沙坡头区巡察工作办法（试行）》，开展巡察试点工作，发现问题3类12个。

2017年，区纪委（监察局）建立"年初定责、季度查责、半年督责、年终考责"的责任考评机制，出台《关于进一步加强党风廉政建设推动全面从严治党向基层延伸的实施意见》，在全市率先推行"两个责任"履责纪实制度，组织6名乡镇党委书记、纪委书记和部门主要负责人进行述职述责述廉。开展谈心谈话1652人，提醒谈话263人，责任约谈39人，诫勉谈话37人，函询13人。紧盯十九大期间信访维稳、环保问题整改、禁牧封育、秸秆禁烧等重点工作，责任约谈科级干部32人，问责镇村干部112人。研究制定《关于区委建立巡察制度的实施意见》《巡察工作实施办法》，深入社保局、扶贫办及各乡镇开展专项巡察，移交问题线索两个。全面推行"村廉通"机制，对11个乡镇156个村20886万元收入、19578万元支出进行了实时监督。

2018年，区纪委监委创建"一岗双责""六个一"新机制，督促乡镇部门完善全面从严治党"三个清单"，4名乡镇、部门党组织负责人，两名乡镇纪委书记述职述责述廉，"末位约谈"乡镇纪委书记两人。实施"三大战略""一带两廊"等领域加强监督检查，快查快办中央巡视组转办群众信访举报件和问题线索9批56件，给予党纪政务处分13人。严把党员干部政治关、廉洁关，回复党风廉政意见78批640人，健全干部廉政档案310册，函询不如实报告个人事项的领导干部6人。深化"村廉通"机制，打造"村级权力监督平台"166个。推行"廉情诊所"监督机制，通过"五诊"联动及"三色"警示，解决群众身边"微腐败"问题，打通全面从严治党的"最后一公里"。深入开展巡察工作，成立巡察办公室，修订《区委巡察工作规划（2018—2022年）》《区委巡察工作领导小组工作规则》《区委巡察组工作规则》等制度，健全巡察组长库及人才库。开展对海原、中宁县9个村党支部的交叉巡察，完成对兴仁镇、发改局等7个党委（党组）的常规巡察和川裕村等22个贫困村党支部的扶贫领域专项巡察。

2019年，区纪委监委督促乡镇部门健全全面从严治党"三个清单"，组织6名乡镇、部门（单位）主要负责人向区委述责述廉，指导各乡镇党委、部门党组织深入开展述评工作，查处落实"两个责任"不力问题8个，问责处理党员领导干部10人，给予党纪政务处分两人。推行党风廉政建设履责提醒机制，向15名区委、区政府班子成员抄送履责提醒清单331项，督促抓好分管领域及对口联系乡镇、部门（单位）党风廉政建设工作。对习近平总书记视察宁夏时的重要讲话和对宁夏工作的重要指示批示精神贯彻落实、实施"三大战略"、打好"三大攻坚战"、落实"一带两廊"布局等情况进行监督检查，处分违反政治纪律党员两人。扎实推进中央、自治区巡视反馈问题整改，责任约谈中央巡视组反馈问题整改措施不到位的单位负责人4名，督促整改自治区巡视反馈问题78个，办结自治区巡视组移交问题线索10批34件，给予党纪政务处分7人。强化党员干部日常监督，回复党风廉政意见209批4430人次，函询未如实申报廉政档案的领导干部15名。打造三色预警平台，277名受到党纪政务处分的列入红色档案，260名有轻微违纪或被给予组织处理的列入黄色档案，408名反映有关问题不属实的列入蓝色档案。开展纪律处分决定执行情况专项检查，纠正纪律处分执行方面问题5个。建立党员干部不实举报澄清和受处分党员干部回访关怀激励机制，回访教育受处分党员干部267人，为4名受诬告错告党员干部及时澄清。深化巡察监督，对14个乡镇、部门党委（党组），93个基层党支部开展巡察，发现问题223个，移交问题线索21件，向区委提交专题报告14份。对永康镇党委、财政局和原建设交通局党组巡察整改情况进行督查，下发《巡察整改建议》3份，对兴仁镇、民政和社会保障局、扶贫办3个党委（党组）进行巡察整改"回头看"，扎实做好巡察"后半篇文章"。成立巡察组和巡察信息中心，健全发现问题线索报备和定期报告工作等制度，规范问题底稿、总结评估、督查督办等工作流程，不断提升巡察工作质效。

三、作风建设

2012年，组织各乡镇查找梳理经济发展、社会管理、民生改善、干部作风、民风建设五个方面问题175个，制定整改措施264条，采取"五定工作法"，明确责任事项、责任内容、责任领导、责任人和完成时限，对问题整改情况逐一销号管理。开展"下基层、解民忧、帮发展、促和谐"活动，组织228名机关干部进村入户，拉近干群距离。开展"遵纪守法、遵规守则"学查改活动，不断提高依法办事、按规矩办事的能力和水平。

2013年，制定《关于改进工作作风、密切联系群众的规定》，全区会议次数压缩近50%，"三公"经费节省近30%。组织开展会员卡专项清退活动，区党工委、管委会7名班子成员，73名纪检干部做到零持有、零报告。开展群众评议机关和干部作风活动，对12个乡镇基层站（所）、服务窗口和10个部门进行民主评议，组织10个部门"一把手"在中卫交通广播电台《政风行风热线》栏目与听众进行面对面交流，在线解答和办理群众咨询和投诉。加大力度整治"庸、懒、散、软、奢"等不良风气，问责16人，通报批评17人。

2014年，紧盯关键节点，对公车私用、公款旅游、公款吃喝、落实"八项规定"等重点工作定期督促检查9次，对明察暗访中发现的4名违反工作纪律的人员责令整改。开展"门难进、脸难看、事难办""会所中的歪风"等系列专项整治活动，对135名领导干部配偶、子女经商办企业进行专项清理；组织开展"群众评议机关、干部作风"活动、全年受理并办结效能投诉件10件。

2015年，整治干部庸懒散软、不作为、慢作为等问题，诫勉谈话1人，对履责不到位的5个乡镇党委进行通报批评并责令书面检查。在重要节点重申纪律要求，组织明察暗访10次，通报批评2人。组织开展群众评议机关和干部作风活动，聘请政风行风监督员和评议员92个，对167名科级以上党员领导干部进行测评。

2016年，在县乡两级换届工作中，聘请36名换届风气监督员，成立12个换届风气监督巡回督查组，对各乡镇换届工作进行全程监督；严把党风廉政意见回复关，对提拔重用的干部及210名区党代表，199名区人大代表，115名区政协委员候选人进行廉政鉴定，确保了换届工作风清气正。严格落实中央八项规定精神，围绕公款吃喝、公款送礼、公款旅游、借婚丧嫁娶敛财、滥发津补贴等作风问题开展明察暗访13次，排查公务用车1100辆次，责任约谈4名乡镇部门主要负责人。扎实开展贯彻落实中央八项规定精神"回头看"和借婚丧喜庆事宜敛财专项整治活动，对区直部门、乡镇"三公"经费管理使用情况进行专项检查两次，发现问题9类83个，给予党内警告1人，诫勉谈话1人，书面检查1人。

2017年，制定出台《沙坡头区机关工作人员纪律规范》，督促全区党员干部增强维护纪律、遵守纪律的自觉性和主动性。做实做细加强日常监督，对公车管理使用、公款吃喝、操办婚丧喜庆事宜等情况进行严格督查，开展明察暗访15次，下发《督查通报》6期、《纪律检查建议书》32份，通报违反中央八项规定精神典型案例两期。扎实开展"忠诚干净、担当干事"作风建设专项活动，组织各乡镇党委、部门党组织查摆整改问题476个，公开承诺297人。对14个单位"三公"经费进行专项检查，整改问题83个；开展违规购买消费高档白酒集中整治专项行动，督促43个单位开展财务报销违规问题自查自纠，整改问题46个。

2018年，围绕贯彻落实中央八项规定精神开展专题培训496人。紧盯"节日病"开展明察暗访12次，整改超标准公务接待、违规公款吃喝、违规公款送礼、外出公款旅游、超标准配备使用办公用房五个方面问题4174个，批评教育6人，书面检查5人，诫勉谈话33人，函询不按时上缴违规资金的党员干部及公职人员46人，给予党纪政务处分20人，移交市纪委问题线索12个15人，收缴违规资金408余万元。大力整治形式主义官僚主义等"四风"问题，严肃问责危房改造补助对象审核把关不严、责任意识淡化、工作敷衍了事的镇村领导干部5名，严肃查处秸秆禁烧工作中处理不及时、监管不到位的领导干部4名，约谈中央巡视组反馈问题整改工作不力的部门负责人4名。

2019年，持之以恒落实中央八项规定精神，以"零容忍"态度惩治顶风违纪问题。共查处违反中央八项规定精神问题线索12件，给予党纪政务处分7人，收缴违规资金28.59万元。开展违反中央八项规定精神突出问题及领导干部利用名贵特产和特殊资源谋取私利问题专项整治，对无政策依据发放津补贴、支付新闻稿件费等问题问责18人；对未经批准因私出国（境）党员干部给予诫勉谈话23人，党纪政务处分8人。加强对贯彻落实基层减负措施情况的监督检查，对落实工作不到位的8个单位主要负责人进行提醒谈话。深入开展"党政机关作风建设年、干部队伍素质提升年"，对重大决策部署不敬畏、不在乎、空泛表态、不担当、不作为等"四风"问题责任约谈22人，诫勉谈话12人，处分6人，通报曝光12期30人。

四、廉政教育

2012年，开展"廉政文化建设月"活动，组织党员干部观看《苏共亡党亡国二十年祭》等廉政教育片，举办廉政文艺演出52场次。申报创建市级廉政文化示范点17个，迎水桥镇夹道村被命名为自治区级"廉政文化示范村"。开展"勤廉为民""五好"镇村创建活动，4个乡镇，115个行政村被命名为市级"勤廉为民""五好"镇村。

2013年，开展反腐倡廉教育培训24次1693人，组织全区300余名基层干部到中卫市警示教育基地接受警示教育，20个乡镇和部门的"一把手"开展讲廉政党课评比活动。落实"三谈两述一承诺"，对28名拟提拔任用干部进行任前廉政谈话和廉政考试，22名乡镇、部门主要负责人在中卫日报公开廉政承诺，自觉接受社会和群众的监督。开展谈心提醒关爱教育活动，对3名干部采取"一对一"的方式进行关爱提醒谈话。

2014年至2015年，组织沙坡头区124名科级以上领导干部填报廉政档案，对22名拟调整任用干部进行任前廉政谈话，21名乡镇部门"一把手"在中卫日报做出廉政公开承诺。深入开展"家庭诺廉""读书思廉""案例警廉"专题廉政教育、谈心提醒关爱教育五项活动，编印《基层党风廉政建设工作手册》400册，打造廉政文化示范点8个，评选"清廉剧社"两个，编排廉政文艺节目4个。

2016年，深入开展"廉洁家风建设""创清风家园　建和谐社区"等活动，培育清廉剧社两个，清廉剧场1个，征集"好家训、好家规"14条，发放家庭助廉倡议书600余份，签订廉政承诺书237份，评选"最美家庭"8个。对117名新任职交流干部进行廉政谈话，组织193名科级干部和34名纪检干部参加知识测试，分期分批组织2000名党员干部接受警示教育，筑牢干部思想防线。

2017年，举办"传家训、树家风、颂清廉"主题演讲比赛和"我的家风家教故事"征文活动。组织党员干部参观警示教育基地2000余人次，开展村（居）新任"两委"班子成员履职及预防职务犯罪培训12场次2040余人，对新提拔任用的98名干部进行党政纪知识测试。创建"清风沙坡头"微信公众平台，开辟专栏7个，推送发布纪检监察信息112期152篇。打造"清廉示范点"13个，以党风廉政建设、党史学习教育、案例警示、重温入党誓词等功能为一体打造了东方红社区廉政教育基地。

2018年，实施廉政教育宣传"八个一"工程，开展"廉洁从政记在心中"知识竞赛，观看警示教育片、参观警示教育基地1950人次，通过"塞上风纪曝光台"转载各类案例349期，编排廉政文化节目17个，培育清廉示范点5个，以固本清源、惩防并举的有效措施巩固反腐败斗争成果。坚持以案促改、标本兼治，通报曝光违纪违法典型案例12期31人，回访教育被处分人员38名。

2019年，建立"廉政教育+"工作机制，在区委中心组开展党风廉政建设专题学习，组织118名科级领导干部开展党纪法规知识测试，对新任职干部进行廉政谈话及廉政考试210人次，做出廉政承诺294份。举办"礼赞70年，廉政新时代"文艺演出，组织观看《守望家风》《路蠹之覆》《叩问初心》等专题片，引导各级党员干部筑牢防线、守住底线、不碰红线。

五、反腐败工作

2012年，受理各类信访件9件，立案2人，停职调查1人。协助市纪委核实文昌镇郭营村、双桥村套取征地补偿费等违纪问题，调整撤换村干部3名。

2013年，清理违规享受低保、孤儿养育津贴29人，处理超计划生育4例。全年共受理各类信访件36件（其中重复7件），立案16件，给予党政纪处分26人，移送司法机关处理 2 人，收缴违纪资金 7 万余元。

2014 年，共受理问题线索 57 件，立案 21 件，给予党纪处分 10 人，收缴违规违纪资金共计 126 万余元。对各乡镇 2012、2013 年度农村危房改造项目及其资金使用管理情况进行再监督、再检查，对套取金额超过 5 万元的 23 个村书记进行立案调查。

2015 年，受理信访举报 116 件，立案 43 人，给予党纪处分 34 人，移送司法机关 3 人，收缴违纪资金 45.2 万元。开展查处套取挪用侵占涉农惠农资金专项行动，梳理问题线索 39 件，给予党政纪处分 22 人，书面检查 35 人。

2016 年，受理信访举报 127 件，谈话函询 5 件，立案 28 人，给予党政纪处分 25 人，移送司法机关 1 人，收缴违纪资金 39 万余元。深入开展惠农政策、涉农工程及农村"三资"大排查活动，排查问题 86 个。委托 3 家会计师事务所重点对各乡镇 2013 年至 2015 年期间惠农政策及涉农工程资金进行专项审计，涉及资金达 4.83 亿元。开展粮食直补专项检查，组织财政、农牧部门对辖区 11 个乡镇 166 个行政村，就 2012 至 2015 年度粮食直补政策落实及其补贴资金使用情况进行专项检查，梳理问题线索 30 件，给予诫勉谈话、书面检查 12 人，收缴违纪资金 39 万余元。

2017 年，共受理信访举报 149 件，处置反映问题线索 128 件，初核了结 90 件，函询谈话了结 13 件，立案 63 人，给予处分 62 人，收缴违纪资金 48.37 万元。开展涉农扶贫监督执纪问责"五必进五必问五必查"活动，共排查受理扶贫领域问题线索 51 件，立案审查 42 人，给予党纪处分 42 人，收缴违纪资金 23 万余元。

2018 年，共受理信访举报 266 件，处置线索 279 件 367 人，立案 81 件 121 人，给予党纪政务处分 114 人，收缴违纪资金 100 余万元。集中查办中央巡视组转办群众反映强烈的突出问题 9 批 56 件，诫勉谈话 9 人，立案 7 件，给予党纪政务处分 13 人。扎实开展扶贫领域专项治理，函询扶贫项目 11 个，跟踪监督项目招投标、资金拨付等关键环节，受理问题线索 67 件，诫勉谈话 6 人，处分 26 人。坚持扫黑除恶专项斗争与惩治"蝇贪"相结合，排查梳理涉黑涉恶问题线索 2 件，立案 1 件，移送市纪委 1 件，开除党籍 1 人。加大环保领域问责力度，处置问题线索 18 件，责任约谈 5 人，诫勉谈话 2 人，通报批评 2 人，处分 11 人。

2019 年，共受理信访举报 344 件，处置问题线索 478 件，立案 133 件 135 人，给予党纪政务处分 93 人，收缴违纪资金 59.91 万元。深化扶贫领域腐败和作风问题专项治理，处置扶贫领域问题线索 44 件，给予党纪政务处分 12 人。推进扫黑除恶专项斗争监督执纪问责，核查涉黑涉恶腐败和"保护伞"问题线索11件，立案19人（采取留置措施3人），给予党纪政务处分5人，移送检察机关审查起诉2人。扎实推进中央扫黑除恶督导组反馈意见整改，查处交办问题线索15批71件，给予党纪政务处分5人。开展民生领域突出问题专项治理，查处侵害群众利益问题线索112件，给予党纪政务处分32人，通报曝光14人。

六、深化改革

2012年至2016年，积极推进"三转"，将纪工委（监察审计局）牵头或参与的44个党工委、管委会议事机构调整为6个。全面落实纪检监察机关"五个不直接参与"要求，将机关作风评议、村监会管理等工作移交主责部门，把工作重心聚焦到监督执纪问责上来。

2017年至2018年，稳步推进监察体制改革，按时完成动员部署、人员转隶、机构调整、班子选举、挂牌成立等10个关键环节的工作任务。2018年1月8日，沙坡头区监察委员会正式挂牌运行，区委书记童刚和区人大常委会主任焦清春共同为"沙坡头区监察委员会"揭牌。精准统计党政机关、国有企业、基层组织等六类监察对象3474人。派出乡镇监察办公室11个，授予部分监察职能。不断完善内控机制，制定《纪委常委会监委委务会工作规则（试行）》《执纪监督检查工作试行办法》《审查调查措施使用规范》《执纪监督监察工作流程图》《执纪监督监察常用文书》等制度，对谈话函询、初步核实、立案审查、案件审理和监督管理等关键环节梳理细化、再造流程，规范12项调查措施的适用情形、操作步骤，探索试用谈话、询问、讯问、查询、调取、冻结、扣押调查措施7项。

2019年，强化对乡镇纪委（监察办公室）、派驻机构的领导和指导，推动监察权向基层延伸，把法定监察对象全部纳入监督范围。学习贯彻《中国共产党纪律检查机关监督执纪工作规则》《监察机关监督执法工作规定》，制定《执纪监督检查工作试行办法》《审查调查措施使用规范》，提高纪检监察工作法治化、规范化水平。扎实推进派驻机构改革，成立派驻纪检监察组5个，实现对35个党政机关、单位监督全覆盖。

第四节 政法工作

一、社会治安综合治理

2012年，沙坡头区整合综治、公安、司法等资源，建成乡镇综治维稳中心11个，村级民调网点162个，并配备专业工作人员。同时，建立义务治安巡逻队伍和治安联防队伍243个。深入开展"月月创平安"活动，共创建平安乡镇10个，平安村（社区）126个。2013年，组织元旦、春节等重要时期矛盾纠纷排查5次，排查出各类矛盾纠纷2543件，调处2475件，调处率97.3%。乡镇辖区平安村、平安社区、平安单位的综合达标命名率在85%以上。2014年，构建"大调解"工作体系，构建党委、政府统一领导，镇综治维稳中心指导协调和具体运作，驻镇各单位、司法部门共同参与的镇、单位、村、组"四级联调"，人民调解、行政调解、司法调解"三级联动"的社会矛盾纠纷"大调解"工作机制，共排查矛盾纠纷2947件，化解2902件，化解率达98.5%。2016年，制定下发了《2016年沙坡头区毒品重点地区整治实施方案》等专项工作方案，持续推进社会治安重点地区整治。年内公安机关共查处各类治安事件1158起、破获各类刑事案件858起、侵财类案件755起、毒品刑事案件27起，打击有组织犯罪团伙4个15人，抓获涉案犯罪嫌疑人291人，抓获网上逃犯54人，现发命案侦破率100%。认真贯彻落实《宁夏回族自治区矛盾纠纷排查化解办法（试行）》，年内共排查各类矛盾问题1990件，化解1980件，化解率达99.5%。2018年，沙坡头区命案零发案，为近20年最好防控水平；共立刑事案件1997起，同比下降0.16%；共立八类主要刑事案件17起，同比下降39.3%；未发生50人以上群体性事件和涉枪涉爆致人死亡案；被自治区命名为平安县（市、区）。2019年，加大对涉众型经济犯罪源头稳控和处置力度。立案查处非法集资案件34件，挽回经济损失7600多万元，退赔群众270余万元，判处罪犯99人，涉众型经济案件发案同比下降83.3%；共立刑事案件1910起，批准逮捕各类刑事案件212件316人，提起公诉458件593人，审结281件，判处罪犯476人；八类主要刑事案件破案率100%；未发生50人以上群体性事件和涉枪涉爆致人死亡案件。

二、信访维稳

2012年，沙坡头区制定下发《关于认真做好维护稳定工作切实开展不稳定问题排查工作的安排意见》《沙坡头区重点信访问题包保化解工作方案》《关于党的十八大期间信访维稳工作预案》《沙坡头区百日百件重点信访问题包保化解工作方案》等13个文件，进行信访督查25次，借助镇村干部及下基层驻村干部进行全覆盖、无疏漏大排查，共排查出不稳定因素110件。沙坡头区信访总量、集体访、非正常访和群体性事件实现了"四个下降"。2013年，共受理群众来信来访1147件914人次，其中集体来访157批368人次。2014年，制定了沙坡头区《关于在党的群众路线教育实践活动中开展"信访积案化解及规范化管理"专项整治行动的实施方案》，对涉及沙坡头区的35件信访积案分六个方面进行了梳理排查。2015年，开展由党工委各包乡镇领导牵头、乡镇负责、部门配合的为期2个月的信访矛盾纠纷排查化解专项活动，共排查矛盾纠纷2947件，化解2902件，化解率98.5%。2016年，建立健全信访工作机制。建立领导干部周接访制度、包案化解制度和稳控责任制度，严格落实重点信访人员包案责任制、动态管控制、失控通报制、信访专报制、信访联席会议等制度，切实压实信访责任，构建人人抓信访的格局。年内有效预防重点信访人员29批78人次，成功劝返进京上访人员32人次，减少非访的发生。2017年，共排查各类矛盾纠纷501件，调处化解501件，化解率达100%；开展专项排查3次，共梳理重点矛盾问题200件，已化解135件，化解率达67.5%，对未化解的矛盾问题，严格落实"五定"责任，通过交办、督办，全面落实化解稳控措施。2018年，各镇乡、各成员单位共排查录入矛盾纠纷924件，化解923件，化解率达99.9%；做好中央第八巡视组交办案件化解。严格按照办理要求，成立工作专班，全力做好第八巡视组交办案件调查核实、答复等工作。共办结涉法涉诉信访案件11件。做好自治区交办的重点矛盾问题化解。对自治区交办的案件，按照"一人一策""一案一策""一案一档"原则，逐一研究制定"五定"责任方案，积极调处化解。2019年，共排查录入矛盾纠纷排查化解信息系统内矛盾纠纷360件，调处357件，化解率高达99.2%；自治区综治办矛盾纠纷排查调处调度会上共交办13件重点矛盾问题，化解8件；自治区委政法委交办影响社会稳定突出问题7件，化解5件，共办理涉法涉诉信访案件20件。超前谋划70周年大庆安保维稳工作，压实属地管理责任，落实重点信访人"双见面""零报告"等制度，圆满完成全国、区、市两会等重大节会安保维稳任务。

三、严打整治

2013年,沙坡头区共抓获各类犯罪嫌疑人191名,查处违章车辆2520辆。严厉打击暴力犯罪,共破获各类刑事案件1026起,打击处理犯罪嫌疑人482名。建立涉法涉诉信访依法终结制度,依法打击非访人员57人,梳理信访积案55件,成功化解14件。2014年,主要刑事案件立案31件,占全年刑事案件的1.1%,未超过全部刑事案件的8%。开展"信访积案化解及规范化管理"专项整治行动,35件信访积案已化解34件,化解率97%。2015年,深入开展创建"无传销社区"活动,共创建无传销社区(村)23个,共查处取缔传销窝点32个,查办传销案件24起。扎实开展安全生产"十大专项"整治行动,紧盯非煤矿山、危险化学品、道路交通、烟花爆竹、人员密集场所等领域,开展安全生产大检查6轮次,整改率达97.7%。2018年,按照中央、自治区及中卫市部署要求,成立专项工作领导机构,制定印发了《沙坡头区开展扫黑除恶专项斗争工作实施方案》《沙坡头区扫黑除恶专项斗争领导小组工作规则》等文件,公安机关共收集线索140条,办结94条,办结率67.1%;纪委监委共受理问题线索2条,初核了结1条。年内,打掉涉恶集团两个,涉恶团伙1个,"村霸"1个,开除党籍1人,抓获罪嫌疑人48人,公开宣判1件12人。同时,按照"有黑扫黑、有恶除恶、有乱治乱"的原则,持续推进社会治安乱点整治,共开展各类清查9批次。打击涉黄涉赌违法犯罪57案219人,收缴赌资68885元;打击旅游"黑车""黑导"15案50人;共清查行业场所1000余家,罚款20家、警告9家、限期整改72家、停业整改20家、关停4家、当场整改10家,盘查可疑人员75人,初步形成了严打高压态势。2019年,共立刑事案件1910起,批准逮捕各类刑事案件212件316人,提起公诉458件593人,审结381件,判处罪犯476人。成功打掉1个涉黑社会性质犯罪组织和两个涉恶集团、1个涉恶团伙,抓获犯罪嫌疑人105人,破获案件88起,带破九类涉恶案件56起,抓获犯罪嫌疑人57人,查封、扣押、冻结涉案资产总估值约达7.3亿元;办理涉黑涉恶腐败和"保护伞"案件11件19人,给予党纪政务处分6人,移送司法机关2人;共受理各类问题线索1326条,核查办结911条,办结率69%;整顿软弱涣散村党组织28个,配齐配强村"两委"成员120人,中央扫黑除恶督导组督导及"回头看"反馈问题全部整改完成。被中卫市委、市政府授予政法工作先进集体,被自治区扫黑除恶专项斗争领导小组通报表扬。

四、平安创建

2013年，投资118.64万元完善了公共场所、主要路段、居民小区等重点部位的视频监控网络，安装探头395个。加强治安巡逻管控，积极推行"交巡合一"巡防模式，共抓获各类犯罪嫌疑人191名，查处违章车辆2520辆。推进社区警务网格化。建成了东关、民族巷、沙坡头景区等10个特色社区警务室和8个农村警务室，配备社区民警28名，协勤29名。深入开展"打非治违"专项行动，全面排查辖区内安全生产隐患，整改各类安全隐患1093个。2014年，制定《关于进一步深化平安沙坡头区建设的实施方案》，确定25项工作任务，分解到8个相关部门，与各乡镇签订2014年平安建设目标考核责任书，年内平安建设"四项约束性指标"和"九项考核指标"均未突破自治区规定。2015年，制定下发了《2015年平安沙坡头区建设工作任务分工方案》，明确了市直部门承担的43项工作任务和沙坡头区承担的33项工作任务；将沙坡头区承担的工作任务分解到8个相关部门和11个乡镇。2016年，制定下发了《沙坡头区2016年平安建设工作实施方案》《关于认真贯彻落实矛盾纠纷排查化解等7项重点工作的通知》，开展实地督查3次、电话督查6次，召开平安建设安排部署会1次，推进会3次，下发平安建设工作督查通报两期，有力地推动了平安建设工作的落实。2017年，制定下发了《沙坡头区2017年深化平安建设工作实施方案》《关于分解2017年平安建设工作任务分工的方案》等系列方案。严格落实督查通报制度，年内共开展实地督查3次，下发通报两期，电话督查6次，下发督办通知书4份，有力推动平安建设任务落到实处、取得实效。严控平安建设约束性指标。年内，共发生命案3起，较去年同期减少2起，下降40%；共立刑事案件2030起，较去年减少571起，同比下降28.1%，破获各类刑事案件1162起，破获率57.2%；共立八类主要刑事案件28起，破获27起，破获率96.4%；发生较大道路交通事故两起；重点地区涉访人员13批24人次；到自治区初信初访共7批27人次；自治区越级访23批84人次；未发生50人以上群体性事件和涉枪涉爆致人死亡案。2018年，制定下发了《2018年综治平安沙坡头区建设工作实施方案》。年内，先后实地督查指导两次，召开工作推进会两次，下发督查通报、督办通知书6期，以督查、通报等方式，有力推动平安建设工作任务落到实处、取得实效。截至9月底，沙坡头区命案零发案，为近20年最好防控水平；共立刑事案件16111起，较去年同期1528起增加83起；共立八类主要刑事案件11起，较去年同期23起下降52.2%；发生较大道路交通事故2起；非接待场所有关人员4

批4人次，较去年同期13批24人次，批次下降69.2%，人次下降83.3%；到自治区初信初访6批14人次，较去年同期7批27人次，批次下降14.3%，人次下降48.1%；到自治区越级上访9批23人次，较去年同期23批84人次，批次下降60.9%，人次下降72.6%；未发生50人以上群体性事件和涉枪涉爆致人死亡案。平安建设约束性指标呈现出"四下降两无一归零"的良好态势，社会大局长期稳定向好。2019年，以严控"四项约束性"指标为主线，常态化开展矛盾纠纷排查化解，持续开展社会治安突出问题专项整治。刑事案件立案数逐步下降，非接待场所有关人员同比批次、人次下降77.8%、84.6%；到自治区越级访同比批次、人次下降49%、71.2%；八类主要刑事案件破案率100%；未发生50人以上群体性事件和涉枪涉爆致人死亡案件，平安建设四项约束性指标和五项主要指标均在可控范围。坚持发展新时代"枫桥经验"，深化乡镇综治信访维稳资源整合，打造柔远镇"大调解"、文昌镇访调分郭、柔远镇冯庄村"4+X"等先进工作机制，全年共排查调处各类矛盾纠纷1590件，调解成功1264件，涉及金额2877.94万元。2019年，宁夏公众安全感网络测评参评率位居22个市（县、区）第一名。

五、铁路护路联防

2012年，紧紧围绕《2012年中卫市铁路护路联防工作要点》要求，结合沙坡头区工作特点，及时化解涉路矛盾纠纷，确保铁路沿线及周边治安秩序稳定。共组建义务护路队33支，义务护路队员92名，采取爱路护路宣传、集中检查整治、严打非法收购和整治沿线环境等措施，杜绝在铁路两侧乱倒垃圾、乱堆杂物现象的发生。2013年，与涉路各乡镇签订《铁路护路目标管理责任书》，9月在沙坡头区7个涉路乡镇全面实行乡村铁路护路联防工作承包责任制，共承包治安复杂区段7处，重点部分两处，关键处所1处，涉及铁路37.62千米，年承包金额4.92万元。2014年，按照《全面实行乡村护路工作承包责任制实施办法》，从考核办法、考核标准、责任划定、奖惩兑现、经费保证等方面对承包工作做出明确要求。严格执行"专项经费100%用于乡村护路工作承包责任制"的要求。年内共落实承包人13人，承包治安复杂区段10处，重点部位1处，关键处所两处，涉及铁路45.67千米，年承包金额7万元。2015年，全面推行护路承包责任制，年内共聘用16名承包人，涉及铁路78.23千米。同时，积极做好37个涵洞的积水抽排和除冰等工作，加强铁路涵洞周边水利设施管理维护，为维护铁路周边居民安全出行构筑了安全屏障。2016年，制定《2016年度沙坡头区铁路护路联防工作要点》和《2016年度沙坡头区铁路护路联防工作考核细则》，严格落实护路承包责任制，共续签承包人17名，承包治安复杂区段17处，重点部位37处，涉及铁路78.23千米；在东园镇、柔远镇、双渠村、高营村四个试点建立两个乡村护路工作中心和两个护路工作站。2017年，充分发挥铁路护路联防"五位一体"工作机制，落实乡村护路承包责任制，广泛开展爱路护路宣传活动，排查整治各种安全隐患，全力化解涉路矛盾纠纷。2018年，制定印发了《2018年度沙坡头区铁路护路联防工作实施方案》，召开铁路护路联防工作安排部署会，与涉路乡镇、19名护路承包人签订目标责任书，进一步压实护路责任。2019年，制定印发了《2019年度沙坡头区铁路护路联防工作实施方案》及推进计划，建立铁路护路联防工作联席会议制度，扎实开展"乡村护路承包深化年"活动，成立护路承包责任制专项督导组，对乡村护路责任承包人督查3次，不定期抽查18人次，对工作职责落实不力的3名承包人员进行更换，有效督促承包人履行好工作职责。广泛开展形式多样的爱路护路宣传活动，受教育群众达8000余人次，营造了爱路护路的良好氛围。

第五节　组织建设

一、基层组织建设

中共中卫县委成立后，就委派党员骨干建立基层组织，发展了一批出身好、运动中表现积极的贫下中农，经过运动考验的优秀分子入党。"文化大革命"开始不久，各级党组织和党员停止组织活动，组织工作瘫痪。中共十一届三中全会后，对党员重新审查登记，党员队伍不断壮大。2004年中卫县撤县设市后，沙坡头区党的基层组织由中卫市委组织委管理。2014年，沙坡头区共辖641个基层党组织，其中：基层党委12个，党总支9个，机关党支部22个，农村党支部164个，社区党支部12个，企业党组织386个，共有党员12216名。2015年，建立党工委领导班子成员党建工作联系点制度，7名党工委领导班子成员联系指导农村、社区、非公3个领域14个基层党组织，加强党建工作指导力度。建立每月党建工作例会和定期督查通报制度，制定《乡镇党委（直属机关工委）书记、副书记抓党建工作考核评价办法》，成立农村、社区和社会组织、机关、非公4个党建工作推进组，分领域抓任务落实，增强指导党建工作的针对性。在农村党组织中以村居一体化、农村基层阵地建设、市级文明村、民主法治示范村、美丽村庄建设等为主体，打造产业带动型、阵地服务型、文化引领型、和谐稳定型、民生改善型等党建示范点20个。在社区党组织中深入开展以育民、乐民、便民、富民为主要内容的"四民"工程，打造社区党建示范点4个。在机关部门开展以建立一个为民服务平台、建立一支便民服务队伍、打造一批特色活动载体为主要内容的"三个一"活动，打造机关党建示范点两个。在非公企业中围绕抓党建促发展，打造企业示范点4个。采取"符合要求的独立建、以大带小挂靠建、小小联合建"等方式，在农民专业合作组织、专业协会组织建立党支部4个，下派党建工作指导员11名，将38家农民专业合作组织和专业协会组织挂靠到村党组织，实现资源共享。实现社区与辖区单位共驻共建，组建社区"大党委"15个。开展"互帮互促"和城乡党支部"手拉手"结对帮扶活动，结成农村党支部互帮互促对子84个，班子成员互帮互促对子171个，选派12名支部委员到结对村兼任支部副书记，城乡党支部手拉手对子77个。完成社区"两委"换届选举工作，选优配齐15个社区党组织班子。任命29名驻村工作队长为"第一书记"。着力加强基层民主政治建设。全面实行党务村务（财务）公开、"五牙子章"民主理财、"民主议政日"等制度，群众、党员、村"两委"成员、村监会成员开展民主议事、民主理财、民主管理活动，完善决策程序，落实公开责任，提高公开质量，保障党员的主体地位和民主权利，增加工作的透明度。开展星级服务型党组织创建活动，按照"基层党组织自评、党员群众测评、上级党组织评定"等程序，命名"四星级基层服务型党组织"1个，"三星级基层服务型党组织"29个，"二星级基层服务型党组织"128个，"一星级基层服务型党组织"86个。建立农民专业合作社和专业协会党组织29个，实现党的组织全覆盖。

2017年，制定《关于激励干部想干事能干事干成事的责任分工方案》，先后调整安排34名领导干部到贫困乡镇任职。着眼不同层级、不同岗位、不同职务，探索实施"三阶段"递进式干部培养模式。落实《沙坡头区新任职科级干部到信访部门挂职锻炼办法》，调任事业干部1名到乡镇任职，转任1名市直部门干部到区直部门任职，提拔重用基层急难险重岗位干部47名，选派38名区直机关干部到乡镇任职。

2018年，严格落实党建工作主体责任，完善组织委员专岗专责制度和党务干部管理等制度，强化责任落实，层层建立约谈、党建工作例会、现场督办等制度和党建工作成绩清单、问题清单、任务清单、责任清单。围绕基层党建工作任务先后组织开展各类督查4次，约谈乡镇党委书记、副书记6人次，现场办公18次，下发整改督办书60份。突出政治标准，严把党员发展进口关，年内发展党员184名，其中在重点群体和领域发展年轻党员51名。健全完善党员信息管理系统，完成13664名党员信息录入，2469条党员信息核对纠错，实现党员组织关系转接等网上管理。制定《沙坡头区农村党员干部现代远程教育站点管理制度》，督促指导各基层党组织开展远程教育2000余场次。

二、党员主题教育

（一）党的群众路线教育

2014年2月，按照"照镜子、正衣冠、洗洗澡、治治病"的总体要求，组织辖区558个参学党组织、12216名党员扎实开展党的群众路线教育实践活动。活动中，先后召开宣讲报告会15场次，举办培训班3期，观看《苏联亡党亡国20年祭》《"四风"之害》《焦裕禄》等电影、电教片60多场次，印发问卷调查6361张，发放征求意见表4925份，入户走访群众16072人次，班子成员参与访谈470余人次，征求到社会各界意见建议1119条，各级领导班子专题民主生活会和组织生活会共查摆"四风"问题1750余条，相互提出批评意见1856条，整改落实群众反映强烈的民生突出问题537件，查处通报"四风"违纪典型案例两起，给予党政纪处分两人，压缩"三公"经费22.53万元，清理腾退办公用房3201平方米，清理各类评比表彰项目5项，会议、文件比过去精简压缩了8.18%和13.47%，清理在编不在岗人员19人，借调人员25人，核查取消城乡低保对象1711人，清理农村"三资"2.49亿元，核实村级债权1.21亿元、债务1.59亿元。

（二）"三严三实"专题教育

2015年，制定沙坡头区"三严三实"专题教育方案及三个专题集中学习研讨安排，领导班子查找问题12条，制定整改措施21项，领导班子成员共查找问题21条，制定整改措施17项。组织各乡镇、各部门140余名领导干部参加"三严三实"专题讲座。组织党工委全体领导及乡镇、部门主要负责人共计40余人参观自治区警示教育基地，借反面典型加深对"不严不实"行为及其危害的认识。开展基层调研50余次，对4个乡镇、2个部门和1名乡镇党委书记进行通报，约谈4名乡镇党委主要领导。把"三严三实"专题教育与信访矛盾纠纷排查化解活动相结合，排查基层矛盾纠纷361件，化解214件；把"三严三实"专题教育与特色产业发展相结合，2015年上半年实现农业增加值4.6亿元，同比增长5.4%；把"三严三实"专题教育与扶贫攻坚工作相结合，争取投资6000多万元实施敬农移民区渠灌改造、兴仁移民区土地综合治理、米粮川移民区盐碱地综合改良等工程；把"三严三实"专题教育与农田水利基本建设和农村环境卫生整治工作相结合，获得2015年全区农田水利基本建设竞赛"黄河杯"特等奖，拆除残垣断壁41646米，清运垃圾3951吨。

（三）"两学一做"学习教育

2016年，制定"两学一做"学习教育实施方案，确定"五查五树"专题研讨内容，印发沙坡头区"两学一做"学习安排具体方案。制作印发《沙坡头区"两学一做"学习教育资料汇编》300余本。开展集中学习2197场次，12万余人次参加；召开专题研讨会910场次，2.9万余人次参加；组织各级党组织书记、班子成员和普通党员讲党课1628场次，5万余人次参加。查找党员思想、作风、纪律等方面存在的问题4210条，制定整改措施6301项；查找党员领导干部存在问题475条，制定整改措施475项。坚持把"两学一做"学习教育与推动沙坡头区重点项目建设、重点工作推进、信访积案化解、脱贫攻坚等具体工作相结合。

三、干部监督管理

沙坡头区组织部门加强领导干部日常监督，严格执行函询、诫勉、信访查核等制度，构建来信、来访、12380举报电话和短信"四位一体"的监督体系。落实经济责任审计、离任工作交接办法，委托审计部门对领导干部进行离任审计，督促领导干部完成离任交接。严格落实《沙坡头区管理国家干部出国（境）管理办法》《沙坡头区领导干部请销假制度》等规定，收集管理各类出国境证件，审核审批出国境领导干部，审批核销因公、因私请假干部。开展退（离）休领导干部在社会团体兼职问题专项督查和领导干部接受国际和民间奖励有关问题自查工作。落实领导干部能上能下规定，推动形成能者上、平者让、庸者下、劣者汰的用人导向和从政环境。2018年，完善领导干部监督管理机制，从严从实监督管理干部，整合监督资源，实施联动督导，建立了纪检、巡察、计生等"负面清单"。制定了《中央第八巡视组巡视宁夏反馈组织建设和选人用人方面问题沙坡头区整改落实工作方案》，建立整改落实清单、销号台账，先后开展了干部选拔任用自查自纠、"带病提拔"倒查等工作。委托开展任中离任审计4人次。严格落实《沙坡头区领导干部离任工作交接办法》等4项制度，修订完善《沙坡头区管理国家工作人员出国境管理办法》，16名领导干部完成离任交接、集中管理护照等证件99件、审批审核出国境3人次，开展领导干部配偶、子女及其配偶经商办企业专项整治工作，建立台账34套。发挥好来信、来访、12380举报电话和短信"四位一体"的监督体系，强化案件查核督办力度，依规核实信访件1件。

四、干部选拔

2015年，共提拔科级干部33名，交流31名；委托审计部门先后对4名领导干部进行经济责任审计；清理整改7名科级领导干部违规兼职；对群众反映的3件信访件进行查核；4名干部违反计划生育政策取消上会资格；消化超职数配备干部5名。2016年，提拔科级干部29名，交流180名，"三类人员"进乡镇领导班子13名，不存在超职数超职级选拔干部情况；委托审计部门对两名领导干部进行经济责任审计；对群众反映的5件信访件进行查核；加大超职数配备干部整改消化力度，消化超职数配备干部4名。落实领导干部能上能下，实施末位淘汰制，转任非领导职务3名、暂缓任职5名。与纪检、法院、检察院、审计、计生等部门配合，建立违反换届纪律问题快速查核联动机制，成立换届风气监督巡回督查组12个，发放《严肃换届纪律提醒卡》等各类提醒材料1万余份。2017年，认真执行《干部任用条例》，严把动议提名、民主推荐、组织考察、讨论决定等重点关口，强化各级党委（党组）选人用人主体责任，建立以民主测评、个别谈话、延伸了解、实绩公示以及征求纪检、计生等部门意见为主要内容的全方位考察干部工作机制。重点考察拟任干部任前档案"三龄两历一身份"和工作实绩，审核干部人事档案132人次，对身份不符合的干部一律不作为重点考察对象。严格执行党政领导干部任前公示制度、谈话制度和试用期制，对新提拔和调整岗位的168名科级领导干部进行任前履职谈话，召开集体谈话会1场次，对4名新任职领导干部实行任职试用期。严格核定职数选配干部，年内，共提拔科级干部94名，平职交流科级干部92名。加强领导班子和领导干部综合分析研判，认真落实《沙坡头区委管理领导班子和领导干部综合考核评价实施办法（试行）》，开展重点考察考核、年度考核、任期考核，全面掌握领导班子实际运行状况和领导干部工作实绩情况，为调整优化各级领导班子提供依据。

2018年，突出选人用人标准，严把选任程序。落实好干部标准，突出政治标准选拔任用干部，坚持重"品德"、重"实绩"、重"公认"、重"基层"的以事择人导向，严把动议酝酿关、民主推荐关、组织考察关、讨论决定关、干部任职关，调整使用干部64人，对勇于担当、工作成效突出的11名干部提拔重用，对不担当不作为的1名干部予以免职。做好沙坡头区监察委员会第一届人事安排，圆满完成区一届四次人代会选举工作，完成监察体制改革，健全监委班子。推进市区融合发展，择优推荐30名科级领导干部作为拟交流人选。实施"青年干部培养计划"，制定了《沙坡头区关于培养选拔优秀年轻干部"155"工程的实施方案》，通过推荐、考察、征求意见、组织选拔考试，储备优秀年轻干部109名，组织召开选调生座谈会，为建设一支来源广泛、数量充足、结构合理、素质优良、适应新时代要求的优秀年轻干部队伍筑牢了基础。制定《沙坡头区关于推行干部"干事档案"工作的实施意见（试行）》，各乡镇、部门结合实际制定具体配套实施方案33个，组织实施落实《关于激励干部想干事能干事干成事的责任分工方案》，开展新时代新担当新作为人选推荐评选工作，沙坡头区推荐初步人选65人，向自治区、市推荐上报11人。根据《沙坡头区委管理领导班子和领导干部综合考核评价实施办法（试行）》，对两个单位开展重点考察考核，34个单位领导班子及领导干部履职情况进行考察调研，激励干部服务发展、主动作为。

五、干部教育培训

2015年，制定《2015年沙坡头区干部教育培训工作要点》和《2015年沙坡头区领导干部主体培训班次计划安排》。举办"三严三实"专题教育、科级干部等各类培训班14期，培训1000余人次。外派培训干部21人次。选派参加市直部门各类培训班225人次，组织254名处科级领导干部参加宁夏干部教育网络学习培训。推荐国家劳动模范先进工作者村书记1人，自治区级两人，市级两人、公务员1人。加强实践教育培训，选派3名基层领导干部到机关挂职锻炼，选派57名乡镇干部驻村开展扶贫开发、调处矛盾纠纷。深入开展下基层活动，着力提升干部处理复杂问题和做好群众工作的能力，调整下基层干部300余名。建立三级培训阵地，通过沙坡头区党员教育管理中心、乡镇党员教育管理中心、农村远程教育中心构建沙坡头区三级培训阵地，努力形成覆盖区、乡、村三级党员干部网络式的培训格局。

2016年，组织举办纪检干部、基层党组织负责人、女干部、少数民族干部等各类培训班7期，培训1800余人次。组织沙坡头区332名领导干部参加宁夏干部教育网络培训。贯彻落实《宁夏领导干部上讲台实施办法》，主要领导讲授党课、形势课共14次。组织镇村干部、合作社负责人等优秀共产党员进行先进事迹宣讲12场次，培训1200余人。召开各类现场观摩会12场次，发放各类技术资料3.3万余份。组织召开2016年产业发展和重点工作现场交流会暨赴中宁、海原学习观摩会。邀请沙坡头区道德模范讲家风故事40余场次。加强实践教育培训，选派3名基层领导干部到机关挂职锻炼，抽调各级帮扶人员1373人，下派驻村第一书记28名，在工作一线教育培训干部。

2017年，坚持分类施训，统筹抓好各级各类干部教育培训，以党章、党性党风党纪、习近平总书记系列重要讲话精神以及依法行政等为重点，先后举办"党员领导干部党性修养""干部能力提升"等综合培训班、专题培训班25期，培训领导干部2300余人次。认真落实《宁夏领导干部上讲台实施办法（试行）》，年内区委书记带头讲党课7场次，其他党员领导干部讲党课300余场次。注重在实践中培养锻炼提高干部，先后选派4名新任职的年轻领导干部到信访部门挂职锻炼。构建脱产培训与网络培训互补机制，充分利用"互联网+"提高干部教育培训实效，每月定期督查干部网络培训学习，推动干部教育培训信息化常态化，实现科级领导干部网络培训全覆盖。

2018年，强化干部激励措施，提升干部素质。按照"干什么学什么，缺什么补什么"的原则，制定《2018年沙坡头区领导干部培训班次计划》，举办各类培训班22期，培训2869人。选派148名领导干部参加上级组织部门培训48期，其中选派处级领导干部54人次参加培训22期。组织613名干部参加宁夏干部网络学院培训学习。

第六节　宣传工作

一、理论学习

2004年2月至2012年5月，中卫市城区党工委、沙坡头区党工委严格按照市委和市委宣传部的统一安排，不断加强党工委理论学习中心组理论学习和领导干部理论学习，认真学习马克思列宁主义、毛泽东思想、邓小平理论、"三个代表"重要思想和科学发展观，深入学习贯彻党的十六大、十七大、十六大以来历次中央全会精神及自治区第九次、十次党代会精神和中卫市第一次、二次、三次党代会精神。围绕党和国家重大政策出台、重大活动开展及重要会议召开，组织学习贯彻党的理论创新成果和中央重大决策部署，全面深刻领会中国特色社会主义理论体系及科学发展观的精神实质和科学内涵，推动党工委领导干部学习掌握现代化建设所必需的各方面知识，全面提升思想认识和理论水平。

2012年5月至2016年8月，沙坡头区党工委党群工作部负责沙坡头区理论研究、理论学习等工作。沙坡头区组织各级党员干部深入学习贯彻党的十八大精神，重点围绕"十七大以来的光辉成就""未来五年描绘的发展蓝图"等深入开展学习研讨，深刻领会党的十八大精神实质。坚持把学习宣传贯彻党的十八大精神与贯彻落实自治区第十一次党代会、自治区党委十一届二次全会和中卫市第三次党代会、市委三届三次全会精神相结合，与自治区"两区"建设（建立宁夏内陆开放型经济试验区，设立银川综合保税区）相结合，与中卫市推动"旅游优先发展、外煤进宁、城市化带动、扶贫攻坚"四大战略和"创新引领、特色产业倍增、民生改善"三项行动计划相结合，深入研究分析沙坡头区经济社会发展面临的新形势、新任务。强化干部学习教育，先后举办4期专题培训班，培训科级干部224名、村（社区）党组织书记181名。

2013年，沙坡头区党工委全面抓好学习型党组织建设，购买发放理论读物两万余本。开展各类培训讲座7场次，参训党员干部及群众2500余名。沙坡头区各级党组织讲党课100余堂次，培训党员5000余人次。

2014年，沙坡头区各乡镇、各部门党委（党组）理论学习中心组学习平均15次，开展"为民、务实、清廉"专题辅导讲座15场次。各级党组织负责人开展讲党课活动156堂次。开展部门、乡镇、村、社区党组织负责人和非公党组织负责人培训班两期，参训人员356人。依托中共中卫市委员会党校组建"沙坡头区党的群众路线教育实践活动宣讲团"，开展宣讲活动12次。

2015年，围绕学习宣传贯彻党的十八大及十八届三中、四中全会精神和习近平总书记系列重要讲话精神，深化党员干部理论武装，购买发放理论读物370余本，开展各类学习培训活动116次，撰写理论文章等30余篇。组织沙坡头区党工委理论学习中心组学习12次，党工委领导讲党课10场次，各乡镇党委理论学习中心组学习83次。

自2016年8月，中共中卫市沙坡头区委员会宣传部（以下简称沙坡头区委宣传部）负责沙坡头区理论研究、理论学习等工作。2016年，购买发放《习近平总书记系列重要讲话读本（2016年版）》《习近平总书记重要讲话文章选编》《共产党人的楷模》《习近平总书记在文艺工作座谈会上的重要讲话学习读本》等理论读物780余本。开展理论学习中心组学习、专题讲座、读书班、领导讲党课、主题征文等学习教育活动，大力推进学习型党组织建设。全年组织沙坡头区党工委（沙坡头区委）理论学习中心组学习13次，各乡镇党委理论学习中心组学习132次，区委领导讲党课10次，乡镇党委书记学习辅导11次。为庆祝中国共产党成立95周年和纪念中国工农红军长征胜利80周年，组织开展红军长征故事宣讲会两场次。举办"弘扬长征精神·共筑强大国防"纪念红军长征胜利80周年主题演讲及征文活动，撰写理论文章、各类征文等30余篇。

2017年，深入贯彻落实中共中央办公厅印发《中国共产党党委（党组）理论学习中心组学习规则》，将理论学习中心组学习纳入党建工作责任制和意识形态工作责任制。采取专题辅导、集体研讨和个人自学等形式，全年组织沙坡头区委理论学习中心组学习24次，含专题辅导15场次。结合"两学一做"学习教育，开展专题理论研讨4次，在各级报章杂志上发表理论文章15篇。各乡镇、部门党委（党组）理论学习中心组学习300余次。围绕中央、自治区、市重大主题和习近平总书记系列重要讲话精神及自治区第十二次党代会精神，深入开展理论宣讲和政策解读活动，邀请自治区、市宣讲团力量，组织开展沙坡头区领导干部下基层宣讲活动，全年开展各类理论宣讲265场次，举办"沙坡头大讲堂"8场次。

2018年，将习近平新时代中国特色社会主义思想、党的十九大精神、马克思主义民族观宗教观、自治区党委十二届四次全会精神等纳入沙坡头区委理论学习中心组学习内容，为中心组成员发放《习近平谈治国理政》《习近平新时代中国特色社会主义思想三十讲》《新时代面对面》《中华人民共和国宪法（2018修正）》等书籍。全年组织沙坡头区委理论学习中心组学习17次，含专题辅导5场次。举办"沙坡头大讲堂"5场次。开展专题理论研讨5次。各乡镇、部门党委（党组）理论学习中心组学习370次，干部理论学习1520次，向沙坡头区内外各类报章杂志推送发表主题理论征文60余篇。开展党的创新理论宣讲阐释，广泛开展"党的十九大精神进万家"理论宣讲活动和百姓微宣讲活动，举办首届沙坡头区理论"微宣讲"大赛，选拔5名选手参加自治区、市理论微宣讲大赛，并分别取得了二等奖1名、三等奖2名的成绩。在各村、社区打造新时代农民（市民）讲习所27个，其中示范点11个，制定完善讲习所学习、管理等制度，深入开展习近平新时代中国特色社会主义思想和党的十九大精神宣讲阐释活动，开展各类宣讲活动580余场次。

2019年，全年组织沙坡头区委理论学习中心组学习16次，含专题研讨12次、专题辅导3场次。各乡镇、部门党委（党组）理论学习中心组学习360余次，党委（党组）领导班子开展宣讲200余次。开展以"庆祝新中国成立70周年""建设美丽新宁夏 共圆伟大中国梦"等为主题的理论征文活动，征集高质量文章120余篇。举办沙坡头区第二届理论"微宣讲"比赛，推荐6名优秀选手参加市级理论宣讲比赛，并取得优异成绩。推广使用"学习强国"学习平台，定期通报学习情况，截至2019年底，沙坡头区"学习强国"

学习平台用户16062人，其中非党员用户5867人。

二、舆论引导

2004年2月至2012年5月，沙坡头区舆论引导工作由中卫市委宣传部负责。

2012年，沙坡头区抢抓党的十八大胜利召开的历史机遇，充分发挥舆论引导作用，紧紧围绕"建设和谐富裕新中卫、与全国同步进入全面小康社会"主题，制定《沙坡头区关于做好党的十八大宣传工作的实施方案》。以"走基层、转作风、改文风"主题采访活动为依托，在中卫电视台"建设新中卫 喜迎十八大"专栏宣传报道22期。

2013年，依托中卫日报开设《沙坡头区周刊》，出版30期916篇新闻稿件。编印《党群工作信息》50期106篇、《沙坡头区快讯》11期17篇，向中卫电视台、中卫政府网报送信息330条、向市直有关部门报送1130篇，向自治区党委宣传部报送55篇，有两篇入选《宁夏宣传信息》。

2014年，通过新闻报道、新闻时评、图文展示等形式，刊发（播）沙坡头区新闻信息（节目）290余篇，整理编印《党群工作信息》23期39篇，向宁夏回族自治区党委宣传部报送30余篇，在《宁夏宣传工作》刊登两篇。运用"沙坡头区发布"微信、微博等21个网络新媒体政务微博和沙坡头区党建网发布信息800余条。

2015年，按照"适应新常态，弘扬主旋律，打好主动仗，传播正能量"的总体要求，强化舆论引导，弘扬社会新风正气，开展近十项系列活动，大力唱响共产党好、社会主义好、伟大祖国好的时代主旋律。累计报送信息及线索670余条，在市级以上各级媒体刊发刊播450余篇，通过网络平台编发公众微信85期510余条，微博信息2317条。

2016年，坚持党管媒体原则，建立舆情分析研判、舆情处置部门联动、重大政策及项目的舆情风险评估等机制，进一步规范舆情信息的研判管控和处置工作。及时做好重要节点、敏感时期的舆论监管，及时搜集、研判、处置可能引发群体性事件和社会动荡的言论。全年共搜集上报舆情15条，调查核实15条。

2017年，高度重视网络舆情管控。成立了网信办，建立了舆情分析研判、舆情处置部门联动、重大政策及项目的舆情风险评估等机制。网信办共搜集上报舆情30件，其中重大舆情两件。所有舆情均得到有效处置化解，未酿成重大舆情事件。

2018年，对沙坡头区312个网站，59个"两微一端"平台进行登记备案、规范管理。深入实施中国梦践行者网上传播工程、"中国好网民"工程。加强舆情管控和阵地管理。

健全完善意识形态领域舆情分析研判、网络舆情监测报送、网民诉求回应、舆情应对处置联动机制、网络舆情处置快速反应机制和重大政策及项目的舆情风险预警、新闻发言人及新闻发布等制度。加强对新媒体、文化传播等各类意识形态阵地的管理，审核报备各类培训、讲座13场次，妥善处置舆情48件。

2019年，聚焦庆祝新中国成立70周年，策划开展"我和我的祖国"歌曲快闪、"同唱一首歌、同升一面旗"迎国庆等活动，圆满完成庆祝新中国成立70周年社会宣传工作。刊播《沙坡头区新闻》233期、《中卫日报沙坡头区周刊》86期；利用"魅力沙坡头"客户端发稿2032条，运用"现场云"平台发布新闻145期；沙坡头区新闻稿件在中央媒体上稿176篇，在自治区级媒体上稿296篇。

三、思想政治工作

2012年，坚持把学习宣传贯彻党的十八大精神与落实自治区第十一次党代会、十一届二次全委会和市第三次党代会、三届三次全委会精神相结合，与自治区"两区"建设相结合，与中卫市推动"四大战略"和"三项行动计划"相结合，以"走基层、转作风、改文风"主题采访活动为依托，在中卫电视台专题宣传报道22期；撰写《建设新中卫喜迎十八大》专刊，在《宁夏日报》刊登两期。

2014年，结合党的群众路线教育实践活动积极开展形势政策教育，邀请中卫市委党校宣讲团在12个乡镇、10个部门（含所属事业单位）开展宣讲活动15场次，覆盖1700余人次。邀请自治区党的群众路线教育宣讲团，为沙坡头区副科级以上领导干部开展"为民、务实、清廉"专题辅导讲座3场，覆盖360余人次。邀请全区先进人物事迹巡回报告团12名先进典型代表，开展两场先进事迹报告会，覆盖270余人次。

2015年，邀请宁夏回族自治区党校教授为140余名领导干部进行专题教育讲座，通过中心组专题学习大讨论活动相关篇目94次，撰写心得体会1180篇，撰写调研报告140篇。

2016年，沙坡头区委实行意识形态工作党委主要领导负责制，成立沙坡头区意识形态工作领导小组，形成党委统一领导、党政齐抓共管、宣传部门组织协调、有关部门分工负责的工作格局。

2017年，沙坡头区建立意识形态工作责任落实述职制度，研究出台《沙坡头区党委（党组）网络意识形态工作责任制实施细则责任分工方案》，将意识形态工作列入区委专项督查主要内容，与经济工作同部署、同考核。

2018年，沙坡头区制定印发《沙坡头区乡镇党委意识形态工作责任清单》《沙坡头区乡镇党委意识形态工作责任制测评体系（试行）》《沙坡头区直部门党委（党组）意识形态工作责任清单》《沙坡头区直部门党委（党组）意识形态工作责任制测评体系（试行）》《沙坡头区党委（党组）意识形态工作责任制考核实施细则（试行）》，坚持把意识形态工作纳入区委重要议事日程和年度目标责任考核内容，建立落实意识形态评价机制，将意识形态工作责任落实纳入巡视巡察内容，纳入各级党委班子成员民主生活会和述职报告的重要内容，推动各级党委（党组）全面落实意识形态工作责任制。对中央第八巡视组反馈宁夏落实意识形态工作责任制方面的问题，通过成立整改工作领导小组，制定整改工作方案和举措，认真逐项进行对照整改落实。先后举办处级领导、科级领导和沙坡头区宣传文化系统领导干部意识形态工作专题培训3次，对做好新形势下意识形态工作进行全面辅导。对各乡镇党委、部门（党组）落实意识形态工作制情况进行两次督查。

2019年，沙坡头区严格落实意识形态工作责任制，沙坡头区委先后5次专题研究部署意识形态工作，区委常委会听取了两次意识形态工作专题汇报。制定会商研判、风险防控、管控处置等6项制度，将意识形态工作纳入区委巡察工作内容，完成对7个乡镇和7个部门巡察。针对宁夏回族自治区党委第四巡视组巡视反馈的5项18个具体问题，建立台账，抓好整改，逐条"销号"，持续跟进。定期研判、通报意识形态领域形势，开展意识形态领域风险点排查4次，梳理风险点18个。加强意识形态阵地管理，全年审批各类培训班、讲座17场次。严格落实网络舆情监测、研判、会商等制度，妥善处置网络舆情110起。

四、社会宣传

2012年，沙坡头区党工委、管委会通过在各乡镇、部门、村、社区办公场所和辖区人员密集场所悬挂横幅232条，张贴标语606条，创办板报103块，设置宣传栏69个，投用电子屏21块，大力刊播展示喜迎党的十八大相关宣传内容。

2013年，沙坡头区党工委党群工作部依托中卫日报社开设《中卫日报沙坡头区周刊》，全年刊发30期916篇新闻信息。同时，编印《党群工作信息》50期106篇稿件，编印《沙坡头区快讯》11期17篇稿件。向中卫电视台、中卫市人民政府网报送新闻信息330条，向市直有关部门报送简报信息1130篇，向自治区党委宣传部报送简报信息55篇，其中有两篇入选《宁夏宣传信息》。

2014年，依托中卫日报社、中卫电视台，通过新闻报道、新闻时评、图文展示等形式，刊发（播）沙坡头区新闻信息（节目）290余篇，整理编印《党群工作信息》23期39篇，向自治区党委宣传部报送30余篇，有两篇在《宁夏宣传工作》刊登。运用新媒体，建立沙坡头区党建网、"沙坡头区发布"微信公众号等21个网站和政务微博。

2015年，从中卫高速路口到宣和高速路口显眼处，喷绘"二次创业"大讨论、"三严三实"宣传标语21条，1300平方米，报送"二次创业"大讨论活动简报15期，发布和转载相关信息40余条。

2016年，做好重大会议活动宣传报道工作。围绕中国共产党中卫市沙坡头区第一次代表大会、中卫市沙坡头区第一届人民代表大会、中国人民政治协商会中卫市沙坡头区第一届委员会和挂牌成立等重要时政活动，对沙坡头区"十二五"期间取得的辉煌成就、今后五年的奋斗目标和主要任务及2016年重点亮点工作，进行全方位宣传报道。特别是在沙坡头区"四套班子"挂牌成立时，邀请新华社、人民网等17家中央及自治区新闻媒体记者，召开新闻发布会，引导新闻媒体对沙坡头区经济社会发展取得的显著成就进行了广泛深入报道。助力新媒体融合发展，主动与中卫市新闻传媒中心合作，联合开办《沙坡头区新闻》《沙坡头区新闻周刊》新闻栏目和《中卫日报·沙坡头区周刊》，设立沙坡头区记者站，与新华社、宁夏电视台、宁夏日报、华兴时报等驻卫记者站建立每周线索报送机制。

2017年，与新华社建立联系，搭建"魅力沙坡头"党政客户端和新华社"现场云"新闻宣传平台，举行新华社"现场云"入驻沙坡头区新闻发布会。建立"文明沙坡头区"等微信公众号。与新华社、宁夏电视台、宁夏日报、华兴时报等驻卫记者站建立线索日报机制，采取一方源头收集、媒体多方报送形式，加强通联合作，并组建75名通讯员队伍。突出迎接自治区第十二次党代会和党的十九大召开这条主线，充分展示党的十八大以来沙坡头区经济社会发展取得的辉煌成就。在宁夏日报专版刊登喜迎党代会沙坡头区专版，在中卫电视台开设"党代表风采录"专栏，在中卫电视台开设"贯彻落实自治区第十二次党代会精神，以优异成绩迎接党的十九大""贯彻落实党代会精神，建设开放富裕和谐美丽沙坡头"等专题专栏。

2019年，制定印发了《关于做好庆祝新中国成立70周年社会氛围营造工作的通知》，制作条幅1325余条，灯杆广告665个，彩旗1737面，海报1254张，串旗1841个，展板

224个，道旗386面，悬挂灯笼722个，大型固定宣传标语42条，路面大型固定展板23个，电子屏播放301处，墙体彩绘266处，摆放花坛10个。

五、精神文明建设

2012年，沙坡头区坚持把民风建设作为"一号工程"来抓，扎实推进民风建设"五大工程"及示范村建设，新建民风建设示范点38个。法制育人工程。结合"六五"普法活动，邀请律师为村干部开展农村常用法律法规相关知识培训讲座。在各乡镇设立道德模范宣传橱窗，打造民风宣传长廊，组建民风宣传队，发放民风宣传册，开展学雷锋见行动、"文明家庭""美德在农家""和谐家庭""日行一善"活动。环境育人工程。在各乡镇建设"塞上农民新居"和文化广场，拆除违章建筑，绿化美化亮化农村道路，完善农村垃圾"户清扫、村收集、镇转运、市处理"长效机制，成立卫生保洁组织，配备卫生清扫及垃圾处理设施，配齐卫生清扫员，清理长期影响农村环境的"三堆"，培养农民群众卫生环境意识。制度育人工程。各村建立完善村民监督委员会和民主理财、民主评议等民主监督制度，积极推行"四议两公开"，加大党务村务财务透明度。组织修订完善村规民约。政策育人工程。向村民发放《民生服务指南》，做好惠民政策宣传。东园镇八字渠村等4个村建立一站式便民服务站，为群众实行全程代办制。沙坡头区党工委党群工作部制定印发《关于评选2012年度文明单位、文明村镇的通知》《沙坡头区"十星级民风建设模范户"创评活动实施方案》，明确文明创评活动的评选原则、范围、指标、标准、程序、要求及实施方法步骤等。

2014年，将村（社区）人居环境整治、民风示范村创建、道德讲堂、善行义举四德榜作为评选文明村镇的先决条件。对文明村镇实施动态管理，对2014年度新创建的21个沙坡头区文明村进行考核验收。成立沙坡头区创建文明城市迎检工作组，确立一周一督查、一周一通报工作机制，对创建工作任务倒排工期、全力推动工作落实。在各单位办公楼、小区入口处、窗口单位、民生服务中心及村（社区）办公地点等悬挂文明城市创建标语100余条，张贴创建文明城市宣传画、"图说我们的价值观"贴图1500余张。通过"沙坡头区发布"微信微博转发《中卫市创建自治区文明城市倡议书》等相关内容。依托民风建设示范村，新创建法治示范村26个，建设法治广场54个、法治文化长廊3884米、法治宣传橱窗474个、法治宣传牌513个，为各村农家书屋充实法律读物。强化矛盾纠纷排查调处，严格落实周排查、月汇报、季总结、重大节点专项排查制度，对排查出的重点矛盾纠纷，集中组织力量排查调处，矛盾纠纷化解率达98.5%。建立健全沙坡头区"最美人物信息库"，健全完善好人发掘常态化机制，深度挖掘各行各业"最美人物"。

2015年，以培育和践行社会主义核心价值观为主线，按照"适应新常态，弘扬主旋律，打好主动仗，传播正能量"的总体要求，强化舆论引导，弘扬社会新风正气。坚持选树典型示范带动，开展首届沙坡头区道德模范推荐评选活动，66人入围，25名先进典型被命名表彰。两人荣获自治区道德模范，两人荣获"宁夏好人"称号。注重发挥典型的示范引领作用，组织各乡镇每月推荐1名在某一领域表现突出的"最美人物"，录入沙坡头区"最美人物信息库"，共挖掘录入"最美人物"34名。发挥文明导向，推进美丽乡村建设，深入各村（居）实地调查，筛选出21村（居）作为创建对象，落实东园镇美利村等10个2014年度沙坡头区级文明村扶助资金1万元。推荐上报13个村参加第三批市级文明村创建评选，7个村被列入自治区美丽村庄建设计划。

2016年，组织开展"我推荐、我评议身边好人""学雷锋、树榜样""感动中卫"和沙坡头区道德模范推荐评选等活动，评选表彰沙坡头区道德模范25名，涌现出中卫市道德模范21名、自治区道德模范19名、全国道德模范两名，累计挖掘推荐身边好人55名，推荐上报"百孝之星"7名，将好家风好家训征集宣传与"百孝之星""最美人物"推荐、最美家庭等活动有机结合，组织开展了自治区"百孝之星""展示家庭美德·树立良好家风"等活动，健全完善了好人发掘常态化机制活动，并通过沙坡头区自有媒体进行集中宣传展示。发挥文明导向，推进美丽乡村建设。组织开展文明单位、文明村镇创建评选工作，上报自治区文明村两个、到届复验1个。

2017年，开展社会主义核心价值观"六进"活动，将文明旅游、文明餐桌、文明交通、诚信建设等内容融入社会主义核心价值观建设。先后重点打造美利广场、常乐广场两个社会主义核心价值观示范广场，累计在乡镇打造社会主义核心价值观主题广场11个，巩固提升主题文化广场阵地47个，打造墙体文化长廊145个。研究出台《沙坡头区进一步推进移风易俗工作意见》《沙坡头区规范党员领导干部操办婚丧喜庆事宜暂行规定》，先后在各乡镇分别打造1到两个移风易俗示范点先行示范，打造移风易俗示范村（社区）21个，沙坡头区实现"一约一会"（村规民约、红白理事会）全覆盖。累计挖掘推荐身边好人上百名，评选沙坡头区道德模范25名，获评中卫市道德模范21名、自治区道德模范19名，推荐全国道德模范两名，推荐评选自治区"百孝之星"7名，在各村打造善行义举四德榜150余个。结合党建党风廉政建设、民风建设、环境卫生整治和人居环境美化绿化等工作，不断提升创建质量。累计创建全国、自治区、市和沙坡头区各级文明村镇、文明单位71个。在各机关单位开展"公务礼仪标兵评比"活动。共评选出沙坡头区文明单位6个、文明村镇社区10个，文明家庭10家。市级文明单位1个、市级文明村镇6个，向自治区推荐了5个区级文明村镇，向全国推荐6个国家级文明村镇（社区）。建立志愿者队伍23支，注册志愿者人数达2500多人，开展"学雷锋、做贡献、讲文明、促和谐""青春志愿行·亮丽沙坡头""倡导文明新风·创建和谐家庭"等志愿服务活动231次，文昌镇黄河花园社区、滨河镇槐树北巷社区获评"最美志愿服务社区"。

2018年，推动社会主义核心价值观主题广场、示范点建设。打造东园镇金沙村、宣和镇喜沟村、迎水桥镇鸣沙村、兴仁镇川裕村等11个社会主义核心价值观示范阵地，累计在乡镇打造社会主义核心价值观主题示范广场23个。常态化组织开展"我推荐、我评议身边好人""感动宁夏人物"等身边好人推荐评选等活动，以"善行义举四德榜"为抓手，共推荐身边好人24名，推荐"感动宁夏人物"10名。围绕"学习雷锋精神"、移风易俗、敬老爱幼、禁毒、创建全国文明城市等主题，开展"邻里守望、我们的节日、全国文明城市志愿服务"等活动231次。成立沙坡头区创建全国文明城市指挥部及思想道德建设、政务环境、法治环境、市场环境、人文环境、社会文化环境、生活环境、社会环境、生态环境等9个工作推进组，召开指挥部会议两次，制定出台《沙坡头区创建全国文明城市工作方案》《沙坡头区创建全国文明城市"1+9"推进方案》《沙坡头区创建全国文明城市"十大行动"方案》等方案。狠抓市容环境专项整治，清理小区垃圾杂物、"僵尸车"、"牛皮癣"小广告、橱窗广告等，拆除楼顶广告，清整"一店多招"、占道经营、跨门营业、流动摊点等。建立网格化管理机制，统筹协调解决各网格创建过程中的疑难问题。制定《沙坡头区进一步推动移风易俗工作意见》《关于在全区党员干部中开展移风易俗"八带头八禁止"活动的通知》等规范性文件，开展红白理事会骨干培训会，对沙坡头区166个行政村移风易俗开展情况进行"过筛子"，排摸督查。打造移风易俗示范村（社区）11个，总结提炼的"沙坡头区五型六化工作法推动移风易俗"等好的做法在宁夏文明网、宁夏精神文明建设、宁夏宣传工作信息中作为工作典型进行刊载推广。

2018年，整合资金、资源、平台和各方力量精心打造东园镇金沙村、迎水桥镇鸣沙村、宣和镇喜沟村3个集社会主义核心价值观、移风易俗、扶贫、乡村振兴战略、农民讲习所等为一体的精神文明综合示范阵地。8月，沙坡头区被评为自治区"移风易俗先进县区"。抓好志愿者队伍建设，助推中卫市创建全国文明城市。2018年注册志愿者人数达

88000余人，组建的志愿者服务团队达288支，开展的志愿服务活动达231次。

2019年，巩固11个社会主义核心价值观示范阵地建设，打造"道德模范一条街""诚信模范一条街""美德公园"、主题广场等示范点。开展"我推荐我评议身边好人"系列活动，推荐第七届全国道德模范候选人3名，获评第六届自治区道德模范1名、第四届"宁夏好人"4名、第四届自治区"百孝之星"3名和市级道德模范10名、新时代好少年2名。评选表彰沙坡头区道德模范18人、新时代好少年5人、文明家庭12户。以文明城市创建为统揽，健全完善"1+9"创建机制，深化创城"主题季"活动，抓好专项整治行动，做好年度测评迎检工作。坚持周五志愿服务活动，组织志愿服务30次，发动志愿者2.6万余人次。做好文明村镇、文明单位、文明校园验收及评选工作。深化移风易俗，开展红白理事会培训，修订完善各村（社区）村规民约和居民公约，将婚丧喜庆事宜等方面"红线"纳入"两约"。评选表彰沙坡头区移风易俗工作先进村（社区）11个、移风易俗示范户19户。推进新时代文明实践中心建设，整合盘活全民健身中心、雷锋纪念馆、基层公共文化设施、乡村记忆馆等阵地资源，建设新时代文明实践所、站10个，建立《新时代文明实践中心建设试点工作奖励办法》等制度。建立"1+N"志愿服务模式，组建志愿服务队79支志愿者1800余人，打造"赶集行动""志愿服务一条街""时间银行"等特色服务品牌，培育志愿服务项目48个，开展文明实践志愿服务710余次。

第七节　统战工作

一、民族宗教工作

辖区内佛教、道教、天主教、基督教、伊斯兰教五大宗教俱全。截至2019年12月，沙坡头区有依法登记场所135所（其中：佛教场所83所、道教场所7所、基督教场所6所、天主教场所1所、伊斯兰教场所38所）。全区登记备案宗教人士269人（其中：佛教僧尼86人、道教道士87人、天主教神职人员4人、基督教人士6人、伊斯兰教教职人员86人）。全区信教群众约4.4万人，约占全区总人口的10.3%，其中：佛道教约1.98万人，天主教230人，基督教约3000人，伊斯兰教约2.1万人。辖区内有大型宗教活动场所4处（高庙、龙宫庙、老君台、香岩寺）。

2015年，申报2015年少数民族发展资金项目12个（其中联合市委统战部民族宗教局上报3个），获批资金100万元，永康镇永新村单独获批150万元。年内印发《民族团结宣传教育读本》等各类书籍4000余册，举办培训班、专题讲座4期。研究制定《沙坡头区宗教活动场所主要教职人员生活补助发放考核办法（试行）》，对符合生活补助发放标准的主要教职人员，采取日常考核和季度测评。

2016年，争取少数民族发展资金245万元，实施水车村道路硬化及排水工程，兴仁集贸市场建设，永康达茂村、香山米粮川村、宣和华和村基础设施改造5个项目。推进宗教活动场所"四进"活动，即"国旗、党报党刊、法律法规、社会主义核心价值观"进宗教场所，在推进"四进"活动中，投入11万元在东关清真寺等12座宗教场所通过宣传栏、室内外展板、户外喷绘等方式将"四进"活动落到实处。召开了3次大型宗教活动联席会议，共批复举办各类宗教活动49起，未发生一起安全问题。严格监管宗教场所建设。对需翻建的，逐级履行翻建程序，对不符合要求的，责令停建整改，2016年共上报翻建5处，停建2处。沙坡头区文昌镇民族巷社区荣获2016年度第四批全国民族团结进步创建示范单位，迎水桥镇鸣沙村、文昌镇蔡桥路社区获得2016年度自治区级民族团结进步示范单位。

2017年，制定《创建全区民族团结进步示范县（区）实施方案》《2017年沙坡头区民族团结进步创建示范单位任务落实方案》以及《民族团结进步创建标准》，打造了民政局、槐树北巷社区两个自治区级民族团结进步示范单位。积极向自治区民委争取少数民族发展项目资金150万元，大力支持宣和镇喜沟村、永康镇永新村、香山乡米粮川村少数民族发展项目。制定《沙坡头区宗教人士培训培养规划（2017—2019）》，举办宗教界人士培训班4期，培训440余人次，积极选派各乡镇中青年教职人员、寺管会主任110余人参加全市举办的道教、佛教、伊斯兰教培训班。集中开展矛盾纠纷排查活动4次，成功化解各类矛盾纠纷4起。严密防范境内外利用宗教进行渗透。

2018年，制定《2018年沙坡头区民族团结进步创建安排意见》等指导性文件，明确创建目标、主要任务、创建标准。打造了宣和镇喜沟村、金帝冷冻食品有限公司2个自治区级创建单位，打造了迎水桥镇、财政局、扶贫办、喜沟村、光明社区等11个中卫市级创建单位。广泛宣传民族团结进步模范事迹，培树先进典型，在自治区第八届民族团进步创建表彰大会上，迎水桥镇鸣沙村被授予"民族团结进步先进集体"称号，张文华、王月芳、杨波3人被授予"民族团结进步先进个人"称号。向自治区民委争取少数民族发展项目资金300万元，用于香山乡米粮川村、宣和镇喜沟村等民族地区基础设施建设。扎实开展"四进"宗教场所活动，实现了沙坡头区依法登记的135所宗教活动场所社会主义核心价值观、国旗、宪法与法律法规、中华优秀传统文化"四进"活动全覆盖。依法管理宗教场所，全面调查核实沙坡头区所有宗教场所基础数据，实现了一寺（庙）一档案。依法管理教职人员，加强宗教工作"三支队伍"培训培养，举办宗教"三支队伍"培训班8期780余人。

二、民主党派工作

一是建立沙坡头区各民主党派委员会委员基本信息数据库和档案，切实掌握沙坡头区政协委员中的党外人士，沙坡头区第一届人民代表大会代表中党外人士的信息。二是根据市委统战部要求，会同沙坡头区委组织部做好沙坡头区第一届政协委员会委员、政协中卫市第四届委员会委员推荐提名工作，确定政协拟推荐人选并做好考察、公示和上报工作。三是根据市委统战部《关于对第三批挂职锻炼党外干部工作情况进行督查考核的通知》，及时与各挂职干部联系，做好对接工作，以便考察工作顺利进行。四是配合其他部门邀请民主党派人士参加相关会议。

三、非公经济领域统战工作

一是建立沙坡头区非公经济人士档案和基本情况数据库。二是建立沙坡头区非公经济人士综合评价系统，对沙坡头区政协委员、人大代表人士进行综合评价。三是根据自治区文件要求和市委的名额分配，推荐自治区第三届非公有制经济人士优秀中国特色社会主义事业建设者人选名单。

第八节　政治巡察

一、巡察工作

2018年，共开展6轮巡察，完成对兴仁镇、发改局等7个党委（党组）的常规巡察，对川裕村等22个贫困村党支部的扶贫领域专项巡察，对海原县、中宁县9个村党支部的交叉巡察。巡察期间，共发现党员干部在学习贯彻习近平新时代中国特色社会主义思想和十九大精神、"两个责任"落实、落实全面从严治党主体责任等方面问题371个，移交问题线索24件。

2019年，共开展4轮巡察，完成对宣和镇、文昌镇、司法局等14个党委（党组）、105个农村党支部的政治巡察（其中海原县对沙坡头区2个乡镇党委、12个农村党支部开展了交叉巡察）。巡察期间，共受理群众来信来访25件，发现落实市委、区委决策部署有差距、扫黑除恶专项斗争开展不够扎实、农地非农化整改不彻底等问题223个，移交问题线索21件。对永康镇党委、财政局和原建设交通局党组的巡察整改情况进行督查，下发《巡察整改建议》3份，对兴仁镇、民政和社会保障局、扶贫办3个党委（党组）进行巡察整改"回头看"，扎实做好巡察"后半篇文章"。

二、制度建设

2018年，制定《区委巡察工作规划（2018—2022年）》《沙坡头区巡察工作办法（试行）》《关于区委建立巡察制度的实施意见》《沙坡头区委巡察工作领导小组工作规则》《沙坡头区委巡察组工作规则》《沙坡头区优秀年轻干部参加巡察制度》《沙坡头区新任副科级领导干部参加巡察制度》《沙坡头区委巡察"后评估"制度》等制度，通过完善巡察规划、规范工作程序、加强协作配合、落实集中研判等制度，努力构建内容协调、程序严密、配套完善、管用有效的制度体系，不断提升巡察工作制度化、规范化水平，推动巡察工作高质量发展。

2019年，制定《2019年沙坡头区委巡察工作计划》《沙坡头区委巡察工作协作配合制度》《巡察工作指导手册》等制度，进一步加强巡察规范化建设，提升巡察工作质效。

第九节　政策研究

一、以文辅政

2019年，立足沙坡头区发展大局，紧贴区委、区政府中心工作，起草高质量政策性文件、领导讲话稿、汇报材料等，积极主动为区委战略决策和工作部署服务。起草沙坡头区委一届八次全体会议上的报告、沙坡头区委工作要点、《落实自治区"创新驱动30条"情况的报告》等重要文件12篇。

二、调查研究

2019年，围绕构建现代农业"三大体系"、推进富硒产业发展、打赢污染防治攻坚战、乡村治理、农村人居环境整治等重点工作，制定了《沙坡头区开展大调研工作实施方案》，认真谋划19个调研课题，联合区委组织部、宣传部、区教育局、农业农村局、扶贫办等部门，适时开展联合调研，形成了《关于沙坡头区乡村治理情况的调研报告》《关于沙坡头区农村人居环境整治情况的专报》《关于赴甘肃省平凉市静宁县考察学习苹果产业发展情况的报告》《新形势下农村基层党组织建设调研报告》《关于加快推进生态立区战略统筹构建山水林田湖草一体化生态保护修复格局的调研报告》等高质量调研报告23篇。其中《中卫论坛》采用1篇，中卫市《调查与思考》采用1篇。

三、全面深化改革工作

2019年，出台《沙坡头区委全面深化改革委员会工作规则》《沙坡头区委全面深化改革委员会专项小组工作规则》《沙坡头区委全面深化改革委员会办公室工作细则》等政策性文件。起草区委全面深化改革委员会2019年工作要点，针对经济综合改革、行政审批制度改革、农村体制改革、"一带两廊"和城乡一体化改革等9个领域谋划改革任务63项，明确各专项小组和各牵头单位改革任务职责，全面确保改革工作取得实效。制定印发《沙坡头区全面深化改革考核督查评分指标》，对改革任务进展情况开展定期综合督查，坚持"一月一督查、一月一通报"，逐步建立起改革工作常态化督查考核机制。建立信息报送机制，要求各乡镇、部门安排专人负责信息对接报送工作。全年向自治区改革办上报《沙坡头区农村集体产权制度改革稳步推进》《沙坡头区创新新时代文明实践工作助推志愿服务飞入寻常百姓家》等典型改革优秀案例6篇；向自治区全面深化改革信息平台上报改革信息78篇；向中卫市委改革办上报改革信息12篇。

四、财经工作

2019年，成立沙坡头区委财经委员会，制定《沙坡头区委财经委员会工作规则》《沙坡头区委财经委员会办公室工作细则》政策文件，围绕打好"三大攻坚战""一带两廊"

空间规划、乡村振兴等重点工作，完成《沙坡头区委财经委员会 2019 年工作要点》，谋划财经重点任务 12 个，筹备召开沙坡头区委财经委员会第一次会议，同时加大研究谋划、沟通协调、督查落实力度，推进沙坡头区经济高质量发展。

第十五章 党派群团

2016年之前,沙坡头区党群工作部挂工会、共青团、妇联的牌子,承担沙坡头区总工会、团委、妇联工作职责。2013年4月沙坡头区总工会成立。2016年5月,沙坡头区群团工作委员会成立,履行沙坡头区总工会、团委、妇联的各项工作职责,主任崔小凤,副主任李凡、王国斌。2017年11月28日至30日,沙坡头区群团工作委员会分别召开沙坡头区妇女联合会第一次代表大会、共青团沙坡头区委第一次代表大会、沙坡头区总工会第一次代表大会,增挂"沙坡头区总工会""共青团沙坡头区委员会""沙坡头区妇女联合会"牌子。截至2019年12月,沙坡头区有3个民主党派组织,民革沙坡头区工委、民盟沙坡头区委会、民进中卫总支,共有在册会员323人,下设17个支部。

第一节 民主党派

一、民革沙坡头区委会

民革沙坡头区委会成立于2016年5月29日,委员共有9名。设主委1人,副主委3人,平均年龄45.1岁。下设5个基层支部(社会支部、卫生支部、文教支部、卫中支部、老年支部),党员106名,主要分布在教育、卫生、法制及非公等领域。

二、民盟沙坡头区委会

2009年7月27日,民盟中卫县委会更名为中卫市沙坡头区委员会,并召开民盟沙坡头区第一次代表大会,选举产生民盟沙坡头区第一届委员会,冯克国任主委,林英、张晓磊任副主委;2014年8月16日,召开民盟沙坡头区第二次代表大会,选举产生民盟沙坡头区第二届委员会,王文华任主委,张晓磊、唐银香任副主委,梁建华任秘书长。截至

2019年12月，中卫市沙坡头区委会共有盟员122人。分属中卫中学、中卫一中（四中）、中卫二中（社会）、义教联合、机关法律、文化卫生6个支部。

三、民进沙坡头区委会

2016年6月19日，民进沙坡头区召开第一次代表大会，选举产生民进沙坡头区第一届委员会。韩春玲任主委，张建忠、吴少华、李钰华选任副主委，黎新明、韩正涛、孙志刚、杨云霞、工伏华选任委员，黎新明任秘书长，齐鲁宁任副秘书长（办公室主任）。截至2019年12月，民进沙坡头区委会下设中卫中学、中卫一中、中卫二中、中卫三中、中卫职教、中卫六中6个支部，有在册会员95人。

第二节 工　会

一、组织机构

（一）工会委员会

按照《中国工会章程》规定，沙坡头区总工会于2013年4月成立。沙坡头区总工会辖文昌镇、滨河镇、镇罗镇、柔远镇、东园镇、迎水桥镇、宣和镇、永康镇、常乐镇、香山乡、兴仁镇11个乡镇工会，作为总工会的派出机构，具体负责本乡镇所辖基层工会的管理和指导工作。

2013年4月25日，经沙坡头区党工委同意，召开沙坡头区工会第一次代表大会，大会选举产生沙坡头区总工会第一届委员会、常务委员会、主席、副主席；沙坡头区总工会第一届委员会委员19名、常务委员会委员7名；选举产生沙坡头区总工会第一届经费审查委员会委员5名、女职工委员会委员5名。

2017年11月30日，经沙坡头区委同意，召开沙坡头区工会第一次代表大会，出席会议的正式代表100人，列席代表30人。大会选举产生第一届工会委员会委员32人，常务委员8人：田仲锋、崔小凤、王国斌、李凡、冯中祥、冯伟明、倪联新、张永江。工会主席田仲峰，常务副主席崔小凤，副主席王国斌，挂职副主席冯中祥，兼职副主席赵永业、张永江。经审委员5人：王国斌、王慧、孙红梅、张敬、詹海燕。经审委员会主任王国斌。

（二）人员编制和领导职数

2013—2016年领导职数及干部编制在沙坡头区党群工作部中核定。2016年，沙坡头区群团工作委员会成立，履行沙坡头区总工会、团委、妇联的各项工作职责，核定全额预算事业编制8名，领导职数4名，其中主任1名（正科级），副主任3名（副科级）。2017年11月30日召开沙坡头区工会第一次代表大会，2018年2月8日，在沙坡头区群团工作委员会增挂"沙坡头区总工会"牌子，沙坡头区群团工作委员会的领导职数及干部编制核定中，未明确沙坡头区总工会领导职数。

二、职工维权

（一）"送温暖"工程

2013年，沙坡头区共实施大病救助22人，发放救助资金6.9万元；生活救助16人，发放救助资金1.6万元；开展"金秋助学"活动，为117名困难职工（农民工）子女发放助学资金15.4万元；为900名困难职工（农民工）发放双色卡，发放帮扶资金36万元。

2014年，救助困难职工（农民工）338户，发放慰问款17万元；实施大病医疗救助22人，发放救助资金6.9万元；生活救助16人，发放救助资金1.6万元；开展"金秋助学"活动，为80名困难职工子女发放助学资金9.1万元。

2015年，救助困难职工（农民工）1374户，发放慰问款82.84万元；实施大病医疗救助15人，发放救助资金4.4万元；生活救助4人，发放救助资金0.4万元；开展"金秋助学"活动，为75名困难职工（农民工）、单亲女职工子女发放资助资金20.3万元。

2016年，救助困难职工（农民工）1221户，发放慰问款76.44万元；实施大病医疗救助4人，发放救助资金1万元；生活救助9人，发放救助资金2.1万元；开展"金秋助学"活动，为92名困难职工（农民工）、单亲女职工子女发放助学资金35.1万元。

2017年，救助困难职工（农民工）1046户，发放救助资金86.16万元；大病救助4人，发放救助资金1万元；开展"金秋助学"活动，为75名困难职工（农民工）、单亲女职工子女发放助学资金14.601万元。

2018年，救助困难职工（农民工）532户，发放慰问款26.75万元；为困难职工发放60大庆纪念品83套；开展"金秋助学"活动，为4名困难职工子女发放救助金1.2万元。

2019年，救助困难职工（农民工）138户，发放慰问款16.56万元；开展"夏送清凉"

活动，慰问高温、高热作业场所、重点工程建设项目和户外劳动者500名，发放慰问品5万元；开展"庆六一"留守儿童慰问活动，走访慰问60名留守儿童，发放价值6000元的慰问品；开展"金秋助学"活动，为18户困难职工子女发放助学资金7.4万元。

（二）工资集体协商

2013年，沙坡头区签订工资专项合同341份，创建并申报工资集体协商C级示范单位4家，工资集体协商建制率达95%以上。2014年，沙坡头区签订工资专项合同343份，涵盖企业400家，创建并申报工资集体协商C级示范单位8家，工资集体协商建制率达95%以上。2015年，签订工资专项合同337份，涵盖企业395家，涵盖职工24823人。其中，签订区域性工资集体合同两份，覆盖企业60家，涵盖职工1116人；签订行业性工资集体合同4份，涵盖企业17家，涵盖职工2369人。2016年，签订工资专项合同316份，涵盖企业385家，涵盖职工23176人。建立"工资集体协商示范单位"4家。2017年，签订工资专项合同399份，涵盖企业432家，工资集体协商建制率达97%以上。2018年发放要约书171份，签订工资专项集体合同409份。2019年，签订各类集体合同380份，覆盖职工13265人，建立物业、餐饮两家行业集体协商示范点。

三、厂务公开

2013年，根据创建标准和内容，对10家企事业单位职代会民主管理工作进行考评，申报三星级职代会单位3家，申报厂务公开B级示范单位3家。

2014年，对10家企事业单位职代会民主管理工作进行考评，申报三星级职代会单位7家，申报厂务公开B级示范单位10家。

2015年，沙坡头区企业开展厂务公开工作375家，召开职代会企业382家。

2016年，沙坡头区406家企业实行厂务公开制度，建制率达90%；416家企业建立职工代表大会制度，建制率达92%。

2017年，沙坡头区机关企事业单位建立工会组织425家，建立职代会制度408家，建制率达96%。实行厂务公开的企事业单位412家，建制率达96.9%。

2018年，沙坡头区已建工会企事业单位557家，建立职代会制度534家，建制率96%；实行厂务公开制度540家，建制率97%。

2019年，大力推动企业厂务公开民主管理工作，沙坡头区已建工会企事业单位539家，建立职代会制度523家，建制率97%；实行厂务公开制度528家，建制率97.9%。

四、劳模管理

截至2019年底，中卫市沙坡头区有劳动模范40人，其中全国劳动模范5人。

2013年，组织4名劳模参加区内外疗休养和体检活动；开展2013年省部级以上特殊困难劳模、机关事业单位低收入劳模和丧失劳动能力农民劳模调查统计工作，申报农民劳模18名。

2014年，创建市级劳模创新工作室1家，推荐劳动模范2名、首席技师1名。

2015年，推荐自治区劳动模范、先进工作者候选人5人，市劳动模范、先进工作者候选人11人，创建市级劳模创新工作室4家。

2016年，宁夏南山阳光果业有限公司技术推广部、宁夏万齐农业发展集团生产基地1号班组被评为自治区"工人先锋号"单位；推荐自治区"五一劳动奖章"候选人2名，中卫市"五一劳动奖章"候选人3名，推荐镇罗镇人民政府为中卫市"五一劳动奖状"候选单位。创建劳模创新工作室6家。

2017年，推选自治区五一奖4名，其中"五一劳动奖状"1名、工人先锋号1名、劳动奖章2名。推荐市级五一奖8名，其中"五一劳动奖状"1名、工人先锋号2名、劳动奖章5名。

2018年，中卫市西部宾馆业务主管张旭兰、宁夏云基地科技有限公司马浩荣获自治区"五一劳动奖章"；中卫市寺口风景旅游有限公司接待部荣获自治区"工人先锋号"称号。组织20名劳模代表参加座谈会，发放节日慰问金4万元，组织沙坡头区职工参加"传递正能量展现新风采"劳模事迹报告会并由劳模代表进行事迹报告。组织3名劳模代表参加沙坡头区的迎新春团拜会活动，9名省部级劳模分别参加区内外疗休养活动，为16名全国和省部级劳模发放专项补助金，申报劳模创新工作室1家。

2019年，吴建科荣获2019年自治区"五一劳动奖章"；举办沙坡头区"劳动最光荣奋斗最幸福"劳模事迹报告会1场次；慰问林建国、杨飞等5名劳模，发放慰问金1万元；打造赵广涛和倪联新劳模创新工作室两个；为9名劳模发放低收入补助金36.4万元。

五、女职工工作

2014年组织224名女职工进行"两癌"体检活动，对35名"两癌"及困难女职工走访慰问，发放慰问金2.65万元。

2015年，开展庆"三八"趣味运动会和第三届书香"三八健康女性幸福中国"读书征文活动，开展女职工"关爱行动"活动，对100名困难女职工进行慰问，发放慰问金5万元；组织辖区内11个乡镇的180名女职工进行了"两癌"免费筛查。签订女职工专项集体合同59份。

2016年，组织基层214名女职工参加"团体安康保险"活动。开展"书香三八"——"智慧女性·书香家庭"读书征文活动。常乐镇、宣和镇组织庆"三八"广场舞大赛。组织辖区企业60名女职工进行了免费"两癌"筛查。开展"女职工维权行动月"活动，发放《全面两孩政策下生育保险制度实施情况调查问卷》100余份。6家企业与女职工签订了专项集体合同。以单亲困难女职工、困难女农民工和患特殊疾病的女职工为主，发放困难帮扶资金2万元。

2017年，组织常乐镇、南山台电灌站等5个基层工会近200名女职工投保"团体安康保险"。组织25支代表队250余名女职工参加沙坡头区"庆三八"职工趣味运动会。举办第五届书香"三八"——注重家教家风·培育家国情怀读书活动。开展2017年"女职工维权行动月"活动，积极宣传《宁夏回族自治区女职工劳动保护实施办法》。

2018年，开展女职工维权行动月活动，签订女职工权益保护集体合同80份。继续开展女职工"团体安康保险"活动，组织100余人购买安康保险；组织200名女职工进行"两癌"免费筛查；组织辖区内的180余名女职工代表观摩了沙坡头区妇女创业示范基地，宣传女职工脱贫致富典型；开展关爱女职工心理健康专题辅导讲座，120余名女职工参加了心理健康专题辅导讲座；1000余名职工参与"书香三八"——"智慧女性·书香家庭"读书征文活动，上报散文、读后感等原创作品14篇。

2019年，推评自治区"五一巾帼标兵岗"1个；联合举办以"快乐工作健康生活"为主题的"庆三八"女职工趣味运动会，各乡镇、部门30支代表队，268名女职工参赛；举办各类维权和健康知识培训讲座15场次，培训女职工2000余人；组织部分企业199名困难女职工参加"两癌"免费筛查。建设"四点半"课堂试点两个，参与人数达100余人。在中卫市第八小学开展"庆六一"关爱留守儿童慰问活动，为60名儿童送去价值6000元的学习用品。组织28名女职工参加中卫市家政服务业职工技能大赛，职工在育婴、护理、家政服务、月嫂4个项目中获得一等奖两名，二等奖4名，三等奖7名，优秀奖两名，并取得优秀组织奖。

六、职工文化活动

(一) 职工之家建设

2014年,申报"先进职工之家"2家,分别为宣和镇机关工会和宇丰大酒店工会。

2015年,东园镇被自治区总工会评为"模范职工之家",宁夏万齐农业发展集团生产基地1号班组和中卫市宇丰大酒店客房部被评为自治区"模范职工小家"。

2017年,创建合格"职工之家"11个,2018年度创建合格"职工之家"6个。

(二) 文体活动

2013年,组织乡镇工会参加中卫市总工会举办的"迎国庆"环湖徒步走活动;组织职工参加"恒源祥国际广场舞"大赛。各镇乡工会在"三八"期间开展了"喜迎十八大展巾帼风采"为主题的系列活动。2013年申报市级"职工书屋"示范点5家。

2014年,组织乡镇工会参加中卫市第六届职工户外登山活动和第二届全市职工环腾格里湖徒步走活动;组织11个乡镇工会积极参加"心系女职工服务在基层共筑中国梦"主题活动;申报市级"职工书屋"示范点5家,区级职工书屋"示范点两家,即宁夏世纪朝阳百货有限公司工会、中山社区工会。

2015年,举办"庆三八"趣味运动会,组织15个队,200多名女职工参加;组织基层工会1000余人参加第八届职工登山运动会和第三届职工环腾格里湖湿地徒步行活动。滨河镇工会举办"迎新春"职工健身运动会,宣和镇举办"翔聚杯"篮球邀请赛,永康镇举办"庆元旦迎新春"书画展览,镇罗镇举办"魅力镇罗"专场文艺演出,常乐镇举办首届唱响常乐"三鑫杯"歌咏比赛;申报市级、区级"职工书屋"示范点各3家。

2016年,组织辖区企事业单位职工参加中卫市第九届全市职工登山运动会,组织艺术团队参加首届宁夏职工"劳动者之歌"合唱大赛。举办大型职工运动会两场次,开展"最美职工"推荐评选活动,上报4名优秀职工代表参与评选。参与2016年"中国梦·劳动美·永远跟党走"系列活动,指导宁夏长丰家庭农场和宁夏万齐农业发展集团制作宣传主题微视频。

2017年,组织300多名女职工开展"庆三八"趣味运动会;组织268名干部职工观看电影《咱们的工会主席》;举办沙坡头区环腾格里金沙岛徒步行活动,沙坡头区700余名干部职工参加活动;开展"书香三八""智慧女性·书香家庭"读书征文活动;组织辖区民间艺术团体参加宁夏职工"劳动者之歌"歌咏大赛;开展"中国美·劳动梦"职工系列文体活动。

2018年，组织干部职工观看《厉害了，我的国》；举办沙坡头区"中国梦劳动美"演讲比赛；参加中卫市"传递正能量·劳动铸新梦·庆'五一'劳动者之歌"合唱比赛，开展"网聚职工正能量争做中国好网民"主题活动及"声音里的经典·讴歌新时代赞美奋斗者"故事演说大赛，组织开展"中国梦·劳动美"第五届全国职工书画展、摄影展征稿活动。

2019年，开展"喜迎建国七十年 同心共筑中国梦"知识竞赛，15支职工代表队参加了比赛；开展"同心同书·祖国新春好"书法文化惠民进万家公益活动；开展"中国梦劳动美·中卫好·我与祖国共成长"系列主题活动，收集职工书法、美术作品43幅；组织两支队伍参加中卫市"歌颂祖国70载·共筑伟大中国梦"劳动者之歌职工合唱比赛；联合开展全民健身节第二届"联通杯"乒乓球比赛；组织160名职工参加中卫市第七届环腾格里湖徒步走活动。

七、基层工会委员会

2013年，组建工会组织102家，发展会员3500人，其中农民工会员3000人。开展"公推直选"活动，参加企业12家；按照区总开展"四亮一诺"活动三年规划，辖区企业全部开展"四亮一诺"。2014年，组建工会组织62家，发展会员4000人。2015年，组建工会45家，发展会员3500人。2016年，组建工会组织35家，发展会员2500人。2017年，组建工会组织62家，发展会员3050人。2018年，组建工会55家，发展会员2755人。2019年，组建工会63家，发展会员3500人。截至2019年底，沙坡头区有工会组织649家，其中，机关工会112个，企业工会357个，村级和社区工会180个。工会会员60680人，其中，女职工25543人，农民工35796人。

第三节 共青团

一、机构队伍

2012—2016年，沙坡头区党群工作部挂机构编制委员会办公室、工会、共青团、妇联牌子。党群工作部共核定编制14名（行政人员12名，事业人员2名）、后勤服务事业编制1名。2016年沙坡头区群团工作委员会成立，履行沙坡头区总工会、团委、妇联的各项工作职责，核定全额预算事业编制8名，领导职数4名，其中主任1名（正科级），副主任3名（副科级）。2017年11月29日召开共青团中卫市沙坡头区第一次代表大会，2018年2月8日，在沙坡头区群团工作委员会增挂"共青团沙坡头区委员会"牌子，沙坡头区群团工作委员会的领导职数及干部编制核定中，未明确共青团沙坡头区委领导职数。截至2019年12月，共青团沙坡头区委共有工作人员10名，其中，书记1名，专职副书记1名，挂职副书记1名，兼职副书记两名，银监局下派干部书记助理1名，一般干部4名。

截至2019年底，沙坡头区共有团委18个，团总支10个、团支部274个，团干部1246名，共青团员12485名。

二、重要会议

（一）共青团沙坡头区第一次代表大会

共青团中卫市沙坡头区第一次代表大会于2017年11月29日召开，大会根据《中国共产主义青年团章程》和《中国共产主义青年团地方各级代表大会组织选（暂行）》规定，选举第一届委员会委员21名，候补委员9名，其中常委7名，选举书记1名、副书记4名。选举委员：王佳、王茜、朱娜、伏刚、刘盼、刘国海、汪静、李嘉欣、何月娇、宋杨、沈其华、尚丽、段伟、徐雅芬、郭美玉、黄辉、崔小凤、景兆满、景梅玲、童伟强、戴志鹏；候补委员：丁艳林、马超、冯婧茹、任全、刘辉、何萍、李秉杰、杨伟丹、潘玉叶；常委：尚丽、段伟、郭美玉、崔小凤、景兆满、童伟强、戴志鹏；书记：崔小凤，副书记：景兆满，挂职书记：尚丽，兼职副书记：段伟、童伟强。

（二）共青团中卫市沙坡头区委一届二次全体（扩大）会议

2019年7月31日，共青团中卫市沙坡头区委一届二次全体（扩大）会议召开，各乡镇、部门、学校团组织负责同志及各中小学校大队辅导员120余人参加了会议。会议选举增补共青团沙坡头区一届委员会委员4名，其中，常委3名，选举书记1名、副书记2名。委员：王佳杰、王甜甜、邹缠、袁志国；常委：邹缠、刘盼、王甜甜；书记：邹缠；副书记：刘盼；挂职书记：王甜甜。

三、主要活动

（一）青少年思想建设

2013年，召开沙坡头区"希望工程圆梦行动·电力爱心助学金"资助"计划生育户"大学生座谈会；开展"青春红丝带"宣传教育活动；开展"12·4"全国法制宣传日宣传活动。

2014年，举办"青春梦·中卫梦·中国梦"主题演讲比赛，共有来自行政、企事业单位的16名选手参加；联合共青团中卫市委员会、中宁县、海原县团委召开"奋斗的青春最美丽"全市优秀青年思想分享大会；联合沙坡头区消防大队在常乐镇完全小学和常乐镇中学开展校园消防安全主题教育活动；开展"平安暑期"青少年儿童自护教育活动。

2015年，制定《加强"青春护航"行动——沙坡头区关爱帮扶单亲家庭未成年子女和社会闲散青少年工作》实施方案；开展各类慰问活动，为沙坡头区14名困境青少年发放慰问金10000元，为常乐镇城农村15户村民送去价值6000元的慰问物资，为常乐镇困境学生送去爱心书包100份，联合宁夏义工联合会为沙坡头区132户困难青少年家庭送去新春物资，六一期间为宣和镇丹阳学校的40名儿童送去爱心大礼包；专职团干部"一对一"结对帮扶51名闲散青少年。

2016年，开展"拒绝毒品、珍爱生命"禁毒志愿服务活动；招募"西部计划"大学生39名，召开工作座谈会及年终总结会共3次，开展"走近青年、转变作风、改进工作"户外拓展训练等各类活动6次。

2017年，开展"一学一做"教育实践，学雷锋志愿服务，"青春激扬红五月不忘初心跟党走"系列主题活动，沙坡头区"宁夏银行杯"青年歌手大赛，"爱在中博情定观河"相亲联谊会等活动20余场次，覆盖青年5000余人。

2018年，组织开展"青春自护·平安春节"青少年自护教育、学雷锋志愿服务、五四青年节"践行新思想　建功新时代　青年勇争先""青听"——走进"快递小哥"系列主题活动33场次，覆盖青年2800余人。

2019年，举办沙坡头区团干部、少队辅导员培训班各1期；扎实开展"青年大学习"活动，组织线上学习29次；发展团员150名，举行入团、入队宣誓仪式24场，开展《入团第一课》实践教育17次。围绕"两个年"活动，大力开展强"三性"增"四力"提升干部队伍本领素质教育实践活动4场次，开展"缅怀先烈承遗志""文明祭扫绿色清明""青春心向党·建功新时代""弘扬婚恋新风·拒绝高价彩礼·从青年人开始""民族大团结　奋进新时代"系列主题教育活动17场次，选拔17名优秀青年成立青年讲师志愿服务队，开展"我和我的祖国""青年大学习"宣讲活动10场次，500余名团员青年参加。

（二）青年志愿服务工作

2013年，招募西部计划志愿者42名，组织沙坡头区青少年积极参与各类志愿服务活动，组织开展"月月有主题周周有活动"学雷锋志愿服务活动，围绕敬老爱幼、助残等主题开展主题志愿服务活动。

2014年，组织沙坡头区12个乡镇153个行政村的农村青年广泛参与志愿服务活动，开展"2014年共青团联系服务农村青年月"活动，开展一系列走访、宣讲活动，举办"三农"政策大讲堂。

2015年，招募西部计划志愿者38名，建立专门志愿者队伍18支，有专门志愿者212名，有145名闲散青少年与"人生导师"结对成功，其中通过职业介绍帮扶29人，通过复学或参加技能培训关爱帮扶18人，通过其他帮扶40人，建立"青春护航"青年志愿服务工作站8个，与社区建立固定关爱帮扶工作志愿服务队5个。

2016年，招募西部计划青年志愿者40名，开展包括环青海湖国际公路自行车中卫赛段、全域旅游推荐会、"拒绝毒品、珍爱生命"禁毒志愿服务活动十余次。

2017年，招募西部计划志愿者39名，在宁夏志愿者网上注册志愿者23346名，达到沙坡头区总人数的6%；在3·5学雷锋日、5·1国际劳动节、5·4青年节、5·15国际家庭日等节日开展"青春志愿行 亮丽沙坡头"等主题的志愿服务活动30余场次。

2018年，招募西部计划志愿者35名，开展"暖冬行动""青春自护 平安春节""弘扬雷锋精神 共筑和谐社会""爱心助考""保护母亲河""珍爱生命远离毒品，做精神文明少年"等41次主题志愿服务活动，组织西部计划志愿者参加中卫市沙坡头区"联通杯"乒乓球大赛、"沙坡头杯"全国大漠健身大赛、"云聚中卫引领未来"云天大会、"七彩假期"关爱农村留守儿童活动等志愿服务活动15场；定期开展创城知识入户宣传、文明理念进商铺、铲除小广告、社区环境卫生清理等志愿者服务活动12次。

2019年，招募西部计划志愿者29名，组织志愿者围绕安全自护、创城宣传、环保行动等主题，开展志愿服务活动50余次，发放宣传资料2000余份。持续开展"保卫母亲河·青年在行动""暖冬行动""爱心助考"等公益活动，累计提供青年志愿服务1000余人次、服务时间近1万小时。

（三）服务青少年成长

2014年，通过黄河银行、国酒茅台、宁夏红、芙蓉学子、应理集团、加多宝学子情、移动公司、物华集团、赵双喜助学项目及自筹助学金的方式，资助贫困学子251人；悬挂安全横幅，开展"青春自护 平安春节"青少年自护教育活动。

2015年，通过黄河银行、国之栋梁、香港爱心人士、广发希望慈善基金会、电信公司、芙蓉学子助学项目及自筹助学金的方式，资助贫困学子210人。

2016年，"希望工程·圆梦行动"助学活动争取黄河银行、国酒茅台、芙蓉学子助学金等资助项目，资助困难大学新生163人，发放助学金64.5万元。开展"青春护航"行动，成立特需青少年帮扶队伍，帮扶30名青少年。

2017年，"希望工程·圆梦行动"助学活动争取自治区青基会资金32.5万元，救助学生75人，自筹资金16.6万元，救助学生47名；深入开展"青春护航"行动，强化团干部与特需青少年"一对一"结对帮扶工作，年内帮扶9名青少年脱离闲散状态，回归正常生活轨道；举办农村电子商务培训班等活动3场，开展以禁毒、普法、安全自护教育为主题的"青春自护安全起航""珍爱生命远离毒品"等宣传活动8场。

2018年，"希望工程·圆梦行动"助学活动争取自治区青基会资金26.5万元，帮扶大学新生63人，自筹希望工程助学资金8.7万元，帮扶大学新生50名；举办"服务青年就业沙团团在行动"农村待业青年就业培训班6期，培训待业青年1000余名；开展"牵手寻爱之旅"相亲联谊会、"寻爱七夕幸福相约"军民交友联谊会，300余名青年参与；围绕禁毒、普法、安全自护教育等内容，开展宣传活动32场；在文昌镇、滨河镇、迎水桥镇等乡镇打造10个"小树苗·少年儿童之家"示范点。

2019年，"希望工程·圆梦行动"助学活动争取自治区青基会资金45.1万元，资助学生154名，沙坡头区自筹助学金21.1万元，资助学生96名；联合举办电商培训班2期，覆盖青年能人150名；慰问贫困青少年21名，送去慰问金10000余元；向482名建档立卡贫困户学生捐赠价值1.2万元的爱心牛奶；组织沙坡头区团系统扫黑除恶专项斗争工作培训暨推进会两次，线下进社区、进学校开展志愿宣传服务5次，发放宣传资料2000余份；开展"加强青少年法制意识·促进青少年健康成长"集中宣传活动5次，普法知识讲座两场，发放法律宣传资料和相关手册1000余份。

（四）先进表彰

2013年，推评市级五四红旗团委4个、五四红旗团支部两个、优秀共青团干部5名、优秀共青团员3名。命名常乐镇卫生院团支部等11个青年集体为2013年度沙坡头区"青年文明号"，授予刘建民等3名同志为2013年度沙坡头区"青年岗位能手"称号，授予滨河镇中山社区等两个单位为2013年度沙坡头区"青少年维权岗"称号。

2014年，推评市级五四红旗团委两个、五四红旗团支部3个、优秀共青团干部3名、优秀共青团员3名。

2015年，推评市级五四红旗团委3个、五四红旗团支部1个、优秀共青团干部3名、优秀共青团员两名。

2016年，推评全区"向上向善好少年"6名，市级五四红旗团委两个、五四红旗团支部4个、优秀共青团干部两名、优秀共青团员1名。

2017年，推评自治区级五四红旗团委、团支部各1个，优秀共青团员1名、共青团员先锋岗1个，市级五四红旗团委两个、五四红旗团支部3个、优秀共青团干部两名、优秀共青团员1名；表彰2016—2017年度沙坡头区大学生志愿服务西部计划优秀志愿者6名。

2018年，推评市级五四红旗团委两个、五四红旗团支部3个、优秀共青团干部3名、优秀共青团员1名；评选沙坡头区级"优秀志愿者"6名，"文明志愿者"5名、"志愿者之星"1名。

2019年，两家单位获评自治区级"青年文明号"，19名青年被中卫市团委授予"向上向善好青年""优秀共青团员、团干部"称号，8个团组织被评为"全市五四红旗团委、支部（总支）"；表彰沙坡头区"优秀共青团员"15名、"优秀共青团干部"8名、"五四红旗团委、团支部（总支）"共12个；

四、少年先锋队组织与活动

2019年，沙坡头区60所学校有大队委员会60个。

2019年，中国少年先锋队建队70周年，沙坡头区各中小学开展"我同祖国共奋进·国旗下演讲""争做新时代好"主题队日活动，向国旗敬礼，和国旗合影；打造中卫九小标准化少队室；举办少先队辅导员讲队课比赛；在六一节儿童节等节点，组织少先队员开展手抄报比赛、朗诵比赛、才艺大赛等系列活动。

第四节　妇女团体

一、组织建设

1950年11月，召开中卫县各族各界妇女代表会，成立县民主妇女联合会，在区、乡分别设立妇女联合会分会。从县妇联诞生至2003年底，共召开代表会议14次，每次妇代会均以总结上届工作，安排本届主要工作，并民主选举出换届后的执行委员会委员、常务委员、主任、副主任及出席自治区妇代会代表或表彰先进为内容。

2004年，撤县设市后，沙坡头区的妇联工作由中卫市妇联承担。

2012年至2016年，沙坡头区党群工作部挂机构编制委员会办公室、工会、共青团、妇联牌子。党群工作部共核定编制14名（行政人员12名，事业人员2名）、后勤服务事业编制1名。

2016年，沙坡头区群团工作委员会成立，履行沙坡头区总工会、团委、妇联的各项工作职责，核定全额预算事业编制8名，领导职数4名，其中主任1名（正科级），副主任3名（副科级）。

2017年11月28日，召开中卫市沙坡头区第一次妇女代表大会，大会的主要任务是：听取、审议并通过沙坡头区妇女联合会筹备工作报告；选举产生沙坡头区妇女联合会第一次执行委员会。大会选出沙坡头区妇女第一届执行委员会委员19名，常委7名，其中主席1名，副主席4名（含挂职1名，兼职2名），主席：崔小凤，副主席：李凡，挂职副主席：尚丽，兼职副主席：王月芳、李秀莲；常委7名，分别是：王月芳、卢珊、李凡、李秀莲、尚丽、崔小凤、潘秀芳。

2018年2月8日，在沙坡头区群团工作委员会增挂"沙坡头区妇女联合会"牌子，沙坡头区群团工作委员会的领导职数及干部编制核定中，未明确沙坡头区妇女联合会领导职数。

沙坡头区共有妇女20.19万人，建立妇女之家181个，村委会、社区妇女之家覆盖率100%。181个村（社区）妇委会领导班子健全，其中：选举产生村（社区）妇联主席181名、妇联副主席461名、妇联执委2233名。沙坡头区直各部门（单位）成立妇委会21个，示范妇女之家11个，加强"妇女之家"建设，建立健全妇联轮值主席制度、工作制度、会议制度等相关制度，妇联基层建设不断加强。

2019年，沙坡头区共有妇女20.3万人、妇女之家187个，村委会、社区妇女之家覆盖率100%，其中，村（社区）妇联主席187名、妇联副主席461名、妇联执委2323名。马立芹任沙坡头区群团工作委员会主任，兼任妇联主席，杨莉任妇联副主席。

二、妇女培训

2012年1月，沙坡头区东园镇免费孕前优生健康检查项目培训班在东园镇政府会议室开班，东园镇200余名农村已婚妇女接受了市人口和计划生育局相关人员的孕前优生健康培训。11月，沙坡头区妇联在蒿川乡川裕移民新村村部举办沙坡头区妇联生态移民村妇女培训班。

2014年，继续实施"巾帼科技致富工程"培训，以奶牛养殖技术、硒砂瓜种植技术、设施蔬菜标准化生产技术、日光温室辣椒栽培技术等为内容，覆盖11个乡镇2200名农村创业妇女。对15名单亲母亲进行法律援助、30名单亲母亲讲授心理健康教育课。

2015年，举办"提升女干部素质再塑女性新形象"专题培训班，150余名女干部职工参加。各乡镇开展"三八"妇女维权周培训班11场次。

2016年，开展"巾帼科技致富培训班"9期，培训妇女1000余人。建立沙坡头区妇女创业就业培训基地5个，培训有就业意愿贫困妇女730人，解决就业380人。

2017年，组织各乡镇妇联主席、干事，部分村（社区）妇联干事召开"会改联"工作培训班2场次。举办"沙坡头区女干部培训班"，培训女干部104名，发放妇女健康知识培训调查问卷300余份；在乡镇开展业务培训7场次，培训436人；组织30名妇女干部参加国家、自治区及市级各类培训12次。举办"巾帼科技致富工程"培训班14期，巾帼家政、电子商务等实用技术培训班共3期，培训农村妇女2076名，发展妇女科普志愿者25人。

2018年，实施"百千万巾帼培训工程"，开展家政服务、手工制品制作等技能培训5场次，培训农村妇女400余名。召开"爱妮保"健康扶贫保险工作推进会两次。

2019年，6月1—3日，由自治区妇联、国际计划宁夏办公室主办，沙坡头区妇联、沙坡头区教育局承办的"自治区妇联家庭教育骨干讲师培训班（沙坡头区专场）"在沙坡头区成功举办，各乡镇妇联主席、各学区骨干教师、西部计划志愿者、最美家庭和社会组织优秀代表近150人参加培训。7月8—10日，在永康镇、宣和镇、常乐镇、香山乡、迎水桥镇脱贫销号村举办"和谐婚姻家庭"大讲堂巡讲活动，邀请宁夏和谐婚姻家庭辅导咨询中心主任李晓文授课，共有900余名妇女参加了讲座。7月21—23日，在滨河镇中山社区、迎水桥镇夹道村、迎水桥镇何滩村、迎水桥镇杨渠村、文昌镇黄河花园社区、柔远镇渡口村开展"爱润万家好家庭好家教好家风"专题讲座6场次。10月9—10日，沙坡头区委组织部、沙坡头区妇联在中卫市委党校举办基层妇联干部能力提升班，沙坡头区妇联执委、各乡镇妇联分管领导及村（社区）妇联主席218人参加培训。12月3日，沙坡头区各部门妇女干部、各乡镇分管领导、妇联干部、村（社区）妇联主席200余人参加中卫市妇联在中卫市委党校举办的中卫市《宁夏回族自治区妇女权益保障条例》解读专题讲座。

三、妇女发展

2013—2015年，沙坡头区4957名妇女申请农村妇女创业小额担保贷款2335.49万元。

2016年，发放农村妇女创业小额担保贴息贷款19129万元，扶持创业妇女3327人，累计发放55914.9万元，扶持创业妇女10298人，按期还付本息率为100%。

2017年，发放农村妇女创业小额担保贴息贷款2.85亿元，扶持创业妇女3615人。争取"母亲小额循环项目"资金30万元，扶持创业妇女家庭28户。

2018年，发放农村妇女创业小额担保贷款2356户2220万元，为3名优秀带头人发放"乡村振兴"农村妇女"双培"项目资金6万元。开展"乡村振兴"农村妇女"双培"项目，建立"两个带头人"信息库，其中：村级组织女带头人13人、村级女致富带头人54人，扶持3名优秀带头人，发放资金6万元。

2019年，发放农村妇女创业小额担保贷款2220万元，覆盖256户家庭。为宁夏中卫市杰利雅洗涤服务有限公司、中卫市三芳果蔬流通合作社、中卫市百策果蔬流通专业合作社发放宁夏"母亲小额循环"项目资金90万元。为中卫市沙坡头区人民医院争取"母亲快车"1辆。沙坡头区妇联荣获自治区妇联"爱妮保"工作特别贡献奖荣誉称号。

四、关爱救助

2013年5月，沙坡头区妇联在中山、东方红、蔡桥路3个试点社区开展庆祝母亲节暨"康乃馨"行动关爱活动。9月，中卫市贫困"两癌"妇女公益慈善救助资金发放仪式（沙坡头区）召开，为96名"两癌"妇女发放救助金48万元。

2014年，对43名单亲家庭子女开展"四点半"课堂辅导，对考入大学的纳入希望工程援助范围，给予4000~5000元助学金。大力实施"阳关帮扶"，帮扶经济困难家庭30户；零就业家庭"清零"30户、"青春护航"关爱闲散青少年家庭20名、"康乃馨"关爱单亲贫困母亲50名、"亲情帮扶"刑满释放人员20名。

2015年，慰问各类贫困妇女189人29.1万元，其中：贫困妇女、孤残儿童、长期从事妇女工作干部、"两癌"妇女四类人群120名8.2万元，全国两癌救助资金11人11万元；市妇联慈善基金会两癌救助资金28人8.4万元，慰问迎水桥镇码头村30名贫困妇女

1.5万元。

2016年，为5000人次妇女、女职工进行"两癌"免费筛查，4122名妇女购买"两癌"健康险。争取区、市妇联慰问资金18.05万元，帮扶慰问76名贫困妇女儿童，其中：中央专项福利彩票基金15万元，救助贫困"两癌"妇女15名，中卫市公益慈善基金3.05万元，救助贫困妇女儿童61名。

2017年，自治区"爱妮保"健康理赔现场会在沙坡头区柔远镇冯庄村召开，率先建立城乡妇女"两癌"免费筛查、民生救助、健康保险的三联动机制，6653名妇女购买"爱妮保"保险66.58万元，1000名城镇妇女进行"两癌"免费筛查，救助贫困"两癌"妇女120人95.5万元。慰问贫困妇女、贫困女干部、留守妇女等234人9.31万元，50名贫困母亲获赠1万元"爱心包裹"，29名贫困单亲母亲家庭女童获得"护航春蕾"助学金2.9万元。

2018年，69名贫困"两癌"妇女获得救助金69万元，慰问贫困妇女儿童84人5.1万元，12146人购买"爱妮保"保险，缴纳保费121.46万元；在宁夏永东律师事务所成立"沙坡头区妇女儿童维权工作站"，建立乡镇级婚姻调解委员会11个，"一呼百应"微信工作群182个，受益妇女4万余人。

2019年，5月15日，开展"礼赞祖国母亲·争创文明家庭"慰问活动，慰问贫困妇女、困难母亲及单亲母亲22户1.1万元。8月20日，举行2019年自治区政府民生实事救助城乡贫困妇女"两癌"救助金发放仪式，救助50人50万元。开展巾帼学堂暨妇女维权知识大讲堂6场次，在长城东路贝姆佳家职业技能培训学校打造"沙坡头区巾帼创业就业实训基地"。

五、宣传表彰工作

（一）宣传活动

2013年，广泛开展"立行勤俭节约、反对铺张浪费""欢乐同心美丽中国""巾帼展风采 共筑中国梦"为主体的宣传教育活动。持续推动农村妇女"双学双比"竞赛活动。

2014年3月，开展"农商行杯"沙坡头区首届巾帼筑梦广场舞大赛。

2015年，沙坡头区"护航春蕾"宣讲覆盖24个学校社区、144个班级、2032名女学生。组织各乡镇分别开展妇女法治宣传教育活动、反家庭暴力法、落实农村"三权"意见等宣传教育活动。

2016年，针对女童辍学、早婚问题，在沙坡头区各学校开展关爱女童"护航春蕾"宣讲活动21场（次），受益女童5185名。发动3万余户家庭参与寻找"最美家庭"活动，征集好家风好家训。

2017年，线上线下开展"对党说句心里话"宣传宣讲、"巾帼心向党 喜迎十九大"文艺演出60余场次，覆盖群众6000余人。开展"树清廉家风 创美好家庭""倡树婚俗新风 共建美好家庭""好家风好家训"为主题的活动7场次；常态化开展寻找"最美家庭"活动，征集好家风好家训。组建沙坡头区巾帼志愿者队伍23支，巾帼志愿者529人，开展活动76场次。

2018年，在贫困村开展自治区妇联系统宣传十九大精神"爱润万家·好家庭好家教好家风""倡树婚俗新风共建美好家庭"系列宣讲、妇女扫盲、"清廉家风""家庭教育暨禁毒"等活动52场次。组织300余名巾帼志愿者，线上线下，开展"招募心理援助志愿者活动""创建文明城市巾帼在行动""建设法制沙坡头区巾帼在行动""保卫母亲河"等志愿活动20余场次。

2019年，3月1日，在中卫市职业技术学校汇报厅开展沙坡头区第三届庆"三八"妇女健身舞大赛。3月4日，沙坡头区妇联在红太阳广场开展了"建设法治沙坡头区，巾帼在行动"宣传活动"。4月13日，各村（社区）"妇女之家"认真组织开展"巾帼心向党 礼赞新中国"群众性宣传教育活动，与全国千百个妇女之家联动活动相呼应。5月15日，开展"感恩母亲节幸福家庭日"活动。11月25日，在红太阳广场开展以"11·25国际消除对妇女的暴力日""反家庭暴力"为主题的普法宣传活动，发放《中华人民共和国反家庭暴力法》《反家庭暴力手册》等宣传品200余份。

（二）各类表彰

2013年，选派沙坡头区妇联参加市委宣传部、市总工会、市妇联联合举办的"美丽三月天 靓丽妇女节"中卫市第三届妇女健身大赛，荣获二等奖。评树三八红旗集体3个、巾帼文明示范10个、平安家庭5个、廉洁家庭5个、五好文明家庭5个、巾帼文明示范标兵5名。

2014年，在市妇联举办的"美丽三月天 靓丽妇女节"服装展示大赛中沙坡头区获得2个优秀奖。全面寻找"最美家庭"，荣获全国"五好文明家庭"1户。沙坡头区级12户、自治区级"最美家庭"10户、自治区"最美家庭"优秀组织奖1个。

2016年，21个家庭荣获全国、宁夏回族自治区、中卫市、沙坡头区"最美家庭"，其中，崔希先家庭被评选为全国"最美家庭"，魏啸吟家庭荣获全国五好文明家庭，自治区"最美家庭"4户。

2017年，21个家庭荣获全国、宁夏回族自治区、中卫市、沙坡头区"最美家庭"。评树市级农村科技致富女能手3名，巾帼文明岗1个，巾帼建功标兵1个，创建妇女创业示范基地3个。

2018年，评树自治区级先进集体（个人）5个，其中：三八红旗手1个、巾帼文明岗两个、巾帼建功先进集体1个、巾帼建功标兵1个。表彰沙坡头区级2017先进集体12个，其中：三八红旗集体3个、巾帼文明岗5个、城乡妇女岗位建功先进集体4个；先进个人12名，其中，"三八"红旗手3名、"三八"红旗集体3个，农村科技致富女能手6名，巾帼建功标兵3名。评树全国"五好文明家庭"1户，自治区"最美家庭"3户，市级"最美家庭"4户，区级"最美母亲"11名，市级"最美母亲"两名。

2019年，评选柔远法庭为"全国妇女儿童维权工作先进单位"，中卫市沙坡头区人民法院柔远法庭、中卫市沙坡头区司法局、中卫市沙坡头区迎水桥镇妇联为"自治区妇女儿童权益先进集体"，中卫市沙坡头区人民检察院郭美玉、宁夏永东律师事务所魏慧茹为"自治区妇女儿童维权工作先进个人"。市级2018年度各类先进16个，其中，先进集体4个，先进个人7个，巾帼创业之星两个，妇女儿童维权工作先进个人1个，最美家庭5个。

第十六章 人民代表大会

2016年7月15日，选举成立沙坡头区人民代表大会及其常务委员会。2016年8月19日，中卫市沙坡头区人大常委会正式挂牌成立。每届任期5年，行使宪法所规定的职权。沙坡头区人大常委会机关机构设置为办公室、法制财经社会工作委员会、代表联络与选举工作委员会。沙坡头区的区长、副区长及区检察院检察长、区法院院长由代表大会选举产生。沙坡头区人民代表大会闭会期间，由常务委员会主持日常工作，主要是：对区政府、检察院、法院的工作进行监督检查；对各项法规的施行情况进行检查，依法决定人事任免等。

第一节 人民代表大会常务委员会

一、历史沿革

新中国成立初期，中国人民政治协商会议通过的《共同纲领》规定：中华人民共和国的国家政权属于人民，人民行使国家政权的机关为各级人民代表大会和各级人民政府。1954年3月27日，中卫县第一届人民代表大会第一次会议召开。从这次会议开始，中卫县人民代表大会制度正式建立起来。2003年第十五届任期1年后于2004年2月设立中卫市。各届人民代表大会常务委员会，坚持依法开会，认真履行职责，每年至少召开一次人民代表大会，每两个月至少召开一次常委会，发挥地方国家权力机关的作用，依法行使宪法和法律赋予的权力和职责。2004年2月6日，根据《国务院关于同意宁夏回族自治区设立中卫市等有关行政区划调整的批复》，自治区人民政府决定：撤销中卫县，设立地级中卫市。2012年5月10日，中卫市组建沙坡头区党工委、管委会。2016年7月15日，选举成立沙坡头区人民代表大会及其常务委员会。2016年8月19日，中卫市沙坡头区人大常委会正式挂牌成立。

表16.1　沙坡头区第一届人大常委会主任、副主任、委员名单

	姓　名	职　务	名　单
沙坡头区第一届人民代表大会（2016.06—）	焦清春（2019.04辞职）	主　任	当选委员：马立平、王广兴、王文宁、王有选、王秀渼（女）、尹万福、刘月敏（女）、刘吉祥、李学亮、李宝玉、杨麦生、吴晓梅（女）、张永华、张秉文、张春玫（女）、张福平、陈志忠、林英（女）、周瑾、周秀玲（女）、周重南、赵建全、俞正国、徐立、唐加胜、崔小凤（女）、梁玉川、訾跃平 1. 王文宁、刘月敏（女）、李学亮、周重南（2017.05辞去委员职务） 2. 朱政祖、邵国平、范文艳（女）、常玉华（2018.01补选为委员） 3. 杨麦生（2018.01辞去委员职务） 4. 邵国平（2018.06因病去世，委员职务自动终止） 5. 崔小凤、朱政祖（2019.01辞去委员职务） 6. 唐加胜（2019.04辞去委员职务） 7. 马立芹、王正山、刘思菊、李晨曦、武勇（2019.04补选为委员） 8. 武勇、张永华、王有选（2019.10辞去委员职务）
	郭吉武（2019.04补选）	主　任	
	田仲锋	副主任	
	彭浩平（2019.04辞职）		
	张永花		
	刘德祥（2017.05辞职）		
	韩国平（2020.01补选）		
	韩进军（2017.06补选）		

二、常委会工作机构

常委会下设办公室负责日常事务。1986年后陆续增设财经组、教科文卫组、人事代表联络组、法制组。1989年后设办公室、财经工作委员会、教科文卫工作委员会、法制工作委员会、人事代表联络工作委员会；工作人员最初12人，1993年增至29人。

2016年3月11日，中共中卫市委办公室、市人民政府办公室《关于印发〈中卫市沙坡头区机构设置和人员编制方案〉的通知》（卫党办发〔2016〕19号）明确沙坡头区人大常委会机关机构设置为办公室、法制财经社会工作委员会、代表联络与选举工作委员会。人大各专门委员会依法设置，核定人大常委会机关编制14名，其中行政编制13名、事业编制1名，3个委室正科级领导职数各1名、副科级领导职数各1名。

（一）办公室

中卫市沙坡头区人大常委会办公室核定行政编制9名，后勤服务事业编制1名；核

定科级领导职数两名（1正1副），其中主任1名（正科级），副主任1名（副科级）。

（二）法制财经社会工作委员会

中卫市沙坡头区人大常委会法制财经社会工作委员会核定行政编制两名；核定科级领导职数两名（1正1副），其中主任1名（正科级），副主任1名（副科级）。

（三）代表联络与选举工作委员会

中卫市沙坡头区人大常委会代表联络与选举工作委员会核定行政编制两名；核定科级领导职数两名（1正1副），其中主任1名（正科级），副主任1名（副科级）。

第二节　重要会议

一、沙坡头区人民代表大会

2016年7月14日至15日，沙坡头区人大常委会筹备领导小组组织沙坡头区199名代表召开沙坡头区第一届人民代表大会第一次会议。会议听取和审议沙坡头区人民政府筹备领导小组组长童刚代表政府所作的工作报告；听取和审议关于中卫市沙坡头区2016年国民经济和社会发展计划草案的报告，审查批准沙坡头区国民经济和社会发展第十三个五年规划纲要，审查批准沙坡头区2016年国民经济和社会发展计划；听取和审议关于中卫市沙坡头区2016年财政预算草案的报告，审查批准中卫市沙坡头区2016年财政预算；听取和审议沙坡头区人大常委会筹备领导小组组长焦清春代表沙坡头区第一届人大常委会所作的工作报告；听取和审议沙坡头区人民法院工作报告、沙坡头区人民检察院工作报告；选举焦清春为沙坡头区第一届人民代表大会常务委员会主任，田仲锋、彭浩平、张永花、刘德祥为沙坡头区第一届人民代表大会常务委员会副主任；马立平、王广兴、王文宁、王有选、王秀渼（女）、尹万福、刘月敏（女）、刘吉祥、李学亮、李宝玉、杨麦生、吴晓梅（女）、张永华、张秉文、张春玫（女）、张福平、陈志忠、林英（女）、周瑾、周秀玲（女）、周重南、赵建全、俞正国、徐立、唐加胜、崔小凤（女）、梁玉川、訾跃平等28人为沙坡头区第一届人民代表大会常务委员会委员；童刚为沙坡头区区长，唐兴武、李伏荣、张振宇、金芳（女，回族）、刘宏阳为中卫市沙坡头区副区长；金勇为沙坡头区人民法院院长；强吉鸿为沙坡头区人民检察院检察长。

2016年12月7日至12月9日，中卫市沙坡头区第一届人民代表大会第二次会议召开。会议听取和审议中卫市沙坡头区人民政府工作报告；审查和批准中卫市沙坡头区2016年国民经济和社会发展计划执行情况与2017年国民经济和社会发展计划草案的报告，批准中卫市沙坡头区2017年国民经济和社会发展计划；审查和批准中卫市沙坡头区2016年财政预算执行情况和2017年财政预算草案的报告，批准中卫市沙坡头区2017年财政预算；听取和审议中卫市沙坡头区人大常委会工作报告、中卫市沙坡头区人民法院工作报告、中卫市沙坡头区人民检察院工作报告。依法选举沙坡头区出席中卫市第四届人民代表大会代表97名。

2017年6月2日至6月3日，中卫市沙坡头区第一届人民代表大会第三次会议召开。会议补选韩进军为中卫市沙坡头区人大常委会副主任，穆怀中（回族）、高秀英（女）、胡文礼、孙家骥为副区长。

2018年1月5日至1月7日，中卫市沙坡头区第一届人民代表大会第四次会议召开。会议听取和审议中卫市沙坡头区人民政府工作报告；审查和批准中卫市沙坡头区2017年国民经济和社会发展计划执行情况与2018年国民经济和社会发展计划草案的报告，批准中卫市沙坡头区2018年国民经济和社会发展计划；审查和批准中卫市沙坡头区2017年财政预算执行情况和2018年财政预算草案的报告，批准中卫市沙坡头区2018年财政预算；听取和审议中卫市沙坡头区人大常委会工作报告、中卫市沙坡头区人民法院工作报告、中卫市沙坡头区人民检察院工作报告；会议补选郭爱迪为中卫市沙坡头区区长，选举张振宇为中卫市沙坡头区监察委员会主任，补选朱政祖、邵国平、范文艳（女）、常玉华为中卫市沙坡头区人大常委会委员。

2019年1月19日至1月21日，中卫市沙坡头区第一届人民代表大会第五次会议召开。会议听取和审议中卫市沙坡头区人民政府工作报告；审查和批准中卫市沙坡头区2018年国民经济和社会发展计划执行情况与2019年国民经济和社会发展计划草案的报告，批准中卫市沙坡头区2019年国民经济和社会发展计划；审查和批准中卫市沙坡头区2018年财政预算执行情况和2019年财政预算草案的报告，批准中卫市沙坡头区2019年财政预算；听取和审议中卫市沙坡头区人大常委会工作报告、中卫市沙坡头区人民法院工作报告、中卫市沙坡头区人民检察院工作报告。

2019年4月25日至4月26日，中卫市沙坡头区第一届人民代表大会第六次会议召开。会议补选郭吉武为中卫市沙坡头区第一届人民代表大会常务委员会主任，补选马立芹、王正山、刘思菊、李晨曦、武勇为中卫市沙坡头区第一届人民代表大会常务委员会委员。

二、沙坡头区人大常委会会议

（一）区一届人大常委会第一次会议

2016年8月5日召开。区人大常委会主任焦清春，副主任田仲锋、彭浩平、张永花、刘德祥及委员31人（请假两人）出席会议。会议审议通过《中卫市沙坡头区人民代表大会常务委员会会议事规则（试行）》《中卫市沙坡头区人民代表大会常务委员会人事任免办法（试行）》《中卫市沙坡头区人民代表大会常务委员会组成人员守则（试行）》《中卫市沙坡头区人民代表大会常务委员会代表议案、建议、批评和意见办理办法（试行）》、设立中卫市沙坡头区第一届人大常委会代表资格审查委员会的决定。会议根据区人大常委会主任会议的提请，任命张永华为中卫市沙坡头区人大常委会办公室主任，任命梁玉川为中卫市沙坡头区人大常委会法制财经社会工作委员会主任。会议根据童刚区长的提请，决定任命邹斌、唐亮为沙坡头区副区长，王福才为沙坡头区人民政府办公室主任，王琳为沙坡头区监察局局长，罗华盛为沙坡头区民族宗教局局长，孙占宏为沙坡头区发展和改革局局长，丁明忠为沙坡头区司法局局长，张越为沙坡头区社会保障局局长，胡文礼为沙坡头区农业和科技委员会主任，方振荣为沙坡头区审计局局长，张永生为沙坡头区建设交通局局长，李金凯为沙坡头区财政局局长，张淑英为沙坡头区文化体育和计划生育局局长，吕生文为沙坡头区综合行政执法局局长。

（二）区一届人大常委会第二次会议

2016年9月29日召开。区人大常委会副主任田仲锋、彭浩平、张永花、刘德祥及委员共31人（请假两人）出席会议。会议传达学习自治区十一届人大六次会议精神，听取和审议区人民政府关于沙坡头区2016年农业特色产业项目建设及运行情况报告，听取区人大常委会视察组关于沙坡头区2016年农业特色产业项目建设及运行情况的视察报告，听取和审议区人民政府关于脱贫攻坚工作进展情况的报告，听取区人大常委会调研组关于脱贫攻坚工作进展情况的调研报告。审议通过区人大常委会《关于对沙坡头区脱贫攻坚工作进展情况报告的审议意见》。会议根据沙坡头区人民法院院长金勇的提请，任命周进明、史银福为沙坡头区人民法院人民陪审员，同时，免去雷凯的沙坡头区人民法院人民陪审员职务。

（三）区一届人大常委会第三次会议

2016年12月5日召开。区人大常委会副主任田仲锋、彭浩平、张永花、刘德祥及委员共31人（请假两人）出席会议。会议听取和审议区人民政府关于沙坡头区一届人大一次会议代表建议办理情况的报告；听取和审议区人民法院关于民商事审判工作情况的报告，审议区人大常委会检查组关于沙坡头区人民法院关于民商事审判工作情况的检查报告；听取和审议区人民检察院关于司法规范化建设情况的报告，审议区人大常委会检查组关于区人民检察院关于司法规范化建设情况的检查报告；审议通过区人大常委会关于深入开展第七个五年法治宣传教育的决议；审议通过关于召开中卫市沙坡头区第一届人民代表大会第二次会议的决定；审议通过提请中卫市沙坡头区第一届人民代表大会第二次会议的各项建议；审议沙坡头区人大常委会工作报告。

（四）区一届人大常委会第四次会议

2017年2月22日召开。区人大常委会主任焦清春，副主任田仲锋、彭浩平、张永花、刘德祥及委员共29人（请假4人）出席会议。会议传达学习自治区第十一届人民代表大会第七次会议精神；审议通过区人大常委会2017年工作要点、《中卫市沙坡头区人民代表大会常务委员会听取和审议专项工作报告满意度测评工作办法（试行）》和各副区长2017年履职计划；会议根据区人大常委会主任会议的提请，任命孙晓丽为中卫市沙坡头区人大常委会办公室副主任，马春莲为中卫市沙坡头区人大常委会法制财经社会工作委员会副主任；会议根据童刚区长的提请，决定任命周涛为沙坡头区副区长，决定免去邹斌、唐亮的沙坡头区副区长的职务；会议根据沙坡头区人民法院院长金勇的提请，任命罗满仓、魏建平为沙坡头区人民法院审判员、审判委员会委员、副院长，姜守玉为沙坡头区人民法院审判员、审判委员会委员，王希刚为沙坡头区人民法院审判员、审判委员会委员、民事审判第一庭庭长，陈永贤为沙坡头区人民法院审判员、审判委员会委员、民事审判第二庭庭长，孙永清为沙坡头区人民法院审判员、审判委员会委员、执行庭庭长，刘文洪为沙坡头区人民法院审判员、审判委员会委员、刑事审判庭庭长，刘广胜为沙坡头区人民法院审判员、审判委员会委员，宋玉梅为沙坡头区人民法院审判员、审判监督庭庭长，李玉萍为沙坡头区人民法院审判员、迎水桥法庭庭长，杨奎力为沙坡头区人民法院审判员、宣和法庭庭长，唐荣为沙坡头区人民法院审判员、立案庭庭长，吴晓利为沙坡头区人民法院审判员、兴仁法庭庭长，刘琦为沙坡头区人民法院审判员、柔远法庭庭长，田茹、张吉荣、张永康、宋建喜、曾建华、马元华、王静、靳涛、李晓娜、杨泽君、吴颖婷、王飞飞、梁昕、杨璐畅、王萍、蒲茜淞、宝亮、杨晴雯、马彦坤、刘保宇为沙坡头区人民法院审判员；免去白龙的沙坡头区人民法院副院长、审判委员会委员、审判员职务，张吉荣的沙坡头区人民法院柔远法庭庭长职务，王平的沙坡头区人民法院审判委员会委员、行政审判庭庭长、审判员职务，吴晓利的沙坡头区人民法院迎水桥法庭副庭长职务，田茹的沙坡头区人民法院民事审判第二庭副庭长职务，杜冠华的沙坡头区人民法院执行庭副庭长、审判员职务，马元华的沙坡头区人民法院民事审判第一庭副庭长职务，宋建喜的沙坡头区人民法院审判监督庭副庭长职务，高建华、孙晋、马冬梅的沙坡头区人民法院审判员职务。会议根据沙坡头区人民检察院检察长强吉鸿的提请，任命李荣霞、贺继宏为沙坡头区人民检察院检察员、检察委员会委员、副检察长，王加军、王自银、王一宁、姬福祥、李玉英、倪萍、马学勤、徐家全、陆浩、孙艳芳、刘敏为沙坡头区人民检察院检察员、检察委员会委员，郭美玉、刘成、丁吉忠、雷勇、曹会玲、刘波、乔栋、秦婷、李萍、周洁、寇明洲、王舜坤、张庚为沙坡头区人民检察院检察员。

（五）区一届人大常委会第五次会议

2017年4月28日召开。区人大常委会副主任田仲锋、彭浩平、张永花及委员共29人（请假4人）出席会议。会议传达学习全国两会精神；听取和审议区人民政府关于被征地农民参加养老保险工作情况的报告；听取区人大常委会检查组关于被征地农民参加养老保险工作落实情况的检查报告，对区人民政府关于被征地农民参加养老保险工作情况的报告进行满意度测评并获得通过；听取和审议区人民政府关于沙坡头区第十届村民委员会换届选举情况的报告；审议通过关于许可对沙坡头区人大代表马进忠采取强制措施的决定。

（六）区一届人大常委会第六次会议

2017年5月31日召开。区人大常委会主任焦清春，副主任田仲锋、彭浩平、张永花及委员共26人（请假7人）出席会议。会议听取和审议区人民政府关于实施《宗教事务条例》情况的报告；听取区人大常委会检查组关于区人民政府实施《宗教事务条例》情况的检查报告；听取和审议区人民政府关于落实区人大常委会对脱贫攻坚工作审议意见进展情况的报告；听取区人大常委会调研组关于区人民政府落实区人大常委会对脱贫攻坚工作审议意见进展情况的调研报告；审议通过区人大常委会工作评议办法、区人大常委会专题询问办法；审议通过关于召开中卫市沙坡头区第一届人民代表大会第三次会议的决定和提请中卫市沙坡头区第一届人民代表大会第三次会议决定的各项建议；会议根据区人大常委会主任会议的提请，任命王正山为中卫市沙坡头区人大常委会办公室主任、黄占荣为中卫市沙坡头区人大常委会代表联络与选举工作委员会主任，免去张永华的中卫市沙坡头区人大常委会办公室主任职务；会议根据童刚区长的提请，决定任命赵峰为沙坡头区人民政府办公室主任、张睿华为沙坡头区社会保障局局长、张永生为沙坡头区农业和科技委员会主任、郭建华为沙坡头区建设交通局局长，决定免去王福才的沙坡头区人民政府办公室主任、张越的沙坡头区社会保障局局长、胡文礼的沙坡头区农业和科技委员会主任、郭建华的沙坡头区建设交通局局长职务；会议依法接受沙坡头区人大常委会副主任刘德祥，沙坡头区人大常委会委员王文宁、刘月敏、李学亮、周重南，沙坡头区副区长唐兴武、金芳、刘宏阳、张振宇，沙坡头第一届人民代表大会代表杨和、张江涛、刘德祥、唐兴武、金芳、张越、田建文的辞职；审议通过区人大常委会代表资格审查委员会关于代表变动情况的报告。

（七）区一届人大常委会第七次会议

2017年7月28日召开。区人大常委会主任焦清春，副主任彭浩平、张永花、韩进军及委员共24人（请假5人）出席会议。会议听取和审议区人民政府关于2017年上半年国民经济和社会发展计划执行情况的报告、2016年财政决算（草案）和2017年上半年财政预算执行情况的报告、2016年度财政预算执行和其他财政收支情况的审计报告；听取和审议区人大常委会法制财经社会工作委员会关于2016年财政决算（草案）审查结果的报告，批准沙坡头区2016年财政决算；听取和审议区人民法院、区人民检察院2017年上半年工作情况的报告；审议通过区一届人大代表马进忠的辞职案、区人大常委会代表资格审查委员会关于代表变动情况的报告。

（八）区一届人大常委会第八次会议

2017年9月29日召开。区人大常委会主任焦清春，副主任彭浩平、张永花、韩进军及委员共25人（请假4人）出席会议。会议听取和审议区人民政府关于沙坡头区乡镇工业园区基础设施建设进展情况、农村环境卫生综合整治情况的报告；听取区人大常委会视察组关于沙坡头区乡镇工业园区基础设施建设进展情况、农村环境卫生综合整治情况的视察报告；补选杨照明为中卫市第四届人民代表大会代表；会议根据童刚区长的提请，决定任命蒋文胜为沙坡头区副区长；会议根据沙坡头区人民法院院长金勇的提请，任命陈永贤为沙坡头区人民法院民事审判第一庭庭长、副院长，杨奎力为沙坡头区人民法院审判委员会委员、执行庭庭长，王希刚为沙坡头区人民法院民事审判第二庭庭长，王静为沙坡头区人民法院行政审判庭庭长，王萍为沙坡头区人民法院立案庭庭长，梁昕为沙坡头区人民法院宣和法庭庭长，王泰新、苟飞飞、王小勇、安治超、李艳婷、曾美静、李元颐为沙坡头区人民法院审判员；免去孙永清的沙坡头区人民法院执行庭庭长、审判委员会委员，陈永贤的沙坡头区人民法院民事审判第二庭庭长，王希刚的沙坡头区人民法院民事审判第一庭庭长，杨奎力的沙坡头区人民法院宣和法庭庭长，王平的沙坡头区人民法院行政审判庭庭长、审判委员会委员，唐荣的沙坡头区人民法院立案庭庭长、审判员，田茹、杨泽君的沙坡头区人民法院审判员职务；会议根据沙坡头区人民检察院检察长强吉鸿的提请，任命马鹏云为中卫市沙坡头区人民检察院检察员。

（九）区一届人大常委会第九次会议

2017年11月29日召开。区人大常委会副主任田仲锋、彭浩平、张永花及委员共20人（请假9人）出席会议。会议传达学习中国共产党第十九次全国代表大会精神；听取和审议区人民政府关于沙坡头区农村集体经济组织产权制度改革情况的报告、关于环境保护工作的报告、关于区一届人大二次会议意见建议办理情况的报告；听取区人大常委会调研组关于沙坡头区农村集体经济组织产权制度改革情况的调研报告；补选张振宇为中卫市第四届人民代表大会代表。

（十）区一届人大常委会第十次会议

2018年1月4日召开。区人大常委会主任焦清春，副主任田仲锋、彭浩平、张永花及委员共27人（请假两人）出席会议。会议听取和审议区人民政府关于法治政府建设暨三项制度试点情况的报告、关于2016年度沙坡头区财政预算执行和其他财政收支审计结果落实情况的报告、关于调整2017年财政预算的议案；审议区人大常委会关于2017年沙坡头区财政预算调整方案的审查报告和关于批准预算调整方案的决议草案；会议根据童刚区长的提请，决定任命郭爱迪为沙坡头区副区长；会议依法接受沙坡头区区长童刚、沙坡头区第一届人民代表大会代表王学军的辞职，审议区人大常委会代表资格审查委员会关于代表变动情况的报告；会议根据区人大常委会主任会议的提请，决定由郭爱迪代理中卫市沙坡头区区长职务；审议关于召开中卫市沙坡头区第一届人民代表大会第四次会议的决定（草案）、提请中卫市沙坡头区第一届人民代表大会第四次会议决定的各项建议（草案）、沙坡头区人大常委会工作报告（稿）；补选马和清为中卫市第四届人民代表大会代表。

（十一）区一届人大常委会第十一次会议

2018年1月7日召开。区人大常委会主任焦清春，副主任田仲锋、彭浩平、张永花、韩进军及委员共31人（请假2人）出席会议。会议根据区监察委员会主任张振宇的提请，任命王琳、杨麦生为沙坡头区监察委员会副主任，吴全旺、刘建康、陆浩、李玉英为沙坡头区监察委员会委员；依法接受沙坡头区一届人大常委会委员杨麦生的辞职。

（十二）区一届人大常委会第十二次会议

2018年2月8日召开。区人大常委会主任焦清春，副主任彭浩平、张永花、韩进军及委员共24人（请假8人）出席会议。会议传达学习自治区十二届人大一次会议精神；审议通过区人大常委会2018年工作要点；会议根据郭爱迪区长的提请，决定任命拓守辉为区工业和信息化局局长、张睿华为区民政和社会保障局局长、张永生为区农牧林业科技局局长、李福华为区环境保护局局长、吕生文为区安全生产监督管理局局长，决定免去王琳的区监察局局长、张淑英的区文化体育和计划生育局局长、张睿华的区社会保障局局长、张永生的区农业和科技委员会主任、吕生文的区综合行政执法局局长职务。

（十三）区一届人大常委会第十三次会议

2018年4月26日召开。区人大常委会主任焦清春，副主任彭浩平、张永花、韩进军及委员共26人（请假6人）出席会议。会议传达学习全国两会精神；听取和审议区人民政府贯彻实施《区人大常委会关于深入开展第七个五年法制宣传教育的决议》情况的报告和区人大常委检查组关于区人民政府贯彻实施《区人大常委会关于深入开展第七个五年法制宣传教育的决议》情况的检查报告；听取区人民政府禁毒工作开展情况的工作报告；审查确认许可对李有军采取强制措施的备案事项。

（十四）区一届人大常委会第十四次会议

2018年6月22日召开。区人大常委会主任焦清春，副主任彭浩平、张永花、韩进军及委员共25人（请假6人）出席会议。会议听取和审议区人民政府关于招商引资工作、设施蔬菜产业发展情况的报告和区人大常委会调研组关于招商引资工作、设施蔬菜产业发展情况的调研报告；听取和审议法检两院2018年上半年工作报告；审议通过区人大常委会代表资格审查委员会关于个别代表变动情况的报告（邵国平因病去世，代表资格、常委会委员职务自动终止）；根据沙坡头区人民法院院长金勇的提请，任命李静为沙坡头区人民法院审判员，免去姜守玉、刘广胜的沙坡头区人民法院审判委员会委员、审判员，杨晴雯的沙坡头区人民法院审判员职务。

（十五）区一届人大常委会第十五次会议

2018年8月20日召开。区人大常委会主任焦清春，副主任田仲锋、彭浩平、张永花、韩进军及委员共30人（请假1人）出席会议。会议听取和审议区人民政府关于2018年国民经济和社会发展计划上半年执行情况的报告、关于2017年沙坡头区财政决算（草案）的报告和2018年财政预算上半年执行情况的报告、关于2017年度财政预算执行和其他财政收支情况的审计工作报告，听取和审议区人大常委会法制财经社会工作委员会关于2017年沙坡头区财政决算（草案）审查结果的报告，批准2017年沙坡头区财政决算；会议根据郭爱迪区长的提请，决定免去蒋文胜的沙坡头区副区长职务；会议根据沙坡头区人民检察院检察长强吉鸿的提请，任命李萍、郭美玉、秦婷、曹会玲为中卫市沙坡头区人民检察院检察委员会委员，免去许奎的中卫市沙坡头区人民检察院副检察长、检察委员会委员、检察员，陆浩、李玉英、马学勤、姬福祥的中卫市沙坡头区人民检察院检察委员会委员，刘波的中卫市沙坡头区人民检察院检察员职务；依法接受沙坡头区第一届人民代表大会代表李有军的辞职；表决通过区人大常委会代表资格审查委员会关于个别代表资格变动情况的报告。

（十六）区一届人大常委会第十六次会议

2018年10月29日召开。区人大常委会主任焦清春，副主任彭浩平、张永花、韩进军及委员共26人（请假5人）出席会议。会议听取和审议区人民法院打响执行攻坚战基本解决执行难情况的报告和区人民检察院"两法"衔接情况的报告；审议区人民政府《关于提请审议修改中卫市沙坡头区国民经济和社会发展第十三个五年规划纲要有关内容的议案》和关于2018年沙坡头区主导投资重点项目实施和进展情况的报告；审议通过区人大常委会关于批准调整《中卫市沙坡头区国民经济和社会发展第十三个五年规划纲要》内容的决议；对区人民政府主导投资的重点项目实施和进展情况进行专题询问；会议根据沙坡头区人民检察院检察长强吉鸿的提请，任命杜新麒为中卫市沙坡头区人民检察院检察员、检察委员会委员、副检察长。

（十七）区一届人大常委会第十七次会议

2018年12月11日召开。区人大常委会主任焦清春，副主任田仲锋、彭浩平、张永花、韩进军及委员共25人（请假6人）出席会议。会议传达学习全国人大常委会深入学习贯彻习近平总书记关于坚持和完善人民代表大会制度的重要思想交流会精神；审议区人民政府关于调整2018年沙坡头区财政收支预算的议案；审议区人大常委会法财委关于调整 2018 年沙坡头区财政收支预算的审查报告和区人大常委会关于批准调整 2018 年沙坡头区财政收支预算的决议草案；听取和审议区人民政府关于 2017 年度沙坡头区财政预算执行和其他财政收支审计结果落实情况的报告、关于区一届人大四次会议代表建议办理情况的报告和关于环境状况和环境保护目标完成情况的报告；听取和审议区人民政府承诺为民办实事情况的报告，并进行满意度测评；会议根据郭爱迪区长的提请，决定任命罗清平为沙坡头区副区长；审查确认许可对张万宏采取强制措施的备案事项；依法接受中卫市第四届人民代表大会代表刘向阳的辞职；补选崔昆、王朝升为中卫市第四届人民代表大会代表；审议关于在沙坡头区直机关东选区补选沙坡头区第一届人民代表大会代表的决定草案。

（十八）区一届人大常委会第十八次会议

2019 年 1 月 10 日召开。区人大常委会主任焦清春，副主任田仲锋、彭浩平、张永花、韩进军及委员共 31 人出席会议。会议听取和审议区人民政府关于法治政府建设工作情况报告；审议沙坡头区人大常委会 2018 年工作报告（稿）和区人大常委会代表资格审查委员会关于补选代表的资格审查报告；审议通过关于召开中卫市沙坡头区第一届人民代表大会第五次会议的决定（草案）和关于提请中卫市沙坡头区第一届人民代表大会第五次会议决定的各项建议（草案）；依法接受中卫市第四届人民代表大会代表雍生、张吉奎、潘莉的辞职；补选王越宏、魏建雄、张汉强为中卫市第四届人民代表大会代表；会议根据郭爱迪区长的提请，决定任命王再龙为中卫市沙坡头区副区长，审查确认郭爱迪等 11 名沙坡头区一届人大代表的资格；根据沙坡头区人民法院院长金勇的提请，审议确定 120 名沙坡头区人民法院人民陪审员名额。

（十九）区一届人大常委会第十九次会议

2019 年 1 月 22 日召开。区人大常委会主任焦清春，副主任田仲锋、彭浩平、张永花、韩进军及委员共 26 人（请假 5 人）出席会议。会议传达学习中卫市第四届人民代表大会第三次会议精神；根据郭爱迪区长的提请，决定任命王再龙为中卫市沙坡头区综合执法局局长、景兆栋为中卫市沙坡头区教育局局长、张永生为中卫市沙坡头区科学技术局局长、拓守辉为中卫市沙坡头区工业信息化和商务局局长、潘玉顺为中卫市沙坡头区住房城乡建设和交通局局长、张红涛为中卫市沙坡头区水务局局长、汪文奎为中卫市沙坡头区农业农村局局长、房国元为中卫市沙坡头区自然资源局局长、郭建华为中卫市沙坡头区旅游和文化体育广电局局长、马晓宏为中卫市沙坡头区统计局局长、潘秀芳为中卫市沙坡头区退役军人事务局局长、赵云成为中卫市沙坡头区卫生健康局局长、王文忠为中卫市沙坡头区扶贫开发办公室主任、冯玉彦为中卫市沙坡头区应急管理局局长、崔小凤为中卫市沙坡头区医疗保障局局长，决定免去李伏荣的中卫市沙坡头区副区长、张永生的中卫市沙坡头区农牧林业科技局局长、拓守辉的中卫市沙坡头区工业和信息化局局长、郭建华的中卫市沙坡头区住房城乡建设和交通局局长、吕生文的中卫市沙坡头区安全生产监督管理局局长职务；根据沙坡头区人民法院院长金勇的提请，任命安东等120名中卫市沙坡头区人民法院陪审员；依法接受沙坡头区一届人大常委会委员崔小凤、朱政祖的辞职。

（二十）区一届人大常委会第二十次会议

2019年4月4日召开。区人大常委会副主任田仲锋、张永花、韩进军及委员共23人（请假6人）出席会议。会议传达学习全国两会精神；依法接受沙坡头区第一届人民代表大会常务委员会主任焦清春，副主任彭浩平，沙坡头区副区长周涛、穆怀中、胡文礼，沙坡头区第一届人民代表大会代表焦清春、唐永铎、彭浩平、李伏荣、胡文礼的辞职；会议决定由田仲锋代理中卫市沙坡头区人大常委会主任职务；根据郭爱迪区长的提请，会议决定任命姜鹏飞、尹鹏睿为沙坡头区副区长；审议区人大常委会2019年工作要点、区人大常委会规范性文件备案审查办法（草案）、区人大常委会代表资格审查委员会关于代表变动情况的报告、关于补选中卫市沙坡头区人民代表大会代表的实施意见；听取和审议区人民政府全面建成小康社会进展情况的报告、区人大常委会调研组关于沙坡头区全面建成小康社会进展情况的调研报告。

（二十一）区一届人大常委会第二十一次会议

2019年4月23日召开。区人大常委会代主任田仲锋，副主任张永花、韩进军及委员共24人（请假3人）出席会议。会议听取和审议沙坡头区人民法院刑事审判工作情况报告、沙坡头区人民检察院公益诉讼工作情况报告，区人大常委会调研组关于沙坡头区刑事审判工作的调研报告和沙坡头区公益诉讼工作情况的调研报告；审议沙坡头区人大常委会代表资格审查委员会关于补选代表的资格审查报告、关于召开中卫市沙坡头区第一届人民代表大会第六次会议的决定（草案）、提请区一届人大六次会议决定的各项建议（草案）；会议根据郭爱迪区长的提请，决定任命袁敏为沙坡头区副区长、李金凯为沙坡头区发展和改革局局长，决定免去孙占宏的沙坡头区发展和改革局局长、李金凯的沙坡头区财政局局长职务；依法接受沙坡头区第一届人民代表大会常务委员会委员唐加胜的辞职。

（二十二）区一届人大常委会第二十二次会议

2019年6月25日召开。区人大常委会主任郭吉武，副主任田仲锋、张永花、韩进军及委员共25人（请假7人）出席会议。会议听取和审议区人民政府贯彻执行《宗教事务条例》情况报告和沙坡头区农村人居环境整治工作报告，区人大常委会检查组和调研组关于沙坡头区贯彻执行《宗教事务条例》情况的检查报告和沙坡头区农村人居环境整治工作的调研报告；会议根据沙坡头区监察委员会主任张振宇的提请，任命李华锋、吴全旺为中卫市沙坡头区监察委员会副主任，免去王琳的中卫市沙坡头区监察委员会副主任职务；会议根据沙坡头区人民法院院长金勇的提请，任命谈雪为中卫市沙坡头区人民法院审判员；会议根据沙坡头区人民检察院检察长强吉鸿的提请，免去王自银的中卫市沙坡头区人民检察院检察委员会委员、检察员，马学勤的中卫市沙坡头人民检察院检察员职务；依法接受沙坡头区监察委员会主任张振宇，沙坡头区副区长高秀英的辞职；会议根据沙坡头区人大常委会主任会议的提请，决定由李华锋代理中卫市沙坡头区监察委员会主任职务。

（二十三）区一届人大常委会第二十三次会议

2019年8月29日召开。区人大常委会主任郭吉武，副主任田仲锋、张永花、韩进军及委员共30人（请假两人）出席会议。会议听取和审议区人民政府"十三五"规划纲要实施情况中期评估工作报告、脱贫攻坚产业发展及"两不愁三保障"落实情况的报告、全面推行河（湖）长制情况的报告、关于2019年上半年国民经济和社会发展计划执行情况的报告、关于2018年沙坡头区财政决算（草案）和2019年财政预算上半年执行情况的报告、关于2018年度财政预算执行和其他财政收支情况的审计工作报告，区人民法院2019年上半年工作情况的报告，区人民检察院2019年上半年工作情况的报告，区人大常委会关于沙坡头区"十三五"规划纲要实施情况中期评估报告的审查报告、区人大常委会调研组关于沙坡头区脱贫攻坚产业发展及"两不愁三保障"落实情况的调研报告、关于沙坡头区推行河（湖）长制情况的调研报告、区人大常委会法制财经社会工作委员会关于2018年沙坡头区财政决算（草案）审查结果的报告，批准2018年沙坡头区财政决算；沙坡头区纪委监委通报2019年上半年党风廉政建设和反腐败工作情况；审议通过关于确认主任会议许可对沙坡头区一届人大代表朱云花执行逮捕、进行刑事审判的决定。

（二十四）区一届人大常委会第二十四次会议

2019年10月29日召开。区人大常委会主任郭吉武，副主任田仲锋、张永花及委员共25人（请假7人）出席会议。会议听取和审议区人民政府扫黑除恶专项斗争工作情况的报告、民生实事推进和代表建议办理情况、"一带两廊"空间发展规划推进情况、"6+8"重点工作落实情况、2018年度行政事业单位国有资产管理情况等五个专项报告，区人大常委会对区人民政府相关工作的视察和调研报告，区人大常委会法制财经社会工作委员会关于调整2019年沙坡头区财政收支预算的审查报告；审议批准区人民政府关于2019年财政收支预算调整方案；会议根据郭爱迪区长的提请，决定任命伏刚为中卫市沙坡头区工业信息化和商务局局长、方振荣为中卫市沙坡头区民政和社会保障局局长、张睿华为中卫市沙坡头区财政局局长、拓守辉为中卫市沙坡头区农业农村局局长、秦玲为中卫市沙坡头区审计局局长、徐斌为中卫市沙坡头区综合执法局局长，决定免去方振荣的中卫市沙坡头区审计局局长、张睿华的中卫市沙坡头区民政和社会保障局局长、拓守辉的中卫市沙坡头区工业信息化和商务局局长、汪文奎的中卫市沙坡头区农业农村局局长、王再龙的中卫市沙坡头区综合执法局局长、李福华的中卫市沙坡头区环境保护局局长职务；会议根据区监察委员会代主任李华锋的提请，任命刘芳为中卫市沙坡头区监察委员会委员，免去李玉英的中卫市沙坡头区监察委员会委员职务；会议根据沙坡头区人大常委会主任会议的提请，任命齐佳丽为中卫市沙坡头区人大常委会办公室副主任，免去孙晓丽的中卫市沙坡头区人大常委会办公室副主任职务；依法接受中卫市第四届人民代表大会代表杨宏伟，中卫市沙坡头区第一届人民代表大会代表张振宇、邹建萍、张永华、肖军军、朱云花、王有选，沙坡头区第一届人民代表大会常务委员会委员武勇的辞职。

（二十五）区一届人大常委会第二十五次会议

2019年12月26日召开。区人大常委会主任郭吉武，副主任田仲锋、张永花及委员共22人（请假7人）出席会议。会议听取和审议区人民政府防范化解重大风险工作情况报告、贯彻实施《中华人民共和国反家庭暴力法》情况报告、2019年环境状况和环境保护目标完成情况报告，区人大常委会调研组关于沙坡头区防范化解重大风险工作情况的调研报告、检查组关于沙坡头区贯彻实施《中华人民共和国反家庭暴力法》情况的检查报告、视察组关于沙坡头区环境保护工作的视察报告，区人大常委会法制财经社会工作委员会关于调整2019年沙坡头区财政收支预算的审查报告，审议批准区人民政府关于2019年财政收支预算调整方案；审议主任会议关于调整区一届人大常委会代表资格审查委员会组成人员的议案、区人大常委会代表资格审查委员会关于补选区一届人大代表的资格审查报告，关于确认主任会议许可对区一届人大代表王广兴依法行政拘留的决定（草案）；审议通过关于修订沙坡头区人大常委会会议事规则、人事任免办法、组成人员守则的决定

(草案)；根据沙坡头区人民法院院长金勇的提请，免去梁昕的沙坡头区人民法院宣和法庭庭长、审判员，谈雪的沙坡头区人民法院审判员职务；根据沙坡头区人民检察院检察长强吉鸿的提请，免去陆浩的中卫市沙坡头区人民检察院检察员、李玉英的中卫市沙坡头区人民检察院检察员职务；依法补选苏发坤、张龙、郭吉武为中卫市第四届人民代表大会代表。

第三节 常委会工作

一、代表选举

2016年，按照市人大常委会和沙坡头区党工委的统一部署和要求，自2016年4月份开始，截至6月20日，沙坡头区选举委员会完成区、(镇)乡两级人大代表选举工作。11个乡镇143个选区共选举产生乡镇人大代表701名、沙坡头区人大代表199名。当选的199名(代表名额共201名，预留2名)沙坡头区人大代表中：按照代表身份划分，中共党员代表141名，占70.9%；非中共党员代表58名，占29.1%；妇女代表63名，占31.6%；少数民族代表22名，占11%；非公有制经济人士、工人、农民、居民代表134名，占67.3%；专业技术人员代表7名，占3.5%；领导干部代表56名，占28.1%；军人代表2名，占1%。按照代表年龄结构划分，35岁以下代表18名，占9.1%；36岁至55岁代表170名，占85.4%；56岁以上代表11名，占5.5%。代表的平均年龄为45.8岁。按照代表学历划分，具有大专以上学历的代表91名，占45.8%；中专及高中学历的代表49名，占24.6%；初中及小学学历的代表59名，占29.6%。

2017年，沙坡头区一届人大二次会议召开后，文昌镇镇机关雍楼村选区选出的区人大代表杨和、滨河镇镇机关光明社区选区选出的区人大代表田建文、滨河镇官桥村选区选出的区人大代表唐兴武、镇罗镇河沟村选区选出的区人大代表刘德祥、宣和镇何营村选区选出的区人大代表张江涛、迎水桥镇何滩村选区选出的区人大代表张越、香山乡三眼井村深井村选区选出的区人大代表金芳，因工作调动，向区人大常委会提交了辞去区一届人民代表大会代表职务的请求，区一届人大常委会第六次会议接受他们的辞职请求。根据代表法的有关规定，杨和、田建文、唐兴武、刘德祥、张江涛、张越、金芳的代表资格终止。截至5月底，沙坡头区第一届人民代表大会实有代表192名。沙坡头区一届人大三次会议后，柔远镇砖塔村、刘台村选区选出的区人大代表马进忠向区人大常委会提交了辞去区一届人民代表大会代表职务的请求，区一届人大常委会第七次会议接受他的辞职请求。根据代表法的有关规定，马进忠的代表资格终止。截至2017年12月31日，沙坡头区共有人大代表191名。

2018年，文昌镇区直机关东选区选出的区人大代表王学军因工作调动，向区人大常委会提交了辞去区一届人民代表大会代表职务的请求，区一届人大常委会第十次会议接受了他的辞职请求。根据代表法的有关规定，王学军的代表资格终止。截至1月4日，沙坡头区第一届人民代表大会实有代表190名。由镇罗镇第三选区选出的沙坡头区第一届人民代表大会代表邵国平因病去世，根据《中华人民共和国全国人民代表大会和地方各级人民代表大会代表法》规定，邵国平的代表资格终止。根据《中华人民共和国全国人民代表大会和地方各级人民代表大会选举法》的规定，邵国平担任的沙坡头区第一届人民代表大会常务委员会委员职务相应终止。截至6月22日，中卫市沙坡头区第一届人民代表大会实有代表189名。由滨河镇第四选区选出的沙坡头区第一届人民代表大会代表李有军向区人大常委会提交了辞去区一届人民代表大会代表职务的请求，区一届人大常委会第十五次会议接受了他的辞职请求。根据代表法的有关规定，李有军的代表资格终止。截至12月31日，中卫市沙坡头区第一届人民代表大会实有代表188名。

2019年，沙坡头区直机关东选区补选郭爱迪为沙坡头区第一届人民代表大会代表。沙坡头区人大常委会代表资格审查委员会对代表的补选过程进行了审查，认为补选符合有关法律规定。沙坡头区一届人大常委会第十八次会议同意代表资格审查委员会的审查报告，确认郭爱迪的沙坡头区第一届人民代表大会代表资格有效。截至1月10日，沙坡头区第一届人民代表大会实有代表189名。由区直机关西选区、驻地部队选区、柔远镇第七选区、永康镇第六选区、区直机关东选区选出的沙坡头区第一届人民代表大会代表焦清春、唐永铎、彭浩平、李伏荣、胡文礼向区人大常委会提交了辞去区一届人民代表大会代表职务的请求，区一届人大常委会第二十次会议接受了他们的辞职请求，永康镇第九选区选出的沙坡头区第一届人民代表大会代表孙占宏调离本行政区，根据代表法的有关规定，焦清春、唐永铎、彭浩平、李伏荣、胡文礼、孙占宏的代表资格终止。截至4月4日，中卫市沙坡头区第一届人民代表大会实有代表183名。4月18日沙坡头区直机关西选区、文昌镇镇机关雍楼选区、沙坡头区直机关东选区、滨河镇光明社区选区、滨河镇官桥村选区、香山乡三眼井深井村选区、部队选区、永康镇阳沟村选区、宣和镇何营村选区、迎水桥镇何滩村选区、镇罗镇河沟选区、柔远镇砖塔村刘台村选区补选郭吉武、田海福、袁敏、穆怀中、王再龙、尹鹏睿、李晨曦、王正山、黄占荣、马立芹、刘思菊、武勇为沙坡头区一届人大代表。沙坡头区人大常委会代表资格审查委员会对代表的补选过程进行了审查，认为补选符合有关法律规定。4月23日沙坡头区一届人大常委会第二十一次会议同意代表资格审查委员会的审查报告，确认郭吉武、田海福、袁敏、穆怀中、王再龙、尹鹏睿、李晨曦、王正山、黄占荣、马立芹、刘思菊、武勇的沙坡头区第一届人民代表大会代表资格有效。截至4月23日，沙坡头区第一届人民代表大会实有代表195名。沙坡头区第一届人民代表大会代表张振宇、邹建萍、张永华、肖军军、朱云花、王有选向区人大常委会提交了辞去区一届人民代表大会代表职务的请求，区一届人大常委会第二十四次会议接受了他们的辞职请求。11月28日，沙坡头区东园镇八字渠村选区、柔远镇雍湖村林场范庙村选区、永康镇景台村选区、柔远镇冯庄村选区、东园镇曹闸村选区、兴仁镇西里村选区、滨河镇南元村选区、东园镇美利村选区、永康镇城农村选区、镇罗镇观音关庄村选区补选李华锋等10人为沙坡头区第一届人民代表大会代表。沙坡头区人大常委会代表资格审查委员会对代表的补选过程进行审查，认为补选符合有关法律规定。沙坡头区一届人大常委会第二十五次会议审议并同意代表资格审查委员会的审查报告，确认李华锋、孙艳琳、高永生、韩国平、张睿华、何建忠、孙健宾、白春霞、李玉明、贺伟龙的代表资格有效。截至12月31日，沙坡头区第一届人民代表大会实有代表199名。

二、视察检查调研

2016年，区人大常委会共组织开展视察、检查、调研活动4次：关于沙坡头区2016年农业特色产业项目建设及运行情况的视察、关于沙坡头区2016年脱贫攻坚工作进展情况的调研、关于沙坡头区人民法院民商事审判工作的检查、关于沙坡头区人民检察院司法规范化建设工作进展情况的检查。

2017年，区人大常委会共组织开展视察、检查、调研活动6次：关于沙坡头区2017年被征地农民参加养老保险工作情况的检查；关于2017年沙坡头区贯彻国务院《宗教事务条例》情况的执法检查；关于沙坡头区2017年脱贫攻坚各项重点工作进展情况的调研；关于沙坡头区农村环境卫生综合整治和环境保护工作情况的视察；关于沙坡头区农村集体经济组织产权制度改革情况的调研；关于沙坡头区乡镇工业园区基础设施建设项目进展情况的视察。

2018年，区人大常委会共组织开展视察、检查、调研活动4次：关于区人民政府贯彻落实《中卫市沙坡头区人大常委会关于开展第七个五年法制宣传教育的决议》情况的检查；关于沙坡头区招商引资工作情况的调研；关于沙坡头区设施蔬菜产业发展情况的调研；关于2018年沙坡头区主导投资重点项目实施和进展情况的视察。

2019年，区人大常委会共组织开展视察、检查、调研活动15次：关于沙坡头区全面建成小康社会进展情况的调研；关于沙坡头区刑事审判工作的调研；关于沙坡头区公益诉讼工作情况的调研；关于沙坡头区贯彻执行《宗教事务条例》情况的检查；关于沙坡头区农村人居环境整治工作的调研；关于沙坡头区扫黑除恶专项斗争工作情况的调研；关于沙坡头区脱贫攻坚产业发展及"两不愁三保障"落实情况的调研；关于沙坡头区推行河（湖）长制情况的调研；关于沙坡头区"十三五"规划纲要实施情况的视察；关于沙坡头区民生实事推进和代表建议办理情况的视察；关于沙坡头区"一带两廊"空间发展规划推进情况的调研；关于沙坡头区"6+8"重点工作落实情况的视察；关于沙坡头区防范化解重大风险工作情况的调研；关于沙坡头区贯彻实施《中华人民共和国反家庭暴力法》情况的检查；关于沙坡头区环境保护工作的视察。

三、决定重大事项

2016年，区人大常委会依法做出重大决议决定3项：中卫市沙坡头区人民代表大会常务委员会关于设立中卫市沙坡头区第一届人大常委会代表资格审查委员会的决定；中卫市沙坡头区人民代表大会常务委员会关于召开中卫市沙坡头区第一届人民代表大会第二次会议的决定；中卫市沙坡头区人民代表大会常务委员会关于深入开展第七个五年法治宣传教育的决议。

2017年，区人大常委会依法做出重大决议决定3项：中卫市沙坡头区人民代表大会常务委员会关于许可对沙坡头区人大代表马进忠采取强制措施的决定；中卫市沙坡头区人民代表大会常务委员会关于召开中卫市沙坡头区第一届人民代表大会第三次会议的决定；中卫市沙坡头区人民代表大会常务委员会关于批准2016年沙坡头区财政决算的决议。

2018年，区人大常委会依法做出重大决议决定7项：中卫市沙坡头区人民代表大会常务委员会关于郭爱迪代理中卫市沙坡头区区长职务的决定；中卫市沙坡头区人民代表大会常务委员会关于召开中卫市沙坡头区第一届人民代表大会第四次会议的决定；中卫市沙坡头区人民代表大会常务委员会关于批准2017年沙坡头区财政收支预算调整方案的决议；中卫市沙坡头区人民代表大会常务委员会关于批准2017年财政决算的决议；中卫市沙坡头区人民代表大会常务委员会关于批准调整《中卫市沙坡头区国民经济和社会发展第十三个五年规划纲要》内容的决议；中卫市沙坡头区人民代表大会常务委员会关于批准调整2018年沙坡头区财政收支预算的决议；中卫市沙坡头区人民代表大会常务委员会关于在沙坡头区直机关东选区补选沙坡头区第一届人民代表大会代表的决定。

2019年，区人大常委会依法做出重大决议决定10项：中卫市沙坡头区人民代表大会常务委员会关于召开中卫市沙坡头区第一届人民代表大会第五次会议的决定；中卫市沙坡头区人民代表大会常务委员会关于确定沙坡头区人民法院人民陪审员名额的决定；中卫市沙坡头区人民代表大会常务委员会中卫市沙坡头区人民代表大会常务委员会关于田仲锋代理中卫市沙坡头区人大常委会主任职务的决定；中卫市沙坡头区人民代表大会常务委员会关于召开中卫市沙坡头区第一届人民代表大会第六次会议的决定；中卫市沙坡头区人民代表大会常务委员会关于李华锋代理中卫市沙坡头区监察委员会主任职务的决定；中卫市沙坡头区人民代表大会常务委员会关于批准2018年财政决算的决议；中卫市沙坡头区人民代表大会常务委员会关于确认常委会主任会议许可对区一届人大代表朱云花执行逮捕的决定；中卫市沙坡头区人民代表大会常务委员会关于确认常委会主任会议许可对区一届人大代表朱云花进行刑事审判的决定；中卫市沙坡头区人民代表大会常务委员会关于批准调整2019年沙坡头区财政收支预算的决议；中卫市沙坡头区人民代表大会常务委员会关于确认常委会主任会议许可对区一届人大代表王广兴依法行政拘留的决定。

四、人事任免

2016年，区人大常委会共审议人事任免议案3件，依法任免国家机关工作人员21人次。

2017年，区人大常委会共审议人事任免议案5件，依法任免国家机关工作人员110人次，接受辞去常委会副主任职务1人次，常委会委员职务4人次，代表职务8人次，副区长职务4人次，补选常委会副主任1人次，补选区人民政府副区长4人次。

2018年，依法任免国家机关工作人员34人次；接受辞去区长职务1人次，区人大常委会委员职务1人次，代表职务3人次，自动终止人大常委会委员、代表职务1人次，补选区长1人次，区监察委员会主任1人次，区人大常委会委员4人次。

2019年，依法任免国家机关工作人员53人次，任命中卫市沙坡头区人民法院陪审员120名；接受辞去常委会主任职务1人次，副主任职务1人次，委员职务6人次，接受辞去代表职务17人次，自动终止代表职务1人次，接受辞去副区长职务5人次；补选常委会主任1人次，副主任1人次，委员9人次，补选副区长4人次，补选中卫市第四届人大代表6名，沙坡头区第一届人大代表22名。

五、代表工作

2016年，沙坡头区人大常委会研究制定《关于加强乡镇人大代表工作室建设的指导意见》，完善乡镇及部分村（社区）代表之家建设，组织代表认真开展代表小组活动和联系接待选民等活动，推动闭会期间代表活动常态化、制度化。通过集中培训、以会代训等形式，加强宪法、代表法、监督法的培训，共培训代表230余人次。建立代表参与机制，拓宽代表知情知政渠道，邀请人大代表参加执法检查、专项调研、视察等活动38人次，提出意见建议22条；邀请代表列席常委会会议9人次，推荐代表参加征求意见会、行风测评会、民主评议机关等活动120余人次，有效扩大代表对人大工作的参与度。制定《中卫市沙坡头区人大代表联系基层群众制度》，要求代表与选举单位群众保持密切联系，每年联系3~5名选民，了解群众生产生活的实际困难，听取和反映群众诉求，帮助群众依法解决问题。按照市人大常委会要求，组织开展人大代表"四带头，五个一"（带头贯彻党的方针政策和法律法规；带头优化发展环境，全力支持项目建设；带头发挥表率作用，服务经济发展大局；带头维护社会稳定，促进社会和谐发展。每年至少向选区选民进行一次述职述廉；至少参加一次代表视察检查活动；至少提出一条建设性意见建议；至少为群众办一件实事好事；至少调处一起民事纠纷）创先争优活动，鼓励代表切实发挥"访民意、汇民智、解民忧、惠民生"的重要作用。强化建议办理，增强代表履职活力。把加强代表议案建议督办作为激发代表履职热情、推进民主政治建设的重要抓手，以提高代表建议办理质量为重点，对一届人大一次会议上代表提出的18件建议，及时转交区"一府两院"办理。通过常委会领导牵头督办、委室归口督办，政府领导牵头领办、部门具体承办等形式，加大办理、督办力度，18件建议全面顺利办复，一批代表和群众关心关注的问题得到有效解决。

2017年，常委会坚持尊重代表主体地位，把充分发挥代表作用作为密切联系群众的主要渠道和提高人大工作质量的重要基础，不断完善代表工作机制，深化拓展代表工作，增强了代表工作的生机活力，有力提升了代表工作的整体水平。搭建代表履职平台。按照规定，指导乡镇人大主席团建立了11个"人大代表之家"和91个"代表活动室"，实现了镇、村（社区）代表活动阵地全覆盖。制作了人大代表履职手册、印发代表联系卡、公布代表联系电话、电子信箱，推荐 40 多名人大代表担任司法机关、行政机关及部分行业的行风监督员，及时组织人大代表参加电视问政活动，旁听法院庭审，拓展了代表履职空间。加强代表履职培训。通过举办代表培训班、组织代表外出考察学习、邀请代表参加视察检查调查、列席常委会会议等形式，不断提升代表的整体素质和履职能力。2017 年，沙坡头区人大常委会集中培训各类代表 300 余名，组织代表外出培训 10 余次，邀请 20 余名人大代表参加视察检查调研活动，为代表履职提供了保障。督办代表意见建议。对一届人大二次会议上代表提出的 16 件建议，及时转交区"一府两院"办理。常委会积极探索加强和改进代表建议督办工作的新途径，采取常委会领导重点督办、相关委员会对口督办、人大代表跟踪督办等多种方式，加大建议的督办力度。先后组织人大代表对常乐镇黄套村一级农渠砌护项目、香山乡景庄村冯庄队自来水工程、柔远镇林场移民饮水工程等建议办理情况进行了实地检查，提高了代表意见建议办理工作的质量和效率。扎实开展"双联"活动。制定人大代表"双联"活动实施方案，将自治区、中卫市、沙坡头区、乡镇四级人大代表组成 91 个代表活动小组，推荐责任心强的代表担任组长、副组长，负责代表联系群众活动的开展，构建了常委会组成人员联系人大代表、人大代表联系群众及基层组织的网络体系，以代表小组组织开展活动，让人大代表与群众零距离接触，面对面倾听群众心声。

2018 年，常委会不断完善保障机制，积极创新服务载体，注重加强与人大代表、群众及乡镇人大的沟通联系，切实改进代表工作。落实代表建议，保障代表权利。区一届人大四次会议代表共提出建议 12 条，闭会后及时交付区人民政府办理。先后组织代表对香山乡米粮川抗旱补灌工程、兴仁镇郝集村八队 1.5 千米沙石路铺设项目、迎水桥镇营盘水村节水灌溉项目和宣和镇挡浸沟下段清淤等项目进行实地督办。做好保障服务，支持代表依法履职。高度重视代表的学习培训，举办代表学习宪法培训班、履职能力提升班，组织代表外出学习培训，协助代表熟悉人民代表大会制度、掌握履行职务所需的法律知识和其他专业知识，为代表更好履职奠定基础。坚持常委会组成人员联系人大代表、人大代表联系群众制度，邀请代表列席常委会会议、参加各类活动 100 余人次，保障和扩大代表的知情权和参与权。搭建活动平台，激发代表履职活力。依托"代表之家""代表活动室"，开展接待选民、送法下乡、农技培训等系列活动，较好地发挥代表主体作用。继续开展"人大代表回选区见选民"活动，每位代表固定联系 3 名选民，帮扶 3 户困难户，实实在在帮助解决实际问题。组织代表参加庆祝宁夏回族自治区成立60周年活动和机关开放日活动，不断激发人大代表履职热情。夯实基层基础，加强乡镇人大工作。为促进乡镇人大工作均衡发展，常委会班子成员不定期到各乡镇进行调研，协调解决实际困难和问题。采取多项措施加强对各乡镇人大工作的指导。

2019年，区人大常委会创建沙坡头区人大代表工作微平台，开设代表之窗等3个主栏目和政情一点通等10个子栏目，进一步拓宽代表履职渠道。沙坡头区人大常委会组织常委会委员和代表深入到各乡镇广泛开展代表联系活动，先后两次开展集中联系走访代表活动，通报"一府两院"及人大工作情况，集中走访各级人大代表300余人次，征求各类意见建议80多条，经梳理汇总后转交政府办理，帮助群众解决问题，提升人大代表履职信心。同时，邀请40余名人大代表积极参与调研、视察、检查活动，列席人大常委会会议，坚持问题导向，针对代表提出的好意见好建议，监督政府认真整改落实。加强培训，增强代表履职能力。采取集中培训与分散培训相结合、以会代训与专题培训相结合、网上培训与考察学习相结合等形式不断加大代表培训力度。组织本级人大代表集中举办培训班，邀请自治区人大常委会专家和市委党校老师，紧紧围绕做好新时期县乡人大工作、提高人大监督实效、维护意识形态领域安全主题，分别对《中华人民共和国地方组织法》《中华人民共和国代表法》《中华人民共和国选举法》《中华人民共和国监督法》等法律法规、意识形态领域的形势和主要任务进行专题辅导和深入解读，进一步提升代表的履职能力。组织部分人大常委会委员、代表参加自治区和市人大举办的业务培训班，拓宽履职视野、增长知识。全年共培训本级人大代表200余人次，为代表依法履职提供保障。重视监督，落实代表履职效果。沙坡头区人大常委会把推动代表意见建议办理作为保障代表权利、促进政府工作的重要途径，多次深入现场开展督导检查，并于9月下旬组织委员、代表对政府民生实事推进和代表建议办理情况进行视察，针对存在问题督促政府及相关部门抓好落实，确保区一届人大五次会议代表提出的13条建议办理质量和效率，实现代表提的意见建议件件有着落，彰显代表的监督作用，进一步激发代表履职热情、提升政府公信力。

六、宪法宣誓

2016年7月15日，新当选的沙坡头区一届人大常委会主任、副主任、委员，沙坡头区区长、副区长，沙坡头区人民法院院长进行任职宪法宣誓。8月5日，区一届人大常委会第一次会议决定任命的两名副区长，12名政府组成部门负责人和两名人大常委会委室主任进行任职宪法宣誓。

2017年2月22日，区一届人大常委会第四次会议决定任命的1名副区长，3名人大常委会委室副主任进行任职宪法宣誓。法检两院新任命人员分别在本单位集中宣誓，常委会派专人监誓。5月31日，区一届人大常委会第四次会议决定任命的两名人大常委会委室主任，4名政府组成部门负责人进行任职宪法宣誓。6月3日，新当选的中卫市沙坡头区人大常委会副主任，4名区副区长进行任职宪法宣誓。9月29日，区一届人大常委会第八次会议新任命人员进行任职宪法宣誓。

2018年1月7日，新当选的区长、区监察委员会主任，4名区人大常委会委员进行任职宪法宣誓。1月7日，区一届人大常委会第十一次会议任命的两名监察委员会副主任、4名监察委员会委员进行任职宪法宣誓。2月8日，区一届人大常委会第十二次会议决定任命的5名政府组成部门负责人进行任职宪法宣誓。6月22日，区一届人大常委会第十四次会议任命的1名区人民法院审判员进行任职宪法宣誓。8月20日，区一届人大常委会第十五次会议任命的4名区人民检察院检察委员会委员进行任职宪法宣誓。10月29日，区一届人大常委会第十六次会议任命的1名区人民检察院检察员、检察委员会委员、副检察长进行任职宪法宣誓。12月11日，区一届人大常委会第十七次会议决定任命的1名区人民政府副区长进行任职宪法宣誓。

2019年1月10日，区一届人大常委会第十八次会议决定任命的1名副区长进行任职宪法宣誓。1月22日，区一届人大常委会第十九次会议决定任命的15名政府组成部门负责人进行任职宪法宣誓。法院新任命人民陪审员在区人民法院集中宣誓，常委会派专人监誓。4月4日，区一届人大常委会第二十次会议决定任命的两名副区长进行任职宪法宣誓。4月23日，区一届人大常委会第二十一次会议决定任命的1名副区长和1名政府组成部门负责人进行任职宪法宣誓。4月26日，新当选的中卫市沙坡头区人大常委会主任和5名委员进行任职宪法宣誓。6月3日，区一届人大常委会第二十二次会议任命的两名监察委员会副主任（其中1名副主任代理主任职务），1名区人民法院审判员进行任职宪法宣誓。10月29日，区一届人大常委会第二十四次会议决定任命的6名政府组成部门负责人，1名监察委员会委员和1名人大常委会委室副主任进行任职宪法宣誓。

第十七章 人民政府

沙坡头区人民政府,是沙坡头区人民代表大会的执行机关,也是沙坡头区的国家行政机关。2016年8月19日,沙坡头区政府挂牌成立。2019年沙坡头区全面推进机构改革工作,沙坡头区政府工作部门21个。沙坡头区政府成立后,高举中国特色社会主义伟大旗帜,解放思想,攻坚克难,坚定不移地沿着中国特色社会主义道路前行,为尽早在沙坡头区全面建成小康社会而奋斗。经济体制改革不断推进,城市基础设施实现跨越式发展,一个环境优美、道路宽敞、绿地成网的新型城市正在崛起。沙坡头区政府领导机构由区长、副区长、秘书长组成。实行区长领导下的分工负责制。重大事项通过区政府全体会议、区政府常务会议集体讨论决定,具体工作和需要协调的事务通过区长办公会议决定。

第一节 历史沿革

沙坡头区的前身为中卫县,历史悠久。1949年9月,中卫和平解放,9月24日,县人民政府正式成立。2004年中卫市成立,原中卫县政府撤销,其工作职能由中卫市政府代为执行。

2012年5月10日,中卫市委召开沙坡头区党工委、管委会组建工作动员会。以此为标志,沙坡头区党工委和管委会正式组建。根据《关于沙坡头区党工委、管委会机构设置和人员编制有关事项的通知》精神,设立沙坡头区管理委员会,为中卫市政府正处级派出机构,管委会和党工委实行一个机构、两块牌子的管理体制。在机构设置上,沙坡头区管委会综合设置监察审计局(与纪工委合署办公)、督查室(与党工委、管委会办公室合署办公)、信访督办局(与社会管理工作部合署办公)、农牧科技局(2013年,由农村工作部变更为农牧科技局)、经济发展局、财政局、民政和社会保障局、文体卫生和计划生育局、城乡建设和环境保护局等正科级工作机构。

2016年8月19日，沙坡头区政府挂牌成立。政府机构设置10个部门：政府办公室（挂政府法制办、督查室、应急办牌子），发展和改革局（挂统计局牌子），监察局（与纪律检查委员会机关合署办公，列入政府部门序列，不计政府机构个数），民族宗教局（与统一战线工作部合署办公，列入政府部门序列，不计政府机构个数），司法局（挂信访督办局牌子），社会保障局（负责社会保障和民政工作），农业和科技委员会（负责农林水牧和科技工作），审计局，建设交通局（挂村镇规划办公室牌子），财政局，文化体育和计划生育局，综合行政执法局（负责环境保护和安全生产行政执法工作），直属事业单位：政务服务中心，扶贫开发办公室、机关事务局。

2018年1月优化机构设置机构调整后，沙坡头区政府工作机构限额12个，事业单位机构限额31个（直属事业单位机构限额3个；部门所属事业单位机构限额28个，其中科级事业单位机构限额17个）。截至2018年底，沙坡头区共设置政府机构12个，分别为：政府办公室（挂法制办、督查室、应急办、政务公开办牌子）、发展和改革局（挂统计局牌子，承担发改、统计职责）、工业和信息化局（挂商务和经济技术合作局牌子，承担工信、招商和乡镇产业基地管理工作职责）、民政和社会保障局（挂文化旅游体育和计划生育局牌子）、司法局（挂信访督办局牌子，承担司法和信访工作职责）、财政局、环境保护局、建设交通局（挂村镇规划办公室、综合行政执法局牌子，承担建设、村镇规划、交通工作职责）、水务局、农牧林业科技局、审计局、安全生产监督管理局。政府直属事业单位3个，分别为：政务服务中心、扶贫开发办公室、机关事务局。发展和改革局设置部门所属事业单位1个（统计普查中心），工业和信息化局设置部门所属事业单位1个（工业与信息化服务中心），民政和社会保障局设置所属事业单位5个（城乡居民最低生活保障中心、殡葬管理所、劳动保障监察执法局、社区服务中心、文化体育服务中心），财政局设置所属事业单位1个（国库集中支付中心），建设交通局设置所属事业单位3个（村镇公用事业管理所、综合行政执法大队、公路管理段），水务局设置所属事业单位5个（水利技术服务和水库沟道管理中心、河北灌溉管理所、河南灌溉管理所、北干渠灌溉管理所、南山台电灌站），农牧林业科技局设置所属事业单位6个（农村合作经济经营管理站、农业技术推广服务中心、林业技术推广服务中心、畜牧水产技术推广服务中心、动物疾病预防控制中心、农村产权交易服务中心）。人武部设置代管所属事业单位1个（民兵武器装备库）。

2019年沙坡头区全面推进机构改革工作，沙坡头区政府工作机构设置情况为：政府工作部门（21个），分别是办公室（挂审批服务管理局、政府督查室、政府外事办公室、政务公开办公室牌子）、发展和改革局、教育局（挂政府教育督导室牌子）、科学技术局、工业信息化和商务局、民政和社会保障局、司法局（挂信访局牌子）、财政局、自然资源局（挂林业和草原局牌子）、住房城乡建设和交通局（挂人民防空办公室牌子）、水务局、农业农村局、旅游和文化体育广电局、卫生健康局、退役军人事务局、应急管理局、审计局、统计局、扶贫开发办公室、综合执法局（挂城市管理综合执法局牌子）、医疗保障局。

表17.1 沙坡头区管理委员会历任领导名表

职　务	姓　名	性　别	民　族	任职时间	备　注
主　任	张隽华	男	回族	2012.05—2014.11	
	王学军	男	汉族	2014.11—2016.06	
副主任	景兆珍	男	汉族	2012.05—2016.06	
	唐兴武	男	汉族	2012.05—2016.06	
	邹建萍	女	汉族	2013.03—2016.06	
	张　鹏	男	汉族	2013.12—2016.06	
	闫　蓉	女	汉族	2014.02—2014.12	挂　职

注：中共沙坡头区工作委员会和沙坡头区管理委员会实行一个机构、两块牌子的管理体制。

表17.2 沙坡头区第一届人民政府领导名表

职　务	姓　名	性　别	民　族	任职时间	备　注
区　长	童　刚	男	汉族	2016.07—2017.12	
	郭爱迪	男	汉族	2018.01—	
副区长	唐兴武	男	汉族	2016.07—2017.04	
	邹　斌	男	汉族	2016.08—2016.09	挂　职
	唐　亮	男	汉族	2016.01—2017.01	挂　职
	李伏荣	男	汉族	2016.07—2019.03	
	张振宇	男	汉族	2016.07—2017.04	
	金　芳	女	回族	2016.07—2017.04	
	刘宏阳	男	汉族	2016.07—2017.04	
	姜鹏飞	男	汉族	2019.04—	常　务
	周　涛	男	汉族	2017.01—2019.02	挂　职
	蒋文胜	男	汉族	2017.07—2018.07	挂　职

续表

职　务	姓　名	性　别	民　族	任职时间	备　注
副区长	孙家骥	男	汉族	2017.05—	
	胡文礼	男	汉族	2017.04—2019.03	
	穆怀中	男	回族	2017.04—2019.02	
	高秀英	女	汉族	2017.04—2019.05	
	罗清平	男	汉族	2018.12—	挂职
	王再龙	男	汉族	2019.01—	
	尹鹏睿	女	族汉	2019.04—	
	袁敏	男	汉族	2019.04—	

第二节　政府机构

一、政府工作部门

截至2019年12月，沙坡头区政府工作部门共21个。

（一）沙坡头区政府办公室

中卫市沙坡头区人民政府办公室，挂沙坡头区审批服务管理局、沙坡头区人民政府督查室、沙坡头区人民政府外事办公室、沙坡头区政务公开办公室牌子。共核定行政编制14名。设主任1名（正科级），副主任4名（副科级，其中1名副主任兼任审批服务管理局局长，1名副主任兼任政府督查室主任，1名副主任兼任政府外事办公室主任、政务公开办公室主任，1名副主任由沙坡头区司法局局长兼任）。

（二）沙坡头区发展和改革局

区发展和改革局行政编制6名。设局长1名（正科级），副局长两名（副科级），其中1名副局长兼任经济动员办公室副主任。

（三）沙坡头区教育局

区教育局行政编制5名。设局长1名，兼任政府教育督导室主任督学（正科级），副局长两名（副科级，其中1名副局长兼任政府教育督导室副主任督学）。

（四）沙坡头区科学技术局

区科学技术局行政编制5名。设局长1名（正科级），副局长1名（副科级）。

（五）沙坡头区工业和信息化局

区工业信息化和商务局行政编制5名。设局长1名（正科级），副局长两名（副科级，其中1名副局长兼任信息动员办公室副主任）。

（六）沙坡头区民政和社会保障局

区民政和社会保障局行政编制5名。设局长1名（正科级），副局长两名（副科级）。

（七）沙坡头区司法局

区司法局，挂沙坡头区信访督办局牌子。共核定司法政法专项编制44名（局机关11名、基层司法所33名），核定科级领导职数14名（1正13副），其中：局长1名（正科级），副局长两名（副科级），文昌、滨河、迎水桥、柔远、东园、镇罗、宣和、永康、常乐、兴仁、香山11个乡（镇）司法所所长各1名（副科级）。

（八）沙坡头区财政局

区财政局行政编制9名。设局长1名（正科级），副局长两名（副科级）。

（九）沙坡头区自然资源局

区自然资源局行政编制6名。设局长1名（正科级），副局长两名（副科级，其中1名副局长兼任林业和草原局局长）。

（十）沙坡头区住房城乡建设和交通局

区住房城乡建设和交通局行政编制6名。设局长1名（正科级），副局长两名（副科级，其中1名副局长兼任交通战备办公室副主任，1名副局长兼任人民防空办公室副主任）。

（十一）沙坡头区水务局

区水务局行政编制5名。设局长1名（正科级），副局长两名（副科级）。

（十二）沙坡头区农业农村局

区农牧林业科技局。共核定行政编制9名，核定科级领导职数4名（1正3副），其中：局长1名（正科级），副局长3名（副科级）。

（十三）旅游和文化体育广电局

区旅游和文体广电局行政编制5名。设局长1名（正科级），副局长两名（副科级）。

（十四）沙坡头区卫生健康局

区卫生健康局行政编制5名。设局长1名（正科级），副局长两名（副科级）。

(十五)沙坡头区退役军人事务局

区退役军人事务局,核定行政编制5名。设局长1名(正科级),副局长两名(副科长)。

(十六)沙坡头区应急管理局

区应急管理局行政编制7名。设局长1名(正科级),副局长两名(副科级)。

(十七)沙坡头区审计局

区审计局。共核定行政编制10名,核定科级领导职数4名(1正3副),其中局长1名(正科级),副局长3名(副科级)。

(十八)沙坡头区统计局

区统计局行政编制5名。设局长1名(正科级),副局长两名(副科级)。

(十九)沙坡头区扶贫开发办公室

区扶贫开发办公室行政编制5名。设主任1名(正科级),副主任两名(副科级)。

(二十)沙坡头区综合执法局

区综合执法局行政编制6名。设局长1名(正科级),副局长两名(副科级,其中1名兼任城市管理综合执法局局长)。

(二十一)沙坡头区医疗保障局

区医疗保障局行政编制5名。设局长1名(正科级),副局长两名(副科级)。

二、沙坡头区政府及部门直属事业单位

截至2019年12月,沙坡头区政府直属及部门所属事业单位有33个。

(一)沙坡头区机关事务局

沙坡头区机关事务局为沙坡头区政府办所属副科级事业单位。核定全额预算事业编制7名。核定主任1名(副科级)。

(二)沙坡头区地方志编纂信息服务中心

沙坡头区地方志编纂信息服务中心为沙坡头区政府办公室所属不定级别事业单位。核定全额预算事业编制7名。核定主任1名(不定级别)。

(三)沙坡头区项目建设服务中心

沙坡头区项目建设服务中心为沙坡头区发展和改革局所属不定级别事业单位。核定全额预算事业编制6名。核定主任1名(不定级别)。

（四）沙坡头区科技信息服务中心

沙坡头区科技信息服务中心为沙坡头区科学技术局所属不定级别事业单位。核定全额预算事业编制3名。核定主任1名（不定级别）。

（五）沙坡头区工业和信息化服务中心

沙坡头区工业和信息化服务中心，挂沙坡头区乡镇产业基地服务中心牌子，为沙坡头区工业和信息化局所属副科级事业单位。核定全额预算事业编制6名。核定主任1名（副科级）。

（六）沙坡头区社会救助和殡葬管理中心

沙坡头区社会救助和殡葬管理中心为沙坡头区民政和社会保障局所属不定级别事业单位。核定全额预算事业编制14名。

（七）沙坡头区劳动保障监察执法局

沙坡头区劳动保障监察执法局为沙坡头区民政和社会保障局所属不定级别事业单位。核定全额预算事业编制3名。核定局长1名（不定级别）。

（八）沙坡头区社区服务中心

沙坡头区社区服务中心为沙坡头区民政和社会保障局所属不定级别事业单位。核定全额预算事业编制6名。核定主任1名，副主任1名。

（九）沙坡头区公共法律服务中心

沙坡头区公共法律服务中心为区司法局所属不定级别事业单位。核定全额预算事业编制3名。核定主任1名（不定级别）。

（十）沙坡头区国库集中支付中心

沙坡头区国库集中支付中心为沙坡头区财政局所属副科级事业单位。核定全额预算事业编制12名。核定主任1名（副科级），副主任1名。

（十一）沙坡头区林业技术推广服务中心

沙坡头区林业技术推广服务中心，挂沙坡头区林木检疫站牌子，为沙坡头区农牧林业科技局所属副科级事业单位。核定全额预算事业编制30名。核定主任1名（副科级），副主任两名。

（十二）沙坡头区土地管理征收中心

沙坡头区土地管理征收中心为沙坡头区自然资源局所属不定级别事业单位。核定全额预算事业编制12名。核定主任1名（不定级别）。

第十七章 人民政府

（十三）沙坡头区公路管理段

沙坡头区公路管理段为沙坡头区建设交通局所属正科级事业单位。核定定额补助事业编制37名。核定段长1名（正科级），副段长两名（副科级）。

（十四）沙坡头区村镇建设服务中心

沙坡头区村镇建设服务中心为沙坡头区建设交通局所属副科级事业单位。共核定全额预算事业编制13名。核定主任1名（副科级），副主任1名。

（十五）沙坡头区建设工程质量安全监督站

沙坡头区建设工程质量安全监督站为沙坡头区建设交通局所属副科级事业单位。核定全额预算事业编制11名。核定主任1名（副科级）。

（十六）沙坡头区水利工程质量监督管理站

沙坡头区水利工程质量监督管理站为沙坡头区水务局所属不定级别事业单位。核定全额预算事业编制4名。核定主任1名（不定级别）。

（十七）沙坡头区水利技术服务与水库沟道管理中心

沙坡头区水利技术服务和水库沟道管理中心，挂沙坡头区河长制工作服务中心的牌子，为沙坡头区水务局所属不定级别事业单位。核定全额预算事业编制24名。核定主任兼河长制工作服务中心主任1名，副主任兼河长制工作服务中心副主任1名。

（十八）沙坡头区灌溉管理所

沙坡头区灌溉管理所为沙坡头区水务局所属不定级别事业单位。核定自收自支事业编制71名。核定主任1名（不定级别），副主任3名（不定级别）。

（十九）沙坡头区南山台电灌站

沙坡头区南山台电灌站为沙坡头区水务局所属副科级事业单位。核定全额预算事业编制120名。核定站长1名（副科级），副站长3名。

（二十）沙坡头区农业技术推广服务中心

沙坡头区农业技术推广服务中心为沙坡头区农业农村局所属副科级事业单位。核定全额预算事业编制86名。核定主任1名（副科级），副主任3名。

（二十一）沙坡头区农业农村综合建设服务中心

沙坡头区农业农村综合建设服务中心，挂沙坡头区农村产权流转服务中心牌子，为沙坡头区农业农村局所属不定级别事业单位。核定全额预算事业编制12名。核定主任1名（不定级别）。

（二十二）沙坡头区畜牧兽医技术服务中心

沙坡头区畜牧兽医技术服务中心，挂沙坡头区动物疾病预防控制中心牌子，为沙坡头区农业农村局所属副科级事业单位。核定全额预算事业编制64名。核定主任1名（副科级），副主任3名（不定级别）。

（二十三）沙坡头区文化旅游体育服务中心

沙坡头区文化旅游体育服务中心为沙坡头区旅游和文化体育广电局所属副科级事业单位。核定全额预算事业编制9名；核定主任1名（副科级），副主任1名。

（二十四）沙坡头区健康教育所

沙坡头区健康教育所为沙坡头区卫生健康局所属不定级别事业单位。核定全额预算事业编制4名。核定主任1名（不定级别）。

（二十五）沙坡头区退役军人服务中心

沙坡头区退役军人服务中心为沙坡头区退役军人事务局所属副科级事业单位。核定全额预算事业编制4名。核定主任1名（副科级）。

（二十六）沙坡头区应急救援指挥中心

沙坡头区应急救援指挥中心为沙坡头区应急管理局所属不定级别事业单位。核定全额预算事业编制7名。核定主任1名（不定级别）。

（二十七）沙坡头区统计普查中心

沙坡头区统计普查中心为沙坡头区统计局所属副科级事业单位。核定全额预算事业编制6名。核定主任1名（副科级），副主任1名。

（二十八）沙坡头区扶贫开发服务中心

沙坡头区扶贫开发服务中心为沙坡头区扶贫开发办公室所属不定级别事业单位。核定全额预算事业编制9名。核主任1名（不定级别）。

（二十九）沙坡头区综合行政执法大队

沙坡头区综合行政执法大队为沙坡头区综合执法局所属正科级事业单位。核定全额预算事业编制40名、聘用编制1名。核定大队长1名（正科级），副大队长5名（副科级）。

（三十）沙坡头区城市公用事业管理所

沙坡头区村镇公用事业管理所为沙坡头区综合所属不定级别事业单位。核定全额预算事业编制28名、聘用编制7名。

（三十一）沙坡头区医疗保障服务中心

沙坡头区医疗保障服务中心为沙坡头区医疗保障局所属不定级别事业单位。核定全额预算事业编制8名；核定主任1名（不定级别）。

（三十二）沙坡头区民兵武器装备库

沙坡头区民兵武器装备库为沙坡头区人武部代管的不定级别事业单位。核定全额预算事业编制6名。核定主任1名，副主任1名。

（三十三）沙坡头区教学研究室

沙坡头区教学研究室为沙坡头区教育局所属不定级别事业单位，挂沙坡头区师资培训和考试中心牌子。核定全额预算事业编制25名。

第三节　重要会议

一、政府全体会议

沙坡头区人民政府全体会议由区长、副区长和政府工作机构的局长、委办主任组成。会议的主要任务是决定和部署区人民政府重要工作，总结检查落实情况；讨论提交人民代表大会审议的政府工作报告；通报区内外形势，协调各部门工作；讨论其他需要由全体会议决定的事项。政府全体会议一般每年召开1~2次。

二、政府常务会议

政府常务会议由区长、副区长和办公室主任组成，由区长召集并主持。区长不在时，可委托常务副区长召集并主持。常务会议必须在组成人员超过半数时方能召开，原则上每月召开两次，必要时由区长决定随时召开。政府组成部门、各镇（乡）人民政府和街道办事处主要负责人根据议题需要安排列席会议。涉及国计民生、经济社会发展规划等重大议题，邀请区委、人大、政协、监委、法院、检察院及人民团体等有关方面负责人，以及利益相关方、人大代表、政协委员、公众代表、专家学者等列席，增强决策透明度。

2016年8月沙坡头区政府正式成立后，截至2019年12月，共召开71次常务会议。主要传达学习习近平总书记在深度贫困地区脱贫攻坚座谈会上的讲话精神、习近平总书记视察宁夏重要讲话和指示批示精神、自治区党委书记石泰峰来卫调研讲话精神、咸辉主席在关于2017年脱贫攻坚反馈问题整改任务布置情况专报上的批示精神、自治区宗教工作会议精神、中卫市第四次党代会精神等；主要听取审计局关于2017年度固定资产投资审计综合分析报告、公安分局扫黑除恶专项斗争工作进展情况汇报、民族宗教事务管理局民族宗教工作情况汇报、中央第二环境保护督察"回头看"涉及沙坡头区35件转办件办理情况的汇报等；主要研究审计局关于实行"八不准"审计纪律的请示、迎水桥镇关于拨付南长滩村幸福村庄建设项目农民工工资的请示、区委组织部关于配备沙坡头区"四化一满意"专职信息员的请示、沙坡头区河南地区人饮巩固提升项目及高效节水项目采用PPP模式建设的请示、扶贫办关于常乐镇康乐移民区土地综合治理项目（一期）的请示、农科委关于解决宣和镇抗旱应急水源工程用地费用的请示、扶贫开发办公室关于对重点贫困乡镇脱贫攻坚工作给予经费补助的请示、民族宗教事务局关于拨付民族团结进步创建经费的请示等；主要审定《沙坡头区农村产权流转服务工作方案（送审稿）》《沙坡头区"十三五"易地扶贫搬迁安置建设方案（送审稿）》《沙坡头区农村电子商务筑梦计划实施方案（送审稿）》《沙坡头区第四排水沟农田排灌水及污水分离建设项目房屋征收及补偿安置方案（送审稿）》《中卫市沙坡头区畜禽养殖禁养区划定方案（送审稿）》《沙坡头区城乡老饭桌运营管理办法（试行）（送审稿）》《沙坡头区宗教人士培训培养规划（2017—2019年）（送审稿）》《沙坡头区河长制工作实施方案（送审稿）》《沙坡头区"十二五"生态移民"多代多人"户住房建设补助方案（送审稿）》《沙坡头区促进全域旅游创新发展扶持意见（试行）（送审稿）》《沙坡头区农村人居环境整治三年行动实施方案（2018—2020年）（送审稿）》《沙坡头区农村危房改造脱贫攻坚实施方案（送审稿）》《沙坡头区2019年打赢蓝天保卫战行动计划重点工作安排（送审稿）》《沙坡头区2019年水污染防治重点工作安排（送审稿）》等方案。

第十八章　人民政协

中国人民政治协商会议是中国人民爱国统一战线组织和中国共产党领导的多党合作、政治协商制度的重要机构。1959年8月18日，中卫县政协召开第一届委员会会议，选举产生第一届委员会及其常委会，政协中卫县委员会成立。至1966年中卫县政协共召开了三届会议。自1966年"文化大革命"开始，政协活动停止。1980年12月24日政协中卫县第四届委员会第一次会议召开，中卫县政协机构恢复工作，政协中卫县委员会共召开十届委员会。2004年2月6日，经国务院批准，撤销中卫县建制，设立地级中卫市。2016年3月，中共中卫市委批准成立政协中卫市沙坡头区筹备领导小组，筹备沙坡头区政协组建工作。2016年7月12日，政协中卫市沙坡头区第一届委员会第一次会议召开，选举产生第一届委员会。2016年8月19日，政协中卫市沙坡头区委员会正式挂牌，截至2018年12月，政协中卫市沙坡头区第一届委员会共召开了3次全体会议。

政协沙坡头区委员会常务委员会是每届政协委员会选出的常设领导机构，常务委员会主持沙坡头区政协的日常工作。由常务委员会主持政协需要召开的各种会议，组织常委协商讨论，是政协行使"政治协商、民主监督"的主要形式之一。主要是领导和组织各专门委员会和委员贯彻实施政协章程；贯彻执行中央和上级党政部门的政策；贯彻执行全国政协、自治区政协和本会的有关决议、文件；负责政协中卫县委员会全体会议的筹备、召开；审议通过会议议程、日程和会议的其他文件；审查本会的有关规定、决议和向县委、县政府提出的重要建议案；负责解决本会工作中存在的问题。

第一节 机 构

一、机构沿革

2016年3月，中共中卫市委批复成立政协中卫市沙坡头区委员会筹备领导小组，领导小组成立后着手制定筹备方案，2016年7月12—14日召开政协中卫市沙坡头区第一届委员会第一次全体会议，产生政协中卫市沙坡头区第一届委员会和常务委员会。2016年8月19日，政协中卫市沙坡头区委员会正式挂牌成立，下设办事机构和专门委员会。

2016年5月14日，中共中卫市沙坡头区直属机关工委批复，设立中共中卫市沙坡头区政协支部委员会。支部委员会委员由5人组成，选举梁清江为书记，李福华为副书记，张彩霞、吴俊山、李学成为委员。2016年8月1日，中共中卫市沙坡头区委员会批准成立"中共中卫市政协沙坡头区委员会党组"。党组由5人组成，其中设书记1名，成员4名。党组成立后选举刘希宁为书记，梁清江、张巨才、李福华、张彩霞为成员。

二、内设机构

（一）政协办公室

中卫市沙坡头区政协机关办公室核定行政编制8名，后勤服务事业编制1名；核定科级领导职数两名（1正1副），其中：主任1名（正科级），副主任1名（副科级）。

（二）社会和法制委员会

中卫市沙坡头区政协社会和法制委员会核定行政编制两名，核定科级领导职数两名（1正1副），其中：主任1名（正科级），副主任1名（副科级）。

（三）提案和经济委员会

中卫市沙坡头区提案和经济委员会核定行政编制两名；核定科级领导职数两名（1正

表18.1 政协中卫市沙坡头区第一届委员会

届 次	主 席	副主席	常务委员						
第一届 2016.7—	刘希宁	梁清江 江红霞 张巨才	李福华	罗华盛	万立军	马晓宏	王朝武	朱学玲
			刘晓宏	杨 飞	芮小娟	吴全旺	吴光亮	张泽旭
			张晓东	张翠红	阿 莲	郑子聊	殷 莉	唐银香
			韩春玲	释如律				

1 副），其中：主任 1 名（正科级），副主任 1 名（副科级）。

第二节 重要会议

一、政协中卫市沙坡头区第一届委员会全体会议

截至 2018 年 12 月，政协中卫市沙坡头区第一届委员会共召开 3 次全体会议。

（一）第一次全体会议

2016 年 7 月 12 日至 14 日召开，会议应出席政协委员 115 人，实出席政协委员 110 人。会议听取和审议沙坡头区政协筹备领导小组工作报告；列席中卫市沙坡头区第一届人民代表大会第一次会议，听取沙坡头区人大筹备领导小组工作报告，听取并讨论沙坡头区人民政府筹备领导小组工作报告、沙坡头区法院工作报告、沙坡头区检察院工作报告；通过沙坡头区政协一届一次会议《选举办法》，选举刘希宁为政协中卫市沙坡头区第一届委员会主席，选举梁清江、江红霞、张巨才为副主席，选举政协中卫市沙坡头区第一届委员会常务委员 25 名；审议通过政协中卫市沙坡头区筹备领导小组工作报告的决议、提案审查委员会关于提案审查情况的报告，政协中卫市沙坡头区第一届委员会第一次会议决议和沙坡头区政协 2016 年协商工作计划。

（二）第二次全体会议

2016 年 12 月 6 日至 8 日召开，会议听取和审议了政协中卫市沙坡头区第一届委员会常务委员会工作报告和提案工作报告；列席中卫市沙坡头区第一届人民代表大会第二次会议，听取沙坡头区人民政府工作报告、沙坡头区人大常委会工作报告、沙坡头区法院工作报告和沙坡头区检察院工作报告；审议通过沙坡头区政协 2017 年协商工作计划、沙坡头区政协提案委员会关于一届二次会议提案审查情况的报告、政协中卫市沙坡头区第一届委员会第二次会议决议。

（三）第三次全体会议

2018 年 1 月 5 日召开。会议期间，区委、人大、政府及区人武部、法检两院的领导出席会议，听取大会发言及意见建议；各乡镇、各部门（单位）有关领导列席会议，并参加分组讨论。会议审议通过了《沙坡头区政协 2018 年协商工作计划（草案）》和《政协中

卫市沙坡头区第一届委员会第三次会议提案审查委员会关于提案审查情况的报告(草案)》。会议表彰了2017年度优秀提案和优秀政协委员。

二、政协中卫市沙坡头区第一届委员会常务委员会会议

截至2018年12月，政协中卫市沙坡头区第一届委员会共召开15次常委会会议。主要传达学习习近平总书记来宁视察重要讲话精神、中共十八届六中全会精神、自治区两会精神、自治区党委第十一届委员会第八次会议精神等；审议讨论《沙坡头区政协常委会议工作规则》《沙坡头区政协专门委员会工作规则》《沙坡头区政协委员履职考核办法》《沙坡头区政协提案工作办法》《沙坡头区脱贫攻坚工作调研报告》《沙坡头区设施蔬菜和经果林产业发展情况调研报告》《沙坡头区美丽乡村建设工作调研报告》《沙坡头区矛盾纠纷排查化解工作情况调研报告》《沙坡头区农村电商培育发展情况调研报告》《沙坡头区工业产业园区发展情况调研报告》《政协中卫市沙坡头区第一届委员会常务委员会工作报告》《政协中卫市沙坡头区第一届委员会常务委员会提案工作报告》等。

第三节　履行职能

一、政治协商

2016年3月，市委批复成立政协中卫市沙坡头区筹备领导小组。领导小组严格落实筹备方案，依据机构编制，组建一室两委，调配工作人员，全面理顺体制机制。认真贯彻落实《政协中卫市沙坡头区第一届委员会选举工作实施方案》，坚持"党管干部、党管人才，统筹兼顾、共同协商，严格标准、确保质量"的原则，按照"酝酿准备、制定方案、提名推荐、民主协商、审议决定"的程序，政协中卫市沙坡头区第一届委员会设置界别23个，拟提名推荐政协委员125名。会同区委组织部、统战部反复酝酿、严格甄选、慎重考察，报沙坡头区党委审定，按界别确定政协委员115名。

2016年7月，在沙坡头区政协一届一次会议上，委员们通过听取和审议沙坡头区政协筹备领导小组工作报告；列席中卫市沙坡头区第一届人民代表大会第一次会议，听取并讨论沙坡头区人大筹备领导小组工作报告、政府筹备领导小组工作报告、法院工作报

告、检察院工作报告等，通过全体会议，对全区政治、经济和社会发展中的重大问题进行充分协商。会议讨论期间，针对南山台苹果产业发展、交通物流、设施蔬菜产业发展、农业特色优势产业助力脱贫攻坚、硒砂瓜产业健康发展及城乡社区治理等专题听取委员发言讨论，面商解疑，采纳前瞻性的意见建议，促进科学决策。一届一次会议还协商决定各专门委员会的设置及领导班子分工事宜，协商通过《政协中卫市沙坡头区委员会常务委员会工作规则》《政协中卫市沙坡头区委员会专门委员会工作规则》《"服务中心聚焦民生政协委员在行动"活动方案》等。一届一次会议召开后，围绕区委、区政府的重大决策部署，按照协商计划开展4次调研协商，形成《沙坡头区脱贫攻坚工作调研报告》《沙坡头区设施蔬菜和经果林产业发展情况调研报告》《沙坡头区美丽乡村建设工作调研报告》《沙坡头区矛盾纠纷排查化解工作情况调研报告》。

2016年12月，召开政协中卫市沙坡头区第一届委员会第二次全体会议。委员们听取和审议政协中卫市沙坡头区第一届委员会常务委员会工作报告和提案工作报告；列席中卫市沙坡头区第一届人民代表大会第二次会议，听取并讨论区人民政府工作报告、区人大常委会工作报告、区法院工作报告和区检察院工作报告等，通过全体会议，对全区政治、经济和社会发展中的重大问题进行充分协商。2016年共形成调研协商报告4篇，大会发言18篇，提出建议69条。

2017年，围绕特色农产品品质提升和品牌保护、电商培育、乡村旅游发展、工业产业园区发展、贫困村主导产业、城乡社区治理等重点工作进行调研协商，围绕"十三五"移民易地搬迁开展视察协商，共形成调研视察报告7篇。

2018年1月，政协中卫市沙坡头区第一届委员会召开第三次全体会议，委员们列席中卫市沙坡头区第一届人民代表大会第四次会议，听取和讨论沙坡头区人民政府工作报告、区人大常委会工作报告、区法院工作报告和区检察院工作报告等。会议期间，委员们按界别组成讨论组，就全区经济、民生和社会发展进行充分酝酿。通过听取大会发言有针对性地讨论协商。根据双月协商工作计划，围绕特色产业培育、乡风文明建设、农村环境综合整治和养老服务体系建设等事关全局的重大问题和群众关心的热点难点进行调研协商；围绕工业转型升级、深化农村改革、贫困村精准扶贫精准脱贫进行视察协商，共形成调研视察报告7篇，大会发言13篇，提出意见48条。

二、民主监督

沙坡头区政协成立后,坚持把民主监督贯穿于政协履职全过程,把社会关注度较高的一些热点难点问题作为重点,开展民主监督。通过民主评议部门政风行风及效能建设工作,邀请区委、区政府领导列席常委会会议并听取相关部门工作情况通报,召开提案办理通报会,参加区委、人大、政府及有关部门组织的政府开放日活动,公检法司及有关部门聘请各界人士担任政风行风监督员,各专门委员会通过视察、提案办理及其他形式提出意见建议等方式开展民主监督。

通过听取会议通报扎实开展民主监督。坚持常委会每年听取部门单位工作推进落实情况通报,拓宽知情明政渠道。常委会先后邀请区委、区政府相关领导和部门负责人及部分政协委员列席会议,听取区纪委党风廉政建设情况通报,听取区委组织部干部教育管理情况通报,听取区发改局经济运行情况通报等。会议还邀请区委政法委、区人民法院、区人民检察院主要领导列席会议,听取区委政法委工作情况通报,区人民法院工作情况通报,区人民检察院工作情况通报。

围绕重点难点工作开展视察监督。紧盯"十三五"易地扶贫搬迁安置项目进展情况、工业转型升级、深化农村改革和贫困村精准扶贫精准脱贫等民生实事办理和重点难点工作,开展视察监督,确保监督监到点子上、议政议到关键处,推动视察监督取得实效。

聚焦政风行风开展民主评议监督。积极探索在协商议政中开展民主监督的新办法,围绕群众反映的不担当、慢作为等现象,分别对区民政和社会保障局、区农牧林业科技局效能及行风建设进行民主评议,扎实开展评议监督。通过政协委员参与民主评议政风行风座谈会,填写《民主测评表》和调查问卷提出意见建议,对群众反映强烈的焦点问题提出整改建议。针对民社局"低保渐退渐进""三级审核、三榜公示"落实上的差距、村级初审评议公示的制度还不健全、股室间协作还不融洽、对基层业务分类指导不够、监督责任落实不严、没有发挥绩效考核问责追究的导向作用、审核把关不严等现象,提出规范三级核查流程、建立层级责任追究制度、科学制定殡葬管理服务政策体系、按岗定员、按职定责,坚持用制度管人管事等建议。针对农牧林业科技局存在"领导班子整体合力不强;农业生产监管滞后;农副产品加工基地建设进度迟缓;没有制定优势特色农业生产标准和产品标准"等问题,提出"强化农技人才队伍建设,加大投入力度加快特色产业扩规提质增效,整合项目资金加强农副产品加工园区基础设施建设"等意见建议,跟踪督促整改落实，寓协商于监督之中，提升民主监督实效。

聚焦社会热点开展专项监督。针对脱贫攻坚工作中存在区、镇（乡）、村合力不强，有"上热中温下凉"现象，涉农资金监管措施还不到位，美丽乡村建设中建新不拆旧等问题，以提案方式监督办理。通过主动上门走访委员，征求委员的意见，邀请委员积极参与监督。农科委等部门主动邀请委员视察，共商解决问题的办法。区政协提案经济委同区委督查室、区政府督查室及时跟踪督办，以座谈、研讨、建议方式，对提案办理情况进行监督，及时发现问题，及时协商解决。

三、参政议政

沙坡头区一届政协常委会注重建机制，搭平台，努力营造参政议政良好氛围。

加强学习研讨筑基础。坚持正确政治方向，用中国共产党的最新理论成果指导政协工作。自觉接受区委领导，切实筑牢共同思想政治基础。通过召开常委会、研讨会、培训会等形式，组织委员学习习近平新时代中国特色社会主义思想、习近平加强和改进人民政协工作重要思想、十九大精神、政府工作报告解读等学习研讨培训。

为经济和社会建设贡献力量。区政协领导参加自治区政协、市政协相关会议，列席区委常委会、区政府常务会议，参加区委中心组理论学习及其他重大活动，共同参与经济建设、社会建设和民生领域等方方面面的决策研究。坚持新发展理念，把服从和服务于区委、区政府中心工作、重点工作作为政协工作的出发点和落脚点。坚持创新、协调、绿色、开放、共享五大发展理念，围绕沙坡头区经济社会发展中的主要矛盾和突出问题，精选议题，科学制订年度协商工作计划，广泛协商，广集民智，增进共识，增强合力，努力把"十三五"规划和区委、区政府的决策部署转化为各界群众的共同意志和自觉行动。

搭建交流平台献良策。充分发挥政协桥梁纽带作用，搭建好委员联系基层、相互交流、协调关系平台，使各党派、各界别、各民族相融相通，相互团结，为建设和谐沙坡头区凝心聚力。根据自治区政协《关于建立政协委员联系群众、基层单位的通知》精神，按"十个一"阵地建设标准，筹措工作经费6.6万元，在全区建立政协委员联系点22个。以基层联系点为平台，开展联系活动，组织调研视察，反映社情民意。用新媒体搭建委员信息交流平台，充分发挥新媒体便捷、快速、高效的传播作用，积极建立政协委员、界别、功能型党支部等微信平台，并通过全区委员履职平台及时发布政协工作动态、工作重点，及时吸纳委员的好想法、好建议。

区政协常委会充分调动委员参政议政积极性，出台《沙坡头区政协委员履职考核办法》，对委员参与政协活动的履职表现进行评比，对《关于完善镇罗工业园区基础设施配套问题的建议》（王伏华）、《关于进一步推动农业信息化建设的建议》（韩春玲）、《关于推进扶贫攻坚的建议》（刘晓宏）等优秀提案和芮小娟等14名优秀政协委员进行表彰。

四、凝聚共识

中国国民党革命委员会中卫市沙坡头区工委、中国民主同盟会中卫市沙坡头区委员会、中国民主促进会中卫市沙坡头区（中卫）总支、中国民主建国会中卫市沙坡头区支部、中国农工民主党中卫市沙坡头区支部、九三学社中卫总支社沙坡头区支社等6个民主党派在沙坡头区建有组织机构。一届委员会党派成员担任沙坡头区政协常委8名，其中民革两名，民盟两名，民进1名，民建1名，农工1名，九三学社1名；委员9名。

2016年政协沙坡头区委员会成立后，按照《中国人民政治协商会议章程》及《意见》要求，坚持团结和民主两大主题，广泛团结各民主党派、无党派人士、人民团体和各族各界人士，确保沙坡头区政协筹备工作顺利推进。围绕区委、区政府的重大决策部署，坚持问题导向，对农村产权制度改革、特色产业品质提升品牌保护、深度贫困村脱贫销号、中央环保督察"回头看"转办问题等大事要事除在全体会上讨论协商外，还召开专题议政性常委会会议，邀请区委、区政府领导、有关部门负责人、专家学者以及各界别政协委员进行专题协商。2016年至2018年先后组织10期85名会员参加民革宁夏区委会、中卫市委统战部、民革中卫市委会统战理论、组织建设、参政议政培训；依托政协委员基层联系点，委员们定期联系走访群众，密切委员与基层干部群众联系，营造委员在参与中议政、在议政中协商、在协商中建言氛围；加强与各民主党派的沟通联系，发挥协商民主作用；加强党的统一战线工作，把各民主党派、工商联、人民团体、无党派、宗教界等具有代表性的人士团结在中国共产党周围，营造大团结、大联合良好发展氛围，营造良好协商环境。

五、提案工作和社情民意工作

沙坡头区政协成立后，注重调动委员和全区各族各界人士的积极性，鼓励委员建诤言、提建议、献良策，为区委区政府科学决策提供依据。2016年8月，政协沙坡头区机构设立后，一届一次全体会议期间，共征集提案47件，其中委员提案37件，各民主党派、无党派等提案参加单位提案10件。提案审查委员会对收到的提案进行认真审查。经审查，共立案29件（并案1件），转社情民意3件，转委员来信2件，建议重新修改完善后再提交的4件，以其他形式转送市有关部门参考的8件。立案提案中，经济建设类18件，占62%；教科文卫体类6件，占21%；民主法制建设和社会保障类5件，占17%。在区委、区政府主要领导领衔督办重点提案带动下，创新提案办理方式，通过"开门办案""现场办案""面对面办案"等措施，增强提案办理实效。

2016年12月，政协中卫市沙坡头区一届二次全体会议共征集提案71件，其中委员提案54件，各民主党派提案17件。经过严格筛选审查，立案30件（并案两件），转社情民意9件，转送市政协参考14件，不予立案18件。立案提案中，经济建设类21件，占70%；科教文卫体类5件，占17%；民主法治建设和社会保障类4件，占13%。将"关于完善镇罗工业园区基础设施配套问题的建议""关于进一步推动农业信息化建设的建议""关于优化统筹整合资金推进扶贫攻坚的建议"三件提案列为2017年度沙坡头区重点提案，由区委、区政府主要领导牵头督办。经区委、区政府等21个部门承办，经第十次区政协常委会协商通过，有10件优秀提案受到表彰。全部提案至11月底除1件外，其余办复完毕，委员满意与基本满意率达到98.79%。

2018年1月，政协中卫市沙坡头区委员会一届三次全体会议共征集提案95件。提案审查委员会根据沙坡头区政协《提案工作办法》的规定，遵循提案审查程序，坚持尊重和维护提案者民主权利、确保提案质量的原则，按照严肃性、科学性、可行性、一事一案、实事求是、简明扼要的要求，对收集到的提案逐一进行认真审查。经审查，共立案52件（并案5件），转社情民意5件，以沙坡头区政协的名义，以提案的形式提交市政协26件，未予立案12件。将"关于深化农村产权制度改革，保障农民财产权益，壮大集体经济的建议""关于建立农村生活污水处理设施稳定运行长效机制的建议""关于大力实施乡村振兴战略，推进美丽乡村建设的建议""关于发展休闲农业做活农业旅游的建议""关于全力保障发展菌菇产业，打好脱贫致富攻坚战的建议"和"关于完善沙坡头区城乡社区治理体制，努力提升城乡社区治理能力和水平的建议"6件提案列为2018年度重点提案，由区委、区政府、政协主要领导牵头督办。

区政协提案和经济委员会2016年共征集社情民意4件。2017年征集社情民意17件，办理9件，其中黄积忠委员关于硬化高庙村韩闸路的建议、吕建煜委员关于对区政府广场中两个喷水池进行改造的建议、吴俊山等4位委员关于解决宜居家园D区南门和康乾雅苑东门道路亮化问题的建议等3条提案办理情况较好。2018年征集社情民意13件,办理4件,其中张建忠委员关于恢复应理南街(市地税局东北侧)公厕功能的建议和吴少华委员关于规范整治鼓楼东大街洗车行等两件建议办理情况较好。

六、调研视察

2016年,围绕沙坡头区改革发展中的综合性、全局性、前瞻性问题和人民群众关心的热点、难点问题,确定4个调研协商议题。8月,区政协组织部分政协委员对本区脱贫攻坚工作进行调研,形成《沙坡头区脱贫攻坚工作调研报告》。9月,区政协组织部分政协委员,对沙坡头区美丽乡村建设工作进行调研,形成《沙坡头区美丽乡村建设工作调研报告》。10月,区政协组织部分政协委员对本区矛盾纠纷排查化解工作情况进行调研,形成《沙坡头区矛盾纠纷排查化解工作调研报告》。11月,区政协组织部分政协委员深入全区4个乡镇、6个村、两个苹果科技示范园,对本区设施蔬菜、经果林产业发展情况进行专题调研,形成《沙坡头区设施蔬菜和经果林苹果产业发展情况调研报告》。

2017年,围绕沙坡头区改革发展中的热点、难点问题,沙坡头区政协共组织7次调研视察。3月,区政协组织部分政协委员、邀请区政府分管领导及相关部门、行业负责人,对宁夏江南好枸杞产业集团有限公司等相关电商企业进行调研,形成《关于沙坡头区农村电商培育发展调研报告》。4月,区政协组织部分政协委员对镇罗镇、宣和镇、常乐镇3个工业产业园区进行调研,形成《关于沙坡头区工业产业园区发展情况调研报告》。6月,区政协组织部分政协委员对本区贫困村主导产业培育发展情况进行专题调研,形成《关于沙坡头区贫困村主导产业培育发展调研报告》。7月,沙坡头区政协组织部分政协委员对香山乡、兴仁镇、镇罗镇、永康镇辖区内的特色农产品基地进行专题调研,形成《沙坡头区特色农产品品质提升品牌保护情况调研报告》。8月,沙坡头区政协组织部分政协委员,对本区乡村旅游发展情况进行调研,形成《沙坡头区乡村旅游发展情况调研报告》。10月,沙坡头区政协组织部分政协委员对本区城乡社区治理工作情况进行调研,形成《沙坡头区城乡社区治理工作情况调研报告》。10月,区政协组成视察组,对"十三五"易地扶贫搬迁安置项目进展情况进行视察,形成《沙坡头区"十三五"易地扶贫搬迁安置项目进展情况视察报告》。

2018年,开展4个调研协商3个视察协商。3月,区政协组织部分政协委员对本区乡风文明建设工作进行专题调研协商,形成《沙坡头区推进乡风文明建设调研报告》。4月,区政协组织部分政协委员、相关企业负责人对香山乡、兴仁镇、常乐镇等7镇辖区内的特色农产品基地进行专题调研，形成《关于沙坡头区农业特色产业培育情况的调研报告》。5月，区政协组织部分政协委员对全区农村环境综合整治工作进行专题调研协商，形成《沙坡头区农村环境综合整治工作调研报告》。8月，区政协组织部分政协委员，对本区养老服务体系建设情况进行调研，形成《沙坡头区养老服务体系建设调研报告》；组织部分政协委员对沙坡头区茂烨冶金有限责任公司等5家企业产业转型升级情况进行视察，形成《关于沙坡头区工业经济转型升级视察情况的报告》。10月，区政协组织部分委员会同区委、区政府督查室人员，深入文昌、常乐等5个乡镇，围绕深化农村改革工作进行视察，形成《沙坡头区深化农村改革视察报告》。区政协组织部分政协委员对本区贫困村精准扶贫精准脱贫工作情况进行视察，形成《沙坡头区贫困村精准扶贫精准脱贫工作情况视察报告》。

七、文史资料征集与编辑

文史资料工作是政协爱国统一战线的重要组成部分，沙坡头区政协成立以来，重视文史资料收集整理和编辑工作。《沙坡头区（中卫县）政协工作改革与发展史》详尽记录沙坡头区（中卫县）政协诞生、发展、壮大、改革的整个历程，分为历史沿革、机构设置、领导名录、主要活动、基本成就、经验启示、问题对策和建议七个部分，26200多字。《中卫市志（中卫县政协、沙坡头区政协卷）》详尽记录从1959年原中卫政协成立以来机构沿革、历届会议、领导名录、重要活动、民主党派、改革发展、主要成就方面的史料，16300多字。《沙坡头区年鉴2016》《沙坡头区年鉴2017》《沙坡头区年鉴2018》包括综述、重要会议、调研视察评议、专门委员会工作、重要活动和重要文件五个部分。《沙坡头区政协会刊》每年出刊，整理收集沙坡头区政协一届历次全体会议工作资料。

第四节 主要活动

一、委员服务

沙坡头区政协自成立以来，在政协上下持续开展"领导就是服务、机关就是服务"

活动，树立主体是委员，没有委员的积极活动和参与，就没有政协工作的理念，全方位地为政协委员参政议政提供服务。

(一)建立党员委员与党外委员联系工作制度

为进一步加强党员委员与党外委员的联系工作，每名党员委员与几名党外委员建立工作联系，宣传党和国家的方针政策，了解和掌握联系对象的思想动态，针对他们普遍关心的重点、难点和热点问题交换看法，做好深入细致的思想政治工作，化解矛盾、解决问题，听取联系对象对政协在围绕中心协商、委员履职、政协委员基层联系点活动开展等方面的意见和建议，收集整理社情民意和提案素材，深入基层调研，提交社情民意，撰写高质量提案，更好地履行委员职责。执行分工负责制，确定党员委员联系党外委员的名单，并报上级党组织备案。加强联系工作，定期和不定期进行联系。结合调研视察等工作，每年沟通交流至少两次，平时因工作需要可随时进行交流。建立联系信息反馈机制。党员委员要将党外委员的思想动态以及他们反映的意见和建议及时向支部汇报。

(二)搭建交流平台

注重发挥政协桥梁纽带作用，搭建好委员联系基层、相互交流、协调关系平台，使各党派、各界别、各民族相融相通，相互团结，为建设和谐沙坡头区凝心聚力。

(三)创建委员基层联系点

根据自治区政协《关于建立政协委员联系群众、基层单位的通知》精神，按"十个一"阵地建设标准，筹措工作经费6.6万元，在沙坡头区建立政协委员联系点22个。以基层联系点为平台开展联系活动、组织调研视察、反映社情民意。

(四)用新媒体搭建委员信息交流平台

发挥新媒体便捷、快速、高效的传播作用，建立13个政协委员、界别、功能型党支部等微信平台，通过全区委员履职平台及时发布政协工作动态、工作重点，及时吸纳委员的好想法、好建议，及时发送各类会议通知，发挥统一思想、凝聚共识的作用。

二、参与经济建设

政协参与经济工作是社会主义市场经济体制的必然要求。沙坡头区政协自成立以来，就把履行民主监督、参政议政职能作为服务全局、参与中心工作的重点，主动参与沙坡头区的经济建设，与区委、区政府同心同德谋发展，群策群力搞建设。

(一)为招商引资出力

围绕区委中心工作，立足沙坡头区发展实际，扎实开展"项目建设年"和"招商引资年"活动，组织部分政协委员外出考察、观摩学习，收集招商引资线索，多次组织干部赴外地开展招商引资，积极主动邀请有投资意愿的企业家来沙坡头区考察，引进外资投资开发建设腾格里金沙海旅游景区、引进的宁夏利丰民族服饰加工企业，当年签约并投产使用，解决1000余人就业。

(二)为旅游业发展建言献策

政协沙坡头区委员会积极响应、支持区委、区政府做大做强中卫旅游业的部署。2017年6月，组织部分委员对沙坡头区20多个旅游景区、景点进行观摩视察，针对沙坡头区旅游发展中存在的8个方面共性问题，提出要科学规划、整合资源、加大招商、优化环境以及宣传促销、打造品牌、挖掘文化内涵等意见和建议，并对诸如寺口子景区内开山炸石影响旅游环境、高庙保护措施不力及管理不规范、个别景区名称不规范以及旅游区部分路段环境污染严重等一些具体问题，提出具有针对性和可操作性意见建议，形成《关于对沙坡头区旅游业发展情况视察的报告》，得到有关部门高度重视。

在第一届委员会第一次会议后，2017年《关于治理寺口子风景区游客人身安全及严重污染》的提案，目光聚焦生态旅游建设领域，随后中卫市、沙坡头区两级环保、旅游部门进行了专项治理。

2017年政协第一届委员会二次会议期间，委员提出了《关于对沙坡头区旅游资源统一规划建设利用的提案》《关于合力打造沙坡头区旅游名牌的提案》《关于绘制出版中卫城市旅游交通地图的提案》《关于对沙坡头区旅游景点门票实行优惠政策的专题协商报告》等一批质量较高的提案。

《关于对沙坡头区旅游景点门票实行优惠政策的专题协商报告》由中卫市、沙坡头旅游局办理，从2017年5月开始，实行"国家法定小长假以外，沙坡头景区对本市辖区居民门票全免、其他景区门票实行半价优惠"的惠民政策。

(三)为硒砂瓜产业建言献策

2016年政协第一届一次会议期间，组织委员了解种植进度，协调解决种植工作中存在的问题。在推广机械化种植、加强技术指导服务、落实地膜和农机具购置补贴资金等方面，积极建议、协调，促进有关问题及时解决。在抗旱保苗阶段，协调区委、区政府督查室和相关部门共同组成督察组，多次深入硒砂瓜种植区察看抗旱情况。会同水务、农牧、财政等部门，共同研究部署抗旱工作，积极协调、帮助镇（乡）解决抗旱水源不足、资金困难等问题。

2017年第一届二次会议期间，区政协全力参与硒砂瓜产前、产中、产后销售的全过程和各个关键环节。通过专题会议、督查、视察、调研、座谈等形式，协调有关部门做好资金、种子、种植、抗旱、管理、宣传以及科技示范、农机推广、品牌打造、病虫害防治等方面工作。在履行职能中把"献策"和"献力"相结合，先后投资1000多万元对硒砂瓜补灌工程进行了维修和续建，共维修蓄水池22座，新建蓄水池21座，打抗旱补水井13眼。

2018年第一届三次会议期间，沙坡头区香山乡政协委员基层联系点20名委员，对香山乡硒砂瓜产业发展情况进行深入调研。针对硒砂瓜品质有所下降、产业链条短、可持续发展能力弱、品牌保护难度加大、市场体系建设不完善、科技支撑能力较弱、政策性支持力度减弱等问题提出建议：加强标准化生产管理，促进产业提质增效；创新措施，加强农业技术队伍建设；进一步强化措施，加大品质品牌保护力度；进一步加大硒砂瓜产业发展的支持力度；大胆探索，下大力气解决压砂地后续产业衔接难题；进一步加强市场营销工作。

（四）为脱贫攻坚建言献策

2017年8月中下旬，沙坡头区政协3位副主席率队，分赴兴仁、香山、宣和、永康、常乐深度贫困地区及部分移民村，就如何构建产业扶贫长效机制、如何促进贫困群众转移就业、如何实现搬迁移民稳得住能致富、如何解决乡土人才缺乏和内生动力不足问题、如何防范贫困"边缘人口"成为潜在不稳定因素等方面进行调研，形成《关于沙坡头区精准扶贫工作存在的问题》的调研报告。

2017年第一届二次全体会议期间，政协委员《关于沙坡头区产业扶贫存在的问题及建议》的提案，针对产业扶贫扶持政策存在重前端轻后端、重种养轻加工、重生产轻市场的问题，提出要精准对接市场，选准特色产业，建设标准基地，实行标准化生产，打造品牌，支持产品储藏保鲜、精深加工、市场对接等基础设施和能力的提高和建设；完善政策设计，有效支撑产业发展，加大政策支持，全力培育龙头企业、致富带头人、专业合作社、行业协会等新兴经营主体，深化贫困户与各经营主体的合作连接机制，提高减贫脱贫能力和覆盖面等建议。提案得到区委、区政府的高度重视，并得到了落实。

2017年重点提案《沙坡头区扶贫攻坚中转移就业存在的问题》建议培育和形成具有

县域特色的城镇村产业集群，使农村劳动力就地就近向非农产业和城镇转移；以促进就业为导向，将相关就业培训补贴政策的重点放到扶持就业上；加强与劳务输入基地和用工单位对接，开展定向培训，缓解供需矛盾；要高度重视培育农村经纪人队伍，要加强培训、规范管理，支持并引导农民设立农村经纪合伙企业、农村经纪合作社、农村经纪公司等组织，支持农村经济组织扩大经济辐射范围，引导农村经纪人开展特色经济、品牌经济。

2018年第一届三次全体会议期间，政协委员《关于沙坡头区农村"边缘户"面临的问题》，提出注重照顾未纳入建档立卡贫困户边缘人口的情绪和关切，采取"普惠性＋特惠性"的政策措施，让同一村子、同一个自然环境和生产环境里、经济状况相似的村民获得均等的扶持。研究梳理现有扶贫政策，如产业扶贫、金融扶贫，能够扩大扶持覆盖面的，及时将边缘户纳入。对有劳动能力、有发展产业意愿的贫困边缘户给予资金、技术等必要的帮扶措施。对具备劳动能力和就业意愿的贫困边缘户，加强技能培训，提高就业能力，帮助提供就业岗位，或通过开发辅助性岗位实现就业。鼓励地方探索创新，建立缓解相对贫困的长效机制。

（五）为城市建设建言献策

政协沙坡头区委员会自成立后，为沙坡头区城市建设做出贡献。2016年第一届一次会议上，政协委员提出《关于对老城区巷道进行改造的建议》《关于加强我市城市社区管理的建议》《关于在高庙公园禁止烟火的建议》《关于在兴仁镇十字街口设置红绿灯的建议》《关于全社会遵守交通规则，减少交通事故发生的建议》等提案，相关部门现场督办，促进相关问题解决。

2017年，在第一届委员会第二次会议上，《关于提升沙坡头区城市综合管理水平的建议》的提案，被中卫市、沙坡头区城管部门采纳，创新城市管理模式，倡导"721"工作法，让70%的问题用服务手段解决、20%的问题用管理手段解决、10%的问题用执法手段解决，变被动管理为主动服务，变末端执法为源头治理，把城市环卫工作监督、检查、考核、处罚纳入"环卫云"系统，运用信息化手段巩固"以克论净"成果；扎实开展城市集中整治行动，规范了城市秩序，改善了市容市貌。《关于尽快改造城区巷道的提案》被建设局采纳，在改造老城区的同时，对市区内主要街道、巷道进行铺设改造，塑造了城市形象。

2018年，区政协全委会期间，区政协组织沙坡头区委员提出《关于加强公共停车场规划建设与运营管理的建议》的提案,被吸纳到《中卫市市容秩序管理办法》中,中卫市、沙坡头区政府启动市区静态交通管理机制,建成智能停车场118个,人工停车场20个,划定泊车位6000个,有效缓解市区停车难的问题,初步实现市容秩序管理科学化、标准化、长效化。

第十九章 军　事

沙坡头区自古以来具有重要的军事地位。历代都有设置地方军事机构并有军队驻守。中华人民共和国成立后，各级军事机关、驻卫部队和广大民兵预备役人员牢记使命，在完成军政训练任务同时，持续开展"拥政爱民""军民共建"等活动，不仅在巩固人民政权、维护社会稳定、抢险救灾等方面成为牢不可破的钢铁长城，而且在社会经济建设中发挥主力军、突击队作用。进入21世纪后，沙坡头区各级党委、政府深入开展国防动员和国防教育，驻地解放军、武警部队以及广大民兵积极参加"创先争优""保交护线""抢险救灾""支援地方建设"等，在社会经济建设中发挥积极作用。

第一节　军事设施

一、关梁要隘

（一）胜金关

胜金关位于沙坡头区、中宁县交界处，是宁夏境内重要关隘之一。据乾隆《中卫县志》载：胜金关建于明弘治六年（1493年），万历四十一年（1613年）重新修葺。墩台立于山巅之上，四周有较高的围墙，外侧借山势经人工斧凿而成绝壁。在平缓的西山坡，从山顶起沿山势筑关墙至山脚下。明清曾在此设兵防守。清同治年间西北战乱，胜金关被焚，设施破坏殆尽。

（二）边　口

碱井儿暗门、向阳墩口、燕子窝口、靖湖墩、宁安墩、杀虎墩口、镇北墩、崇受墩、镇夷墩、马槽湖口。

（三）要　隘

黑山嘴、西沙嘴、黄沙口、观音口、寺口大佛寺北里口、大佛寺北外口、野猪口、沙坡、驴圈子沟、大洪沟、小径沟、崾岘沟口。

（四）津　渡

沙坡头区在元代有应理州黄河九渡之说，明清时期形成固定渡口码头，自上而下有冰沟门、常乐、永康等渡口。民国年间只有下河沿、新墩、莫家楼及李嘴渡口。新中国成立后，沙坡头区有北长滩、下河沿、大板湾、新墩、莫楼、冯庄、倪滩、福堂、马滩等渡口。

二、长　城

沙坡头区境内长城，有记载可考者为明代"西长城"，现存两段：一段位于区境黄河之南，由甘肃靖远县芦沟堡进入迎水桥镇南长滩村，然后沿黄河东行至常乐镇下河沿，长约50千米；一段位于区境黄河北岸，西起沙坡头东侧黑林村的西沙咀，向北折东沿腾格里沙漠东南边沿及卫宁北山麓东行至胜金关出境，长约90千米。

沙坡头区境内长城以土筑为主，有的地方石块砌墙基，上面用黄土分层夯筑。其上每隔一段，有一个突出墙外的墩台，基宽10米左右，分墙台与敌台两种：墙台台顶与城墙顶平行，每台盖铺房一座（遮风避雨的简单房屋），供军士巡逻放哨，又称"墩铺"。平地上的长城敌台，一般呈圆形，高出城墙三四米；山巅深谷上的敌台一般呈半圆形，高出城墙七八米，形状近似现代碉堡。

三、烟墩塘驿

（一）烟　墩

即烽火台。据《嘉靖宁夏新志》载：宁夏西路中卫领烽堠75座。墩台备有柴草、硫黄、硝石等易燃物，一遇敌情，白天举烟，夜间点火，千里边防可迅速报警。这些墩台根据位置和用途又分为边墩和塘墩两种：边墩是边防哨所，主要任务是瞭望敌情，警戒守墩，并随时通过烽烟报告军情；塘墩是长城以内的纵深通讯哨，其任务是传递军情。

（二）塘　驿

清雍正七年（1729年），由宁夏向巴里坤运兵，自长流水、三塘（今甘塘镇）、营盘水设置塘驿，增设驿丞，由西路同知兼管。塘驿专为传送"军台塘报"服务。当时中卫县境内有大涝坝、营盘水、三塘、石梯子、一碗泉、长流水、沙坡头、中卫、镇罗堡、胜金关等塘驿，每塘备额马12匹。

四、城堡碉堡

(一) 城　垣

1. 中卫县城

为元应理州治所，城垣始建年代失考。旧址狭小。明正统二年（1437年）都指挥仇廉增修为五里八分。天顺四年（1460年），参将朱荣将城墙增高为三丈五尺，护城河深一丈，阔七丈八尺；设城门二座：东曰"振威门"，西曰"振远门"。嘉靖二年（1523年），参将周尚文始开南门，曰"永安门"，门皆有城楼。万历二年（1574年），参将张梦登始以砖包城，成为宁夏西路最坚固的城池。后经清康熙四十八年（1709年）、乾隆三年（1738年）两次地震破坏修复，周围五里七分，高二丈四尺，址厚二丈五尺，顶厚一丈五尺，女墙（垛墙）五尺九寸；护城壕全长六里三分；城门三座，名称仍旧，上建城楼，外设月城（瓮城）；在城东北、西北、西南三角建角楼三座，敌楼八座，门台六座，炮台十四座。

2. 镇罗堡城

明弘治元年（1488年）建，清乾隆四年（1739年）重修。设南门1座，并设月城。城楼3座，角楼4座，炮台2座。明清均设把总防守。原名"镇房"，清改"镇卤"后又改为"镇罗"。

3. 古水城

在县城西南50里，西与靖远芦沟相通，东南与香山相连，岭复山重，潜通固靖。万历四十三年（1615年），巡妪崔景荣以其旷远设兵防守，守备孟应熊修筑城堡。仍设守备，后其城署皆倾圮。

(二) 堡　寨

明代在长城内侧建立许多堡寨，供戍守长城军队驻扎、屯田、储备军需，并管辖若干墩台。境内筑堡寨14个，即柔远（俗称中所营）、镇靖堡（俗称前所营）、宣和堡（俗称七百户）、永康堡（俗称五百户）、常乐堡、渠口堡、张恩堡、铁桶堡、张义堡、永兴堡、宁安堡、宁安新堡、恩和堡（威武堡）、鸣沙州堡（自渠口之后九堡在今中宁县境）。至清代，逐渐变成单纯的居民聚居区。新中国成立后，各堡寨因年久颓塌拆除。但原堡寨基础上建立起来的居民点，现仍沿用旧名称。

五、军备仓储

明代中卫建有杂造局、神机库、兵车厂:以保证戍卫部队装备、武器、弹药的供给。弘治年间,中卫杂造局每年制造明盔160顶、皮檐160副、青甲160副、腰刀160把、弓160张、弦320条、箭4800支、圆盘80面、长枪160条、铳箭头1600个,神机库储备枪炮、弹药9兵车厂制造作战用的兵车。后迁往他处。仓储为保证戍卫部队的粮食和战马草料供给,设应理、石空、枣园、广武、古水、宁安6个粮仓。

六、防空设施

地下防空工程主要分布在沙坡头区城区内,其次是迎水桥和甘塘石膏矿。在工程结构上,1972年前修筑的用砖构筑,质量较差,其后均为钢筋混凝土构筑。1980年以后,由于县城和工矿区建设,防空工程大多被毁坏,其余闲置或改作他用。

第二节 武装组织

一、军事机构

(一) 古代军事机构

秦朝时期,今沙坡头区属北地郡富平县(治吴忠市利通区西北)管辖。富平县设县尉,掌一县兵事,为本地区最早军事机构。西汉时期,今沙坡头地区仍属北地郡,北部都尉(原称郡尉,景帝时改称都尉)治地富平县神泉障(今吴忠市境内)。北魏太延二年(436年),在今宁夏地区设立薄骨律、高平两个军镇,今沙坡头区属薄骨律镇管辖。隋代,今沙坡头区隶属灵州,后改灵武郡。唐武德元年(618年),改郡为州,在灵州置总管府。武德七年(624年),改总管府为都督府。开元二十一年(733年),灵州为朔方节度使治地,今沙坡头区隶属朔方节度使。北宋初仍沿袭唐、五代州县建制,今沙坡头区隶属灵州。置兵马总管,由灵州知州兼任。宋咸平五年(1002年),西夏首领李继迁攻占灵州,今中卫沙坡头区归西夏管辖。西夏在今沙坡头区置雄州(原中卫县城附近)。元代,今沙坡头区属应里州(治应吉里寨、原中卫县城)。州设达鲁花赤、知州(尹)各1人,州县长官均兼管兵事。

明王朝先后在北方设立9个军事重镇，今中卫沙坡头区隶属宁夏镇。永乐元年正月丙申（1403年2月9日），由宁夏右护卫改置宁夏中卫。明廷在军事要地实行军政合一、屯防兼备的特殊行政区域卫所制。《嘉靖宁夏新志》载：中卫"国朝洪武初，州废，以宁夏左屯卫军余屯种于此。三十二年，复徙屯种军余于宁夏，置宁夏中卫指挥使司，给'宁夏中卫指挥使司'印，属陕西都司，迁实在京、在外官军六千余员名，遂为河西重地。宣德初，以都指挥守备。正统八年，兵部尚书王骥行边，奏设分守左参将一员分守。领五千户所（印五颗），五十百户所（印五十颗），领屯堡一十一，领烽堠七十五。设官指挥使、同知、佥事一十八员，卫镇抚三员，经历一员，千户正副二十六员，百户（实授、试署）四十员，所镇抚三员，应理仓大使一员。吏十数人。军伍，原额旗军六千二百八十名，实有二千二百三名。马匹原额有一千四匹，实有九百一匹"。天顺年间，宁夏西路中卫又改设宁夏镇副将协守，卫城内置副将协台衙署镇守，首任副将（副总兵）为仇廉。

清代，今沙坡头地区受宁夏总兵（后为提督）统领。乾隆《中卫县志》载：雍正九年（1731年），中卫营设副将（宁夏副总兵）、都司各1员，千总1员、把总3员（分防香山堡1员）、经制外委6员（内分防镇罗堡1员），额外委4名（即编制外千、把总军官）。

清末，中卫县设有团防总局。光绪三十一年（1905年）又设巡警总局，辖2个分局。

（二）民国军事机构

民国建元，团练成为维持地方秩序的主要力量，中卫县城内团练曾增至10团，县城以下香山民团最为劲健。民国22年（1933年），卫宁分治，今中卫、中宁县隶属宁夏省，各县均设有军事机构。抗日战争爆发后，马鸿逵将中卫县民政科改为民政军事科。1937年，各县单设军事科，负责县内兵员征集（即抓壮丁）和国民兵训练、筹措军粮军饷等事宜。该科配备国民党军官充任科长、职事人员。

（三）中华人民共和国军事机构

1. 中卫军分区

中国人民解放军中卫军分区是中卫市最高军事机关，隶属宁夏军区，接受宁夏军区和中卫市委双重领导。军分区下辖县（区）人武部，县（区）人武部设有基层组织，即乡（镇）人民武装部及厂（矿）人民武装部，负责本地或厂矿机关的武装和民兵工作。2004年12月3日，正式组建中卫军分区，将原由吴忠军分区建制的中宁县人武部、原固原军分区建制的海原县人武部划归中卫军分区建制，撤销中卫县人民武装部番号，改称沙坡头区人民武装部。中卫军分区机关下辖沙坡头区、中宁县、海原县3个人民武装部。

2. 沙坡头区（中卫县）人民武装部

新中国成立后，中卫县政府设武装科。1951年10月，中卫县人民武装部正式成立，隶属宁夏（省）军区。1955年7月30日，县人武部改称兵役局。1958年11月17日，撤销兵役局，恢复县人武部名称。1986年5月19日，人武部由军队建制改归地方建制，级别由正团级降为副县级单位，其性质和任务不变，接受县（市）委和上级军事机关双重领导。人武部党委书记由县委书记兼任。1994年12月1日，人武部收归军队建制，由副县级升为正团级。12月26日，中卫县召开县人武部收归军队交接大会，隶属银南军分区。2004年12月3日，改称中卫市沙坡头区人武部，隶属中卫军分区。

二、驻 军

（一）明代驻军

由于史料缺乏，明代以前的沙坡头区驻军情况不详。明朝于元应理州设置"宁夏中卫"。洪武三十一年（1398年）由陕西调6000余名官兵到中卫屯防，下辖5个千户所、50个百户所，每个千户所军士编制1120名，每百户所军士编制112名，并陆续建立12个驻军屯田的据点堡城。《嘉靖宁夏新志》载：明代中卫驻军编制6280名，实驻2203名，军马1004匹，鸣沙州步骑编制409名，实驻279名，广武营驻军编制952名（不含备御西安等卫班军），实驻627名，总共归宁夏西路中卫所辖驻军编制计有步骑兵7641名。为充实边防，还从陕西调备御军来宁夏驻守。一年一换，冬操夏种、每年三月换防，一班在宁夏驻防，一班回陕西卫所。备御军在宁夏分驻4个据点（镇城、花马池、灵州、广武营），其中，广武营驻军572名（骑兵460名，步兵107名）。

（二）清代驻军

清代中卫墩哨部署驻兵分为北路、西路、南路、河北东路四个方向。北路警戒由青铜峡大坝起，西南越黄河至甘肃靖远县芦沟堡的长城各口隘，全长482里，隘口29处，每个隘口设防兵3~5名，共140余名。另有长城口要讯（指重要的驻军营地）4处：营盘水驻兵20名，长流水、甘塘、石梯子梁各驻防兵10名；南路设7个哨位，控制着中卫县南部山河桥、寺口子、野猪口、冰沟口渡等几个重要的交通要点，各处设防兵5名，加上位于中卫县城东南的沙泉子驻兵25名，南路共设防兵55名；西路的永安墩、镇永墩、碱井儿墩3个墩哨，各设防兵5名，共计防兵15名；河北东路的凯歌墩、渠口墩、沙梁墩等17个墩哨，每墩哨设防兵5名，共计防兵85名。

清代中卫县除在以上四路各处络绎布哨外，大部分兵力集中在一些重要城堡、关隘。清雍正、乾隆年间，迭次用兵西北，中卫是清军重要的进兵路线和军械粮草的兵站运输线，为保护这一路线安全，中卫驻军较多。雍正九年（1731年），中卫营设副将、都司各1员，千总两员，统辖马战兵436名，步战兵335名，守兵350名，军马466匹，驻中卫城。道光二十一年（1841年），中卫营有马战兵160名，外委骑兵170名，步兵194名，本营守兵207名，军马460匹，以上兵马驻中卫城。同治回民反清斗争后，左宗棠裁汰绿营兵、招募勇营，光绪中再次裁汰，绿营兵所剩无几。光绪末年总督升允招募的中左右旗步队、中旗马队、小分队分驻各地，其中旗步队与巡防左旗部队驻防中卫。

（三）民国驻军

辛亥革命后，军阀割据，驻军变幻无常。

民国3年（1914年）至7年（1918年），甘肃省昭武巡防右营驻防中卫。

民国18年（1929年）5月，国民西北军11师吉鸿昌部追击马仲英部，一个团驻扎中卫，团部在城内文庙。18年6月至19年（1930年）雷中田部雷振邦人民自卫军第一旅驻防中卫，旅部驻文庙，兵员1000余名、多系从凉州（武威）、靖远、景泰县逃荒就食于中卫难民中招募的新兵。

民国19年，马鸿宾部8团3营驻中卫，营部设在旧鼓楼，兵员约300名。不久，三营移防，接防者为陆军新编骑兵第7军，马谦任军长。

民国21年（1932年），马鸿宾部第一混成旅，1000余人驻防中卫境内，旅长马献文。

民国22年（1933年），第15路军第3旅驻防中卫，兵员4000余人，旅长马英才，旅部驻保安寺。

民国23年（1934年），孙殿英部队进入宁夏，马鸿逵派兵堵截，国民党中央派步兵第一师胡宗南2旅5团杨德亮所部驻防中卫史湖。

民国25年（1936年），国民党中央第一军二十五师师长关麟征率部移驻中卫，11月进驻巴音浩特。

民国26年（1937年），国民党中央陆军第九十七师某团驻防中卫，团长陈梦庚。

民国28年（1939年）至29年（1940年），国民党中央陆军第一九一师驻防中卫，师长吴允周。

民国30年（1940年）至33年（1944年），国民党中央陆军三十四师驻防中卫，师长马志超。

民国38年（1949年）3月，马鸿宾八十一军驻防中卫，9月，中国人民解放军解放宁夏时全军起义。

第三节　重大战事

一、古代战事

东汉元初四年（117年）冬，先零羌入侵，占领安定、北地诸郡，汉将马贤、任尚率军与先零羌首领莫狼会战于青石岸。莫狼退到北地郡时黄河封冻，两军对垒，战于富平上河（今青铜峡西一段黄河），相持60余日，黄河解冻后，先零羌北退。

西晋泰始六年（270年）六月，河西鲜卑首领树机能起事，秦州（今甘肃天水）刺史胡烈领兵征讨，兵败，胡烈被杀于万斛堆（今中卫甘塘北一带）。

唐永泰元年（765年），灵武郡守将仆固怀恩降吐蕃，引吐蕃兵20万人沿清水河南下。自此，鸣沙为吐蕃所占，鸣沙县移治废丰安城。唐军在黄河北岸和牛首山一线与吐蕃长期对峙，战火连年不息。长庆元年（821年）十月，吐蕃3000余骑自青铜峡袭灵州，与节度使李进诚战于大石山（牛首山）下。大中三年（849年），灵州节度使朱淑明率军收复鸣沙等地，于安乐州置威州，鸣沙县治才搬回故地。

夏乾定三年（1225年）八月，蒙古西路军越过沙陀，抢占黄河九渡，攻陷应理县。

天顺元年（1457年）五月，鞑靼一部进犯中卫洛阳川（今龙宫湖一带），参将种兴率部追击，后因腹背受敌，中矢身亡。十二月，指挥使刘英等在沙山杀虏有功，俱升一级。

明万历二十年（1592年）二月，宁夏副总兵哱拜支持军锋刘东旸率兵杀死党馨等人，挟庆王起事，派兵攻广武、中卫等河西诸地。中卫叛弁韩范内应，城陷，西协参将熊国臣弃城逃走。是年底，哱拜兵败，宁夏事平。

明万历二十六年（1598年）三月，鞑靼银定歹成部攻宁夏中卫，宁夏总兵杜桐令参将萧如蕙、广武游击张诗等领兵拒之，杀其近百人。

明万历三十七年（1609年）二至十月，银定歹成部多次攻掠河西之中卫、广武、石空寺堡等地，分别为守军所击退，被杀800余人。

明崇祯七年（1634年）六月，察哈尔等部又攻枣园堡、广武等地，失利，死1400余人。

明崇祯十六年（1643年），古水营守备李彩响应李自成起义抗清，攻占永康、宣和等地。又于香山石寨聚众练兵以固守。十月初二乘河封冻袭扰镇靖、柔远二堡，后均失败。

二、民国战事

民国15年（1926年）冬，冯玉祥率国民军入甘援陕，中卫人民供应军需粮，承担运输差役。县城内设总兵站，县境东设广武、枣园、石空东路三站；县境西设长流水、甘塘子、营盘水西路三站。

民国22年（1933年）3月中旬，陕甘工农红军游击队改称"西北抗日义勇军"，李慕愚任政治委员，王儒林任总指挥，孙绍堂任第二中队队长，义勇军活动于甘肃靖远及中卫香山一带地区，在红沙砚与敌人血战中，孙作宾、李慕愚、孙绍堂等36人被俘，关在兰州监狱。后经组织营救，孙作宾、李慕愚出狱，孙绍堂越狱，其他人英勇就义。

1949年9月初，中国人民解放军十九兵团，在司令员杨得志、政委李志民率领下，向宁夏挺进，右路六十四军和陕北三边独立一师、二师于9月10日、11日分别从固原、海原、黑城向中宁进军。中路六十三军一八七师、一八九师和六十五军于9月5日由兰州沿黄河东岸与六十三军、一八八师挟河并进。15日一八七师五六一团取捷径翻越香山，进至中卫黄河南岸枣林子，将国民党八十一军二九四师八八一团包围，激战1个多小时，迫使缴械投降，接着五六一团又穷追向高家滩渡口逃窜之敌，激战30多分钟，将敌一〇三团大部歼灭，控制了黄河南岸渡口；两次战斗歼灭八十一军两个团，生俘八八一团团长孙天才等官兵1800余人。左路六十三军一八八师于9月2日沿黄河西岸向宁夏急进，15日克景泰，17日拂晓进抵沙坡头、迎水桥一带，对中卫县城守敌形成兵临城下之势。9月19日，由六十四军军长曾思玉代表中国人民解放军十九兵团，八十一军军长马惇靖代表国民党第八十一军在中宁谈判，签订和平解放协定。国民党第八十一军正式起义。

第四节 民 兵

一、组织建设

新中国成立初期，先后施行普遍民兵制，大办民兵师等民兵组织制度，改革开放后，随着第二部《中华人民共和国兵役法》的颁发，各地调整民兵组织，减少数量，提高质量，把民兵和预备役制度结合起来，实行民兵与预备役制度相结合、平时民兵工作与战时兵员动员相结合的制度。2002年9月，中央9号文件对深化城市民兵工作改革做出新的部署，各级都提出贯彻9号文件的要求。按照"编为用、建为战"的原则要求，贯彻精干的常备军和强大的后备力量相结合，建设现代化国防的战略决策，积极适应新时期军事战略方针的要求和发展社会主义市场经济的新形势。沙坡头区成立后，沙坡头区人武部按照计划部署、组织落实、总结验收三个阶段，完成民兵组织调整任务，落实兵民训练。2014年，按照应急队伍优先建设、支援队伍长期建设、储备队伍统筹建设的原则，完成了民兵组织调整任务。2017年，为抓好民兵整组工作，人武部下发整组教学光盘36套、民兵之歌光盘42套、入队通知书1800余份，3月28日，在滨河镇组织各乡镇部长干事参加了民兵应急分队120人集中整组点验示范大会，并进行了队列、防暴队形、拳术、班务会等示范科目表演，取得了较好的效果，各民兵分队建立微信群，利用微信群开展民兵教育，提升广大民兵国防意识。

二、武器装备及基地

（一）武器装备

初建民兵组织时，民兵武器主要来源收缴国民党溃散军队的武器和国民党军政人员私藏上交武器。1950年至1957年，民兵武器装备管理主要由民兵个人保管。1958年，在全民皆兵和大办民兵师的号召下，民兵人数增多，各种步枪配发到民兵个人手中保管，轻机枪、重机枪、迫击炮等重武器仍由县库保管。1974年至1980年，根据中共中央《关于民兵武器保管的方法》规定，县向大队民兵营下发一定数量的武器。1982年，根据中共中央、国务院指示，在民兵组织调整的同时，县人武部给民兵增配了一些轻武器。配备的重点是民兵干部、基干民兵。1985年至1986年上半年，遵照宁夏军区指示精神，县人武部上缴配发民兵的部分旧杂式武器，将乡镇尚存的武器集中由县库统一保管，遇有民兵训练，将武器配发下去，坚持早出晚归，确保武器的安全。2008年以后，根据宁夏军区指示精神，将县民兵武器装备统一收归军分区集中管理。2004年底中卫军分区成立后，当时由于军分区刚成立，武器装备库正在筹建之中，沙坡头区及军分区配备的武器装备暂由沙坡头区人武部保管。

（二）训练基地

20世纪70年代后期，根据形势变化和战备训练需要，依据上级军事机关需求，各县人武部和县委、县政府共同筹建训练基地，以解决民兵武器装备库破旧、库容小等问题，并将民兵训练基地建成既可开展民兵训练，又可存放民兵武器装备，还可进行农副业生产的"三结合"民兵训练基地。"三结合"民兵训练基地的建成，改善了民兵武器装备管理条件，解决了民兵训练难集中和训练条件差的问题，为开展民兵基地化训练创造了条件。训练基地配有办公、训练、教学、生活、娱乐等设施，并经逐年完善配套，设施更加完备，较好地保证了人武干部、专武干部、民兵干部、预备役部队的规范化训练。同时，民兵训练基地还成为县人武部重要的以劳养武基地，基本实现了民兵训练基地自养。基地每次可集训民兵120~150人。90年代后期，随着军事训练任务和要求的变化，训练基地逐渐失去了原有作用。2010年7月28日，中卫市民兵培训中心开工建设，2012年7月投入使用，沙坡头区共建共用。

三、政治教育与军事训练

（一）政治教育

民兵政治工作是随着党的中心工作任务的变化而变化，随着社会的发展而不断发展的。所以不同的历史时期，民兵的政治工作有着不同的宣传教育内容。20世纪80年代初，民兵组织进行调整，民兵政治教育的内容和方法也随之进行相应改革。1990年后，不断进行了《中华人民共和国民兵工作条例》《中华人民共和国兵役法》《中华人民共和国国防法》及邓小平新时期军事理论学习教育和民兵性质、任务、地位、作用，以及作风、纪律教育。进入新世纪，民兵政治教育增添了新的内容。2000年，民兵政治教育在突出质量教育的同时，重点抓了"积极支持大开发，保卫建设大西北"等为主题的教育。2005年，民兵政治教育坚持以"三个代表"重要思想为指导，在抓好民兵"四课"教育的基础上，着重围绕"强化战斗精神，提高打赢能力"主题教育和"保持共产党员先进性"教育，使广大民兵深刻认识到反对"台独"势力，提高打赢能力，做好军事斗争准备重要性和紧迫性。2006年，民兵政治教育以学习贯彻科学发展观为主要内容。2007年至2008年，紧紧围绕贯彻深入学习党的十七大精神为内容，对民兵开展系列教育活动。2009年，以科学发展观和党的十七届四中全会精神为指导，民兵政治教育以学习实践科学发展观活动为主要内容开展教育。2012年，在民兵中广泛开展以深入学习贯彻党的十八大精神为主要内容教育。同时，结合遂行任务开展国防教育活动。2013年，民兵政治教育在严格落实"四课"教育的基础上，利用整组、训练等时机，开展了历史使命、形势战备教育，强化民兵的职能使命意识。2014年，结合开展第二批党的群众路线教育实践活动和习近平关于国防和军队建设重要论述，对民兵进行了战备形势和国防教育活动。2015年，民兵政治教育还是以战备形势和国防教育为主，同时利用整组、训练和遂行任务进行性质、任务的随机教育。

(二) 军事训练

1.基础训练

1949年，为民兵组织初建、巩固、发展时期。民兵军事训练的主要任务是围绕剿匪、反霸、建政、土改等中心工作展开，组织民兵进行"四会"训练，即"会使用武器、会投弹、会站岗放哨、会抓坏人"。1958年8月，中共中央发出了"全民皆兵"和大办民兵师的号召，民兵当量大幅度增加，民兵训练本着劳武结合的原则，以村队为单位广泛开展官教兵、兵教官、兵教兵的群众性练兵运动。1973年，根据总参下发《民兵训练纲要》，实行分散训练，排以上干部分批集中到县人武部进行重点训练；基干民兵按训练大纲由各营、连、分队组织实施，训练主要集中在冬季进行；训练强调人员、时间、内容、效果落实，普遍重视考核、登记和骨干培训工作，重点抓好专业技术分队的训练。

自1986年开始，为保证训练质量，以县人武部直接组织民兵干部、民兵专业技术分队、民兵应急分队分期分批在训练基地进行规范化训练。进入20世纪90年代以后，民兵训练仍然采用基地化训练，各级重点抓民兵应急分队、专业技术分队和预备役部队训练。

2010年以后，民兵军事训练主要以应急分队和专业技术分队训练为主，完成了战备常识、队列、警棍术、战术动作、轻武器操作、重要目标守护、应急救援、防汛抢险等课目训演练。同时，依据战备方案和使命任务，在重大节日和敏感时期，采取战备等级转换、快速集结动员、全员武装出动等方式，组织应急处突、战备值班分队进行紧急出动、快速机动、抢险救灾和反恐维稳等针对性训练，以及军分区首长机关带人武部和民兵应急分队实兵拉动训演练，组织民兵参加各级各类军事比武竞赛活动。

2. 专业训练

20世纪60年代初，随着民兵武器装备增加，开始了专业技术兵训。训练均在民兵训练基地由县人武部统一组织轮训，一期训练可以同时进行2~3个专业分队课目训练。进入新世纪，随着国际国内形势的发展变化和战备工作的需要，依据上级军事机关指示精神，各地组建了各类民兵专业分队。民兵专业训练以反恐维稳、应急处突、抢险救灾等为主要内容，组织民兵利用有利时机，以随机训练和集中训练相结合的方法，对专业技术要求较高的课目请驻地部队和相关对口单位教员进行教学，采取理论讲解、实装操作、强化训练、竞赛考核的方法进行训练，进一步提高了专业分队的实战水平。2012年，落实民兵训练303人。2017年1月份组织民兵常态备勤分队骨干29人、3月份组织民兵新入队128人、4月份组织民兵应急营双37和高炮营等21个民兵专业分队，共1692名基干民兵的编组训练、11月份组织152人民兵应急一连借驻部队营区为期9天封闭式集中学习训练，经宁夏军区对轻武器实弹射击、警棍盾牌术、班排骨干教学法、军事理论、机动组织与实施等科目全面考核，民兵考核总分500分，取得449.7分全区第一名的好成绩，受到了军区和军分区领导的充分肯定。

3. 应急训练

1995年，根据上级军事机关指示精神，中卫各县民兵应急分队成立后，按照《民兵应急分队训练纲目》进行了队列、射击、投弹、拳术、警棍和防暴战术训练。2000年来，民兵应急分队建设，结合整组和遂行任务等时机，主要进行战备常识、队列动作、警棍术、战术动作、轻武器操作、重要目标守护、保交护线、防汛抢险等课目训演练，以提高遂行任务能力。同时，组织民兵应急分队骨干参加军区组织的各项比武竞赛，锻炼和提高了他们的军事素质和遂行任务能力。2012年7月，组织拉动沙坡头区民兵应急分队230人参加黄河防汛抢险；9月，先后出动应急分队120人次遂行保交护线任务，迎送慰问演习部队11批次，完成演习部队出入境保障任务。通过拉动和遂行任务，检验了应急分队的实战能力，进一步提高应急分队在急难险重任务中的生力军作用。2017年11月沙坡头区人武部组织民兵应急分队152人，借住迎水炮兵旅营区组织民兵9天封闭式集中训练，经宁夏军区对轻武器实弹射击、警棍盾牌术、班排骨干教学法、军事理论、机动组织与实施等科目全面考核，民兵考核总分500分，取得了449.7分荣获全区第一名的好成绩，受到宁夏军区和中卫军分区领导的充分肯定。2018年10月沙坡头区组织民兵120人参加中卫市组织的保交护路实兵演练，受到上级领导高度评价。

第五节　拥军优抚

一、机　构

2018年11月27日，沙坡头区委、区政府决定组建沙坡头区退役军人事务局。2019年1月10日，沙坡头区退役军人事务局挂牌成立，潘秀芳任局长。1月25日，沙坡头区退役军人服务中心挂牌成立。2月2日，11个乡镇退役军人服务站挂牌成立。2月14日，辖区内165个行政村、15个社区退役军人服务站挂牌成立。6月4日，7个新成立社区退役军人服务站挂牌成立，建立起了横向到边、纵向到底覆盖区、乡镇、村（社区）的三级退役军人服务保障体系。

根据《沙坡头区委办公室区人民政府办公室关于印发〈中卫市沙坡头区退役军人事务局职能配置和人员编制的规定〉的通知》（卫沙党办发〔2019〕70号）和沙坡头区委编办《关于沙坡头区事业单位机构设置和人员编制调整的通知》（卫沙编办发〔2019〕1号）规定，核定沙坡头区退役军人事务局行政编制5名，设局长1名（正科级），副局长2名（副科级）；核定事业编制4人，其中，核定主任1名（副科级）。沙坡头区退役军人事务局下设一个事业单位：退役军人服务中心。局内设有办公室、安置和双拥业务室、优抚和权益维护业务室。

2019年5月，成立沙坡头区委退役军人事务工作领导小组。区委书记童刚任组长，区委副书记、区长郭爱迪任第一副组长，沙坡头区委副书记、政法委书记田海福、副区长孙家骥和沙坡头区人武部政委李晨曦任副组长。领导小组下设办公室，办公室设在沙坡头区退役军人事务局，潘秀芳兼任办公室主任。

2019年5月，沙坡头区双拥工作领导小组更名为沙坡头区拥军优属拥政爱民领导小组。沙坡头区委副书记、区长郭爱迪任组长，领导小组下设办公室，办公室设在沙坡头区退役军人事务局，与区人武部合署办公室，潘秀芳、娄彦峰兼任办公室主任。

二、拥 军

1949年8—9月，中卫县解放，人民群众送粮送菜，选派代表团到人民解放军驻地进行慰问。1951年，中卫县政府及各区乡成立拥军优属委员会，捐集160多石粮食，蔬菜、肉食等物品优抚军烈属。1980年，对革命残废人员发放抚恤金，实行终身抚恤。2000年，中卫县投入双拥经费帮助驻卫部队解决营房、道路、训练场地等建设，发放统筹优待金50.3万元，发放农村义务兵家属优待金每人2028元，城镇义务兵家属每人发放500元。2004年，地级中卫市成立，建立优抚对象统计台账，将下岗失业生活困难的优抚对象纳入城市低保，对医疗难、住房难的优抚对象给予救助。中卫城区落实退伍军人待安置期间生活补贴政策，对退伍士兵进行择业观念培训教育，鼓励自谋职业；与用人单位协调联系，推荐退伍士兵参与竞争上岗。2007年，开展"双拥模范城（县）"创建活动，将退役残疾军人纳入城镇职工基本医疗保险；启动重点优抚对象大病医疗救助制度，接待处理优抚对象上访事件；完成参战涉核军队退役人员调查摸底和身份确认工作；筹集资金解决优抚对象就业、医疗、住房"三难"问题。2008年，解决复员干部养老保险和医疗保险，成立伤残评定医疗卫生专家小组，将城镇籍重点优抚对象纳纳入基本医疗保险，将下岗失业的城镇籍重点优抚对象纳入城市低保。建立重点优抚对象信息资料档案，兑现各类优抚对象待遇，建立实施优抚对象大病医疗救助制度就医优待制度，落实重点优抚对象医疗政策。2009年，沙坡头区按照《中卫市创建双拥模范城（县）四年规划》，开展双拥共建活动，节日期间各双拥共建单位慰问驻卫部队官兵和重点优抚对象。2011年，建立重点优抚对象医疗报销"一站式"服务制度；落实军休干部"两个待遇"；对退役士兵进行岗前培训。2015年，中卫市顺利通过自治区及国家级双拥模范城考核验收。

沙坡头区广泛开展拥军爱军活动。利用春节、八一、国庆节等节日，走访慰问中卫市军分区、31660部队、武警支队、消防支队、武装部、消防大队、雷达连等驻卫部队官兵。组织开展清明节祭英烈活动、烈士纪念日公祭活动。开展沙坡头区庆"八一""鱼水情深"广场文艺演出，开展"最美退役军人"和"双拥"工作先进集体、先进个人选树表彰活动。发动沙坡头区义工联合会、爱国拥军促进会等社会组织，广泛开展拥军活动。组织社区、企业开展送节目、送书画、送慰问进军营等"双拥文化进军营"活动。组织退役军人代表进军营，重忆军旅生活，重温使命初心。加强国防教育，通过设立宣传牌、短信、广播、电视、标语及开展"军事日""国防形势报告会"等方式，营造拥军爱军的浓厚氛围。

截至2019年12月，沙坡头区有退役军人7438人，其中各类优抚对象1498人，不享受优抚政策的一般退伍军人5940人，享受优抚政策的1498人，分别为1954年11月之前入伍的在乡老复员军人79人、伤残军人86人、伤残民兵民工2人、伤残机关工作人员13人、烈士遗属13人、因公牺牲军人遗属3人、因病牺牲军人遗属11人、带病回乡退役军人59人、参战退役人员105人、涉核退役人员103人、60周岁以上老烈士子女4人、1954年11月以后入伍的60周岁以上农村籍退役士兵1020人。无军籍退休职工1人，现役义务兵家庭户1150户。

三、优待抚恤

（一）优　待

沙坡头区退役军人事务局成立后，每年组织重点优抚对象开展短期疗养活动，开展免费体检，进一步提高优抚对象生活质量和幸福指数。为退役军人精神疾病患者免费提供医药，解决退役军人的生活之困。每年春节、八一、国庆节前夕，慰问困难退役军人和重点优抚对象，为他们送去党和政府的关怀。认真开展为立功受奖的现役军人家属送喜报活动。

2019年，举办退役军人迎新春茶话会、"我与祖国共奋进——听老兵讲故事"庆中秋活动，"零距离"倾听退役军人的心声，与他们共话新时代。为沙坡头区退役军人、现役军人家庭和烈属悬挂光荣牌，进一步提升退役军人的自豪感、荣誉感、幸福感。

（二）抚　恤

认真落实各项优抚政策，按时为优抚对象发放各类优待抚恤金、落实门诊医疗补助资金，按时为重点优抚对象落实住院医疗补助救助资金，为一至四级残疾军人发放护理费，为一至六级的残疾军人缴纳医疗保险，为现役军人家属及时发放优待金，做好秋冬季自主就业退役士兵一次性经济补助金的发放，认真落实临时救助物价补贴资金。

（三）烈　士

截至2019年12月，沙坡头区有烈士92名，涵盖工、农、兵、学、商各个领域各个阶层。沙坡头区有侦察英雄冯中江，铁道卫士史福禄，革命烈士何至公、孟文军、王发元等。

(四)安　置

截至2019年12月,沙坡头区共接收退役军人786人,其中政府安排工作退役军人12人。每年组织自主就业退役军人自愿参加职业技能教育培训,提升退役军人的就业创业能力。坚持"阳光安置"原则,组织符合政府安排工作退役军人按照量化打分成绩高低进行自愿选岗,并发放待安置期间生活补助和缴纳待安置期养老和医疗保险。

第二十章 法 治

沙坡头区政法部门坚持党对政法工作的绝对领导，坚持以人民为中心的发展思想，坚持稳中求进工作总基调，紧紧围绕全面建成小康社会目标任务，牢牢把握坚持和完善中国特色社会主义政法工作体系总要求，善于观大势、谋大局、抓大事，发扬斗争精神，把维护国家政治安全放在第一位，以统筹推进全局性、战略性、基础性工作为立足点，以防控化解各类风险源为着力点，以扫黑除恶专项斗争、市域社会治理现代化试点、政法领域全面深化改革、政法队伍教育整顿为切入点，全面提升政法工作现代化水平，为沙坡头区社会经济发展创造安全、稳定、公正的法治环境。

沙坡头区人民公安局、人民检察院和人民法院，坚持人民利益至上的原则，遵循宪法赋予的各项权力，履行维持社会稳定，忠实履行审批职责，做好法治宣传、人民调解等各项工作，使沙坡头区经济社会全面和谐发展。

第一节 公 安

一、机 构

2004年，中卫县撤县设市、机构调整。2004年10月22日，原中卫县公安局撤销建制，成立中卫市公安局城区分局，隶属中卫市公安局管辖。城区分局内设部门12个，外置派出所12个；全局共有民警170人，其中副科级以上50人、一般民警120人，在职在编民警144人、工勤人员26人。2005年9月19日，更名为"中卫市公安局沙坡头区分局"，并于2006年1月1日挂牌。

2003年，撤销城关派出所，成立文昌派出所、迎水派出所，在原城郊派出所的基础上成立滨河派出所。2005年，看守所由市局直管。2006年，因区域调整、警力整合，设文昌、滨河两个城市中心所和镇罗、迎水、宣和、常乐、兴仁5个乡镇中心所。2008年，建立巡逻警察大队。2012年，交通警察大队由市局直管。2015年，按照公安大部制改革要求，沙坡头区12个设编派出所均升格为正科级单位，同时撤销办公室、政工室、纪检督察警务督察大队，成立分局指挥中心、合成作战室。2018年，建成甘塘、兴仁两个省级治安检查站，成立禁毒办，建成农村274个"村警"工作站、配备125名专职社区民警，452名"村警"。

二、重点业务

（一）刑事犯罪侦查

沙坡头区公安分局成立后，刑事案件打击力度不断加强，有力震慑了违法犯罪。2011年，深化刑侦体制改革，做大做强责任区刑警中队。重新整合优化警力，成立了三个责任区刑警中队和直属、信息、技术、案审四个专业刑警中队。2016年，增设合成作战室。2018年，为了适应新的斗争需要，刑侦工作由传统工作方式转变为新的工作模式。推进扫黑除恶专项斗争向纵深发展，设立中卫市公安局沙坡头区分局扫黑办开展相关工作。2019年，持续深化扫黑除恶专项斗争。

表20.1　2004—2019年沙坡头区刑事犯罪侦查统计表　　　　　　（单位：起）

年　份	破　案	八类案件	年前积案	外省区市案件
2004	317	31	64	15
2005	318	47	70	28
2006	360	42	66	24
2007	372	38	175	6
2008	509	40	358	37
2009	593	80	80	154
2010	608	79	222	42
2011	692	55	205	76
2012	875	39	441	100
2013	905	40	163	1
2014	925	22	207	184
2015	850	16	370	151
2016	886	19	47	134
2017	898	27	120	144
2018	883	17	68	47

（二）经济文化保卫

2004年以来，沙坡头区公安机构在经济文化保卫工作方面成效显著。2004—2018年，先后受理各类经济案件累计296起，立案297起，破案292起，涉案金额40555.95万元，累计为国家挽回经济损失1838.41万元。

表20.2　2004—2018年沙坡头区经济案件统计表

年　份	受理案件（起）	立案（起）	破案（起）	涉案人数（人）	涉案金额（万元）	挽回经济损失（万元）
2004	17	18	11	4	59.59	7.39
2005	6	6	4	4	31.2	1
2006	7	7	2	2	66.72	30.72
2007	1	1	1	3	20	0
2008	1	1	1	14	1000	0
2009	3	3	1	2	80	0
2010	1	1	1	1	1	1
2011	2	2	2	2	19	19
2012	34	34	34	20	473	0
2013	33	33	33	24	900	128
2014	44	44	44	21	700	0
2015	39	39	40	38	1279.5	43
2016	31	31	41	32	1866.932	1004.3
2017	51	51	51	92	26299.6	604
2018	26	26	26	60	7759.403	0

2004年，共受理各类经济案件24起，涉案价值157.4万元，立案18起，破案10起，抓获犯罪嫌疑人8人，为国家、集体和个人追回经济损失30.35万元。2008年至2011年期间，刑侦大队经侦中队相继圆满完成了打击假币犯罪"09行动"、打击发票犯罪"端点行动"、打击银行卡犯罪"天网行动"、打击传销犯罪转型行动、5.15打击和防范经济犯罪宣传日活动、打击侵犯知识产权和制售伪劣商品犯罪"亮剑"行动。2012年7月11日，经侦中队从刑侦大队中剥离出来，成立经侦大队。当年，经侦大队完成公安部开展的"破案会战"专项行动、"清网行动"、整治非法集资专项行动、5·15打击和防范经济犯罪宣传日活动、打假专项行动、打击涉税犯罪集群战役。2013年至2014年，先后完成

打击传销行动、打假行动集群战役（打击假币犯罪专项行动、打击非法制售发票违法犯罪集中行动等）、"兴麟系"案件、打击"营改增"试点行业虚开增值税专用发票犯罪集中行动。2016年，开展打击侵权假冒犯罪行动、打击整治传销专项行动、工联网金融风险专项整治清理整顿行动、打击新型网络传销违法犯罪活动专项行动、联合整治非法买卖银行卡信息专项行动、打击骗税和虚开专项行动。2017年，开展沙坡头区"2·15系"打击非法集资专案、打击整治传销"暴风行动"、5·15打击和防范经济犯罪宣传日活动、"云端2017"、2017年全国打击侵权假冒行动、打击侵犯知识产权犯罪"春雷"行动、"猎狐2017"专项行动。2018年，进行"云端2018"专项行动、5·15打击和防范经济犯罪宣传日活动、"云联惠"专案。2019年，开展"百城会战""猎狐行动""云端主战"专项行动。

（三）治安管理

2003年，开展治理自行车被盗问题专项行动，组织警力加强了对城区金融单位、场所、街面和案件的高发时段，多发区域有针对性地采取巡逻盘查力度，布控守候等方法，设立5个卡点，破获盗窃电动自行车案21起，涉案人员为两个团伙共13人。2008年，开展打击黄赌毒专项行动，主要针对火车站附近、商城内部容易滋生涉黄涉赌违法犯罪的地点进行集中清理整治，查处赌博案件10起，打击处理赌博违法犯罪人员118人，收缴赌资及罚款31.4万元。

2011年至2015年，持续开展"打四黑除四害"专项行动，严厉打击整治制假售假、收赃销赃、涉黄涉赌涉毒等一批"四黑四害"突出问题，集中整治从事违法犯罪活动的"黑作坊""黑工厂""黑市场""黑窝点"。共排查社区149个（次）、农村649个（次）、重点部位、场所3736处（次），发现违法线索6条，抓获犯罪嫌疑人4人，查破刑事案件两起；查破治安案件9起，治安拘留11人。捣毁非法传销窝点2个，查获传销头目4名、传销人员10名，缴获传销资金11万元。

2018年，坚持"严管重罚"原则，严格落实行业场所"三色管理制度"，促使行业场所规范经营。期间，组织开展了5次全局性集中清查、30余次大队夜查，共检查各类单位场所3000余家次，共罚款、责令整改、停业660余家次。

2019年，结合"扫黑除恶"专项行动，开展"治乱"清查行动，共开展"治乱"清查行动27次，共检查单位场所6322家次，警告295家，罚款106家，限期整改238家，停业整改184家，关停1家，查处赌博案件22起，打击处理117人，收缴赌资38753.5元、麻将5副。查处卖淫嫖娼案件8起，行政拘留19人。

(四) 户政管理

户口登记。2004年，对9个户籍派出所的人口信息系统全面更新升级。2005年，根据区（市）公安厅（局）部署，全面推行人口基本信息微机化管理，按照"乡不漏村、村不漏户、户不漏人"的要求，对辖区实有人口进行全面核对、人口信息录入和相片采集，录入计算机系统管理，共录入271410人，录入率达到83%。

居民身份证发放。沙坡头区居民身份证发放从20世纪90年代开始，1991—2000年，中卫县局先后办理长期身份证24562份，临时身份证7802份，边境通行证456余份。从2006年6月1日开始换发第二代居民身份证。沙坡头区公安分局开始进行第二代居民身份证的登记核发工作。截至2014年，为群众办理身份证26666份。其中，新办证6513份，换发到期10604份，因丢失补办证5849份，办理临时身份证3700份，全年共为群众办理边境通行证600余份，办理转户手续400余份，办理农转非户口700件。配合本县小城镇户籍改革试点工作，为符合小城镇入户条件的423人办理入户手续。

2017年，随着生态移民的搬迁落户，开始简化户籍管理业务程序，出台便民措施30余条，开展重户清理工作，利用人像比对技术注销重户65人，纠正照片错误23人，收缴户口簿45本，身份证32张。

(五) 出入境管理

2004年7月，中卫市公安局设立出入境管理处。全市各县（区）公安（分）局自11月1日起，上报的公民因私出（国）境审核业务，由中卫市公安局出入境管理处开始受理、审核、办理，脱离吴忠市业务部门。2016年4月，成立沙坡头区分局出入境管理大队，设大队长1名，民警1名。2017年7月，建成了出入境24小时自助服务大厅，新增4名辅警。

(六) 国内安全保卫

2004年，查获"法轮功"非法宣传品案件12起，捣毁了中卫城区东园镇、中宁县舟塔乡等"门徒会"非法聚会窝点5个。

2005年，查获"门徒会""三班仆人派""观音法门"等邪教组织非法活动案件53起，抓获处理包括"法轮功"在逃骨干分子在内的违法人员277人。

2007年，查获"门徒会"等邪教案件6起18人。

2011年，成功侦破4起邪教案件，打掉"全范围教"聚会窝点一处，打击处理骨干人员两人。

2012年，妥善处置"全能神"邪教聚集等活动案件39起221人。

2013年，查处邪教案件41起112人。

2014年，查处邪教案件79起224人。

2015年，破获"法轮功"邪教案件11起，刑事拘留两人，治安拘留7人；查获"门徒会"邪教案件3起，治安拘留6人。

2016年，查处邪教案件13起，其中查处"法轮功"邪教案件8起，"门徒会"邪教案件4起，"全能神"邪教案件1起，治安拘留18人，刑事拘留1人。

2017年，查处邪教案件12起，行政拘留33人，刑事拘留1人。加大网上巡查力度，净化网络环境，维护网络安全，共查处网络舆情案件7起，打击处理7人。

2018年，共查处邪教案件34起，行政拘留18人，刑事拘留13人。共查处邪教案件34起，行政拘留18人，刑事拘留13人。

2019年，共查获邪教案件5起，行政拘留6人，其中"法轮功"邪教案件2起，"门徒会"邪教案件3起。

（七）禁　毒

2004年，抓获毒贩沈某某、史某、陈某某等人，缴获海洛因30余克。11月20日，抓获毒贩王某，当场缴获海洛因53.2克。在收戒吸毒人员集中行动中，先后捣毁5处吸毒窝点，共抓获吸贩毒人员50余名。

2008年，共破获毒品违法犯罪案件391起，缴获海洛因332.2克，抓获涉毒违法犯罪人员372人，收戒涉毒人员221人。

2014年8月，成立沙坡头区禁毒委并下设办公室，辖区建立了10个社区戒毒康复中心和42个社区戒毒康复工作站，配备专职副主任1名，配备104名禁毒专干，开展吸毒人员社会化管控工作，打造心灵之家"常青藤工作室"和"一米阳光戒毒康复就业扶持培训基地"暖心工程，建立9个"毒品预防教育基地"，提升辖区群众识毒、防毒、拒毒能力。

2015年，沙坡头区禁毒办积极推行吸毒人员"双四色"网格化动态管控，实行分类评估、分级管理、综合干预。

2016年，侦破缅甸籍人员参与的运输毒品案件1起，利用物流形式向宁夏运输毒品的案件3起等大案要案。

2017年，探索推出"三勤、三会、五心、四不怕"等工作法，制定"十跟进"强化管控措施,降低复吸率,提升巩固率、就业率。11月21日,多警种协作,在广州和宁夏同时收网,抓获嫌疑人5名,查获冰毒4004.32克(历年毒品数量最大)。同年,破获常乐镇非法种植毒品原植物大麻案件1起,铲除大麻50025株(历年首例)。

2018年,深入推进禁毒示范市创建"双百工程",继续强化社区戒毒(康复)人员管控帮扶工作,社区戒毒康复执行率达99%,戒断三年巩固率达52.22%,创沙坡头区历史新高。

2019年,沙坡头区被自治区禁毒委评为"全区禁毒示范区",滨河镇、迎水桥镇、镇罗镇、东园镇、兴仁镇5个乡镇被命名为"自治区社区戒毒康复工作示范点",宁夏大学中卫校区、中卫职业技术学校、中卫中学、中卫市第六中学、中卫市第八小学5所学校被命名为"自治区毒品预防教育示范学校"。社区戒毒康复执行巩固率达81%,新增率同比下降60%,复吸率同比下降70%,戒断三年巩固率上升至72%,创历史新高。

(八)特种行业管理

2004年,坚持日常检查与集中清查相结合,围绕五一、十一节点,以防盗、防火、防破坏、防事故为重点,集中力量对涉爆、涉枪单位、金融单位、公众聚集场所、加油站、液化站、网吧等行业、单位进行安全大检查。共清查270余家(次),下发整改通知书46份,收缴违规存放的炸药两公斤,雷管1枚,导火索两米;对存在问题的7家废旧金属收购点责令整改,依法刑事拘留3人。

2008年,严格落实"六个排查"制度,对市区143家安装报警监控单位的使用情况和77家大中型娱乐场所、40家网吧、110家废旧金属收购点、153家中大型旅馆等进行了数十次清查,及时消除治安隐患。

2011年,加强流动人口和出租房屋管理,落实社区管理新机制。在文昌派出所建立了流动人口服务管理站,公安牵头,乡镇综治、工商、计生等有关部门参与,推行"以证管人、以房管人、以业管人、以人管人"四位一体的流动人口服务管理模式;在滨河派出所做实、做大社区警务工作,增加社区警力、配齐硬件设施,建立"QQ警务室",在互联网平台公布社区民警联系方式,通报发案情况,发布防范措施,提供法律、户籍和政策咨询。

2017年,开展"三电"保护专项行动,破获"三电"案件8起,刑事拘留8人。协助内蒙古警方打掉盗窃电缆团伙1个,移交犯罪嫌疑人3名。

2018年,共检查重点单位60余次,督促整改隐患10余处。同时,各油(汽)站安装散装汽油实名登记APP，加强散装汽油购销管理，沙坡头区未发生涉油爆恐案事件。

（九）群众治安防范管理

2004年，文昌、滨河两所在镇党委、镇政府的大力支持下，抽调预备役民兵成立治安联防巡逻队，由民警带队加强城区企事业单位、居民小区等重点部位的治安巡逻。

2008年，深化社区（农村）警务战略，推行"一警带六员"警务模式，即民警带领"协理员、保安员、低保员、治保员、信息员、内保员"的网格化联动运行模式。在城乡探索推行农村治安防控新模式——保险入户、保安进村的"治安双保"，沙坡头区5632户村民参加了"治安双保"。各大中型宾馆、歌舞娱乐场及重点单位全部雇佣保安。辖区全面加强技防工程建设，112家重点单位、重点部位完成报警监控系统安装工作；在城乡农村推行治安中心户长制，形成了"一户有情况，联防齐出动"的氛围。

2011年，坚持"变民为防"，深挖社会资源，推行警灯闪烁工程、红袖章工程、犬防工程、哨子工程和亮灯工程为内容的"五小工程"。在重点单位、重点部位安装警灯95处，组织低保群众、环卫工人、车场看护人员等社会力量开展治安巡逻防范。市区设置101名车辆停放点看管人员，安排1000余名义务巡防员佩戴治安"小红帽、红袖章"，遍布各主要街道、居民楼义务巡防，震慑、防范各类违法犯罪。当年，建设报警与监控系统787家，安装报警监测器621个、摄像头4390个，完成辖区120家内部单位、25个居民小区、42个塞上农村居民点技防安装任务，城市公共场所、居民小区、主要街道基本全覆盖，覆盖居民26740户。

2018年，继续推进社区警务五项改革，创新"5+4"社会治安防控体系建设。

（十）科技装备

2008年，投入资金为分局机关和文昌、滨河两个派出所安装电子监控，对看守所监控设施进行改善。

2009年，全面推进技防二期工程建设，新建设119家，安装云台98个，摄像头612个，实现城市主要街道、路面和重点行业场所监控面"全覆盖"。辖区7个乡镇25个新农村塞上新居点安装了监控系统。

2011年，为7个派出所和局机关建成智能办案区。

2013年，在公共场所等安装视频监控点343个，新建小区、新农村规划点技防安装率达100%。

2014年，建成智能图控系统。

2015年，为基层所队购置一体化数字信息采集仪，为社区民警配备移动警务终端，实现"一点采集、多点关联、实时上传、精确比对"的数据综合应用新格局。

2017年，建成甘塘、兴仁两个省级治安检查站，设置"四合一"多功能电子卡口5处；辖区安装各类抓拍探头750个、Wi-Fi前端750个，上网认证前端1600个。同年，整合"章鱼"系统平台多个APP，将人脸识别、Wi-Fi、电动车登记、电子围栏和汽车、火车站进出查验系统整合，形成新的管控模式。

2018年以来，按照《沙坡头区关于全面深化社区警务改革创新治安防控体系"5+4"实施方案》要求，新建特色警务室4个，升级改造警务室6个，固本优化警务室7个，整合规范警务室16个，新建两个警务室，达到了警务室建设规范标准、特色鲜明。招录15名社区辅警，57名农村警务专干配备至各派出所，积极整合、扩展社区综治力量，发展各类社会治安力量565名。

2018年，建设车辆大数据系统，对接中卫交通警察局车辆卡口数据（86平台），实现对车辆通过卡口图片数据的二次结构化提取、车辆信息布控、进卫和出卫车辆数据研判等功能。

2019年，建成车辆大数据平台。全面推进"雪亮工程"建设，共享平台已搭建，整合119家社会单位视频资源。

（十一）公安法治

2010年，依托信息化推进成果，开展执法规范化建设。实现"案件流程网上走、数据网上抽、结果网上生"，执法监督全面实现网络化，进一步规范民警的执法行为。

2015年，法制室更名为法制大队。2016年，成立分局案件管理中心。2017年，案件管理中心更名为执法管理中心，与法制大队合署办公。

2008—2018年法制大队连续10年执法质量全区优秀；2011年、2012年、2013年连续三年全区执法质量第一；2015年被公安厅记集体二等功。

2019年，制定沙坡头区公安分局执法办案集体会商制度、沙坡头区公安分局执法办案积分制及沙坡头区公安分局"师徒传承计划"，切实提升民警执法执勤能力。

（十二）内部执法监督

2004年，深入开展纠风工作和集中教育整顿活动，严格实行"三首"（首接、首问、首办）责任制。2010年2月，因机构改革，撤销纪检监察警务督察大队。

2011年，开展以"发扬革命传统、坚定理想信念、忠诚执法为民"主题教育和"百警进万家大走访"活动。开展进一步深化警车及涉案车辆专项治理活动、整改执法中涉案人员非正常死亡突出问题专项治理工作、涉案财管理问题专项治理。加强领导干部履行"一岗双责"执行情况的监督检查。出台《沙坡头区公安分局关于袭警案件"零容忍"工作意见》，受理查处侵害公安民警执法权益案件4起，查处12人，其中刑事拘留6人，行政拘留6人。

2013年，制定《沙坡头区公安局警用车辆管理规定》，开展"制度建设年"活动。

2014年，开展"党的群众路线教育实践活动"，组织执法检查"回头看"和"四个一律"专项督察工作。投资89870元建成分局网上督察系统，将局机关、7个派出所执法办案区监控全部接入系统，为27辆警车安装了GPS定位系统。

2016年，结合"两学一做"主题教育及八项规定"回头看"，进一步完善制定分局《装备财务管理办法》等7个制度规定。

2017年，开展"制度落实监督年""忠诚干净担当干事作风建设专项活动""树清廉家风、创类好家庭""公民个人信息问题专项治理"等主题活动。创办网络《育警》杂志，利用微信群定期推出《我说你听》督察提示，借助微信公众号推出《沙公荐书》，建成分局廉政"文化墙"。

2018年，制定《关于开展形式主义官僚主义等"四风"问题集中整治专项行动实施方案》，政务警告处分1人，问责处理诫勉谈话9人。成立维护民警正当执法权威委员会，办理维权案件12件，为22名涉案民（辅）警成功维权，查处19人，其中刑事拘留16人，行政拘留3人。

2019年，建设分局禁闭室，成立中卫市公安局沙坡头区分局督察委员会，办理维权案件22起，打击处理违法犯罪嫌疑人员30名，为28名民（辅）警维护了正当权益。

第二节　检　察

一、机构建制

沙坡头区人民检察院前身为城区人民检察院。2004年7月，经最高人民检察院批准，中卫市人大常委会通过，原中卫县人民检察院撤销，更名为中卫市城区人民检察院。核定内设机构7个：办公室、公诉科、侦查监督科、职务犯罪侦查局、控告申诉检察科（举报中心）、民事行政检察科、政工科（与纪检监察室合署办公）。2008年8月，撤回驻看守所检察室，撤销监所检察科。2009年2月，中卫市城区人民检察院更名为中卫市沙坡头区人民检察院。12月，设司法警察大队，为副科级内设机构。2011年12月，设案件管理办公室，为副科级内设机构。2016年9月，设未成年人检察科，为副科级内设机构。2017年12月，按照国家司法、监察体制改革要求，撤销反贪污贿赂局、反渎职侵权局。

二、重点业务

（一）侦查监督

2004—2019年，沙坡头区检察院先后受理审查逮捕案件经审查批准逮捕3112件4374人。贯彻宽严相济刑事政策，对主观恶性小、犯罪情节轻微的初犯、偶犯等，依法决定不批捕822人。

表20.3　2004—2018年沙坡头区人民检察院审查批准逮捕一览表

年　份	提请批捕	批准逮捕	不批准逮捕
2004	161件215人	139件188人	19件23人
2005	182件251人	157件214人	25件37人
2006	175件263人	157件234人	18件29人
2007	212件329人	187件296人	23件31人
2008	210件325人	189件282人	21件43人
2009	241件378人	219件335人	22件43人
2010	254件342人	223件304人	31件38人
2011	200件289人	185件269人	15件20人
2012	201件281人	175件228件	26件41人
2013	227件284人	196件252人	26件32人
2014	257件299人	192件231人	65件68人
2015	218件307人	121件149人	97件158人
2016	138件184人	96件116人	41件67人
2017	151件213人	120件155人	31件58人

续 表

年 份	提请批捕	批准逮捕	不批准逮捕
2018	164件247人	123件180人	40件64人
2019	171件240人	121件167人	47件70人

(二) 公 诉

2004年至2019年，共受理审查起诉案件5096件7343人，经审查提起公诉4358件6125人，不起诉314件386人。

表20.4 2004—2019年沙坡头区（城区）人民检察院公诉案件统计表

年 份	受理案件	起 诉	不起诉
2004	166件225人	140件180人	20件38人
2005	214件310人	180件260人	10件12人
2006	194件320人	158件249人	13件21人
2007	233件378人	198件321人	15件19人
2008	266件422人	204件295人	30件34人
2009	322件528人	265件427人	24件32人
2010	331件532人	279件433人	12件16人
2011	322件454人	266件359人	5件7人
2012	376件575人	290件434人	18件21人
2013	380件504人	356件464人	30件36人
2014	372件485人	303件373人	18件24人
2015	361件500人	318件452人	40件45人
2016	338件427人	303件388人	23件25人
2017	382件606人	349件566人	24件28人
2018	373件495人	340件442人	16件28人
2019	466件582人	409件482人	36件38人

(三) 反贪污贿赂检察（经济犯罪）

2004—2017年，累计查处各种经济犯罪158件220人，挽回经济损失623万元。

表 20.5　2004—2017 年沙坡头区贪污贿案件统计表

年　份	受理案件数	立案案件数	挽回经济损失
2004	10 件	6 件 7 人	100 万元
2005	16 件	5 件 5 人	28 万元
2006	12 件	6 件 7 人	30 万元
2007	13 件	6 件 6 人	26 万元
2008	13 件	11 件 16 人	85 万元
2009	24 件	18 件 23 人	40 余万元
2010	17 件	15 件 32 人	310 余万元
2011	20 件	18 件 21 人	30 万元
2012	16 件	11 件 21 人	31 万元
2013	15 件	9 件 9 人	42 万元
2014	30 件	15 件 18 人	34 万元
2015	42 件	15 件 17 人	53 万元
2016	23 件	10 件 22 人	415 万元
2017	21 件	12 件 15 人	150 余万元

反渎职侵权案件查处。沙坡头区人民检察院通过对国家机关工作人员渎职侵权犯罪的侦查工作并结合预防职务犯罪工作，有效控制渎职侵权犯罪。2004—2017 年累计查处渎职侵权违纪违法案件 17 件 25 人。

表 20.6　2004—2017 年沙坡头区查处渎职侵权（法纪）案件统计表

年　份	受理案件数	立案案件数	移送他院处理或初查结案
2004	7 件	1 件 1 人	初查结案 6 件
2005	2 件	1 件 1 人	初查结案 1 件
2006	10 件	1 件 1 人	初查结案 9 件
2007	1 件	1 件 1 人	无
2008	1 件	1 件 1 人	无
2009	4 件	3 件 5 人	初查结案 1 件
2010	5 件	2 件 3 人	初查结案 3 件
2011	4 件	1 件 2 人	初查结案 3 件

续　表

年　份	受理案件数	立案案件数	移送他院处理或初查结案
2012	4件	3件5人	初查结案1件
2013	5件	1件3人	初查结案4件
2014	5件	1件1人	初查结案4件
2015	2件	1件1人	初查结案1件
2016	3件	1件1人	初查结案2件
2017	5件	1件1人	初查结案4件

（四）监所检察

沙坡头区人民检察院监所检察科负责对城区内监狱、看守所、拘役所执行刑罚和监管活动，对中卫县人民法院裁定减刑、假释，对监狱管理机关、公安机关、人民法院决定暂予监外执行活动，对劳动教养机关的执法活动，对公安机关、司法行政机关管理监督间位置性罪犯活动等是否合法实行监督，对刑罚执行和监管活动中的职务法罪案件进行立案侦查，开展职务犯罪预防工作，对罪犯再犯罪案件和劳教人员犯罪案件审查逮捕、审查起诉，对立案、侦查和审判活动是否合法实行监督，受理被监管人及其近亲属、法定代理人的控告、举报和申诉等工作。2008年8月，撤回驻看守所检察室，撤销监所检察科。

（五）控告申诉检察

沙坡头区人民检察院根据控告申诉检察科职责，负责县（区）域内受理报案、举报和控告，接受犯罪嫌疑人自首，对报案、举报和控告进行分流，对性质不明、难以归口的举报线索进行初核，受理不服人民检察院不批准逮捕、不起诉、撤销案件及其他处理决定的申诉，受理不服已经生效的判决、裁定的申诉，办理人民检察院负有赔偿义务的刑事赔偿案件等工作。

2004年至2019年，先后推行控告申诉首办责任制、坚持检察长接待日制度、开通12309检察服务热线、坚持开展文明接待活动，通过检察长接访、检察官以案释法、"第三方"参与化解矛盾纠纷等工作方式，累计办理各类来信、来访、来电件（次）1700余件（次），保障了社会稳定。

表20.7 2004—2019年沙坡头区检察院控告申诉检察情况统计表

年 份	受理案件（件次）	来信（件）	接访（人次）	立案审查（件）	初核各类案件线索（件）	咨询宣传（次）	12309服务热线	刑事被害人救助
2004	105	57	48	0	10	3	没有开通	无此项业务
2005	70	44	26	1	12	2	没有开通	无此项业务
2006	60	29	31	3	8	2	没有开通	无此项业务
2007	36	12	24	0	2	3	没有开通	无此项业务
2008	35	12	19	17	0	4	没有开通	0
2009	54	44	10	0	0	40	12	0
2010	80	60	20	1	0	3	14	5万元
2011	72	54	18	10	11	5	8	0
2012	51	21	30	4	6	3	7	0
2013	91	50	41	0	9	3	11	0
2014	42	17	25	3	9	4	7	0.5万元
2015	35	11	36	20	10	5	7	0.5万元
2016	44	15	28	2	6	4	7	5.1万元
2017	61	7	48	4	2	4	6	21.2万元
2018	135	5	110	4	0	3	20	56.6万元
2019	141	20	104	4	0	4	17	41.9万元

（六）民事行政检察

2004年至2019年，沙坡头区人民检察院通过开展民事、行政检察工作，对人民法院的民事、行政诉讼和执行活动实行法律监督。累计受理各类申诉案件678件，审查立案553件。

表20.8 2004—2019年沙坡头区人民检察院民事行政检察案件统计表

年 份	受理案件	接 访	立案审查	按程序再审	挽回经济损失（万元）
2004	7件	0次	4件	2件	—
2005	7件	3次	4件	0件	—
2006	9件	0次	4件	0件	—
2007	6件	0次	4件	0件	—
2008	6件	0次	3件	0件	—

续 表

年 份	受理案件	接 访	立案审查	按程序再审	挽回经济损失（万元）
2009	10 件	0 次	6 件	0 件	2630.1194
2010	18 件	0 次	14 件	0 件	3043
2011	36 件	0 次	34 件	0 件	3979
2012	23 件	17 次	24 件	0 件	0
2013	40 件	0 次	14 件	0 件	127.3
2014	46 件	0 次	46 件	0 件	1353
2015	37 件	0 次	37 件	0 件	5517
2016	61 件	0 次	61 件	0 件	6621
2017	82 件	0 次	51 件	0 件	5517
2018	126 件	0 次	126 件	2 件	789.9363
2019	229 件	0 次	182 件	0 件	0

同时，2009年开展对沙坡头区人民法院民事行政审判和执行活动的专项检查，查阅民事行政案件421件，委托法院向当事人送达申诉告知书1000余份。2010年，法院共改判两件（包括2009年提起抗诉的案件），调解处理两件，开展执行监督案件6件，发检察建议两件，法院已采纳1件，参加民事庭审监督21次。2013年，开展民事执行监督专项活动，共调阅沙坡头区人民法院2011年上半年终结本次执行程序案件卷宗282卷563册。2017年对沙坡头区农民工、残疾人等弱势群体的合法权益受到损害而无经济能力聘请代理人的案件，支持起诉26件。2018年，在督促追缴国有资产的同时，还收回国有土地19.24亩、恢复被污染土地160亩、回收和清理固体废物315吨。办理了自治区首例非法行医公益诉讼案件。2019年，与沙坡头区河长办共同开展"携手清四乱、保护母亲河"专项行动，督促拆除违建房屋277间，钢管大棚等2441平方米，清运垃圾800立方米。

三、管 理

（一）基础设施配套建设

中卫市沙坡头区人民检察院围绕检察工作主题，加强基础设施建设。2014年在全区率先通过涉密信息系统分级保护测评。2015年以来，完成控申、案件管理等窗口部门软硬件设施建设，设立指示牌和无障碍通道，设置案件查询、控告申诉、举报、行贿犯罪档案查询、律师接待、法律咨询6个对外窗口，开展受理、接待、答复等检察机关对外办理事项。专设检察长接待室、举报接待室、听证室、情绪疏导室、远程视频接访室等区域。接访区域设有便民卡、应急药品、饮水设备等便民设施，接访过程实现全程同步录音录像，最大限度畅通群众诉求渠道。在办公楼大厅安装电子显示屏，持续滚动播出案件办理情况并及时更新数据信息，方便案件承办人了解案件办理进展。完善办案区建设，对办案区进行装修改造，全部铺装木质地板，墙壁全部进行防火软体包装，各区域实行全方位视频监控，防止容易产生过激行为的案件当事人发生意外，从而使办案区硬件设施成为防范办案事故的一道可靠的安全防线。2018年建成"12309检察服务中心"并投入使用。实体大厅具有业务咨询、控告申诉、司法救助及国家赔偿、案件管理4个工作区，设立了检察长接待室、心理疏导室、远程视频接待室、听证室等配套场所，接访过程全程同步录音录像。网络平台通过网站、检察服务热线（电话）、移动客户端（手机APP）和微信公众号四种渠道，向社会提供更加便捷高效的"一站式"检察服务，平台具有检察服务、案件信息公开和接受监督3大模块、涵盖了代表委员联络、人民监督员监督、司法救助、法律咨询、辩护与代理网上预约等13项功能，以保障人民群众的知情权、增强检察工作的透明度、提升检察机关公信力。

（二）检察队伍建设

坚持党对检察工作的绝对领导，壮大党员队伍建设。2004年至2019年，沙坡头区人民检察院共培养党员16名，发展入党积极分子22名。

加强队伍建设。2004年至2019年，先后培养检察长5人，各部门负责人36人，其中研究生学历的工作人员9人，大学本科学历的工作人员52人，普通工作人员的学历层次平均达到大学程度。工作人员队伍从2004年的61人，增加至2019年的72人。

加强队伍专业技术水平提升。先后组织干警到国家检察官学院、西北政法大学等高校和区外发达地区先进院校参加培训和跟班学习，及时更新知识结构和法治理念。着眼实战，开展以赛促学活动，开展公诉人论辩赛、庭审观摩、侦讯模拟等岗位练兵活动。对检察官助理加强协助检察官审查阅卷、提审讯问、制作法律文书等基础培训，对司法行政人员加强办文办会实训，对司法警察加强警务保障技能训练等实用性岗位技能培训，提升干警政治理论水平和检察业务能力。

四、荣誉

2004年至2019年，先后被最高人民检察院评为"全国未成年人检察工作创新实践基地""全国检察委员会规范化建设示范单位",被自治区党委政法委评为"服务型窗口建设先进单位",所办案件被自治区检察院评为"全区优秀公诉观摩庭""优秀刑事抗诉案例"、被市委政法委评为"全市政法机关服务型窗口五星级单位"、连续三年在全市检察工作考核中荣获第一名,并连续三年被中卫市检察院评为"优秀基层检察院"等。

第三节 审 判

一、机构沿革

沙坡头区人民法院前身为中卫市城区人民法院。2004 原中卫县人民法院撤销,更名为中卫市城区人民法院。2004 年 7 月,挂牌成立中卫市沙坡头区人民法院。2007 年 8 月,自治区机构编制委员会研究并单设中卫市城区法院司法警察大队。2008 年 1 月,中卫市机构编制委员会研究设立中卫市城区法院司法警察大队,增加正科级领导职数 1 名(副院长),核定副科级领导职数 1 名。2008 年 10 月,最高人民法院批准其原称中卫市城区人民法院(以下简称"城区法院")更名为中卫市沙坡头区人民法院(以下简称"沙坡头区人民法院"),案件管辖及人员编制不变。至此,沙坡头区人民法院设有 9 个内设机构,即政工科(与纪检监察室合署办公)、办公室(挂司法警察大队牌子)、刑事审判庭、民事审判第一庭、民事审判第二庭、行政审判庭、立案庭、执行庭(挂执行局牌子)、审判监督庭,辖 3 个人民法庭,即柔远人民法庭、宣和人民法庭、迎水桥法庭。2009 年 12 月,自治区编办《关于原州区、海原县部分乡镇区划调整机构编制有关问题的通知》,经中卫市机构编制委员会研究决定,设置中卫市沙坡头区人民法院兴仁法庭,为沙坡头区人民法院的派出机构。核定政法编制 60 名,后勤服务事业编制 3 名;领导职数院领导 3 名,其中院长 1 名(副处级),副院长两名(正科级);科级领导职数 14 名,其中正科级领导 1 名,副科级领导 13 名。2006 年至 2015 年,先后增加政法专项编制 51 名,后勤服务事业编制 3 名,增加人员后全体政法机构工作人员 101 人,后勤服务事业人员 3 人。2015 年 12 月,中卫市机构编制委员会经市委常委会会议审定,收回沙坡头区人民法院后勤服务事业编制 1 名,沙坡头区人民法院后勤服务事业编制两名。

截至 2019 年,沙坡头区人民法院有 10 个内设机构(不含派出法庭),即立案庭(诉讼服务中心）、刑事审判庭、民事审判第一庭、民事审判第二庭、行政审判庭（综合审判庭）、执行局、政治部、综合办公室、审判管理办公室（研究室）、司法警察大队，下辖迎水桥人民法庭、柔远人民法庭、宣和人民法庭、兴仁法庭4个派出法庭。核定政法专项编制99人，工勤事业服务人员两人。沙坡头区人民法院共有在编人员93人，其中政法专项编制91人，后勤服务事业编制两人。研究生及以上学历7人，占总人数的7.53%；大学本科学历82人，占总人数的88.17%；大专学历及以下4人，占总人数的4.3%。年龄结构，现有工作人员中，35岁以下44人，占总人数的47.31%；36岁至49岁34人，占总人数的36.56%；50岁以上15人，占总人数的16.13%。共有男干警55人，女干警38人。行政职级，副处级干部1名，正科级干部5名，副科级干部12名，主任科员两名，副主任科员5名，科员级干部66名，工人两名。院党组班子情况，院党组班子成员6人，由1名院长，两名副院长，1名纪检组长，1名综合办公室主任和1名执行局长组成。2004年至2019年沙坡头区人民法院历任主要负责人是刘贵生、郝正智、王宁博、金勇。

二、案件审理

（一）刑事审判

2010年至2019年，共受理各类刑事案件累计3508件，审结3458件，审结率98.57%。其中危害公共安全案件1113件，侵犯公民人身权利、民主权利案件577件，妨害社会管理秩序案件571件，侵犯财产案件958件，破坏社会主义市场经济秩序案件155件，贪污贿赂案件116件，渎职案件17件，危害国防利益案件1件。

表20.9 2004—2019年沙坡头区人民法院刑事案件统计表

年 份	收案（旧存+新收）（件）	结案（件）	年 份	收案（旧存+新收）（件）	结案（件）	年 份	收案（旧存+新收）（件）	结案（件）
2004	210	210	2010	332	293	2016	395	361
2005	298	298	2011	340	309	2017	396	357
2006	211	211	2012	320	289	2018	423	381
2007	215	215	2013	402	345	2019	547	497
2008	217	217	2014	362	332			
2009	283	283	2015	324	295			

（二）民商事审判

2010年至2019年，共受理民商事案件28654件，审结28031件，审结率97.82%。其中合同、无因管理、不当得利纠纷案件19189件，婚姻家庭、继承纠纷案件4476件，侵权责任纠纷案件1733件，劳动争议、人事争议案件1279件，物权纠纷案件756件，人格权纠纷案件744件，与公司、证券、保险、票据等有关的民事纠纷案件347件，使用特殊程序案件124件，知识产权与竞争纠纷案件5件，债券纠纷案件1件。

表20.10　2004—2019年沙坡头区人民法院民商事案件一览表

年　份	收案（旧存+新收）（件）	结案（件）	年　份	收案（旧存+新收）（件）	结案（件）	年　份	收案（旧存+新收）（件）	结案（件）
2004	1640	1603	2010	2049	1837	2016	3641	3252
2005	1582	1526	2011	1684	1526	2017	4204	3709
2006	1438	1411	2012	1531	1346	2018	5638	5174
2007	1838	1823	2013	1993	1591	2019	5616	4993
2008	2085	2039	2014	2335	1884			
2009	2112	2086	2015	3091	2742			

（三）行政审判

沙坡头区人民法院持续不断加强行政审判，推进法治政府建设。推动建立多元化纠纷解决机制，坚持依法裁判和协调化解相结合，将调处矛盾贯穿于行政审判各个环节，努力做到调解在前，诉讼在后，注重与行政裁决、行政复议等纠纷解决机制的配套和相互协调，2010年至2019年，共受理行政案件633件，审结612件，结案率96.68%。其中行政非诉案件367件。

表20.11　2004—2019年沙坡头区人民法院行政案件一览表

年　份	收案（旧存+新收）（件）	结案（件）	结案率（%）
2004	9	9	100
2005	16	16	100
2006	11	11	100
2007	6	6	100
2008	4	4	100
2009	4	4	100

续　表

年　份	收案（旧存＋新收）（件）	结案（件）	结案率（％）
2010	23	23	100
2011	20	20	100
2012	56	55	98.2
2013	67	65	97.01
2014	115	115	100
2015	42	40	95.2
2016	45	41	91.11
2017	90	82	91.11
2018	88	86	97.7
2019	87	85	97.7

三、立案监督

（一）信　访

2010年至2019年，沙坡头区人民法院共接待来访和法律咨询1026人次，接待来访群众823人次，处理来信、来函575人次。沙坡头区人民法院年均接待来访和法律咨询90人次，接待来访群众60人次，处理来信、来函54人次。

（二）立　案

2010年至2019年，院纪检组共对窗口开展督查159次，对发现的问题及时进行了督促纠正。

加大司法救助。加大对追索抚养费、赡养费、人身损害赔偿、劳动报酬等经济困难当事人的司法救助力度，努力增强人民群众的获得感、幸福感、安全感。2010—2019年，对困难当事人缓交诉讼费463件230.95万元，免交46件7.05万元，救助困难当事人96件305.5万元。

（三）审判监督

2004年7月，沙坡头区人民法院设立审判监督庭。2009年至2019年，共审判监督再审案件93件，结案88件，未结5件，结案率94.62%。

四、案件执行

2016年开展"清理执行积案"专项活动,执结积案518件,执行到位标的8978.76万元。开展"大干一百天"专项活动,执结案件584件。2017年,开展"雷霆行动""雷雨行动"集中执行,曝光失信名单7批376人,限制高消费18人,发布悬赏公告3件,司法拘留49人,移送追究拒执罪1件1人,司法救助36人,发放救助资金40.408万元,执结标的207.85万元。2018年,开展"飓风行动"集中执行30余次,公布失信名单4批147人,限制高消费582人,发布悬赏公告5人,司法拘留170人,移送追究拒执罪1件1人,司法救助6件7人,发放司法救助资金14万元。2019年,开展"涉金融案件"集中执行30余次,公布失信名单2批52人,限制高消费2408人,发布悬赏公告8人,司法拘留366人,司法救助20件20人,发放司法救助资金39.27万元。

同时,沙坡头区人民法院充分运用法律赋予的各种执行强制措施,加大对失信行为的惩戒力度。2016年至2019年,在各媒体共发布失信被执行人名单个人519人、法人46个,发布失信被执行人信息6531例,发布悬赏公告16条,限制高消费5842人,使失信者一处失信处处受限,对拒不履行人民法院生效裁判的被执行人形成了强大威慑,3860名被执行人迫于惩戒压力自动履行生效判决。通过"总对总"、网络查控系统查询案件9944件,冻结资金22815万元,通过"点对点"查控系统查询案件4330件,冻结资金9800万元,"总对总""点对点"查询量达到20余万次,被执行人主要财产和相关信息难查难挖现象得到扭转。大力执行网络司法拍卖,加大财产处置力度。2017年正式入驻淘宝网司法网拍平台后,开展网络司法拍卖406件次,成交额1119万元,溢价率达38.93%。按照自治区高院的安排部署,从2018年1月开始实行执行案款"一案一账户"管理,彻底杜绝案款发放不规范等问题。

表20.12 2004—2019年沙坡头区人民法院执行案件统计表

年 份	案件数量(件)	结案(件)	办结率(%)
2004	692	594	85.8
2005	920	783	85.1
2006	820	706	86.1
2007	879	774	88.1
2008	1367	1210	88.5

续 表

年　份	案件数量（件）	结案（件）	办结率（％）
2009	1501	1297	86.4
2010	1613	1354	83.9
2011	1425	1224	85.9
2012	1312	1106	84.3
2013	1366	1022	74.8
2014	1425	1042	73.1
2015	1975	1669	84.5
2016	2238	1769	79
2017	2813	2271	80.7
2018	3039	2556	84.1
2019	3654	3109	85.8

第四节　司法行政

一、机构沿革

1980年7月21日，国务院转发司法部《关于迅速建立省属市（地区）、县司法行政机构的请示报告》，要求各省属市、地区（自治州、盟）应设立司法局（处），各县（旗）应设立司法局（科），各级司法行政机关建立健全起来，形成中央、省、地、县四级体制的司法行政系统。1981年1月成立中卫县司法局，负责全县承担全县法制宣传教育、法律援助、法律服务、基层工作指导、安置帮教等职能。1985年4月，"中卫县人民政府司法科"改为"中卫县司法局"。2004年至2015年，中卫市司法局统一履行全市司法工作职责。2010年，中卫市司法局派出12个乡镇司法所，分别是文昌镇司法所、滨河镇司法所、迎水桥镇司法所、镇罗镇司法所、柔远镇司法所、东园镇司法所、宣和镇司法所、永康镇司法所、常乐镇司法所、香山镇司法所、兴仁镇司法所、蒿川乡司法所），任命司法所所长12名。2014年，中卫市司法局撤销蒿川乡司法所，新增工业园区司法所，乡镇司法所包括文昌镇司法所、滨河镇司法所、迎水桥镇司法所、镇罗镇司法所、柔远镇司法所、东园镇司法所、宣和镇司法所、永康镇司法所、常乐镇司法所、香山镇司法所和工业园区司法所12个，任命司法所长12人。至此，中卫市司法局核定政法专项人员编制56名，事业工勤编制1名。核定处级领导职数1正两副，其中，局长1名，副局长两名；科级领导职数19名包含12名乡镇司法所所长。

2016年4月，中卫市沙坡头区司法局成立，核定政法专项编制44名，实际从中卫市司法局划拨38名，空编6名。2016年8月19日，中卫市沙坡头区司法局（挂信访督办局牌子）正式挂牌成立。核定司法政法专项编制44名，其中局机关11名，基层司法所33名，局领导职数3名。

二、法律服务

2016年至2019年，沙坡头区司法局法律服务业务不断拓展，律师事务所代理各类案件累计10687件，办理法律援助诉讼案件1498件，代书10863份，法律咨询15851人次，担任法律顾问1140家，办理援助案件1498件，开展法治讲座305场次，发放各类宣传资料10余万份，现场免费为群众起草法律文书100余份。

表20.13　2016—2019年沙坡头区法律服务情况统计表

年　份	代理案件（件）	援助诉讼案件（件）	代书（份）	法律咨询（人次）	担任法律顾问（家）	办理援助案件（件）
2016	2149	544	1227	2428	268	544
2017	2070	568	2600	3962	254	568
2018	2639	180	1836	3500	320	180
2019	3829	206	5200	5961	298	206

2016年，沙坡头区律师事务所参与"12348"法律咨询电话值班，接待法律咨询热线电话200多人次。2017年，沙坡头区律师事务所与沙坡头区148个行政村、15个社区签署结对法律服务协议，结合"七五"普法规划，在11个乡镇建立法律援助工作站，在154个行政村建立法律援助联络点，配备法律援助联络员500余名。2019年，沙坡头区建成覆盖城乡的三级公共法律服务体系，建立了区级公共法律服务中心1个，镇级公共法律服务工作站11个、村（社区）公共法律服务工作室187个，推进城乡全覆盖，实现"一村（社区）一法律顾问"。

三、普法宣传

2016年，沙坡头区司法局成立。12月，沙坡头区普法教育工作正式启动。

2017年，开展"送法下乡"、法治文艺演出、法治讲座等各类法治宣传活动260场次，发放法律书籍、宣传册、口袋书等宣传资料10万余份，举办"法律明白人"培训班80场次，培育"法律明白人"6000余人。2018年，加强宪法、民法总则、党内法规的学习，开展"尊法学法守法用法"主题法治宣传实践活动和"百名法治模范"评选活动。在沙坡头区各乡镇开展"同沐法治阳光·共创和谐社会"为主题的法治文艺巡回演出10场，沙坡头区各乡镇以镇（乡）、村（居）法治宣传教育培训基地为平台，打造法治文化教育基地11个、村级法治文化广场60个。结合普法宣传新形式、新特点，开通法治沙坡头、清风沙坡头、沙坡头政法等7个微信公众号，发送安全生产、法律援助、防范非法集资、传销、禁毒等普法宣传信息1450余条。2019年，开展以宪法为核心的中国特色社会主义法律体系法治宣传教育专项行动。发挥领导干部学法用法带头示范作用，制定《中卫市沙坡头区人民政府常务会议学法制度》，各乡镇、各部门（单位）制定党委（党组）中心组学法制度，把以宪法为核心的中国特色社会主义法律体系的学习宣传纳入本单位党委（党组）中心组和党组织学习内容，按月组织学习。持续开展宪法法律主题宣传活动。利用"3·15""4·26""5·12""6·26"等重要节日和时间节点，开展宪法法律宣传服务活动。共开展各类法治宣传活动90余场次，举办法治讲座46场次，专题培训班17场次，开展宪法宣誓50场次，发放各类宣传材料1万余份，受教育群众达1万余人。在沙坡头区各移民村开展"服务大局普法行助力乡村振兴"法治宣传活动。开展"服务大局普法行助力乡村振兴"法治宣传活动8场次，举办法治讲座8场次，发放法治宣传彩页5000余份，法治宣传物品3000余份。开展国家工作人员旁听庭审活动。落实《关于完善国家工作人员学法用法制度的意见》，抓住领导干部这一"关键少数"开展生动的以案释法工作，根据《关于推动国家工作人员旁听庭审活动常态化制度化的意见》，沙坡头区研究制定《关于建立国家工作人员旁听庭审制度的实施方案》，开展不同形式的旁听庭审活动50场次，受教育领导干部达1000余人。开展"服务大局普法行"活动。按照中宣部、司法部、全国普法办印发的《关于开展"服务大局普法行"主题实践活动的方案》安排部署，沙坡头区制定《关于开展"服务大局普法行"主题实践活动的方案》，制作征集以"维护宪法权威礼赞我的祖国"为主题的优秀微视频23部；向沙坡头区手机用户推送庆祝新中国成立70周年宪法法律宣传公益短信1万余条；依托"法律八进"开展普法宣传活动20余场次，发放宣传资料5000余份。

四、基层司法

沙坡头区司法局成立前，沙坡头区基层司法工作由中卫市派出的12个乡镇司法所负责。2012年至2014年，中卫市司法局按照自治区司法厅《关于开展司法所规范化建设实施方案》要求，围绕组织机构、队伍建设、基础设施、所务管理、业务工作，推进基层司法行政工作。截至2014年，全市41个司法所中，沙坡头区11个司法所全部通过市级达标司法所验收，其中宣和、文昌等4个司法所被评为全区十佳标兵司法所。2016年，按照自治区司法厅组织机构正规化、队伍建设专业化、业务工作效能化、所务管理规范化的创建标准，沙坡头区11个司法所有10个司法所被司法厅评为五星级司法所，五星级司法所创建率91%。2017年，开展高标准、严要求的星级司法所创建攻坚年活动。沙坡头区司法局目前所辖的11个司法所中，"五星级司法所"10个，"三星级司法所"1个，"五星级司法所"创建率为91%。推动专职人民调解员的选聘工作，在文昌、滨河、宣和、兴仁、常乐5个乡镇选聘15名专职人民调解员。

五、人民调解

2016年至2019年期间的人民调解工作。主要围绕规范人民调解委员会的建设、构建城乡人民调解网络全覆盖和调解处理各类矛盾纠纷案结等开展工作。

2016年，规范人民调解委员会建设。沙坡头区11个乡镇人民调解委员会，22个专业（行业）调委会，15个企事业单位调委会已经全部完成规范化建设。182个村（社区）人民调解委员会有118个完成规范化建设，达标率达到65%。加强矛盾纠纷排查化解工作。沙坡头区各级、各类人民调解组织，共调处矛盾纠纷1323件，调解成功1283件，矛盾纠纷调处率100%，调解成功率97%，其中调处化解重大疑难复杂矛盾纠纷953件，未发生因矛盾纠纷化解不力引发的"民转刑"案件。

2017年，建立健全沙坡头区各级人民调解组织，形成以乡镇人民调解委员会为主导，村（居）人民调解委员会为基础，区域性、行业性人民调解委员会为补充的多层次、宽领域的人民调解组织网络体系。以推广柔远"大调解"机制为引领，在沙坡头区构建起党委、政府统一领导，乡镇综治维稳中心指导协调运作，驻乡镇各单位共同参与，乡镇、单位、村、组"四级联调",人民调解、行政调解、司法调解"三调联动"的社会矛盾纠纷大调解工作格局。全年共调处各类矛盾纠纷1823件,调解成功1769件,调解重大疑难矛盾纠纷744件,矛盾纠纷调处率100%,调解成功率97%。

2018年,健全网络体系,有乡镇人民调解委员会11个,村(社区)人民调解委员会181个,企事业单位人民调解委员会6个,专业性行业性人民调解委员会24个,在册人民调解员1073人。开展业务练兵活动,指导各乡镇组织开展"法律明白人""人民调解员"培训。开展人民调解员培训两场次,参加司法部、司法厅人民调解员视频培训5场次,参训人员350余人次,指导各乡镇组织开展"人民调解员"培训12场次。开展矛盾纠纷排查工作,基层各司法所共排查矛盾纠纷1447件,全局组织各基层司法所开展专项排查4次。开展矛盾纠纷调处化解工作,各级调解组织共调处各类矛盾纠纷1447件,调解成功1259件,矛盾纠纷调处率100%,调解成功率87%,纠纷涉及人员3472人,涉及金额5100.57万元,其中重大疑难矛盾纠纷516件,未发生因矛盾纠纷化解不力引发的重点"民转刑"案件。参与信访纠纷排查调处化解工作,各级人民调解组织排查信访纠纷44次,发现苗头隐患26件,受理信访纠纷142件,参与调解信访纠纷105件,其中,调解成功91件,引导诉讼两件,正在调解6件,报告党委、政府预警处置6件。创新矛盾纠纷化解工作机制,实行乡镇矛盾纠纷排查调处月例会制度,严格执行"24小时值班"制度和"零报告"制度。基层各司法所指导和参与矛盾纠纷排查调处例会110场次。

2019年,健全完善矛盾纠纷排查化解网络体系,共建立各类人民调解组织239个,其中乡镇人民调解委员会11个,村(社区)人民调解委员会188个,企事业单位人民调解委员会20个,社会团体和其他组织调委会20个。在册人民调解员1035人,其中专职人民调解员29人。开展矛盾纠纷排查调处工作,切实将矛盾纠纷化解在基层,消灭在萌芽状态。共排查调处各类矛盾纠纷1590件,调解成功1264件,涉及金额2877.94万元,其中疑难复杂矛盾纠纷525件,矛盾纠纷调处率达100%,调解成功率达79.5%

六、安置帮教

2004年至2015年,沙坡头区的安置帮教工作在中卫市安置帮教工作的统一部署下贯彻实施。2016年至2019年,坚持以"帮教社会化、就业市场化、管理信息化、职责法治化"的要求,衔接刑满释放人员1486人,帮教1471人,安置1486人。重新犯罪14人,重新犯罪率为0.94%。2017年衔接1541人,衔接率100%,安置1524人,安置率99%,

帮教1520人，帮教率99%，重新犯罪14人，重新犯罪率为0.92%。2018年建立完善帮教管控对象台账表册，梳理安置帮教人员档案，经摸底共有安置帮教人员1185人。2019年，在册安置帮教人员1325人。衔接安置帮教人员107人，安置107人，安置率100%。并开展对刑满释放人员排查登记工作。

七、社区矫正

2007年，对全市刑释解教人员重新排查摸底，建立全国联网的信息监管档案，实现网上衔接对茬。全市登记刑释解教人员1619名，新增769名，全部纳入安置帮教渠道，反馈外省区原籍53名。全市建立安置帮教站38个，安置帮小组512个，聘任安置帮教工作人员2682名，在私营企业、种养殖业园区试建过渡性安置帮教基地18个，安置就业67人，培养树立安置帮教转化先进典型34人，进一步落实管控、登记、谈话、回访、帮教、培训等工作制度。

2008年，全市建立安置帮教站40个，安置帮教小组538个，聘任安置帮教工作人员2682名。沙坡头区社区矫正工作在中卫市统一安排部署下贯彻落实。

2016年至2019年，建立"无缝衔接"制度，实现社区服刑人员当庭移交，社区矫正工作规范运行。严把"出口关"，实现社区矫正工作与安置帮教工作的无缝对接。累计受理人民法院、人民检察院、公安机关的委托调查评估536人，接受社区服刑人员5863人，解除矫正4856人，在册社区服刑人员807人。其中，2016年受理人民法院、人民检察院、公安机关的委托调查评估175人，接收社区服刑人员1115名，累计解除874人，在册241人。

2017年，受理人民法院、人民检察院、公安机关的委托调查评估168人，接收社区服刑人员1407人，累计解除矫正1126人，在册社区服刑人员281人。

2018年对193名罪犯进行庭前调查评估，建议适用社区矫正156名，不建议适用社区矫正37名。接收社区服刑人员1573人，解除矫正1305人，在册社区服刑人员268人。开展社区矫正专项执法检查5次，并完善社区矫正期满宣告制度。

2019年，接收社区服刑人员1768人，解除矫正1551人，在册社区服刑人员217人。利用无线通信网络技术和GPS定位系统，对沙坡头区135名社区服刑人员实施手环定位，74名实施手机定位，整体定位率99%。

第五节　信　访

2004年至2014年，沙坡头区信访工作按照中卫市信访工作的统一部署贯彻实施。2015年，沙坡头区信访局成功劝返进京上访人员28人次。按照《中卫市网上信访信息系统网络互联工作方案》要求，依托电子政务平台，将自治区网上信访信息系统纵向联通到沙坡头区各乡镇，横向联通到各部门（单位），沙坡头区11个乡镇，10个部门都完成互联互通任务，并将群众来访、来信、网上信访及国家、自治区、中卫市信访局交办的信访事项全部在网上办理。共网上办理信访件269件，其中：上级转办143件，办结138件，办结率达96.5%。开展信访矛盾纠纷排查化解专项活动，进村入户、主动登门，将排查出的重点信访人员逐一走访、全部见面，共排查矛盾纠纷2947件，化解2902件，化解率98.5%，各乡镇化解信访积案19件。先后开展矛盾纠纷排查10次，实现重大节点"零非访"。依法打击处理进京非访人员38人次。2015年，沙坡头区信访总量291批1112人次，进京非访26批56人次，未发生50人以上到自治区集体访，到区初信初访办结率100%，实现两会等重大节点期间"零非访"目标。

2016年，沙坡头区司法局设信访督办局，制定《沙坡头区领导干部接访十条规定》《沙坡头区信访工作责任目标考核细则》《沙坡头区关于派驻北京劝返工作组的通知》等，对筛查出的2012年至2016年725件"问题属地"信访件，一对一进行整改。沙坡头区责任乡镇、部门及时受理率100%，按期办结率100%，群众满意率97.86%，参评率50%。排查信访矛盾纠纷368件，化解352件，化解率95.6%。同时，加强重大节会矛盾纠纷排查，坚持信访"零报告"制度，共开展矛盾纠纷排查6余次，实现重要节会"零非访"。完成自治区及中卫市交办的15件信访积案的网上信息系统录入工作，办理50件信访积案，化解了30件。

2017年，派出5个工作组，到北京接访劝返10批19人次，到银川接访14批19人次，在中卫、靖边劝退票12批17人次。建立领导干部信访大厅坐班接访制度，每天安排1名区领导、部门负责人在大厅接访，共有20名区级领导、23名部门及乡镇领导坐班接访群众84批1608人次，解决初信初访案件16件。实行沙坡头区信访工作日专报、周动态、月通报、季研判制度，每日对群众信访信息"随受理、随汇总、随分析、随通报"，建立重大节日、重要会议定时"零"报告、重点人员"双包保"等制度，实现全国两会、十九大期间无"重点地区涉访"的目标。在网上信访基础上相继开通手机信访APP和微信公众号，实现"让数据多跑路，让群众少跑路"的模式，网上信访占比56.3%，信访部门及时受理率100%，参评率97.14%，群众满意率97.81%。规范办理自治区交办的积案1件，自标自办信访积案6件。

2018年，网上信访部门受理率100%，参评率98.69%，群众满意率99.68%；责任部门及时受理率100%，按期答复率100%，参评率97.41%，群众满意率82.39%，初信初访办结率100%。加大矛盾纠纷排查化解力度，排查信访矛盾纠纷830件，化解790件，化解率95.2%。办理中央第八巡视组移交沙坡头区信访件9批215件。19名区级领导、25名部门及乡镇负责人坐班接访278人次，共接访群众53批387人次。梳理17件信访积案、81件重点信访事项全部实行领导包保。召开区委常委会3次、专题会8次，及时听取、审定各责任单位信访移交件办理情况，实地督查督办中央第八巡视组移交信访件18次，退回补充证据信访件102件。

2019年，全区网上信访信息系统自登记信访件比2018年同期批次上升16.44%、人次上升9.13%，网上投诉占比为92.69%。信访局及责任单位及时受理率均为100%。信访局参评率、满意率均为100%；责任单位按期办结率为100%，参评率为98.61%，满意率为92.05%。发生进京越级访较2018年同期批次上升118.2%、人次上升50%。中央扫黑除恶第20督导组共移交沙坡头区14批212件群众信访件（信件15批100件、电话线索13批112件），办结211件，办结率99.5%。自治区党委第四巡视组共移交9批492件群众信访件，办结486件，办结率98.78%。共印发信访积案32件，办结25件，办结率78%。共排查信访矛盾纠纷642起，调处化解613起，化解率95.48%；沙坡头区群众来访接待大厅共有17名区级领导、38名部门及乡镇负责人203人次坐班接访，共计接访群众35批367人次，其中集体访12批331人次、个体访23批36人次。

表20.14　2016—2019年沙坡头区信访工作情况统计表

年 份	信访总量（批/人次）	同比上年升降率（%）	进京非访（批/人次）	群 访	初信初访办结率（%）
2016	359/1000	23.4%/10.1%	15/15	0	100
2017	412/649	14.8%/35.1%	13/24	0	100
2018	257/280	41.2%/59.3%	11/16	0	100
2019	255/263	75%/75%	24/24	0	100

第二十一章　民政与社会保障

沙坡头区历来虽得黄河自流灌溉之利，但山区面积大且干旱少雨，加之川区水涝、冰雹、风沙等自然灾害时有侵袭。多发生各种自然灾害。古代及民国时期，政府虽然划拨赈款、募捐赈洋及减免赋额等措施予以救灾，但遇上大的灾害杯水车薪，背井离乡、逃荒避难者仍然甚多。中华人民共和国成立后，实行社会救济制度，救济对象主要是丧失劳动能力又无依无靠的孤老病残人员和受灾群众，主要方式有粮食和钱财的临时救济和定期定量救济，或通过生产自救、互助互济、减免税收、以工代赈及国家救济来减缓灾情。

2012年，沙坡头区民政与社会保障局成立，民政与社会保障工作进入正轨。沙坡头区加强民生保障，逐步提高困难群众生活水平。2013年至2019年，累计为129.34万名困难群众发放农村最低生活保障金2亿6016.56万元，累计为58.73万名困难群众发放城市最低生活保障金1亿9178.96万元，累计为3.14万名特困供养人员发放生活补贴1753.52万元。6年间，先后3次调整城乡最低生活保障标准和特困供养人员生活补贴标准。2019年，城市特困供养人员生活补贴标准从562元/月提高到730元/月。22个城市社区综合服务设施实现全覆盖。持续推进和谐社区创建，创建三星级以上社区19个，占社区总数的86.36%，其中五星级4个，占社区总数的18.18%。劳动就业面随产业结构的调整逐渐扩大，社会保障能力迅速提升。截至2019年，城乡居民养老保险参保人数达到11.1万人。

第一节　机　构

1949年，中卫县设民政科。20世纪90年代后，中卫县民政科改民政局，管理救灾救济、扶贫、社会福利、转业退伍军人、残疾人、"五保户"、社会流浪人员及拥军优属、抚恤等民政事务。2004年，中卫撤县设市，县民政局机构撤销，相关职能由新成立的中卫市民政局代为执行，沙坡头区没有独立的民政管理部门。2012年5月10日，沙坡头区党工委和管委会正式组建。根据《关于沙坡头区党工委、管委会机构设置和人员编制有关事项的通知》精神，沙坡头区设立中共沙坡头区工作委员会和沙坡头区管理委员会，民政和社会保障局为其下属10个正科级工作机构之一。沙坡头区民政和社会保障局共核定行政编制12名、后勤服务事业编制4名（其中聘用人员编制3名），科级领导3名（1正2副），其中：局长1名（正科级），副局长两名（副科级）。

2016年，沙坡头区政府正式成立，下设社会保障局，具体负责社会保障和民政工作。2018年，对机构设置进行优化，将沙坡头区社会保障局更名为"沙坡头区民政和社会保障局"，中卫市沙坡头区民政和社会保障局核定下属3个事业单位：社会救助和殡葬管理中心，核定编制数14个；劳动保障监察执法局，核定编制数3个；社区服务中心，核定编制数6个。2012年至2019年，沙坡头区民政和社会保障局历任局长为王琳、吴春玲、张越、张睿华、方振荣。

第二节　社会救济

一、自然灾害救济

沙坡头区干旱少雨，加之川区水涝、冰雹、风沙等自然灾害时有侵袭。多发生各种自然灾害。2005年，中卫城区香山等地遭受旱情，暴雨、冰雹袭击，市民政局启动救灾应急预案，调运帐篷，发放资金，安置受灾群众。2010年，中卫市香山地区遭受暴雨及冰雹灾害，市政府下拨救灾资金2643.8万元、救灾粮食1045吨。2012年8月，黄河发生汛情，中卫市发放救灾款1932.5万元，救灾粮1214吨，救助21.16万名受灾群众。2017年1月至2019年4月，沙坡头区分别遭受旱灾、沙尘暴风雹灾、洪涝灾害等灾情，自治区民政厅下拨救灾资金837万元，沙坡头区发放救灾款1567.228万元（含历年结余）救助11.59万名受灾群众。

二、城乡居民最低生活保障

2004年，中卫撤县设市，沙坡头区居民最低生活保障工作由市民政局低保中心代为管理。2005年，低保标准由140元提高到150元，低保家庭采暖费每平方米减免0.4元；

低保对象实行分类分层管理，对"三无人员"、60周岁以上的老年人等给予重点保障。2006年，最低保障标准提高10元。2007年，自4月份起，低保标准提高10元，自第三季度起，为每个低保对象一次性发放临时物价补贴75元，第四季度再次增发物价补贴30元。2008年，人均月补差114元，人均提标30元，人均发放生活补贴300元。2011年，中卫市城市最低保障月标准由200元提高到245元，农村最低保障准入标准由年900元放宽到1350元。2012年，开展"查实情、找问题、解民困"调研活动和全国社会保障资金审计活动，推进低保"动态管理、应保尽保"。

2012年，沙坡头区民政与社会保障局成立。2013年至2019年，累计为129.34万名困难群众发放农村最低生活保障金2亿6016.56万元，累计为58.73万名困难群众发放城市最低生活保障金1亿9178.96万元，累计为3.14万名特困供养人员发放生活补贴1753.52万元。6年间，先后3次调整城乡最低生活保障标准和特困供养人员生活补贴标准。2015年，农村低保标准从1930元/年提高到2400元/年；城市低保标准从300元/月提高到380元/月。2016年，农村低保标准从2400元/年提高到3150元/年；城市低保标准从380元/月提高到440元/月。2018年，农村低保标准从3150元/年提高到3800元/年；城市低保标准从440元/月提高到560元/月。2014年，特困供养人员生活补贴标准从365元/月提高到467元/月；2017年，特困供养人员生活补贴标准从467元/月提高到519元/月；2018年，特困供养人员生活补贴标准从519元/月提高到562元/月。2019年，城市特困供养人员生活补贴标准从562元/月提高到730元/月。

表21.1 沙坡头区2020年社会救助标准一览表

序号	救助类别		救助标准（人）	
			2019年标准	2020年标准
1	最低生活保障	城市低保	560元/月	600元/月
		农村低保	3800元/年	4560元/年
2	特困供养人员	城市特困供养人员	730元/月	780元/月
		农村特困供养人员	562元/月	
3	孤儿养育津贴	儿童福利机构内孤弃儿童	1049元/月	1249元/月
		社会散居孤儿	737元/月	937元/月
		感染艾滋病病毒儿童	737元/月	937元/月

续 表

序 号	救助类别		救助标准（人）	
			2019年标准	2020年标准
3	事实无人抚养儿童	纳入城乡最低生活保障家庭、建档立卡贫困户家庭、纳入特困人员救助供养范围的事实无人抚养儿童	531元/月	937元/月
		已享受沙坡头区孤儿养育津贴，但不属于城乡最低生活保障家庭、建档立卡贫困户家庭、纳入特困人员救助供养范围的其他事实无人抚养儿童	531元/月	
4	高龄低收入老年人基本生活津贴	80~89周岁城市高龄老人	450元/月	
		80~89周岁农村高龄老人	270元/月	
		90周岁以上城乡高龄老人	500元/月	
5	残疾人两项补贴	困难残疾人生活补贴	100元/月	
		重度残疾人护理补贴	80元/月	
6	临时救助困难群体	遭遇突发性、紧迫性、临时性基本生活	视救助对象困难程度实行分类救助	

三、"五保"人员供养

2004年，中卫撤县设市，"五保"供养工作由市民政局代为执行。2006年，将原新北乡、西台乡政府驻地改造成设施先进、功能齐全的敬老院，首批120名农村五保老人入院集中供养。2007年，开展"五保敬老献爱心活动"，发动社会力量关心支持农村五保老人事业，开工建设总投资7100万元的中卫城区社会福利综合项目。是年，沙坡头区建成两所农村敬老院，集中供养散居在农村的158名五保老人。2009年，出台"老年人残疾人免费享受公共服务待遇"政策，从医疗卫生、公共设施、困难救助等16项内容使老年人得到实惠。2010年，沙坡头区启用社会福利院综合项目中心敬老院。2011年，落实《中卫市老年人残疾人免费享受公共服务待遇》政策，启用中卫市社会福利院。2012年，推进老年人安康保障工程，建设社区居家养老服务站，为困难老人提供无偿服务；分类供养五保户，撤销宣和敬老院，在黄河南岸敬老院基础上改建中卫市综合福利服务中心。2013年，建成沙坡头区兴仁敬老院。培育中卫市"温馨一家"托老中心等公益性慈善组织。2014年，启用沙坡头区兴仁敬老院，完成沙坡头区第二中心敬老院建设；建成沙坡头区温馨一家托养院、永康镇徐庄村幸福大院。推进智能化居家养老服务信息平台建设，建成中卫市智能化社区为老服务信息平台和沙坡头区智能化社区服务站，安装服务终端1000个，开通"12349"为老服务热线，为社区居家老人和居民提供紧急救护、生活护理、精神慰藉等十多个方面的服务。2015年，投入使用沙坡头区兴仁敬老院，配套完善沙坡头区第二中心敬老院，开工建设沙坡头区第三中心敬老院。鼓励创办中卫市怡乐残疾人托养中心等民办养老机构。建成中卫市沙坡头区为老服务信息平台和社区便民服务站；发放80岁以上老人高龄津贴。2016年民政部出台《特困人员认定办法》后，自治区开始规范"五保"人员为"特困人员"，普遍称为特困人员供养。

养老机构设立情况：2016年改建滨河镇中山、沙桥两个社区日间照料中心；2017年未建；2018年建成迎水桥镇迎新社区、文昌镇五里社区日间照料中心，镇罗镇镇西村、永康镇永新村老饭桌；2019年建成文昌镇雍楼社区、滨河镇官桥社区、新墩花园日间照料中心。为沙坡头区60岁以上困难老人发放老年人意外伤害保险，30元/人。2016年发放10368人，31万元；2017年发放9957人，总计29.8万元；2018年发放10640人，总计32万元；2019年发放9327人，总计27.9万元。

第三节　社区建设

2004年，沙坡头城区乡镇以及各社区居委会开展示范社区创建和文化、卫生、科技、法律"四进"社区等活动，丰富社区居民的文化生活。

2005年，沙坡头区文昌镇团结巷、银行巷、民族巷、华西、蔡桥路、东花园、西花园7个居委会，配备社区干部44人。2006年，落实《〈国务院关于加强和改进社区务工作的意见〉》，结合行政区划调整，对原有居委会设置规模作了合并调整，减少社区数量，扩大社区规模，9个社区居委会撤并为7个。中山社区、长安社区建成标准化站式社区服务中心。

2007年，沙坡头区组织开展"星级社区"创建活动，命名三星级社区3个，四星级社区5个，解决3个社区的办公场所，为4个社区设置了标志和一站式服务台；解决了83名居委会干部的养老保险。

2008年，创建城镇星级社区为抓手，开展和谐社区建设，新增星级社区6个，帮助12个城镇社区解决办公场所，设置"一站式"服务台；提高社区居委会干部的工资待遇和养老保险标准。

2011年，国务院办公厅印发《社区服务体系建设规划》（2011—2015年），促进社区类型由单一化向多样化转变。中卫市沙坡头区改善官桥等27个城乡社区的办公条件，健全了社区工作者考核激励机制，增强社区服务能力，争创五星级社区4个，三星级以上社区31个；打造黄河金岸农村示范社区6个，新建农村社区15个；开展城乡社区民风建设，树立了蔡桥路社区等示范典型，倡导"遵纪守法、明礼诚信、奋进思变、淳朴向善、理性包容"的优良民风。

2017年，社区服务内容拓展到劳动就业、保险、医疗、文化娱乐、治安等社会各方面。政府公共服务事项逐步向社区转化，家政服务、物业管理、养老托幼、食品配送、修理服务、再生资源回收等便民利民服务项目及超市、菜场、早餐等服务网点逐步进入社区，社区服务方式不断改善。

2019年，22个城市社区综合服务设施实现全覆盖。持续推进和谐社区创建，创建三星级以上社区19个，占社区总数的86.36%，其中五星级4个，占社区总数的18.18%。

第四节　社会事务管理

一、婚姻登记

2004年，中卫市民政局设市婚姻服务中心，2008年中卫市民政局设婚姻登记处，管理全市婚姻登记。自沙坡头区成立以来，局婚姻登记处秉承着"以人文本，优质服务"工作理念，始终严格按照《中华人民共和国婚姻法》《中华人民共和国婚姻登记条例》等相关法律法规为当事人办理婚姻登记。

表21.2 沙坡头区婚姻登记历年数据统计表

序号	年份	办理婚姻登记（对）		补办婚姻登记（对）		办理收养登记（个）
		结婚	离婚	结婚	离婚	
1	2016	4965	1045	2621	67	4
2	2017	4129	1128	1979	73	1
3	2018	4118	1182	1947	107	1
4	2019	6889	961	4401	79	6

二、收养登记

20世纪80年代后，计划生育政策实施，部分家庭受传统重男轻女观念影响，送养女婴、弃婴、抱养现象时有发生，社会问题不断出现。1991年，《中华人民共和国收养法》颁布，对收养关系及权益保障做了明确规定。1999年，《中国公民收养子女登记办法》发布，进一步规范了收养登记。沙坡头区建立后，严格按照《中华人民共和国收养法》《收养子女登记办法》《收养登记工作规范》办理收养登记。

三、殡葬管理

沙坡头区因山地较多，自古在埋葬方式上以土葬为主。近年随着国家对"节地生态"安葬的重视，中卫市殡仪馆也配置了火化炉，年火化遗体在300具左右，起到了引导群众逐步接受火葬的作用。2013年2月，中卫市民政局将殡葬管理所整体划转到沙坡头区，成立沙坡头区殡葬管理所，隶属于沙坡头区民政和社会保障局。

沙坡头区已建成的公墓都按照自治区民政厅相关规定建设了3000~50000元不同档次的墓穴，基本满足了群众不同层次的安葬需求。为了防止高价墓穴给群众造成负担，2019年，民政和社会保障局配合市民政局、市物价局，对沙坡头区各公墓不同材质、不同价位的墓价做出成本测算，并配合市物价局制定下发了《关于中卫市殡葬基本服务收费和公墓价格的批复》（卫价发〔2018〕25号），按照公益性公墓实行政府指导价管理（如，中卫市殡仪馆殡仪基本服务项目和标准，对5类20项收费内容及标准进行了定价）；对于经营性公墓墓位价格实行市场调节价管理，其收费标准由用户与经营者协商确定，限制公墓制售5万元以上高价墓。经营性公墓墓穴销售价格在3000元到5万元，主流价格普遍在2万~3万元，销售价格普遍低于周边地区的价格。

同时，沙坡头区民政和社会保障局在惠民政策兜底上积极作为，殡葬惠民政策已覆盖沙坡头区所有民政救助对象及特困群众。各公墓均按照不少于10%土地建设3000元左右的公益性墓穴，保障困难群众的殡葬需求，对城乡低保户、优抚对象、军烈属等民政救助对象遗体公墓安葬的，墓穴价优惠20%，五保户免费进入公益性公墓安葬。认真执行《中卫市困难群众殡葬救助试行办法》文件精神，对沙坡头区遗体火化后骨灰生态葬的困难群众实行火化救助，救助标准2400元/人，资金由财政列入预算。

截至2019年底，沙坡头区有殡仪馆1座，经营性公墓3家，公益性公墓19处，殡仪服务中心两个。

2019年，沙坡头区印发了《中卫市沙坡头区殡葬治丧活动管理办法（试行）》、办法规定，禁止市民在市区街道、居民区、广场、公园等公共场所搭建灵棚、停放尸体、摆放花圈挽幛、抛撒纸钱和游丧送葬；禁止其他单位和个人从事以营利为目的的遗体运输业务；禁止制造、销售、出租封建迷信丧葬用品。鼓励丧属到殡仪馆或殡仪服务中心进行集中治丧，规定遗体运输应当由殡仪馆或殡仪服务中心承办。对殡葬治丧活动中违反治安管理、交通管理、扰乱社会治安秩序、损害公共利益，侵害他人权益，以及殡葬管理服务人员利用工作之便在治丧活动中刁难死者家属，索取财物等违法行为，予以处罚或将依法追究刑事责任。为更好提升殡葬服务，办法要求殡仪馆和殡仪服务中心建立免费"殡葬服务热线"，做到"全年无公休日、全天24小时服务、接到电话1小时内到达"，不断提升服务水平，满足丧属不同层次丧事需求；交通部门开通市区至市殡仪馆公共交通，定点定时发车，为群众进馆治丧提供交通方便，为市民治丧提供遗体接送、停尸、火化、骨灰存放（生态散撒）"一站式"服务。市区内居民在殡仪馆或殡仪服务中心举办治丧活动，遗体火化补助2480元〔含遗体接运费、停尸费（3天）、火化费、骨灰存放费（3年）或生态散撒费〕；遗体埋入公墓的补助1740元〔含遗体接运费、停尸费（3天）〕。沙坡头区民社局负责治丧审核，经市民政局复核后，沙坡头区拨付服务单位。此办法适用于沙坡头区机场大道以东，宁钢大道以西，包兰铁路以南，滨河大道以北的区域，办法自2019年8月11日起正式施行。

四、慈善事业管理

2004年，中卫撤县改市，沙坡头区慈善事业进入快速发展。按照《中卫市创建全国慈善城市工作规划》，实施"慈善城市"创建新战略。2013年，培育中卫市温馨一家托老中心等10个公益性慈善组织；建成爱心超市7家。中卫市公益慈善基金会爱心献血屋移交及无偿献血启动仪式举行，首个爱心献血屋投入使用。2017年，实施"贫困地区小学爱心衣橱项目""贫困大学新生圆梦行动助学项目""贫困两癌妇女慈善救助项目"等21个项目，开展助残、助孤、助老、助医、助学、助贫等活动。2019年，结合第四个"中华慈善日"，组织各社会组织在红太阳广场开展了"慈善聚焦脱贫攻坚，携手共创美好生活"主题宣传展示活动。动员沙坡头区义工联合会、沙坡头区雷锋车队志愿者协会、沙坡头区社会组织培育中心等爱心组织通过微信群、公众号等各种方式宣传《慈善法》；组织沙坡头区一碗水爱心协会、沙坡头区慈善总会等慈善组织领取了公益事业捐赠统一票据，规范了慈善组织捐赠行为；组织沙坡头区义工联合会、沙坡头区雷锋车队志愿者协会、沙坡头区一碗水爱心协会等慈善组织募集善款10余万元用于开展各种形式的扶贫济困活动。

五、社团组织管理

2004年，地级中卫市成立，中卫市民政局社会事务科管理社会团体工作。2013年，出台《中卫市社会组织评估管理办法》，实行统一登记、分级负责、依法监管管理体制。2014年，建立社会组织履行社会责任评价机制，对市残疾儿童康复中心等50个社会组织进行评价。是年，登记社团及民办非企业单位610个，新培育发展社会组织62个，建立党组织287个。2015年，对商会类、科技类、公益慈善类和社区服务类登记社团及民办非企业单位实行直接登记。开展登记社团及民办非企业单位履行社会责任评价，建立登记社团及民办非企业单位信用档案。2018年初，沙坡头区存在登记注册社会组织77家，依法对2018年6月30日前注册登记的71家社会组织进行了年度检查，其中：45家社会组织通过年检，26家认定为年检不合格。依法对连续两年年检不合格的18家社会组织进行撤销，并收回被撤销社会组织的登记证书正副本。将8家未按照规定时限报送年度工作报告、无法取得联系社会组织列入活动异常名录；圆满完成社会组织系列专项整治活动、扫黑除恶工作、民办非企业单位规范整治工作和非法集资风险线索及涉嫌非法集资广告资讯信息排查整治活动等各项工作；组织、指导28家名称、业务范围不规范的社会组织统一进行变更；登记注册社会组织3家，成立党组织1个。截至2019年底，沙坡头区存在社会组织62家。

六、行政区划与地名普查管理

2004年4月，地级中卫市成立，原中卫县改为中卫城区（后改为沙坡头区）。2008年，自治区党委、政府按照"以川济山，山川共济"的发展思路以及全区生态移民搬迁规划，将海原县兴仁镇、蒿川乡划归沙坡头区管理。2015年，按照《中卫市区街道门牌设置工作实施方案》，沙坡头区统一设置安装市区街道门牌。2016年沙坡头区民政与社会保障局成立后，结合第二次全国地名普查的数据和成果，沙坡头区对11个乡镇的外业实地进行调查并走访地名登记表6539份，整理地名目录共6446条，内外业完成词条对接5000条，登记表信息录入国家地名数据库完成6446条，顺利完成沙坡头区县域地名规划编制工作。根据民政部、自治区民政厅关于分级编纂《标准地名图录典志》的总体要求，沙坡头区于2018年完成《沙坡头区标准地名图集》《沙坡头区标准地名录》《沙坡头区标准地名词典》《沙坡头区标准地名志》的编纂任务。为了做好地名普查成果转化利用工作，成立《沙坡头区标准地名词典》《沙坡头区标准地名图集》《沙坡头区标准地名录》《沙坡头区标准地名志》编委会及图录典志四个编辑部。2019年对沙坡头区11个乡镇开展二维码标准地名标志制作设置及安装工作。

七、勘　界

20世纪90年代开始，中卫县开始县界勘定工作。1997年，中卫县针对与同心、中宁县和甘肃靖远、景泰等周边县及县内发生的边界争议纠纷，请求自治区、地区领导参加调解，协定中卫县与同心县边界线38.225千米。县民政局筹措4万多元，在全县13条街、路、巷及主要公路两侧设置地名标志牌108块，其中街、路、巷标志60块，公路标志48块。是年，在县城以东30千米的胜金关和中山街设置的永久性钢架地名标志牌。1998年，中卫、同心两县行政区域勘定，协定40.97千米的卫同边界线，成为吴忠市全面开展县界勘界工作以来勘定的第1条县级界线。10月下旬，正式划定中卫县与甘肃省靖远县之间的133千米的省级行政区域界线。1999年，中卫县与海原县协商，成立勘界工作组，于6月17日在中卫举行中卫—海原15.155千米的界线勘定签字仪式，完成中卫同心、中卫—海原界线115个界桩的栽竖任务。同时，形成约18千米的一致界线。2000年，划定中卫与景泰界限113千米，协定中卫与中宁边界线16千米，中卫县成为吴忠市唯一的县级界线全部勘定的县；全面完成中卫与景泰、中卫与靖远、中卫与中宁26个界桩的栽竖任务。

2008年，沙坡头区落实兴仁镇、蒿川乡等镇（乡）行政区划调整，对调整后的县界进行勘定，绘制区划调整后的沙坡头区地图，完成了省级边界线联检工作。2018年联合白银市景泰县、靖远县、平川区开展了甘宁行政区域界线联检，查阅和清理两县（区）之间界桩的埋放、设置和维护管理，实地踏勘两县区遵守行政区域界线和依法执行边界协议的情况。按照双方联合勘定的行政区域界线协议书附图，联检小组沿着边界线对界桩逐一进行实地踏勘，并予以加固扶正，对边角磨损的予以修补，对界桩进行了涂漆、描红，并拍照存档。2019年开展沙坡头区县级行政区域界线数字化和乡（镇）行政区域界线勘定并数字化工作，建立完整的行政界线档案资料，健全区、市（县）、乡（镇）三级行政区域界线管理体系。

第五节 社保费发放

一、城镇职工基本养老保险

1986年以前，国营企业职工退休、离休后，其养老金由企业负担，按离退休者在职期间的标准适当比例发放。1986年以后，随着劳动用工制度的深入开展，沿袭多年的职工退休后的养老制度开始改革，其费用由社会统筹，企业职工退休（含离休、退休）费用实行社会统筹，是改革社会保险制度的重要内容，也是劳动、工资、人事制度配套改革的内容之一。

1987年，全市企业离退休人员养老保险实行了社会统筹，离退休人员养老金由企业代发。

1994年，职工养老金由基本养老金（基础性养老和缴费性养老金）及保留的各项津贴、补贴组成。其中基础性养老金以职工退休时自治区上年度职工月平均工资为基数，按单位和职工个人缴纳基本养老保险费年限分段按一定比例计发；缴费性养老金部分以企业和职工个人缴纳基本养老保险费期间本人指数化月平均缴纳工资为基数，每满一年按一定比例计发。

2006年7月，自治区人民政府印发了《关于改革企业职工基本养老金计发办法的通知》（宁政办发〔2006〕126号），文件规定1996年1月1日实行社会统筹与个人账户相结合制度以后参加工作,缴费年限(含视同缴费年限,下同)累计满15年的人员,退休后按月发给基本养老金,基本养老金由基础养老金和个人账户养老金组成。1995年12月31日实行社会统筹与个人账户相结合制度以前参加工作,2006年1月1日以后退休且缴费年限累计满15年的人员,在发给基础养老金和个人账户养老金的基础上,再发给过渡性养老金。涉及知识分子养老保险待遇计发的有关政策继续执行。

城镇职工基本养老保险待遇领取条件:1.城镇职工基本养老保险缴费累计满15年;2.达到法定退休年龄,即男职工年满60周岁,女职工年满50周岁(灵活就业人员男满60周岁,女满55周岁),特殊情况提前退休的按照相关政策法规执行。以上条件同时满足的可依法申请退休,享受城镇职工基本养老保险待遇。

表21.3 沙坡头区城镇职工基本养老保险待遇变化情况表

年 份	月人均养老金(元)	待遇享受人数(人)
2004	594	3526
2005	654	3766
2006	842	4161
2007	943	4447
2008	1084	4760
2009	1236	5230
2010	902	13150
2011	846	23852
2012	1043	25767
2013	1221	25915
2014	1336	29444
2015	1532	30169
2016	1622	32314
2017	1683	35119
2018	1818	37448
2019	1901	38967

二、机关事业单位养老保险

机关事业单位养老保险待遇领取条件:参加机关事业单位养老保险的工作人员,达到国家规定的退休年龄时，个人缴费年限累计满15年的，退休后可按月领取基本养老金。

根据《自治区人民政府关于机关事业单位工作人员养老保险制度改革的实施意见》（宁政发〔2015〕85号）规定，机关事业单位养老保险基本养老金计发采取"老人老办法、新人新办法、中人逐步过渡"的办法执行。建立机关事业单位养老保险基本养老金正常调整机制，按照国家统一部署，根据全区职工工资增长和物价变动等情况，统筹安排全区机关事业单位和企业退休人员的基本养老金调整，逐步建立兼顾各类人员的养老保险待遇正常调整机制，分享经济社会发展成果，保障退休人员基本生活。

三、城乡居民基本养老保险

2011年，自治区人民政府印发《关于统筹城乡居民社会养老保险时点的实施意见》（宁政发〔2011〕108号），中卫市按照文件规定为符合条件的参保人员计发养老金。

城乡居民养老保险待遇领取条件：年满60周岁、参加城乡居民养老保险的年老人，可以按月领取养老金。2010年年满60周岁的城乡居民，未享受城镇职工基本养老保险待遇的，不用交费，可按月领取基础养老金。但农村居民符合参保条件的配偶和子女应当参保缴费，城镇居民的子女应按规定参保缴费；距领取年龄不足15年的，应按年缴费，也允许补缴，累计缴费不超过15年；距领取年龄超过15年的，应按年缴费，累计缴费不少于15年，年满60周岁缴费不足15年的，可以补缴至满15年（补缴养老保险费不享受政府补贴）。

2010年后，城镇职工基本养老保险待遇多次上调，与2010年相比，2017年沙坡头区城镇职工基本养老保险待遇增长了3倍。截至2019年12月，沙坡头区参加城镇职工基本养老保险参保人数达到11.73万人，比上年增加0.89万人。城乡居民养老保险参保人数达到11.33万人，比上年增加0.22万人。基本医疗保险参保人数为38.38万人，比上年减少0.36万人，其中，职工基本医疗保险参保人数为5.62万人，比上年增加698人；城乡居民基本医疗保险参保人数达到32.76万人，比上年减少0.43万人。工伤保险参保人数为6.45万人，比上年增加1.92人。失业保险职工参保人数为3.74万人，比上年末增加936人。生育保险参保人数达到4.3万人，比上年增加347人。年末沙坡头区拥有养老机构16个，其中：农村敬老院6个，社会福利院1个，民办养老机构5个，共有床位2183张，入住老人385人。儿童福利院1个，共用床位数50张，入住儿童31人。沙坡头区4896人享受城市低保，发放保障金0.27亿元；12887人享受农村低保，发放保障金0.42亿元。

城乡建立各种社区服务站189个。

第六节　社会保障

2012年，沙坡头区城乡居民最低生活保障人数30051人，其中农村居民14886人，占沙坡头区最低生活保障人数的49.5%，城镇居民15165人。农村五保供养人数为598人，其中集中供养159人。年内劳务输出人数4.68万人。参加基本养老保险人数为64629人。参加城乡居民养老保险人数为11.9万人，其中城镇居民1.4万人，农村居民10.5万人。参加医疗保险人数为35.9万人，其中城镇职工为4.5万人，城镇居民为31.4万人。2015年沙坡头区参加基本养老保险人数为84995人，比上年增长7.7%，其中参保职工54826人，参保离退休人员30169人。年末沙坡头区参加城乡居民养老保险人数为128997人。其中：城镇居民19467人，农村居民109530人。参加失业保险人数35105人，增长1.3%。参加基本医疗保险人数367347人，其中，参加城镇职工基本医疗保险45552人，参加城乡居民医疗保险321795人。年末沙坡头区养老保险、医疗保险和工伤保险三项保险基金收入7.3亿元，较上年末增1.2亿元，增长19.7%。

2016年是"十三五"的开局之年，也是沙坡头区以市辖区行政建制模式运行的第一年，沙坡头区主动适应经济发展新常态，社会保障工作继续完善。沙坡头区参加基本养老保险人数为89438人，比上年增长5.2%，其中，参保职工57124人，参保离退休人员32314人。年末沙坡头区参加城乡居民养老保险人数为129615人。其中，城镇居民12656人，农村居民116959人。参加失业保险人数35107人。参加基本医疗保险人数373556人，其中，参加城镇职工基本医疗保险45664人，参加城乡居民医疗保险327892人。年末沙坡头区养老保险、医疗保险和工伤保险三项保险基金收入9.9亿元，较上年末增2.3亿元，增长35.6%。

截至2018年，沙坡头区参加城镇职工基本养老保险参保人数达到10.8万人，比上年增加1.2万人。城乡居民养老保险参保人数达到11.1万人，比上年减少0.6万人。基本医疗保险参保人数为38.7万人，比上年增加1.2万人，其中，职工基本医疗保险参保人数为5.5万人，比上年增加9573人；城乡居民基本医疗保险参保人数达到33.2万人，比上年增加1953人。工伤保险参保人数为4.5万人，比上年减少1371人。失业保险职工参保人数为3.6万人，比上年末增加769人。生育保险参保人数达到4.3万人，比上年增加1.1万人。年末沙坡头区拥有养老机构16个，其中，农村敬老院6个、社会福利院1个、民办养老机构5个，共有床位2121张，入住老人373人。儿童福利院1个，共用床位数50张，入住儿童35人。沙坡头区4858人享受城市低保，发放保障金0.27亿元；14898人享受农村低保，发放保障金0.49亿元；资助参加基本医疗保险13.6万人，发放资金151.4万元。城乡建立各种社区服务站189个。

截至2019年，城乡居民养老保险参保人数达到11.1万人，比上年减少0.6万人。

第二十二章 编制 人事 劳动

2016年，沙坡头区党委、政府、人大、政协四套班子正式成立，沙坡头区区直机关事业单位和乡镇共核定科级领导职数245名（正科68名、副科177名）。其中，党政机关核定科级领导职数103名（正科31名、副科72名）；事业单位核定科级领导职数33名（正科5名、副科28名）；乡镇核定科级领导职数109名（正科32名、副科77名）。沙坡头区编制工作走上了正轨。

沙坡头区成立后，全面贯彻落实《中华人民共和国公务员法》和事业单位人员聘用的各项规定，及时开展各类人员的录用、登记、培训、考核审批等工作。健全完善公务人员和事业单位内部选人用人机制，规范竞聘上岗工作。

改革开放以来，沙坡头区紧紧围绕经济社会发展的战略部署，适应加快转变经济发展方式的要求，紧密结合保障和改善民生、构建和谐社会的需要，把就业作为民生之本，以充分开发和合理利用人力资源为出发点，健全劳动者自主择业、市场调节就业、政府促进就业相结合的机制，实施更加积极的就业政策，统筹城乡就业，创造平等就业机会，构建和谐劳动关系，不断提高就业质量，扩大就业规模，保持就业局势总体稳定。2019年，沙坡头区培育创业实体695个，创造新岗位15481个，创业能力培训1130人。农村劳动力转移就业33108人，实现工资收入7.17亿元。城镇新增就业3621人，城镇登记失业率3.51%。

第一节 编 制

一、机构设置

2004年中卫撤县设市，沙坡头区没有成立职能机构，人事编制工作由中卫市人力资源与社会保障局代为执行。2016年,沙坡头区党委、政府、人大、政协四套班子正式成立,其机构设置情况为:党委机构设置(6个),分别是纪律检查委员会(与监察局合署办公)、办公室(挂督查室、保密局、机要局牌子)、组织部(负责组织、人力资源工作)、宣传部(挂精神文明建设指导委员会办公室牌子)、统一战线工作部(与民族宗教局合署办公)、政法委员会(与社会管理综合治理委员会办公室合署办公)。人大常委会机关机构设置(3个),分别是办公室、法制财经社会工作委员会、代表联络与选举工作委员会。政府机构设置(10个),分别是政府办公室(挂政府法制办、督查室、应急办牌子)、发展和改革局(挂统计局牌子)、监察局(与纪律检查委员会机关合署办公,列入政府部门序列,不计政府机构个数)、民族宗教局(与统一战线工作部合署办公,列入政府部门序列,不计政府机构个数)、司法局(挂信访督办局牌子)、社会保障局(负责社会保障和民政工作)、农业和科技委员会(负责农林水牧和科技工作)、审计局、建设交通局(挂村镇规划办公室牌子)、财政局、文化体育和计划生育局、综合行政执法局(负责环境保护和安全生产行政执法工作)。政协机关机构设置(3个),分别是办公室、社会和法制委员会、提案和经济委员会。法院、检察院机构设置(2个),分别是沙坡头区人民法院、沙坡头区人民检察院。群团工作机构设置(1个),群团工作委员会(负责工会、共青团、妇联工作)。市直部门派出机构(1个),沙坡头区公安分局。

政府直属事业单位(3个),政务服务中心、扶贫开发办公室、机关事务局。部门所属事业单位(24个,其中,副科级14个):廉政教育和案件信息管理中心(副科级)、党政内网服务中心(副科级)、党员宣传教育中心(副科级)、人力资源服务中心(副科级)、网络安全与信息化办公室(副科级)、统计普查中心(副科级)、城乡居民最低生活保障中心(副科级)、殡葬管理所、社区服务中心、农村合作经济经营管理站、农业技术推广服务中心(副科级)、林业技术推广服务中心(副科级)、畜牧水产技术推广服务中心、动物疾病预防控制中心(副科级)、水利技术服务中心、河北灌溉管理所、河南灌溉管理所、北干渠灌溉管理所、农村人畜饮水管理站、南山台电灌站(副科级)、村镇公用事业管理所(副科级)、国库集中支付中心(副科级)、文化体育服务中心(副科级)、民兵武器装备库。

乡镇(11个)。文昌镇、滨河镇、迎水桥镇、东园镇、柔远镇、镇罗镇、宣和镇、永康镇、常乐镇、香山乡、兴仁镇。

2018年,沙坡头区优化机构设置。为沙坡头区增加两个政府工作机构限额,两个部门所属副科级事业单位机构限额。机构调整后,沙坡头区政府工作机构限额12个,事业单位机构限额31个（直属事业单位机构限额3个；部门所属事业单位机构限额28个，其中，科级事业单位机构限额17个）。新设机构4个，设立沙坡头区工业和信息化局，挂"沙坡头区商务和经济技术合作局"牌子，为沙坡头区政府工作机构。设立沙坡头区水务局，为沙坡头区政府工作机构。设立沙坡头区安全生产监督管理局，为沙坡头区政府工作机构。设立沙坡头区环境保护局，为沙坡头区政府工作机构。撤销机构1个：撤销沙坡头区文化体育和计划生育局，核销该机构原核定的科级领导职数。变更机构名称两个：将沙坡头区社会保障局更名为"沙坡头区民政和社会保障局"，挂"沙坡头区文化体育和计划生育局"牌子。将沙坡头区农业和科技委员会更名为"沙坡头区农牧林业科技局"。挂牌机构两个：在沙坡头区委组织部增挂"沙坡头区机构编制委员会办公室"牌子；将沙坡头区综合行政执法局调整为沙坡头区建设交通局的挂牌机构，核销该机构原核定的科级领导职数。设立事业机构1个：设立沙坡头区档案局，挂沙坡头区档案馆牌子，为沙坡头区委办公室所属副科级事业单位，核定全额预算事业编制6名（所需编制从原沙坡头区党政内网服务中心划转），核定局长兼馆长1名（副科级）；撤销沙坡头区党政内网服务中心，核销该机构原核定的科级领导职数。划转事业机构1个：将市公路管理段整建制移交沙坡头区建设交通局管理，机构名称更名为"沙坡头区公路管理段"，人员编制、经费形式和机构规格暂维持不变，同时将市财政每年安排的农村公路养护经费整体下划沙坡头区。调整隶属关系9个，将沙坡头区工业和信息化服务中心（挂乡镇产业基地服务中心牌子）调整为沙坡头区工业和信息化局所属。将沙坡头区文化体育服务中心调整为沙坡头区民政和社会保障局所属。将沙坡头区水利技术服务和水库沟道管理中心、河北灌溉管理所、河南灌溉管理所、北干渠灌溉管理所、农村人畜饮水管理站、南山台电灌站调整为沙坡头区水务局所属。将沙坡头区行政综合执法大队调整为沙坡头区建设交通局所属。

二、人员编制和领导职数

2016年，沙坡头区党委、政府、人大、政协四套班子正式成立，相关工作部门相继设立。人员编制和领导职数情况为：沙坡头区党政机关核定行政编制175名；乡镇核定行政编制238名。沙坡头区人民法院专项编制101名，人民检察院专项编制75名，司法专项编制44名（含司法所编制）。沙坡头区核定事业编制883名，其中，全额预算764名（乡镇232名），自收自支116名；聘用编制3名。党委、人大、政府、政协班子处级领导职数配备，根据自治区党委相关文件执行。部门（单位）科级领导职数共核定231名，其中,正科 58 名,副科 173 名。2016 年 11 月 16 日,设立沙坡头区工业和信息化服务中心,挂"沙坡头区乡镇产业基地服务中心"牌子,为沙坡头区发改局所属副科级事业单位。核定全额预算编制 6 名,核定主任 1 名(副科级)。2017 年 2 月 7 日,核减沙坡头区社会保障局聘用编制 1 名。调整后,核定聘用编制 2 名。2017 年 5 月 16 日,设立综合行政执法大队,为综合行政执法局所属正科级事业单位。核定事业编制 41 名(其中,全额预算 41 名,聘用编制 1 名);核定队长 1 名(正科级),核定副队长 5 名(副科级)。2017 年 5 月 16 日,撤销沙坡头区水利技术服务中心,设立"沙坡头区水利技术和水库沟道管理中心",为沙坡头区农业和科技委员会所属不定级别事业单位。核定全额预算事业编制 32 名。核销原沙坡头区水利技术服务中心人员编制。所需人员编制从原市黄河与水利沟道管理所连人带编划转 10 名,原沙坡头区水利技术服务中心划转 22 名。2017 年 5 月 16 日,设立沙坡头区农村产权交易服务中心,为沙坡头区农业和科技委员会所属不定级别事业单位,核定全额预算事业编制 7 名。2017 年 11 月 9 日,设立沙坡头区劳动保障监察执法局,为沙坡头区社会保障局所属不定级别事业单位。核定局长 1 名(不定级别);核定全额预算事业编制 3 名(从原市劳动保障监察支队连人带编划转 1 名)。2017 年 11 月 9 日,核减沙坡头区事业编制 30 名(全额预算 17 名,自收自支 13 名)。其中,沙坡头区文昌镇、滨河镇、东园镇、柔远镇、镇罗镇、宣和镇、永康镇、常乐镇、兴仁镇、香山乡和沙坡头区农业技术推广服务中心、畜牧水产技术推广服务中心、农村产权流转服务中心、文化体育服务中心全额预算事业编制各 1 名,沙坡头区南山台电灌站全额预算事业编制 3 名,沙坡头区河北灌溉管理所自收自支事业编制 8 名、河南灌溉管理所自收自支事业编制两名和北干渠灌溉管理所自收自支事业编制 3 名。

2018 年,沙坡头区对人员编制和领导职数进行了调整优化。随着事权调整下移,为沙坡头区一次性增加行政编制 20 名,其中按照"编随事走,人随编走"原则,从部分事权下移的市直部门划转 10 名,从市本级编制总量中调剂解决 10 名。

行政编制。调整后,沙坡头区核定行政编制 494 名(司法专项编制 44 名)。其中,沙坡头区党政机关核定行政编制 256 名,乡镇核定行政编制 238 名。

事业编制。调整后,沙坡头区核定事业编制 954 名。其中,全额预算事业编制 806 名,定额补助事业编制 42 名,自收自支事业编制 103 名,聘用编制 3 名。

调整领导职数。为新设立的沙坡头区工业和信息化局、水务局、安全生产监督管理局、环境保护局各核定局长 1 名(正科级),副局长两名(副科级);沙坡头区编办主任由区委组织部部长兼任，核增编办专职副主任1名（副科级）。

调整后，沙坡头区区直机关事业单位和乡镇共核定科级领导职数245名（正科68名，副科177名）。其中，党政群机关核定科级领导职数103名（正科31名，副科72名）；事业单位核定科级领导职数33名（正科5名，副科28名）；乡镇核定科级领导职数109名（正科32名，副科77名）。

2018年2月7日，核减事业编制37名。2018年4月9日，核增行政编制9名，核减事业编制14名。

第二节 人　事

一、公务员队伍建设

1993年，《国家公务员暂行条例》颁布，将各级国家行政机关中除工勤人员以外的工作人员统称公务员。2006年，《中华人民共和国公务员法》颁布后，沙坡头区全面贯彻落实《公务员法》各项规定，及时开展了公务员录用、登记、培训、考核审批等工作。

（一）录　用

1994年6月人事部《国家公务员录用暂行规定》颁布，1995年10月18日，中共宁夏回族自治区委员会组织部、宁夏人事劳动厅制发了《宁夏回族自治区国家公务员录用暂行办法》［宁人劳（干）字〔1995〕370号文件］，2008年2月26日，中共宁夏回族自治区委员会组织部、区人事厅印发《宁夏回族自治区国家公务员录用暂行办法》（宁人发〔2008〕28号），对公务员录用原则、管理机构、录用计划、报名与资格审查、考试形式方法、考核内容、审批程序、试用期和培训考核办法、回避、监督与违纪处罚等做了明确规定，使录用公务员工作有法可依、有章可循。2012年，沙坡头区党工委（管委会）成立，开始了公务员录用工作。

表22.1　2012—2017年沙坡头区公务员录用情况统计表

2013	2014	2015	2016	2017
52	1	54	18	17

(二) 退 休

推行公务员制度后,严格坚持到龄即退。《国家公务员暂行条例》颁布后,只要公务员的年龄符合规定的退休年龄,便以书面形式通知单位或本人办理退休手续;自愿退休,在公务员年龄或工作年限达到条例规定的自愿退休的条件时,只要本人提出申请,便尊重本人的愿望,经任免机关批准后,提前办理退休。

《中华人民共和国公务员法》实施后,规定公务员达到国家规定的退休年龄或者完全丧失工作能力的应当退休。符合提前退休的,本人自愿提出申请,经任免机关批准,可以提前退休。

公务员退休后,享受国家规定的退休金和其他待遇,国家为其生活和健康提供必要的服务和帮助,鼓励发挥个人专长,参与社会发展。

(三) 辞职辞退

1995年7月18日,《国家公务员辞职辞退暂行规定》颁布。

1995年10月19日,根据《国家公务员辞职辞退暂行规定》,自治区党委组织部、人事劳动厅制定了《宁夏回族治区国家公务员辞职辞退暂行办法》[宁人劳(奖)〔1995〕37号文件]。

2009年7月24日,中共中央组织部、人力资源和社会保障部印发了《公务员辞去公职规定(试行)》和《公务员辞退规定(试行)》,规定了辞职辞退的程序,制定了申请表、辞职批复、辞取通知书,辞退审批表、辞退批复、辞退通知书等表格的规范式样,使辞职辞退工作有章可循、有据可依、便于操作。

二、事业单位人事管理

新中国成立以来,对事业单位用工实行计划管理,即分行业定任务、定岗位、定人员,根据不同时期工作需要,每年上报计划,核定劳动工资编制方案,分系统平衡实施。1990年以来,全面推行合同制和干部招聘制,将用工、用人权下放事业单位。

2002年至2006年上半年,市县各类事业单位补充工作人员,由市、县(区)组织、人事、编制部门分别负责审定本级各类事业单位补充工作人员计划方案,坚持公开、平等、竞争、择优的原则,按照德才兼备的标准,采取公开考试,严格考核的办法进行。补充人员与用人单位签订《事业单位聘用合同书》。

2006年下半年开始,事业单位新增人员,实行统一组织、定期考试制度,坚持公开、平等、竞争、择优的原则，按照编制招聘计划、发布招聘公告、报名与资格审查、考试、考核、体检、公示、聘用工作程序，面向社会公开招聘。受聘人员按平等、自愿、协商一致的原则与事业单位签订聘用合同书。

2009年，建立事业单位人员聘用制度和岗位设置管理制度，全面落实了改革事业单位工作人员分配制度，事业单位转换了用人机制，人员实现了由身份管理向岗位管理转变，调动事业单位各类人员积极性和创造性，促进社会公益事业的发展。

2013年，转发了《自治区党委组织部、人力资源社会保障厅关于加强和规范事业单位岗位设置及聘用管理工作的通知》，按照"先入轨、后规范、再完善"的要求，从岗位设置方案的审核与变更、岗位设置的结构比例、岗位职数的申请与核准、岗位的聘用、相关问题、监督与检查6个方面，进一步规范了事业单位岗位设置及聘用管理工作。

2014年初，《自治区党委组织部、人力资源和社会保障关于印发宁夏回族自治区事业单位工作人员内部竞聘上岗暂行办法》，从竞聘范围、竞聘条件、竞聘程序、竞聘方式、相关事宜、纪律与监督6个方面，健全完善了事业单位内部选人用人机制，规范了竞聘上岗工作。7月1日《事业单位人事管理条例》（中华人民共和国国务院第652令）施行，标志着事业单位人事管理立法又上一个层次，进一步规范了事业单位人事管理工作。

三、公职人员培训

随着社会高速发展，对全民素质要求不断提高。沙坡头区公职人员培训体系逐步建立并成熟，公职人员及专业技术人员能力素质稳步提升。主要培训方式：2013年，按照中卫市人民政府办公室制定印发的《中卫市国家公职人员行政法规与行政专业培训考试五年规划》，对沙坡头区政府组成部门、直属事业单位及法律法规授权的具有公共事务职能的事业单位中除工勤人员以外的国家公职人员进行为期五年的全员法律与专业培训考试。根据要求，每月邀请中央党校和国家行政学院专家教授举办一期专题讲座，每月实行一次"闭卷严考"。二是对党政机关公务员进行任职定级培训、职业道德培训。三是对专业技术人员进行继续教育和更新知识培训。根据2001年《宁夏回族自治区专业技术人员继续教育条例》要求，沙坡头区每年组织全市专业技术人员全员参加继续教育培训和知识更新培训。2015年之前培训形式采取集中讲授的方式进行，2015年至2017年沙坡头区开始实行继续教育公需课网上免费注册学习。四是选调人员到经济发达地区或专业院校进行培训。通过培训，全面提高了国家公职人员的职业化服务水平和依法行政能力，加快了推进依法行政、建设法治政府的步伐。

四、工资、福利

（一）工资制度

1952年12月，对党政机关工作人员实行"工资分"值的月薪工资制。1983年，工资调整体现多劳多得原则，打破长期以来形成的平均分配制，企业职工工资调升与经济效益挂钩，与职工劳动成果大小紧密结合。1993年10月1日工资制度改革，机关工作人员按照任职时间、工作时间套改；事业单位工资分为固定部分和活的部分两块，对事业单位工资的管理引入竞争、激励机制，通过建立符合事业单位工作任务和特点的津贴制度，把工作人员的报酬与其实际贡献紧密结合起来，进一步贯彻社会主义按劳分配的原则。

2006年7月1日工资制度改革，机关工作人员实行职级工资制。事业单位工作人员实行岗位绩效工资制，事业单位工作人员分为专业技术岗位、管理岗位和工勤技能岗位。

2007年规范津贴补贴后，机关工作人员工资分为基本工资、艰苦边远地区津贴、生活补贴、工作津贴；事业单位工作人员工资分为基本工资、艰苦边远地区津贴、基础性绩效工资、奖励性绩效工资。公务员及参照公务员身份的人员自2016年5月起发放公务交通补贴，具体标准为：科员630元/月，乡科级副职690元/月，乡科级正职750元/月，县处级副职1080元/月，县处级正职1200元/月，厅局级副职1750元/月，厅局级正职1950元/月。

（二）专项津贴

信访工作人员岗位津贴：自2010年1月1日起，从事信访一线业务的工作人员每人每月235元，其他信访工作人员每人每月130元。

纪检、监察办案人员补贴：自2011年1月1日起，每人每月220元。

审计人员工作补贴：自2011年1月1日起，每人每月220元。

密码人员岗位津贴：自2012年1月1日起，工作不满10年的，每人每月200元；工作满10年不满20年的，每人每月400元；工作满20年以上的，每人每月600元。

安全生产监管监察岗位津贴：自2012年7月1日起，从事煤矿、非煤矿山井下安全生产监管监察的人员每人每月320元，从事其他安全生产监管的人员每人每月220元。

警衔津贴：自2015年1月起调整标准，总警监2250元，副总警监2000元，一级警监1800元，二级警监1600元，三级警监1400元，一级警督1250元，二级警督1100元，三级警督960元，一级警司860元，二级警司760元，三级警司660元，一级警员610元、二级警员560元。

人民警察值勤岗位津贴：自2016年7月1日调整人民警察值勤岗位津贴。县（市）级公安机关，监所、监狱、强制隔离戒毒所监区（大队）一下单位的人民警察值勤时，值勤岗位津贴标准为，一类津贴每人每天50元，二类津贴每人每天40元。

市（地）级公安机关，监所、监狱、强制隔离戒毒所机关的人民警察值勤时，值勤岗位津贴标准为，一类津贴每人每天40元，二类津贴每人每天30元。

省级公安机关，监狱、强制隔离戒毒管理机关的人民警察值勤时，值勤岗位津贴标准为，一类津贴每人每天30元，二类津贴每人每天20元。

国家安全机关人民警察值勤时，执行同级公安机关人民警察的值勤岗位津贴标准。

县（市）级法院、检察院的司法警察值勤时，值勤岗位津贴标准为每人每天40元；市（地）级法院、检察院的司法警察值勤时，值勤岗位津贴标准为每人每天30元；省级法院、检察院的司法警察值勤时，值勤岗位津贴标准为每人每天20元。

人民警察法定工作日之外加班补贴：自2017年1月1日起调整人民警察法定工作日之外加班补贴，月人均710元。

政法委机关工作津贴：自2017年1月1日起，每人每月1200元。

农业、林业有毒有害保健津贴和畜牧兽医医疗卫生津贴：自2015年1月1日起，一类450元/月，二类350元/月，三类260元/月。

环境保护监测津贴：自2015年1月1日起，一类450元/月，二类350元/月，三类260元/月。

特级教师津贴：根据人事厅、财政厅《关于调整特级教师津贴标准的通知》（宁人发〔2008〕55号）文件精神，2008年1月1日起特级教师津贴标准由每人每月80元调整为每人每月300元。

特岗津贴：根据区人社厅《关于全区救助管理机构工作人员工资问题答复意见的函》文件精神，目前，中卫市救助管理中心4名专职从事救助工作的人员享受，标准为基本工资的10%。

特殊教育津贴：根据宁人社发〔2016〕34号文件精神，中卫市特殊教育学校20人享受，标准为基本工资的30%。

乡镇工作补贴：自2015年1月起实行，根据在乡镇工作的年限执行，5年以下（含5

年）川区 200 元/月，山区 280 元/月；5 年以上—10 年以下（含 10 年）川区 280 元/月，山区 360 元/月；10 年以上—15 年以下（含 15 年）川区 360 元/月，山区 440 元/月；15 年以上—20 年以下（含 20 年）川区 440 元/月，山区 520 元/月；20 年以上川区 520 元/月，山区 600 元/月。

五、考核和奖励

（一）考　核

1994 年 10 月 30 日自治区党委组织部、自治区劳动人事厅制发了《宁夏回族自治区国家公务员考核暂行办法》[宁劳人（奖）字〔1994〕323 号文件]、2007 年 12 月 2 日自治区党委组织部、人事厅印发了《宁夏回族自治区公务员考核暂行办法》（宁组发〔2007〕44 号）对公务员考核原则、对象、内容和等次标准、时间、程序方法等都做出了明确规定。考核采取平时量化考核和年终考核相结合的办法，将考核等次分为优秀、称职（合格）、基本称职（基本合格）、不称职（不合格），优秀人员比例控制在 10%~15%。

2016 年 12 月 1 日，自治区党委组织部、人社厅印发了《宁夏回族自治区事业单位工作人员考核暂行办法》（宁人社发〔2016〕147 号），进一步规范事业单位工作人员考核工作，事业单位考核坚持客观公正、民主公开、群众公认、注重实绩、真实准确的原则，根据聘用合同规定的岗位职责任务，全面考核工作人员德、能、勤、绩、廉五个方面的表现，重点考核工作绩效。同时，明确了经批准在两类岗位上任职的人员的考核，考核内容应当包括聘用合同约定的两类岗位职责任务，以其主体岗位为考核重点。年度考核应以平时考核为基础，侧重考核工作人员完成年度工作目标任务等情况。

（二）奖　励

2006 年《中华人民共和国公务员法》颁布后，公务员的奖励按照《公务员奖励规定（实行）》实施，坚持精神奖励和物质奖励相结合，以精神奖励为主的原则，给予记三等功、二等功、一等功和授予荣誉称号。

2016 年 12 月 1 日，自治区党委组织部、人社厅印发了《宁夏回族自治区事业单位工作人员考核暂行办法》（宁人社发〔2016〕147 号）规定：事业单位工作人员年度考核被确定为优秀档次的，颁发奖励证书和奖金；奖金标准可参照优秀公务员奖励标准执行。

第三节 劳 动

一、劳动就业

（一）就业队伍

民国年间，绝大部分劳动力人口从事农牧业，极少数从事手工业、商业、饮食服务业。除农牧业、商业、手工业主外，大多无产业或技能者任人雇用，无劳动就业保障。1950年后，经过土改，对无业能农者分给土地务农。同时，中卫县人民政府在大力恢复发展经济中，有计划分期分批安排部分城镇无业人口就业。1960年至1962年，国民经济调整，全县精简职工及城镇人口近2万人，大部分充实到农业生产第一线。1963年后，贯彻国民经济"调整、巩固、充实、提高"的方针，全县工业企业职工队伍逐步扩大。但是由于人口发展过快，城镇待业青年逐年增加。尤其是"文化大革命"时期，劳动就业计划受到冲击而失控。1969年起，实行城镇知识青年上山下乡，至1978年全县共有下乡知识青年2268人待业，成为劳动就业安置的重点。从1982年至1993年，采取国家统筹招工与部门自行安置和待业人员自谋职业等途径，共安置待业青年5000多人，城镇青年就业率达90%以上。1994年至1996年，根据国家政策对全县劳动服务企业进行整顿，对国有企业下属的劳动服务企业进行试点改造，使其从国有企业中分离出来，享受国家减免税收政策，实行自主经营、独立核算、自负盈亏、推向市场。2006年，下岗职工经企业吸纳、转岗培训、职业介绍、自谋职业，城镇就业压力逐渐缓解，年底城镇登记失业率为3.54%。

2016年，沙坡头区培养小老板430个，培育小企业180个，创造新岗位1241个，创业能力培训1045人。农村劳动力转移就业41236人，实现工资收入4.1亿元。城镇新增就业3887人，安置公益性岗位315个。城镇登记失业率3.87%。2017年，沙坡头区培养小老板432个，培育小企业184个，创造新岗位1346个，创业能力培训1020人。农村劳动力转移就业37474人，实现工资收入4.67亿元。城镇新增就业3902人，安置公益性岗位171个。城镇登记失业率3.43%。2018年，沙坡头区培养小老板565个，培育小企业155个，创造新岗位1681个，创业能力培训1010人。农村劳动力转移就业39788人，实现工资收入5.7亿元。城镇新增就业3944人，购买248个公益性岗位进行安置，促进沙坡头区就业困难高校毕业生、建档立卡贫困劳动力、"4050"失业人员及零就业家庭群体实现就业。城镇登记失业率3.57%。为12304人发放灵活就业人员社保补贴共计3860.33万元。2019年，沙坡头区培育创业实体695个，创造新岗位15481个，创业能力培训1130人。农村劳动力转移就业33108人，实现工资收入7.17亿元。城镇新增就业3621人，购买179个公益性岗位进行安置，促进沙坡头区就业困难高校毕业生、建档立卡贫困劳动力、"4050"失业人员及零就业家庭群体实现就业。城镇登记失业率3.51%。为12915人发放灵活就业人员社保补贴共计4573.34万元。

（二）就业制度

改革开放后，先后在县属国有工业和供销、商业等系统企业实施产权制度改革，转变企业体制和职工身份，买断企业产权与职工工龄，解除企业对政府、职工对企业的依附关系，终结了县属企业实行多年的统招统分的固定用工制度。通过实施《中华人民共和国劳动法》，加强劳动执法监察，规范用工管理。明确了企业实行劳动聘用制，从法律意义上彻底打破了"铁饭碗"式的就业制度。2004年以后，劳动部门积极转变职能，强化管理，突出服务。劳动就业局势稳定，社会劳动力经多渠道多形式安置，就业压力得到缓解。企业择优用人、个人竞争就业、市场调节需求、社会劳动力合理配置和有序流动。2007年8月30日，中华人民共和国第十届全国人民代表大会常务委员会第二十九次会议审议通过《中华人民共和国就业促进法》，国家把扩大就业放在经济社会发展的突出位置，实施积极的就业政策，确定了"坚持劳动者自主择业、市场调节就业、政府促进就业、多渠道扩大就业"的就业方针。2012年2月—7月，对在法定劳动力年龄内、具有中卫市户籍和劳动能力的城镇、农村劳动力（不包括在校学生），劳动力资源数据进行了采集，标志着沙坡头区劳动力资源将进入信息化管理。2012年11月，中卫市人民政府办公室印发《中卫市促进就业规划（2011—2015年）》，紧紧围绕中卫市经济社会发展的战略部署，适应加快转变经济发展方式的要求，紧密结合保障和改善民生、构建和谐社会的需要，把就业作为民生之本，以充分开发和合理利用人力资源为出发点，健全劳动者自主择业、市场调节就业、政府促进就业相结合的机制，实施更加积极的就业政策，统筹城乡就业，创造平等就业机会，构建和谐劳动关系，不断提高就业质量，扩大就业规模，保持就业局势总体稳定。

（三）就业失业登记

2004年，开始为下岗失业人员办理《再就业优惠证》，持有《再就业优惠证》的失业人员除国家限制行业外，减免有关税收和工商管理费及免费办理各类证照。2010年，人社部根据《中华人民共和国就业促进法》《就业服务与就业管理规定》等法律法规的有关规定，出台了《关于印发就业失业登记证管理暂行办法的通知》（人社部发〔2010〕75号），2011年11月10日，正式启动全国统一样式的《就业失业登记证》，劳动者可凭《就业失业登记证》跨地区享受国家统一规定的相关就业扶持政策。2014年12月，人社部发出通知，要求将《就业失业登记证》更名为《就业创业证》。通知要求，毕业年度内高校毕业生在校期间凭学生证向就业创业地（直辖市除外）公共就业和人才服务机构申领《就业创业证》，或委托所在高校就业指导中心向当地（直辖市除外）公共就业和人才服务机构代为其申领《就业创业证》；毕业年度内高校毕业生离校后直接向就业创业地（直辖市除外）公共就业和人才服务机构申领《就业创业证》。该证是记载劳动者就业和失业状况、享受公共就业服务和就业扶持政策、失业保险待遇等的合法凭证。凭此证，登记失业人员可享受免费公共就业服务和规定的失业保险待遇。根据人社部要求，更名后的《就业创业证》将先向有需求的毕业年度内高校毕业生发放。有条件的地区有望在社保卡上加载就业失业登记信息电子记录，逐步替代纸质的就业失业登记证明。已发放的就业失业登记证继续有效，不再统一更换。2015年1月，沙坡头区开始陆续对符合条件的人员发放《就业创业证》。2015年办理《就业创业证》5515人，2016年《就业创业证》10738人，2017年办理《就业创业证》8299人，2018年办理《就业创业证》4899人，2019年办理《就业创业证》4758人。

二、劳动执法

沙坡头区劳动保障监察执法局于2018年成立，按照职能职责主动配合市劳动保障监察监督局深入沙坡头区行政区域内和城市建成区建设项目施工现场、规上工业企业，对各施工企业、各用工单位遵守《中华人民共和国劳动法》《中华人民共和国劳动合同法》《中华人民共和国社会保险法》情况，贯彻自治区《关于全面治理拖欠农民工工资问题的意见》（宁政办发〔2016〕65号）情况进行督查，共检查市本级（含沙坡头区）规上工业企业17家，建筑施工企业36家，现场提出意见建议40余条，有效推动了工作落实。2018年度沙坡头区劳动保障监察执法局共受理各类投诉、举报涉及农民工（职工）欠薪案件57件，已办结案件57件，涉及农民工785人，涉及工资777.93万元，办结率100%。2019年度沙坡头区劳动保障监察执法局共受理各类投诉、举报涉及农民工（职工）欠薪案件80件，已办结案件80件，涉及农民工730人，金额470.24万元，办结率100%。

第二十三章 教 育

2011年，沙坡头区共有学校121所，其中，高中9所（含高级中学2所，完全中学7所），初中16所（含初级中学4所，九年制学校12所），小学94所，职业学校1所，聋哑学校1所。共有在校学生217600名。其中，高中生19265名，初中生5888名，小学生134715名，其他4782名。2015年末，沙坡头区各级各类学校127所，教职工4612人，普通中学在校学生数2.5万人，同比下降3.8%，小学在校学生数3.1万人，同比下降3.1%。其中，普通高中两所，普通初中23所，中等职业学校1所，普通小学63所，特殊学校1所。共有幼儿园37所，在园幼儿10766人。截至2017年，沙坡头区共有各级各类公办学校102所，其中，高级中学两所，职业技术学校1所，初级中学10所，九年制学校12所，小学59所，公办幼儿园16所，特殊教育学校1所，另有教学点8个。社会办学47所，其中，民办幼儿园23所，民办培训机构24所。在校（园）学生70569名，教职工3993名。中卫中学为自治区普通高中一类示范学校，中卫一中为自治区普通高中二类示范学校；中卫职业技术学校是全国中等职业教育重点学校，并被教育部、人社部、财政部命名为全国中等职业教育改革发展示范校。

第一节 机构设置

2004年至2018年沙坡头区教育工作由中卫市教育局管理。2005年4月25日，市人民政府第24次常务会议决定：城区农村中小学由原乡镇管理改为由中卫市教育局管理。2019年1月21日，依据卫党办发〔2019年〕10号文件，将中卫市教育局承担的特殊教育、农村初级、中学教育、农村九年制教育、小学教育、农村学前教育、民办、教育管理职责，统一交由沙坡头区教育局承担。职责调整后，市教育局负责中等职业教育、普通高级中学教育、城市初级中学教育和城市公办学前教育管理工作。向沙坡头区教育局整建制移交78个教育教学单位，分别是：市特殊教育学校，5所农村初级中学（柔远中学、宣和中学、常乐中学、兴仁中学、西台中学），12所九年制学校，52所农村小学，8所城市小学（市第三小学、第六小学除外）。同时设立沙坡头区教学研究室，挂沙坡头区师资培训和教育考试中心牌子，为沙坡头区教育局所属事业单位，主要负责教学研究、师资培训和教育考试等工作。从市教育局连人带编划转4名行政编制到沙坡头区教育局，不足部分由沙坡头区调剂解决。将整建制移交的78所教育教学单位的2125名全额预算事业编制和在编人员，整体划转到沙坡头区教育局管理。沙坡头区教学研究室所需人员编制，分别从市教育局2个所属事业单位连人带全额预算事业编制划转25名，其中，市教学研究室22名，市教育考试中心3名。沙坡头区教育局负责人分别有杨文刚、刘金平、葛生玉、王自强、景兆栋等。

第二节　基础教育

一、学前教育

民国时期，小学附设之幼稚班，全部由一年级教员担任，人员数额不详。改革开放以后，在企业转制和后勤服务社会化的进程中，企事业单位办园有的停办，有的被推向市场。2014年，认真落实第二期学前教育三年行动计划，坚持学前教育公益性和普惠性的发展方向，大力发展公办幼儿园，市二幼、三幼顺利开园，公办园带头示范作用有效发挥。扩建、新建兴仁、永新两所农村幼儿园，学前教育三年入园率不断提高。

2016年，认真贯彻实施《中华人民共和国义务教育法》，着力巩固提升"普九"成果，小学入学率达到100%，初中入学率达到98.2%。着力优化教育资源配置，实施学校标准化建设工程，装备水平明显提升，区域内城乡办学差距逐步缩小，沙坡头区义务教育均衡发展顺利通过国家评估认定。

2017年，全面实施"学前教育三年行动计划"，坚持学前教育公益性和普惠性共赢发展方向，加强对农村幼儿园办园和民办幼儿园管理、督查、指导，促使幼儿园规范办园，从源头上克服学前教育"小学化"的倾向；充分发挥公办幼儿园龙头示范作用，扩大市二幼、三幼及其他幼儿园办学规模，沙坡头区学前三年毛入园率达到91.53%（全区81.5%），比三年前提高 6.53 个百分点，基本上实现"广覆盖、保基本"的目标。

二、小学教育

1991 年 11 月，中卫县教育局发布《一九九一年中卫县小学毕业生会考情况通报》，年度中卫县语文、数学均分比两年前有所提高。沙坡头区从 2002 年秋季起，义务教育逐步实现六三学制，入学年龄由 7 周岁改为 6.5 周岁。

2014 年，沙坡头区义务教育发展程度更加均衡。紧扣硬件均衡这一重点、力补校际均衡这一弱点、狠抓师资均衡这一关键、主攻质量均衡这一难点，进一步统筹城乡义务教育资源均衡配置，对照国家验收细则和存在的问题，精准发力，查漏补缺，高度重视控辍保学工作，着力提高义务教育均衡发展水平，扎实推进义务教育均衡发展工作。

至 2017 年中卫沙坡头区有九年制学校 11 所，中心小学 8 所，完全小学 67 所。深入推进义务教育优质资源向农村和山区学校延伸，促进山川协调发展，探索建立了沙坡头区"1113 小班化教学"课堂教学模式，有效提升了农村学校教育教学质量，新华社宁夏分社、宁夏日报、新消息报、中卫日报等媒体多次进行专题报道。

三、初高中教育

2008 年市人民政府印发《中卫市中小学布局结构调整规划方案》《关于进一步推进学校规划布局工作的意见》规定，逐步停招农村镇（乡）中学高一新生，将普通高中全部撤并到市区的中卫中学、中卫一中，有力整合高中阶段教育资源，使普通高中办学规模进一步扩大。

2014 年，沙坡头区有两所高中，即中卫中学、中卫一中。

截至 2017 年，沙坡头区有高中阶段学校 2 所，中职学校 1 所。沙坡头区教职工 721 名，在校学生 13499 名，教学班 267 个。沙坡头区高中阶段教育毛入学率达 95.87%。深化学校内部管理改革，狠抓高考复习备考，全面提升高中教育质量，沙坡头区高考二本以上一次性上线 1435 人，上线率 36.5%，一本（重点）一次性上线 795 人，上线率 20.2%，600 分以上 36 人，有 4 名同学被北京大学、清华大学录取，实现了高考成绩的新提升。

第三节 职业教育

沙坡头区加大职业教育建设，中卫职业技术学校顺利通过"国家中等职业教育改革发展示范学校"验收，并被教育部确定为宁夏唯一一所首批中职现代学徒制试点单位。着力加强旅游服务、机电应用、汽车维修等校内实训基地，建立了40个稳定的校外实训基地，接受学生轮岗实训3000人次，满足应届毕业生半年以上顶岗实习需要。深化校企合作，与应理集团合作组建中卫市应理职业教育中心，双方在资源共享、人才培养、社会化培训等方面开展合作，与区内外60多家企业建立了稳定的合作关系，推动专业设置与企业需求对接，推进产、教、学、用一体化的订单培养模式，进一步提高了人才培养工作的针对性和适用性。

2016年，中卫市沙坡头区有公办职业学校1所，即中卫市职业技术学校，有教职工210人，在校中职学生5073人，开设27个专业。学校采取创新人才培养模式，设立了中卫市技工学校，市职业学校成为全区唯一一所中职现代学徒制试点单位；深化校企合作，与区内外70多家企业签订了订单培养协议，毕业生就业率达98.6%。积极促进社会人员就业创业，完成各类技能培训和鉴定9800人次。

2017年，扎实落实中高职分类招生考试政策，优化职业学校专业设置，中职招新生1638人，职业教育吸引力不断增强；深化校企合作，工学结合，与区内外70多家企业签订了校企合作、订单培养协议。建立校外实训基地64个，完成各类技能培训和鉴定8340人次，毕业生就业率达98.6%；全面推进学习型社会建设，国家开放大学宁夏中卫学院在市职业技术学校挂牌成立，成人学历教育踏上新征程。

第四节 中高等教育

一、宁夏大学中卫校区

2014年，沙坡头区加大政府投入力度，加快推进宁夏大学中卫校区建设，占地642

亩，42个建筑单体，建筑面积20万平方米的宁夏大学中卫校区建成投入使用，近800名大学生入住新校区，教育教学顺利开展，管理保障规范平稳，应用技术教改有序推进。按照建设应用技术型大学的目标，设立软件工程、旅游管理、电子商务、市场营销、化学工程与工艺、食品科学与工程、汉语言文学、人文地理与城乡规划8个专业，在校大学生1273人（其中，2014年招生355人，2015年招生428人，2016年招生490人），并整体移交宁夏大学，填补了中卫高等教育空白。

二、国家开放大学（宁夏）中卫学院

1984年7月，在教师进修学校内建立电大工作站，教育层次以专科为主，利用广播电视进行成人专科教育。1993年4月，升格为宁夏广播电视大学中卫分校。2004年春季开始，电大一年春秋两季招生。2005年，学校通过"中央广播电视大学人才培养模式改革和开放教育试点"项目总结性评估。2009年，宁夏电大中卫分校启动"中专大专学历教育衔接"项目，即中专生套读大专。1998年至2017年末，学校开放教育累计招生7571人；2010年至2017年末，成人专科累计招生2827人。电大开办以来累计培养本、专科毕业生近10000名。2017年12月，经国家开放大学（宁夏学院）、宁夏广播电视大学评估并发文同意，在宁夏广播电视大学中卫分校增挂"国家开放大学（宁夏）中卫学院"牌子。

第五节　其他教育

一、成人教育

2008年，中卫市"两基"迎国检工作正式启动，各村民委员会、学区、学校在扫盲工作中的职责，按规定要求完成扫除青壮年文盲任务。已经举办扫盲学校班的镇（乡）继续把已脱盲人员组织起来，把学习文化同学习科学技术知识结合起来，切实做好脱盲人员的巩固提高工作；尚未举办扫盲学习班的镇（乡）要将2005年、2006年、2007年三年的所有文盲集中起来办班并组织教学，使所有学员达到脱盲标准：认识1500个汉字、能够看懂通俗易懂的报刊文章、能够记简单的账目、能够书写简单应用文。2008年，沙坡头区脱盲巩固提高率达到100%。

二、职工教育

中卫的职工业余教育始于1951年。1972至1978年间，职工文化教育陷于停滞状态。1978年始，职工业余教育逐渐恢复。1980年以来，针对新职工比重大、总体质量差，多数达不到合格学历，或与实际学历不相符的状况，采取文化补课，半脱产进修，鼓励投考函授、电大、卫星电视学习等方式，逐步提高职工文化技术素质。

三、特殊教育

中卫市沙坡头区特殊教育主要由三部分组成：一部分在义务教育阶段中小学随班就读；一部分在中卫市特殊教育学校上学（其前身为成立于1991年8月，附属在中卫县职业中学的中卫县聋哑学校，教育对象以听障儿童为主，学制6年。2005年学校更名为中卫市特殊教育学校，2009年9月迁建至新校区，学校设立初中部，为九年义务制学校。教育对象主要以听障、智障儿童为主，兼顾言语障碍、脑瘫、自闭症、情绪障碍等其他类型的特殊儿童）；另一小部分是送教上门的重度残疾儿童。

2001年后，中卫教育在实现"两基"，巩固、提高"两基"水平的同时，大力发展特殊教育，残疾儿童入学率逐年提高。截至2019年，中卫市残疾儿童少年义务教育入学率达到100%。

第六节　教师队伍

一、管理与任用

2000年，按照《教师资格条例实施办法》，对中小学教师资格制度进行的周密部署。2001年，根据《宁夏回族自治区事业单位工作人员考核暂行办法》和《关于印发修订的中、小学1（幼儿园）教师中、高级专业技术资格评审条件（试行）的通知》（宁职改办〔1998〕25号）精神和《教师资格条例》，从2001年秋季开始，全县调整农村中小学一律不准再聘用新的代课教师。

2002年，形成以校长聘任制、教职工全员聘用制和校内活动工资制为主要内容的中小学内部管理改革方案。

2010年，健全教师资格管理制度。对教师准入制度严格执行，控制教师的入口关。2012年，改革废除中学和小学教师职称相互独立的制度体系，建立统一的中小学教师职称制度。2013年，教师资格实行全国统一考试。

二、工资待遇

2006年6月29日，国家重新修订《中华人民共和国义务教育法》，要求中学教师从2006年7月起，实行岗位绩效工资制度。

2017年，按照相关政策要求，2014年之前招聘的特岗教师均已转聘为事业编制教师。截至2017年12月31日，沙坡头区在岗的特岗教师达200名。特岗教师工资标准已提高5次，从2006年的每人每年1.5万元调整到3.1万元（2583元／月）。

第七节　体制改革

一、办学体制改革

2009年至2011年，市财政对沙坡头区教育拨款的增长率均高于财政经常性收入，生均教育事业经费分别达到1809元、3885元、4131元。

2010年5月，沙坡头区被教育部评为"全国学校阳光体育工作先进县（区）"。认真抓好中考、高考及竞赛工作，中考、高考不断取得新成绩，竞赛不断取得新突破。在全国高中奥林匹克数学、物理、化学、生物、信息学联赛中，共获得国家级奖励3人次、自治区级奖励146人次。

中卫市沙坡头区于2011年初正式启动"探索普及高中阶段教育的措施和办法改革试点"工作，切实把改革试点摆上重要的议事日程，把巩固提高"普高"工作成果作为教育工作的重点目标任务。

2012年，沙坡头区初中毕业生升学率为96.46%，高中阶段毛入学率为90.66%，均达到自治区基本普及高中阶段教育工作相关指标验收标准，进一步巩固提高"普高"成果。

2018年，沙坡头区高考二本以上一次性上线1591人，上线率42.2%，一本（重点）

一次性上线965人，上线率25.6%，600分以上72人，共有8名同学被北京大学、清华大学录取，实现名校录取人数的历史性新突破。

二、教学研究与改革

2000年10月至2007年12月，按照自治区教育厅的统一部署，县教研室在沙坡头区中小学全面开展"课堂教学质量工程"。共计有3064名中小学教师"达标"，达标教师占教师总数的87.4%。

2014年，积极建立教育发展性评价机制。按照市委、市政府教育体制改革创新行动计划，制定了《中卫市沙坡头区中小学、幼儿园发展性督导评估方案》，结合国家义务教育质量监测工作，不断完善教育评价体制机制，优化教育督导评估体系，推进办学条件改善、学生全面发展、教师专业发展、学校综合质量评价等标准体系建设。组建了中卫市应理职业教育中心，进一步健全完善中高职贯通教育机制，探索建立校企互联互聘机制，构建企业新型人才培养体系。进一步细化管理制度，使学校各项工作有章可循，体现了依法治教、依法治校精神，切实推进学校"精细化、规范化、制度化"管理，促使学校常规管理迈上新台阶。

2015年2月起，按照自治区教育厅的部署，市教研室在沙坡头区广泛开展"一师一优课，一课一名师"活动，共计网上晒课34387节，获得县级优课1423节，市级优课520节，省级优课110节，部级优课40节。2016年2月，中卫市教研室大力开展信息化高效课堂达标工程。

2016年，推进"互联网+"教育模式，实施信息技术条件支撑下的中小学教师"高效课堂"达标工程，以"互联网+"教育变革为重点，对1254名各级各类骨干教师、学科带头人进行信息技术条件下"高效课堂"测评工作，实现信息化与教育教学的有机融合。

三、素质教育改革

1998年10月，中卫县"两基"（基本普及九年义务教育、基本扫除青壮年文盲）工作顺利通过自治区人民政府验收。11月，为进一步巩固"两基"成果，不失时机营造顺势而上的教育氛围，经教育局党委研究，经请示获县人民政府批准，组织人员对湖南、湖北、上海等地实施素质教育的情况进行考察学习，并形成考察报告，报县人民政府。

2008年，沙坡头区各中小学开始全面开展阳光体育"冬季长跑"活动、阳光体育"大课间"活动，并多次得到自治区教育厅领导的肯定。2010年中卫市沙坡头区被命名为全国百名"阳光体育先进县"（全区2个）。

2013年10月，中卫市沙坡头区"义务教育均衡发展"工作顺利通过自治区检查验收，主要涉及素质教育及体育、艺术等相关内容。2014年11月，中卫市沙坡头区"义务教育均衡发展"工作顺利通过国家复查验收。2014年，中卫市沙坡头区未成年人思想道德建设及学校体育、卫生、艺术、家庭教育工作通过国家考核，为中卫市创建全国文明城市奠定基础。2014年至2018年，连续5年由市教育、体育部门联合举办为期半年的全市青少年围棋、乒乓球、羽毛球、篮球、足球5个项目的中小学生锦标赛。每年沙坡头区教育系统中小学代表队参加各种比赛。

2014年，对学前一年幼儿教育开始实施资助，由自治区财政和地方财政各按照50%比例资金配套拨付使用。扎实开展学生养成教育活动，形成了"日行一善""道德银行""红领巾电视台"为代表的学校德育品牌，举行了全市少先队规范化入队仪式，设立了善行义举榜，举行了十八岁学生成人礼仪式，开展网上祭英烈活动，开展民族教育和文明旅游进学校宣传教育活动，组织评选了100名美德少年，组织了"科普剧"展演活动，促进了学生全面发展。2015年，对前两年幼儿教育全面实施资助。2017年秋季，对沙坡头区所有义务教育阶段学校，全面实行"三免一补"惠民政策。

2015年，深入推进社会主义核心价值观教育，开展了"做一个有道德的人""五好小公民"等主题教育和"文明校园"创建活动，加强了普法、科普、"三爱"教育，提升了德育工作的实效性。建立了学生体质健康监测报告机制，坚持开展校园阳光体育活动，参加了全区中小学生艺术展演、科普剧展演、普法演讲、经典诵读等活动，获自治区一等奖16个，二等奖34个，中卫一中教师田丽获中卫市"五一劳动奖章"，中卫五小在全区第六届学生合唱艺术节展演中获第一名，中卫中学学生在全国"学宪法守宪法"演讲比中获一等奖，有550名学生在全国各类竞赛中获奖，市教育局荣获国家及部委表彰3项，自治区及厅局级表彰8项，市级表彰17项，有6项工作被自治区教育厅认定为创新性工作。

2017年，建立了"三问三亮三评"（三问：问家长、问自己、问邻里；三亮：亮态度、亮信息、亮身份；三评：学生评、同事评、社会评）师德管理常态工作机制，扎实开展了"四有"好老师等主题教育活动。招聘补充教师54名，引进免费师范生和高学历人才23名。安排城乡教师轮岗交流190余名。开展了"同课异构""一师一优课、一课一名师""信息化高效课堂"达标工程等活动。深入推进"三名"(名师、名校、名校长)工程，审核推荐了两所名学校、两位名校长、4位名教师。积极开展中小学教师继续教育培训。制定并启动了《中卫市中小学教师三年培训规划》，积极向自治区教育厅争取教师培训项目资金700万元，分三年对沙坡头区教师进行一次不少于80学时的轮训，2017年与国家教育行政学院合作，先后组织364名教师，156名校(园)长分赴嘉兴、大连、宝鸡等地采取理论学习与跟岗实践相结合的方式进行了为期45天的培训。同时，根据自治区"塞上名师"培训安排，先后有3名骨干教师赴美国交流学习。深化"两考一评"，集中开展了"考课标、考教材、评价课堂教学实效"活动，促进教学细化工作措施。切实加强对党员的教育管理，严肃追责问责，充分发挥基层党组织的战斗堡垒作用和党员的先锋模范带头作用。坚持立德树人的根本任务，健全完善学校、家庭、社会"三位一体"的青少年德育网络。紧紧围绕社会主义核心价值观，广泛开展了"做一个有道德的人""我的中国梦""日行一善"、感恩、诚信、守法等系列主题教育活动。中卫中学被教育部评为"国防教育特色校"，中卫一中被评为"全国文明校园"，中卫职业技术学校被评为"全国未成年人思想道德建设"先进单位，中卫三中、中卫四中顺利通过自治区"毒品预防教育示范学校"验收，640多名学生被评为国家、自治区级三好学生、优秀学生、道德小标兵。组织15名学生到英国参加访学。扎实推进素质教育，不断深化课堂教学、评价机制等改革，人才培养质量得到了全面提高。加快优质教育资源延伸扩面工程进程，推行城乡学校"托管联动"发展，切实实现教育资源共建共享。

表23.1　中卫市沙坡头区创建教育强县区教育管理与投入情况统计表（一）

年　份	"三个增长"基本情况							
	财政对教育拨款		财政经常性收入		生均教育经费（元）		生均预算内公用经费（元）	
	金额（万元）	增长率（%）	金额（万元）	增长率（%）	小　学	初　中	小　学	初　中
2006	13605	40.85	14334	22.76	1190	2222	305	896
2007	17463	28.36	16236	13.27	1591	2223	306	897
2008	28068	60.73	24814	52.83	2787	2955	902	898

表23.2 中卫市沙坡头区创建教育强县区教育管理与投入情况统计表（二）

年份	财政转移支付与城市教育费附加用于教育的情况					
	财政转移支付			城市教育费附加		
	自治区安排的转移支付资金（万元）	用于教育的资金（万元）	占百分比（%）	应征数（万元）	实际征收数（万元）	用于教育（万元）
2006	1017	742	72.96	779	779	781
2007	1017	742	72.96	1003	1003	1021
2008	1017	742	72.96	1186	1186	1186

第八节 教育投入

一、教育设施

2015年，沙坡头区积极争取项目资金1.389亿元，共实施农村薄弱学校改造、中小学标准化运动场改造、农村教学点办学条件改造、幼儿园建设、教师周转房改造、农村中小学供暖设施改造等各类续建和新建项目43个，新建、改扩建校舍7.3万平方米，有效改善了基础设施条件。争取资金2467.3万元，实施了中卫九小等28所中小学设施设备购置项目，购置设施49.3万套（台、件），图书21万册，课桌凳7678万套，计算机及教学仪器设备等25.6万套（台、件），进一步提高装备水平。加快推进教育信息"三通两平台"建设，全面提升教育信息化水平。

2016年，沙坡头区争取项目资金2.95亿元，共实施农村薄弱学校改造、中小学标准化运动场改造、农村教学点办学条件改造、幼儿园建设、教师周转房改造、农村中小学供暖设施改造等各类续建和新建项目16个，新建、改扩建校舍8.3万平方米。按照义务教育均衡发展需求，积极争取市财政投资4095万元，为中小学装备信息化设备，配发计算机、触摸一体机等设施设备10.2万套（台、件），图书21万册，学校装备水平有效提高。按照统筹城乡义务教育资源均衡配置要求，以信息化基础能力建设为目标，全面推进教育信息化"三通两平台"建设，宽带网络"校校通"实现率达95.9%，教学资源"班班通"实现率达87.5%，网络空间"人人通"实现率达85%，促进了优质教育资源互通共享。

2017年，沙坡头区积极争取项目资金1.826亿元，建成中卫十一小，改扩建中卫中学等10所学校校舍，完成了中卫五中等14所学校运动场改造项目，实施了兴仁镇郝集幼儿园等4所新建、改建项目，实施了兴仁中学、宏爱小学教师周转房建设项目。按照标准化建设的要求，为中卫三中等76所学校购置设施设备和图书4.85万套（台、件、册），课桌凳1.18万套，为沙坡头区189个（中卫中学60个、中卫一中50个、中卫二中40个、中卫三中39个）高考标准化考场更换2230套课桌凳，对相关设施设备进行了维护维修，高考标准化考场和中小学校办学条件有效改善。以信息化基础能力建设为目标，全面推进教育信息化"三通两平台"建设，沙坡头区宽带网络"校校通"实现率达100%，教学资源"班班通"实现率达95%，网络空间"人人通"实现率达100%，促进了优质教育资源互通共享。

二、捐资助学

沙坡头区围绕贫困生助学工作目标，以实施"国家助学""政府减免"工作为重点，在社会各界爱心人士的关心支持下，以社会捐资助学为补充，开展一系列的资助活动项目。

2009年起，沙坡头区依托国家开发银行宁夏分行、自治区教育厅，落实大学生生源地信用助学贷款政策，坚持"精准资助，应贷尽贷"的原则，确保生源地信用助学贷款工作健康有序地开展，为经济困难学生完成学业提供坚实的物质保障。

2014年，共为9620名普通高中和中等职业学校学生发放助学金659.38万元，为11.1万名学生减免各类费用5818.65万元；为2363名高校录取新生争取燕宝慈善基金、"圆梦行动"金秋助学金等各类助学补助2210万元，为15758名大学生办理生源地助学贷款9218.4万元，切实解决广大学生入学难的问题。

2016年，构建起了学前教育、义务教育、中职教育、普通高中教育和普通高校完善的学生资助体系，2016年为全市8533名普通高中和中职学生发放助学金1780.7万元；为1.4万名幼儿、普通高中学生、中职生减免各类费用1683.93万元，实现家庭经济困难学生资助全覆盖；争取宁夏燕宝慈善基金会、中卫市慈善基金会金秋"圆梦行动"助学金等各类1280.2万元，帮助近1600名学生圆了大学梦；积极开辟绿色通道，为17903名大学生办理生源地助学贷款1.1024亿元，切实解决广大学生入学难的问题；认真实施营养改善计划，争取专项资金7063.784万元，共惠及6.3万名农村中小学生。

2017年，围绕"发展教育脱贫一批"的中心任务，按照"有标准化校舍读书，有专业化教师教书,让贫困学生读得起书,让学生快乐阳光读书"的思路,实施"六个精准",落实"四个脱贫"。为沙坡头区14185名普通高中、中职学生发放助学金1442.7万元;为3.85万名学生减免各类费用1925.5万元;为7445人次(春季4539人,254.2万元;秋季2906人,10.01万元)中小学生争取营养改善计划资金264.21万元;为4505名大学生办理生源地助学贷款54.3万元;为410名"离土"贫困户家庭在校大学生资助205万元;组织沙坡头区40余名骨干教师到贫困地区送课150余节,最大限度发挥了教育在精准脱贫中的能动作用,努力实现教育脱贫目标。

三、教育督导

2013年3月,中卫市教育局、中卫市人民政府教育督导室制定《关于沙坡头区义务教育均衡发展县(区)创建工作推进方案以及均衡发展宣传工作实施方案》。

2014年4月,对沙坡头区推进义务教育均衡发展工作的进展情况进行第三次过程性督查。2014年8月,中卫市教育局、中卫市人民政府教育督导室印发《中卫市义务教育均衡发展工作市级验收安排》。2014年底,自治区教育均衡发展评估专家组对中卫市沙坡头区义务教育均衡发展工作进行全面的评估验收,并下发《关于中卫市沙坡头区做好义务教育均衡发展评估验收整改工作的通知》,对沙坡头区推进义务教育均衡发展工作提出具体整改意见。2015年3月24—25日,进行过程性督查,就整改通知中的问题进行全面核查,并进行详细的反馈。

2016年3月,市人民政府教育督导室制定《关于中卫市(沙坡头区)中小学校责任督学挂牌督导创新县(区)实施方案》。

第二十四章　科学技术

沙坡头区党委、政府高度重视科技创新工作，出台了一系列政策措施，将创新驱动纳入全区经济工作之中，设置责任指标进行绩效考核；整合资源优势，拓宽资金投入渠道，完善投融资机制，构建了开放包容、全域旅游、云产业集聚、交通物流枢纽、特色农业、新型工业六大可持续发展实验板块；在防沙治沙方面完善了"麦草方格、五带一体"的治沙模式，在城市管理方面凝练形成了"以克论净"的环保经验，对标凤凰城在云制造云计算云服务方面探索形成了"中卫云模式"；形成了"党委领导、政府推动、企业主导、社会参与"科技创新体系，为沿黄生态经济带同类型地区提供了可复制、可借鉴的可持续发展经验。

截至2017年，沙坡头区全社会R&D经费内部支出1.32亿元，比上年增加0.3亿元，增长29.9%；沙坡头区R&D投入强度（R&D投入占GDP比重）由2016年的0.65%上升至2017年的0.77%，提高了0.12个百分点。截至2017年12月底，沙坡头区有效发明拥有量总计120件，较2016年12月底有效发明拥有量增长28件，增幅30.4%。有效发明万人拥有量2.97件，较2016年增加0.69件，增幅30.3%。

第一节　机构管理

一、机　构

（一）机构沿革

1958年12月，中卫县人民委员会首设科学技术委员会，1962年被精简，1975年5月，县科委恢复建制。1997年改称科学技术局。2004中卫撤县设市，改名中卫市科学技术局。2019年1月设立沙坡头区科学技术局，党组书记兼局长张永生。

（二）其他科研机构

驻沙坡头区科研机构主要有中科院沙坡头沙漠试验站、农业机械研究所、农业科学研究所、大河珩磨机床研究所、沙漠土壤研究所等。

二、管 理

（一）科技投入

R&D经费投入是全面建成小康社会的一项重要指标，是衡量一个地区科技创新能力的核心指标，也是自治区党委、政府考核沙坡头区创新驱动的主要指标。2016年，沙坡头区R&D经费投入为0.65亿元；2017年，沙坡头区R&D经费投入为1.32亿元，R&D经费投入强度为0.77%；2018年，沙坡头区R&D经费投入为2.11亿元，R&D经费投入强度为1.12%。

（二）科技规划

2003年，中卫市城区被自治区人民政府确定为可持续发展试验区，为此制定《中卫城区可持续发展试验区规划》《宁夏中卫城区可持续发展试验区规划（2006—2012年）》，确定指导思想和发展目标，坚持科学发展观，全力推动工业化、城市化、农业产业化进程，促进中卫市经济、社会、人口、资源和环境协调发展。2015年，制定《中卫市科技事业发展"十三五"规划纲要》。

（三）科技管理

"七五"期间，县科技管理部门贯彻执行"经济建设必须依靠科学技术，科学技术工作必须面向经济建设"的工作方针，通过不断增强科技意识，促进科技与经济的结合。"八五"以来，贯彻执行国务院《关于依靠科技进步振兴农业，加强农业科技成果推广工作的决定》和自治区政府《关于依靠科技进步，振兴农业的决定》，1993年10月1日《中华人民共和国科技进步法》开始实行，科技管理部门积极走上街头宣传科技进步法。

1995年，全国科技大会召开后，自治区召开了全区科技大会，科技管理部门采取各种形式组织干部、科技人员学习领会大会精神，结合学习党中央、国务院《关于加速科学技术进步决定》并联系实际，逐步加深理解"科教兴国"伟大战略实施的紧迫性和必要性。

2004年中卫市成立以来，中卫市各级党政组织树立"科学技术是第一生产力"的思想，以科技项目为支撑，以创新为动力，抢抓机遇，开拓进取，获得自治区以上科技成果 46 项（其中一等奖 6 项）。

2019 年 9 月 26—27 日，宁夏回族自治区科学技术厅组织专家对中卫市沙坡头区国家可持续发展实验区进行了复核评估。专家组通过实地考察、听取汇报、查阅资料、质询、讨论等环节后，一致同意通过中卫市沙坡头区国家可持续发展实验区的梳理复核评估。

（四）科技成果转化和推广

1978 年，中卫县科委根据区内外部分科研成果结合县内实际，选编 12 项适宜应用推广的科技成果内容提要，印发全县各有关厂、时、站、所等事业单位，其中有 5 项被有关单位采用，并取得一定的社会、经济效益。此后，县科委每年都以各种形式向有关单位和部门推荐适宜应用推广的科技成果，并在编制全县年度科技发展计划时适当安排一些有应用推广价值和发展前途的中间试验项目，进一步探索适宜中卫县环境的栽培技术或生产技术，以便大面积、大规模推广。各业务部门、科技群团结合县内实际，采取各种形式，大力推广普及适用科技成果。一些适用技术在县内推广后，产生极为显著的经济、社会、生态效益。如"三种三收"耕作制度和栽培技术这项成果在全县大面积推广后，收到显著经济效益。截至 2019 年 11 月，沙坡头区经认定登记的技术合同数额共计 56 份，输出技术 1153.74 万元；经认定登记的技术合同数额共计 19 份，吸纳技术 4650.79 万元。

（五）科技成果管理

2016 年技术合同成交 7 项，技术合同成交额 1342.58 万元，技术合同成交额与地区生产总值之比 0.09%。2017 年技术合同成交 19 项，技术合同成交额 798 万元，技术合同成交额与地区生产总值之比 0.05%。2018 年技术合同成交 2 项，技术合同成交额 1013 万元，技术合同成交额与地区生产总值之比 0.05%。2019 年技术合同成交 76 项，技术合同成交额 5708.4 万元，技术合同成交额与地区生产总值之比 0.30%。2019 年沙坡头区申请专利 527 件；发明专利 101 件；实用新型专利 404 件；外观设计 22 件；非职务发明 104 件；企业发明 412 件；机关团体 11 件。

第二节　民营科技企业

中卫市民营科技企业起步较晚，但发展势头较好。2000 年，先后对正通饲料有限公司、大成塑料建材有限公司、众望综合食品加工厂等三家企业和瑞祥新技术开发研究所分别认定、批准为民营科技企业和民办科技机构，使中卫县民营科技企业和民办科技机构累计达到 12 家和 17 家。其中，香山酒业、正旺科技饲料、正通饲料、天瑞工贸公司、万国种猪场等已成为集科研、生产一体化的民营科技龙头企业。

表 24.1　沙坡头区国家高新技术企业汇总表

时　间	企业名称
2016	中卫市银阳新能源有限公司
2017	利安隆（中卫）新材料有限公司
2018	宁夏乙征生物工程有限公司；宁夏协鑫晶体科技发展有限公司；宁夏中盛新科技有限公司
2019	宁夏瑞泰科技股份有限公司；中冶美利云投资股份有限公司；宁夏紫光天化蛋氨酸有限责任公司；宁夏华御化工有限公司

表 24.2　国家级科技型中小企业名录

时　间	企业名称
2018	中卫市天元锋农业机械制造有限责任公司；中卫市恒力电控科技服务有限公司；澄美信息技术（宁夏）有限公司；中卫市茂烨冶金有限责任公司；宁夏雨润农业节水灌溉制造有限公司；宁夏义东科贸有限责任公司；宁夏乙征生物工程有限公司；宁夏万齐农业发展集团有限公司；宁夏瑞翼天成自动化科技有限公司；宁夏汇力丰电力科技有限公司；宁夏海达生物科技开发有限公司；达天飞艇（宁夏）有限公司；中卫市翔盛农林开发有限责任公司；瑞盛明杰知识产权代理公司
2019	宁夏沙坡头果业有限公司；中卫市阳光沐场有限公司；中卫神农商贸有限公司；宁夏鸿辰有机农业开发有限公司；宁夏神聚农业科技开发公司；宁夏金彤枸杞生物制品有限公司；宁夏弘兴达果业有限公司；宁夏乌玛农林科技有限公司；宁夏鑫润源杰能科技有限公司；宁夏塞上江南农业科技有限公司；宁夏驭星属陈航天科技有限公司；宁夏银丰米业有限公司；中卫市金康铸造有限公司；中卫市金帝冷冻食品有限责任公司；宁夏金硅信息技术有限公司；中卫市茂丰商贸有限责任公司；宁夏万汇云合消防科技有限公司

表 24.3　自治区科技小巨人企业名录

时　间	企业名称
2017	宁夏雨润农业节水灌溉制造有限公司
2018	宁夏万齐农业股份有限公司；宁夏塞上江南农业科技有限公司；中卫市茂烨冶金有限责任公司；宁夏神聚农业科技开发公司；宁夏杞果兄弟生物科技有限公司；宁夏南山阳光有限公司；宁夏乌玛农林科技有限公司

表 24.4 自治区科技型中小企业名录

时间	企业名称
2014	宁夏天瑞产业集团现代农业有限公司；宁夏乙征生物工程有限公司；宁夏科豪陶瓷有限公司；宁夏雨润农业节水灌溉制造有限公司
2015	中卫市天元锋农业机械制造有限责任公司；中卫市文乾工贸有限责任公司；宁夏中卫大河精工机械有限责任公司；宁夏虹桥有机食品有限公司；中卫市添翼果蔬生物工程有限公司；宁夏泰金种业有限公司；宁夏万齐米业有限公司；宁夏海达生物科技开发有限公司；宁夏正旺农牧科技有限公司
2016	利安隆（中卫）新材料有限公司；宁夏天天互联网络科技有限公司；中卫市茂烨冶金有限责任公司；宁夏义东科贸有限责任公司；宁夏中杰农业科技发展有限公司；宁夏新泰机械制造有限公司；宁夏瑞翼天成自动化科技有限公司；宁夏恒瑞生物食品科技有限公司
2017	宁夏天瑞鸣钟农化有限公司；宁夏塞上江南农业科技有限公司；宁夏神聚农业科技开发有限公司；宁夏协鑫晶体科技发展有限公司；中卫市宏基管业有限责任公司；中卫市恒力电控科技服务有限公司
2018	宁夏润夏能源化工有限公司；宁夏天瑞绿色种业有限公司；宁夏中卫正通农牧科技有限公司；澄美信息技术（宁夏）有限公司；宁夏弘兴达果业有限公司；达天飞艇（宁夏）有限公司；宁夏南山阳光果业有限公司；宁夏澳宁畜牧科技有限公司；中卫市沐沙畜牧科技有限公司；宁夏银丰米业有限公司；宁夏中卫市西部枣业食品有限公司；中卫海弘养殖有限公司；中卫市神农商贸有限公司；宁夏正旺生物科技股份有限公司；宁夏黄河管业有限公司；宁夏大麦地智慧农产品开发有限公司；宁夏杰能电梯有限公司；宁夏凡客杰瑞影视文化艺术传媒有限公司；宁夏乌玛农林科技有限公司；宁夏杞果兄弟生物科技有限公司
2019	宁夏驭星属陈航天科技有限公司；中卫市新阳光农业科技有限责任公司；众旺达（宁夏）技术咨询有限公司；宁夏华盛种业有限责任公司；宁夏科豪陶瓷科技有限公司；宁夏鸿辰有机农业开发有限公司；宁夏万汇云合消防科技有限公司；中卫市种子公司；宁夏金硅信息技术有限公司；宁夏勤德机械设备制造有限公司；中卫市金城种业有限责任公司；宁夏兴拓现代农业发展有限公司

第三节　科技队伍

一、科技特派员

2002年9月9日，中卫县全面启动科技特派员创业行动试点专项行动，编写科技特派员创业行动信息化专项试点方案，落实科技特派员35名。通过科技部对中卫县创建全国科技工作先进县的复验，并被授予牌匾。2004年，中卫县下派第二批科技特派员30人。

2017年底，沙坡头区有科技特派员187名，沙坡头区科技特派员创办各类企业53家，领办各类合作组织和专业协会43家。宁夏塞上江南农业科技有限公司等18家科技特派员企业被认定为自治区科技型中小企业，企业培育"宁夏红""香山硒砂瓜""南山阳光"等一批知名品牌。

截至2019年，共计选派沙坡头区科技特派员210名，组织申报2020年科技特派员专项63个，推荐至自治区科技厅44个。

二、科技扶贫指导员

2019年，组建扶贫专家团队，抓好工作落实。沙坡头区科技扶贫工作由沙坡头区科技局抓总负责，科技扶贫指导员、"三区"人才具体实施。由宁夏职业技术学院选派的9名扶贫指导员、沙坡头区科技局选派的18名"三区"科技人才组成科技扶贫专家服务团，对9个深度贫困村和18个重点贫困村进行科技扶贫全覆盖。双方紧密配合，发挥各自优势，建立了科技扶贫工作站，开展了技术培训、技术指导和创业脱贫示范。

三、"三区"科技人才

2011年，为贯彻落实《国家中长期人才发展规划纲要（2010—2020年）》，中组部、教育部、科技部、民政部、财政部、人力资源和社会保障部、农业部、文化部、卫生部（国家卫生计生委）共同印发《边远贫困地区、边疆民族地区和革命老区人才支持计划实施方案》，实施"三区"人才计划。2016年，沙坡头区开展宁夏"三区"科技人才支持计划科技人员专项计划选派工作，列入科技部2015年"三区"人才支持计划的科技人员有82名。2017宁夏社会工作专业人才支持"三区"计划启动会在中卫市召开。沙坡头区选派5名"三区"科技人才，服务涉及枸杞、硒砂瓜、马铃薯、林果、畜牧等特色产业，以扶贫对象、农村留守儿童和特殊困难人群为重点，开展专业社会工作服务。

2018年，沙坡头区新增科技特派员24名，共计211名；2019年，中卫市沙坡头区科学技术局成立，并重新认定选派科技特派员共210名。2019年10月，经沙坡头区科学技术局推荐，科技特派员赵顺山获得科技部通报表扬。

2019年增加选派"三区"科技人才4名，"三区"人才总人数达到18人，服务覆盖面由原来的9个深度贫困村和1个重点贫困村扩到的9个深度贫困村和18个重点贫困村。

第四节 科技成果

一、国家级科研成果

自2003年以来，中卫市企业自主创新能力不断提高。坚持以技术创新为动力，以经济效益为中心，以科学管理为手段，大力引进新技术，不断推动企业自主创新能力建设。

截至2017年底，沙坡头区有效发明专利拥有量120件，每万人发明专利拥有量2.97件。2018年，沙坡头区有效发明专利拥有量188件，每万人发明专利拥有量4.58件。2019年，沙坡头区有效发明专利拥有量201件，每万人发明专利拥有量4.87件。

二、自治区（部）级科研成果

截至2019年，沙坡头区获得自治区级科研成果有中冶美利浆纸有限公司的液体包装原纸生产技术应用、中卫市天元锋农业机械制造有限责任公司的压砂瓜种植专用机械设备研究与开发、宁夏乙征生物工程有限公司的普鲁兰多糖产生菌的基因改造研究、中卫市天翼果蔬生物工程有限公司的脆枸杞生产工艺的研究、宁夏蓝丰精细化工有限公司的加氢脱氯法制备3，5-二氯苯胺新工艺。

三、专利成果

2015年，沙坡头区申请专利145个，申请职务发明95个，授权专利73个，授权职务发明95个。2016年，沙坡头区申请专利493个，申请职务发明361个，授权专利146个，授权职务发明90个。2017年，沙坡头区申请专利294个，申请职务专利210个，授权专利133个，授权职务发明97个。2018年，沙坡头区申请专利492个，申请职务专利326个，授权专利226个。2019年，沙坡头区申请专利527个，申请职务专利423个，授权专利309个，授权职务发明247个。

第二十五章　文化　体育

沙坡头区自古以来有着灿烂的文明和深厚的文化底蕴。2004年以后，沙坡头区加大在文化体育领域的投入，文化体育事业取得跨越式发展，群众文化生活日趋兴旺，文化意识普遍增强，学校文化体育活跃。随着文化体育事业的不断发展，培育和完善文化市场、全民健身计划和指导开展群众性体育活动以及青少年体育工作不断增强，社会投资力度逐渐增大，广播影视领域公共服务等取得了前有未有的蓬勃发展。

中华人民共和国成立后，沙坡头地区文学事业发展繁荣。题材多样的文学作品层出不穷，文学创作队伍逐渐壮大。诸多文学作品获得国家级、自治区级奖项。

沙坡头区群众文化生活丰富多彩。截至2019年12月，文化惠民演出1440场次，数字电影播放4万余场，培育壮大民间文艺团队42个。农家书屋、户户通实现全覆盖。标准化乡镇综合文化站、村综合文化服务中心、数字农家书屋达到307个。广播综合覆盖率达100%，农村广播综合覆盖率达到全覆盖。

第一节　管理机构

一、沙坡头区旅游和文化体育广电局

2012年，按照实际工作要求，成立中卫市沙坡头区文体卫生和计划生育局，承担辖区内文化体育、计划生育等工作；2016年，随着沙坡头区政府成立，根据实际工作要求，原中卫市沙坡头区文体卫生和计划生育局更名为中卫市沙坡头区文化体育和计划生育局，承担辖区内文化体育、计划生育等工作；2018年，原中卫市沙坡头区文化体育和计划生育局合并至中卫市沙坡头区民政和社会保障局，挂中卫市沙坡头区文化旅游体育和计划生育局牌子，承担辖区内文化体育、全域旅游、计划生育等工作；2019年，根据机构改

革工作要求，成立中卫市沙坡头区旅游和文化体育广电局，承担辖区内全域旅游、文化、体育工作。区旅游和文体广电局是区政府工作部门，为正科级。行政编制5名。设局长1名（正科级），副局长两名（副科级）。沙坡头区旅游和文化体育广电局负责人先后有鲁雅琴、张淑英、张睿华、郭建华等。

二、其他文化单位

沙坡头区除下属事业单位沙坡头区旅游文化体育服务中心外，无其他文化机构，中卫市图书馆、中卫市博物馆、中卫奇石博物馆、黄河宫博物馆、沙漠博物馆、中卫市电影公司、中卫市歌舞团、中卫市新兴秦腔演艺文化传媒有限公司都属中卫市旅游和文化体育广电局管理。

（一）中卫市图书馆

2004年4月28日，中卫县图书馆改称为中卫市图书馆。2005年11月，中卫市图书馆迁至怀远南街"世纪花园中心会所"大楼临时办公。2006年5月，中卫市文化信息资源共享工程分中心在中卫市图书馆正式开通。2003年，由文化部、财政部组织的文化信息资源共享工程启动。经中卫市人民政府第二次常务会议研究，通过《中卫市文化信息资源共享工程建设方案》并组织实施。文化信息资源共享工程总投资109万元，其中国家财政支持54.5万元，中卫市财政配套54.5万元。2008年，中卫市文化信息资源共享工程中卫市支中心挂牌成立。2011年，为贯彻文化部、财政部《关于推进全国美术馆、公共图书馆、文化馆（站）免费开放工作的意见》（文财务发〔2011〕31号，文件精神，文化共享工程中卫市支中心对读者免费开放。5月，中卫市政府投资动工兴建新的图书馆，并于2011年11月正式交付使用。新馆位于中卫市沙坡头区应理南街，建筑面积5213平方米。2016年，中卫市图书馆以总馆为中心，分别在黄河花园社区、中山社区、长安社区建立中卫市图书馆分馆。2017年3月23日，中卫市图书馆宁夏大学中卫校区分馆成立。6月7日，中卫市图书馆中卫市职业技术学校分馆成立。截至2017年12月，中卫市图书馆文献总藏量335337册，每年入藏纸本图书2000种，4000册以上，报刊年入藏量300种，其中中国期刊协会赠刊150种。累计办理读者证23231个，建有标准化公共电子阅览室一个，供读者使用的计算机70台，拥有光盘300套，11.07TB数字资源存储量。

（二）中卫市博物馆

中卫县文物管理所成立于1980年。根据所内文物藏量和历史文物展览的需要，1987

年成立中卫县博物馆，与文物管理所两块牌子，一套人马。2004年撤县设市后，更名为中卫市文物管理所，2015年加挂中卫市博物馆牌子，历史文物藏量不断增加，单位编制8个，在职职工7人，文物库房、文物修复室设施设备齐全。2009年6月，中卫市博物馆（文化馆、图书馆）建设项目开工建设，总面积16566平方米，总投资7309万元。市文物管理所（博物馆）收藏旧石器时代至明清时期的各类文物4000多件套（单个件数6000多件），有国家一级文物21件，二级文物25件，三级文物229件，文物藏量在全区地市级文博单位中名列前茅。市文物管理所登记文物2538件套，其中博物馆、纪念馆收藏可移动文物2460件套，档案馆收藏可移动文物36件套，其他单位收藏可移动文物42件套。

（三）中卫奇石博物馆

中卫奇石博物馆是由中卫文化旅游市场（有限公司）投资设立，位于中卫沙坡头水镇C区内，展馆面积1160平方米，于2017年2月对外开放。中卫奇石博物馆布展设计分序厅、黄河奇石展厅、大漠玛瑙与戈壁石展厅、历史记忆展厅和宝玉石延伸品展厅5个展区。共计展出黄河奇石365件、黄河流域化石61件；戈壁玛瑙奇石120件；历史记忆类展品280件；宝玉石延伸品数千件。馆内共分社会科学普及、国土资源科学普及、文旅产品研发、宝玉石延伸品交流和奇石、化石陈列展览、非物质文化遗产展览6个区域。其中展出黄河流域的各种奇石、化石、大漠玛瑙、戈壁玉等丰富的中卫物产以及和田玉、翡翠、蜜蜡等宝玉石收藏品3000多件，各种地质类的珍贵化石几十件均面向市民和游客开放。

（四）黄河宫博物馆

黄河宫博物馆位于中卫"大河之舞"主题公园，2015年4月项目顺利竣工，5月移交沙坡头旅游集团公司正式运营。分为四个展厅，分别是序厅、第一展区天降黄河九曲巨龙、第二展区中华母亲民族摇篮、第三展区黄河资源物华天宝。具体展出内容包括黄河流域地理环境、历史文明、动植物资源和黄河奇石等矿产。黄河宫博物馆内陈列的不仅有部分文物复制品，还有许多黄河流域九省征集的各类文物实物和部分中卫文管所的馆藏文物。

（五）沙漠博物馆

沙漠博物馆位于沙坡头旅游区东大门区域，属于港中旅（宁夏）沙坡头旅游景区有限责任公司企业单位。沙漠博物馆于2009年8月22日正式开馆，占地面积3500平方米，是一座集爱国主义教育基地、国家环保科普教育基地、国际治沙学术交流和治沙人才交流为一体的多功能现代化博物馆。由沙暴体验馆、沙漠治理和沙产业、动植物标本展厅、沙漠科普知识、沙漠历史文化、沙漠互动游戏等6部分组成。

(六) 中卫市电影公司

最早成立于1953年5月，全称为"中卫县电影放映队"。2004年4月28日，中卫市挂牌成立，中卫县电影发行放映公司更名为中卫市电影公司，隶属中卫市文化体育局管理。是年，中卫市文化体育局强化农村电影发行放映工作，深入调查研究全市农村电影现状，先后数次到农村电影工作。2005年3月，中卫市电影公司和中卫市影剧院由中卫市文化体育局划归中卫市广播电视局管理。2006年8月18日，中卫市电影公司和中卫市影剧院随中卫市广播电视台一并划归自治区广电总台管理。2008年，大力实施农村电影进村工程，实现每村每月放映一场电影的目标。积极争取上级支持，为全市每个镇（乡）各配备了1套数字电影放映设备，组建40个农村电影放映队，全年共放映电影5998场，其中沙坡头区2072场。同时，深入机关、学校、企业、社区、广场放映电影160场。同年，自治区广电局为中卫市配发了数字流动放映设备56套，年平均放映数字电影7000场次，实现了乡村农村数字电影放映全覆盖。2009年9月，中卫市广播电视局与中卫市文化体育局合并，合并后的农村数字电影放映工作由中卫市文化体育广播电视局广播影视科负责管理。2009年4月，宁夏世和房地产开发有限责任公司将中卫宾馆大礼堂改造成中卫世和影院，面积达400平方米348座，成为中卫市首家数字影院。2011年9月，由于管理、技术人才等方面存在问题，被迫停业。2009年，在中卫市开发改造旧城区时，在市委、市政府的统一协调下，通过和宁夏世和房地产开发公司磋商，在城区最繁华的地段建成占地面积3719平方米，5个高标准的数字放映厅，引进浙江横店电影院线有限公司，在2011年底正式投入使用。2012年，分别与沙坡头区各镇（乡）签订农村电影放映目标责任书，与放映员签订农村电影放映目标责任书，细化具体任务目标和考核奖惩办法，实现农村与城市同步看电影。开展"送电影下乡"活动，全年共放映7500场，确保每个行政村、社区每个月都能看到一场电影。2013年，完成农村数字电影放映2537场，观众累计达20万人次。2016年6月，中影巨幕文化传媒有限公司在中卫市沙坡头区应理南街文化馆207号开办了第二家数字电影放映厅，经营面积1400平方米，设立4个放映厅，共计506座。

(七) 中卫市歌舞团

成立于2009年3月，是中卫市委批复成立的民办公助的演艺团体，是宁夏文化体制改革中组建的唯一民营专业演艺团体；现有演职人员86人，常年从事文化惠民、景区、节庆、国内外交流演出活动，近年来共演出总场次达5200多场，每年演出均达700多场，占全区首位。2015年7月，被列为中卫市"民办公助"民族艺术团体惠民示范项目，并被确定为国家第三批创建国家公共文化服务体系示范项目。

（八）中卫市新兴秦腔演艺文化传媒有限公司

原为中卫市兴仁镇新兴秦腔剧团。成立于1996年，注册于2009年11月，2017年注册转型为演艺传媒有限公司，是中卫市一家民营演出团体。有演职人员40余人，主要以传统秦腔剧目为主，以新编现代、历史剧目、眉户歌舞晚会为辅。

第二节　管　理

一、文化管理

沙坡头区辖区内文化市场管理职能职责属中卫市文化市场执法大队，沙坡头区文旅体育局只有审批权，无执法权。1997年8月，国务院颁发了《营业性演出管理条例》，使演出市场管理第一次有了行政法规依据。条例要求各级管理部门不仅要加强自身学习，也要加强稽查、经营及演职人员学习，做到知法懂法。同年，开始对营业性演出实行许可证管理制度，统一由自治区文化厅审核发放，各级管理部门依法对辖区营业性演出单位进行监督管理。2015年开展了五一等节假日期间安全生产大检查专项行动。执法人员对辖区内向阳步行街、商城等重点地段进行检查，共检查文化经营户230余家，排除安全隐患10起。配合公安部门开展了打黑除恶专项行动，重点对歌舞娱乐场所、网吧市场进行了检查、不定时抽查，确保文化市场安全稳定。开展了文化市场"打非治违"和2015年平安文化市场建设专项行动，共检查商家50余家。

2016年，根据《娱乐场所管理办法》《娱乐场所管理条例》《互联网上网服务营业场所管理条例》《营业性演出管理条例》相关规定，中卫市旅游和文化体育广电局将文化审批职能职权下放至沙坡头区旅游和文化体育广电局。截至2019年，沙坡头区共审批设立歌舞娱乐场所297家，审批变更歌舞娱乐场所112家，审批延续歌舞娱乐场所196家；审批设立互联网上网营业场所10家，审批变更互联网上网营业场所8家；审批设立文艺表演团体12家，审批变更文艺表演团体两家，审批延续文艺表演团体6家。

二、市场监管

沙坡头区文体卫生和计划生育局严格履行部门职责，配合中卫市文化体育新闻出版广电局开展市场监管工作。

2016年，沙坡头区文旅局配合市文化体育新闻出版广电局开展"两项清单"编制工作，共梳理出文化市场综合行政处罚类134项，行政强制类1项，行政检查类2项；在沙坡头区启用文化市场综合执法网络办公系统；配合市文化市场执法大队开展文化市场日常巡查2370家次。

2017年，办理娱乐场所设立50家，变更11家，延续15家；网吧设立3家。变更3家，注销1家。

2019年，配合市文化市场执法大队开展文化市场日常巡查2640家次；联合沙坡头区公安分局、沙坡头区消防支队、市场监督管理局执法活动7次；设立娱乐经营场所164家，网吧5家，文艺表演团体两家。

三、基础建设

2015年，沙坡头区文体卫生和计划生育局积极为黄河花园社区、华西社区和中山社区文化活动中心争取补助经费9万元；为166个农家书屋配备更新价值16.6万元的图书。争取免费开放资金48万元，广泛开展"全民阅读"活动，评选出7个"书香之家"1个"书香之乡"上报自治区，贯彻落实镇村文化室、农家书屋免费开放制度，提升卫星数字农家书屋管理质量，切实发挥农家书屋的作用。

2016年，积极对接自治区体育局，结合沙坡头区"美丽乡村"建设、精准扶贫工作，为沙坡头区基层文体广场配发10套88件，篮球架10副，乒乓球桌4张。2016年底，根据自治区体育局要求，沙坡头区积极申报沙坡头区全民健身中心和11人制足球场项目，中卫市发改委于2017年1月23日批复此项目。督导相关乡镇利用11所废弃学校土地建成村级文体广场，建成社区多功能运动场两个，健身步道2000米。完善区、乡（镇）、村（社区）三级公共文化设施网络，特色打造融文化传播、学习教育、科技普及为一体的乡镇综合文化站6个，打造兴仁镇兴仁村、香山乡红圈村标准化村综合文化服务中心两个，优先发展东园镇吴军、镇罗镇淑红等农民文化大院3个，累计建成村级综合文化服务中心

166个、农民文化大院41个；建成农家书屋166个、数字农家书屋132个，乡镇阅览室和农家书屋藏书量42万余本。充分发挥专项资金作用，争取文化体育专项资金260.78万元。为乡镇文化站配置办公用品、乐器、音响、服装等文化设备；为文化大院和文艺团队配备电视、DVD、乐器、演出服装等活动器材，为村级文化室、社区文化中心配备音响、点歌机等娱乐设备；选派乡镇文化骨干参加区内外培训班，培养百名农村文化骨干力量，培育3支民间文艺团队；采取"以会代训"的方式，成功承办了自治区卫星数字农家书屋整改现场会。积极对接自治区体育局，结合沙坡头区"美丽乡村"建设、精准扶贫工作，为沙坡头区基层文体广场配发32套496件，篮球架26副，乒乓球桌28张，加大体育基础设施投入力度，不断完善全民健身服公共务体系。

第三节 文学艺术

一、创作活动

中华人民共和国成立后，沙坡头区文学事业发展繁荣。20世纪80年代，随着中卫县文学艺术界联合会的成立，沙坡头区一大批青年作者和文学爱好者加入创作行列，业余文学创作队伍逐渐庞大。

2004年4月28日，中卫撤县设市。2004年12月8日，创办文学期刊《沙坡头》。2013年，"印象中卫"文化旅游丛书《沙坡头的传说》《崛起的沙坡头》《沙坡头咏怀》《香山情恋》出版。2015年，长篇报告文学《沙坡头世界奇迹》获第二届中国纪实文学创作奖、宁夏文学创作一等奖。

截至2017年11月，沙坡头区已有多名作家相继成为中国作家协会会员、宁夏作家协会理事、宁夏作家协会会员及中卫市作家协会会员。

二、艺术创作

（一）音乐、舞蹈

新中国成立后，沙坡头区大力提倡艺术创作，培养专业、业余人才，音乐、舞蹈事业得到推动发展。2004年，创作编排的小品《老吴闹亲记》、笛子独奏《沙枣花儿开》分别在全区首届"四进社区"（科技、文化、卫生、法律）文艺展暨群星奖评奖活动中获金奖、银奖。2004年9月，舞蹈《情满云雾山》、小品《把根留住》获宁夏农牧系统文艺汇演一等奖，快板《育羊赞歌》、配乐诗朗诵《甘盐池情怀》获二等奖。2008年，《中卫市歌》《家乡的硒砂瓜》《我要飞》《OK沙坡头》《中卫农家》等入选全国流行歌曲征集大赛。2011年，实施文艺精品走出去战略。舞蹈《舞动的响板》在第九届全国少数民族传统体育运动会上获得表演项目一等奖。舞蹈《飞得更高》《欢乐的篝火》《天堂》《扭秧歌的小姑娘》分获全区文艺汇演二、三等奖和优秀奖。2015年，歌曲《家乡的枸杞红了》《朋友请到杞乡来》获得"中国梦、杞乡情"红枸杞原创歌曲大赛三等奖。

（二）戏剧、曲艺

沙坡头区历史上形成了秦腔为主，眉户、皮影、评书、道情等并存的局面。道光年间，流动戏班经常来沙坡头区演出，县城陆续出现诚益班、光盛班、中卫剧团等戏班，后相继解散。从20世纪90年代后期，随着社会环境的变化和市场经济的发展，沙坡头区戏曲发展后继无人。

（三）美术、书画

新中国成立以来，沙坡头区美术、书法、摄影得到各级人民政府的关怀和重视发展迅速，一批中青年美术创作队伍崛起。20世纪70年代末，涌现出大批中青年业余美术爱好者。2012年，民间文艺家协会周国霞的剪纸作品获第三届中国剪纸艺术节铜奖。潘之骞书法作品入展全国"北兰亭"书法篆刻展。2015年，伏兆苗剪纸作品《小英雄王二小》获得全国"纪念反法西斯战争胜利70周年"剪纸展铜奖。

（四）摄影、工艺

新中国成立后，摄影业得到发展。2008年，孟达摄影作品《收获》、杨月凤摄影作品《红火》荣获宁夏新农村美术书法摄影及民间艺术品展三等奖；2010年，摄影作品《冬韵》《鬼斧神工》入选第七届"影像中国"全国摄影艺术展。摄影作品《生命之源》《沙韵》分别荣获"中国秘境阿拉善"全国摄影大赛二级佳作奖和优秀奖。2015年，石文轩摄影作品《旷世遗迹》获得第二十五届全国摄影展优秀奖。截至2018年，艺术家伏兆娥、陈进德、周国霞、伏兆芬、伏兆苗获得了宁夏一级工艺美术大师的称号。

（五）雕塑、雕刻

沙坡头区雕刻历史悠久，保存了一整套完整的古建营造技艺。木雕、砖雕、石雕、泥塑技艺精湛、构思巧妙、刀法细腻，融古朴、精巧、高雅为一体。最具代表性的有中卫高庙砖牌坊。现代泥塑师辛锡林，精于泥塑、绘画艺术，在高庙、鼓楼及大庆寺等寺院留下了宝贵的泥塑艺术作品。

（六）剪纸、刺绣

沙坡头历史上有剪贴窗花或绣花习俗。代表人物有伏兆娥、伏兆凤、伏兆苗三姊妹。1995年第四次世界妇女大会期间，伏兆娥因剪纸技艺精湛获"中华巧女"称号；1997年，在宁夏展览馆举办了"伏兆娥剪纸展"。伏兆娥曾应邀为电影《这女人这辈子》《黄河绝恋》，电视剧《大漠豪情》《生死腾格里》，电视片《妈妈的绿窗花》等做剪纸美术设计并获奖。她的作品在《宁夏画报》《民族画报》《中国青年报》《中国妇女报》《连环画报》等20余家报刊上发表，作品《十二生肖》被四川博物馆收藏。《西游记》人物系列被1999年中国民间剪纸博览会选中印制为邮票火花，《永久和平》被中国剪纸研究会印制成贺年片发往世界各地。《虎年和平》获2000年首届全国剪纸世纪回顾展一等奖。1999年7月，宁夏人民出版社出版了《伏兆娥剪纸》专辑。

（七）影视创作

20世纪90年代中期，电视剧《黄河风月》《我们的世界》《五魁》《贺龙》《黄河谣》等影片在沙坡头区拍摄；1994年，儿童电视剧《沙棒棒花》获大西北第六届"金花房产杯"电视剧大奖赛三等奖。

1994年，中卫参加大西北第六届电视剧展播获三等奖；麦天枢创作的《中国农民》电视专题由中央电视台拍摄制成16集电视专题片。

2010年8月至11月，根据作家杨富国原著改编的《风雨沙坡头》35集电视剧荣获"中国首届文化旅游成长贡献"金奖，该剧对中卫沙坡头在全国的知名度有很大的宣传效果。2017年，根据作家石舒清的小说《清水里的刀子》改编的电影获第二十一届釜山电影节新浪潮大奖。

第四节　群众文化

一、广场文化

新中国成立之初，为配合宣传党的方针政策，文化工作者在艰苦的条件下，经常上山下乡，开展各种形式的文化宣传活动。党的十一届三中全会以后，先后成立文化站室，为普及繁荣沙坡头区群众文化事业打开了良好的局面。

2008年，举办沙坡头区第二届农村小康文艺调演大型文艺演出。2011年，举办春节社火、焰火、首届中卫市元宵节花灯展及戏剧演出等活动。2012年，各骨干业务文艺团队编排了以建设和谐富裕新中卫为主题的群众喜闻乐见的文艺节目，深入农村、社区、学校巡回演出，先后深入各镇（乡）等基层单位巡回演出707场。以广场文化活动为龙头，开展了以农村文化、社区文化、企业文化、校园文化为基础的群众文化活动。特别是夏季广场文化和社区文化悄然兴起，健身操、交谊舞随处可见。

2015年，沙坡头区全年完成广场文艺演出68场（次），丰富广大城乡群众的精神文化生活。开展"欢乐中卫"全市群众文艺汇演、"庆七一·颂清廉"庆祝建党94周年、全市离退休干部纪念抗日战争胜利70周年、"春雨工程"四川文化志愿者宁夏行、沙坡头区市民运动会健身舞等广场文艺演出活动，收到社会各界人民群众的好评。完成中国丝绸之路大漠黄河旅游节开幕式垫场表演氛围营造工作任务。组织各乡镇开展健身舞大赛、广场舞大赛等主题活动10余场，"欢乐沙坡头"群众文艺会参与人数达3000人次。组织开展"欢乐中卫"群众文艺会演沙坡头区专场，评选出一批贴近实际、贴近生活、贴近群众的优秀作品，组台参加"欢乐中卫"群众文艺会演并选派优秀参赛队参加"欢乐宁夏"全区群众文艺会演。

2016年，组织春节社火展演、元宵舞龙大赛、"三八"健身操大赛、万人唱红歌、徒步行活动20余场，累计参加人数达5万余人，荣获全市群众文艺会演优秀组织奖，"欢乐中卫""红歌大家唱"群众文艺会演优秀组织奖。

2017年，组织沙坡头区各乡镇开展"欢乐中卫"广场演出10场次，举办"欢乐中卫"群众文艺汇演沙坡头区专场、首届"魅力沙坡头区"秦腔大赛等活动，累计参加人数达6万余人；组织参加"美丽中卫"全市原创小品大赛。以五一、七一、八一等重大节庆日及"非物质文化遗产日""科技活动周""民族团结月"、自治区六十大庆等主题活动为重点，开展"拥抱新时代 开启新征程"广场文化艺术节演出活动10场次，举办"欢乐中卫"群众文艺会演专场、"颂歌唱中卫 共筑中国梦"沙坡头区复赛、"感谢共产党 花儿激情唱"花儿传唱大赛等活动。以五一、七一、八一等重大节庆日及"非物质文化遗产日""科技活动周""民族团结月"、中华人民共和国成立70周年等主题活动为重点，组织开展2019年"礼赞新中国 奋进新时代"广场文化艺术节10场、广场舞健身比赛等文艺会演两场次。

二、社区文化

2004年，依据中央文明办等部委关于开展科技、文体、法律、卫生四进社区的指示，中卫市文体局制定了中卫市《关于开展"文体进社区"活动的安排意见》。沙坡头区积极响应，组织开展了形式多样，健康有益的"文体进社区"活动。先后安排两轮20多场演出，分别在沙坡头区中山小区、长河小区、广厦花园等10个社区巡回开展活动，内容有文艺表演、图书展销、电影放映、文物展览、体育健身等，以此宣传科学知识、科学思想、科学精神和科学方法，传播先进文化，普及法律知识，完善社区服务，提高市民素质和群众精神文化生活，正确引导社区居民"关心小家爱大家，共育社区文明花"。2011年11月2日，"送文化进社区"专场在旭日隆祥小区演出，舞蹈、歌曲、器乐合奏等精彩的文艺节目，赢得了一致好评。此次演出是市音乐舞蹈戏剧家协会"送文化下基层"系列活动的首场演出。

2017年举办沙坡头区首届"乡村读书节"，完成惠民文艺演出350余场，组织部署各文艺社团以移风易俗树新风，脱贫攻坚奔小康、全域旅游等为演出主题，不断深入农村、社区、军营、企业、景区、贫困村巡回演出。选派基层文艺骨干参加"百姓健康舞"推广普及培训班。

2018年，在社区、村居开展书香中卫·全民阅读系列活动6场次，通过宣传，引领群众参与阅读，共享阅读，形成人人爱阅读的良好社会氛围。

三、乡村文化

20世纪90年代，农村文化大院悄然兴起。2008年，中卫市文化体育局组织专业人员对沙坡头区各镇（乡）文体服务中心开展文化业务辅导，指导和利用农村文化阵地开展各类文化活动26次，并先后抽调文艺骨干70人次组成文艺宣传队，3次深入沙坡头区中山、光明等社区宣传党的十七大精神，宣传中卫市的发展变化和先进典型，深入开展"送戏下乡"及"文化服务进农家·百乡千场"等文体下乡、进社区宣传展览活动，指导组织文艺演出31场，宣传展览20场。

2015年，组织开展文化惠民下基层演出502场（次），参加"欢乐沙坡头"群众文艺会演等文化活动，并荣获全市群众文艺会演优秀组织奖。实施"一月一村一场电影"工程，抓好各类电影展映活动的落实。坚持把电影主题与有关部门的活动相结合，开展电影进广场、进社区等放映活动。完成电影放映2000余场（次）。

2016年，沙坡头区建设农村数字电影固定放映点3个；11个镇（乡）放映队全年共放映各类故事片20多部，放映电影3403场，观众累计10余万人次。

2017年，11个镇（乡）放映队全年共放映各类故事片40多部，放映电影493场。

2018年，以"文化惠民工程"演出为平台，充分挖掘基层文艺团体，围绕60大庆、创建全国文明城市、移风易俗等主题创作贴近生活的文艺作品，开展文艺下乡演出活动，完成"文化惠民工程"演出任务150场。

2019年，以"文化惠民工程"演出为平台，充分挖掘基层文艺团体，创作出音乐快板《扫黑除恶顺民心》《扫黑除恶创佳绩》、小品《除恶到底》等一系列贴近时代的文艺作品，开展文艺下乡演出活动，深入基层，完成"文化惠民工程"演出任务150场。

四、节庆文化

2015年，沙坡头区充分利用春节、元宵节等节庆，积极开展系列节庆文化活动。春节期间组织各乡镇开展社火展演、元宵节社火比赛、迎新春书画展览、庆"三八"趣味运动会等活动。

2016年，紧紧把握春节、元宵节等重要时间节点，举办社火展演、舞龙大赛等，充分发挥乡镇文化站、农家书屋的积极作用，在常乐、柔远、永康等乡镇开展"迎新春"下基层惠民演出10余场，在中山社区、华西社区等社区举办春节联欢晚会；组织开展沙坡头区庆祝建党95周年"万人红歌演唱"比赛，选送4支优秀代表队参加中卫市庆祝建党95周年"万人红歌演唱"决赛。

2017年组织开展沙坡头区春节社火展演比赛、舞龙大赛、文化"三下乡""庆三八"广场健身舞大赛等活动。

2018年，组织开展了2018年沙坡头区春节社火展演活动、配合市旅游和文化体育广电局举办第一届舞狮大赛和第四届舞龙比赛，参与人数十万余人，联合沙坡头区委宣传部开展了2018年文化科技卫生"三下乡"集中示范活动暨乡村春晚专场演出，举办秦腔大赛和"迎新春送春联"活动。

2019年，组织开展沙坡头区春节社火展演活动、传统文化氛围营造活动和文化遗产展览展示活动，配合市旅游和文化体育广电局举办第二届舞狮大赛和第五届舞龙比赛，参与人数十万余人，联合沙坡头区委宣传部开展2019年文化科技卫生"三下乡"集中示范活动。

第五节　非遗保护

一、非遗调查

2006年5月，中卫市启动非物质文化遗产普查保护工作。中卫市文化馆对沙坡头区辖11个乡镇167个行政村15个城镇社区，进行全面的非物质文化遗产普查。按照"普遍发动、全面普查；明确重点、精心整理；逐步申报、细致清理"三个步骤，完成了项目普查、申报、公布等阶段性工作。

2009年，创编制作电视纪录片《羊皮筏子制作工艺》，整理申报"羊皮筏子制作技艺"项目入选国家级"非遗"名录。建立沙坡头区非物质文化遗产普查文本、电子文本、音像、原始照片、解说词等资料数据库，举办了全市"非遗"名录项目彩绘、泥塑、石雕、木雕、绘画、剪纸、刺绣、皮影等作品现场大型展示、展演活动。

2010年，继续对沙坡头区的12个镇（乡）进行非遗普查登记和宣传保护工作。制作非遗宣传展板24块，非遗保护知识问答光盘一张，在文化广场演出和文化进社区、下乡演出中播放60余场次。在"6·12文化遗产日"，举办"守望精神家园"大型展览、传承人现场展演。建立了羊皮筏子、中卫仿古手工地毯、民间剪纸、刺绣等非遗传承基地3个。拍摄制作的羊皮筏子纪录片和宣传片，在宁夏电视台、中卫电视台、中卫城市视频传播网络、沙坡头旅游区等媒体滚动播放。联合宁夏电视台、中卫日报进行"守望家园，留驻珍贵"非遗传承人系列报道活动，采访窑匠、彩画、泥塑、水会、剪纸等代表性项目传承人20名，撰写报道文章18篇。

2012年，进一步加强民间艺术和民俗风情挖掘整理，开发并推出中卫剪纸、刺绣等传统手工技艺，编辑出版民俗文化等知识读物。组织创编、摄制了《羊皮筏非遗文化》《大麦地岩画》等电视纪录片，为宣传沙坡头地区的文化起到积极作用。

2013年，完成沙坡头区9名非遗项目传承人申报第三批自治区级非遗项目代表性传承人的推荐上报。开展"文化遗产日"宣传活动，举办非遗代表作项目"皮影戏"演出，让民众切身感受文化遗产的魅力。

2015年，参与完成《中卫市非物质文化遗产名录》的整理编辑和出版工作，配合市文化体育新闻出版广电局开展"文化遗产日"非遗宣传活动，展出非遗宣传展览，普及非遗知识，发放非遗宣传资料，非遗宣传活动取得成效。"沙坡头的传说"等15个项目列入中卫市第二批非物质文化遗产保护项目名录，以市政府公告进行公布。春节及"6·13文化遗产日"期间，举办多形式非遗专项展览，展出沙坡头区羊皮筏子等非遗代表项目、实物等。

二、非遗名录

表25.1 沙坡头区自治区级非物质文化遗产代表性项目传承人一览表

序号	姓名	性别	民族	出生年月	项目名称	命名时间
1	霍继良	男	汉族	1941.3	祭河神、舞龙	2008年
2	张万宝	男	汉族	1938.6	香山水会	2010年
3	高勇	男	汉族	1945.8	羊皮筏制作	2010年
4	周国霞	女	汉族	1962.8	剪纸	2010年
5	伏兆凤	女	汉族	1963.5	剪纸	2012年
6	伏兆苗	女	汉族	1970.5	剪纸	2012年
7	陈进德	男	汉族	1960.8	古建筑彩画	2017年
8	侯思荣	男	汉族	1956.7	泥塑	2017年

表25.2 沙坡头区中卫市级非物质文化遗产代表性项目及传承人一览表

中卫市级非物质文化遗产代表性项目	中卫泥塑、建筑彩画、木雕、石雕、砖雕、窑匠传统技艺、水会音乐、王哥子放羊、十二歌月（冰冻）、龙舞单鼓舞、狮子舞、中卫皮影、戏水车制作技艺、羊皮筏子制作技艺、二毛皮鞣制工艺、《塞上江南》白酒酿造技艺、肖记水面、祭河、神打铁花、放河灯习俗、沙坡头的传说、民间绘画、古建营造技艺、浮雕技艺、黑陶烧制技艺、纸扎、中卫道情、中卫庙会、中卫社火、燎疳、水陆画、剪纸、刺绣、杜氏擀毡、麦草方格固沙法、高氏煎脏、赵氏归元疗法
中卫市级非物质文化遗产传承人	陈淑英、杨淑霞、徐怀升、周建虎、王立国、严居锁、赵相如、王学义、徐维义、张希虎、刘兰、周凤月、陈丽莉、侯思荣、董福宁、王玉枝、陈进德、余凤佳、刘灵祥、马自成、闫治邦、张克勤、乌余善、张银寿、张金山、张登仕、魏海明、杜海明、肖永祥、高春华、赵红勋

表 25.3 沙坡头区非物质文化遗产开发利用情况一览表

规　　模	名　　称	负责人
文化产业园	宁夏阳光大麦地文化创意有限公司	李宗贤
文化主题分馆	黄河奇石博物馆	石建武
宁夏文化产业示范户	宁夏微元素文化传播有限公司	段　伟
宁夏文化产业示范户	中卫市宁艺雕塑有限公司	董福宁
宁夏文化产业示范户	中卫市滩羊地毯有限公司	魏海明
自治区非遗传承基地	宁夏艺轩古建筑工程有限公司	陈进德

第六节　体　育

一、体育场馆

中华人民共和国成立后，在中国共产党和人民政府的领导下，沙坡头区体育场地建设有了较快的发展，场地规模档次逐渐提高。

（一）中卫市五环体育训练馆

位于市区文翠北路，2006年建成投入使用，国家雪炭工程投资200万元，县政府自筹240万元。室内有30米×50米的运动场地，可开展羽毛球、乒乓球、篮球等项目。

（二）中卫市体育馆

中卫市体育馆位于应理南街，总建筑面积10540平方米，固定座位3500座，机动座位500座，为乙类中型体育馆。主要建设内容为体育馆及附属设施，整个项目结算价格为7988.42万元。体育馆于2008年10月13日正式开工建设，2010年12月1日建成并投入使用。室内一楼共有羽毛球场地11块，二楼乒乓球台13张，四周有办公房、功能房等。

（三）中卫市大河体育馆

1993年，大河机床有限责任公司影剧院改建成大河体育馆，馆内有10块羽毛球场地，8张乒乓球台。

（四）沙坡头区全民健身中心

沙坡头区全民健身中心位于中卫九小南侧，总建筑面积4000平方米。项目总投资约2115万元。主要建设了室内大空间健身场地和各类配套用房。室内大空间健身场地设置了篮球场1块，羽毛场11块，乒乓球桌11张；各类配套用房规划了跆拳道训练室、舞蹈排练室、国民体质监测室、综合活动室、会议室、协会办公用房等。该项目是沙坡头区2018年重大民生工程。中心于2018年3月12日施工建设，2019年8月16日揭牌投入使用。

（五）中卫市体育公园

中卫市体育公园项目由自治区财政拨款265万元，中卫市文化体育新闻出版广电局负责建设的公益事业项目。该项目位于黄河以北，黄河宫以东，香山公园以南。总占地面积46562.6平方米，综合运动场1块，5人制足球场两块，网球场两块，篮球场两块，羽毛球场两块。

（六）健身跑道

2017年中卫市香山公园健身步道建成，长3.3千米，投资166万元。2019年，沙坡头区全民健身步道开始建设，长10千米，主要建设在观光渠两侧和全民健身中心周围（除西侧外），总投资351万元。

二、群众体育

随着经济的发展，沙坡头区群众参加体育活动的热情高涨，体育活动逐渐开展。沙坡头区各乡镇村纷纷建起水泥地面的简易篮球场，乡村体育基础设施逐步改善。各乡镇农民常利用农闲季节开展篮球、乒乓球、台球、棋类等体育活动。沙坡头区职工重点开展的项目篮球、足球、排球、羽毛球、乒乓球、拔河、太极拳、健身操等。

2004年7月18日，在沙坡头旅游景区举行中卫市全民健身基地揭牌仪式。2005年，文化广场举办"体彩杯"全民健身展示活动。2010年，举办沙坡头区中学生田径运动会。全年沙坡头区各镇（乡）开展体育比赛活动15场次。

2015年，加大落实《全民健身条例》的实施力度，采取主体下沉方法，以"迎新春"全民健身季和全民健身节等系列活动为抓手，组织各乡镇文体中心开展内容丰富、形式多样的群众健身活动，组织社火展演、舞龙大赛、农民体育运动会、职工篮球赛、职工运动会等喜闻乐见的群众性体育活动。举办"谁是舞王"——中国广场舞民间争霸赛宁夏赛区中卫海选赛的活动。充分发挥市辖区优势，协助中卫市文化体育新闻出版广电局完成第十五届"环青海湖"国际公路自行车赛宁夏中卫赛段比赛。开展"百乡千村"农民体育活动月。沙坡头区结合农村实际与传统社火活动，组织社火展演、舞龙大赛、农民体育运动会、农民篮球赛、广场舞大赛。动员沙坡头区行政、企业、事业单位职工及其家属积极参与到健身活动中,先后组织沙坡头区干部职工及其家属和群众参加中卫市第八届职工户外登山活动,举行2015年第六届"中国宁夏沙坡头大漠黄河国际旅游节"万人腾格里湖湿地徒步行活动。

2016年,组织开展沙坡头区迎新春全民健身季系列活动,举办社区运动会、农民运动会、职工运动会、徒步行活动、社火展演、舞龙大赛、健身操大赛等各类活动20余场,累计参加人数3万余人。

2017年,组织全民健身季"迎新春健美协会健身大拜年活动",期间共开展各类社区运动会、农民运动会、职工运动、社火展演、舞龙大赛、健身操大赛、徒步行活动、"谁是舞王"广场舞中卫赛区争霸赛、"迎新春健美协会健身大拜年"、沙坡头区首届"迎三八"妇女健身舞大赛、宁夏中卫市全民健身"华峰杯"毽球邀请赛等活动20余场,组织沙坡头区辖区内排球爱好者参加"胜利体育杯"中卫市排球邀请赛,各类活动累计参加人数达6万余人,其中"迎新春全民健身季"活动获得自治区三等奖,排球邀请赛取得第六名、青少年羽毛球锦标赛取得男子团体第六名、女子团体第六名的好成绩。

2018年,组织开展辖区"迎新春全民健身季"系列活动,融合优秀传统文化,沙坡头区政府支持资金21.4万元用于开展沙坡头区社火展演活动、组织7支代表队参加中卫市首届舞狮大赛、选出9个乡镇共32盘龙参加中卫市第四届舞龙大赛等各类文化体育活动共计20余场。举办沙坡头区首届"强身健体环保出行"登山公益活动,积极组队参加第五届中国宁夏(吴忠)牛首山登山徒步大会,自治区体育局、中卫市文体局联合举办全区"欢乐冰雪·健康中国"中宁冰雪节体育活动,并在全国全民健身日宁夏分会场沙漠运动示范活动暨金沙海沙漠运动大会上取得沙漠拔河一等奖、二等奖,拉沙舟一等奖、二等奖、三等奖,优秀组织奖等优异成绩,举办沙坡头区干部职工乒乓球培训班,联合群团委组织开展沙坡头区妇女健身大赛;督导各乡镇结合"百县千村"农民体育健身月活动安排,组织开展各类社区运动会、农民运动会、职工运动会等系列活动。

2019年,举办组织开展辖区"迎新春全民健身季"系列活动,融合优秀传统文化,开展沙坡头区社火展演活动、2019年全民健身日网络公开赛活动、2019年中卫市沙坡头区第一届中小学生运动会等全民健身节、健身日活动。

三、体育竞赛

2006年8月26日,由中卫市承办的全区第三届沙漠体育运动会在沙坡头旅游区举行。

2010年，组团参加全区第十三届运动会，取得金牌18枚，银牌9枚，铜牌9枚和团体总分295.5分的成绩。成功举办2010宁夏黄河金岸国际马拉松赛中卫分赛区活动和大型职工群众运动会19次。2012年8月8—10日，举办2012（宁夏·中卫）沙坡头超级皮卡挑战赛暨首届中国超级皮卡大会。2012年9月8日至10日，沙坡头旅游景区有限公司冠名的宁夏（中卫）"沙坡头杯"CBA四强邀请赛在中卫的市体育馆拉开帷幕。

2014年9月1—5日，中卫市举办第二届全国大漠健身运动大赛在沙坡头旅游景区举办。2016年全国青少年"未来之星"阳光体育大会宁夏分会场"源林杯"全区青少年篮球锦标赛在杞乡黄河体育中心体育馆举行。2016年9月9日至11日2016国际女子排球精英赛在中卫市体育馆东广场举行。

2015年，第14届环青海湖国际公路自行车赛（中卫赛段）比赛在沙坡头区举行，来自五大洲的22支运动队约1000人，参加了中卫赛段活动。协助中卫市连续举办"越野e族"中国越野拉力赛和2015"丝绸之路"中国越野拉力赛等汽摩越野比赛。

2016年，协助中卫市成功举办第十五届环青海湖国际公路自行车赛中卫赛段个人计时赛的比赛、2016"沙坡头杯"第三届全国大漠健身运动大赛、"一带一路"国际女子沙滩排球精英赛、西部八省围棋赛等国际、国内知名赛事。其中，大漠健身运动大赛有来自全国25个代表团980名运动员参加，运动员居历届之最，本届大赛对于深入开发和推进全民健身新项目、拓展沙漠体育新领域、深化全民健身新内涵、提升沙坡头区和沙坡头旅游景区的影响力和美誉度具有十分重要的意义，被国家体育总局社体中心评为全国地方品牌优秀赛事（全国仅有两个）。

2017年，协助中卫市组织开展"沙坡头杯"全区首届大漠健身运动大赛定向比赛，并获得沙漠定向比赛第二名、沙漠拔河比赛第三名、沙漠毽球比赛第四名等好名次。

2018年，组织举办"中国体育彩票杯"宁夏沙坡头区首届农民篮球争霸赛、沙坡头区首届职工乒乓球比赛、沙坡头区太极拳剑暨传统武术套路比赛、2018年中国毽球挑战赛宁夏赛区暨宁夏中卫沙坡头区全民健身"居然·宇丰杯"毽球邀请赛、2018年中国三对三篮球联赛（沙坡头区赛区）等活动30余场；在"沙坡头杯"第四届全国大漠健身运动大赛上取得沙漠拔河一等奖、拉沙舟二等奖、沙漠毽球三等奖、优秀组织奖等优异成绩。

2019年，组织举办"中国体育彩票杯"宁夏沙坡头区第二届农民篮球争霸赛、2019年沙坡头区全民健身节第二届职工乒乓球比赛、2019年中卫市全民健身季篮球邀请赛等。积极组队参加全区第九届少数民族运动会，并且取得高教竞速男子组100米一等奖、女子射弩二等奖、民族健身操三等奖、板鞋竞速3个三等奖，两个二等奖、毽球男子组二等奖、女子组三等奖的骄人成绩。积极组队参加全区第九届少数民族运动会，并且取得高教竞速男子组100米一等奖、女子射弩二等奖、民族健身操三等奖、板鞋竞速3个三等奖，两个二等奖、毽球男子组二等奖、女子组三等奖的成绩。积极组队参加自治区第十五届全区运动会，青少年组田径项目取得女子甲组跳高第七名，女子甲组1500米第七名，武术项目女子甲组太极拳+太极剑全能第七名，跆拳道男子48公斤第三名、男子63公斤第五名、女子55公斤第五名，群众组广场舞规定套路第二名、自选套路第四名。

第二十六章　医疗卫生

2004年沙坡头区成立后，沙坡头区以医疗卫生机构建设为基础，科技发展为先导，人才培养为重点，加强卫生资源开发、投入和产出。逐步形成完整的医疗、预防、保健、教育、科研和城乡接合的卫生服务体系。截至2019年12月，沙坡头区全面免费实施14类54项基本公共卫生服务，电子健康档案建档率89.68%；预防接种建证率100%，接种率达98%以上；孕产妇系统管理率98.92%；0~6岁儿童健康管理率97.88%；高血压、糖尿病、重性精神病管理率分别达81.96%、70.76%、90.41%；完成23378人老年人健康体检和12067人妇女"两癌"筛查工作；传染病报告率100%，无突发公共卫生事件发生报告，"互联网+医疗健康"稳步推进。坚定实施全民参保计划，扩大参保覆盖，2019年度沙坡头区城乡居民医保参保缴费327016人，任务完成率100.3%，建档立卡贫困人口医保参保18686人，参保率100%，有效减轻了居民医疗消费负担。

第一节　机构管理

一、机　构

（一）机构沿革

1.沙坡头区医疗保健局

2019年1月25日，成立中卫市沙坡头区医疗保障局，负责城乡居民医疗保险各项业务，属于区政府工作部门，为正科级，行政编制5名。6月，沙坡头区医疗保障服务中心成立，为沙坡头区医疗保障局所属事业单位，主要负责沙坡头区机关事业单位、城乡居民基本医疗保险和生育保险经办管理工作，核定全额预算事业编制8名。

2.沙坡头区卫生健康局

2004年，中卫市卫生防疫站成立，承担沙坡头区疾病预防控制工作。2015年，沙坡头区将原乡镇人口和计划生育服务中心调整更名为卫生和计划生育办公室，并及时更换牌子，明确机构，乡镇统筹协调，计生、卫生分工协作。2019年机构改革，沙坡头区卫生健康局成立。

3.沙坡头区爱国卫生运动委员会

2016年10月4日，沙坡头区文化体育和计划生育局成立爱国卫生领导小组，负责承接沙坡头区的卫生事务。2018年2月28日，沙坡头区爱国卫生运动委员会成立。办公室设在沙坡头区民政和社会保障局，由张睿华兼任办公室主任。2019年机构改革，沙坡头区卫生健康局成立，5月，沙坡头区爱国卫生运动委员会办公室设在沙坡头区卫生健康局，由赵云成兼任办公室主任。截至2019年12月，沙坡头区医疗保障局负责人崔小凤，沙坡头区医疗保障服务中心主任马少兵。

（二）主要公立医院

1.中卫市沙坡头区人民医院

中卫市沙坡头区人民医院是一所二级甲等综合医院，院址在中卫市火车站人民广场西侧。建于1995年9月26日，其前身为兰州铁路局迎水桥铁路医院。2004年5月30日移交中卫市人民政府管理，是一所集医疗、教学、科研、预防、保健为一体的二级甲等综合医院。眼科和腹腔镜微创外科被宁夏回族自治区列为重点建设项目。

2017年，医院占地面积13680平方米，建筑面积15600平方米。实有床位260张；设内、外、妇、儿、骨、眼、中西医、康复等20个临床及医技科室；人事、财务、医务、信息、护理部等14个职能科室。固定资产7877万余元。有螺旋CT、彩色B超、腹腔镜、眼底造影图像系统、多参数生化分析仪等万元以上医疗设备230余台件。医务人员353人，其中正高级职称13人，副高级职称63人，中级职称72人。门诊13.8万人次，住院8100人次。

2019年1月，沙坡头区卫生健康局成立，沙坡头区人民医院移交沙坡头区人民政府管理。

2.中卫市中医院

1984年7月2日，中卫县中医院成立。1985年10月，中医院门诊部开诊。1987年，设住院部，置病床40张，开始收治内儿科住院病人。1993年，医院设有工作人员99人。

2004年，中卫县中医医院更名为中卫市中医医院。2017年，医院占地面积13568平方米，建筑面积18669万平方米。实有床位510张；设外科等16个临床科室，放射科、检验科、B超心电图室等6个医技科室。固定资产5806万元。有螺旋CT、8020mA数字遥控X线机、全自动血球计数仪、酶标仪、"C"形臂床旁X光机等万元以上医疗设备250余台件。医务人员410人，其中正高级职称5人，副高级职称42人，中级职称68人。

二、管 理

（一）药品管理

2012年，沙坡头区全面落实国家基本药物制度，基层医疗机构药品配送到位率达78%，二级医疗机构使用基本药物品种达到基本药物目录收载品种数的91.9%，基本药物销售金额占药品总金额的44.6%。

2013年，严格执行国家基本药物制度和药品"三统一"政策，100%申购使用基药目录内药品，全部零利润销售，抗生素使用率、输液率均控制在规定指标以内。

2016年，沙坡头区在乡镇卫生院全面实行乡村卫生服务一体化管理，各村卫生室和社区卫生服务站均可为群众提供中医药服务，其中20家村卫生室配置了中药饮片柜，中药饮片品种达200种以上。积极推行"先住院、后付费"诊疗服务，有效解决群众"看病贵、看病难"的问题，辖区内医疗T作形势稳定，输液率、抗菌药物使用率等各项指标均得到有效控制。沙坡头区蒿川乡在"撤乡并镇"后将蒿川乡卫生院全面托管至兴仁镇卫生院，并将香山乡卫生院计划生育技术服务工作划转至兴仁镇卫生院。围绕"保基本、强基层、建机制"的具体要求，积极推行药品零差率销售，建立健全基本药物配备、使用制度，完善基本药物医保报销制度，实施基本药物制度补偿政策，确保基本药物制度和药品"三统一"政策落实到位。

2017年，沙坡头区将自治区"基层非基本药物目录"内用于高血压、冠心病、糖尿病等21种医疗保险门诊大病病种诊疗用药及儿童用药等（150种），全部下沉到基层医疗机构使用，将150种门诊大病用药全部纳入医疗报销，方便慢病患者及儿科、妇科等患者就近就医。制定《中卫市基层医疗卫生机构慢病长处方管理制度（试行）》，规定门诊大病患者用药可延长到两个月，同时规定用于高血压及21种医疗保险门诊大病病种的诊疗用药，不计入基本药物采购金额占比、不纳入基本医疗卫生机构处方定额考核内容，通过医药和医保政策下沉，保障基层群众用药需求，促进各级医疗机构双向转诊、分级诊疗工作，实现医药、医疗、医保三医联动。

2018年，沙坡头区医疗卫生单位全面落实国家基本药物制度和自治区药品"三统一"政策，辖区公立医疗机构所有药品全部从宁夏药品集中采购网上采购。严格落实药品采购"两票制"管理。加强抗菌药物遴选管理，各医疗机构严格按照文件要求进行了抗菌药物供应目录备案，对村卫生室和个体诊所输注抗菌药物进行验收审批。自2018年5月1日起，对《基本医保药品目录》中除限二级以上医疗机构使用的药品，均允许基层医疗机构配备使用，进一步扩大基层医疗机构用药品种。

2019年，沙坡头区卫生健康局在全沙坡头区范围内全面实施基本药物制度，严格执行自治区药品"三统一"政策，实行药品耗材招标"两票"制；高值医用耗材均通过宁夏药品（耗材）采购网实行网上阳光采购；取消医用耗材加成，医疗机构全部实行零差率销售。同时，加强药品监管工作，定期对重点药品与高值医用耗材使用进行评价，发现不合理使用与使用量异常增长的，采取相应控制措施。

（二）医疗卫生行业管理

2004年中卫建市后，医院管理进一步规范。自2005年，中卫市医师资格考试组织由市卫生局承担。2009年6月15日，《医疗机构校验管理办法（试行）》施行。中卫市依法对辖区医疗机构实行年度校验，进一步规范医疗市场。自2015年，在二级医疗机构开展"进一步改善医疗服务行动3年计划"；在乡镇卫生院、社区卫生服务机构开展"群众满意的基层医疗卫生机构"活动。

（三）采供血管理

1998年10月1日，《中华人民共和国献血法》实施。2002年4月始，沙坡头区临床所用血液全部来自无偿自愿献血。

自2012年起，沙坡头区拥有采供血机构1家。为方便群众参与无偿献血，2013年9月25日和2014年10月15日，中卫市公益慈善基金会先后向市中心血站捐赠两所"中卫市公益慈善基金会爱心献血屋"并正式启用。

（四）医疗制度

2013年，通过推行乡村卫生服务一体化管理，严格执行"六升六降一规范"要求，认真贯彻改革支付制度，辖区内医疗工作形势稳定，各项指标均得到有效控制。

2016年，沙坡头区坚持计划生育基本国策，深化医药卫生体制改革，落实卫计惠民政策，提升医疗服务水平，在各方面取得了新成效。

2019年，沙坡头区统筹城乡卫生，建立一体化发展机制。落实"凡晋必下"和"千名医师下基层"等政策及活动，积极对接市级医院与各乡镇卫生院建立"一对一"定点帮扶指导关系并驻点服务，与微医集团合作，实现对迎水桥和宣和卫生院的远程影像、心电会诊。沙坡头区持续推进分级诊疗制度，乡镇卫生院二级以上医疗卫生单位建立医疗联合体，推行医疗资源共享。

2019年，沙坡头区积极推进"一站式服务、一窗口办理、一单制结算"，做好城乡居民异地就医结算的零星报销工作，为参保患者零星报销审核支付1230人次。推行先承诺后补充资料的备案方式，提高异地就医备案率，实现异地就医直接结算，辖区23家协议医疗机构已全部纳入全国异地就医直接结算网络，并与北京、上海等10个省、市、区直接结算达506笔。严格落实自治区医保扶贫政策，严格执行在自治区内住院按规定转诊转院连续计算减免基本医疗保险住院起付线政策，建档立卡贫困患者大病保险报销起付线由9500元下调至3000元，支付比例提高5%。提高重特大疾病医疗救助水平，特困供养人员和孤儿门诊大病救助、住院救助的报销比例在年度最高救助限额内，确保报销比例达到100%，并对农村因病致贫人员的重特大疾病救助比例在原基础上再提高10个百分点，加强贫困群众大病保障。

（五）医疗队伍

2004年撤县建市后，沙坡头区医疗卫生事业迅速发展，医疗卫生基础设施建设得到加强，医疗队伍逐渐壮大。

2012年年末，沙坡头区卫生机构人员2332人，其中，执业药师563人，注册护士728人。共有村卫生室136个，职业医师5人，乡村医生和卫生员254人，诊疗61.17万人次。2013年，沙坡头区拥有卫生机构人员数2567人，其中，职业医师590人，注册护士776人。2014年，沙坡头区拥有卫生机构人员数2663人，其中，职业医师607人，注册护士844人。共有村卫生室139个，职业医师8人，乡村医生和卫生员260人，诊疗60.66万人次。

2016年，卫生机构人员数3036人，其中，执业药师692人，注册护士1081人。2016年末，沙坡头区共有村卫生室137个，职业医师12人，乡村医生和卫生员241人，诊疗57.62万人次。

2018年，各医疗卫生机构有人员数3439人，其中，卫生技术人员2815人，执业（助理）医师884人，注册护士1249人，每千人有卫生技术人员6.82人，执业（助理）医师2.14

人，注册护士3.03人。各级医疗卫生机构共设置病床2255张，每千人口床位数5.46张。

2019年，沙坡头区医疗卫生单位人共有专业技术人员576人，执业（助理）医师259人，执业护士270人，共有病床数405张。

（六）医疗保险

2011年《中华人民共和国社会保险法》颁布后，从法律制度上确定了基本医疗保险的性质和地位，对基本医疗保险制度的发展具有里程碑式的作用。

表26.1　2014—2019年沙坡头区职工扩面计划完成情况表

年　份	计划参保（人）	实际参保（人）	完成率（％）	增长率（％）
2014	46000	46901	101.96	6.93
2015	45000	45552	101.23	−2.96
2016	44000	45664	103.78	0.25
2017	45600	45890	100.64	0.49
2018	45000	55463	123.25	20.86
2019	54000	56161	104.00	1.26

2015年，沙坡头区参加基本养老保险人数为84995人，比上年增长7.7%，其中参保职工54826人，参保离退休人员30169人。沙坡头区参加城乡居民养老保险人数为128997人。其中，城镇居民19467人，农村居民109530人。参加失业保险人数35105人，增长1.3%。参加基本医疗保险人数367347人，其中，参加城镇职工基本医疗保险4552人，参加城乡居民医疗保险321795人。沙坡头区养老保险、医疗保险和工伤保险3项保险基金收入73亿元，较上年末增1.2亿元，增长9.7%。企业城镇职工基本养老保险参保人数达到84995人，享受待遇30169人。城乡居民社会养老保险参保人数128997人，享受待遇20353人。参加失业保险34105人，缴费达到2951万元。城镇职工基本医疗保险参保45552人。城乡居民基本医疗保险参保321795人。工伤保险参保43959人。离休人员医疗保障88人。

2016年，沙坡头区参加基本养老保险人数为89438人、比上年增长5.2%，其中，参保职工57124人，参保离退休人员32314人。沙坡头区参加城乡居民养老保险人数为129615人。其中城镇居民12656人，农村居民16959人。参加失业保险人数35107人。参加基本医疗保险人数37356人，其中，参加城镇职工基本医疗保险4564人，参加城乡居民医疗保险327892人。沙坡头区养老保险、医疗保险和工伤保险3项保险基金收入9.9

亿元，较上年末增 2.3 亿元，增长 35.6%。

2018 年，城镇职工基本医疗保险参保 5.54 万人。城乡居民基本医疗保险参保 32.99 万人。工伤保险参保 4.53 万人。离休人员医疗保障 60 人。

2019 年，沙坡头区全面做好参保扩面，确保应保尽保。实施全民参保计划，以"一个都不能少"的责任感不断扩大参保覆盖面，推进全民参保，2019 年沙坡头区参保人数 39.06 万人，参保率达到 97.7%。19014 名建档立卡贫困人员全部缴纳了城乡居民医疗保险，参保率达 100%。

（七）医疗服务与监管

2012 年，沙坡头区共有乡镇卫生院 10 所，村卫生室 136 所，各级医疗卫生机构每千人床位数 3.65 张。以居委会和行政村为单位，推动健康宁夏全民行动全覆盖，农民健康档案建档率 89.51%，电子健康档案建档率 88.03%。

2013 年，坚持将已确诊的原发性高血压患者纳入高血压患者健康管理并进行定期随访和健康检查，将 2 型糖尿病患者纳入规范化管理，根据病情程度给予服药指导服务。

2014 年，10 所乡镇卫生院累计服务群众 40.6 万人，大部分乡镇卫生院都配备了彩超（B 超）、200 毫安以上 X 光机、心电图机、半自动生化分析仪、血球计数仪、尿十项分析仪等仪器设备，能够为居民提供预防、医疗、保健、康复等基本医疗和公共卫生服务。

2016 年，加强医疗机构监管，无重大医疗安全事故发生。同时为落实区、市政府关于促进社会办医加快发展的政策，沙坡头区为社会办医提供便利，审批个体诊所 10 家，民营医院 4 家。严格医师、护士资格考试，完成医师、护士资格审查工作。监督检查公共场所 562 家，监督覆盖率 98.94%，生活饮用水单位 14 家，监督覆盖率 100%，学校 89 家，监督覆盖率 100%，传染病防治 204 家，监督覆盖率 100%，放射诊疗机构 12 家，监督覆盖率 100%，医疗机构 203 家，监督覆盖率达 100%。全面完成了自治区卫计委下达的 6 项卫生计生重点监督检查及 3 项专项整治工作任务。2016 年，沙坡头区拥有卫生机构 208 个，其中，医院 10 家，基层医疗卫生机构 193 家，妇幼保健院、疾病预防控制中心、采供血机构和卫生监督所各 1 家。医院床位数 2105 张，同比增长 10.7%。每千人口医院床位数 4.69 张。2016 年，沙坡头区在全市二级以上公立医院开展社会责任评价，逐步建立医院履行社会责任信誉制度。完善医疗纠纷第三方调解机制，投保医责险，其中，二级以上公立医疗机构投保率 100%。

2018 年，持续开展新一轮"进一步改善医疗服务行动"三年计划。乡镇卫生院远程会诊全面开通。乡镇卫生院、村卫生室、社区卫生服务站电子健康档案实现了全覆盖。推行智能家庭医生签约服务，与浙江微医集团合作，搭建智能家庭医生签约服务集成系统，为乡镇卫生院配备智能云巡诊车，装备车载B超、大生化、血常规、尿常规、心电图等常规体检设备，为村医、社区医生统一配备智能签约一体机，完成14.2万人次的线上签约及体检，群众在"家门口"即可享受医院的健康体检服务。

2018年，沙坡头区有各级各类医疗卫生机构225个。其中，医院13个（国有4个：三级乙等医院1个，三级乙等中医医院1个，二级综合医院2个；民营医院9个）；专业公共卫生机构4个（卫生监督机构1个，疾病预防控制机构1个，妇幼保健计划生育服务机构1个，中心血站1个）；基层医疗卫生机构207个（社区卫生服务站10个，乡镇卫生院9个，村卫生室138个，门诊部1个，诊所49个），社区卫生服务管理中心1个。

截至2019年10月底，办理沙坡头区辖区内外异地居住备案761人次，沙坡头区内外转诊转院备案2342人次，沙坡头区内异地住院7752人次。

（八）卫生监督

2016年，沙坡头区共受理公共场所卫生许可424家，予以卫生许可380家。将388家茶座、酒吧、咖啡厅、饭馆四类公共场所的监督管理职能及时向市市场监督管理局进行移交。组织190余家公共场所，先后开展了两次创建国家卫生城市公共场所卫生规范、相关法律法规知识的培训，发放培训手册236本。加强日常监督，重点查处无证经营、公共用品用具清洗消毒不合格等违法行为，实施行政处罚25户次，罚款3万余元。按照《宁夏2016年公共场所卫生重点监督检查工作实施方案》要求，开展了辖区内游泳场所、住宿场所、沐浴场所、美容美发场所、集中空调通风系统、影剧院游艺厅、歌舞厅、音乐厅的卫生监督检查。

2018年，严格落实卫生监督执法公示制度、全过程执法记录制度、重大执法决定法制审核制度等"三项制度"。持续开展打击非法行医专项行动、民办医疗机构依法执业专项监督检查及基层医疗机构医务人员依法执业监督检查。查处非法行医8起，罚款9万元，没收违法所得1.02万元，移送司法机关非法行医案件2起。开展职业病监督检查，监督检查放射诊疗单位27家，各单位均持有放射诊疗许可证，建立了放射规章制度和应急预案，配置了放射工作人员防护用品。对715家公共场所进行了监督检查和量化分级管理。完成了青海湖环湖赛、全国沙漠健身运动会、自治区60大庆等重大活动及会议接待期间卫生安全保障。

（九）社区与农村卫生

2016年，建成沙坡头区宣和镇卫生院门诊楼。有效落实12类52项基本公共卫生服务项目。全力推进乡村医生职业化，完成离岗乡村医生生活补助审核工作。深入开展"建设群众满意的基层医疗卫生机构""基层卫生岗位练兵和技能竞赛"活动。永康镇中心乡镇卫生院通过了国家级"群众满意的乡镇卫生院"验收。累计完成50周岁及以上城乡居民普惠性健康体检，体检覆盖率达93.96%。城乡居民电子健康档案规范化电子健康档案建档率96.26%。高血压患者健康管理率46.43%，糖尿病患者健康管理率30.34%。

2018年，持续开展"建设群众满意的基层医疗卫生机构"，完成自治区下达的2018年沙坡头区16所"群众满意的基层医疗卫生机构"创建、申报任务。以辖区9个乡镇卫生院及11个社区卫生服务机构为基础力量，组建家庭医生签约服务团队152个，实现家庭医生签约团队乡村、社区全覆盖。全年开展家庭医生签约服务175502人，签约覆盖率43.21%，重点人群签约服务97033人，签约覆盖率79.33%。为沙坡头区城乡居民建立电子健康档案364270份，建档率89.68%；65岁及以上老年人健康体检24872人，健康管理率67.97%；管理高血压、糖尿病患者26291人、6522人，任务完成率达111.68%、108.05%，规范管理率达81.96%、80.01%。

第二节　医疗技术

一、中　医

2004年，根据卫生部、国家中医药管理局印发《乡镇卫生院中医药服务管理基本规范》，各乡镇卫生院将中医药服务作为其业务工作的重要内容，设置中医科、开设中药房。2014年，沙坡头区人民医院完成自治区重点科研项目"肝郁气滞与产后痹的相关性研究"。

2015年，沙坡头区各乡镇卫生院均设立中医科及中药房，配备中药饮片达300种以上，村卫生室、社区卫生服务站均能为群众提供中医药服务，市、县、乡、村四级中医服务网络基本建成。

2016年，市中医医院与北京中医药大学东直门医院等区外三甲医院进行帮扶合作，建立"郭维琴名医传承工作站"。实施中医药服务提升工程，在9个乡镇卫生院建设了标准化"中医馆"。社区卫生服务中心及100%乡镇卫生院能够提供中医药服务。开展中国"微笑行动"中卫行、"第四届北京中医药专家宁夏行——走进中卫"活动，受益1000人。根据《中卫市市级临床重点专科管理规定》及《中卫市市级中医临床重点专科评审标准》，经专家组通过实地查看、资料审查等程序严格评审，市中医医院脾胃病、肛肠科两个中医专科达到市级临床重点专科标准，命名为市级中医临床重点专科。

2018年，贯彻落实中医药法和中医药发展战略规划纲要，组织开展《中医药法》暨中医药健康文化广场大型宣传、集中培训、基层巡讲。在宣和镇、永康镇、柔远镇3所卫生院，建设"中卫名医"工作站3个。沙坡头区全国基层中医药工作先进单位通过国家复审。沙坡头区人民医院开展自治区卫计委重点科研计划课题——非药物"五联"综合疗法治疗颈椎病临床研究。

截至2019年，沙坡头区基层医疗机构建立中医馆全覆盖，共设置中医病床96张，中医药人员29人。中医药正高级职称3人，副高级职称12人。中医诊疗人次达到12.3万人，住院4344人次。沙坡头区人民医院建立中医特色康复科，康复诊疗人次达到500余人。

二、西 医

中华人民共和国成立后，沙坡头区西医事业得到快速发展。1969年，天津部分医学教授及卫生技术人员响应国家号召，下放支援中卫县医疗卫生工作，带动当地外科等西医医疗技术快速发展。

截至2017年，沙坡头区人民医院开展颅骨修补术、股骨头置换术、胃大部切除术、腹腔镜下胆囊切除术、超声定位下肝癌精准切除术等手术。县级医院内科可治疗各种心脑血管疾病、危重症哮喘、上消化道出血、肾病综合征血液透析等多种系统疾病。检验、放射等医技科室由最初的血、尿、便三大常规、X线胸透，发展到生化、断层X线扫描摄影（CT）、核磁共振成像、四维彩色B超等特殊检查。

三、中西医结合

中华人民共和国成立后，随着中卫县中西医药研究会成立，沙坡头区中西医结合医疗逐步开展。2003年，为贯彻执行国家中医药管理局下发的〔2003〕52号文件《关于进一步加强中西医结合工作的指导意见》，各医疗单位结合实际，发展中西医结合医疗。截至2019年，沙坡头区人民医院实有中西医结合床位32张，住院562人次。

第三节　卫生预防

一、计划免疫

沙坡头区计划免疫先后经历了计划免疫前期、计划免疫时期、免疫规划时期。2008年，根据自治区疾病预防控制中心《关于进一步加强宁夏麻疹监测与防控工作的通知》要求，在沙坡头区范围内开展麻疹类疫苗查漏补种工作。

2011年3月，沙坡头区全面开展防范脊灰病毒输入疫情调查工作。同年对8月龄—6周岁226352名儿童实施二轮脊灰疫苗强化免疫活动。

2016年5月1日，按照国家卫生计生委要求，沙坡头区实施脊灰疫苗免疫新策略，口服三价脊髓灰质炎减毒活疫苗即"脊灰糖丸"正式退出计划免疫历史，用二价脊灰减毒疫苗替代。

二、疫病防治

中华人民共和国成立后，中卫县政府高度重视传染病防治工作，坚持"预防为主，防治结合"的工作方针，进行预防接种，推广新法接生，开展治病防病和爱国卫生运动。

2012年，沙坡头区报告乙、丙类传染病21种3447例，死亡报告3例，报告发病率890.89/10万，传染病发病率与上年同期相比上升30.38%。新确诊病人548例，完成率达100.92%，确诊癫痫病人289例，其中，苯巴比妥治疗癫痫病人256例，丙戊酸钠治疗癫痫患者33例，累计管理病人1170例，免费治疗贫困病人200例，规范管理率为100%。

2013年4月，沙坡头区全面投入麻疹防控工作，组织各乡镇卫生院开展应急接种，科学、高效、有序地完成接种任务。

2015年，法定传染病报告率100%，报告发病率447.97/10万。

表 26.2 沙坡头区传染病情况一览表

传染病名称	爆发时间	爆发状况	无病历报告时间
白喉、百日咳	1966年4月	沙坡头区百日咳一直有病例报告持续至2015年报告1例	
麻 疹	1950年冬	2005年，沙坡头区发生麻疹暴发流行，报告844例，2013年4月5日，沙坡头区报告2例云南输入麻疹病例，引起沙坡头区麻疹暴发。至5月28日，沙坡头区共报告麻疹69例	
流行性脑脊髓膜炎	1955年春	一直有病例存在	2019年后无病例报告
流行性乙型脑炎	1954年8、9月	一直有病例存在	2019年均无病例报告
病毒性肝炎	1959年	2004年传染病实行网络报告以来，沙坡头区病毒性肝炎的发病一直处于发病报告传染病前五位	
高致病性禽流感		2006年7月及10月，沙坡头区宣和镇先后两次发生禽流感疫情。2012年4月，沙坡头区再现禽流感疫情	2014年6月防控成功
甲型H1N1流感	2009年10月23日		无死亡病例发生

三、疾病防控

（一）慢性非传染性疾病防治

2004年，沙坡头区被中国疾病预防控制中心抽样确定为中国成人慢性病相关危险因素监测点，10月份，对柔远、镇罗、宣和、文昌4镇12个村的420名成人开展了成人慢性病相关行为危险因素调查检测工作。2012年6月28日，沙坡头区创建为自治区级慢性病综合防控示范区。是年，各乡镇卫生院、社区卫生服务站对建档居民中高血压、糖尿病、重性精神病、恶性肿瘤等疾病者开始定时随访，开展健康教育活动。2017年，全市将高血压、糖尿病、重性精神病等特殊人群纳入家庭医生签约服务，对其提供定期上门服务。

（二）死因监测

2004年4月26日，按照自治区要求，中卫市县级以上医疗机构实现死亡病例死因网络直报运行工作。

2006年1月1日开始，监测扩展至所有乡镇、居委会进行全人群死因监测工作，当年由市疾病预防控制中心网络直报数据汇总上报国家卫生行政部门。2006年，根据《全国第三次死因回顾抽样调查宁夏实施方案》，中卫城区被确定为调查县区，抽调69名专业技术人员组成13个调查工作队，于8月21日开始至9月20日历经调查摸底和入户调查两阶段，完成了调查。经调查摸底2006年中卫市区户籍人口325577人，实际居住313683人，2004年至2005年两年摸底死亡3597人，两年平均粗死亡率5.11‰。经卫生部和自治区验收，总符合率、根本死因符合率均达95%以上，超过了卫生部制定的质控指标。

2007年1月1日，沙坡头区全面启动死因网络直报工作，各医疗卫生单位直接通过全国疾病监测系统进行网络直报。

2018年，报告乙、丙类传染病18种2690例，报告发病率663.88/10万。做好免疫规划和重大疾病防控工作，扩大国家免疫规划疫苗累计实种116378人次、接种率达99.52%。全面落实预防接种服务管理工作，开展了脊灰疫苗和麻疹类疫苗查漏补种，补种率分别达100%、91.18%。组织开展了沙坡头区预防接种技能竞赛，有效提升医务人员预防接种质量及安全。全力落实中盖结核病项目三期工作，登记初诊病人1433例，发现肺结核病人179例，报告发病率42.94/10万；结核病高危人群耐药筛查率93.33%，耐药快速检测率（80%）91.53%，普通肺结核患者治疗成功率88.27%。加强基本公共卫生服务技术指导、培训及慢病患者管理，累计确诊严重精神障碍患者1727例（累计死亡患者173例）、检出率3.85‰；高血压患者健康管理21548人，2型糖尿病患者健康管理5218人，规范管理率和血压、血糖控制率均超过指标要求；做好全人群死因监测、肿瘤登记，监测报告死亡病例2213例、粗死亡率544.83/10万；顺利组织实施《中国成人慢性病与营养监测》调查工作。全面落实食品、水质、公共场所等监测工作，完成食品污染物监测54份、合格率75.9%，食源性致病菌监测103份、合格率97.1%；完成饮用水卫生监测和农村饮水安全工程水质监测任务，共采集水样218份，合格175份，合格率78.90%。切实做好碘盐监测等地方病管理及包虫病防治工作，采集盐样900份，碘盐覆盖率为95.00%，碘盐合格率为96.84%，合格碘盐食用率为92.00%。落实全国艾滋病示范区工作任务，沙坡头区共开展各类人群HIV抗体筛查检测56645人次。落实预防性体检免费工作，完成有毒有害作业工人健康监护64家企业21460人次，职业病体检18家6326人次，检出"五病"101人次、报告率100%。

四、病媒防制

2009年至2010年，中卫市坚持采取"以环境综合整治为主，药物消杀为辅"的原则，认真开展消灭蚊、蝇和科学灭鼠除害防病活动；组织工商、农业、公安、质监等部门对辖区鼠药市场进行定期与不定期的整顿检查，严禁剧毒鼠药销售，确保群众用鼠药安全。

2011年，中卫市结合"创建自治区卫生城市"，加大病媒生物预防控制工作力度，开展经常性的消杀和物理防制工作。

2012年，中卫市严格卫生综合监管，督促个体经营户落实防腐、防尘、防蝇、防虫、防鼠措施。各单位、营业场所和小区共设置毒饵站1200个，悬挂灭蝇灯3880个，安装灭蚊器5678个，布设粘蟑纸22000张，粘蝇胶6200条。

2013年9月，中卫市病媒生物预防控制工作通过自治区爱卫办验收。

2014年至2016年，中卫全市开展以灭蚊、蝇、蟑螂为重点的爱国卫生运动，发动群众大搞室内外环境卫生，清除垃圾和卫生死角，由专业人员对城市广场、绿化带、人工湖、下水道、垃圾中转站、公厕等内外环境的鼠类和蚊蝇进行药物灭杀。

2017年，沙坡头区以治理"四害"滋生场所为重点，利用5月、9月份，对市、县城区的公园、广场、绿地、水面、居民小区等公共场所及垃圾中转站、垃圾填埋场、公厕、下水道等地方进行春、秋季两次病媒生物集中熏杀，有效降低"四害"密度，预防和减少病媒传播疾病的发生和蔓延。

2019年，沙坡头区春季消杀面积5173701平方米，消杀使用药品4289.5千克，消杀经费612182元，秋季消杀面积3892349平方米，消杀使用药品2470.9千克，消杀经费452960元。

第四节　卫生保健

一、妇女保健

（一）产期保健

20世纪60至70年代，中卫县妇幼保健机构开设门诊，开展门诊孕妇产前检查，指导基层妇幼人员开展孕期检查及产后访视。

2004年，中卫市撤县建市，沙坡头区医疗保健工作稳步提升。2007年至2008年，进一步规范孕产妇系统管理中的每个环节，对孕产妇进行实名制管理，实行卡、表、册、人四统一。2010年，沙坡头区全面实施"降消项目""母亲健康快车"政策。2011年至2014年，各妇幼保健机构全力做好孕产妇系统管理、"三项监测"和"降消""七免一救助"、预防梅毒艾滋病及乙肝母婴传播等重大妇幼卫生项目，孕产妇死亡率明显下降。

2017年，沙坡头区创建为全区妇幼健康优质示范县区。2018年，沙坡头区各医疗机构按照国家基本公共卫生服务、妇幼健康行动计划规范开展孕产妇健康管理，全面落实孕产妇妊娠风险评估工作，确保母婴安全。

2019年，将免费唐氏筛查列入民生实事项目，加大了筛查力度；规范实施《孕产妇妊娠风险评估与管理工作实施方案》，加强孕产妇妊娠筛查及风险评估；创新拓展实施了母子健康手册APP项目。

(二) 常见妇女病防治

2014年至2016年，中卫市卫生局、人事和社会保障局、财政局联合为沙坡头区35~64岁城镇居民妇女免费进行"两癌"筛查，三年筛查15000人，免费宫颈癌筛查20159人，确诊宫颈癌4例，免费乳腺癌筛查10533人，确诊乳腺癌5例。市妇联、市卫生局协同对沙坡头区确诊的10名"两癌"患者发放救助基金各10000元。

2015年至2017年，在沙坡头区试点开展宫颈癌检查HPV检测项目。2018年，沙坡头区开展免费宫颈癌检查13863人次，确诊宫颈癌4例；乳腺癌检查6875人，次确诊乳腺癌4例。

2016年，全面落实妇幼卫生"七免一救助"政策，免费住院分娩补助14903人，补助率97.48%；免费婚检12493人，婚检率96.81%；乳腺癌筛查13667人，筛查率136.67%；宫颈癌筛查42758人，筛查率100.37%。同年，为城乡孕妇实行定点分片购买孕期保健服务，实现了孕产妇产前检查基本服务项目全免费，2016年沙坡头区无孕产妇死亡。

2018年，实施"妇女儿童保健质量提升计划"民生实事。为35~64岁农村妇女免费提供"两癌"筛查，筛查宫颈癌、乳腺癌13863人、6875人，完成任务的102.69%、114.58%。实施免费婚前医学检查、免费孕前优生健康检查等十项妇幼健康行动计划项目，受益62538人。开展高危孕产妇专案管理和妊娠风险评估五色管理，高危孕产妇管理率

100%，孕产妇死亡率41.54/10万；沙坡头区获得自治区级妇幼健康优质服务示范区称号并启动国家级创建活动。实施"妇女儿童保健质量提升计划"民生实事。为35—64岁农村妇女免费提供"两癌"筛查，筛查宫颈癌13863人、乳腺癌6875人。沙坡头区获得自治区级妇幼健康优质服务示范区称号并启动国家级创建活动。

2019年，沙坡头区农村妇女宫颈癌筛查13866人，筛查阳性病例4例；乳腺癌筛查6271人，筛查阳性病例6例，全部得到了治疗。

二、老年人保健

沙坡头区成立后，各医疗卫生单位认真贯彻落实《中华人民共和国老年人权益保障法》和《宁夏回族自治区老年人保障条例》，按照"党政主导、社会参与、全民关怀"的老龄工作方针，依靠群众支持和社会参与监督的工作机制，开展老年人医疗保健优待工作。各医疗单位为老年人就医提供优先就诊、取药、住院服务。通过建章立制，落实老年人医疗保健优待制度，并逐步完善制度体系。

2016年，沙坡头区完善民生保障和社会救助体系，宁夏民政云社会救助系统现场会在沙坡头区召开，为1.05万名老年人办理意外伤害险，建成沙坡头区第三敬老院、日间照料中心、农村老饭桌等一批养老服务机构，养老服务体系逐步完善。

2019年，沙坡头区卫生健康局不断推进公共卫生服务均等化，全面免费实施14类54项基本公共卫生服务。完成23498名老年人健康体检工作，健康体检率81.26%。

三、儿童保健

（一）儿童保健管理

1996年，中卫县人民政府印发《中卫县妇女儿童发展规划纲要（1996—2000年）》，将儿童保健管理纳入政府社会经济发展管理。同年，自治区卫生厅下发关于《出生医学证明》使用管理的通知，从1996年3月1日起，统一使用依法制发的《出生医学证明》。

2009年，开启儿童早期教育及高危儿干预，启动增补叶酸预防神经管缺陷项目。

2010年，规范集聚、散居儿童保健工作，对体弱儿专案管理，抽调业务人员对沙坡头区13所幼儿园的儿童进行为期60余天的逐个体检，共体检儿童4300余人。2011年，制定《托幼机构卫生保健管理办法》。

2013年，执行艾滋病梅毒乙肝母婴阻断项目，对艾滋病阳性孕产妇所生婴儿免费提供3000元的配方奶粉。对沙坡头区15家托幼机构5478名儿童进行健康体检。

2015年，落实独生子女保健费4995人265.8825万元；落实免费孕前优生健康检查2858对68.5920万元。

2016年，对沙坡头区初次入托儿童统一使用儿童健康档案体检后报名入托，实行散居与集居儿童管理的无缝对接。

2018年，沙坡头区0~6岁儿童健康管理30219人，管理率97.88%，0~3岁儿童系统管理15100人，系统管理率96.86%，0~6月龄婴儿纯母乳喂养率84.02%，新生儿死亡率2.91‰，婴儿死亡率4.15‰，5岁以下儿童率5.82‰，新生儿多种遗传性代谢性疾病筛查4449人，筛查率97.03%，新生儿听力筛查4624人，筛查率100%，确诊PKU1例。

2019年1—9月份，沙坡头区0~6岁儿童健康管理25074，管理率83.27%，0~6岁儿童眼保健和视力检查25074人，覆盖率83.27%，6岁儿童视力检查1774人，视力不良检出75人，视力不良检出率4.23%；新生儿死亡率3.04‰，婴儿死亡率4.31‰，5岁以下儿童率6.59‰，新生儿多种遗传性代谢性疾病筛查3658人，筛查率100%，新生儿听力筛查3759人，筛查率100%，确诊PKU1例。

（二）婴幼儿死亡监测

2005年，中卫市实施联合国人口基金会第五周期计划生育/生殖健康项目工作，开展孕产妇死亡、0~4岁儿童死亡、出生缺陷三项监测工作。

2011年，实施《全国0~4岁儿童死亡监测方案》《宁夏儿童发展规划（2011—2020年）》和《中卫市儿童发展规划（2011—2020年）》。

2013年至2015年，市妇幼保健院开展《中卫市婴幼儿死亡影响因素及干预研究》。

2018年沙坡头区5岁以下儿童死亡28例，新生儿死亡率2.91‰，婴儿死亡率为4.15‰，5岁以下儿童死亡率为5.82‰。新生儿死亡死因构成中位居前五位的主要为出生窒息、溺水、早产或低体重、先心、呼吸窘迫综合征。与自治区前五位死因相同，但顺位有变化。死前住院治疗的比例明显高于门诊治疗和未治疗的比例。死前诊断级别主要为省（市）、县（区）级以上医院20例，占71.43%，在县（区）级及以上医院占相当高的比例。乡、村级及未治疗的比例明显降低。5岁以下儿童死亡中主要是婴儿死亡占71.43%，婴儿死亡又以新生儿死亡为主，占70%。

2019年1—9月份年沙坡头区5岁以下儿童死亡26例，新生儿死亡率3.04‰，婴儿死亡率为4.31‰，5岁以下儿童死亡率为6.59‰。

（三）儿童常见病防治

2005年，市妇幼保健院开展牙体、牙列缺陷的修复治疗，牙周疾病的治疗。

自2011年起，中卫市妇幼保健院，在全市范围内对0~14周岁患有急性白血病和先天性心脏病的城乡儿童开展重大疾病医疗保障工作。

2014年，市妇幼保健院对11400名儿童进行孤独症筛查，筛查出可疑阳性30名，对问题儿童进行早期干预及康复训练。高危儿干预康复训练3075人次。

2013年至2017年，共开展听力筛查9256人，骨密度检查20906人，视力筛查18843人。

2018年，沙坡头区对35所幼儿园共8480名儿童进行健康体检。体检结果如下：龋齿3593名，检出率42.37%；佝偻病后遗症160名，检出率1.89%；轻中重度贫血405名，检出率4.78%；中重度营养不良138名，检出率1.63%；视力65名，检出率0.77%。

2019年，组织对沙坡头区46所托幼机构14929名儿童进行健康体检。其中龋齿患病4970人，患病率50.06%；视力异常1184人，视力异常检出率12.1%。

第五节　卫生宣传

一、爱国卫生宣传

2007年，中卫市召开农民健康教育与健康促进行动启动大会，制定实施方案，着力推进健康教育及健康促进。2008年至2009年，在中卫电视台、中卫日报开办"卫生与健康"栏目，定期播发卫生知识；向广大农民群众发放《健康知识进农家》知识读本；开展健康知识巡展巡讲活动，发放健康干预物品毛巾、牙膏、牙刷、洗衣粉等物品；在中小学开展"小手拉大手"等健康知识一对一传播活动；举办农民健康知识竞赛和中小学生健康知识有奖征文等活动。特别是市人民政府把沙坡头区45周岁以上农民免费健康体检作为为民办的15件实事之一，共体检71676人，建立农民家庭健康档案58209份，并定期随访。

2010年，中卫市人民政府出台《中卫市健康宁夏全民行动实施方案》（卫政发〔2010〕104号），决定利用2010年至2012年三年时间，在全市开展以"健康宁夏"为主题的全民健康教育与促进行动。

2014年，各医疗卫生机构全部建成无烟医院并设立戒烟门诊。

2015年，巩固无烟医疗卫生计生单位创建成果，市人民医院、中医医院、沙坡头区人民医院等6家医院建成全国健康促进医院。

2019年，沙坡头区开展健康社区、健康村、健康学校、健康家庭建设，健康"细胞"工程建设成效明显。沙坡头区蔡桥路社区、第八小学、香山公园分别被命名为健康社区、健康学校、健康主题公园建设示范点，滨河镇瑞丰社区汪学军家及文昌镇香山社区赵旭家被命名为健康家庭示范点。广泛开展慢性病健康素养、戒烟限酒、合理膳食、科学健身等为主题的健康教育活动。大力开展控烟工作，开展控烟执法检查和巡查监督，依法清理取缔城区主要路段的LED"烟"字广告，在室内公共场所、工作单位和公共交通工具张贴醒目禁烟标识和提示语922个。组织健康教育巡讲专家深入贫困村开展健康教育知识讲座36次，义诊咨询78场次，活动参与群众1.8万人次，发放各类宣传资料4.2万余份。居民健康知识知晓率达75%以上，健康行为率达70%以上，重点人群健康知识普及率达80%。加快推进医防结合，将健康教育与健康促进融入医疗服务当中，全面实施14类54项基本公共卫生服务项目，建立区、乡、村三级随访管理的高血压、糖尿病、重性精神病防治体系，大力营造健康和谐诊疗环境。

二、爱国卫生活动

2004年后，沙坡头区坚持"政府领导，地方负责，部门分工，全民参与，科学治理，社会监督，分类指导"的爱国卫生工作基本方针，广泛开展爱国卫生运动。每年都把爱国卫生月作为4月份的一项主要工作，紧紧围绕活动主题，针对市区突出存在的违章建筑、占道经营、垃圾积存、灯箱广告牌匾不规范、城市"牛皮癣"蔓延影响环境等卫生问题，进行集中整治。广大农村积极开展卫生改水改厕工作，认真清理公路两侧土堆、粪堆、柴草杂物垃圾堆，保持道路整洁畅通，同时加强畜禽养殖区的卫生清理，防止各种人畜共患疾病的发生，保护农民群众身体健康。

2016年，以"爱国卫生日"活动为抓手，以病媒生物预防控制、城乡环境卫生整治为突破口，大力开展群众性爱国卫生活动。坚持每月一次全民参与"爱国卫生日"活动和城市"牛皮癣"清理工作。启动了创建国家卫生城市工作。实施健康中卫行动。建成香山公园健康步道1000米，在市场、公交站台、居民小区等设置健康教育宣传栏228块，完成五馆一中心健康主题公园的设置，制作健康核心宣传牌50个。

2018年，落实市委、市政府创建国家卫生城市攻坚大会精神，启动创卫攻坚"倒计时冲刺模式"。多部门联合推进创建国家卫生城市，加大健康中卫及创卫宣传力度，开展市容环境、居民小区及建筑工地、农贸市场、园林绿化、交通秩序、"七小行业"、城中村及城乡接合部等专项整治。将城区划分为43个卫生责任区，实行包保责任制。坚持每月一次全民参与"爱国卫生日"活动，集中清理垃圾死角及城市小广告。加大病媒生物预防控制工作，开展乙型脑炎等蚊媒消杀活动，投入资金74.7万元，清运垃圾1996.8吨，填埋洼地水坑354处，使用药品2.9672吨，消杀面积1598万平方米。其中消杀居民居住区及庄点659个，消杀养殖场741个，消杀水域142处。

三、创建卫生城市

2019年，沙坡头区委、区政府把创卫工作摆上重要议程，成立了由区长任组长，分管副区长为副组长，各部门、各乡镇为成员的创卫领导小组，研究制定了《沙坡头区创建国家卫生城市工作实施方案》《沙坡头区创卫暗访方案》《关于进一步加强沙坡头区创卫宣传工作的通知》等指导性文件。组织召开了创建国家卫生城市推进会7次，启动了创卫攻坚"倒计时冲刺模式"。2019年9月，顺利通过了自治区的暗访评审，11月，迎接国家暗访专家组的暗访评估，已基本通过国家暗访，进入综合评审准备阶段。

2019年，沙坡头区创建自治区级卫生乡镇两个，分别是文昌镇、滨河镇。

2019年12月，沙坡头区卫生健康局、沙坡头区旅游和文化体育广电局等4个单位被中卫市健康中卫建设领导小组办公室授予"中卫市2019年度无烟政府机关"（卫健组办发〔2019〕8号）。

第二十七章 人 物

沙坡头区前身为中卫县，自古崇儒重教，人才辈出。2004年沙坡头区成立后，在短短的十几年发展中，依托黄河历史文化底蕴深厚、地理位置独特绝佳的自然环境，勤劳朴实的沙坡头区人民不忘初心、牢记使命，在沙坡头区委、市政府的引领下，踏着推动乡村建设和发展的"快车道"上，用双手建设美丽的沙坡头，涌现出爱祖国、爱人民、爱家乡的为发展献智、献力、献技的仁人志士，也涌现出传承、播撒中华优秀传统文化的儒士贤达。他们引领时代先锋，敢于担当，团结拼搏，彰显蓬勃力量，为沙坡头区的发展做出了卓越的成就。

第一节 人物传

梁全善（1944—1994年），常乐镇水车村人，中共党员，农民企业家，全国劳动模范。梁全善干一行爱一行，苦干、实干、敢闯敢碰，成为当地致富带头人。1978年，被任命为常乐乡农工商联合公司和宁夏中卫常乐建筑材料集团总经理，他大胆改革乡办企业经营管理体制，开拓进取，先后被选为县政协委员、自治区第七届人民代表大会代表。1993年，被银南地区、自治区推荐评选为全国乡镇企业家、全国劳动模范荣获五一劳动奖章。1994年2月3日因公殉职。

段成新（1969年7月—2019年3月），兴仁镇西里村村民。段成新勤劳朴实，不怕苦、不怕累，一心一意操持家务，在族人心中树立起一个孝敬老人的丰碑，得到乡邻的爱戴。在父亲病重期间，他不惜钱财，始终陪护父亲治疗，使大小便失禁的老人得以安然养护，在父亲住院治疗期间，他帮助病友家属洗衣做饭，用自己微薄的收入帮助他人，他的行为值得每一个生活健康的人们学习敬仰。2018年被评为自治区百孝之星。

表 27.1 沙坡头区烈士名表

序号	姓名	民族	出生时间	籍贯	参加革命时间	牺牲年月	牺牲地点及原因	所在单位及职务
1	杨金山	汉族	1911	河北行唐	1926.8	1938.8	武安县万女村因战	10 旅 24 团副营长
2	孟长有	汉族	1914	沙坡头区柔远镇	1935	1941.4	银川被敌杀害	宁夏工委特派员
3	毛清太	汉族	1901.7	沙坡头区文昌镇	1944	1946	山东章丘被敌杀害	部队报社交通员
4	李建云	汉族	不详	山东担城	1945	1946	不详	队长
5	李廷云	汉族	1920	山东	1945	1946.7	江苏烟庄子因战	村民兵队队长
6	杨明武	汉族	1915	沙坡头区永康镇	1947.5	1947.1	河南洛阳因战	258 旅 714 团战士
7	杨秋生	汉族	1920	沙坡头区永康镇	1947.8	1948.2	陕西瓦子街因战	1 野 2 师 4 团战士
8	何至公	汉族	1926.4	沙坡头区	1948	1949.11	因战	广西宾县凤凰区秘书
9	张双贵	汉族	1919	沙坡头区永康镇	1949.9	1949.12	朝鲜因战	战士
10	路通	汉族	1916	浙江天台	1948	1949.3	天台县洛阳因战	天台县游击队队员
11	杨应才	汉族	1916.3	四川巴邑	1946.8	1949.7	甘肃陇南被敌杀害	陇南地下党情报员
12	王文礼	汉族	1926	沙坡头区宣和镇	1947	1950	不详	战士
13	周冶业	汉族	1924.11	沙坡头区滨河镇	1949.1	1950.3	朝鲜因战	62 团战士
14	费万义	汉族	1922	沙坡头区镇罗镇	1949.8	1950.4	朝鲜因战	战士
15	芦生保	汉族	1925	沙坡头区柔远镇	1949.9	1950.6	朝鲜因战	187 师 503 团战士
16	洪春娃	汉族	1929	沙坡头区柔远镇	1949.8	1950.11	朝鲜因战	64 军 504 团班长
17	常大元	汉族	1924.12	沙坡头区柔远镇	1949	1951	朝鲜因战	26 军后勤部班长
18	郭进忠	汉族	1930	沙坡头区东园镇	1951	1951	朝鲜因战	战士
19	王安其	汉族	1926	沙坡头区迎水桥镇	1949.9	1951	朝鲜因战	战士
20	王洪芝	汉族	1933	沙坡头区东园镇	1949	1951	朝鲜因战	19 兵团 64 军战士
21	阎世英	汉族	1932	沙坡头区柔远镇	1950	1951	县军训	战士
22	周三娃	汉族	1930	沙坡头区迎水桥镇	1949	1951	朝鲜因战	战士
23	李洪林	汉族	不详	沙坡头区常乐镇	1949.1	1951	不详	西北军区独立师 3 团战士

续表

序号	姓名	民族	出生时间	籍贯	参加革命时间	牺牲年月	牺牲地点及原因	所在单位及职务
24	周福寿	汉族	1930.12	沙坡头区滨河镇	1949.1	1951.1	朝鲜因战	64军168团战士
25	张国忠	汉族	不详	沙坡头区东园镇	1949.8	1951.2	朝鲜因战	战士
26	刘作泰	汉族	1926	沙坡头区滨河镇	1951.1	1951.4	朝鲜义洞因战	64军192师574团战士
27	牛升娃	汉族	1928	沙坡头区镇罗镇	1949.8	1951.4	朝鲜因战	574团战士
28	杨玉福	汉族	1930	沙坡头区迎水桥镇	1949.12	1951.4	朝鲜因战	654团战士
29	刘银泰	汉族	不详	沙坡头区滨河镇	1950.1	1951.4	不详	战士
30	张立孝	汉族	1924	沙坡头区镇罗镇	1949.1	1951.7	朝鲜因战	58师3营9连战士
31	汪洪万	汉族	1924	沙坡头区东园镇	1949.8	1951.12	朝鲜因战	战士
32	冯双绪	汉族	1925	沙坡头区柔远镇	1948	1952	朝鲜因战	19兵团168师504团排长
33	黄诚	汉族	1928	沙坡头区宣和镇	1946	1952	朝鲜黄花村因战	战士
34	刘立国	汉族	1933	沙坡头区宣和镇	1951	1952	银川因公	宁夏军区战士
35	刘建义	汉族	1929	沙坡头区迎水桥镇	1949	1952	朝鲜因战	战士
36	芮双喜	汉族	1928	沙坡头区迎水桥镇	1949	1952	朝鲜因战	战士
37	宋金善	汉族	1922	沙坡头区迎水桥镇	1949	1952	朝鲜因战	257师战士
38	王进兰	汉族	1928.8	沙坡头区常乐镇	1949	1952	朝鲜因战	连长
39	张文贵	汉族	1921	沙坡头区宣和镇	1936.9	1952.1	朝鲜因战	24师342团副营长
40	徐珍珠	汉族	1930	沙坡头区永康镇	1947	1952.2	青海郎那剿匪	1师2团2营6连副指导员
41	樊义德	汉族	1918	沙坡头区镇罗镇	1949	1952.3	朝鲜因战	257师战士
42	蒋万录	汉族	1926	沙坡头区迎水桥镇	1951	1952.4	朝鲜因战	战士
43	何茂利	汉族	1929.5	沙坡头区常乐镇	1949.8	1952.5	朝鲜因战	战士
44	孙占敖	汉族	1920.11	沙坡头区滨河镇	1949.7	1952.12	朝鲜因战	19兵团573团战士
45	赵五十	汉族	1929	沙坡头区镇罗镇	1949.8	1952.12	朝鲜因战	257师排长
46	黄兴仁	汉族	1929	沙坡头区柔远镇	1949.9	1953	朝鲜因牲	19兵团63军189师565团战士

续表

序号	姓名	民族	出生时间	籍贯	参加革命时间	牺牲年月	牺牲地点及原因	所在单位及职务
47	莫生学	汉族	1917	沙坡头区柔远镇	1948.9	1953	沙坡头区香山剿匪	兰州军区9021部队4分队战士
48	孙学安	汉族	1920	沙坡头区香山乡	1949	1953	朝鲜因战	257师战士
49	张七娃	汉族	1930	沙坡头区东园镇	1949	1953	朝鲜因战	战 士
50	刘全义	汉族	1929.3	沙坡头区常乐镇	1949.1	1953.2	朝鲜因战	战 士
51	王家禄	汉族	1923	沙坡头区东园镇	1949	1953.4	朝鲜因战	567团2营炮兵连战士
52	章希善	汉族	1925.7	沙坡头区柔远镇	1949.12	1953.1	朝鲜因战	19兵团战士
53	王成刚	汉族	1938.9	沙坡头区文昌镇	1949.12	1953.11	朝鲜因战	63军189师566团战士
54	曾广福	汉族	1933.12	沙坡头区文昌镇	1948.11	1953.11	朝鲜因战	战 士
55	冯绪娃	汉族	1926	沙坡头区迎水桥镇	不详	1953.12	朝鲜因战	63军189师战士
56	贾永寿	汉族	1917	沙坡头区香山乡	1948.8	1953.12	朝鲜因战	257师战士
57	王朝君	汉族	1921	沙坡头区永康镇	1949.8	1953.12	朝鲜因战	战 士
58	郭 福	汉族	1917	沙坡头区文昌镇	1949.1	1954.6	朝鲜因战	战 士
59	韩生金	汉族	1917	沙坡头区迎水桥镇	1949	不详	朝鲜因战	战 士
60	王存德	汉族	1934	沙坡头区镇罗镇	1951	1955	青铜峡因公	战 士
61	陈进林	汉族	1930	沙坡头区香山乡	1951	1956	广西桂林牺牲	银川军分区司令部战士
62	范守业	汉族	1931.4	沙坡头区常乐镇	1949.4	1957.6	河北康复医院故病	战 士
63	邵绪德	汉族	1937	沙坡头区东园镇	1956	1959.1	青海剿匪	兰州军区9021部队副班长
64	尹炳辉	汉族	1943	沙坡头区东园镇	1961	1964.6	甘肃临夏执行任务	兰州8083部队战士
65	齐春亭	汉族	1911	河北高阳	1937.1	1967.12	因战伤复发病故	兰州军区军钢厂总务科长
66	李新忠	汉族	1937	沙坡头区宣和镇	1961.7	1968.3	新疆克孜勒苏军分区迫害致死	兰州第三机械厂排长
67	朱守忠	汉族	1920	上海金山	1947.9	1970.2	甘肃武山施工	沙坡头区一中教师
68	黎世玺	汉族	1951	沙坡头区迎水桥镇	1971	1972.2	兰州执行战备训练	5375部队战士
69	张振华	汉族	1949.1	沙坡头区柔远镇	1969.3	1972.8	兰州执行战备训练	兰州5388部队战士

续表

序号	姓名	民族	出生时间	籍贯	参加革命时间	牺牲年月	牺牲地点及原因	所在单位及职务
70	陈忠祥	汉族	1951	沙坡头区东园镇	1968	1973.1	施工	5380部队排长
71	陈怀信	汉族	1954.8	沙坡头区常乐镇	1973.1	1973.11	青海门源因公牺牲	5397部队战士
72	张忠东	汉族	1937.7	河南通汗	1960.8	1974.9	沙坡头区抢救人民生命	沙坡头区下河沿水文站站长
73	拓守千	汉族	1955	沙坡头区香山乡	1975.1	1978.8	施工	8452部队战士
74	陈生祥	汉族	1957.8	沙坡头区柔远镇	1976.3	1979.7	天水执行任务	84859部队战士
75	黄立茂	汉族	1957.5	沙坡头区迎水桥镇	1977.1	1980.6	甘肃张掖执行任务	兰州军区84893部队战士
76	张永奎	汉族	不详	沙坡头区永康镇	1974	1982.5	永康乡水渠救人	民兵
77	闫岐生	汉族	1966.4	沙坡头区柔远镇	1984.11	1985.5	陕西蒲城驻地执行公务	84807部队侦察连战士
78	郭万福	汉族	1960.9	河北康保	1980	1986.3	对越自卫反击战因战	兰州军区第10侦察大队2连班长
79	霍建平	汉族	1964.3	甘肃兰州	1983	1987.3	对越自卫反击战因战	兰州军区第10侦察大队2连副班长
80	冯中江	汉族	1966	沙坡头区镇罗镇	1985.1	1986.6	对越自卫反击战因战	兰州军区某炮兵团战士
81	史福禄	汉族	1941.7	河北满城	1958	1989.7	中卫抢救他人	银川铁路局中卫公务段养路工
82	孟文军	汉族	1964	沙坡头区东园镇	1982.1	1986.7	对越自卫反击战因战	35166部队七营三连班长
83	王发元	汉族	1945.7	沙坡头区宣和镇	1973	1991.4	中卫抢救人民生命	中卫市宣和镇塑料厂车间主任
84	李有孝	汉族	1964.12	沙坡头区常乐镇	1984	1994.2	中卫常乐保卫人民生命	常乐乡水泥厂化验室主任
85	梁全善	汉族	1944.5	沙坡头区常乐镇	1975	1994.2	中卫常乐保卫人民生命	常乐镇建筑材料集团公司董事长兼总经理
86	何国江	满族	1959.11	辽宁辽阳	1982	1996.7	黄羊滩抢救落水同学	中卫县邮电局机线班班长
87	徐新宁	汉族	1969.9	沙坡头区文昌镇	1989.12	1998.9	中卫抓捕犯罪分子	中卫县行政拘留所管教员
88	麦海斌	汉族	1980.12	沙坡头区宣和镇	不详	2002.5	中卫抢救落水村民	中卫县宣和乡羚羊村十一队农民
89	李卫江	汉族	1965.8	沙坡头区文昌镇	1983.6	2003.4	中卫执法	中卫县农机监理站监理员

续表

序号	姓名	民族	出生时间	籍贯	参加革命时间	牺牲年月	牺牲地点及原因	所在单位及职务
90	王瑞生	汉族	1963.7	沙坡头区东园镇	1991	2004.11	中卫抢救落水职工	中卫市东园镇水管站渠长
91	陈录金	汉族	1925	沙坡头区滨河镇	1948.9	1951	因战	战士
92	李作胜	汉族	1938	沙坡头区宣和镇	不详	1961	不详	8582部队仓库主任
93	杨生成	汉族	1961.11	沙坡头区永康镇	不详	2005.7	中卫抢救落水儿童	中卫永康镇艾湾村8队农民
94	周永新	男	1979.9	沙坡头区文昌镇	2003	2012.4	与持刀歹徒搏斗中牺牲	沙坡头区交警四大队副大队长
95	白油霖	汉族	不详	沙坡头区	不详	不详	山东峄县因战	30师178团机1连少尉排长
96	焦占宝	汉族	1921	沙坡头区宣和镇	1936	1944.12	江苏灌云因战	新四军三师十旅五团政委
97	贺光荣	汉族	1968.3	沙坡头区常乐镇	1986.1	2009.12	抢救保护公民财产牺牲	武警第63师422团副团长
98	王学文	汉族	1974	沙坡头区东园镇	1991.1	1999.3.25	出公差的途中不幸牺牲	人民武装警察部队战士
99	马生福	回族	1927.1	沙坡头区兴仁镇	1956	1959	青海曲麻莱县剿匪牺牲	副班长
100	徐栓成	汉族	1924.2	沙坡头区	不详	1949.8	江苏解放战争中牺牲	营长
101	李茂发	汉族	1914	沙坡头区宣和镇	不详	1951	朝鲜因战	战士
102	田怀财	汉族	1975.6	沙坡头区宣和镇	不详	2007.7	中卫抢救落水儿童牺牲	农民
103	任希圣	汉族	1927	沙坡头区永康镇	1947.07	1968.12	参加三支两军因公牺牲	中国人民解放军昆字140部队干部

第二节 人物简介

一、政务要员

张隽华（1965.1—），回族，山东烟台人，大学本科学历，中共党员。1987年7月参加工作，1997年7月加入中国共产党。1998年8月至2004年2月任宁夏回族自治区党委宣传部外宣处副处长（其间：2001年5月至2001年11月挂职任天津市大港区政府区长助理）；2004年2月至2005年6月任宁夏回族自治区党委宣传部外宣处处长；2005年6月至2008年5月任宁夏回族自治区党委宣传部新闻出版处处长；2008年5月至2008年12月任彭阳县代县长；2008年12月至2011年5月任彭阳县县长；2011年5月至2011年9月任原中卫市沙坡头区党工委书记；2011年9月至2012年6月任原中卫市沙坡头区党工委书记、人武部党委第一书记；2012年6月至2014年11月任中卫市沙坡头区党工委书记、管委会主任，人武部党委第一书记。

王学军（1968.10—），汉族，宁夏中宁人，宁夏党校研究生学历，中共党员。1990年9月参加工作，1992年7月加入中国共产党。1997年3月至1999年9月任中宁县宁安乡党委副书记；1999年9月至2003年1月任中宁县鸣沙镇党委副书记、镇长；2003年1月至2006年9月任中宁县副县长；2006年9月至2007年11月任海原县委常委、纪委书记；2007年11月至2009年8月任海原县委常委、副县长；2009年8月至2009年12月任海原县委常委、副县长，海原新区管委会主任；2009年12月至2010年7月任海原县委副书记，海原县新区管委会主任；2010年7月至2013年4月任原中卫市文化体育广播电视局党委委员、局长；2013年4月至2013年7月任原中卫市文化体育广播电视局党委书记、局长；2013年7月至2014年11月任原中卫市发展和改革委员会党组书记、局长；2014年11月至2016年1月任原中卫市沙坡头区党工委书记、管委会主任，人武部党委第一书记；2016年1月至2016年6月任原中卫市沙坡头区党工委书记、区委书记候选人，人武部党委第一书记；2016年6月至2017年12月任中卫市沙坡头区委书记，人武部党委第一书记。

童刚（1972.1—），汉族，宁夏惠农人，中央党校研究生学历，中共党员。1995年7

月参加工作，2001年5月加入中国共产党。1998年4月至2000年8月任石嘴山市科委工业科技科副科长；2000年8月至2002年12月任石嘴山市科委、科技局工业科技科科长；2002年12月至2005年3月任平罗县副县长；2005年3月至2005年11月任大武口区委常委、宣传部部长；2005年11月至2010年4月任石嘴山市委宣传部副部长（正处级）；2010年4月至2011年8月任石嘴山市商务局党组书记、局长；2011年8月至2011年11月任平罗县委副书记（正处级）、政法委书记；2011年11月至2012年10月任平罗县委副书记（正处级）、政法委书记、社工部部长；2012年10月至2016年1月任石嘴山市财政局党组书记、局长；2016年1月至2016年6月任中卫市沙坡头区委副书记、沙坡头区人民政府筹备领导小组组长、区长候选人；2016年6月至2016年7月任中卫市沙坡头区委副书记、沙坡头区人民政府筹备领导小组组长、区长候选人；2016年7月至2017年12月任中卫市沙坡头区委副书记、沙坡头区区长；2017年12月任中卫市沙坡头区委书记。

郭爱迪（1970.6—），汉族，内蒙古兴和人，在职大学学历，中共党员。1993年8月参加工作，1993年7月加入中国共产党。1998年11月至2000年12月任银川市房管局团委副书记；2000年12月至2001年11月任银川市房产管理局办公室副主任；2001年11月至2002年7月任银川市委办公厅副科级秘书；2002年7月至2006年11月任银川市委办公厅秘书处处长（其间：2003年8月至2005年12月中央党校函授学院本科班行政管理专业学习）；2006年11月至2009年7月任银川市委督查室副主任；2009年7月至2009年8月任银川市西夏区委常委；2009年8月至2011年9月任银川市西夏区委常委、宣传部部长；2011年9月至2013年1月任银川市西夏区委常委、纪委书记；2013年1月至2014年2月任银川市西夏区委常委、副区长；2014年2月至2014年7月任中卫市政府副秘书长；2014年7月至2017年12月任中卫市政府党组成员、秘书长、办公室主任；2017年12月至2018年1月任中卫市沙坡头区委副书记；2018年1月任中卫市沙坡头区委副书记、区长。

焦清春（1963.4—），汉族，宁夏中卫人，在职大学本科学历，中共党员。1983年7月参加工作，1988年6月加入中国共产党。2002年8月至2004年12月任原中卫县委组织部副部长；2004年12月至2007年10月任中卫市委组织部组织一科科长；2007年10月至2009年5月任中卫市城区工委副书记、中卫市文昌镇党委书记、镇长；2009年5月至2011年3月任中卫市委组织部副部长、市人才工作领导小组办公室主任；2011年3月至2016年2月任中卫市委组织部副部长（正处级）；2016年2月至2016年7月任中卫市沙坡头区人大常委会筹备领导小组组长，提名为沙坡头区第一届人大常务委员会主任候选人；2016年7月至2019年3月任中卫市沙坡头区人大常委会主任。

郭吉武（1962.1—），汉族，宁夏中宁人，大学本科学历，中共党员。1984年7月参加工作，1991年7月加入中国共产党。1992年8月至1996年5月任中宁县白马乡副乡长；1996年5月至1998年3月任中宁县长滩乡党委副书记、乡长；1998年3月至1998年11月任中宁县长滩乡党委书记；1998年11月至2000年6月任中宁县白马乡党委书记；2000年6月至2003年3月任中宁县恩和乡党委书记；2003年3月至2005年8月任中宁县公安局党委书记、政委；2005年8月至2006年7月任中卫市公安局党委委员、政治部主任（副处级）；2006年7月至2006年8月任海原县公安局局长；2006年8月至2006年9月任海原县公安局党委书记、局长；2006年9月至2006年11月任海原县委常委、县公安局局党委书记、局长；2006年11月至2008年8月任海原县委常委、政法委书记，县公安局党委书记、局长；2008年8月至2009年8月任中卫市经委副主任、党委委员；2009年8月至2011年3月任中卫市委政法委副书记（正处级）；2011年3月至2011年9月中卫市农牧局党委书记；2011年9月至2014年7月任中卫市安全生产监督管理局党组书记、局长；2014年7月至2015年7月任中卫市旅游开发试验区党工委副书记、管委会常务副主任，市旅游局党组书记；2015年7月至2016年7月任海兴开发区党工委副书记、管委会主任；2016年7月至2016年10月任海原县政协党组书记；2016年10月至2019年2月任海原县政协党组书记、主席；2019年2月至2019年3月任中卫市沙坡头区人大常委会主任候选人；2019年3月任中卫市沙坡头区人大常委会党组书记、主任。

刘希宁（1961.5—），汉族，宁夏中卫人，中央党校大学本科学历，中共党员。1977年3月参加工作，1986年6月加入中国共产党。1992年6月至1996年12月任中卫县红泉乡党委副书记、副乡长；1996年12月至2002年1月任中卫县西台乡党委副书记；2002年1月至2003年7月任中卫县景庄乡党委副书记、政府乡长；2003年7月至2004年2月任中卫县镇罗镇党委副书记（正科级）；2004年2月至2005年3月任中卫市镇罗镇党委副书记（正科级）；2005年3月至2006年7月任中卫市柔远镇党委书记；2006年7月至2007年12月任中卫市城区党工委副书记、柔远镇党委书记、镇长；2007年12月至2009年12月任海原县副县长（2005年8月至2008年6月在中央党校函授学院大专班经济管理专业学习，2006年8月至2008年12月在中央党校函授学院本科班经济管理专业学习）；2009年12月至2010年12月任海原县委常委、副县长；2010年12月至2013年5月任中卫市民政局党组书记、局长、市社会组织党工委书记；2013年5月至2016年2月任中卫市纪委副书记；2016年8月任中卫市沙坡头区政协党组书记、主席。

景兆珍（1969.2—），汉族，宁夏中卫人，中央党校大学本科学历，中共党员。1989年7月参加工作，1995年2月加入中国共产党。2005年3月至2006年8月任中卫市镇罗镇党委委员、副镇长；2006年8月至2008年1月任中卫市镇罗镇党委副书记；2008年1月至2010年1月任中卫市镇罗镇党委书记、镇长（2006年8月至2008年12月在中央党校函授学院经济管理专业学习）；2010年1月至2012年5月任中卫市沙坡头区工委副书记、镇罗镇党委书记、镇长；2012年5月至2013年3月任中卫市沙坡头区党工委副书记、管委会副主任、农村工作部部长；2013年3月至2016年3月任中卫市沙坡头区党工委副书记、管委会副主任。

杨和（1968.12—），回族，宁夏海原人，在职研究生学历，中共党员。1989年7月参加工作，1991年1月加入中国共产党。2001年8月至2003年1月任海原县委办公室副主任；2003年1月至2005年1月任海原县委办公室副主任、政研室主任；2005年1月至2006年8月任海原县政府党组成员、办公室主任；2006年8月至2007年3月任海原县史店乡党委书记；2007年3月至2008年2月任海原县海城镇党委书记；2008年2月至2009年1月任中卫市政府办秘书一科科长；2009年1月至2014年8月任中卫市政府副秘书长；2014年8月至2016年2月任中卫市政府副秘书长、中卫市政务中心党组书记、主任；2016年2月至2016年6月任中卫市沙坡头区党工委副书记、提名为区委副书记候选人。2016年6月至2017年4月任中卫市沙坡头区委副书记。

田海福（1966.12—），回族，宁夏海原人，大学本科学历，中共党员。1987年8月参加工作，1987年4月加入中国共产党。1994年1月至1997年6月任海原县团委副书记；1997年6月至1997年7月任海原县史店乡党委副书记；1997年7月至2000年6月任海原县史店乡党委副书记、乡长（1996年9月至1999年7月在宁夏党校法律专业学习）；2000年6月至2001年12月任海原县畜牧局局长；2001年12月至2005年1月任海原县委常委、政法委书记；2005年1月至2005年6月任中宁县委副书记、政法委书记；2005年6月至2006年12月任中宁县委副书记、纪委书记、政法委书记（2003年9月至2005年9月在西南师范大学政治经济学专业现代经济与行政管理研究生课程进修班学习）；2006年12月至2008年3月任中宁县委副书记、纪委书记；2008年3月至2009年8月任中宁县委副书记；2009年8月至2010年7月任中卫市人力资源和社会保障局副局长、市劳动就业服务局局长（2008年3月至2010年6月在宁夏党校经济管理专业学习）；2010年7月至2016年3月任中卫市人力资源和社会保障局党组成员、副局长、市劳动就业服务局局长（市就业创业和人才服务局局长）；2016年3月至2017年4月任中卫市委副秘书长；2017年4月至2019年4月任中卫市沙坡头区委常委、副书记；2019年4月至2019年9月任中卫市沙坡头区委副书记、政法委书记；2019年9月任中卫市沙坡头区委副书记。

唐永铎（1969.6—），汉族，山东莒县人，大学本科学历，中共党员。1987年10月入伍，1991年4月加入中国共产党。2001年12月至2003年6月任宁夏军区政治部组织处副营干事；2003年6月至2006年6月任宁夏军区政治部组织处正营干事；2006年6月至2010年11月任宁夏军区政治部组织处副团干事；2010年11月至2011年9月任中卫市沙坡头区人民武装部政治委员；2011年9月至2016年2月任中卫市沙坡头区党工委委员、人民武装部政委；2016年2月至2016年6月任中卫市沙坡头区党工委委员、区委常委候选人、人民武装部政委；2016年6月至2017年12月任中卫市沙坡头区委常委、人民武装部政委。

杨立平（1973.9—），汉族，宁夏石嘴山人，大学本科学历，中共党员。1993年7月参加工作，1998年7月加入中国共产党。2002年11月至2004年2月任陶乐公安局刑侦大队大队长；2004年2月至2005年4月在中卫市城区公安局交警大队工作；2005年4月至2005年9月任中卫市公安局交警支队交通秩序管理科科长；2005年9月至2006年7月任中卫市公安局交警支队副支队长兼交通秩序管理科科长；2006年7月至2008年8月任中卫市公安局沙坡头区分局副局长；2008年8月至2011年3月任海原县委常委、县公安局局长；2011年3月至2012年5月任中卫市公安局党委委员、副局长（正处级）、沙坡头区公安分局局长；2012年5月至2015年3月任中卫市公安局副局长、中卫市沙坡头区党工委委员、沙坡头区公安分局局长。

王永录（1970.11—），汉族，宁夏中宁人，中央党校大学本科学历，中共党员。1993年7月参加工作，1996年6月加入中国共产党。2003年4月至2004年11月任中宁县县级机关工委副书记；2004年11月至2005年6月任中卫市委组织部干部二科副科长；2005年6月至2009年8月任中卫市委组织部干部二科科长；2009年8月至2010年9月任中卫市交通局党委委员、市交通运输管理处处长；2010年9月至2012年5月任中卫市民政局党组成员、市社会组织党工委副书记；2012年5月任中卫市沙坡头区党工委委员、纪工委书记；2012年5月至2013年12月任中卫市沙坡头区党工委委员、纪律检查工作委员会书记；2013年12月至2016年3月任中卫市沙坡头区党工委委员、纪工委书记、党群工作部部长。

唐兴武（1964.12—），汉族，宁夏中卫人，大学本科学历，中共党员。1987年8月参加工作，1993年8月加入中国共产党。1994年9月至1997年3月任中卫县园艺场副场长；1997年3月至2004年2月任中卫县园艺场党支部书记、厂长；2004年2月至2007年9月任中卫市西郊林场负责人；2007年9月至2009年1月任中卫市西郊林场场长；2009年1月至2011年7月任中卫市沙坡头区香山乡党委书记、政府乡长，2011年7月至2012年5月任沙坡头区党工委副书记；2012年5月至2016年2月任中卫市沙坡头区党工委委员、管委会副主任；2016年2月至2016年7月任中卫市沙坡头区委委员、常委、区政府筹备领导小组副组长、副区长候选人；2016年7月至2017年4月任中卫市沙坡头区委常委、副区长。

肖军军（1974.9—），汉族，宁夏石嘴山人，大学本科学历，中共党员。1996年9月参加工作，1996年5月加入中国共产党。2001年3月至2003年9月任宁夏回族自治区公安厅办公室秘书科副科长（1999年9月至2002年7月在中国政法大学法学专业学习）；2003年9月至2004年2月任宁夏回族自治区公安厅出入境管理局副主任科员；2004年2月至2009年12月任宁夏回族自治区公安厅出入境管理局外管科科长；2009年12月至2015年1月任宁夏回族自治区公安厅刑事侦查总队副总队长；2015年1月至2015年3月任宁夏回族自治区公安厅禁毒总队政委；2015年3月至2016年6月任中卫市公安局党委委员、副局长（正处级）、沙坡头区分局局长，原中卫市沙坡头区党工委委员；2016年6月至2016年8月任中卫市公安局党委委员、副局长（正处级）、沙坡头区分局局长，中卫市沙坡头区委委员、常委；2016年8月至2019年1月任中卫市公安局党委委员、沙坡头区分局局长，中卫市沙坡头区委常委（正处级）、政法委书记；2019年1月至2019年4月任中卫市公安局党委委员、政委、沙坡头区分局局长，中卫市沙坡头区委委员、常委（正处级）、政法委书记。

邹建萍（1968.2—），女，汉族，宁夏中卫人，中央党校大学本科学历，中共党员，1990年7月参加工作，1997年6月加入中国共产党。2005年9月至2010年3月任中卫市妇联综合工作部部长；2010年3月至2010年7月任中卫市总工会副主席；2010年7月至2011年7月任中卫市总工会党组成员、副主席；2011年7月至2013年3月任中卫市人力资源和社会保障局党组成员、市社会保险事业管理局局长；2013年3月至2016年2月任中卫市沙坡头区党工委委员、管委会副主任、沙坡头区总工会主席；2016年3月至2016年6月任中卫市沙坡头区党工委委员、区委常委候选人；2016年6月至2019年8月任中卫市沙坡头区委、常委、宣传部部长。

张鹏（1971.11—），汉族，宁夏中卫人，宁夏党校研究生学历，中共党员。1992年7月参加工作，1993年3月加入中国共产党。2007年5月至2008年12月任中卫市防汛抗旱指挥部办公室副主任（副科级）；2008年12月至2011年1月任中卫市沙坡头区东园镇党委书记、镇长；2011年1月至2012年8月任中卫市沙坡头区宣和镇党委书记、镇长；2012年8月至2013年12月任中卫市沙坡头区文昌镇党委书记、镇长；2013年12月至2016年2月任中卫市沙坡头区党工委委员、管委会副主任。

张江涛（1966.3—），汉族，河北深州人，宁夏党校大学本科学历，中共党员。1985年11月参加工作，1990年5月加入中国共产党。1998年2月至2001年12月任陶乐县红崖子乡党委书记、人大主席；2001年12月至2006年4月任陶乐县红崖子乡党委书记；2003年4月至2004年2月任陶乐县委政法委副书记；2004年2月至2004年12月在中卫市委政法委工作；2004年12月至2007年9月任中卫市委政法委副书记（副处级）；2007年9月至2008年3月任中卫市交通运输管理处处长；2008年3月至2009年8月任中卫市交通运输局党委委员、市交通运输管理处处长；2009年8月至2011年11月任中卫市纪委第一派驻纪检组组长、市直机关工委委员；2011年11月至2016年3月任中卫市纪委常委、监察局局长；2016年3月至2016年7月任原中卫市沙坡头区党工委委员、纪工委书记区委常委、纪委书记候选人；2016年7月至2017年4月任中卫市沙坡头区委常委、纪委书记。

孙艳琳（1972.3—），女，汉族，宁夏中宁人，宁夏党校研究生学历，中共党员。1992年7月参加工作，1998年12月加入中国共产党。2003年4月至2003年7月任中宁县余丁乡副乡长；2003年7月至2006年8月任中宁县城关西街社区党支部书记；2006年8月至2008年12月任中宁县信访局副局长；2008年12月至2009年7月任中宁县信访局局长（2006年9月至2009年7月在宁夏党校在职研究生班政治学专业学习）；2009年7月至2010年1月任中宁县公路段党支部书记；2010年1月至2013年3月任中卫市妇联副主席；2013年3月至2014年7月任中卫市妇女联合会党组成员、副主席；2014年7月至2014年12月任中卫市文化体育广播电视局党委委员、副局长；2014年12月至2016

年3月任中卫市文化体育新闻出版广电局党委委员、副局长；2016年3月至2019年8月任中宁县委常委、宣传部部长（2016年4月至2017年1月挂职任山东省烟台市芝罘区副区长）；2019年8月任中卫市沙坡头区委常委、宣传部部长。

张志军（1969.10—），汉族，宁夏中宁人，大学本科学历，中共党员。1991年7月参加工作，1996年6月加入中国共产党。2003年3月至2008年12月任中宁县人事劳动保障局副局长；2008年12月至2010年8月任中宁县委办公室副主任、督查室主任；2010年8月至2012年6月任中宁县委组织部副部长、人才办主任；2012年6月至2016年3月任中卫市直机关工委副书记；2016年3月至2016年6月任中卫市沙坡头区党工委委员、区委常委候选人；2016年6月任中卫市沙坡头区委常委、组织部部长。

李伏荣（1971.6—），汉族，宁夏中卫人，大学本科学历，中共党员。1992年7月参加工作，1996年1月加入中国共产党。2005年12月至2006年8月任中卫市农牧林业科技局办公室副主任；2006年8月至2008年2月任中卫市沙坡头区常乐镇党委副书记；2008年2月至2010年1月任中卫市沙坡头区镇罗镇党委副书记、人大主席；2010年1月至2012年8月任中卫市沙坡头区永康镇党委书记、镇长；2012年8月至2013年3月任中卫市沙坡头区宣和镇党委书记、镇长；2013年3月至2016年3月任中卫市林业生态建设局党委委员、副局长；2016年3月至2016年7月任中共中卫市沙坡头区工作委员会委员、沙坡头区人民政府筹备领导小组副组长，提名为沙坡头区委常委候选人、沙坡头区副区长候选人；2016年7月至2016年8月任中卫市沙坡头区委常委、副区长；2016年8月至2019年1月任中卫市沙坡头区委常委，政府党组成员、副区长。

姜鹏飞（1977.4—），汉族，宁夏海原人，宁夏党校大学本科学历，中共党员。1998年7月参加工作，1999年10月加入中国共产党。2009年2月至2009年6月任海原县七营镇党委委员、副书记；2009年6月至2010年8月任海原县树台乡党委委员、副书记、乡长；2010年8月至2011年8月任海原县史店乡党委委员、书记，人大主席；2011年8月至2013年6月任海原县三河镇党委委员、书记，人大主席；2013年6月至2016年3月任海原县农牧局党委委员、局长；2016年3月至2016年6月任中卫市沙坡头区党工委委员、区委常委候选人；2016年6月至2019年2月任中卫市沙坡头区委常委、统战部部长；2019年2月至2019年4月任中卫市沙坡头区委常委、区人民政府党组副书记；2019年4月任中卫市沙坡头区常委，区人民政府党组副书记、副区长。

张振宇（1979.10—），汉族，宁夏中宁人，大学本科学历，中共党员。1998年7月参加工作，2000年7月加入中国共产党。2008年3月至2009年12月任中宁县鸣沙镇纪委书记；2009年12月至2011年8月任中宁县宁安镇党委副书记；2011年8月至2011年12月任中宁县石空镇党委副书记；2011年12月至2012年4月任中宁县喊叫水乡党委副书记；2012年4月至2012年6月任中宁县喊叫水乡党委副书记（正科级）；2012年6月至2012年8月任中卫市委宣传部副部长、中宁县喊叫水乡党委副书记（正科级）；2012年8月至2014年7月任中卫市委宣传部副部长；2014年7月至2016年3月任中卫市政府副秘书长；2016年3月至2016年7月任沙坡头区人民政府筹备领导小组副组长，提名为沙坡头区副区长候选人；2016年7月至2017年4月任中卫市沙坡头区副区长；2017年4月至2018年1月任中卫市沙坡头区委常委、纪委书记；2018年1月至2019年6月任中卫市沙坡头区委常委、纪委书记，监察委员会主任。

徐刚（1966.7—），回族，北京人，宁夏党校大专本科学历，中共党员。1987年4月参加工作，1993年5月加入中国共产党。2007年1月至2009年2月任中卫市劳动监察支队副队长（副科级）；2009年2月至2010年3月任中卫市劳动监察支队支队长（正科级）；2010年3月至2010年4月任中卫市沙坡头区宣和镇党委副书记（正科级）；2010年4月至2012年8月任中卫市沙坡头区宣和镇党委副书记、副镇长；2012年8月至2013年3月任中卫市沙坡头区宣和镇党委副书记（正科级）；2013年3月至2014年4月任中卫市沙坡头区宣和镇党委副书记、人大主席；2014年4月至2016年4月任中卫市沙坡头区常乐镇党委书记、镇长；2016年4月至2017年5月任中卫市沙坡头区常乐镇党委书记；2017年5月任中卫市沙坡头区委常委、常乐镇党委书记。

唐加胜（1972.12—），汉族，山东费县人，大学本科学历，中共党员。1990年12月入伍，1992年4月加入中国共产党。1995年7月至1997年7月任陆军第四十七集团军步兵第五十六师一六八团三七连排长；1997年7月至1997年11月任陆军第四十七集团军步兵第五十六师一六八团特务连副连长；1997年11月至1998年4月任陆军第四十七集团军步兵第五十六师一六八团三营九连副连长；1998年4月至1998年7月任陆军第四十七集团军步兵第五十六师一六八团特务连代理连长；1998年7月至1998年9月任陆军第四十七集团军步兵第五十六师一六八团军犬队队长；1998年9月至1999年4月任陆军第四十七集团军步兵第五十六旅三营八连连长；1999年4月至2001年4月任陆军第四十七集团军步兵第五十六旅教导队一中队中队长；2001年4月至2003年4月任陆军第四十七集团军步兵第五十六旅教导队副队长；2003年4月至2006年1月任陆军第四十七集团军步兵第五十六旅一营营长；2006年1月至2007年2月任陆军第四十七集团军步兵第五十六旅二营营长；2007年2月至2012年3月任陆军第四十七集团军步兵第五十六旅副参谋长；2012年3月至2012年4月任海军北海舰队海航五师十五团副团长（交叉代职1年）；2012年4月至2013年12月任陆军第四十七集团军步兵第五十六旅副旅长；2013年12月至2018年3月任中卫市沙坡头区人民武装部部长；2018年3月任中卫市沙坡头区委常委、区人武部部长。

穆怀中（1968.10—），回族，宁夏海原人，中央党校大学本科学历，中共党员。1992年8月参加工作，2001年6月加入中国共产党。2002年4月至2005年3月任海原县建设局副局长；2005年3月至2007年2月任海原县李俊乡党委副书记、乡长（2004年8月至2006年12月在中央党校函授学院本科班法律专业学习）；2007年2月至2008年1月任海原县徐套乡党委书记；2008年1月至2008年5月任海原县新区建设办公室副主任（正科级）；2008年5月至2011年3月任海原县新区建设管委会副主任（正科级）；2011年3月至2012年11月任海原县住房和城乡建设局局长；2012年11月至2016年2月任海原县副县长；2016年月至2017年4月任中卫市规划管理局党组成员、副局长；2017年4月至2019年2月任中卫市沙坡头区副区长；2019年2月任中卫市沙坡头区委常委、统战部部长。

李华锋（1967.12—），汉族，宁夏中宁人，大学本科学历，中共党员。1992年7月参加工作，1995年1月加入中国共产党。2003年4月至2006年10月任中宁县纪检委执法监察室主任；2006年10月至2007年2月任中宁县纪委常委（换届选举）、执法监察室主任；2007年2月至2013年2月任中宁县纪委常委、监察局副局长；2013年2月至2015年11月任中宁县纪委常委（正科级）、监察局副局长；2015年11月至2017年5月任中宁县纪委常委、副书记；2017年5月至2018年2月任中卫市纪委（监察局）办公室主任；2018年2月至2019年4月任中卫市委巡察组副处级巡察专员；2019年4月至2019年6月任中卫市委巡察组副组长；2019年6月至2020年1月任中卫市沙坡头区委常委，纪委书记，监察委员会委员、副主任、代主任；2020年1月任中卫市沙坡头区委常委、纪委书记、监委主任。

高永生（1970.7—），汉族，宁夏中卫人，在职大学本科学历，中共党员。1990年7月参加工作，1995年7月加入中国共产党。2003年4月至2004年2月任中卫县人民法院办公室主任；2004年2月至2004年7月任中卫市中级人民法院工作；2004年7月至

2005年6月任中卫市中级人民法院副科级审判员；2005年6月至2008年8月任中卫市中级人民法院法警支队队长（正科级）；2008年8月至2009年4月任中卫市中级人民法院执行庭庭长；2009年4月至2009年6月任中卫市中级人民法院党组成员、政治处主任、执行庭庭长；2009年6月至2016年7月任中卫市中级人民法院党组成员、政治处主任；2016年7月至2019年8月任中宁县人民法院院长；2019年9月任中卫市沙坡头区委常委、政法委书记。

田仲锋（1964.11—），回族，宁夏海原人，大学本科学历，中共党员。1985年7月参加工作，1988年6月加入中国共产党。1994年1月至1998年6月任原海原县体改办公室副主任；1998年6月至2002年3月任原海原县计经局副局长；2002年3月至2005年1月任原海原县交通局局长；2005年1月至2009年8月任海原县副县长；2009年8月至2012年5月任中卫市综治办主任（副处级）；2012年5月至2016年3月任中卫市委政法委机关副秘书长、市综治办主任（副处级）；2016年3月至2016年7月任中卫市沙坡头区人大常委会筹备领导小组副组长，提名为沙坡头区第一届人大常委会副主任候选人；2016年7月任中卫市沙坡头区人大常委会党组成员、副主任。

韩国平（1963.5—），汉族，宁夏中卫人，中央党校大专学历，中共党员。1983年7月参加工作，1987年3月加入中国共产党。1984年12月至1985年12月任原中卫县城关镇财政所副所长；1985年12月至1989年2月任原中卫县城关镇团委书记；1982年2月至1992年10月任中卫县第二造纸厂副厂长；1992年10月至1995年10月在中卫县城关镇工作；1995年10月至1998年1月任中卫县城关镇人武部干事；1998年1月至2002年7月任中卫县城关镇人武部副部长；2002年7月至2004年2月任中卫县迎水桥镇党委委员、人武部部长（2000年8月至2003年6月在中央党校函授学院经济管理专业学习）；2004年2月至2005年3月任中卫市迎水桥镇党委委员、人武部部长；2005年3月至2007年9月任中卫市迎水桥镇党委副书记、人武部部长；2007年9月至2009年1月任中卫市迎水桥镇党委副书记、人大主席；2009年1月至2011年8月任中卫市沙坡头区迎水桥镇党委书记、镇长；2011年8月至2012年12月任中卫工业园区管委会副主任；2012年12月至2019年9月任中卫工业园区党工委委员、管委会副主任（其间：2013年7月至2014年7月挂任北京经济技术开发区建设发展局副局长）；2019年9月任中卫市沙坡头区人大常委会党组成员、副主任。

彭浩平（1968.9—），汉族，宁夏中卫人，大学本科学历，中共党员。1991年7月参加工作，1994年10月加入中国共产党。2003年7月至2005年3月任中卫市沙坡头区香山乡党委委员、副乡长；2005年8月至2010年11月任中卫市人大常委会办公室秘书科科长；2010年11月至2011年7月任中卫市人大常委会人事代表联络与选举工作委员会副主任、办公室秘书科科长；2011年7月至2016年3月任中卫市人大常委会人事代表联络与选举工作委员会副主任；2016年3月至2016年7月任中卫市沙坡头区人大常委会筹备领导小组副组长，提名为沙坡头区第一届人大常委会副主任候选人；2016年7月至2019年2月任中卫市沙坡头区人大常委会党组成员、副主任。

张永花（1965.12—），女，汉族，宁夏中卫人，在职大学本科学历，民建成员。1984年7月参加工作。2005年11月至2010年2月任中卫市交通局财务审计科科长；2010年2月至2013年12月任中卫市交通运输局财务审计科科长；2013年12月至2015年2月任中卫市交通运输局副调研员、财务审计科科长；2015年2月至2016年3月任中卫市交通运输局副调研员；2016年3月至2016年8月任中卫市沙坡头区人大常委会筹备领导小组副组长，提名为沙坡头区第一届人大常委会副主任候选人；2016年8月任中卫市沙坡头区人大常委会副主任。

刘德祥（1966.1—），汉族，宁夏中卫人，大学本科学历，中共党员。1989年7月参加工作，1992年5月加入中国共产党。2005年3月至2006年8月任中卫市宣和镇党委委员、副镇长；2006年8月至2007年10月任中卫市宣和镇党委委员、纪委书记；2007年10月至2008年8月任中卫市永康镇党委委员、纪委书记；2008年8月至2008年12月任中卫市沙坡头区永康镇党委副书记（正科级）；2008年12月至2009年9月任中卫市沙坡头区东园镇党委副书记（正科级）；2009年9月至2010年3月任中卫市沙坡头区滨河镇党委副书记、人大主席；2010年3月至2012年8月任中卫市沙坡头区柔远镇党委书记、镇长；2012年8月至2014年7月任中卫市沙坡头区城乡建设和环境保护局局长；2014年7月至2016年3月任中卫市沙坡头区农牧科技局局长；2016年3月至2016年4月任中卫市沙坡头区人大常委会筹备领导小组副组长、副主任候选人，原沙坡头区农牧科技局局长；2016年4月至2016年7月任中卫市沙坡头区人大常委会筹备领导小组副组长、副主任候选人，镇罗镇党委书记；2016年7月至2017年4月任中卫市沙坡头区人大常委会副主任、镇罗镇党委书记。

韩进军（1969.11—），汉族，宁夏石嘴山人，宁夏党校大学本科学历，中共党员。1991年7月参加工作，1997年6月加入中国共产党。2005年3月至2007年9月任中卫市文昌镇党委委员、副镇长；2007年9月至2008年6月任中卫市文昌镇党委委员、副镇长、人武部部长；2008年6月至2008年10月任中卫市沙坡头区文昌镇党委委员、副镇长、人武部部长；2008年10月至2011年1月任中卫市沙坡头区文昌镇党委委员、副镇长；2011年1月至2011年7月任中卫市沙坡头区滨河镇党委委员、纪委书记；2011年7月至2012年5月任中卫市沙坡头区党工委原社会事务工作部部长（正科级）；2012年5月至2012年8月任中卫市沙坡头区城乡建设和环境保护局局长；2012年8月至2016年4月任中卫市沙坡头区永康镇党委书记、镇长；2016年4月至2017年6月任中卫市沙坡头区宣和镇党委委员、书记；2017年6月任中卫市沙坡头区人大常委会党组成员、副主任，宣和镇党委书记。

高秀英（1967.10—），女，汉族，宁夏中卫人，在职大学本科学历，九三学社成员。1989年7月参加工作。2005年3月至2008年1月任中卫市旅游和商务局旅游宣传联络科副科长；2008年1月至2012年6月任中卫市旅游和商务局旅游宣传联络科科长；2012年6月至2013年6月任中卫市旅游局促进与联络科科长；2013年6月至2014年7月任中卫市旅游局副局长；2014年7月至2015年5月任中卫市科学技术协会副主席；2015年5月至2017年4月任中卫市科学技术协会副主席、市科学技术局副局长；2017年4月至2019年5月任中卫市沙坡头区副区长。

胡文礼（1970.10—），汉族，宁夏中卫人，大学本科学历，中共党员。1995年7月参加工作，1994年3月加入中国共产党。2007年5月至2010年6月任中卫市河南水利管理所副所长（副科级）；2010年6月至2011年2月任中卫市防汛抗旱指挥部办公室主任；2011年2月至2013年3月任中卫市沙坡头区宣和镇党委副书记、人大主席；2013年3月至2014年4月任中卫市沙坡头区东园镇党委书记、镇长；2014年4月至2015年3月任中卫市沙坡头区文昌镇党委书记、镇长；2015年3月至2016年4月任中卫市沙坡头区城乡建设和环境保护局局长；2016年4月至2016年8月任中卫市沙坡头区农业和科技委员会牵头人；2016年8月至2017年4月任中卫市沙坡头区农业和科技委员会主任；2017年4月至2019年2月任中卫市沙坡头区副区长。

孙家骥（1971.5—），汉族，宁夏中卫人，中央党校大学本科学历，中共党员。1990年4月参加工作，1999年5月加入中国共产党。2006年8月至2008年2月任中卫市沙坡头区镇罗镇党委委员、副镇长兼武装部部长；2008年2月至2009年4月任中卫市沙坡头区镇罗镇党委委员、纪委书记兼武装部部长；2009年4月至2012年5月任中卫市沙坡区镇罗镇党委副书记、人大主席兼武装部部长；2012年5月至2014年4月任中卫市沙坡头区蒿川乡党委书记、乡长；2014年4月至2016年4月任中卫市沙坡头区香山乡党委书记、乡长；2016年8月至2017年4月任中卫市沙坡头区委办公室主任；2017年6月任中卫市沙坡头区人民政府党组成员、副区长。

罗清平（1970.10—），汉族，宁夏中卫人，在职大学本科学历，中共党员。1993年7月参加工作，2009年6月加入中国共产党。2003年9月至2006年1月任中国建设银行中卫支行公司业务部经理；2006年1月至2008年3月任中国建设银行中卫支行小企业与个人信贷中心经理；2008年3月至2008年6月任中国建设银行中卫支行公司业务部经理；2008年6月至2014年8月任中国建设银行中卫支行公司业务事业部副总经理；2014年8月至2018年5月任中国建设银行中卫分行公司业务部经理；2018年5月至2018年11月任中国建设银行中卫分行公司业务部经理、高级客户经理；2018年11月任中卫市沙坡头区副区长（挂职）。

王再龙（1963.12—），汉族，宁夏中卫人，在职大专学历，中共党员。1983年7月参加工作，1991年5月加入中国共产党。1996年2月至1996年12月任中卫县西园乡副乡长；1996年12月至1999年8月任中卫县永康乡副乡长；1999年8月至2005年3月任中卫县宣和镇党委委员、副镇长；2005年3月至2006年3月任中卫市城市建设监察支队支队长；2006年3月至2008年8月任中卫市规划局副局长（正科级）兼中卫市城市建设监察支队支队长；2008年8月至2008年9月任中卫市城市建设监察支队支队长；2008年9月至2015年2月任中卫市地震局党组成员、业务科科长、办公室主任；2015年2月至2017年11月任中卫市规划管理局震害防御科科长、监测预报科科长、信息管理科科长；2017年11月至2019年1月任中卫市城市管理综合执法局党组成员、副局长；2019年1月至2019年9月任中卫市沙坡头区人民政府党组成员、副区长兼区综合执法局党组书记、局长；2019年9月任中卫市沙坡头区人民政府党组成员、副区长。

尹鹏睿（1979.7—），女，汉族，宁夏隆德人，在职研究生学历，中共党员。1998年7月参加工作，2001年6月加入中国共产党。2005年10月至2006年6月任隆德县温堡乡党委委员、副乡长；2006年6月至2010年11月任隆德县卫生局副局长；2010年11月至2012年6月任隆德县陈靳乡任党委副书记、副乡长；2012年6月至2014年12月任中卫市卫生局党委委员、副局长；2014年12月至2019年1月任中卫市卫生和计划生育局党委委员、副局长；2019年1月至2019年2月任中卫市卫生健康委员会党委委员、副主任；2019年2月任中卫市沙坡头区人民政府党组成员、副区长。

袁敏（1975.10—），汉族，宁夏石嘴山人，在职大学本科学历，中共党员。1997年7月参加工作，1997年7月加入中国共产党。2002年8月至2004年11月任自治区公安厅交警总队高速公路交警支队三大队副大队长；2004年11月至2006年9月任自治区公安厅交警总队高速公路交警支队二大队教导员；2006年9月至2010年3月任自治区公安厅交警总队高速公路交警支队八大队大队长；2010年3月至2018年2月任自治区公安厅交警总队高速公路交警支队（公安局）法制宣传科科长；2018年2月至2019年4月任自治区公安厅信访办公室主任；2019年4月任中卫市公安局党委委员，沙坡头区副区长，区公安分局党委书记、局长。

梁清江（1969.12—），汉族，山东冠县人，在职大学本科学历，中共党员。1986年10月参加工作，1990年12月加入中国共产党。1989年1月至1991年7月任陆军第二十一集团军工兵团舟桥营四连班长；1991年7月至1993年12月任陆军第廿一集团军工兵团舟桥营四连二排排长；1993年12月至1996年4月任陆军第廿一集团军工兵团一营二连副连长（其间：1991年9月至1994年6月在长沙工程兵学院军队管理专业学习）；1996年4月至1999年3月任陆军第廿一集团军工兵团一营二连政治指导员；1999年3月至1999年12月任陆军第二十一集团军工兵团道路桥梁一营副营长；1999年12月至2001年4月任陆军第廿一集团军工兵团后勤处营房股股长；2001年4月至2005年3月任陆军第廿一集团军工兵团后勤处处长；2005年3月至2007年4月任陆军第二十一集团军工兵团副团长（其间：2003年9月至2006年6月在中国人民解放军工程兵指挥学院行政管理专业学习）；2007年4月至2007年10月转业待安置（其间：2007年4月至2007年6月参加军转干部公务员专业培训）；2007年10月至2008年10月任中卫市人事劳动保障局副局长；2008年10月至2010年7月任中卫市安全生产监督管理局副局长（其间：2008年9月至2008年12月参加自治区党校中青年干部培训班）；2010年7月至2011年1月任中卫市安全生产监督管理局党组成员、副局长；2011年1月至2016年3月任中卫市政协社会和法制委员会副主任（其间：2012年1月至2012年12月沙坡头区镇罗镇凯歌村下基层）；2016年3月至2016年7月任政协沙坡头区委员会筹备领导小组副组长，提名为政协沙坡头区第一届委员会副主席候选人；2016年7月至2018年9月任中卫市沙坡头区政协党组成员、副主席；2018年9月任中卫市沙坡头区政协党组成员、副主席。

江红霞（1964.3—），女，汉族，宁夏海原人，大学本科学历。1986年7月参加工作。

1986年7月至1990年9月在海原县回民中学任教;1990年9月至2006年2月在固原师专任教;2006年2月至2008年6月在宁夏师范学院任教;2008年6月至2011年7月任宁夏师范学院外国语学院基础英语部主任(正科级);2011年7月至2013年6月任宁夏师范学院外国语学院副院长;2013年6月至2016年3月任中卫市职业技术学校副校长;2016年3月2016年7月任沙坡头区政协筹备领导小组副组长、政协副主席候选人;2016年7月至2019年3月任沙坡头区政协副主席。

张巨才(1963.5—),汉族,宁夏中卫人,在职大专学历,中共党员。1987年1月参加工作,1996年6月加入中国共产党。2005年3月至2007年9月任中卫市柔远镇党委委员、副镇长;2007年9月至2008年6月任中卫市迎水桥镇党委委员、副镇长;2008年6月至2009年4月任中卫市沙坡头区迎水桥镇党委委员、副镇长(其间:2006年1月至2009年1月宁夏大学函授农业经济管理专业学习);2009年4月至2011年7月任中卫市沙坡头区迎水桥镇党委副书记(正科级);2011年7月至2014年4月任中卫市沙坡头区香山乡党委书记、乡长;2014年4月至2015年3月任中卫市沙坡头区东园镇党委书记、镇长;2015年3月至2016年3月任中卫市沙坡头区文昌镇党委书记、镇长;2016年3月至2016年7月任政协沙坡头区委员会筹备领导小组副组长、副主席候选人;2016年7月至2019年5月任中卫市沙坡头区政协副主席、文昌镇党委书记;2019年5月任中卫市沙坡头区政协党组成员、副主席、经济委员会主任。

韩春玲(1964.10—),女,汉族,宁夏中卫人,大学本科学历,民进成员。1987年7月参加工作。2011年10月至2013年12月任中卫市师资培训中心副主任;2013年12月至2016年10月任中卫市职业技术学校工会副主席(正科级);2016年10月至2017年11任中卫市职业技术学校工会副主席(正科级),民进中卫市委会副主委、秘书长;2017年11月至2018年3月至民进中卫市委会驻会副主委(副处级),市职业技术学校工会副主席;2018年3月至2019年12月任民进中卫市委会驻会副主委(副处级);2019年12月至2020年1月提名为中卫市沙坡头区政协委员会副主席候选人;2020年1月任中卫市沙坡头区政协委员会副主席。

二、时代精英

刘琦(1982.4—),汉族,中卫市沙坡头区人,中共党员,硕士研究生学历,一级法官,现任中卫市沙坡头区人民法院柔远法庭庭长。2012年到柔远法庭工作。刘琦在工作实践中，不断创新，逐渐形成镇党委统一领导、政府大力支持、综治维稳工作中心指导协调和具体运作，法庭、司法（派出）所及驻镇各单位共同参与，镇、单位、村、组"四级联调"，人民调解、行政调解、司法调解"三调联动"的社会矛盾纠纷"大调解"工作机制。该工作机制大大提高了办案效率和办案难度。在基层办案实践中，成功化解挂牌督办案件37件，重大疑难信访案件79件，年调解结案200件，年调解率达79%。其所服务辖区各类信访和重大疑难案件下降70%，镇村两级矛盾纠纷下降40%、治安案件下降20%，法庭案件数下降40%。他所带领的柔远法庭工作团队，年均办案260多件，简易程序适用率达87%，平均案件办理期限31天，案件自动履行率达到65%，其所审理案件群众满意。多年来被评为"优秀公务员""青年岗位能手""中卫市政法工作先进个人""个人三等功""办案标兵""全区法院先进个人"。2019年，被最高人民法院评为"全国优秀法官"。后又被中卫文明办评为"中卫市道德模范"、自治区文明办评为"宁夏好人"。柔远法庭也被评为"全国妇女维权先进集体"。

马元华（1970.5—），中卫市沙坡头区人，大学本科学历，中共党员。自参加工作以来，马元华始终将"忠诚、为民、公正、廉洁"作为事业追求的目标，以"平民法官"的标准作为行动标尺，无私奉献，默默战斗在审判、执行第一线。在工作实践中，执结案件1000余件，结案标的1000余万元，实际执行率达75%，在执行工作中不断总结执行经验，提出"利用和解巧化解""腿勤、手勤、嘴勤三勤法"被广泛推广到执行工作中，多次被沙坡头区法院评为先进工作者和执行能手，被中卫市中级人民法院评为"优秀执行员"，并荣立"个人三等功"两次，2012年荣立自治区高院"个人二等功"一次，2013年被最高人民法院评为全国法院办案标兵。

蒲茜淞（1978.5—），汉族，中卫市沙坡头区人，大学本科学历。现任中卫市沙坡头区人民法院执行庭员额法官。2011年参加工作以来，历任沙坡头区人民法院执行员、助理审判员、审判员、员额法官。在工作实践中，忠于职守、公正为民，发挥党员先锋模范作用，学习相关法律规定及操作流程，考托创新，使沙坡头区法院的网拍工作有效开展。工作中，面对疑难、复杂执行案件，勇挑重担，攻坚克难，对待工作任劳任怨，从未懈怠。2014年、2015年度被评为沙坡头区人民法院"先进个人"，2016、2017、2018年度被评为"优秀公务员"，2019年5月荣立中卫市沙坡头区"个人三等功"。2019年12月受最高人民法院嘉奖。

杨璐畅（1981.1—），女，汉族，硕士研究生学历，中共党员。沙坡头区人民法院家事法庭审判员。杨璐畅先后在柔远法庭、民事审判第二庭、民事审判第一庭、家事法庭工作。她以出色的工作赢得群众的赞誉,树立了法官公正、廉洁、敬业、奉献的良好形象。2014年至2016连续3年被评为"优秀公务员",2017年4月被中卫市沙坡头区政府记"个人三等功"一次,2017年3月被中华全国妇女联合会授予"全国维护妇女儿童权益先进个人"荣誉称号,2018年3月她承办的"白某甲与雍某某、白某丁法定继承纠纷案"在第二届宁夏维护妇女儿童权益优秀案例征集评选活动中被评为三等奖,2017年至2018年连续两年被评为沙坡头区法院先进个人。

万立军(1981.4—),汉族,大学本科学历,中共党员。宁夏万齐集团董事长,全国青年创业协会副理事长,宁夏青年创业服务团辅导专家、YBC.全国青年创业导师、中卫市青年创业协会副会长。先后被联合国开发署、中国国际经济技术交流中心、中国农村校术交流中心、宁夏回族自治区评为UNP要目优秀科技特派员、法人科技特派员。被宁夏回族自治区全民创业领导小组评为"创业之星",被宁夏回族自治区人民政府评为"全区创业先进工作者",被宁夏回族自治区经信委评为"感动宁夏十大创业人物",被共青团中央、人力资源和社会保障部授予第五届"中国青年创业"提名奖、"全国农民致富带头人"称号。

张文华(1971.7—),汉族,宁夏夏华畜牧产业集团创始人,他以公司+基地+农户+合作社的形式,发展畜牧产业,带领乡邻致富,实现了年营业收入4.68亿元的喜人成绩,赢得了社会的尊重与人们的敬慕。2005年,夏华公司被确认为国家AA级标准化良好行为企业;2006年,通过了中国食品质量等级认证,通过ISO90012008《质量管理体系》认证和HACCP《食品安全管理体系》认证,并取得"出口食品生产企业卫生注册""无公害农产品认证"证书。2008年被农业部财政部定为"肉牛产业技术体系建设依托单位"、被中国食品安全年会组委会授予年度中国食品安全年会"食品安全示范单位",荣获自治区"诚信企业"称号。2011年被评为自治区"质量先进单位",被商务部定为"双百市场工程"的大型农产品流通企业,被自治区、中卫市消费者协会评为"诚信企业""消费者信得过产品"。

杨飞(1971—),汉族,宁夏中卫人,中卫市香山瓜果流通有限责任公司法人。2002年,他从建筑行业转身投入中卫硒砂瓜种植产业,经过几年打拼,他的硒砂瓜销售到了全国30多个大中城市,开拓了蒙古、俄罗斯及中亚等国际市场,流通额达到5000万元,实现销售收入1.2亿元。近年来,先后被评为全国劳动模范全国农村优秀人才、全国农村青年创业致富带头人、中国青年创业先进个人、百家农产品经纪人第四届宁夏青年五四奖章获得者、支持地方经济社会发展先进个人中卫市杰出青年企业家。

赵牧阳（1967—），汉族，中卫市沙坡头区人，职业艺人。1987年组建宝贝兄弟乐队。1989年，赵牧阳录制出版第一张专辑《太阳升》并被文化部特招进入东方歌舞团担任大地电声乐队鼓手。1990—2000年，赵牧阳先后录制个人专辑《COPY》《牧阳流浪》《累》《黑梦》《破碎的城市》《低下头是人间》《祖先的阴影》《两天》《北极星》《燃烧》《十方》近20部。2013年，被湖南凤凰聘为凤凰边城音乐节艺术总监。

刘尚元（1943—），汉族，西园乡夹道村农民，中共党员。1987年，担任夹道村党支部书记。在职期间，刘尚元带动乡邻办起全乡第一家村办企业漂白粉厂，当年生产漂白粉160多吨，实现收入27.2万元，实现利税4万多元，为村集体经济积累资金，为群众带头致富。后来他又经过实践探索，先后建起油料加工厂和橡胶厂等一批集体企业，为壮大集体经济，带领群众致富打下坚实基础。宝中铁路的修建，给夹道村群众带来了机遇，刘尚元带领群众利用征用本村土地的费用创建宁夏养鱼第一村。刘尚元以吃苦在前、享乐在后的苦干精神赢得群众的信赖，多次受到上级部门的好评。1994年西园乡夹道材党支部被银南地区命名为"标准化党支部"，1995年的五一劳动节前夕，刘尚元被评选为宁夏回族自治区、全国劳动模范，1997年被推选为中共十五大代表。

李兴发（1945—），汉族，水康乡永康村人，中共党员。20世纪70年代初，李兴发先后从事税务工作，历任股长、副局长、局长。他工作踏实负责，一丝不苟，开拓进取，以良好的职业道德和质朴的敬业精神教育、影响着身边的人。担任领导职务后，一手抓税收征管，一手抓精神文明建设，全县税收任务大幅度超额完成，他身先士卒带领全局干部职工坚守职责，敢于担当，多次被区、地和县委、县人民政府投予先进工作者、优秀共产党员，优秀党务工作者，1995年又被评选为全自治区、全国先进工作者受表彰。

党万山（1963—），汉族，中卫市沙坡头区人，中共党员，复员军人。中卫市公安局交通警察局副调研员。党万山在部队服役期间，苦练擒拿格斗，各种军事训练成绩突出，并获新兵连调练总成绩第一名的荣誉。他积极上进，在部队加入了中国共产党。复员回乡后，他保持部队优良作风，被乡亲们选为村长，带领群众搞好生产，发展经济。由于他有一身好武艺，又被招聘为城关镇联防队员，副队长。期间他恰尽职守，顽强勇敢，先后只身治服歹徒、罪犯多起，协助公安机关抓获各类犯罪分子200多人次，其中有重大刑事犯罪分子60余人，破获各类刑事案件近百起，破获犯罪团伙30多起，抓赌240多场。连续4年被县公安局评为优秀联防队员，县委、县政府3次授予他见义勇为先进个人称号。1992年被授予"全国人民群众见义勇为先进分子"和宁夏回族自治区"全区人民群众见义勇为先进分子"。1993、1994年又获自治区、全国"人民群众见义勇为先进分子"光荣称号。

梁志勇（1973.6—），汉族，1991年中学毕业后被中国人民银行中卫支行录用为经济民警。他工作踏实、奋发进取，对国家财产奋力保卫，对人民安全见义勇为，工作期间奋不顾身地勇抓抢劫犯、盗窃犯，扑救火灾，舍己救人，以实际行动为警徽增添光彩。先后被县支行、县委、县政府、银南中心行和自治区分别授予"见义勇为先进标兵"称号，1994年获全自治区金融系统"十佳标兵"，1995年获全国"见义勇为先进分子"称号受表彰。

刘崇喜（1958.4—），汉族，中卫市沙坡头区人，大学本科学历，中共党员。20世纪80年代初从事计划经济工作，钻研地方经济建设业务。工作踏实肯干，开拓进取，勇于创新。1985年，原中卫县委、县政府决定将原来的中卫县亚麻厂改造扩建为中卫县造纸厂后，刘崇喜临危受命，负责筹建造纸厂。从立项、考察到论证的全过程他都亲力亲为，历经艰苦创业的风雨里程，从跑资金贷款，引进技术设备，筹划厂房建设，机器设备安装到建成投产，始终坚持改革开放，瞄准高新技术，不断扩规模，搞技改，增品种，上档次，拓市场，促营销，壮大完善现代化管理经营体制，不满足初战告捷的成果，继而向高、精、尖等方向一步一步地奋力迈进。1994年度，在中国500家最大工业企业及行业50家企业评价中，中卫造纸厂位居第40位，经济效益排名第27位。1995年建成、改造、更新扩建为拥有资产3.8亿元，厂区占地2500多亩，职工2500余名（其中各类专业技术人员250余人），年产各类文化、生活用纸36000多吨，销售收入可达2.5亿元的国有中型企业，共生产出成品纸14177吨，实现工业总产值5500万吨，创收5200万元，实现利税560万元。18克薄页纸远销台湾和东南亚一些国家、地区。被宁夏回族自治区定为全区10家现代化企业制度改革试点单位之一，也被中国轻工总会列为全国55家现代企业制度改革试点企业之一。刘崇喜在建厂管理中，处处、事事以身作则，勇于改革创新，并提出形成务实、开拓、拼搏、进取的卫纸创业精神，得到了实践收获，赢得社会舆论的公认，先后被区、地、县授予"优秀共产党员""先进工作者"光荣称号。1995年初，被评选为宁夏回族自治区"十大杰出青年厂长"。

王兴荣（1964.7—），沙坡头区宣和镇福兴村人，中共党员，1982年毕业于固原农校，

1982年7月参加工作。2019年1月荣获中华人民共和国司法部颁发的"全国模范司法所长"荣誉称号。自2005年9月因工作需要调至司法行政部门工作后，他长期扎根基层一线，任劳任怨，尽心尽力化解各种社会矛盾纠纷，先后参与调处各类矛盾纠纷560余件，其中信访类矛盾纠纷40余件，调处成功率达98%以上。严谨求实，狠抓辖区内两类特殊人员的管控工作，先后接收社区矫正对象197人，解除社区矫正182人，安置帮教人员156人，辖区无重新犯罪现象的发生。求真务实、开拓创新，为群众提供优质法律服务，开展宪法教育、扫黑除恶专项斗争等各类法治宣传83次，培育镇、村"法律明白人"3200余人，累计发放普法宣传资料25000余份，现场解答群众咨询1400余人次，累计受教育群众达30000余人。王兴荣在平凡的工作岗位廉洁自律、处事公正，无私的付出得到群众的称赞，受到组织部门的肯定和信赖。2017年10月被沙坡头区提名"最美党员先锋"，2019年1月被司法部评为"全国模范司法所长"。他所在的工作单位东园司法所2016年荣获宁夏回族自治区司法厅授予"五星级司法所"的光荣称号，2016年至2017年连续两年荣获东园镇党委、政府授予"支持地方经济发展先进单位"荣誉称号。

崔新民（1962.6—），沙坡头区东园镇人，中共党员，1982年毕业于银南农机管理学校，1982年参加工作。1989年，因工作需要调至司法行政系统工作。在司法系统工作30多年来，崔新民先后在镇罗、常乐、东园、永康等乡镇基层司法所担任司法所所长，辛勤地耕耘着基层司法行政这片热土。他不忘初心、牢记使命，履行一名基层司法人员全心全意为人民服务的职责。2010年至2015年他所在的永康司法所多次荣获全国先进司法所、全区司法所规范化建设十佳标兵、全市司法行政先进单位、全市优质服务先进单位等多项荣誉。他本人也多次荣获全区、全市优秀调解员、先进工作者、优秀公务员等荣誉称号。2016年成立沙坡头区后，更是在基层司法行政第一线，发挥着一名老党员、老基层司法工作者的余热。仅在永康司法所短短几年里，崔新民先后参与调解各类矛盾纠纷200余起，代写法律文书150余份，把矛盾纠纷化解在萌芽状态，维护和促进了辖区稳定。2017年5月，荣获中华人民共和国司法部颁发的"全国模范人民调解员"荣誉称号。

韩春玲（1964.10—），女，汉族，中卫市沙坡头区人，大学本科学历，"西部之光"访问学者，民进会员。沙坡头区政协副主席、民进中卫市委会副主委，兼任中卫市政协常委，民进宁夏区委会委员、妇女儿童老龄工作委员会主任，民进中卫（沙坡头区）总支主委，中卫市司法局人民监督员。1964年10月出生。1987年7月在海原县回民中学任教，1989年3月调入中卫市第一中学任教。2011年10月，任中卫市师资培训中心副主任

（副科级），2013年12月任中卫市职业技术学校工会副主席（正科级），2017年11月任民进中卫市委会驻会副主委兼秘书长（副处级），2019年6月任民进中卫市委会驻会副主委，2020年1月任沙坡头区政协副主席。她耕耘教坛20余年，教书育人，诲人不倦，在自己的岗位上撰写各类文学作品征文、理论文章等20余篇多次荣获自治区、中卫市骨干教师，中卫市高考突出贡献教师、优秀教师、教育工作者，中卫县、中卫市"优质课"比赛一等奖，自治区多媒体教学设计、课件制作一等奖，中卫一中优秀教师。尤其是2008年9月至2009年8月在北京师范大学文学院第五批"西部之光"访问学者期间，参加《全国高考语文试题研究》研究、编写工作。作为民进会员，参政议政，尽职尽责。先后担任民进中卫一中支部副主委、主委，民进中卫总支委员、副主委、主委，民进沙坡头区主委，民进中卫市委会委员、秘书长、副主委、驻会副主委等职务。撰写《关于加快推进我市公交事业发展的建议》《关于统筹城乡发展推进社会主义新农村建设的建议》等优秀提案10余篇。

马晓宏（1973.2—），汉族，中国民主建国会会员。在工作期间，认真负责，兢兢业业，影响着身边的干部群众。2009年全国第二次经济普查开始，他带领中卫市经济普查办公室的全体同志，在规定的时间内，从宣传动员、选调调查员、清查摸底、填报普查表、审核、录入到数据上报等工作不辞劳苦，亲力亲为。为了精确数据，他坚持"事前检查、事中督察、事后抽查"及时纠正普查中出现的数据不准、数据缺漏、错填误填等纰漏，及时精准填报数据。经过他审核过的数据表格几乎没有差错率，得到上级领导的肯定，参与经济普查的全体成员在他的带领下，中卫市第二次经济普查实现"单位不重不漏、数据真实可靠"的普查目标。因工作成绩优异，2019年12月荣获第二次全国经济普查先进个人荣誉称号。

三、道德模范

胡金成（1973.4—），汉族，中卫市沙坡头区人，中共党员，沙坡头区镇罗镇胜金村村委会主任。2018年，他冒着生命危险从排水沟中抢救3人。他的行为得到社会的褒扬，成为当地见义勇为的好党员好干部，2019年获得"中卫市道德模范"荣誉称号。

杨小文（1978.6—），汉族，中卫市沙坡头区文昌镇世纪花园居民。杨小文热爱生活，积极向上，关爱他人，助人为乐，吃苦在前，享受在后。他曾多次救人于水火之中，用自己的行动诠释着中华民族的传统美德。2017年荣获"宁夏好人"的荣誉称号。

孙玉英（1973.11—），女，汉族，中卫市沙坡头区文昌镇蔡桥路社区居民。孙玉英继承中国妇女的优秀美德，勤劳善良，用自己柔弱的肩膀支撑着一个患难的家庭。她的爱人因肾脏衰竭生命危在旦夕，为了救治爱人，为了救治这个她一手经营起来的家，断然割肾救夫。几十年来，她用单薄的身躯照顾着生病的丈夫、供养心爱的孩子，再苦再累无怨无悔。她敢于和命运抗争，以巾帼英雄的担当影响着周边的人们。2015年家庭被评为"全国最美家庭"，孙玉英被评为"宁夏好人"，2017年被评为"宁夏回族自治区文明家庭"。

张秀珍（1958.11—），女，汉族，中卫市沙坡头区滨河镇中山社区居民。张秀珍市善良、坚强、尊老爱幼的中国妇女。多年来，她任劳任怨照顾着生病的婆婆，用自己的实际行动践行着她的孝道，展现一个普通妇女尊老敬老、淳朴真诚的博大情怀。2017年家庭被评为"全国最美家庭"，张秀珍被评为"宁夏好人"。

田艳玲（1981.5—），女，汉族，沙坡头区镇罗镇凯歌村村民。田艳玲温柔善良，孝敬公婆。多年来，她照顾患心血管疾病的婆婆，下肢瘫痪的丈夫，为了支撑起这个家，她一边种地一边打工，尽管很累，但她毅然决然用柔弱的肩膀挑起生活的重担，传承着一个女人的脊梁。2018年，田艳玲成功入选中国好人榜。

黄金玲（1983.4—），女，汉族，中卫市沙坡头区迎水桥镇何滩村村民。黄金玲尊老爱幼，孝敬老人。多年来，因婆婆患有风湿性关节炎和哮喘，她带婆婆四处求医问药，多年如一日地为家庭付出，细致入微地照顾婆婆，得到了村民的一致好评。2016年被评为自治区孝媳之星。

陈玉凤（1974.8—），女，汉族，中卫市沙坡头区文昌镇黄河花园社区居民。她不离不弃照顾残疾的婆婆整整20年，为了防止婆婆全身肌肉萎缩和起褥疮，她学习按摩手法，给婆婆按摩，20年的时间她用真心和行动成为了一个有口皆碑的好儿媳。2016年被评为自治区孝媳之星。

米秀（1962.12—），女，汉族，中卫市沙坡头区兴仁镇王团村村民。米秀贤惠善良，孝敬老人，照顾生活不能自理的婆婆、身体瘦弱的公公30多年，被当地群众传为佳话。她每天为婆婆翻身、擦洗、按摩、换洗衣服被单，周而复始的做着同一件事情，任劳任怨，毫无怨言，吃喝拉撒无一不安排得妥妥当当。2018年被评为自治区百孝之星。

雍学英（1975.6—），女，汉族，中卫市沙坡头区迎水桥镇居民。雍学英勤劳贤惠。多年来，她一心扑在家庭上，生儿育女，孝敬公婆。在婆婆生病住院期间，她一日三餐按时送饭，无微不至地照顾，公公年岁大，穿衣不便，她一如既往勤洗勤换，在一个小家中用平凡的小事，催化着和睦美满的日子。

拓守登（1970.12—），汉族，东园镇郭滩村人，2017年度被评为沙坡头区脱贫致富模范先进个人。1970年，拓守登出生在南长滩一个普通的农民家庭，因从小患有小儿麻痹症，下肢萎缩干瘪，被认定为肢体二级残疾。1992年，拓守登和父母一起走出大山，自发移民到原新北乡郭滩村。一开始，他先是到县城一家裁缝铺当学徒，因心灵手巧、勤奋努力，1994年便自己开了家裁缝店，日子虽然过得紧紧巴巴，一家人也其乐融融。2011年，拓守登又搞起了养殖，在庄子空地建起了猪舍养猪，由于他吃苦耐劳，养殖收入也比较可观。但2014年村庄环境治理时，他的猪舍在拆除之列。他积极响应国家政策，主动把30多头猪卖了，拆了猪圈。因身体残疾和家庭收入低，2014年拓守登被确定为建档立卡户。为积极摆脱贫困，他又在村部附近开了一家"拓四菜店"。每天起早贪黑、风雨无阻，骑着电动三轮车到四季鲜订购新鲜蔬菜水果，在周边村民的帮助下装菜卸菜，接受大家帮助的同时他也为村民们提供了方便。2015年，拓守登因意外摔坏髋骨，原本残疾的腿又雪上加霜，经过手术治疗病情逐渐好转。凭着顽强的意志，2016年他架着双拐又站起来了。2017年度被评为沙坡头区脱贫致富模范先进个人。多年来，拓守登的父母一直在他身边生活，两位老人就是他不懈奋斗的最大动力和支柱，直到2012年父亲去世，他便和母亲相依为命。经营菜店之余，无微不至照顾母亲的生活起居，他虽然肢体残疾，但自力更生脱贫致富，用勤劳的双手，开拓了一条辛酸励志的致富道路。

黄彩香（1974.1—），女，谢滩村1队村民，黄彩香患有癫痫，被鉴定为精神二级残疾，经常性服药控制，丈夫务农偶尔打零工，儿子上大学。2014年，她的公公突发脑梗瘫痪在床，她白天下地干活，下午回到家里还要给老人喂水喂饭、洗漱、擦身体，半夜每隔两三个小时她又爬起来帮着老人翻身、处理大小便，从未睡过一个踏实觉，祸不单行，同年她的婆婆又在家中不慎摔倒腿部受伤，因年龄太大无法做手术只能卧床休养，这让原本就困难的家庭雪上加霜，公公婆婆都瘫痪在床生活无法自理，作为儿媳，黄彩香一直毫无怨言地伺候着。在黄彩香无微不至地照顾下，直至去世，两位老人从未生过褥疮，也走得体体面面。黄彩香多少年来对公公婆婆不离不弃、无怨无悔，成为村民公认的好儿媳，在2021年谢滩村第二届道德模范评选中，黄彩香被评为"孝老爱亲"好媳妇道德模范。

刘在环（1953.6—），汉族，中卫市沙坡头区人，中学退休教师。刘在环心地善良，亲邻友善。在职期间，秉承为人师道的传统美德，遵照党的教育事业，为人师表，教书育人。退休后，他回归乡里，回乡"养"亲，关爱乡村空巢老人，用退休金开办三家"爱心饭馆"，解决了50余名老人的吃饭问题，牵头成立"一碗水"爱心协会，吸引众多志愿者参加。他的善行声望得到群众的拥戴。2016年获评"全国敬老爱老助老模范人物"，2017年获评第六届"全国道德模范提名奖"，第一届"宁夏回族自治区文明家庭"，宁夏学雷锋志愿服务"四个十佳"最美志愿者，2020年获得"全国文明家庭"荣誉称号。

周文军（1970.5—），汉族，沙坡头区义工联合会会长。致力于沙坡头区社会经济文化事业的发展，先后筹资200多万元，成立众多志愿服务组织，服务当地人民群众。他热心公益事业，筹措资金开展青少年问题专项纠正、社会救助、心理矫正、扶老帮残、禁毒助学等一系列志愿服务活动，累计组织公益活动300余次，帮扶人员达5000余人。2018年荣获自治区"最美志愿者"荣誉称号。

刘吉祥（1983.3—），汉族，中卫市沙坡头区香山乡三眼井村村民。刘吉祥和妻子共同经营着一家饭馆，也经营着他们的人生。他热情好客，为人厚道，诚实守信，服务周到，他为过往的路人免费送茶送水，得到人们的称赞。2017年，刘吉祥被获评为"宁夏好人"、中卫市道德模范。

刘光文（1972.6—），汉族，中卫市沙坡头区柔远镇雍湖村村民。刘光文勤奋上进，钻研技术，经过多年的学习积累，他掌握了先进的种植技术和经验，凭借技术在家乡雍湖村建起日光温室大棚600多座，带动群众脱贫致富。面对困难，敢于担当，凭借良好经验管理和诚实守信的经营理念带动周边群众脱贫致富，成为沙坡头回乡创业的"新乡贤"。2017年成功入选中国好人榜。

余本营（1925.7—），汉族，出生沙坡头区文昌镇，自1993年从中卫铁路固沙林场退休后，便自愿担任包括他所住的东花园小区在内的8个居民小区的义务治安员。20年间，他每天的巡查情况记录日志积累了满满的一大包，他每天坚持执勤近10个小时，从来没有间断过一天，也没拿过一分钱的报酬，兢兢业业地付出只是为了一方平安，得到了群众的广泛好评，先后荣获中卫市"道德模范"、首届"感动中卫"人物、"全区学雷锋先进个人"，首届"宁夏好人"等荣誉称号。

万英（1973.8—），女，沙坡头区滨河镇人。自2004年下岗失业后，她就主动参加了向阳社区义务巡逻队，10余年间她无怨无悔、默默为社区工作，热心为群众服务，她乐于助人、关心街坊、不求回报。在她的感召下，有40多人加入到社区志愿者行列，23位空巢老人得到悉心照顾。2010年她被评为全国优秀志愿者，2013年她被评为自治区学雷锋标兵。

焦梅兰（1964.10—），女，沙坡头区永康镇人。20余年如一日细心照顾因车祸瘫痪的丈夫，先后送走了瘫痪的公婆。焦梅兰通过经营鸡棚以及丈夫恢复后经营修鞋摊，抚养三个子女成家立业，尽了一个妻子、母亲、儿媳的责任，谱写了人间伟大的真情。2014年1月被评为中卫市首届"感动中卫"人物称号。

闫淑芳（1946.2—），女，沙坡头区柔远镇人，60年代初闫淑芳嫁给了冯庄村的农民朱广清。身体多病的公公婆婆、年仅10多岁智力低下的姑子，一贫如洗的家，前所未有的重担顷刻间压在了闫淑芳这个普通农村妇女的肩上。在艰难的抉择之后，善良的闫淑芳选择了由自己来照顾姑子。没想到这一照顾就是40多年。几十年来，照料一个智商不如两三岁的人，其困难可想而知。每天为她喂饭清理大小便擦洗身子……就这样，日复一日年复一年，她待姑子始终像亲妹妹一样。闫淑芳说："其实我只是一个普普通通的农村妇女，我只是尽了一个嫂子的本分而已。"2014年1月，她被评为中卫市首届"感动中卫"人物称号。

蒋鑫垒（1993.12—），宁夏中卫市沙坡头区人，宁夏学雷锋服务中心常务主任，中卫市雷锋纪念馆创始人，是在雷锋同志生前连长虞仁昌、战友冷宽中将的指导下，在学雷锋活动中涌现出来的一名向上向善好青年。2016年8月，蒋鑫垒回到家乡，用在上海打拼赚来的100多万元资金创建了西北地区首个雷锋纪念馆——中卫市雷锋纪念馆，为广大市民提供道德教育平台，为青少年学生提供学雷锋、学传统文化的平台，打造了青少年爱国主义教育基地、小公民道德教育基地、学雷锋基地。中卫市政府机关各个单位、学校、企业、社会组织等分批前往雷锋纪念馆参观学习，两万余人受到爱国教育。邀请全国学雷锋先进人物作学雷锋报告会20余场。蒋鑫垒本人于2017年2月22日被自治区团委评为"向上向善好青年"，同年3月被中卫市评为全市学雷锋志愿服务先进个人。2017年12月，蒋鑫磊被中国社会福利基金会学雷锋基金管委会和中华志愿者协会弘扬雷锋精神促进会评为"学雷锋突出贡献人物"。2018后入选中国好人榜。

张红霞（1975.10—），女，汉族，中卫市沙坡头区常乐镇水车村村民，是常乐镇远近闻名的养猪大户，经营存栏600余头的现代化、低排放养猪场1家，同时开办饲料销售加工厂1家，经营商店1家、果品流通合作社1家。十几年来，她为人热心诚恳，依靠诚信创造幸福生活，影响并带动身边群众发展种养业增收致富，帮助群众解决了不少养殖经营中存在的问题，赢得了一致好评。2003年，她与丈夫开办了一家饲料销售加工厂，在自己盈利的同时也为周围搞养殖的村民提供便利。饲料加工厂开办后，她一向奉行诚信经营的原则，从不掺假，购买的玉米和青豆等原料，都是精挑细选。对于不能及时缴付饲料款的村民，赊账给大家，很多养殖户都是卖完猪、牛、羊才还饲料款。有一次，因为做了担保人而借款的人却又还不上款，她为其还清了银行贷款，又将饲料赊给对方供其养猪，一直到对方卖完猪才将欠款还给了她。多年经营下来，她的客户遍及沙坡头区各乡镇。凡是在他们家购买饲料的农民朋友，无不夸赞她饲料正宗，人品好，讲诚信，正直善良。创业的艰辛只有张红霞夫妻自己才能体会，从最开始开办饲料厂只有2000元启动资金到现在每年能销售200余吨饲料，净利润20余万元，这其中，她不知道付出了多少努力，承担着多少压力。丈夫刘玉祥年轻时在水泥厂打工伤了左脚，被鉴定为四级残疾，行动不便，张红霞要承担更多的责任，跑前跑后，忙里忙外，夫妻俩互相扶持，将生活过得有声有色。2011年，张红霞成立了"玉祥果品流通专业合作社"，专门收购常乐镇的苹果。合作社成立的第一年，她和丈夫收购本村苹果联系到上海进行销售，因为初次涉足果品销售没有经验，收购的农户都是本村乡亲，对苹果品质把控不严导致近半数苹果销售不出去。从中卫到上海，两车苹果让张红霞赔了30多万元。尽管如此，她从没有对本村乡亲埋怨过什么，通过向银行贷款，和亲朋好友借钱等，按时付清了所有农户的收购款。从那以后，越来越多的苹果种植户主动找她收购苹果。张红霞在村里收苹果，为村民解决了苹果丰收而销售难的问题。在收购上，她从不短斤少两，在村民中树立了良好的威信。合作社从2011年经营到现在，为周围群众服务得多，自己的利润却很少，即便如此，张红霞也觉得值得，因为她能帮助乡亲解决实际困难，自己少挣一点，辛苦一点都无所谓。张红霞从最初的一无所有，发展到现在的养殖、销售加工饲料、收购苹果、经营商店。张红霞用自己平凡的行动诠释了最不平凡的创举，积极帮助村民解决困难，带动村民脱贫致富。

四、劳动模范

姓名	性别	民族	出生年月	政治面貌	荣获称号及时间	劳模类别	工作单位	职务
刘尚元	男	汉族	1943.2	中共党员	1995年全国劳动模范	全国劳模	无	
张振安	男	汉族	1956.7	中共党员	2010全国先进工作者	全国劳模	常乐镇司法所	所长
林建国	男	汉族	1964.10	中共党员	2005年全国劳动模范	全国劳模	沙坡头区滨河镇南关村	党支部书记
杨飞	男	汉族	1971.9	群众	2010年全国劳模	全国劳模	中卫市香山瓜果流通有限责任公司	经理
马彦荣	男	回族	1975.10	中共党员	2015年全国劳动模范	全国劳模	常乐镇人民政府	党委委员镇长
倪联新	男	汉族	1962.8	中共党员	2020年全国劳动模范	全国劳模	中卫市百利蔬菜流通专业合作社	理事长
吴光亮	男	汉族	1980.5	群众	2018年全国林业系统劳动模范	部级劳模及享受省部级劳模待遇者	宁夏南山阳光果业有限公司	总经理
郭翠梅	女	汉族	1967.3	群众	2015年自治区劳模	省（区、市）劳模	中卫市敬成清真家禽定点屠宰厂	董事长
房跃文	男	汉族	1947.4	中共党员	1989年自治区劳模	省（区、市）劳模	沙坡头区水务局	
任兆举	男	汉族	1940.9	中共党员	1983年自治区劳模	省（区、市）劳模	原商业局明珠大厦	车间主任
赵广涛	男	汉族	1974.11	中共党员	2015年自治区劳模	省（区、市）劳模	宁夏金彤枸杞生物制品有限公司	董事长兼总经理
尚积录	男	汉族	1936.3	中共党员	1959年自治区劳模	省（区、市）劳模	原中卫县建筑公司	协力员
刘文祥	男	汉族	1957.10	中共党员	2010年自治区劳模	省（区、市）劳模	文昌镇雍楼村	书记
张振华	男	汉族	1950.8	中共党员	1987年国家商业部先进工作者	省（区、市）劳模	中卫市百货公司	副书记
黄凤英	女	汉族	1950.5	群众	1985年自治区劳动模范	省（区、市）劳模		
房英俊	男	汉族	1980.2.23	中共党员	2015年自治区劳模	省（区、市）劳模	镇罗镇人民政府	党委副书记，镇长
张连武	男	汉族	1959.11	中共党员	1995年自治区劳动模范	省（区、市）劳模	中卫铁厂	
张万才	男	汉族	1948.12	中共党员	2000年全国内贸系统劳动模范	部级劳模及享受省部级劳模待遇者	中卫市人民商城	董事长
倪建忠	男	汉族	1963.7	群众	2000年宁夏回族自治区劳动模范	省（区、市）劳模	宁夏万齐农业发展集团	职工

第二十七章 人物

续表

姓名	性别	民族	出生年月	政治面貌	荣获称号及时间	劳模类别	工作单位	职务
张玉凤	女	汉族	1954.9	中共党员	1983年宁夏回族自治区劳动模范	省（区、市）劳模	原中卫地毯厂	无
史凤莲	女	汉族	1956.3	中共党员	2000年获得自治区劳动模范	省（区、市）劳模	无	无
徐振江	男	汉族	1949.2	中共党员	1995年获全国文化系统先进工作者称号	省（区、市）劳模	退休	无
王有福	男	汉族	1955.8	群众	1983年3月获得自治区先进工作者	省（区、市）劳模	无	无
邵兴旺	男	汉族	1932.3	中共党员	1983年自治区先进生产（工作）者	省（区、市）劳模	无	无
詹永奎	男	汉族	1945.2	中共党员	2011年全国绿化劳动模范	部级劳模及享受省部级劳模待遇者	无	无
詹仲文	男	汉族	1951.3	中共党员	1995年自治区劳动模范	省（区、市）劳模	常乐镇政府	退休
黄培孝	男	汉族	1942.2	中共党员	1983年自治区先进工作者	省（区、市）劳模	中卫铁厂	主任
张素芳	女	汉族	1973.10	群众	2015年自治区劳动模范	省（区、市）劳模	中卫市三芳果蔬流通农民专业合作社	理事长
刘政兴	男	汉族	1966.10	群众	2000年自治区劳动模范	省（区、市）劳模	无	
秦汉瑞	男	汉族	1951.4	群众	1983年自治区劳动模范	省（区、市）劳模	无	
万立军	男	汉族	1981.4	中共党员	2015年自治区劳动模范	省（区、市）劳模	宁夏万齐农业发展集团有限公司	董事长
陈建霞	女	汉族	1963.3	群众	1989年自治区劳模	区级劳模	原中卫地毯厂	职工
侯翠花	女	汉族	1957.1	群众	1979年自治区劳动模范	区级劳模	原中卫地毯厂	职工
丁明忠	男	汉族	1962.7	中共党员	2014年全区人民满意公务员	享受区级劳模待遇	沙坡头区司法局	局长
吕淑英	女	汉族	1959.10	中共党员	1983年自治区先进工作者	区级劳模	原中卫县粮食购销公司	职工
胡发大	男	汉族	1950.12	中共党员	2000年自治区劳动模范	区级劳模	原中卫县罗镇罗胜金村	村书记

续　表

姓　名	性别	民族	出生年月	政治面貌	荣获称号及时间	劳模类别	工作单位	职　务
李桂清	男	汉族	1938.8	中共党员	1977年自治区学大庆先进工作者	区级劳模	沙坡头区迎水桥政府	科　员
孟兆海	男	汉族	1940.1	中共党员	1983年自治区先进工作者	区级劳模	中卫市黑林学校	教　师
马玉英	女	汉族	1951.9	中共党员	1989年全国教育系统劳动模范	部级劳模及享受省部级劳模待遇者	中卫市柔远小学	教　师
马　涛	男	汉族	1988.9	中共党员	2019年第五届全区"人民满意的公务员"	享受区级劳模待遇	沙坡头区公安分局宣和派出所	所　长
吴建科	男	汉族	1989.3	群　众	2020年自治区劳动模范	区级劳模	中卫市银阳新能源有限公司	
史建全	男	汉族	1975.8	群　众	2020年自治区劳动模范	区级劳模	宁夏贝隆建筑安装工程有限公司	供应部长
潘慧生	男	汉族	1980.2	群　众	2020年自治区劳动模范	区级劳模	中卫市广苑建筑安装工程有限公司	项目经理
刘建成	男	汉族	1988.2	群　众	2020年自治区劳动模范	区级劳模	宁夏鑫水源建设工程有限公司	班组长
张翠红	女	汉族	1972.10	中共党员	2020年自治区先进工作者	区级劳模	沙坡头区林业技术推广服务中心	主　任
杨　波	男	回族	1975.1	中共党员	2020年自治区劳动模范	区级劳模	柔远镇渡口村	村书记
韩武珍	男	汉族	1971.10	中共党员	2020年自治区劳动模范	区级劳模	中卫市兴韩蔬菜流通专业合作社	理事长
雍国琴	男	汉族	1934.4	中共党员	1953年宁夏省劳动模范	区级劳模	原中卫县三区（柔远）施苗乡雍湖村	
万　玲	女	汉族	1971.8	中共党员	2012年全国住房城乡建设系统先进工作者	享受区级劳模待遇	沙坡头区数据综合执法局公用事业管理所	

五、见义勇为

表 27.2　2004—2019 年沙坡头区见义勇为先进个人

姓　名	性　别	出生年月	民　族	荣　誉	授奖时间	授予单位
张　峰	男	1983	汉族	"勇斗歹徒治安先进分子"称号	2005 年 3 月	中卫市社会治安综合治理委员会
王　俊	男	1976	汉族			
刘　平	男		汉族			
陈　涛	男		汉族			
李根山	男	1963	汉族	"见义勇为先进分子"称号	2007 年 1 月	
李卓芳	男	1975	汉族			
李守兴	男	1965	汉族			
王向东	男	1976	汉族			
张学兴	男	1959	汉族			
范晓峰	男	1971	汉族		2008 年 1 月	
汪金龙	男	1974				
杨志铭	男	1968	汉族			
赵生刚	男					
黄　刚	男	1988	汉族		2009 年 1 月	
陈学勇	男	1981	汉族			

六、全国道德模范及其他

王志鹏，男，2021 年 7 月出生，中卫市沙坡头区镇罗镇李嘴村。中国好人榜人物。

雷建国，男，2021 年 8 月出生，中卫市沙坡头区滨河镇宜居家园。中国好人榜人物。

黄凤鸣，男，沙坡头区文昌镇美利城市花园居民。第二届（2009 年）自治区级助人为乐道德模范。

吕树聪，男，沙坡头区柔远镇高营村村民，第二届（2009 年）自治区级敬业奉献道德模范。

王忠孝，男，沙坡头区滨河镇沙桥村村民，第二届（2009 年）自治区级孝老爱亲道德模范。

刘在环，男，沙坡头区常乐镇退休教师，第六届（2019 年）全国道德模范提名奖。

第三节 先进集体和先进个人

一、2012—2019年沙坡头区荣获国家、省部级表彰的先进个人名录

姓　名	获奖名称	授奖单位
拓守珍	全国农牧渔业丰收奖	农业部
沈自明	国家人口和计划生育委员会	全国人口和计划生育委员会
马彦荣	2015年自治区劳动模范	自治区党委、自治区人民政府
李守华	2012年度全区民政工作先进个人	自治区人民政府
梁兴华	2010—2012年全区创先争优优秀共产党员	自治区党委
唐兴武	2014年度全区主干道路大整治大绿化工程先进个人	自治区人民政府
马彦荣	自治区民族团结优秀模范	自治区党委、自治区人民政府
王月芳	全区民族团结进步模范个人	自治区党委、自治区人民政府
刘　琦	全国优秀法官	最高人民法院
蒲茜淞	全国法院"基本解决执行难"嘉奖	最高人民法院
魏云莉	白求恩式好医生提名奖	中国医师协会
刘　琦	第四届"宁夏好人"荣誉称号	自治区精神文明指导委员会

二、沙坡头区荣获国家级先进集体名录

中卫市沙坡头区迎水桥镇鸣沙村	全国民族团结进步模范集体	中华人民共和国国务院

三、2012—2019年沙坡头荣获省部级先进集体名录

获奖单位	获奖名称	授奖单位
沙坡头区	国家现代农业示范区	农业部
沙坡头区社会管理工作部	全国法治县（市区）创建先进单位	全国普法办公室
沙坡头区畜牧水产技术推广服务中心、农业技术推广服务中心	全国农牧渔业丰收奖	农业部
沙坡头区农牧科技局	2014年中国美丽田园名单——沙坡头区薰衣草景观	农业部
沙坡头区农牧科技局	2014年中国美丽田园名单——腾格里沙漠湿地渔作景观	农业部

续　表

获奖单位	获奖名称	授奖单位
沙坡头区民政和社会保障局	全国村务公开民主管理示范岗	全国村务公开协调小组
沙坡头区文体卫生和计划生育局	全国人口和计生阳光统计示范单位	人口和计划生育委员会
文昌镇东园村	2012年全国示范农家书屋	新闻出版总局
文昌镇黄湾村	文明交通示范村	全国实施"文明交通行动计划"领导小组
沙坡头区文昌镇	2009—2012年度全国群众体育先进单位	国家体育总局
滨河镇光明社区	全国综合减灾示范社区	国家减灾委员会、民政部
滨河镇东方红社区	全国综合减灾示范社区	民政部
滨河镇中山社区	全国科普示范社区	中国科协
滨河镇长安社区	民族团结进步创建活动示范社区	自治区民族事务委员会
镇罗镇胜金村	全国文明村	中央文明办
沙坡头区东园镇	国家级生态乡镇	环境保护部
沙坡头区镇罗镇	五好基层关工委"先进集体"	中国关心下一代工作委员会
沙坡头区宣和镇	第五届全国服务农民服务基层文化建设先进集体	中共中央宣传部、文化部、国家新闻出版广电总局
沙坡头区常乐镇	全国人民和计划生育依法行政示范乡镇	人口与计划生育委员会
中卫市沙坡头区迎水桥镇沙坡头村	全国乡村旅游重点村	文化和旅游部
滨河镇长安社区	全国最美志愿服务社区	全国宣传推选学雷锋志愿服务"四个100"先进典型活动组委会
滨河镇向阳社区	2018年度全国综合减灾示范社区	国家减灾委员会、中华人民共和国应急管理部、中国气象局、中国地震局
沙坡头区常乐镇	2012年自治区人民和计划生育依法行政示范乡镇	自治区人民政府
沙坡头区文体卫生和计划生育局	2012—2014年度全区人口和计划生育目标管理责任制二等奖	自治区人民政府
沙坡头区东园镇	全区2012年人口和计划生育工作五星级乡（镇、街道）	自治区人民政府
宁夏万齐米业有限公司、中卫市科源农贸有限公司	第七批自治区农业产业化重点龙头企业	自治区人民政府
沙坡头区社会管理工作部	全区人民调解工作先进集体	自治区人民政府

续　表

获奖单位	获奖名称	授奖单位
沙坡头区柔远镇	全区养老保险先进集体	自治区人民政府
沙坡头区柔远镇	全区城乡居民社会养老保险工作先进单位	自治区人民政府
沙坡头区柔远镇	全区"四星级乡（镇、街道）"	自治区人民政府
沙坡头区镇罗镇	大整治、大绿化先进乡镇	自治区人民政府
沙坡头区镇罗镇	全区城乡居民社会养老保险工作先进单位	自治区人民政府
沙坡头区迎水桥镇	全区惩治和预防腐败体系建设落实党风廉政建设责任制先进单位	自治区人民政府
沙坡头区镇罗镇	2015年度全区安全生产先进单位	自治区安全生产委员会
永康镇政府	第三次全国经济普查先进集体	自治区第三次全国经济普查领导小组
滨河镇政府	第三次全国经济普查先进集体	自治区第三次全国经济普查领导小组
兴仁镇政府	第三次全国经济普查先进集体	自治区第三次全国经济普查领导小组
东园镇政府	第三次全国经济普查先进集体	自治区第三次全国经济普查领导小组
沙坡头区公安分局巡警大队	全区禁毒工作先进集体	自治区禁毒委员会
滨河镇中山社区	2015—2018年度自治区文明单位	自治区精神文明建设指导委员会
沙坡头区	2016年度全区农村全面小康建设先进集体三等奖	自治区党委、自治区人民政府
沙坡头区	2016年度全区卫生计生工作综合目标管理一等奖	自治区人民政府
沙坡头区	2016年全区美丽乡村建设一等奖	自治区推进新型城镇化工作领导小组
沙坡头区	2016年全区非贫困县（区）扶贫开发工作考核二等奖	自治区扶贫开发领导小组
沙坡头区	2016年度全区农田水利基本建设"黄河杯"竞赛特等奖	自治区农田水利基本建设指挥部
沙坡头区常乐镇	2013—2017年度自治区文明村镇称号	自治区精神文明建设指导委员会
沙坡头区镇罗镇	全区"六五"普法先进单位	自治区依法治区协调小组
沙坡头区镇罗镇	全区铁路护路联防工作先进集体	自治区铁路护路联防工作领导小组

续 表

获奖单位	获奖名称	授奖单位
沙坡头区镇罗镇	计划生育"五星级"乡镇	自治区人口和计划生育领导小组
香山乡政府	全国一村一品示范村镇	农业部
迎水桥镇夹道村	自治区2014—2017年度文明村	自治区精神文明建设指导委员会
迎水桥镇鸣沙村	宁夏民族团结进步创建活动示范村	自治区民族事务委员会
东园镇红武村	2011—2015年全国法治宣传教育先进单位	中宣部、司法部
镇罗镇九塘村	全国创建无邪教示范村	国务院防范和处理邪教问题办公室
滨河镇官桥村	2018年第一届自治区移风易俗工作先进红白理事会	自治区精神文明建设指导委员会
常乐镇	2018年第一届自治区移风易俗工作"先进乡镇"	自治区精神文明建设指导委员会
宣和镇汪园村	全区铁路护联防工作先进集体	自治区铁路护路联防工作领导小组
沙坡头区发展和改革局	2018年宁夏回族自治区第三次全国农业普查先进集体	宁夏回族自治区第三次全国农业普查领导小组
沙坡头区民政和社会保障局	第五届全区"人民满意的公务员集体"	自治区党委、自治区人民政府
中卫市沙坡头区民政和社会保障局	全区民政工作先进集体	自治区人民政府
沙坡头区迎水桥镇政府	自治区社区戒毒社区康复工作示范点	自治区禁毒委员会
滨河镇	自治区社区戒毒社区康复工作示范点	自治区禁毒委员会
滨河镇中山社区	2019—2022年度自治区文明单位	自治区精神文明建设领导委员会
滨河镇光明社区	宁夏退役军人工作先进单位	自治区党委退役军人事务工作领导小组
沙坡头区	2014年自治区美丽乡村建设三等奖	自治区人民政府
沙坡头区	2014年自治区人口和计划生育目标管理综合优秀奖	自治区人民政府
沙坡头区	2014年全区工业保增长先进集体	自治区经济运行协调领导小组
沙坡头区	2014年度全区生态移民工作考核三等奖	自治区扶贫开发领导小组
沙坡头区	2014年全区非重点贫困县（区）扶贫开发工作考核三等奖	自治区扶贫开发领导小组
沙坡头区	2015年全区美丽乡村建设一等奖	自治区推进新型城镇化工作领导小组
沙坡头区	2015年全区信访工作先进集体	自治区信访联席会议领导小组
沙坡头区	2015年度全区农田水利基本建设"黄河杯"竞赛特等奖	自治区农田水利基本建设指挥部

附 录

国务院关于同意宁夏回族自治区设立地级中卫市等有关行政区划调整的批复

国函〔2003〕139号

宁夏回族自治区人民政府：

你区《关于设立地级中卫市等有关行政区划调整问题的请示》（宁政发〔2003〕94号）收悉。现批复如下：

一、同意撤销中卫县，设立地级中卫市。市人民政府驻沙坡头区滨河西路。

二、中卫市设立沙坡头区，以原中卫县的行政区域为沙坡头区的行政区域。区人民政府驻鼓楼西街。

三、中卫市辖从吴忠市划入的中宁县、从固原市划入的海原县和新设立的沙坡头区。

四、撤销石嘴山市惠农县和石嘴山区，设立石嘴山市惠农区，以原惠农县和石嘴山区的行政区域为惠农区的行政区域。区人民政府驻北大街。

五、撤销石嘴山市陶乐县。将原陶乐县的红崖子乡、高仁乡、马太沟镇划归平罗县管辖，月牙湖乡划归银川市兴庆区管辖。

上述行政区划调整涉及的各类机构要按照"精简、统一、效能"的原则设置，所需人员编制和经费由你区自行解决。行政区划调整涉及的行政区域界线，要按照有关规定及时勘定。

国务院

2003年12月31日

宁夏回族自治区人民政府关于撤销中卫县设立地级中卫市的通知

宁政发〔2004〕12号

各市、县（区）人民政府，自治区政府各部门、直属机构：

为了加快我区经济社会发展步伐，推进城市化进程，根据《国务院关于同意宁夏回族自治区设立地级中卫市等有关行政区划调整的批复》（国函〔2003〕139号）精神，自治区人民政府决定：

一、撤销中卫县，设立地级中卫市。市人民政府驻原中卫县滨河西路。

二、中卫市辖从吴忠市划入的中宁县、从固原市划入的海原县和原中卫县。

三、自治区民政厅会同吴忠市、固原市人民政府抓紧完成行政区域界线的勘定工作。有关市、县要按照调整后的行政区划，认真做好各项交接工作。

四、新设立的地级中卫市要按照调整后的行政区划搞好城市总体规划，调整城市功能和布局，改善投资环境，强化城市管理，充分发挥城市的辐射带动作用，促进全区经济社会协调发展。

宁夏回族自治区人民政府

2004年4月6日

中卫市沙坡头区人民政府办公室关于印发沙坡头区农村宅基地和房屋统一确权登记颁证工作实施方案的通知

卫沙政办发〔2017〕209号

各乡镇人民政府，区农科委、建设交通局：

经区人民政府同意，现将《沙坡头区农村宅基地和房屋统一确权登记颁证工作实施方案》印发给你们，请认真贯彻落实。

中卫市沙坡头区人民政府办公室
2017年9月20日

（此件公开发布）

沙坡头区农村宅基地和房屋统一确权登记颁证工作实施方案

为加快推进沙坡头区农村宅基地和房屋统一确权登记颁证工作，根据中卫市人民政府办公室《关于加快推进全市农村宅基地和房屋统一确权登记颁证工作的通知》（卫政办发〔2017〕14号）要求，决定在沙坡头区范围内开展农村宅基地和房屋统一确权登记颁证工作。为确保我区农村宅基地和房屋统一确权登记颁证工作顺利进行，现结合沙坡头区实际，制定本实施方案。

一、工作意义

开展农村宅基地和房屋统一确权登记颁证工作是维护农民权益、促进农村社会和谐稳定的现实需要。通过农村宅基地和房屋统一确权登记颁证工作，全面查清全区每宗农村宅基地权属、界址、面积和利用状况，登记确认农村宅基地产权，有效解决农村集体土地权属纠纷，化解农村社会矛盾，强化农民特别是全社会的土地物权意识，实现凭证管地用地，维护农民合法权益，促进农村社会和谐稳定。

二、工作目标

农村宅基地和房屋统一确权登记颁证工作分三年完成，对沙坡头区所有符合登记发证条件的农村宅基地使用权和房屋所有权进行统一确权登记并颁发不动产权证书，2017年完成20%的任务，2018年完成60%的任务，2019年完成全部登记颁证任务，2020年完成数据建库、信息汇交等工作。

三、工作原则

（一）一户一宅的原则。农村村民包括农转非后的城镇居民，一户只登记一宗宅基地使用权，申请第二宗的不予登记，但依法继承的除外。

（二）权属清晰的原则。对农村宅基地和房屋权属存在争议的，通过加大纠纷调处力度，待权属明晰后再予以确权登记。

（三）严格执行宅基地登记面积标准的原则。原则上农村房屋确权登记面积不得超过法定宅基地使用权登记面积。对符合规划但超出宅基地法定面积的部分，只在登记簿和权属证书附记栏中标注，不予确权。

（四）依法维护农村妇女和进城落户农民合法权益的原则。农村妇女因婚嫁离开原农村集体，取得新家庭宅基地和房屋权益的，应依法予以登记；农民进城落户后，其原合法取得的宅基地和房屋应予以确权登记。

（五）公开、公平、公正的原则。不动产登记中心在门户网站、不动产所在村委会和村集体内，对不动产权利人、土地权属来源材料、宅基地取得时间、面积、四至范围、房屋建造年代、房屋结构、占地面积、建筑面积等进行公告，公告期不少于15个工作日。公示无异议的，不动产登记中心登簿确认产权。

（六）稳步推进原则。土地确权登记发证应摸索经验，先易后难，稳步推进。

四、技术路线

充分运用已有农村宅基地使用权地籍调查结果，补充开展房屋调查，查清房屋权属状况，明晰界址、面积和用途，形成"权属合法、界址清楚、面积准确"的权籍调查成果。重点补充调查房屋的权利人、权属来源情况、建筑结构、建成年份、批准用途、建筑面积等要素。农村房屋调查精度执行《农村地籍和房屋调查技术方案（试行）》要求。对偏远山区、布局分散的农村房屋，通过描述方式调查记录房屋的权利人、建筑结构、层数等内容，实地指界并丈量房屋边长，简易计算房屋占地面积，形成满足登记要求的权籍调查成果。对于新型农村社区或多（高）层户的，通过实地丈量房屋边长和核实已有户型图等方式，计算房屋占地面积和建筑面积。

五、对象和范围

对本辖区集体土地和国有土地上由农村集体经济组织成员合法拥有的农村宅基地及其地上房屋、建筑物、构筑物一并开展"房地一体"全覆盖调查，对符合登记条件的全部进行确权登记颁证。逐村逐户对因铁路、棚户区改造等建设项目占用实施拆迁的宅基地及房屋登记档案进行清理、注销，不再纳入此次登记颁证范围。

农村房屋所有权确权范围是指农村宅基地使用权登记界址范围内，永久性存续的、结构完整的农村主要房屋。对宅基地上的简易房、棚房、农居房、圈舍、厕所等临时性建筑物和构筑物不予确权登记。

六、组织领导及任务分工

（一）领导小组

为加强对该项工作的组织领导，成立沙坡头区农村宅基地和房屋统一确权登记颁证领导小组，负责土地权属等重大问题的处理及相关部门的协调工作。

领导小组下设办公室，办公室设在区建设交通局，具体负责全区农村宅基地和房屋统一确权登记颁证工作的日常工作。

（二）职责分工

1.各乡镇确定2人负责宣传动员、材料审核、争议调处、村民小组人员安排及协调等工作。

2. 村委会确定 2 人负责协助收集《申请书》、有效身份证明及所提供的房屋权属证明等材料；查清权属来源情况、建筑结构、建成年份、批准用途、房屋建筑面积及宅基地权利人和农村房屋权利人一致性等要素；配合市国土资源局、作业协作单位做好补充调查工作的引导、指界签字、初审公告、集中制发证。

3. 区农业和科技委员会负责配合市国土资源局审核确认农村集体经济组织是否具备独立行使土地所有权的主体资格。

4. 区建设交通局负责配合市国土资源局，做好分解任务、落实责任、明确进度、房屋登记、定期检查等工作。

（三）建立奖惩制度

将农村宅基地和房屋统一确权登记颁证工作列入年度考核，对工作组织得力、进度快、工作完成好、集体土地确权登记发证率高，成果质量、优秀的单位和个人予以表彰和奖励；对未能配合完成确权登记发证任务的单位或个人，予以通报批评。

七、工作程序

（一）准备工作

1. 成立组织。成立农村宅基地和房屋统一确权登记颁证工作领导小组及办公室，负责本辖区工作的组织和实施。

2. 资料整理收集。农村宅基地已登记颁证的成果资料；集体土地上的房屋登记资料；相关村（组）、单位及个人土地权属历史资料；分幅权属界线图；土地权属争议裁定书和相关依据；农村居民点宗地图；乡镇土地利用现状图；村庄规划图、现状图；土地变更调查资料。

3. 制定方案。结合本区实际，制定实施方案。

4. 发动宣传。各乡镇采用印刷标语、发放宣传资料等多种形式、多种渠道开展宣传工作，解读宅基地不动产统一登记政策，特别是"房地一体"登记的政策规定、登记程序、证书用途、原有证书依然有效等的宣传，做到家喻户晓、人人皆知。

（二）权籍调查

各乡镇、村民小组各安排 2 名工作人员配合市国土资源局、作业协作单位做好权籍调查工作。

（三）公告阶段

各乡镇、村民小组配合市国土资源局、作业协作单位做好"两公告、两签字"工作。

（四）登记发证

各乡镇、村民小组要做好辖区群众统一申领组织工作，配合市国土资源局进行集中制证、发放工作。

八、时间安排

根据自治区国土资源厅及市国土资源局的统一安排部署，我区农村宅基地和房屋统一确权登记颁证工作于2017年9月开始，截至2019年底全面完成各项工作，具体工作安排如下：

（一）2017年9月底前，完成农村宅基地和房屋统一确权登记颁证工作实施方案的制定。

（二）2017年10月至12月，完成农村宅基地和房屋统一确权登记颁证工作任务的20%。

（三）2018年1月至12月，完成农村宅基地和房屋统一确权登记颁证工作任务的60%。

（四）2019年1月至12月，完成全部登记颁证工作任务。

（五）2020年，完成数据建库、信息汇交等工作。

九、特殊问题的处理原则

（一）对于没有宅基地权属来源材料的，应当查明土地历史使用情况和现状，由所在村集体或村委会对宅基地使用权人、面积、四至范围等内容进行确认后，公告30天无异议，并出具证明，经乡镇人民政府审核，报沙坡头区人民政府审定，属于合法使用的，予以确权登记。

（二）对于没有房屋权属来源材料的，由所在村集体或村委会出具同意农房建设的证明，经乡镇人民政府审核是否符合村镇规划，区建设交通局审核同意后，不动产登记中心对逐级上报的确权资料进行审查，属于合法建设的，予以确权登记。

（三）本村集体成员、非本村集体成员的农村或城镇居民，因继承房屋占用农村宅基地的，可按规定登记发证，并在附记栏注记。该权利人为本农民集体原成员住宅的合法继承人。

（四）农村村民进城落户的，其原合法取得的宅基地使用权应依法予以确权登记。

（五）本村集体经济组织范围内，因房屋买卖、交换、赠与、分割、合并等原因致使其房屋所有权发生转移的，由村民委员会出具相关证明后，以实际房屋所有权人为申请人，予以确权登记。

（六）农村妇女因婚嫁离开原农民集体，取得新家庭宅基地使用权的，应依法予以确权登记，同时注销其原宅基地使用权。

（七）城镇居民在农村购买和违法建造住宅或小产权房的，只调查备案，不予确权登记。

中卫市沙坡头区2019年国民经济和社会发展统计公报

2019年，在沙坡头区党委和政府的坚强领导下，全区坚持以习近平新时代中国特色社会主义思想为指导，全面贯彻落实党的十九大和习近平总书记视察宁夏时的重要讲话精神，全力落实市委、市政府各项决策部署，坚持稳中求进工作总基调，坚定践行新发展理念，扎实做好"六稳"工作，以供给侧结构性改革为主线，主动对标对表高质量发展要求，统筹推进稳增长、促改革、调结构、惠民生、防风险、保稳定各项工作，全年经济运行呈现"总体平稳、稳中有进、稳中向好"的发展态势，为与全国、全区、全市同步全面建成小康社会打下了坚实基础。

一、综 合

初步核算，全年沙坡头区实现地区生产总值190.12亿元，比上年增长5.8%。其中，第一产业增加值25.96亿元，增长3.6%；第二产业增加值78.53亿元，增长5.8%；第三产业增加值85.63亿元，增长6.7%。第一产业增加值占地区生产总值的比重为13.7%，第二产业增加值比重为41.3%，第三产业增加值比重为45.0%。按常住人口计算，人均地区生产总值45982元，增长5.3%。

年末沙坡头区户籍总户数15.23万户，户籍总人口41.73万人，户籍人口城镇化率为44.28%。年末沙坡头区常住人口41.42万人，比上年末增加0.15万人，其中，城镇人口23.52万人，占常住人口比重（常住人口城镇化率）为56.79%。回族人口2.80万人，占常住人口比重为6.76%。全年出生人口5445人，出生率为13.17‰，死亡人口2270人，死亡率为5.49‰，人口自然增长率为7.68‰。

表1 2019年年末沙坡头区人口数及其构成

指　标	年末数（人）	比重（%）
沙坡头区常住人口	414209	100
其中：城镇	235229	56.79

续 表

指　　标	年末数（人）	比重（%）
乡　　村	178980	43.21
其中：汉　族	384924	92.93
回　族	28001	6.76
其他少数民族	1284	0.31

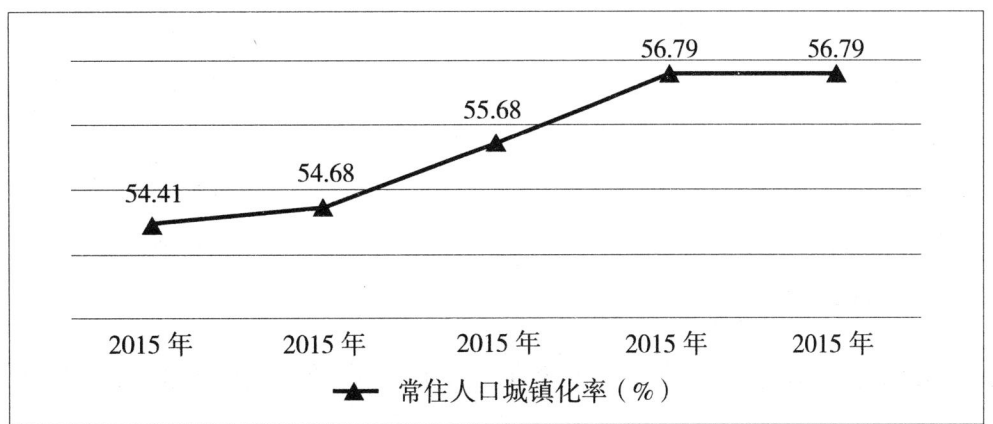

图1　2015—2019年沙坡头区常住人口城镇化率

全年沙坡头区城镇新增就业3621人，比上年少323人。年末城镇登记失业率为3.51%，比上年下降0.06个百分点。沙坡头区劳务输出3.31万人，比上年减少0.67万人。

全年沙坡头区居民消费价格比上年上涨1.3%。工业生产者出厂价格下降4.1%。工业生产者购进价格下降5.5%。

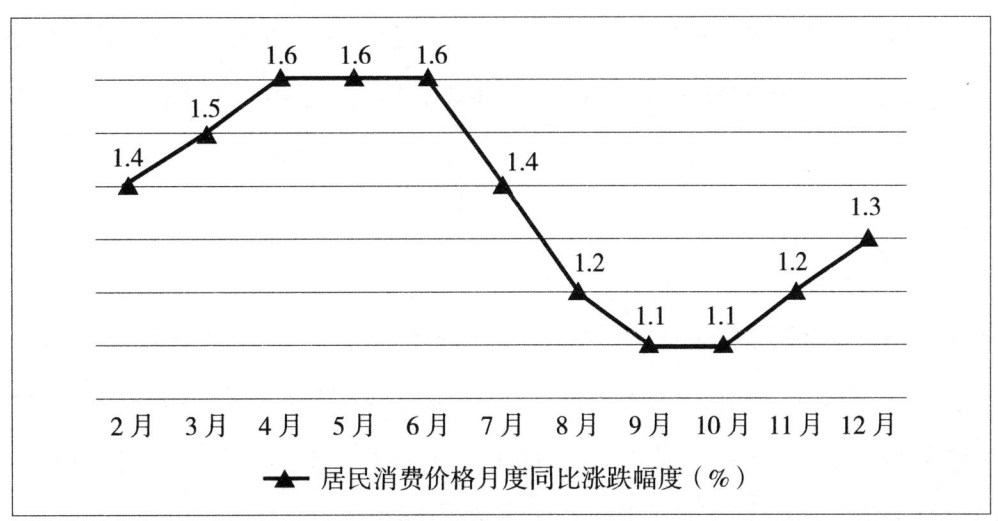

图2　2019年沙坡头区居民消费价格月度涨跌幅度

表2　2019年沙坡头区居民消费价格指数

指　　标	上年价格=100
一、居民消费价格总指数	101.3
服务项目价格指数	100.2
食品烟酒	104.5
衣　着	100.4
居　住	99.8
生活用品及服务	99.6
交通和通信	97.4
教育文化和娱乐	100.4
医疗保健	101.2
其他用品和服务	101.8
二、商品零售价格总指数	100.9

供给侧结构性改革扎实推进。工业企业成本持续下降，全年规模以上工业企业每百元营业收入中的成本为84.21元，比上年减少2.18元。住宅待售面积继续减少，年末住宅待售面积16.62万平方米，比上年末下降32.81%。

新动能保持较快发展。信息产业增势不减，2019年沙坡头区信息传输、计算机服务和软件业增加值增长5.1%，对GDP的贡献率为4.8%。新能源投资持续向好，全年工业投资中新能源投资增长75.8%，对工业投资贡献率达41.6%。

脱贫攻坚成效显著。按照每人每年3700元的农村贫困标准计算，年末沙坡头区农村贫困人口1375人，比上年末减少3437人；贫困发生率0.55%，比上年下降2.05个百分点；全年共有11个贫困村实现脱贫出列，3404人脱贫，270户建档立卡贫困户实施危房改造。

二、农　业

全年粮食种植面积25.94万亩，比上年下降5.7%，其中，小麦面积1.48万亩，下降50.7%；水稻面积5.10万亩，下降8.9%；玉米面积18.30万亩，增长2.3%。全年粮食总产量15.39万吨，比上年末下降0.4%，其中，小麦产量0.44万吨，下降49.2%；水稻产量3.13万吨，下降8.9%；玉米产量11.71万吨，增长6.1%。

年末生猪存栏13.1万头，比上年末增长10.3%；牛存栏6.7万头，比上年末增长

11.9%，其中，奶牛存栏4.1万头，增长4.3%；羊存栏23.5万只，比上年末下降7.1%；家禽存栏287.2万只，比上年末增长31.6%。全年生猪出栏15.2万头，比上年末下降7.9%；牛出栏3.0万头，比上年末下降8.3%；羊出栏18.4万只，比上年末下降9.4%；家禽出栏181.5万只，比上年末下降22.7%。全年主要肉类产量2.4万吨，比上年末下降6.8%，其中，猪肉产量1.2万吨，牛肉产量0.5万吨，羊肉产量0.3万吨，禽肉产量0.4万吨；禽蛋产量3.7万吨，比上年末增长3.5%；牛奶产量17.5万吨，比上年末增长9.5%。

全年农业机械总动力30.6万千瓦，比上年增长4%。

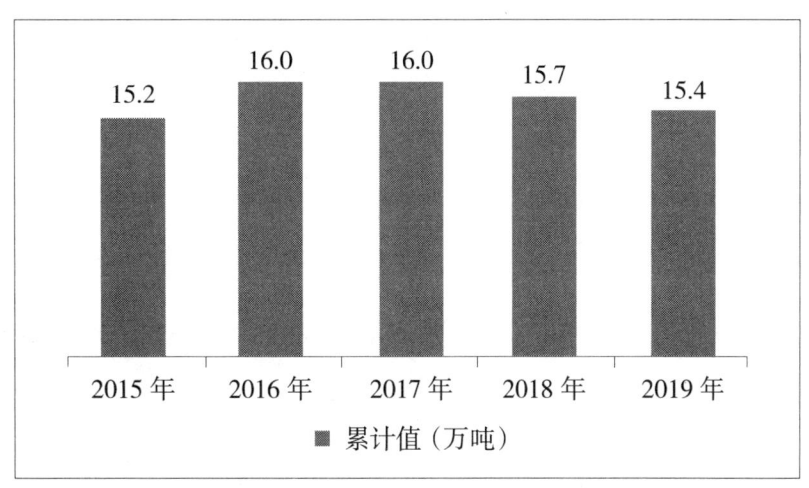

图3　2015—2019年沙坡头区粮食产量

年末实有封山（沙）育林面积5.0万亩，下降34.5%；森林抚育面积2.0万亩，下降20.0%。

三、工业和建筑业

全年沙坡头区全部工业增加值60.65亿元，比上年增长5.0%，占地区生产总值比重31.9%。规模以上工业增加值增长5.3%。

在规模以上工业中，分轻重工业看，重工业增加值增长5.7%，占规上工业增加值比重90.8%；轻工业增加值增长7.6%，占规上工业增加值比重9.2%。分经济类型看，国有控股企业增加值增长18.7%，股份制企业增长4.8%，外商及港澳台商投资企业增长10.9%，私营企业增长5.3%。分门类看，制造业增加值占规模以上工业增加值的比重为63.2%，比上年增长10.7%；电力、热力、燃气及水的生产和供应业增加值占36.8%，比上年增长1.6%。分行业看，电力、热力生产和供应业占规模以上工业增加值的比重为33.6%，比上年增长4.6%；黑色金属冶炼和压延加工业占比29.8%，比上年增长10.0%；

化学原料和化学制品制造业占比 10.0%，比上年增长 22.2%；非金属矿物制品业占比 4.3%，比上年下降 2.4%。

表3　2019年沙坡头区主要工业产品产量及增长速度

主要产品名称	单位	产量	比上年增长（%）
单晶硅	吨	5334.8	29.4
饲料添加剂	万吨	6.1	18.0
钢材	万吨	160.7	13.6
铁合金	万吨	81.4	6.4
商品混凝土	万立方米	53.1	-0.4
铸铁件	万吨	0.8	-3.6
碳化钙（电石）	万吨	12.9	-15.3
瓷质砖	万平方米	972.3	-27.7

全年85家规模以上工业企业实现利润14.99亿元，比上年增长61.6%。分经济类型看，国有控股企业实现利润6.92亿元，增长45.0%；股份制企业14.14亿元，增长64.8%；外商及港澳台商投资企业0.86亿元，增长22.3%；私营企业7.14亿元，增长90.2%。分门类看，制造业实现利润3.45亿元，下降467.1%；电力、热力、燃气及水生产和供应业11.54亿元，增长12.9%；规模以上工业企业营业收入利润率为6.56%，比上年增长2.68个百分点；规模以上工业产品产销率为98.2%；企业资产负债率63.8%。

沙坡头区具有资质等级的建筑企业39家，实现建筑业总产值24.86亿元，比上年增长1.64%。沙坡头区具有资质等级的总承包和专业承包建筑业实现利润1.06亿元，比上年增长6.44%。

四、国内贸易

全年沙坡头区社会消费品零售总额比上年下降1.9%。按经营地统计，城镇消费品零售额比上年下降3.1%；乡村消费品零售额比上年增长8.9%。按行业分，批发零售业零售额比上年下降2.2%；住宿餐饮业零售额比上年增长0.1%。按经济类型分，国有经济零售额比上年增长21.7%；集体经济零售额比上年下降4.9%；私营经济零售额比上年下降17.1%；个体经济零售额比上年增长7.6%；股份制经济比上年下降1.1%；其他各种经济比上年增长7.7%。

五、固定资产投资

全年沙坡头区固定资产投资（不含农户）比上年增长1.8%，其中，县属固定资产投资比上年下降5.3%。分投资主体看，国有投资下降11.3%；民间投资增长7.8%。

在县属固定资产投资（不含区属和农户）中，第一产业投资比上年下降44.1%；第二产业投资比上年增长48.4%，其中工业投资增长48.3%，新能源投资增长75.8%，高耗能投资增长23.8%，工业企业技术改造投资增长121.1%；第三产业投资比上年下降22.9%，其中基础设施投资下降48.8%，信息传输、软件和信息技术服务业投资下降3.5%。

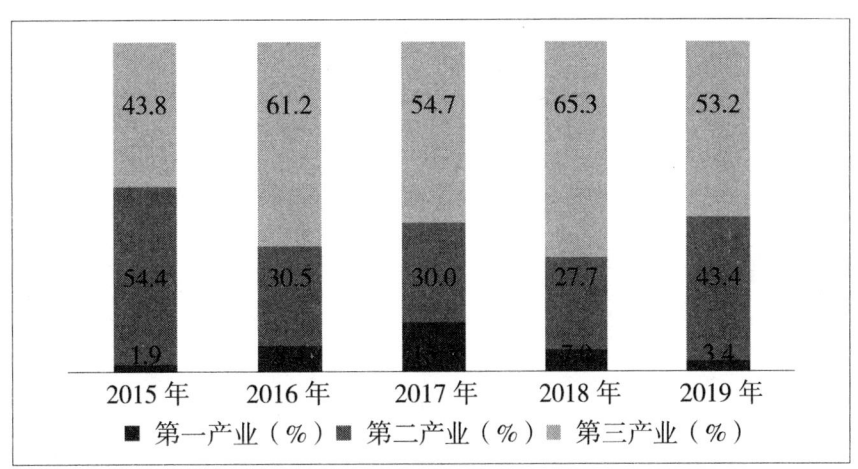

图4　2015—2019年县属固定资产投资（不含农户）三次产业比重

表4　2019年沙坡头区分行业县属固定资产投资（不含农户）增长速度

行　业	比上年增长（%）
总　计	1.8
农、林、牧、渔业	-2.9
制造业	36.3
电力、热力、燃气及水的生产和供应业	70.8
建筑业	66.5
交通运输、仓储和邮政业	-67.4
信息传输、软件和信息技术服务业	-3.5
租赁和商务服务业	-93.6
水利、环境和公共设施管理业	-24.3
教　育	28.4
卫生和社会工作	-64.7
文化、体育和娱乐业	-83.9
公共管理和社会组织	-2.1

全年房地产开发投资19.69亿元,比上年下降21.2%。房屋施工面积357.6万平方米,比上年下降6.4%;商品房销售面积41.2万平方米,比上年下降10.1%,其中,住宅销售面积37.9万平方米,比上年下降9.0%。全年商品房销售额17.97亿元,比上年下降7.6%,其中,住宅销售额15.79亿元,比上年下降6.5%。

表5　2019年沙坡头区房地产开发和销售主要指标及增长速度

指　　标	单　　位	绝对数	比上年增长（%）
投资额	亿　元	19.69	-21.2
房屋施工面积	万平方米	357.61	-6.4
其中：住宅	万平方米	270.21	0.2
房屋新开工面积	万平方米	60.74	11.6
其中：住宅	万平方米	47.83	57.9
房屋竣工面积	万平方米	152.52	81.7
其中：住宅	万平方米	122.68	137.5
商品房销售面积	万平方米	41.20	-10.1
其中：住宅	万平方米	37.89	-9.0
本年实际到位资金	亿　元	29.16	22.7
其中：个人按揭贷款	亿　元	7.39	5.4

六、交通和邮电

年末沙坡头区公路通车里程2829.32公里。按行政等级分,国道通车里程245.27公里,省道通车里程149.07公里,县道通车里程61.89公里。按技术等级分,高速公路通车127.26公里,一级公路通车46.77公里,二级公路通车448.44公里,三级公路通车449.80公里,四级公路通车1757.05公里。

年末沙坡头区民用汽车保有量7.95万辆,比上年末增长21.81%,其中私人汽车保有量6.49万辆,增长18.88%。民用轿车保有量2.77万辆,增长15.03%,其中私人轿车保有量2.60万辆,增长16.37%。

全年完成电信业务总量44.56亿元,比上年增长76.42%。年末电话用户总数50.85万户,其中固定电话用户4.07万户,下降14.6%;移动电话用户46.78万户,下降3.69%。年末互联网用户16.0万户,增长15.05%。

七、财政金融

全年完成本级一般公共预算收入 2.69 亿元，比上年下降 0.78%。其中，增值税 1.13 亿元，企业所得税 0.27 亿元，个人所得税 895 万元。

实现本级一般公共预算支出 19.46 亿元，比上年增长 56.53%。其中，教育支出 2.22 亿元；社会保障和就业支出 2.24 亿元；医疗卫生支出 0.95 亿元。

年末沙坡头区金融机构人民币各项存款余额为 280.31 亿元，比上年增长 8.4%，其中，住户存款余额 170.61 亿元，增长 14.4%。人民币各项贷款余额为 205.76 亿元，比上年增长 1.8%，其中，住户贷款余额 105.57 亿元，增长 0.9%；非金融企业及机关团体贷款余额 100.20 亿元，增长 2.8%。

表6 2019年年末沙坡头区金融机构存贷款余额及其增长速度

指　　标	年末数（亿元）	增长（%）
人民币各项存款	280.31	8.4
其中：住户存款	170.61	14.4
非金融企业存款	47.37	16.2
人民币各项贷款	205.76	1.8
其中：短期贷款	107.02	-3.9
中长期贷款	89.75	9.4

八、科学技术和教育

全年共争取上级科技项目 144 个，到位资金 6809.54 万元。年末沙坡头区拥有国家级高新技术企业 9 家，自治区科技小巨人企业 9 家，自治区科技型中小企业 61 家，自治区众创空间 2 家。全年沙坡头区专利申请量 527 件，比上年增加 35 件；获得授权专利 309 件，比上年增加 83 件。截至年底，有效发明 201 件，比上年增加 13 件；每万人有效发明专利拥有量 4.87 件，比上年增加 0.29 件。全年共签订技术合同 76 项，技术合同成交金额 5708.4 万元，比上年增长 239.91%。

沙坡头区各级各类学校 127 所，教职工 5079 人，其中专任教师 4539 人。学前教育毛入园率 96.8%，小学学龄人口入学率 100%，初中阶段毛入学率 106.24%，高中阶段毛入学率 93.76%，小学六年巩固率 96.52%，初中三年巩固率 99.15%。

表7 2019年沙坡头区各级教育招生、在校、毕业生人数

类　　别	校数（所）	招生数（人）	在校学生数（人）	毕业学生数（人）
中等职业学校	1	1528	4432	1589
普通高中	2	2930	8281	2561
普通初中	22	5189	15876	4904
普通小学	45	4815	27555	5280
幼儿园	56	5316	13752	5369
特殊教育	1	33	275	23

九、文化体育、卫生健康

年末沙坡头区拥有专业艺术表演团体2个，业余文艺团体56个，文化馆1个，公共图书馆1个，博物馆4个，文物管理所1个。已建成大型公共文化服务场所7个，村级文化室165个，社区文化室22个，农家书屋165个。全年放映数字电影3891场。沙坡头区电视综合覆盖率100%，广播综合覆盖率100%，其中，农村电视综合覆盖率100%，农村广播综合覆盖率100%。

年末沙坡头区拥有卫生机构（含村卫生室）226个，其中，医院12个，社区卫生服务中心（站）11个，乡镇卫生院9个，村卫生室140个，诊所、卫生所、医务室47个，妇幼保健院、疾病预防控制中心、采供血机构和卫生监督所各1个。卫生机构实有床位数2471张，其中医院床位数2274张，每千人口医院床位数5.49张。卫生机构人员数（含村卫生室）3527人，其中，执业（助理）医师972人，乡村医生207人，注册护士1313人，每千人口执业（助理）医师2.35人，每千人口注册护士3.17人。

十、人民生活和社会保障

全年沙坡头区城镇常住居民人均可支配收入31028元，比上年增加2334元，比上年增长8.1%。其中，人均工资性收入23689.7元，增长9.0%；人均经营净收入2092.5元，增长4.2%；人均财产净收入1174.6元，增长7.5%；人均转移净收入4070.7元，增长5.7%。城镇居民人均消费性支出21141.1元，比上年增长7.8%，其中，食品烟酒类5320.8元，增长6.1%。

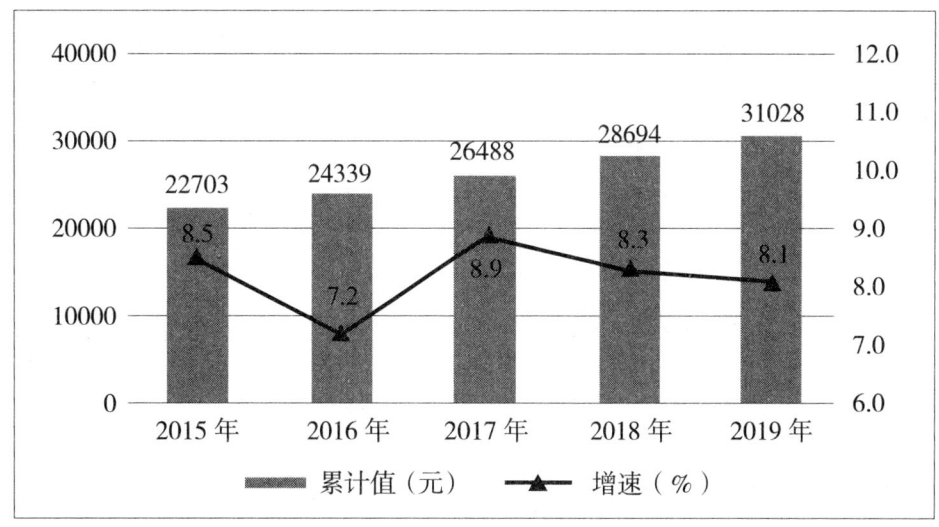

图5 2015—2019年沙坡头区城镇常住居民人均可支配及增长速度

全年沙坡头区农村常住居民人均可支配收入13210元，比上年增加1016元，比上年增长8.3%。其中，人均工资性收入6524.3元，增长8.8%；人均经营净收入4868.5元，增长8.7%；人均财产净收入203.8元，增长7.2%；人均转移净收入1613.4元，增长5.5%。农村居民人均消费性支出12802.8元，比上年增长7.9%，其中，食品烟酒类3468.2元，增长7.3%。

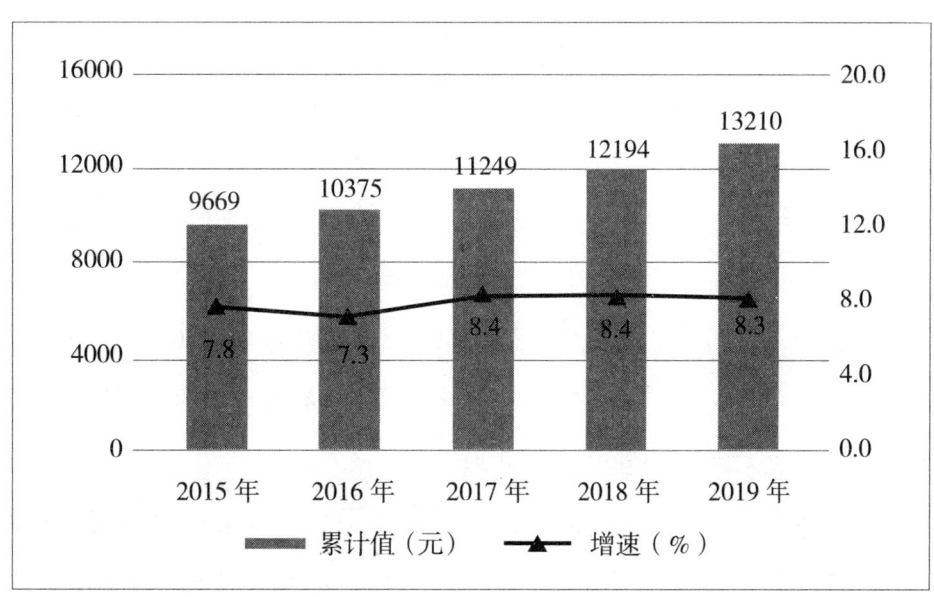

图6 2015—2019年沙坡头区农村常住居民人均可支配收入及增长速度

年末沙坡头区参加基本养老保险人数11.73万人，比上年增加0.89万人，其中，参保职工7.83万人，增加0.74万人。参加城乡居民养老保险人数11.33万人，比上年增加0.22万人。参加基本医疗保险参保人数38.38万人，比上年减少0.36万人，其中参加职工基本医疗保险人数 5.62 万人，增加 698 人；参加城乡居民基本医疗保险人数 32.76 万人，比上年减少 0.43 万人。参加工伤保险人数 6.45 万人，比上年增加 1.92 万人。参加失业保险职工人数 3.74 万人，比上年增加 936 人。参加生育保险人数 4.29 万人，比上年增加 347 人。

年末沙坡头区拥有养老机构 16 个，其中农村敬老院 6 个、社会福利院 1 个、民办养老机构 5 个，共有床位 2183 张，入住老人 385 人。儿童福利院 1 个，共用床位数 50 张，入住儿童 31 人。沙坡头区 4896 人享受城市低保，发放保障金 0.27 亿元；12887 人享受农村低保，发放保障金 0.42 亿元。

十一、资源、环境和应急管理

全年完成造林面积 3658 公顷，其中，人工造林面积 2658 公顷，占全部造林面积的 72.66%。森林抚育面积 1334 公顷。截至年底，国家级自然保护区 1 个。

初步核算，全年沙坡头区规模以上工业企业综合能源消费量为 504.5 万吨标准煤，比上年增长 3.0%，万元 GDP 能耗下降 2.71%。

全年平均气温为 10.2℃，比上年下降 0.2℃，年平均最高气温 17.9℃，年平均最低气温 3.9℃。

沙坡头区城市道路长度 164.44 公里。有公园 19 个，公园面积 591.26 公顷，公园绿地面积 391.70 公顷，人均公园绿地面积 26.52 平方米。年末沙坡头区建成区面积 30.46 平方公里，建成区绿化覆盖率 42.47%，建成区绿地率 38.26%。

沙坡头区集中供热面积 830.61 万平方米。供气管道总长度 688.41 公里，天然气用户 6.89 万户，其中家庭用户 6.67 万户。燃气普及率达 97.83%。

沙坡头区全社会供水管道长度 131.82 公里，售水量为 968.80 万立方米，其中公共服务用水 286.37 万立方米，居民家庭用水 677.16 万立方米。全年城市污水处理率达到 98.35%，城市生活垃圾无害化处理率达到 100%。

2019 年，发生各类生产安全事故 11 起，与上年持平，其中，道路交通事故 3 起，工矿商贸事故 8 起。死亡 13 人，同比增加 4 人，其中，交通事故死亡 1 人，工矿商贸事故死亡 12 人。经济损失 1641.6 万元。

注　释：

本公报中数据均为初步统计数。正式数据以《中卫统计年鉴》为准。部分数据因四舍五入的原因，存在着分项与合计不等的情况。

地区生产总值、各产业增加值和人均地区生产总值绝对数按现价计算，增长速度按不变价格计算。

农业部分资料为全口径数据。

规模以上工业企业是指年主营业务收入2000万元及以上的全部法人工业企业；限额以上批发零售企业是指年主营业务收入2000万元及以上的批发企业和年主营业务收入500万元及以上的零售企业。

工业技术改造投资是指工业企业利用新技术、新工艺、新设备、新材料对现有设施、工艺条件及生产服务等进行改造提升，实现内涵式发展的投资活动。

公路交通运输货运、客运数据按2013年交通运输统计专项调查之后口径核算。民航数据由西部机场集团宁夏机场有限公司中卫分公司提供，旅客运输总量为出港旅客口径，货物运输总量为出港货物口径。

邮政行业业务总量收入包含各快递企业数据，邮政行业业务收入不包括邮政储蓄银行直接营业收入。

养老机构数和儿童福利院数包含非运营机构数。幼儿园人数包含学前班人数。

环境空气质量是按照《〈环境空气质量标准〉(GB3095-2012)修改单》评价和统计的实况数据。

公报中户籍人口数据来源于市公安局，物价和居民收入数据来源于国家统计局中卫调查队，财政数据来源于沙坡头区财政局，就业数据来源于市就业创业和人才服务局，交通运输来源于市交通运输局、市道路运输管理局和宁夏机场有限公司中卫分公司，电信数据来源于电信、移动、联通、铁通四家电信公司，金融数据来源于中国人民银行中卫市中心支行，保险数据来源于中卫市保险协会，教育数据来源于市教育局和宁夏大学中卫校区，科技数据来源于市科技局和市市场监督管理局，文化、卫生、体育、社会保障、社会福利、扶贫、环境保护和安全生产等数据来源于相关部门。